El imperialismo y el agro argentino

Romero, Fernando Gabriel
El imperialismo y el agro argentino : historia reciente del capital extranjero en el complejo agroindustrial pampeano / Fernando Gabriel Romero. - 1a ed . - Ciudad Autónoma de Buenos Aires : Fundación CICCUS, 2015.
512 p. ; 23 x 16 cm.

ISBN 978-987-693-680-4

1. Actividades Agrarias. 2. Imperialismo. I. Título.
CDD 333.1

Primera edición: enero 2016

Obra de tapa: *Campo de trigo con cuervos,Vincent Van Gogh, 1890. Óleo sobre lienzo, 50.2 cm × 103 cm*
Diseño de tapa: Andrea Hamid / Andy Sfeir
Corrección: María Walas
Producción, Coordinación y Diseño: Andrea Hamid / Andy Sfeir

Esta publicación ha sido posible gracias al apoyo financiero del Programa de Auxílio à Editoração de Livros, PROEDIT-UNILA 2014.

Impreso en Argentina
Printed in Argentina

Ediciones CICCUS ha sido merecedora del reconocimiento **Embajada de Paz**, en el marco del Proyecto-Campaña "Despertando Conciencia de Paz", auspiciado por la Organización de las Naciones Unidas para la Ciencia y la Cultura (UNESCO).

El imperialismo y el agro argentino

Historia reciente del capital extranjero en el complejo agroindustrial pampeano

Fernando Gabriel Romero

CIEA UBA

EDICIONES CICCUS

UNILA
Universidade Federal da Integração Latino-Americana

Índice

PRÓLOGO

Cuando a fines del siglo XIX la evolución del capitalismo de libre concurrencia determinó el surgimiento en un puñado de naciones de cárteles, monopolios, oligopolios y una creciente exportación de capital -dando así inicio a la época del imperialismo-, de acuerdo a las características de su desarrollo económico y social los restantes países del planeta fueron subordinados, en el marco de una renovada división internacional del trabajo y del poder político-militar, en calidad de colonias, semicolonias y dependientes.

En estas circunstancias se estructuró la Argentina moderna, en la que se entrelazaron elementos todavía vigentes de la herencia precapitalista, el desarrollo y predominio del régimen capitalista –especialmente en la región pampeano-litoral–, y una antigua subordinación comercial a las principales potencias europeas. Esto fue modelando la tendencia de la economía local a la especialización en la producción y exportación de granos, carne y otros productos primarios.

La ausencia –el sacrificio–, en este contexto, de un desarrollo industrial relevante, la consolidación de una clase dominante local "agroexportadora" encabezada por la oligarquía burguesa terrateniente, y la multiplicada presencia del capital extranjero imperialista –del británico, en primer lugar–, resignificaron los viejos lazos de sujeción de lo que resultaría la calidad de país económicamente dependiente todavía vigente en la segunda década del siglo XXI.

Esta interpretación de nuestra historia, con todos los matices y las heterogeneidades inherentes a la polifonía popular que la ha sustentado en sus grandes lineamientos, resulta consistente con la prolongada tradición de denuncia, crítica y resistencia que ha cuestionado teórica, práctica, ideológica y políticamente el papel del imperialismo y su drenaje de trabajo y recursos nacionales, como multiplicador de la injusticia, el subdesarrollo y la fragilidad de la soberanía nacional.

En este sentido, considero atinado afirmar que este libro que hoy prologamos, obra de la investigación, el compromiso y el esfuerzo de Fernando Gabriel Romero, no sólo suma y forma parte de los aportes que numerosos intelectuales han realizado a esta tradición antiimperialista, sino que la recupera y profundiza en relación con lo que constituye su objeto de estudio y reflexión: el papel del capital extranjero en el complejo agroindustrial pampeano.

Por cierto, un mérito especialmente destacable en el tiempo y circunstancias del mundo que nos toca vivir, donde demasiados ciudadanos han sido convencidos –por las usinas culturales del capitalismo monopolista y por quienes se benefician o acomodan a la dependencia– de que buena parte del problema de países como Argentina no es, al revés de la realidad, el saqueo imperialista, sino la falta relativa de inversiones externas. Algo así como el discurso del burgués que postula que "da trabajo", cuando no hace otra cosa que extorsionarlo y apropiarlo sin retribución como base de su ganancia.

Asimismo, el libro de Romero posee la virtud de contribuir a una visión más integral de la cuestión agraria en el país, la cual reúne un conjunto de problemáticas vinculadas. Entre estas se destacan el proceso de concentración económica –del capital, la producción y el uso del suelo–, base del avance de una agricultura sin agricultores que vacía la trama social agraria e instala un virtual desierto verde; las renovadas tendencias del capital al acaparamiento de los recursos de los territorios campesinos y su desposesión por parte de la expansión sojera, forestal, minera, petrolera, turística, etc.; la subsistencia de la gran propiedad y el latifundio con su carga de renta e injusticia respecto del resto de la sociedad; la redoblada explotación de los obreros y peones rurales, hacedores invisibles de las cosechas récord y principales gestores del valor agrario; y la depredación de los bienes naturales comunes y el ambiente, producto de formas económicas de explotación que agotan la naturaleza a cambio de ganancias dilapidadas por un círculo estrecho y egoísta de beneficiarios.

La obra de Romero nos recuerda que la cuestión agraria resulta inescindible del carácter dependiente de nuestro país, al destacar que "la continuidad de los procesos de concentración de la producción, la comercialización y el capital, con la consiguiente expropiación de pequeños y medianos capitales locales, desaparición de productores agropecuarios y mayores tasas de explotación de la fuerza de trabajo, se articulan y confunden con la extranjerización y desnacionalización de la economía argentina, sometida a un constante drenaje de plusvalor que recorta (aun en el marco estrecho del régimen capitalista) sus posibilidades de desarrollo y progreso social".

El autor concluye que durante el período bajo estudio, de 1976 a 2008, el nivel de extranjerización del complejo agroindustrial pampeano ha registrado un incremento significativo, observándose que los capitales transnacionales juegan un papel predominante en casi todas sus ramas, con fuertes implicancias negativas para el conjunto de la economía nacional. Para fundamentar este enunciado se realiza una exhaustiva investigación histórica del papel cumplido por el capital imperialista en relación con la maquinaria agrícola (especialmente tractores y cosechadoras), las agroindustrias de insumos y biotecnología (fitosanitarios, fertilizantes y semillas), las industrias agroalimentarias (harinas, lácteos, oleaginosos) y el oligopolio exportador de productos agrícolas.

Nutridamente documentado, el análisis de Romero, filoso en la crítica, rehúye sin embargo el abismo de la unilateralidad, admitiendo que ciertas inversiones externas pueden resultar útiles para desarrollar ramas industriales de punta o incorporar avances científico-técnicos que hagan diferencias relevantes; pero hace recaer todo el rigor de la razón cuando enfatiza la ausencia de motivos valederos para justificar que el capital extranjero deba operar hipermercados, frigoríficos o aceiteras, entre tantos otros emprendimientos que sin duda no requieren la transferencia al exterior de parte de la utilidad que generan para alcanzar un funcionamiento eficaz y sostenible.

Estas tan innecesarias circunstancias, nos recuerda el autor, forman parte de "las condiciones de acumulación de capital en la Argentina, subordinadas a los requerimientos de la reproducción ampliada del capital transnacional, el cual opera especialmente mediante la combinación de la remisión de utilidades al exterior, y también a través de su reinversión a efectos de consolidar posicionamientos comerciales frente a rivales locales, generalmente en el marco de las disputas entre diferentes grupos empresariales globales".

En suma, lo que creíamos saber, y este libro demuestra, especialmente con respecto al ámbito pampeano, que el capital imperialista, como parte de su antigua inserción en la economía argentina, acrecentó en las últimas décadas su posición dominante en la estructura agroindustrial nacional. Al mismo tiempo, y este es el punto donde se arremolinan los intereses encontrados y los debates, Romero proporciona una masa crítica de evidencias que sustentan firmemente la convicción de que es mucho más lo que el capital extranjero extrae que lo que aporta al desarrollo del país. Por otra parte, ¿cuál sería sino su motivación?

Realizada la investigación, establecidos los hechos y explicitados los diagnósticos, el texto al que nos introducimos nos desafía –a partir de los insumos cognitivos que nos ofrece– "a que la información que aquí se expone sirva para reflexionar sobre las posibilidades de moderar o eliminar los efectos nocivos del proceso de extranjerización sobre la economía y la sociedad de nuestro país". O, lo que es lo mismo, nos recuerda que más importante que interpretar la realidad –una realidad adversa a las grandes mayorías sociales– es intentar transformarla.

Para terminar, deseo manifestar que esta obra sobre el accionar del imperialismo (del capitalismo) en un área clave de la economía argentina forma parte de un conjunto mayor de investigaciones realizadas coordinadamente –en el marco del Centro Interdisciplinario de Estudios Agrarios de la Facultad de Ciencias Económicas de la Universidad de Buenos Aires– por Gabriela Martínez Dougnac, Pablo Volkind, Diego Ariel Fernández y Juan Manuel Villulla, las cuales se suman al ancho, rico y afortunadamente inagotable cauce liberador, donde confluyen –como afirma Romero– quienes “eligen luchar por una sociedad sin explotados, no acomodándose a ‘lo posible’, sino haciendo posible lo necesario para las grandes mayorías populares”.

Eduardo Azcuy Ameghino
Buenos Aires, Argentina
2 de octubre de 2014

PREFACIO

El contenido de este libro es producto de la adaptación de una tesis doctoral presentada en la República Argentina como parte de los requisitos para optar al grado académico de Doctor de la Universidad de Buenos Aires (UBA) con orientación en el área de Historia. Ésta contiene los resultados obtenidos en investigaciones llevadas a cabo, entre los años 2007 y 2013, en el marco del Centro Interdisciplinario de Estudios Agrarios (CIEA) de la Facultad de Ciencias Económicas de la UBA, bajo la dirección de Eduardo Azcuy Ameghino. Durante estos años, nuestras conversaciones derivaron en aportes generosos y en una voz amiga que contribuyeron a mi formación y enriquecieron esta labor.

En diciembre de 2013, el trabajo en cuestión fue evaluado por una banca examinadora –integrada por los doctores Martín Schorr, Javier Balsa y Héctor Alimonda– que le otorgaron la calificación de "sobresaliente con recomendación de publicación". Los comentarios, críticas y sugerencias que estos jurados vertieron en su evaluación sirvieron de estímulo para la adaptación del texto original y su presentación como libro, tanto para destinatarios especializados como para un público más amplio.

En el marco de la finalización de un trabajo de largo aliento que se presenta por primera vez bajo este formato, quiero expresar mi gratitud, por su compañerismo, a los amigos y los colegas del CIEA, en especial a Pablo Volkind, Juan Manuel Villulla, Diego Fernández y Gabriela Martínez Dougnac. Así como también a los amigos y compañeros del Colectivo de Estudios e Investigaciones Sociales (CEISO), en especial a Alejandra Gabriela Palma, Pablo Becher y Matías Alamo. Estos ámbitos, de los cuales formo parte activa, son espacios donde se producen nuevos conocimientos y se debaten ideas mientras se participa en la resolución de los problemas de la sociedad.

Por otro lado, recientemente, la Universidade Federal da Integração Latino-Americana (UNILA) me ha brindado financiamiento y un excelente clima de trabajo que ha hecho posible la reescritura del presente texto.

En estos años, numerosas personas –especialistas, colegas, archivistas y bibliotecarios– han colaborado a través de debates, cuestionamientos y observaciones al enriquecimiento de esta obra y quisiera mencionar algunos de ellos a modo de agradecimiento con el conjunto.

En Río de Janeiro (Brasil), durante mi estancia de febrero a marzo de 2010, el doctor John Cunha Comerford organizó la conferencia "O capital estrangeiro no agro pampeano (1976-2010)", en el marco del Programa de Post-graduación en Desarrollo Agrario del Instituto de Ciencias Humanas y Sociales de la Universidade Federal Rural do Rio de Janeiro (CPDA-UFRRJ). En abril de 2011, el doctor Cezar Guedes me invitó a una nueva disertación sobre la problemática en el marco del seminario de posgrado "Innovaciones, Integración Regional e Internacionalización" de la UFRRJ. Ambas instancias me permitieron debatir con colegas brasileños y establecer puntos de conexión entre la historia reciente del complejo agroalimentario argentino y el de Brasil. En particular, resultó inestimable el conocimiento de la obra "O Brasil e o capital-imperialismo. Teoria e história", de la doctora Virgínia Fontes de la Universidade Federal Fluminense (UFF), quien generosamente me aconsejó la lectura de numerosos trabajos desarrollados en ese país sobre la expansión del capital imperialista.

En México, durante mi estadía en el mes de julio de 2012, los doctorandos Agostina Costantino y Francisco Cantamutto, de la Facultad Latinoamericana de Ciencias Sociales (FLACSO), contribuyeron a la difusión de esta problemática en ese país y a inscribirla dentro de los debates latinoamericanos mediante la organización de mi conferencia "Concentración y extranjerización de la economía argentina" en el marco de los programas de investigación "Integración y dinámica socio-económica en América Latina" y "Procesos políticos contemporáneos en América Latina". Asimismo, expreso mi agradecimiento a los colegas de la Universidad Autónoma de México (Iztapalapa) –en particular a los doctores Juan Castaings, Laura Valladares, Leonardo Tirtanya y Pablo Castro Domingo– por disponer de un espacio de exposición sobre el capital extranjero en el complejo agroindustrial pampeano en el marco de la presentación de la *Revista Interdisciplinaria de Estudios Sociales* (Argentina) en esa institución. Al doctor Octavio Maza por invitarme a presentar el tema "Transnacionalización del capital y sociedad latinoamericana: debates teóricos y propuestas para una agenda de investigación", en el marco del "Seminario Semanal regional que organiza la red de Pobreza y Desarrollo Regional" perteneciente al Consejo Nacional de Ciencia y Tecnología México (CONACYT), Universidad Autónoma de Aguascalientes (México). Al doctor Antonio Escobar Ohmstede del Centro de Investigaciones y Estudios Superiores sobre Antropología Social (CIESAS) por su entrañable amistad y orientación en la búsqueda de repositorios bibliográficos en la Ciudad de México.

También estoy en deuda con mis tesistas Jimena Andrieu, Melisa Erro Velázquez y Aldana González Passetti de la Licenciatura en Economía de la Universidad Nacional del Sur (UNS), Gisella Hugo de la Licenciatura en Relaciones Internacionales de la Universidad Nacional del Centro de la Provincia de Buenos Aires (UNCPBA) y María Belén Nieto de la Maestría en Procesos Locales de Innovación y Desarrollo Rural (UNS), quienes a través de sus preocupaciones y planteos me estimularon a precisar argumentaciones y contribuyeron en la profundización en equipo de algunos temas.

Agradezco a mis padres, Beto y Mabel, y hermanos, Julio y Sergio, por sentir que mis preocupaciones, proyectos y alegrías son también los suyos.

Por último, un lugar especial en estos agradecimientos está reservado a Paula Fernández Hellmund, mi compañera de vida, que me ha brindado la confianza y el aliento necesario para encarar una investigación que sea de utilidad para aquellos que, dentro y fuera del ámbito universitario, eligen luchar por una sociedad sin explotados, no acomodándose a "lo posible", sino haciendo posible lo necesario para las grandes mayorías populares.

Fernando Gabriel Romero
Foz do Iguaçu, Brasil
25 de agosto de 2014

INTRODUCCIÓN

Justificación

Pasada la primera década del siglo XXI, la fuerte presencia del capital extranjero en la economía constituye un rasgo saliente de la evolución y el desarrollo del capitalismo en Argentina. Este fenómeno socioeconómico y político se manifiesta de modo particular en el agro pampeano[1], donde se puede observar una estructuración económica dependiente en distintos eslabonamientos, tanto "aguas arriba" (sistema bancario, maquinarias agrícolas, fertilizantes, herbicidas, insecticidas, semillas, combustibles, etc.) como "aguas abajo" (agroindustrias de transformación, cadenas de súper e hipermercados y empresas exportadoras) de la producción primaria.

Si bien los orígenes en que fueron modelándose las formas bajo las cuales los capitales foráneos alcanzaron predominio pueden remontarse al desarrollo del modo de producción capitalista en la Argentina moderna a finales del siglo XIX, los niveles de extranjerización no han sido lineales y los rasgos predominantes de los últimos años encierran interrogantes específicos acerca de la relación entre las políticas socioeconómicas, el desarrollo agrario y la estructuración económica dependiente.

La presente obra aborda la realidad particular del capital extranjero en el sistema agroindustrial pampeano en el período que va desde la dictadura militar iniciada en 1976 hasta 2008. Por lo tanto, el trabajo nos enfrenta con los rasgos del accionar del imperialismo bajo diferentes condiciones estructurales internas y externas, y con distintos modelos de política económica y sus consecuencias.

El abordaje reciente de la estructura y la dinámica del desarrollo agroindustrial pampeano ha contribuido a generar una fuerte disparidad de

1 Por su mayor fertilidad relativa, la región pampeana –que incluye centralmente las provincias de Buenos Aires, Santa Fe y Córdoba, aunque sus características geoecológicas se extienden secundariamente a las de La Pampa, San Luis y Entre Ríos– posee cualidades diferenciales respecto a la productividad de la tierra del conjunto del país, constituyéndose históricamente como la mejor zona para el cultivo de los principales granos de exportación (trigo, maíz, girasol, soja y sorgo), cría de ganado (principalmente vacuno) y producción láctea.

posiciones argumentativas y explicativas sobre los efectos económicos y productivos del actual proceso. Así, pueden destacarse aquellas que han considerado el "aporte del sector agroalimentario al crecimiento económico", "su capacidad de generar efectos multiplicadores", y "el grado de integración" en "la búsqueda de acciones que redujeran los costos de transacción, a través de distintos mecanismos de organización de la cadena". Evaluando positivamente la posibilidad de que en el mundo "una porción de los millones de personas hoy desnutridas" se incorporen a los mercados y "una asignación más eficiente de los factores a nivel mundial"[2]. En el mismo sentido se ha argumentado a favor de una fuerte relación entre las altas exigencias tecnológicas de los actuales cultivos, por un lado, y "el aumento de la productividad", el mejoramiento del "conjunto de la producción agrícola en materia de prácticas culturales"[3] y "las ventajas competitivas del agro argentino (...) a pesar de las recurrentes crisis"[4]. No obstante, también pueden observarse en la misma corriente algunas preocupaciones en torno a la "la dependencia de los productores de la agroindustria química-semillera y la necesidad de una escala cada vez más grande para hacer rentable este tipo de explotación". A la vez que se manifiestan ciertos reparos respecto a "la fuerte expansión del área sembrada de soja" y "la sustitución de otros cultivos y actividades"[5]. Asimismo, se reconocen "las serias dificultades de los productores endeudados" y "los procesos de concentración del capital" en el agro.[6]

Otra corriente de autores, desde una perspectiva legitimadora y apologética de la transformación de los procesos productivos agrícolas, ha bautizado este fuerte crecimiento de las cosechas a partir del inicio de la década de 1990 como la "Segunda Revolución de las Pampas".[7] Este enfoque plantea la necesidad de afrontar los "nuevos desafíos" de la "verdadera competitividad" asociada a "las oportunidades (...) del dominio de la ciencia y la tecnología", y de no renunciar "a los beneficios del

---

2 Obschatko, Edith Scheinkerman de (2003), *El aporte del sector agroalimentario al crecimiento económico argentino 1965-2000*, IICA, Buenos Aires, pp. 26-35.

3 Barsky, Osvaldo y Gelman, Jorge (2005), *Historia del agro argentino. Desde la Conquista hasta fines del siglo xx*, Mondadori, Buenos Aires, pp. 363 y 365-366.

4 Barsky, Osvaldo (2001), "Pese a la crisis, las ventajas competitivas del agro se mantienen", *Clarín*, Buenos Aires, 26 de agosto, p. 28.

5 Obschatko, Edith, op. cit., p. 126.

6 Barsky, Osvaldo y Gelman, Jorge, op. cit., p. 396.

7 Huergo, Héctor (2000), "Un crujido en las pampas", *Clarín Rural*, Buenos Aires, 29 de abril; Huergo, Héctor (2001), "La revolución se profundiza", *Clarín Rural*, Buenos Aires, 1 septiembre, p. 3.

progreso".[8] El desarrollo de este proceso está justificado en la necesidad de producir mayores alimentos y en su capacidad de generar "inclusión social, la cual no es un fenómeno espontáneo, también depende del individuo, de su empowerment, que luche por su inclusión"; a todo lo cual se agrega la posibilidad de "terminar con la división de pequeños y grandes productores" y de construir redes de las que "pueden participar grandes y pequeños (...) de acuerdo a las fortalezas de cada uno".[9]

Un tercer grupo de autores –con diferentes enfoques teóricos– ha adoptado un tono más crítico con la dinámica de la agricultura pampeana. Norma Giarracca y Miguel Teubal, en algunos análisis, se ocupan de abordar otros aspectos de este proceso, sobre los que afirman: "la pobreza, el hambre, la mortalidad y desnutrición infantil nos ha convertido en uno de los países de América Latina con más pobreza relativa"; a la par que estudian las resistencias y las "acciones colectivas en mundos agrarios y rururbanos". Estos investigadores enfatizan el tema de la renta de la tierra "para entender aspectos esenciales del desarrollo agrario y económico argentino"; la articulación del sector agropecuario con "complejos agroindustriales (...) en el contexto del proceso de globalización"; el acceso a la tierra; y "las desapariciones de numerosos agricultores de la famosa franja de la pequeña y mediana producción".[10] Asimismo, Walter Pengue –desde la Ecología Política y con una perspectiva latinoamericanista que enfatiza el caso argentino– ha enumerado críticamente los efectos del desarrollo agrario basado en insumos agrobiotecnológicos: la dependencia externa, el patentamiento sobre la biodiversidad y el deterioro ambiental, entre otros.[11]

Además, sin negar la validez de los diagnósticos negativos en torno a la "sojización" de la agricultura, otros abordajes proponen "pasar del plano de las apariencias del fenómeno a la identificación de las determinaciones que constituyen su esencia" y subrayan que "lo ocurrido en el agro argentino es, en buena medida, producto de la articulación de las tendencias de larga duración del desarrollo del capitalismo –dependiente y de baja intensidad– con una política económica que estimuló,

---

8 Trucco, Víctor (2003), "El desafío es darse cuenta", *Clarín Rural*, Buenos Aires, 6 de septiembre, p. 28.

9 Trucco, Víctor (2004), "Es cuestión de darse cuenta", *Clarín Rural*, Buenos Aires, 2 de octubre, p. 20.

10 Giarracca, Norma y Teubal, Miguel, "Prólogo" e "Introducción: los debates acerca del campo", en: Giarracca, Norma y Teubal, Miguel (Comp.) (2005), *El campo argentino en la encrucijada*, Alianza, Buenos Aires, pp. 9-34.

11 Pengue, Walter (2005), *Agricultura industrial y transnacionalización en América Latina. ¿La transgénesis de un continente?*, PNUMA, México, p. 17.

aceleró y agudizó las leyes de la acumulación-desacumulación de capital, cuyos efectos socioeconómicos alcanzaron niveles de extrema dureza".[12]

El desarrollo de esta investigación pretende contribuir a la identificación del origen, los rasgos estructurales y el peso relativo de la participación del capital extranjero en el complejo agroindustrial pampeano[13], como parte de la presencia de estos capitales en otras ramas de la estructura económica argentina y que influye de modo decisivo en la inserción dependiente del país en el sistema capitalista internacional.

Por otra parte, sin perjuicio de quienes han abordado los tópicos de la transnacionalización, la globalización y el peso de las inversiones extranjeras, esta investigación vincula la importancia del capital extranjero en una economía dependiente como la argentina con la vigencia del imperialismo como una fase específica del desarrollo del capitalismo.[14] Fenómeno de máxima relevancia práctica y objeto prioritario de estudio, respecto del cual prestamos especial atención al papel de la exportación de capitales sostenida por los Estados de las principales potencias económicas que se fueron sucediendo o sumando en la cúpula del poder a nivel global.

Cabe remarcar que desde los últimos años del siglo XIX y el inicio del XX se configuró una renovada estructura asimétrica de relaciones económicas, políticas y diplomáticas internacionales que reemplazó al antiguo colonialismo europeo, desarrollado desde finales del siglo XV y susten-

---

12 Azcuy Ameghino, Eduardo (2004), "De cultivo marginal a motor de la agriculturización: hipótesis y problemas en torno a la 'sojización'", *Documentos del CIEA*, núm. 2, pp. 69-71.

13 Como sostiene Teubal: "Se trata de un espacio socioeconómico compuesto por una serie de actividades estrechamente relacionadas entre sí que van "de la semilla al consumidor" y que determinan que la producción agropecuaria fluya del predio agrícola al mercado consumidor." Teubal, Miguel, "Complejos y sistemas agroalimentarios: aspectos teórico-metodológicos", en: Giarracca, Norma (1999), *Estudios rurales. Teorías, problemas y estrategias metodológicas*, La Colmena, Buenos Aires, p. 103. Sobre el concepto de complejo agroindustrial véase también Trajtenberg, Raúl (1977), *Un enfoque sectorial para el estudio de la penetración transnacional en América Latina*, ILET-DEE/D, México; Vigorito, Raúl (1979), "Criterios metodológicos para el estudio de complejos agroindustriales", *El desarrollo agroindustrial y la economía internacional* (Documento de trabajo N° 1) CODAI-SARH, México; Gras, Carla (2005), *Entendiendo el agro. Trayectorias sociales y reestructuración productiva en el nordeste argentino*, Biblos, Buenos Aires, pp. 31-35.

14 Lenin, Vladimir [1916], "El imperialismo, etapa superior del capitalismo", en: Lenin, Vladimir (1970), *Obras Completas*, Cartago, Buenos Aires, T. XXIII, pp. 298-425.

tado durante casi trescientos años en el mercantilismo que impregnó la transición del feudalismo al capitalismo.[15] En esta nueva estructura, un puñado de potencias capitalistas logró subordinar –bajo la forma de colonias, de enclaves y del establecimiento de diversos modos de dominio– al resto de los países, situación que luego de los procesos de descolonización variaría hacia la generalización de la dependencia como forma esencial de la subordinación nacional al imperialismo.

Esta problemática ha tenido un profuso desarrollo en la bibliografía hasta mediados de la década de 1970, cuando perdió gravitación tras diversos sucesos que fueron determinando un viraje en el escenario político internacional (habiendo experimentado nuestro país uno de los capítulos más convincentes).[16] En este nuevo escenario, luego de la derrota de las principales experiencias alternativas, se restableció en plenitud el orden inherente al régimen capitalista, que enseguida constituiría el núcleo duro de la denominada *globalización*.[17] Estas circunstancias impactaron severamente en todos los planos de la vida social del planeta, incluidas la ideología y la cultura en general, sin que el quehacer académico y nuestro país resultaran una excepción.

Objetivos

Los interrogantes generales relacionados con la estructura y dinámica del complejo agroindustrial pampeano, cuya resolución se plantea esta investigación, se refieren en particular a aspectos vinculados a la inciden-

---

15 Consúltese al respecto Dobb, Maurice (1972), *Estudios sobre el desarrollo del capitalismo*, Siglo XXI, Buenos Aires; Brenner, Robert, "Las raíces agrarias del capitalismo europeo", en: Aston, T. H. y Philpin, C. H. (eds.) (1998), *El debate Brenner*, Crítica, Barcelona; Hilton, Rodney (eds.) (1982), *La transición del feudalismo al capitalismo*, Crítica, Barcelona.

16 Resulta ilustrativo señalar el modo en que algunos exponentes destacados de las renovaciones intelectuales de los últimos años del siglo XX se refirieron a la tradición política y cultural en la que se inscriben estas notas; por ejemplo al postular –desde otras adscripciones– que la corriente intelectual antiimperialista y popular fue "*cortada, al menos dentro del país, de cuajo por la represión antes de que la evolución intelectual general llevara a su progresivo abandono*". Míguez, Eduardo (1990), "Historiografía sobre la gran expansión agraria pampeana", en: AA.VV, *Historiografía Argentina (1958-1988)*, Buenos Aires, p. 447.

17 Una introducción al tema en el dossier "Mitos y realidades de la globalización", *Ciclos*, Buenos Aires, núm. 12, 1997. Véase también Borón, Atilio (1998), "Estado, mundialización y bloques regionales", *Ciclos*, Buenos Aires, núm. 14/15.

cia de los capitales extranjeros y su carácter obstaculizador o impulsor del desarrollo de la Argentina. Concretamente, nos preguntamos: ¿cuál ha sido y qué carácter ha adoptado la incidencia de los capitales foráneos sobre el sistema agroindustrial pampeano? ¿Estos capitales contribuían al enriquecimiento y el desarrollo del país o, por el contrario, lo trababan y deformaban?

A su vez, de modo específico, la presencia de estos capitales en el complejo agroindustrial pampeano nos motiva a indagar: ¿cuál es su gravitación en los principales eslabonamientos, considerando sus volúmenes de facturación y las porciones de mercado que controlan?

La incidencia de capitales extranjeros en la dinámica de toma de decisiones políticas nos lleva a inquirir: ¿cuáles fueron las bases sociales internas de los grandes capitales foráneos que operaron en el agro pampeano?; ¿cuál fue el papel jugado por las estructuras de poder y el Estado en la dinámica económica agrícola pampeana?; ¿cómo se expresó la influencia de estos capitales en la política y las decisiones sobre la dinámica económica interna y el comercio exterior de la Argentina?; ¿por qué la presencia de los grandes capitales extranjeros se ha desarrollado hasta el grado de convertirse en actores dominantes en las decisiones acerca del tipo de agricultura y la confección de políticas acordes a sus necesidades?; ¿qué relaciones han existido entre los funcionarios públicos y las empresas extranjeras agroindustriales?; ¿cuáles fueron los rasgos comunes y diferenciadores de la situación del complejo agroindustrial pampeano y argentino en comparación con los procesos acaecidos en otros países?

En cuanto a las consecuencias socioeconómicas de este proceso: ¿cuál es el efecto que tiene el avance de los capitales extranjeros en la configuración de la estructura socioeconómica pampeana?; ¿las cadenas agroalimentarias promovieron la inclusión y la participación de productores familiares rurales o, por el contrario, su desaparición?; ¿qué aspectos de la política económica estimularon y aceleraron, principalmente, la dinámica de concentración de capital y extranjerización de la economía?

El estudio intenta responder estos interrogantes partiendo del análisis de la dinámica de intervención de las principales firmas de maquinarias agrícolas, las grandes empresas proveedoras de insumos, las agroindustrias de transformación de la producción primaria y la comercialización. Así, el **objetivo general** de este estudio consiste en identificar, analizar, explicar y ponderar la participación de los capitales extranjeros en la estructura y dinámica del sistema agroalimentario pampeano desde 1976 a 2008, y las implicancias de esta configuración tanto en el plano económico y social, como en el juego de intereses y la toma de decisiones políticas.

En vinculación con este objetivo general, nos hemos propuesto como objetivos específicos:

a) Analizar la dinámica de la economía internacional reciente, indagando acerca de las tendencias del imperialismo en la actualidad y desarrollando los elementos teóricos necesarios enfocados sobre su incidencia en la Argentina en general y en el agro pampeano en particular.
b) Describir la participación del capital extranjero en los distintos eslabonamientos del sistema agroindustrial pampeano durante la historia reciente.
c) Identificar las fuerzas sociales internas que actuaron en el sector agroindustrial, examinando su papel facilitador u obstaculizador en la configuración de un agro pampeano concentrador y dependiente.
d) Caracterizar la evolución y participación del complejo agroindustrial pampeano en el sistema económico argentino, midiendo y ponderando sus resultados en comparación con otros mercados de relieve en el sistema agroalimentario mundial.
e) Examinar cómo la estructura y la dinámica del sistema agroindustrial pampeano condicionó el desarrollo de la estructura social rural de la región pampeana y se adecuó a las limitaciones generadas por la debilidad del desarrollo de la industria nacional y el mercado interno local, a las características y el destino de la acumulación agraria, y la reconfiguración del espacio rural pampeano.

Principales hipótesis

De acuerdo con las consideraciones preliminares y los objetivos planteados, nos proponemos organizar la labor de investigación en torno a un conjunto de hipótesis principales. Éstas se refieren a la incidencia de las grandes empresas monopolistas extranjeras en la dinámica de la economía agraria pampeana, y proceden tanto de una revisión bibliográfica como de diversas fuentes de la investigación (estadísticas oficiales y privadas, prensa gráfica de divulgación masiva, entrevistas orales, publicaciones oficiales y de entidades agrarias) que se corresponden con el período en cuestión.

La primera hipótesis sostiene que el predominio de los grandes capitales extranjeros en el sistema agroindustrial articulado con la producción primaria es la principal variable explicativa de la configuración estructural y la dinámica de la economía agraria pampeana. En el contexto de un país como la Argentina, subordinado en el entramado que supone el sistema capitalista global, debemos entender estos nexos como una interrelación entre tres categorías analíticas: capitales transnacionales, dinámica económica del complejo agroindustrial y dependencia externa. Estas características estarían íntimamente vinculadas, a su vez, con las formas que fue adquiriendo la estructura económico-social de la Argentina, y en especial con la debilidad de la industria local y los obstáculos al desarrollo socioeconómico y científico-tecnológico en un país signado por su extrema exposición a la inestabilidad de las exportaciones y del ingreso de capitales.

La segunda hipótesis plantea que el rol de las diferentes fracciones de la clase dominante –en especial por medio de las políticas públicas sobre cuya determinación han ejercido influencia– resultó determinante en la creciente incidencia de los capitales extranjeros en el complejo agroindustrial pampeano. Es decir que el afianzamiento del capital monopolista foráneo refleja tanto la propia dinámica concentradora y expansiva del capital, como el rol destacado de las fuerzas internas que operaron como estimuladoras y aceleradoras de estas tendencias. Como expresión de esta dinámica, es posible afirmar que durante el período 1976-2008 se manifestó un agravamiento de la dependencia productiva, comercial y científico-tecnológica a través de diferentes iniciativas y modelos económicos que intensificaron la extranjerización de la economía. En este sentido, reafirmamos que la lógica de la subordinación y la desnacionalización económica –más visible durante los períodos de apertura externa y liberalización de las importaciones– opera especialmente mediante la remisión de utilidades al exterior, pero también a través de su reinversión, a efectos de consolidar posicionamientos comerciales frente a rivales locales, por lo general en el marco de las disputas entre diferentes grupos empresariales transnacionales.

La tercera hipótesis alude a las consecuencias socioeconómicas de la inserción del capital extranjero en el complejo agroindustrial pampeano –tal como lo analizamos en su sentido histórico y actual–, que, en lo fundamental resultan negativas para la economía nacional. No es ajeno a esta interpretación el hecho de que los países dependientes muestren un desarrollo limitado y deformado. *Limitado* por la voluminosa y prolongada extracción de plusvalía local que el imperialismo realiza mediante diversos mecanismos para ser transferida al circuito de sus negocios globales; y *deformado* por la parcialización del aparato productivo, en función de satisfacer las necesidades que la acumulación de capital plantea a las burguesías metropolitanas. Ambos fenómenos son expuestos y fundamentados a lo largo de la investigación realizada.

Marco teórico

El marco teórico general que orienta la investigación es el enfoque materialista histórico vinculado al estudio de la concentración y centralización del capital[18], los procesos de exportación de capitales, y el desarrollo de las tendencias monopólicas del capitalismo. Al mismo tiempo, se pretende caracterizar el reciente proceso de ordenamiento económico y político del mundo originado por los cambios sustanciales en el sistema capitalista global contemporáneo desde la Segunda Guerra Mundial.

Junto a este acervo, nos guiamos también por otras contribuciones conceptuales e interpretativas insoslayables en el abordaje de distintos aspectos conectados con el contenido de este estudio, como las relacionadas con los complejos agroindustriales, las cadenas agroalimentarias o sistemas agroalimentarios[19], el proceso de agriculturización[20] y el papel del sector industrial agroalimentario[21] entre otros tópicos igualmente pertinentes.

---

18 Vale aclarar que se entiende por concentración de la producción al aumento de la acumulación de capital (que se refleja en un aumento del capital constante a costa del variable). Generalmente este concepto es utilizado para observar el creciente grado de participación de las grandes empresas de una actividad en la propiedad de los medios de producción y la producción total de la misma. Por su parte, la centralización del capital alude al creciente control por parte de un reducido número de capitalistas de los medios de producción con que cuenta una sociedad, mediante la expansión de su presencia en múltiples sectores económicos a partir de la unión de distintos capitales, la compra de empresas, las fusiones, las adquisiciones, etcétera. Esto distingue específicamente a la centralización de la concentración *"que no es más que una denominación distinta que se da a la acumulación sobre una escala ampliada"*. Véase Marx, Carlos (1999 [1867]), *El Capital. Crítica de la economía política*, Fondo de Cultura Económica, México, T. I, p. 530.

19 Gutman, Graciela y Gorenstein, Silvia (2003), "Territorio y sistemas agroalimentarios, enfoques conceptuales y dinámicas recientes en Argentina", *Desarrollo Económico*, Revista de Ciencias Sociales, Buenos Aires, vol. 43, núm. 168; Champredonde, Marcelo y Ercoli, Miguel (1998), *Los productores agropecuarios en la cadena agroalimentaria del trigo argentino*, INTA, Bahía Blanca.

20 Tort, María Isabel (1983), "Los contratistas de maquinaria agrícola: una modalidad de organización económica del trabajo agrícola en la pampa húmeda", *Documento de Trabajo núm. 11,* CEIL, Buenos Aires; Tsakoumakos, Pedro y otros (1990), "Transformaciones sociales en el agro pampeano. 1970-1985", *Realidad Económica* núm. 92-93, pp. 214-224.

21 Gutman, Graciela y Gatto, Francisco (comps.) (1990), *Agroindustrias en la Argentina. Cambios organizativos y productivos (1970-1990),* CEAL, Bue-

El concepto de complejo agroindustrial utilizado en esta obra alude a aspectos que van más allá de lo estrictamente agropecuario, incorporando el abordaje de las múltiples articulaciones con un espacio económico más amplio (incluidos las industrias de insumos agrobiotecnológicos, de maquinarias agrícolas y de procesamiento de la materia prima, la comercialización de los productos y el sistema financiero).[22]

Estrategias metodológicas

La metodología adoptada considera las distintas actividades eslabonadas del complejo agroindustrial pampeano desde una perspectiva de análisis intersectorial que da cuenta del control de las materias primas, los insumos tecnológicos y los productos vinculados, así como de la inserción comercial de las diferentes empresas.[23]

La elección de una determinada metodología está asociada a nuestros supuestos, intereses, propósitos y marco teórico. En este sentido, partimos de concebir una realidad social compleja que debe observarse teniendo en cuenta un enfoque metodológico cualitativo-cuantitativo. Es decir, la investigación propuesta posibilita la unión de ambas dimensiones por medio de la triangulación, lo cual nos permitirá entender los fenómenos en sus diferentes facetas. Esta perspectiva constituye una combinación cuali-cuantitativa a lo largo de todo el proceso de investigación.

La vertiente cuantitativa consiste en la utilización del análisis de datos procedentes, principalmente, de series estadísticas del Instituto Nacional de Estadística y Censos (INDEC), el Ministerio de Agricultura, Ganadería y Pesca de la Nación, la Secretaría de Industria y Comercio, el Servicio Nacional de Sanidad y Calidad Agroalimentaria (SENASA), el Ministerio de Economía y Finanzas Públicas de la Nación, la Secretaría de Comercio Exterior de la Nación, el Ministerio de Asuntos Agrarios de la provincia de Buenos Aires y la Asociación de Fábricas Argentina de

---

nos Aires; Trigo, Eduardo, Chudnovsky, Daniel, Cap, Eugenio y López, Andrés (2002), *Los transgénicos en la agricultura Argentina. Una historia con final abierto*, Libros del Zorzal, Buenos Aires.

22 Teubal, Miguel (1995), *Globalización y expansión agroindustrial. ¿Superación de la pobreza en América Latina?* , Corregidor, Buenos Aires.

23 Lifschitz, Edgardo, "Utilización de técnicas de insumo-producto para el análisis económico intersectorial. Una propuesta metodológica", en: Garrido, Celso (Comp.) (1988), *Empresarios y Estado en América Latina*, CIDE, México, pp. 121-135.

Tractores (AFAT), la Comisión Nacional Asesora de Biotecnología Agropecuaria (CONABIA), la Cámara de la Industria Aceitera de la República Argentina (CIARA), la Cámara de la Industria Cervecera Argentina, el Centro de la Industria Lechera, la Cámara de Sanidad Agropecuaria y Fertilizantes (CASAFE), la Cámara Gremial de Fabricantes de Aceites Vegetales, el Consejo Técnico de Inversiones, el *Anuario J. J. Hinrichsen* y la revista *Prensa Económica*.

Vale recordar que se ha seleccionado como ámbito de estudio la región pampeana, focalizando la investigación en el segmento temporal 1976-2008 –sin excluir la descripción y análisis de un horizonte espacial y temporal más amplio (dada la interconexión de los procesos nacionales y globales, y la incidencia estructural de los procesos de larga duración)–; elección fundamentada por el peso relativo que posee este sistema agroalimentario en el conjunto del agro argentino y por las características diferenciales que tiene este territorio.

Por otra parte, cabe resaltar el valor que otorgamos al método comparativo.[24] Este tipo de estudios tiene ya una larga tradición e incluye el análisis de las principales variables estructurales argentinas contrastadas con las correspondientes a otros países productores de alimentos, ya sea que tienen una dinámica capitalista intensiva (Estados Unidos, Canadá y Australia)[25], que han manifestado un acelerado y persistente crecimiento económico (entre ellos China)[26], o que pertenecen al contexto latinoamericano (sobre todo Brasil)[27], así como con diversos tipos

---

24 Una fundamentación acerca de la utilidad de los estudios comparados: Kula, Witold (1977), *Problemas y métodos de la historia económica*, Península, Barcelona, p. 571.
25 Solberg, Carl (1987), *The Prairies and the Pampas*, Stanford University Press, Stanford; Gallo, Ezequiel, Fogarty, John y Diéguez, Héctor (1979), *Argentina y Australia*, Instituto Di Tella, Buenos Aires; Adelman, Jeremy (1992), "Financiamiento y expansión agrícola en la Argentina y Canadá, 1890-1914", *Ciclos*, Buenos Aires, núm. 3; Azcuy Ameghino, Eduardo (1997). "Los censos agropecuarios en Argentina y Estados Unidos. Comparaciones y problemas", *Ciclos*, Buenos Aires, núm. 13; Azcuy Ameghino, Eduardo (1988), "La evolución histórica de las explotaciones agropecuarias en Argentina y Estados Unidos: los casos de Pergamino y Iowa, 1888-1988", *Realidad Económica*, Buenos Aires, núm. 159; Balsa, Javier (2002), "La concentración de la agricultura entre 1937 y 1988: el *corn belt* y la pampa maicera argentina", *Boletín del Instituto de Historia Argentina y Americana "Dr. Emilio Ravignani"*, Buenos Aires, núm. 25.
26 Ganduglia, Federico y Obschatko, Edith (2004), *China en el mercado agroalimentario mundial*, IICA, Buenos Aires.
27 CEPAL/GTZ/FAO (1998), *Agroindustria y pequeña agricultura: vínculos, potencialidades y oportunidades comerciales*, Santiago de Chile, Naciones Uni-

de países a la vez.[28] Es de este modo que nos proponemos evaluar o ponderar la evolución del sistema de producción agraria argentina, particularmente en su especificidad pampeana, en comparación con el sistema agroalimentario mundial.

En el caso de la construcción de las unidades de análisis y la comparación correspondiente a los grandes agregados estadísticos internacionales, se ha optado por la utilización de bases de datos, informes y documentos elaborados por la Organización de las Naciones Unidas para la Agricultura y la Alimentación (FAO), la Conferencia de las Naciones Unidas sobre Comercio y Desarrollo (UNCTAD), el Banco Mundial, la Organización Mundial de Comercio (OMC), la Comisión Económica para América Latina (CEPAL) y el Instituto Interamericano para la Agricultura (IICA), entre otras entidades.

Entre los aspectos que nos proponemos abordar se encuentran aquellos ligados, principalmente, a la presencia de los capitales extranjeros en el sistema agroalimentario pampeano, en particular la estructura y el desarrollo cuantitativo y cualitativo de: la industria de maquinarias agrícolas (tractores y cosechadoras), la agroindustria de insumos (fertilizantes, semillas y fitosanitarios), las agroindustrias de transformación (aceiteras, industrias de molienda y otras producciones agroalimentarias) y el comercio exterior (importaciones y exportaciones).

A su vez, la investigación supone un enfoque cualitativo a partir de una exhaustiva recopilación e interpretación de fuentes escritas y, en la medida que nos fue posible, la búsqueda de testimonios orales de actores cualificados. Por lo tanto, la documentación que nos planteamos utilizar presenta un alto grado de heterogeneidad: informes de organismos públicos oficiales nacionales e internacionales, publicaciones periódicas nacionales y regionales, estudios centrados en la historia de las empresas, folletos, publicidad y datos procedentes de las firmas y cámaras empresariales, las revistas especializadas y las fuentes orales.

---

das; Rosa do Espirito Santo, Benedito (2006), *La agroenergía en la matriz energética*, IICA, Buenos Aires.

28 Murmis, Miguel (1974), *Tipos de capitalismo y estructura de clases*, La Rosa Blindada, Buenos Aires; Instituto Interamericano de Cooperación para la Agricultura (2007), *La agricultura frente a los nuevos retos del desarrollo: resumen: situación y perspectivas de la agricultura y la vida rural en las Américas 2007*, IICA, San José; Obstchatko, Edith, Ganduglia, Federico y Román, Florencia (2006), *El sector agroalimentario argentino 2000-2005*, IICA, Buenos Aires.

En particular, para el tratamiento de la primera hipótesis se colocó en el centro del análisis el control de las empresas imperialistas en el sector agroalimentario mediante la provisión de insumos, la industrialización de la producción primaria y el comercio exterior; las relaciones entre tecnología, incremento de la producción y de la superficie cultivada; y la dinámica de la estructura social agraria.

Para el abordaje de las cuestiones vinculadas a la segunda hipótesis se revisaron las políticas gubernamentales y los proyectos políticos que incidieron en la extranjerización del complejo agroindustrial pampeano. Además, nos interesó observar las relaciones entre los distintos tipos de actores, y la dinámica de acuerdos y confrontaciones en que se vieron envueltos.

En cuanto a los aspectos relacionados con la tercera hipótesis, observamos los resultados aparejados al desarrollo dependiente del capitalismo argentino y, en forma específica, del complejo agroindustrial pampeano. En particular, estudiamos el crecimiento de algunas ramas y el desmedro de otras, las limitaciones a la innovación y la modernización tecnológica nacional, y la eliminación de una gran cantidad de empresas. Secundariamente, también nos referimos a la evolución del número de explotaciones agropecuarias y de puestos de trabajo.

Limitaciones

Esta investigación también presenta algunas limitaciones. La principal es enfocarse en la presencia de los capitales extranjeros, con el consiguiente peligro de sesgar la investigación, por lo que nos hemos cuidado de presentar –en la medida de lo posible– datos del conjunto del complejo agroindustrial pampeano que engloban la presencia del capital nacional y las instituciones públicas, dando cuenta particularmente de la actuación de las grandes empresas locales y sus conexiones y/o contradicciones con los capitales foráneos.

En segundo orden, si bien se analizan entrevistas a actores clave para ampliar datos y sugerir problemas vinculados a la presencia del capital extranjero en el complejo agroalimentario, no se trata de un análisis microsocial. Las principales fuentes de información de la investigación son estadísticas oficiales y sectoriales, y declaraciones de las mismas empresas y cámaras empresarias.

Estructura del trabajo

La obra presenta dos partes bien delimitadas. La primera reúne la introducción, el marco teórico y un análisis del proceso histórico general de penetración del capital imperialista en la Argentina y en el complejo agroindustrial pampeano en particular. La segunda reúne los cuatro capítulos que hacen al nudo o eje central de nuestro trabajo y las conclusiones. Cada acápite de este último bloque analiza uno de los principales eslabonamientos que estructuran la relación entre las explotaciones agropecuarias y los consumidores, dando cuenta del fenómeno de la extranjerización del complejo agroindustrial pampeano.

En el primer capítulo se desarrolla el marco teórico que orienta esta investigación y consideramos válido para interpretar los resultados del estudio, explorando dos niveles de aproximación. Por un lado, se establece una revisión de las principales perspectivas teóricas sobre el imperialismo y la dependencia económica externa. Paralelamente, se discute una caracterización de la estructura y dinámica de la economía mundial desde la mitad del siglo xx hasta la actualidad, y se elabora un instrumental teórico que permite abordar la trama del sistema agroalimentario pampeano de la historia reciente.

El segundo capítulo examina el proceso histórico general de penetración del capital imperialista en la Argentina y en el complejo agroindustrial pampeano en particular. Se incluyen, para comprender mejor esta penetración, un análisis introductorio sobre el papel del empresariado argentino en este proceso, ya que la expansión de las compañías foráneas se desplegó en contraposición y/o asociación con el capital local.

El capítulo tercero define las características principales de la industria de maquinarias agrícolas en la Argentina; para ello registra las principales políticas operadas desde el Estado en el sector desde 1976, con especial énfasis en la estructura y dinámica de la producción y comercialización de cosechadoras y tractores.

El capítulo cuarto analiza las principales transformaciones operadas entre 1976 y 2008 en la producción y comercialización de fertilizantes, semillas y fitosanitarios, la incidencia de las políticas económicas y las distintas modalidades que los grupos ligados a los capitales extranjeros han utilizado para hacer prevalecer sus intereses.

capítulo quinto aborda el desarrollo de agroindustrias de transfor-
muy diverso tipo (productos farináceos, aceites, biocombusti-
zas y carne), identifica los principales actores en estos
, y analiza los principales procesos de desplazamien-
y fusiones de empresas.

El sexto capítulo consiste en un examen sistemático de las operaciones de las compañías exportadoras ligadas al complejo agroalimentario pampeano, mediante el que se procura caracterizar a los principales actores, estimar el volumen de sus operaciones, y analizar los beneficios u obstáculos que les han presentado las condiciones estructurales externas e internas y las políticas económicas del período 1976-2008.

En los diferentes capítulos se contemplan referencias comparativas entre las estructuras y dinámicas de los distintos segmentos del sistema agroalimentario pampeano y las observadas en otras referencias internacionales, con el objeto de obtener una evaluación más amplia de su desarrollo. Asimismo, se caracteriza la evolución de cada sector bajo diferentes políticas económicas y distintos modelos de acumulación.

Finalmente, en las conclusiones generales se realiza un análisis sociohistórico integrador que recoge las principales conclusiones parciales y las reinterpreta como epifenómenos ligados a la estructuración dependiente del país y la dinámica general del capitalismo a escala global.

CAPÍTULO 1
EL IMPERIALISMO CONTEMPORÁNEO Y SUS EFECTOS EN EL COMPLEJO AGROINDUSTRIAL

El presente capítulo pretende sustentar teóricamente esta investigación. Ello implica establecer un marco pertinente para el correcto encuadre de nuestro tema: el imperialismo y la dependencia en el complejo agroindustrial pampeano.

El imperialismo constituye una fase específica de la evolución del régimen capitalista.[29] Consideramos imposible interpretar acabadamente el último siglo largo[30] de evolución de la economía y la sociedad en el plano internacional sin considerar que, bajo la influencia de la exportación de capitales sostenida en los aparatos estatales (incluido en ocasiones el uso directo del poder militar) de los principales países que se fueron sucediendo o sumando en la cúpula del poder mundial, se configuró una

---

29 Lenin, Vladimir, "El imperialismo, etapa superior del capitalismo", op. cit.; Lenin, Vladimir, "Cuadernos sobre el imperialismo", en: Lenin, Vladimir (1970), *Obras Completas*, Cartago, Buenos Aires, T. XXIII y T. XLIV. Este punto de partida conceptual, acorde a los objetivos de esta investigación, permite establecer una perspectiva equidistante tanto de la confusión entre los términos imperio e imperialismo que alargan cronológicamente hacia atrás el alcance del concepto e incluyen diferentes formas de colonización mercantil y control territorial o militar, como de la negación posmoderna de los parámetros fundamentales del imperialismo conceptualizados por Lenin. Como ejemplo de estas argumentaciones a las que no adscribimos, véase Hardt, Michael y Negri, Antonio (2002), *Imperio*, Paidós, Buenos Aires. Un análisis de esta obra en: Borón, Atilio (2004), *Imperio & imperialismo: una lectura crítica de M. Hardt y A. Negri*, CLACSO, Buenos Aires.

30 El historiador inglés Eric Hobsbawm ha sugerido un siglo XX corto desde la Primera Guerra Mundial (1914) a la caída de la Unión Soviética (1991), período en el cual el imperialismo moderno habría desaparecido. Para nuestro análisis, por el contrario, consideramos que desde comienzos del siglo XX –o incluso desde los últimos años del siglo XIX– hasta los años iniciales del siglo XXI se expresa una continuidad histórica en términos de exacerbación de los intentos de dominación económica y de la disputa entre las potencias por adueñarse de mercados. Cfr. Hobsbawm, Eric (1995 [1994]), *Historia del siglo XX*, 1914-1991, Crítica, Barcelona.

renovada estructura asimétrica de relaciones económicas, políticas, militares y diplomáticas internacionales.

La historicidad de este análisis lleva a poner de manifiesto que, si bien consideramos la perspectiva leninista sobre el imperialismo como punto de partida, tenemos claro que, en tiempos de Lenin, la población y la economía mundial era masivamente agraria, la Primera Guerra Mundial estaba en curso, y la expansión industrial y la avalancha monopolista asumían sus primeros pasos de expansión a escala planetaria.[31] Por tanto, afirmamos que los cambios ocurridos en las últimas décadas –particularmente desde la finalización de la Segunda Guerra Mundial– configuraron un escenario con transformaciones profundas y, al mismo tiempo, continuidades en la estructura y dinámica de la economía mundial. El desarrollo de armas nucleares, la consolidación de la hegemonía de Estados Unidos, la rivalidad entre la Unión de Repúblicas Socialistas Soviéticas (URSS) y las potencias capitalistas durante la llamada "Guerra fría"[32], la Revolución china, la restauración del capitalismo en Rusia, la descolonización de África y Asia, el desarrollo del Movimiento de Países No Alineados, las llamadas crisis del petróleo y del Estado de Bienestar, la caída de los regímenes en Europa Oriental en los años noventa, la reinstalación capitalista y el expansionismo económico chino, la conformación de bloques regionales, la crisis de las políticas neoliberales y la universalización del modo capitalista de producción constituyen algunos de los principales procesos que incidieron en la configuración de una realidad que, partiendo de la tesis leninista clásica de estructuración de la forma imperialista del capitalismo de fines de siglo XIX y la primera mitad del siglo XX, requiere nuevas investigaciones y desarrollos.

Por lo tanto, este capítulo tiene un doble objetivo. Por un lado, se propone identificar cuál es la fisonomía del imperialismo en el contexto histórico reciente y su papel en el escenario económico mundial contemporáneo. Paralelamente, se plantea problematizar las implicancias de este fenómeno en el complejo agroalimentario mundial.

---

31 Entre 1873 a 1896, el sistema capitalista sufrió su primera "Gran Depresión", intensificándose la competencia, cayeron los precios y se registraron tasas de ganancias decrecientes en forma sostenida. El resultado fue un rápido ascenso del gran capital que contribuyó decisivamente a la formación de monopolios y oligopolios. Véase Mommsen, Wolfang (1991 [1971]), *La época del imperialismo*, Siglo XXI, México, p. 39-41.

32 Se denomina Guerra Fría al enfrentamiento entre los Estados Unidos y sus aliados y la URSS y sus aliados, ocurrido entre 1945-1991, en el plano armamentístico, económico, político, ideológico, cultural y tecnológico que se desarrolló sin ninguna guerra en la que ambas potencias confrontaran de manera directa.

Caracterización del fenómeno imperialista y la dependencia capitalista

Los orígenes y el desarrollo del término *imperialismo* se remontan a la segunda mitad del siglo XIX, cuando era utilizado para designar negativamente la política agresiva de las grandes potencias. Iniciado el siglo XX se elaboraron una serie de teorías del imperialismo entre las que se destacó, tanto por su acertada caracterización como por su influencia posterior, la obra de Vladimir Lenin.

Sin perjuicio del conocimiento de las diversas perspectivas que abordaron la cuestión[33], debemos señalar nuestra coincidencia interpretativa con los principales aportes de la corriente marxista –aun reconociendo la invalidez de algunos planteos– de principios de siglo XX.[34] Ésta estableció una serie de aportes acerca de la expansión capitalista en áreas coloniales y semicoloniales y la política de agresividad y enfrentamiento de las grandes potencias de la época.

Nuestro análisis centra su interpretación en que el imperialismo es una consecuencia directa de la dinámica y el desarrollo del sistema capitalista. Por lo tanto, el fenómeno del imperialismo capitalista contemporáneo tendría como características generales: a) la formación de monopolios y oligopolios (concentración de la producción, la propiedad de los medios de producción y distribución, los conocimientos y la tecnología y centralización del capital); b) el predominio del capital financiero sobre el conjunto de la economía; c) la preponderancia de la exportación de capitales por sobre la exportación de productos; d) el reparto del mundo entre asociaciones capitalistas y potencias imperialistas; e) la pene-

---

33 Buena parte de esa producción, formulada por autores liberales centra su atención en la expansión colonial y no establecen una relación de causalidad entre el desarrollo capitalista y el imperialismo. La mayoría de estos enfoques –con excepción del trabajo de Hobson– se posicionan en abierto debate y confrontación con la perspectiva leninista. Véase Hobson, John A. (1981 [1902]), *Imperialismo. Un estudio*, Alianza, Madrid; Schumpeter, Joseph (1965 [1917]), *Imperialismo. Clases sociales*, Tecnos, Madrid; Gallagher, John y Robinson, Ronald (1961), *Africa and the Victorians. The Official Mind of Imperialism*, Macmillan, Londres.

34 Además de la mencionada contribución teórica de Vladimir Lenin, los trabajos de Karl Kautsky, Rudolf Hilferding, Rosa Luxemburgo, Hilferding, Rudolf (1963 [1910]), *El capital financiero*, Tecnos, Madrid; Luxemburgo, Rosa (1978 [1913]), *La acumulación de capital*, Grijalbo, Barcelona; Bujarin, Nicolai (1930 [1915]), *La economía mundial y el imperialismo*, Cenit, Madrid; Kautsky, Karl (1914), "Ultra-imperialism", *Die Neue Zeit*, septiembre.

tración ideológica simultánea en el ámbito educativo, las instituciones religiosas y los medios de información de masas tanto de las naciones imperialistas como en los países dependientes; y f) la extracción de plusvalía de los países dependientes y la expropiación masiva en un contexto de universalización de las relaciones capitalistas de producción. A su vez, es apropiado contemplar algunas facetas específicas presentes en la historia más reciente: a) la supremacía económica, política y militar de los Estados Unidos; b) la formación de potencias imperialistas sobre la base del cambio de carácter de países socialistas; y c) el ascenso de países y burguesías rezagadas a condiciones imperialistas subalternas.

A continuación analizamos cada uno de estos rasgos y articulamos su relación con los complejos agroindustriales.

La formación de monopolios y oligopolios

La competencia entre capitalistas marca una tendencia a la concentración de la producción y centralización del capital (y viceversa). Esta concentración se vincula con las ventajas de la producción en gran escala, que eleva los niveles de la reproducción ampliada y la acumulación de capital por parte de la gran burguesía.

La competencia entre capitalistas deriva, entonces, en la formación de monopolios (u oligopolios), dando lugar, ya a finales del siglo xix, a una nueva fase del capitalismo denominada como "etapa monopolista" o "imperialista". En este nuevo escenario, las pequeñas empresas pasaron a encontrarse sometidas, subordinadas al dominio de unas pocas grandes corporaciones, cuando no, en proceso de estrangulamiento.

En concreto, el mecanismo propiamente capitalista para sobrevivir a la competencia que desarrollan las empresas es la inversión en capital constante, elevando la productividad e intensidad del proceso productivo. Este incremento de capital y su efecto de mayor producción de bienes se tienen que comparar con las tasas de expansión del mercado al que abastecen: un mercado naciente tiene espacios para que lo abastezcan múltiples capitales, pero un mercado maduro ya no crece demasiado y el mayor flujo de bienes producidos se encuentra en riesgo de caer en situaciones de superproducción. En este punto, por la vía que fuera (guerra de precios, compras agresivas, etc.), sólo unos pocos capitales sobrevivirán, concentrando el mercado.

Un rasgo saliente de este proceso fue el desarrollo de las empresas corporativas, también denominadas conglomerados empresarios o combinaciones. La firma conglomerada reúne en una sola empresa a distintas ramas de la industria, que, en general, o representan etapas sucesivas de la elaboración de la producción, o son ramas subsidiarias entre sí. Sin embargo, la conglomeración puede ser también no relacionada, cuando se invierte en producciones que no están vinculadas con la original. La conglomeración suele aparecer como efecto paradójico de la monopolización: la concentración de excedentes en la rama termina por enfrentarse a límites para continuar su expansión dentro de la misma rama (porque los competidores son igual de poderosos o porque la rama está completamente concentrada), y en consecuencia acaba por utilizar esos excedentes en otras áreas, no necesariamente relacionadas. Es decir, la concentración repercute en un exceso de recursos que la propia competencia –concentrada– le impide aprovechar en el espacio mismo de valorización.

En forma paralela, se registra la concentración de la propiedad de invenciones y perfeccionamientos técnicos que elevan la eficiencia y reducen los costos de producción. Las grandes empresas tienden a monopolizar la fuerza de trabajo calificada (poniendo a su servicio a ingenieros y técnicos), impulsar el desarrollo científico y tecnológico de acuerdo a sus intereses, y controlar los principales medios de transporte y de comunicación masiva.

En estas condiciones, "la concentración amplía y acelera al mismo tiempo las transformaciones operadas en la composición técnica del capital, permitiendo aumentar el capital constante a costa del variable y reduciendo, como es lógico, la demanda relativa de trabajo".[35] No obstante, este proceso contiene una tendencia contraria con la cual debe enfrentarse de modo permanente y que deseamos destacar: la producción de intelectuales, técnicos y científicos como fuerza de trabajo especializada no es ajena a las relaciones sociales de explotación y, por lo tanto, éstos entablan relaciones contradictorias con las orientaciones del gran capital; aunque también, en ocasiones, por su desvinculación relativa del proceso productivo y el trabajo manual, puedan participar en acciones contrarias a la clase trabajadora.[36]

---

35 Marx, Carlos (1999 [1867]), *El Capital,* op. cit., tomo I, p. 531.

36 Al mismo tiempo, la etapa imperialista supone la reproducción de la fuerza de trabajo a escala internacional con un carácter fuertemente discriminatorio; estableciéndose la selección de individuos cuyo origen es del país imperialista y/o reúnen características vinculadas a los patrones culturales y étnicos de la potencia dominadora (vistos como "naturalmente" superiores) en los puestos de *management* y fuerza de trabajo especializada. Quijano, Aníbal, "Colonialidad del poder, eurocentrismo y América Latina", en: Lander, Edgardo (comp.) (2000), *La colonialidad del saber, eurocentrismo y ciencias sociales. Perspectivas latinoamericanas*, CLACSO, Buenos Aires, pp. 201-246.

Un elemento controversial, especialmente a partir de su tratamiento unilateral por autores posteriores, lo constituye la idea de que el desarrollo de los monopolios "engendra inevitablemente una tendencia al estancamiento y la descomposición".[37] La absolutización de este razonamiento implica que la crisis es crónica y definitiva y no una dinámica que alterna ciclos de acumulación y crisis capitalista.[38] Consideramos pues conveniente mantener el análisis de la tendencia monopólica en paralelo a la continuidad de teoría de la competencia desarrollada por Marx[39]; es decir, la presencia de monopolios insertados en "un proceso destructivo y antagónico"[40] entre capitalistas, que dinamiza –no sin períodos de acumulación, contradicciones y ciclos de crisis– la actividad económica. La competencia internacional lleva a la lucha entre capitalistas que –a fin de innovar en su producción, reducir costos y aumentar su tasa de plusvalía– promueven el cambio tecnológico.[41]

El gran capital monopolista u oligopolista, cuando actúa en terceros países, lo hace como capital imperialista. Es decir, la perspectiva económica y política adoptada procura superar el estrecho concepto que solamente atribuye la caracterización de "extranjeras" a aquellas empresas cuya propiedad mayoritaria está en manos de no residentes. De esta manera, también se mencionan compañías involucradas en el proceso de extranjerización, en el cual el capital foráneo posee una participación minoritaria. En general, se trata de empresas *multinacionales* o *transnacionales*, tanto por la diversidad de capitales que componen sus pa-

---

37 Lenin, Vladimir, "El imperialismo, etapa superior del capitalismo", en: op. cit., p. 397. Esta línea argumentativa fue continuada entre otros autores por Paul Baran, Paul Sweezy y Harry Magdoff. Véase, Baran, Paul y Sweezy, Paul (1966), *El capital monopolista. Un ensayo de la economía americana y el orden social*, Siglo XXI, México; Magdoff, Harry y Sweezy, Paul (1988 [1986]), *Estancamiento y explosión financiera en Estados Unidos*, Siglo XXI, México.

38 Mandel, Ernest (1986), *Las ondas largas del desarrollo capitalista. La interpretación marxista*, Siglo XXI, Madrid; Katz, Claudio (2001), "Ernest Mandel y la teoría de las ondas largas", *Razón y Revolución*, Buenos Aires, núm. 7.

39 Vale recordar aquí la crítica del propio Lenin a la perspectiva de contraponer imperialismo y libre competencia y sus análisis de las relaciones entre monopolio y competencia en el que se mantiene en vigencia la ley del valor. Lenin, Vladimir, op. cit., pp. 409-411.

40 Shaik, Anwar (2006), *Valor, acumulación y crisis*, RyR, Buenos Aires, 2006, p. 105.

41 Para considerar algunas críticas al respecto a la señalada tendencia al estancamiento, Shaik, Anwar, op. cit., pp. 72-75; Astarita, Rolando (2006), *Valor, mercado mundial y globalización*, Tuprop, Buenos Aires, pp. 143-146.

quetes accionarios, como por la pluralidad de mercados donde actúan y extraen sus recursos.

Si bien pueden rastrearse antecedentes históricos que refieren a los albores del capitalismo, las multinacionales surgieron con la crisis de fines de siglo XIX y los inicios de la expansión del capital imperialista, y debe considerarse como tales a aquellas empresas que instalan filiales en múltiples países donde manufacturan de forma integral todo el producto.

La transnacionalización alude a un proceso más reciente –sobre todo a partir de la crisis de fines de la década de 1960 e inicio de la de 1970–, y consiste en producir a través de distintos países. Es decir, las filiales se desintegran verticalmente y cada una pasa a encargarse de una única etapa del proceso productivo. Esta situación implica una mayor pérdida de soberanía de los Estados dependientes: las decisiones respecto a la cadena global de valor no se toman en estos espacios, que aparecen más o menos intercambiables entre sí.[42] Un mecanismo de exportación que se evidencia en este esquema es el de los precios de transferencia: la empresa decide sus precios internamente y puede transferir a valores diferentes según como le convenga, más barato o más caro. Como se enfatiza más adelante, existe una asociación y entrelazamiento particular entre estas empresas (y las burguesías que las controlan) y el Estado de su país de origen.[43]

Siguiendo nuestros señalamientos acerca de la concentración de la propiedad de invenciones y perfeccionamientos técnicos, vale indicar que, específicamente en el ámbito de los insumos agrobiotecnológicos, fue entre la segunda mitad del siglo XIX y las primeras décadas del siglo XX cuando se constituyeron las principales corporaciones que en la actualidad lideran los mercados internacionales. Más adelante, al iniciarse la década de 1970, se intensificaron las oleadas de fusiones entre compañías semilleras y grandes empresas de la industria química y farmacéutica.

En materia de agroquímicos, fertilizantes y nuevas variedades de plantas y animales producidas por el desarrollo biotecnológico y la genética, se registran cuantiosos aportes comerciales para las empresas productoras. En este contexto, al igual que en el resto del entramado agro-

---

42 Trajtenberg, Raúl (1985), *Concentración global y transnacionalización*, CET, Buenos Aires; Trajtenberg, Raúl (1999), *El concepto de empresa transnacional*, Universidad de la República Oriental del Uruguay, Montevideo.
43 Vilas, Carlos (1973), "Extranjerización de la sociedad y el estado", *Realidad Económica*, Buenos Aires, N°12, marzo-abril, p. 45.

industrial, la centralización del capital contribuye a concentrar también la propiedad de los desarrollos científicos y tecnológicos de la sociedad.

El sector público participa en ciencia y tecnología, pero cada vez más subordinado a los intereses empresariales que se manifiestan en la organización estatal. Esta participación pública se realiza sobre todo en áreas donde se requiere demasiado capital y cuyos productos no tienen una salida inmediata para la comercialización.

La adquisición y la transferencia de conocimiento científico se convierten en mercancías intelectuales que se compran y se venden como las demás mercancías. El advenimiento de la protección de las obtenciones vegetales y el cobro de patentes biotecnológicas han llevado al sector privado a liderar las inversiones en investigación científica y tecnológica.[44] De esta manera, en el complejo agroalimentario se expresa la concentración del proceso de invenciones y perfeccionamientos técnicos que elevan la eficiencia y reducen los costos de producción. Las grandes empresas agroindustriales transnacionales tienden a monopolizar el servicio de ingenieros y técnicos, impulsan el desarrollo científico y tecnológico de acuerdo a sus intereses y utilizan la innovación científico-tecnológica en su lucha competitiva internacional contra las corporaciones rivales.

Los laboratorios científicos de las universidades y los institutos públicos no resultan ajenos a estos procesos de innovación, dado que brindan sus conocimientos de base y potencian el capital inversor a cambio de financiamiento. En los países periféricos como la Argentina, el Estado ha adoptado históricamente una política de fuerte retraimiento en cuanto a la promoción científica y tecnológica. De esta manera, la investigación biotecnológica vinculada al complejo agrario estuvo en manos de la iniciativa privada[45], destacándose el papel desarrollado por las filiales de firmas extranjeras, entre otras *Monsanto*, *Nidera*, *Syngenta* y *Dow Agroscience*.

Esto se traduce en un continuo drenaje de divisas de los países dependientes a los imperialistas debido a que la transferencia tecnológica está sujeta al pago de rentas de innovación y propiedad intelectual, con

---

44 Busch, Lawrence, "The State of Agricultural Science and the agricultural science of the state", en: Bonanno, Allessandro (1994), *From Columbus to ConAgra: The Globalization of Agriculture and Food*, Universty Press of Kansas, Lawrence, pp. 69-84.

45 Trigo, Eduardo, Chudnovsky, Daniel, Cap, Eugenio y López, Andrés (2002), *Los transgénicos en la agricultura argentina. Una historia con final abierto*, Zorzal, Buenos Aires, pp. 104-111.

el consiguiente beneficio para las grandes corporaciones que poseen el liderazgo en desarrollo tecnológico.[46]

Tendencias del capital en general y predominio del capital financiero sobre el conjunto de la economía

La propia dinámica capitalista determina que los propietarios de medios de producción -empujados por la concurrencia- precisen extraer cada vez más mayores ganancias. Para aumentar la alícuota de plusvalía, los empresarios intentan ampliar o diversificar el proceso productivo, incrementar el tiempo de trabajo, intensificar la capacidad productiva del trabajo o una combinación entre estas posibilidades. Para expandir o diversificar la producción de sus negocios necesitan reunir suficientes recursos para realizar nuevas inversiones. Esta situación otorgó a los bancos el papel de depósitos de dinero y facilitadores de créditos que conferían intereses capitalistas.

De esta manera, los bancos, en su configuración contemporánea, se convirtieron en explotadores directos o indirectos en las relaciones sociales de producción capitalistas.[47] La eliminación de los bancos más pequeños por los grandes bancos a la que tiende el capitalismo funcionó como punto de partida de este proceso. Este hecho puede adquirir formas distintas -absorción, anexión, fusión, subordinación o participación mediante acciones-, pero al final deriva en la concentración del capital. El proceso de subordinación a un único centro de pequeñas unidades económicas relativamente independientes o locales da como resultado una centralización del capital bancario.

En la historia del capitalismo, esta centralización permite al capital bancario controlar a través del crédito el conjunto de las operaciones capitalistas. Esta circunstancia dio origen a una particular vinculación entre los capitales bancarios y las grandes compañías industriales y co-

---

46 López Monja, Carina, Poth, Carla y Perelmuter, Tamara (2010), *El avance de la soja transgénica: ¿progreso científico o mercantilización de la vida? Un análisis crítico de la biotecnología en Argentina,* Ediciones del CCC, Buenos Aires, p. 27.

47 Mientras estos bancos no participan del capital accionario de las empresas productoras, no son explotadores directos porque no se apropian directamente de plusvalía, sino que lo hacen indirectamente a través del proceso de circulación de capital (cobrando intereses a los explotadores directos).

merciales: "la fusión de los unos con las otras a través de la adquisición de acciones, a través de la designación de directores de bancos en los consejos de supervisión (o directorios) de la empresas industriales y comerciales, y viceversa".[48] Este entrelazamiento entre el capital de los bancos y el de las grandes industrias y empresas comerciales se remonta a un origen histórico específico del capital financiero(pincipalmente, el caso alemán de fines de siglo XIX y principios del siglo XX), que dio sustento a la noción presentada por Hilferding y Lenin.

En la actualidad, el concepto de capital financiero ha tenido interpretaciones distintas, entre ellas la que lo entiende como capital dinerario. Sin embargo, lo que aquí se enfatiza como capital financiero es la dinámica, a escala planetaria, de interpenetración recíproca de actividades industriales, comerciales, bancarias y financieras en las corporaciones transnacionales que dominan la economía mundial. Por lo tanto, se desprende que el capital financiero es el resultado de una integración entre el capital bancario, el capital industrial en un sentido amplio[49] y el comercial.

Esta situación singular se completa con la vinculación entre estos grandes capitales y distintas esferas políticas (gobiernos, parlamentarios, partidos políticos, etc.), y con la penetración (por medios directos e indirectos) de la oligarquía financiera en el Estado, asegurando las condiciones de su reproducción social.

A diferencia de las interpretaciones que teorizan la pérdida de relevancia de la organización estatal, en esta investigación consideramos que el Estado-nación no se ha vuelto menos significativo que en el pasado, toda vez que continúa desempeñando un papel importante en la acumulación de capital, protegiendo y legitimando los derechos de propiedad privada, manteniendo un marco jurídico acorde y el uso de la fuerza legítima (a nivel nacional e internacional), controlando y regulando la circulación de mercancías y de personas, promoviendo una determinada estructura ideológica, movilizando recursos y estableciendo el dominio de la clase dominante (o el predominio de una de sus fracciones).

---

48 Lenin, V., "El imperialismo, etapa superior del capitalismo", op. cit., p. 349.

49 Capital industrial en el sentido de que abarca todas las ramas de producción explotadas sobre bases capitalistas y abarca los capitales pertenecientes a los sectores agrarios, mineros, transporte, energía, comunicaciones, construcción y servicios (excluyéndose el comercio y el capital bancario). Véase: Marx, Carlos (2000 [1885]), *El Capital, Crítica de la Economía política*, Fondo de Cultura Económica, México, tomo II, p. 49; Iñigo Carrera, Juan (2007), *La formación económica de la sociedad argentina, Volumen I: Renta agraria, ganancia industrial y deuda externa 1882-2004*, Imago Mundi, Buenos Aires, p. 24.

No obstante, en la fase imperialista del capitalismo, las llamadas empresas transnacionales operan, paralelamente, como un actor fundamental e integrado al desarrollo de los Estados-nación, expresando la hegemonía de una determinada burguesía con alianzas e intereses que trascienden las fronteras nacionales. Dichas corporaciones –incluidas las inmersas en el complejo agroindustrial mundial– necesitan de los aparatos estatales para mejorar sus posibilidades de obtener los beneficios que las motorizan, proteger las inversiones, remitir utilidades, conseguir facilidades en la extracción de recursos y profundizar su penetración y estabilidad en los mercados donde intervienen. Es decir que las políticas de los Estados nacionales tienen el poder de obstaculizar o favorecer a las empresas en su búsqueda de insumos y fuentes de materias primas, salvar empresas de la crisis o apuntalar su auge. De este modo, no es extraño encontrar en los Consejos de Administración de las empresas o en las instituciones de representación corporativa a individuos que han participado de diferentes gobiernos en carácter de presidentes, ministros, senadores, diputados y jefes militares.[50]

En esta dirección también debe remarcarse la influencia de las principales potencias imperialistas sobre el accionar de instituciones supranacionales como la Organización de las Naciones Unidas (ONU) y sus entidades asociadas –por ejemplo, la Organización de las Naciones Unidas para la Agricultura (FAO)–, cuya gestión implica negociaciones y tomas de decisiones de los Estados-nación (de acuerdo a los intereses

---

50 A modo de ejemplo, en España, el ex ministro de Economía, Pedro Solbes pasó a ser miembro del Consejo de Administración de la empresa italiana *Enel* y del banco inglés *Barclays*, el ex presidente Felipe González de *Gas Natural Fenosa*, el ex diputado Rafael Arias-Salgado es presidente de *Carrefour* España. En Estados Unidos, el ex presidente George W. Bush integra el Consejo de Administración de *Harken Energy*, el ex vicepresidente Dick Cheney fue presidente de *Halliburton* (primera contratista en la reconstrucción de Irak) hasta 1995, el ex secretario de Defensa, Donald Rumsfeld fue director general de *Searle* (actual filial de *Pharmacia*). En Argentina, podemos mencionar los casos de José Alfredo Martínez de Hoz, ex ministro de Economía de la dictadura de Videla, quien integró el comité internacional del Consejo de Administración del *Chase Manhattan Bank* y directivo de la empresa *Acindar*; Guillermo Walter Klein, funcionario de Estado y apoderado de 22 bancos acreedores de la deuda externa argentina; los ex ministros de Economía Miguel Roig y Néstor Rapanelli durante el gobierno de Carlos Menem, altos ejecutivos de *Bunge & Born*. Para los mecanismos de "la puerta giratoria" en las que personajes influyentes pasan a trabajar de la esfera pública a la esfera privada y viceversa véase Verger, Antoni (2003), *El sutil poder de las transnacionales. Lógica, funcionamiento e impacto de las grandes empresas del mundo globalizado*, Icaria, Barcelona, pp. 70-71.

económicos de sus respectivas burguesías) con respecto a la agricultura, el comercio internacional, el desarrollo tecnológico y el cuidado del medio ambiente.

El capitalismo en su fase actual es el dominio del capital financiero, y se expresa en la situación destacada de unos pocos Estados dotados de poder financiero por sobre los demás. A través del dominio del capital financiero las disputas interimperialistas tienden a su acentuación.

La expansión del capital financiero cobra mayor importancia en la exportación de capital como mecanismo de penetración económica, de establecimiento de lazos de dependencia sobre los países que requieren tales recursos y de eliminación de competidores.[51]

A partir de mediados del siglo xx, la reestructuración del sistema capitalista internacional que siguió a los acuerdos de Bretton Woods permitió la constitución de Nueva York como principal centro financiero del mundo y el establecimiento mundial del patrón dólar.[52] El financiamiento norteamericano a Europa occidental a través del Plan Marshall (denominado oficialmente *European Recovery Program*) y a Japón luego de la Guerra de Corea contribuyó a expandir los intereses de los capitales de Estados Unidos. Este predominio de los capitales financieros (dinerarios) en el marco del *boom* industrial de posguerra llevó a que "las ganancias de las firmas financieras crecieron más rápido que las ganancias no financieras durante los años '50 y '60: entre 1945 y 1952 el promedio de crecimiento anual de las ganancias en las finanzas fue del 18%, comparado con el 11% del sector no-financiero; entre 1953 y 1969 la comparación fue de 7,5% versus 4,5%".[53]

A pesar de tal fenómeno, lo cierto es que, más importante que el pago de intereses por los préstamos, era que los fondos del Plan Marshall se usaran para comprar bienes producidos en Estados Unidos. Esto aseguraba un mercado para los crecientes excedentes de productos resultantes de la reorganización productiva estadounidense de posguerra. Al mismo tiempo, garantizaba a los norteamericanos que la recuperación de Europa fuera más lenta, produciendo en los hechos una recuperación de imperialismos rivales a los Estados Unidos a la vez que una continuidad

---

51 Nos referimos en este caso a la exportación de capital como inversión, desligando a la exportación como utilidades e intereses que salen de los países producto de la inversión extranjera y la deuda externa.

52 Teitelbaum, Alejandro (2010), *La armadura del capitalismo*, Icaria, Barcelona.

53 Panitch, Leo y Gidin, Sam, "Las finanzas y el imperio norteamericano", en: Panitch, Leo y Leys, Colin (edit.) (2005), *Socialist Register 2005*, op. cit., p. 77.

de la disputa interimperialista. Por lo tanto, la cuestión era garantizarse –a través del apuntalamiento de ese capital financiero– la valorización de su capital productivo.

Cuando los Estados Unidos pusieron fin a la convertibilidad del dólar en oro en 1971 y se produjo la Crisis del Petróleo en 1973, el papel de los grandes bancos internacionales en la economía mundial ya estaba establecido. En ese contexto de reducción de las ganancias industriales, comenzó el direccionamiento de los llamados *petrodólares* depositados en los países imperialistas hacia los países del Tercer Mundo, generándoles abultadas deudas externas y subordinándolos a los circuitos financieros internacionales. Incluso, vale señalar que buena parte del negocio estaba armado antes con el exceso de *eurodólares* en Europa, por lo que se buscaba su valorización en un contexto de ganancia decreciente en ese continente. No obstante, fue el llamado "*shock* Volcker" (1979-1982) el que configuró un nuevo esquema financiero mundial y precipitó la crisis de la deuda de los países subdesarrollados; los capitales estadounidenses resultaron favorecidos, creando y vendiendo nuevos títulos y poniéndoles un precio a las distintas dimensiones del riesgo en los negocios.[54]

Sin embargo, en los países imperialistas existen diferentes marcos legales. Así, en Estados Unidos y Gran Bretaña desde 1933 rigió el *sistema de banca especializada* que separa la actividad bancaria de la bursátil, pudiendo los bancos actuar o bien en la operación de depósitos y créditos, o bien en la operación de títulos. Posteriormente, en 1999 esta legislación fue derogada en Estados Unidos permitiendo un área mayor de competencia financiera.[55] En cambio, en Alemania, Francia, Italia y

---

54 En 1979, el presidente de la Reserva Federal de Estados Unidos, Paul Volcker –representante directo del sector financiero concentrado de ese país y con el objetivo principal de aumentar las ganancias de las grandes casas financieras– impulsó el aumento del valor de la tasa de interés para de esta forma incrementar el valor del dólar, detener la inflación y recuperar la acumulación de capital. Como consecuencia, el aumento de la tasa de interés también generó un aumento de los intereses por las deudas externas contraídas por los países dependientes. En 1980, fue aprobada la Ley de Desregulación de Instituciones de Depósitos y Control Monetario (*Depositary Institutions Deregulation and Monetary Control Act*) que permitió un proceso de creciente competencia entre los bancos que trajo como consecuencia una mayor concentración y centralización de las instituciones financieras.

55 La Ley Glass-Steagall o *Banking Act* fue sancionada en 1933 con el fin de evitar los riesgos especulativos que llevaran al Crack de 1929. Esta ley fue derogada en 1999 mediante la *Financial Services Modernization Act,* que permitió la constitución del *Citigroup,* la mayor empresa de servicios financieros del mundo.

Japón estuvo vigente el *sistema de banca universal*, que les permitió a los bancos actuar en todos los sectores desarrollando un mayor entrelazamiento entre los bancos y los monopolios industriales y comerciales. El entrelazamiento entre el capital bancario y el industrial de este segundo grupo de países condicionó las áreas de inversión de capital y resultó, luego de la reforma norteamericana, una traba para los capitales de este origen en la lucha por mejores posiciones en el mercado internacional; como consecuencia se produjo la estructuración de un *sistema de participaciones financieras*. Éste conduce a que las inversiones financieras se adquieran por el lapso de tres a cinco años y se otorga mayor flexibilidad al capital en la búsqueda de mayores réditos, lo cual favorece la consecución de ganancias especulativas en la lucha competitiva.[56]

Entre las actividades que comprenden los grupos financieros se verifican la organización de fusiones, la absorción de compañías aseguradoras, la fundación y gestión de fondos de inversión, la concesión de créditos, los negocios con títulos valores y la emisión de acciones y empréstitos.

En este marco, con el proceso de internacionalización del capital, la extensión mundial de la posesión de acciones y fondos de inversión[57], y la velocidad de su circulación a escala global, la bolsa ha acrecentado su papel de regulador de los flujos globales de capital. Estas bolsas son instrumentos del capital financiero en su pelea por la acumulación de capital. En los países imperialistas estimulan la actividad de ahorristas e inversores de carácter parasitario y rentista que viven de las ganancias bursátiles y de la explotación de los países dependientes. Mediante este mecanismo se amarra material e ideológicamente el capital financiero a estos inversores –incluidos numerosos pequeños ahorristas– y se consigue, al mismo tiempo, extender la forma de vida y de pensar burguesa en amplios sectores de la sociedad. Lo cual no impide que muchos de

---

56 En los últimos años, la infraestructura informática global ha contribuido a acelerar y simplificar los intercambios comerciales y los servicios de pagos internacionales. Los grandes bancos internacionales, más allá de sus enconadas disputas, han establecido consorcios entre sí con el objetivo de concentrar las transacciones. Engel, Stefan (2005), *El crepúsculo de los dioses sobre el nuevo orden mundial*, Nuestra América, Buenos Aires, pp. 146-150.

57 Con la expansión de los regímenes privados de jubilaciones y pensiones, los bancos y las compañías aseguradoras incrementaron la disponibilidad de fondos de inversión para su utilización como capital especulativo en una diversificada gama de oportunidades (entre ellas, las diferentes ramas de los complejos agroindustriales, incluida la producción primaria). Véase Fernández, Diego (2010), "Concentración económica en la región pampeana: El caso de los fideicomisos financieros", *Mundo agrario*, La Plata, vol. 11, núm. 21, diciembre.

estos pequeños especuladores resulten arruinados cada vez que estallan las burbujas especulativas, desnudando el carácter ilusorio del capital ficticio.[58]

De más está decir que el carácter dominante del capital financiero no debe ser puesto en contraposición absoluta con el capital productivo –que en tanto capital industrial se encuentra imbricado en su seno–, ni delinear de manera acrítica una identidad de situaciones para el papel de los bancos en la economía actual con el desempeñado durante el contexto de origen de la fase imperialista del capitalismo. Por el contrario, debe establecerse una íntima conexión entre las finanzas, la producción y el comercio en la operatoria de las grandes transnacionales. Tanto las instituciones netamente financieras como las empresas de bienes y servicios asignan recursos dirigidos a una mejoría de la productividad del capital; así, la expansión de nuevas áreas de negocios y la aceleración de la tecnología informática constituyen ámbitos cruciales de inversión.

Con todo, hay que señalar que el escenario de dominio del capital dinerario ha contribuido a configurar las características de las continuas crisis capitalistas, aumentando la presunción de riqueza debido al aumento de la valorización de los activos financieros, pero no necesariamente del producto. La crisis mexicana de 1994, la crisis asiática de 1997 y 1998, las crisis rusa y brasileña de 1998 y 1999, las crisis de Turquía y Argentina en 2001 y 2002, y la situación que estalló en Estados Unidos y Europa en 2008 fueron expresión de las contradicciones que encierra la dinámica económica internacional y que adoptó distintos rasgos en los diferentes países como consecuencia de la especulación financiera y de una continua superproducción internacional (en tanto el ritmo de la producción tiende a sobrepasar el ritmo de crecimiento de la demanda).[59]

Movimiento internacional de capitales

El excedente de capital en las potencias capitalistas es exportado al extranjero, a territorios donde el beneficio es más elevado debido a la escasez de capitales, los bajos salarios y el precio relativamente menor de

---

58 Marx, Carlos (2000 [1894]), *El capital,* op. cit., T. III, pp. 439-441.

59 Para el actual proceso véase las observaciones de Chesnais, *François, Prólogo para la edición argentina, en:* Chesnais, *François (comp.) (1999 [1996]), La mundialización financiera. Génesis, costos y desafíos, Losada, Buenos Aires,* pp. 12-15.

la tierra y las materias primas. De este modo, una serie de países se incorporaban al sistema capitalista mundial en condiciones de dependencia con respecto al capital monopolista extranjero, lo cual, más allá de aprovechamientos económicos circunstanciales, se tradujo en atraso y deformación de su desarrollo económico y técnico.

Asimismo, las inversiones de los capitales imperialistas en los países dependientes consiguen obtener otras ventajas adicionales: cláusulas comerciales, explotación de recursos naturales, concesiones provechosas, etcétera.

La exportación de capital es utilizada para garantizar bases de materias primas y explotación de fuerza de trabajo barata, asegurar cuotas de mercado, y subordinar política y económicamente a otros países. No obstante, esta argumentación fue puesta en discusión con la observación de que el flujo de exportación de capitales se concentraba también en los países centrales, e incluso hubo quiénes discutieron que ya en tiempos de Hilferding y Lenin ésa era la tendencia fundamental.[60] Aun cuando el fenómeno se reitere en diferentes tipos de países, sus efectos no son iguales en unos y otros, ya que el peso que adquieren en las naciones que van transformando en dependientes los lleva a determinar los lineamientos basales de sus economías, adquiriendo así sus características más definitorias.

Los movimientos del capital financiero se realizan bajo distintas modalidades tendientes a su expansión y reproducción, como la concesión de créditos, la constitución de *joint-ventures*, la instalación de nuevas plantas de producción, la compra de acciones, las fusiones, los contratos de suministros, la transferencia tecnológica y la dotación de infraestructura y servicios.

El imperialismo se impone como una "necesidad" del capital en su búsqueda de condiciones más ventajosas, en relación con la baja tendencial de la tasa de ganancia[61], el excedente de capitales y mercancías, y la búsqueda de nuevas fuentes de materias primas.

---

60 Barrat Brown, Michel (1976), *Después del imperialismo*, Siglo XXI, Buenos Aires.

61 En referencia a la cuestión de la tendencia decreciente de la tasa de ganancia, Karl Marx sostuvo: "La tendencia progresiva de la cuota general de ganancia a bajar sólo es, pues, una expresión característica del régimen de producción capitalista del desarrollo ascendente de la fuerza productiva social del trabajo. Esto no quiere decir que la cuota de ganancia no pueda descender también transitoriamente por otras razones, pero ello demuestra como una necesidad evidente derivada de la misma naturaleza de la producción capitalista que, a medida que ésta se desarrolla, la cuota general media de plusvalía tiene necesariamente que

Entre las influencias que contrarrestan y neutralizan los efectos de la tendencia decreciente de la tasa de ganancia se destacan: el aumento del grado de explotación del trabajo, la reducción de los salarios por debajo del valor de la canasta básica de consumo de los trabajadores[62], el abaratamiento de los bienes de capital, la sobrepoblación relativa y la disposición de una mano de obra barata y, finalmente, el comercio exterior.[63]

El exceso de capitales en los grandes países industriales determina la búsqueda de áreas de inversión ventajosas por fuera del mercado interno. Estos réditos que obtienen los capitales invertidos en el exterior pasan a impulsar toda la política exterior de las potencias imperialistas

---

traducirse en una cuota general de ganancia decreciente. Como la masa de trabajo vivo empleada disminuye constantemente en proporción a la masa del trabajo materializado, de medios de producción consumidos productivamente que pone en movimiento, es lógico que la parte de este trabajo vivo que no se retribuye y se materializa en la plusvalía guarde una proporción constantemente decreciente con el volumen de valor del capital total invertido. Y esta proporción entre la masa de plusvalía y el valor del capital total empleado constituye la cuota de ganancia, la cual tiene, por tanto, que disminuir constantemente". Véase: Marx, Carlos, "Ley de la tendencia decreciente de la cuota de ganancia", en: Marx, Carlos (2000 [1894]), *El Capital,* op. cit., T. III, p. 215.

62 Los autores de la Teoría de la Dependencia, principalmente Ruy Mauro Marini, desarrollaron el concepto de superexplotación del trabajo. Esta corriente argumenta que en los países periféricos la principal forma de extracción de plusvalía es a través de la plusvalía absoluta (obtenida por la prolongación de la jornada de trabajo) y de la superexplotación (pago de la fuerza de trabajo por debajo de su valor). La explotación con esta forma particular permite la producción de materias primas y alimentos baratos en los países dependientes, que luego son exportados a los países centrales donde pasan a formar parte de la canasta básica de consumo de los trabajadores de esos países. Al ser estos productos más baratos debido a las razones explicadas, se abarata la canasta de consumo de los trabajadores y, por lo tanto, el valor de la fuerza de trabajo en los países centrales, permitiendo el aumento de la plusvalía relativa. En definitiva, la plusvalía absoluta y la superexplotación en las economías dependientes se transforma en plusvalía relativa en las economías centrales. Marini, Ruy Mauro (1973), *Dialéctica de la dependencia*, Era, México; Marini, Ruy Mauro (1979), "Plusvalía extraordinaria y acumulación del capital", *Cuadernos políticos*, Era, México, núm. 20, pp. 18-39. Para una formalización matemática y cuantitativa del concepto véase Martins, Carlos Eduardo (2000), "Superexplotación del trabajo y acumulación del capital: reflexiones teórico-metodológicas para una economía política de la dependencia", *Problemas del desarrollo*, IIEc-UNAM, México, vol. 31, núm. 123, octubre-diciembre, pp. 33-54.

63 Marx, Carlos, "Causas que contrarrestan la ley", en: Marx, Carlos (2000 [1894]), *El Capital*, op. cit., T. III, p. 237.

y, por lo tanto, a desencadenar una lucha por el control de esas áreas de inversión.

En la historia económica más reciente, las Inversiones Extranjeras Directas (IED) resultan un indicador de utilidad para observar el valor acumulado en dólares estadounidenses de las inversiones en el extranjero realizadas por capitales de diferente origen.[64] Considerándose los datos de los últimos 40 años para el total de la economía mundial, en la relación entre la Inversión Extranjera (IE) total[65] y el Producto Bruto Interno (PBI), y entre Exportaciones Totales sobre PBI, puede observarse un aumento exponencial de la IE total y la superioridad de las inversiones por sobre las exportaciones.[66]

Autores de diversas disciplinas y corrientes teóricas han señalado el espectacular aumento de la integración financiera internacional y la inversión transfronteriza de capitales como una de las principales tendencias globales registradas en la historia reciente del capitalismo, a la vez que una propensión al crecimiento de la liquidez iniciada en 1980.[67] Estas cuestiones, entre otras, intervinieron en "la globalización y la relocalización internacional de plantas que permitieron a las firmas reducir el costo laboral y elevar su participación en el ingreso".[68]

Otro elemento característico de la exportación de capitales, como se ha mencionado, ha sido el crecimiento de la deuda externa de los países periféricos motorizado por préstamos de los principales bancos internacionales durante el período 1974-1981, luego de la Crisis del Petróleo. Esta situación ayudó al aumento de la liquidez internacional y permitió

---

64 Las empresas transnacionales realizan la inversión mediante compra de acciones (con exclusión de las inversiones de cartera, es decir, de corto plazo y que represente menos del 10% paquete accionario), fusiones y adquisiciones de otras empresas transfronterizas tanto al interior de otras potencias económicas diferentes a la del origen del capital como en países dependientes.

65 Incluye flujos de portafolio, IED, deuda y derivados financieros.

66 Lane, Philip y Milesi-Ferretti, Gian Maria (2007), "The external wealth of nations mark II: Revised and extended estimates of foreing assets and liabilities, 1970-2004", *Journal of International Economics*, núm. 73, pp. 223-250.

67 Dumenil, Gérard y Levy, Dominique (2004), "The Real and Financial Components of Profitability (United States, 1952-2000)", *Review of Radical Political Economy*, vol. 36, núm. 1, pp 82-110; Krippner, Greta (2005), "The Financialization of the American Economy"; *Socio-Economic Review*, núm. 3, pp. 173–208; Dumenil, Gérard y Levy, Dominique (2014), *A crise do neoliberalismo*, Boitempo, São Paulo.

68 Pérez Artica, Rodrigo (2012), "Una contextualización internacional para discutir la reticencia inversora en Argentina", (Inédito).

aliviar la crisis de los países centrales pero el resultado fueron las sucesivas dificultades que afectaron a economías como la mexicana, la brasileña y la argentina.[69] La reestructuración de las deudas condujo a un nuevo endeudamiento mediante la colocación de títulos públicos en el mercado de capitales y la generación de condiciones para la privatización de empresas estatales.[70]

Tensiones entre las corporaciones y las potencias imperialistas

Sobre la base del predominio del capital financiero y el incremento de la concentración y centralización del capital, las grandes corporaciones multinacionales (bajo la forma de *cartels*, *trusts* y *holdings*) se ven estimuladas a redoblar su expansión internacional a efectos de incrementar sus beneficios. Para ello luchan, con las particularidades específicas de cada momento histórico, por conquistar y mantener esferas de influencia en diversas regiones del planeta, de manera de intervenir en aquellos mercados donde colocan sus excedentes de capital y sus mercancías, y de los que obtienen materias primas y alimentos vitales para la continuidad de los procesos de reproducción ampliada de las economías metropolitanas. En este sentido, el accionar tradicional del imperialismo muestra una faceta puramente económica (inversiones y negocios varios) y otra político-diplomática, que con frecuencia se transforma en intromisiones unilaterales en terceros países[71], conflictos localizados y guerras, incluidas las dos mundiales, orientadas tanto a doblegar la resistencia de las naciones oprimidas como al reparto de beneficios y poder entre las principales potencias.[72]

---

69 Palazuelos, Enrique (1998), *La globalización financiera*, Síntesis, Madrid, p. 21.
70 Astarita, Rolando, *Valor, mercado mundial y globalización*, op. cit., p. 220.
71 En este sentido, tanto las recientes guerras de los Balcanes (1991-2001), la Primera Guerra del Golfo (1991) y las guerras entre Rusia y Chechenia (1994-1996 y 1999-2002) como las actuales intervenciones militares a Afganistán (desde 2001), Irak (desde 2003) y Libia (iniciada en 2011) serían actualmente algunos de los capítulos más resonantes de este aspecto de la expansión imperialista. Para una consideración de estos aspectos, véase, Sader, Emir, "O século do imperialismo termina em guerra", en: Sader, Emir (*2010 [2000]), Século XX. Uma biografia não autorizada. O século do imperialismo, Perseu Abramo, São Paulo, pp. 137-143.*
72 Karl Polanyi sostuvo "En efecto, los negocios y las finanzas fueron responsables de muchas guerras coloniales, pero también de la evitación de una confla-

En todos los casos, el imperialismo ha contribuido sustancialmente al desarrollo económico limitado y deformado que muestran en general los países dependientes. Sobre todo durante las décadas fundacionales del sistema internacional moderno, cuando el flujo de la inversión de capital desde las principales potencias a los países dependientes se orientó preferentemente hacia la explotación de materias primas para las industrias de los centros imperialistas y la producción de alimentos. Así, "los beneficios obtenidos por el capital extranjero en estas economías no se utilizaban para la reinversión en estos mismos países sino que se exportaban a aquellos países de donde procedía el capital".[73] Tampoco se invirtió de manera prioritaria en un desarrollo industrial en gran escala que contribuyera al crecimiento de las economías subdesarrolladas.

De este modo, las principales consecuencias de la extracción de plusvalía por parte del capital imperialista se tradujeron en la acentuación de la desigualdad económica de los distintos países y regiones, y en la situación privilegiada que obtuvieron las empresas monopólicas en la periferia capitalista.[74]

El verdadero reparto del mundo es el ejercido por el capital financiero. El grado de concentración del capital obliga a las multinacionales a involucrarse competitivamente para ampliar su influencia en el resto del mundo a fin de seguir obteniendo beneficios y una parte de la plusvalía global.

Esta expansión se realizaría en la historia reciente con rasgos diferentes a los del inicio del siglo xx, cuando el proteccionismo aparecía como una característica del desarrollo imperialista. Es así que, luego de la Segunda Guerra Mundial, nuevamente emerge en forma dominante el postulado de libre comercio. En los últimos años, a partir de la constitución de la Organización Mundial del Comercio (OMC), los planteos a favor del liberalismo comercial han sido enfatizados y reafirmados.

La supremacía alcanzada por Estados Unidos, luego de la Segunda Guerra Mundial, orientó las presiones políticas hacia la creación de instituciones reguladoras del nuevo orden económico internacional. Las pro-

---

gración general. Sus afiliaciones con la industria pesada, aunque solamente en Alemania eran realmente estrechas, explicaban ambas cosas. (...) Casi toda la guerra era organizada por los financieros; pero también la paz estaba organizada por ellos." Véase Polanyi, Karl (2011 [1957]), *La Gran Transformación. Los orígenes económicos y políticos de nuestro tiempo*, Fondo de Cultura Económica, Buenos Aires, pp. 62-63.

73 Lange, Oskar (1961), *Conferencia pronunciada para el Banco Central de Egipto*, El Cairo.

74 Dobb, Maurice (1973), *Economía política y capitalismo*, FCE, México, p. 170.

puestas otorgaban de hecho una subordinación del sistema internacional a los intereses económicos y políticos de Estados Unidos.

Para el control de las operaciones comerciales se proyectó la creación de la Organización Internacional de Comercio (OIC). Sin embargo, las tratativas sólo dieron como resultado la creación del Acuerdo General sobre Aranceles Aduaneros y Comercio o GATT (sigla en inglés de *General Agreement on Tariffs and Trade*) en 1947. El GATT, a partir del desarrollo de rondas de negociación, impulsó la reducción de barreras arancelarias entre los Estados miembros. Bajo este marco, y con el dólar como moneda rectora, cobró impulso un sistema de internacionalización del flujo de bienes y de la libertad de capitales.

En este contexto, vale mencionar el papel que la Guerra Fría y los temores a la expansión del comunismo desempeñaron en la reconstrucción de los intercambios capitalistas a escala mundial. En 1947, mediante el Plan Marshall, Estados Unidos impulsó al crecimiento de la producción, la renovación de la infraestructura y la modernización agrícola e industrial de los países europeos, que posteriormente serían sus futuros competidores. Esta ayuda se ligó con fuerza a los planes estadounidenses de integración europea, que si bien no se concretaron siguiendo los intereses norteamericanos, dieron como resultado un largo proceso que llevó a la creación de la Unión Europea en 1993 con el euro como moneda oficial.

Esta integración tuvo un primer antecedente en la creación de la Organización Europea para la Cooperación Económica (OECE) en 1948, que reunió a diversos países con el propósito de administrar los fondos provenientes del Plan Marshall, conceder créditos y liberalizar los intercambios europeos.[75] Con posterioridad, en 1951, motorizada principalmente por Francia y la República Federal Alemana, surgió la Comunidad Europea del Carbón y del Acero (CECA), que integró además a Italia, Bélgica, Holanda y Luxemburgo con el objetivo de facilitar el intercambio de materias primas para la siderurgia y acelerar una producción industrial autónoma. En 1957, la CECA se transformó en la Comunidad Económica Europea (CEE). Mediante el Tratado de Roma, estos seis países europeos fijaron las bases de un "mercado común" con libre circulación de personas, mercancías y capitales.

---

75 En 1960, la institución perdió su carácter europeo, incorporó a Estados Unidos y Canadá y pasó a denominarse Organización para la Cooperación y el Desarrollo Económico (OCDE), con sede en París. En el año 2010, la componían unos 31 Estados miembros que representan el 70% del mercado mundial.

Por otra parte, en la Ronda Uruguay del GATT (1986-1994) se sentaron las bases para la creación de una estructura institucional y un marco jurídico internacional: la Organización Mundial de Comercio (OMC), con sede en Ginebra. Las principales razones que explican el origen de esta nueva institución, creada en 1995, se vinculan a la incidencia de la internacionalización del sistema alimentario.[76] Estados Unidos, la Unión Europea, Canadá y Japón alcanzaron acuerdos significativos en sus negociaciones en materia de agricultura y derechos de propiedad intelectual. A través de la OMC se impuso a escala mundial el progresivo abandono de parte de las medidas que protegían las producciones agropecuarias nacionales, la eliminación de las subvenciones a la exportación, y se promovió la transformación de las restricciones cuantitativas en aranceles fijos. Esta apertura se complementó con las condiciones establecidas por el Fondo Monetario Internacional (FMI) y el Banco Mundial (BM) para los países dependientes.

No obstante, más allá de las coincidencias relativas, el escenario está teñido por la rivalidad entre las potencias. En 1999, en la ciudad estadounidense de Seattle, las negociaciones en materia de agricultura concluyeron sin acuerdo, debido a las discrepancias entre Estados Unidos y la Unión Europea, aliada con los países exportadores de productos agrícolas del grupo Cairns.[77] El fondo de la discusión fue la eliminación completa de las subvenciones para la exportación de productos agrícolas y la puja por el reparto de mercados entre las potencias.

La lucha por la hegemonía ha conducido a la firma de acuerdos y a la conformación de bloques económicos. Las principales potencias han establecido áreas de libre comercio, mercados comunes, y/o uniones aduaneras y económicas. Así, por ejemplo, en 1993, a partir del Tratado de Maastricht, se conformó la Unión Europea, y en 1994 se creó el *North American Free Trade Agreement* (NAFTA) entre Estados Unidos, Canadá y México. Además, la Unión Europea ha promovido acuerdos de asociación con México, el Mercado Común del

---

76 Es decir, la consolidación de una tendencia a la fusión del capital agrario, comercial, bancario e industrial a escala internacional.

77 El grupo Cairns está integrado por los principales países productores y exportadores de productos agrícolas que presionan para la liberalización del comercio de productos agropecuarios. Actualmente, participan del mismo: Argentina, Australia, Bolivia, Brasil, Canadá, Chile, Colombia, Costa Rica, Filipinas, Guatemala, Indonesia, Malasia, Nueva Zelanda, Paquistán, Paraguay, Perú, Sudáfrica, Tailandia y Uruguay. El origen del grupo tuvo lugar en Cairns (Australia) en 1986 antes del inicio de la Ronda Uruguay del GATT.

Sur (Mercosur)[78], Chile, Egipto y Sudáfrica a fin de abrir los mercados en beneficio de las grandes empresas europeas.

Por su parte, Estados Unidos ha mantenido una legislación que se contrapone a las obligaciones de la OMC. Las empresas norteamericanas pueden solicitar restricción de importaciones, las autoridades estaduales y municipales pueden exigir diferentes certificaciones de seguridad, y el sector público tiene la prohibición de abastecerse con bienes y servicios procedentes del extranjero. Además, a través de la Enmienda Exon-Florio de 1950, el presidente está autorizado a suspender, prohibir o rescindir cualquier transacción realizada por una persona extranjera que se considere una amenaza a la seguridad nacional. Con posterioridad, en 2007, esta legislación fue reformulada mediante la Ley de Inversiones Extranjeras y Seguridad Nacional que, bajo la retórica de trasparentar y hacer más previsible el proceso al que se somete a los inversionistas, estableció nuevas limitaciones al ampliar los plazos de revisión para desalentar las inversiones no deseadas. Asimismo, Estados Unidos ha desarrollado numerosos programas de subsidios empresariales, que –según la Unión Europea– no han sido informados oficialmente a la OMC, y ha mantenido en vigor la Ley Antidumping de 1916.

Desde 1988, otro punto de enfrentamiento fue la prohibición del uso de hormonas añadidas en la producción de carnes por parte de los países de la Unión Europea. En 1996, Estados Unidos y Canadá iniciaron demandas ante la OMC con el fin de levantar las restricciones sobre sus importaciones. Los estudios provistos por la Unión Europea apelaban a la seguridad alimentaria[79] y a los riesgos sobre la salud humana, pero fueron considerados insuficientes e incompatibles con el acuerdo sobre la Aplicación de Medidas Sanitarias y Fitosanitarias de la OMC.

En 2003, la disputa entre los grandes monopolios del sistema agroalimentario también se expresó en la OMC, cuando Estados Unidos presentó una acusación contra la Unión Europea por restricción sobre el comercio de alimentos. El desarrollo de los Organismos Genéticamente Modificados (OGM) y la revolución de la productividad agraria han pues-

78 El 29 de marzo de 1991, Argentina, Brasil, Paraguay y Uruguay firmaron el Tratado de Asunción y establecieron una unión subregional que recibió el nombre de Mercosur y estableció un área de libre comercio.

79 Según la Organización de las Naciones Unidas para la Agricultura y la Alimentación (FAO, por su sigla en inglés), el concepto de seguridad alimentaria refiere a la disponibilidad y acceso físico, social, económico a suficientes alimentos inocuos y nutritivos para satisfacer sus necesidades y sus preferencias alimenticias a fin de llevar una vida activa y sana.

to en discusión las posibilidades de la erradicación del hambre en una humanidad en constante crecimiento poblacional. Sin embargo, el sistema agroalimentario a escala mundial es un escenario de fuertes disputas por incrementar la participación en el mercado y las ganancias. De este modo, el aumento de la productividad derivado de la tecnología genética no ha detenido el proceso a escala mundial de expulsión de campesinos y pequeños y medianos productores de sus unidades productivas, a la par que los ha subordinado aún más a los grandes monopolios mediante la utilización de semillas genéticamente modificadas y su respectivo paquete tecnológico.[80] Los gobiernos europeos han estimulado campañas por el desarrollo de productos "ecológicos" y "de calidad" y promovido el establecimiento de estándares medioambientales unificados en la Unión Europea con el objetivo de defender los intereses de sus grandes empresas agroalimentarias.

En el seno de la OMC se ha desarrollado un panel solicitado por Argentina, Canadá y Estados Unidos contra la Unión Europea, cuestionando la moratoria *de facto* que mantuvo Europa entre 1998 y 2003 en la aprobación de productos transgénicos, así como determinadas prohibiciones por parte de algunos países comunitarios. En agosto de 2003, luego de mantener consultas formales en Ginebra y Bruselas –con la participación de Australia, Brasil, Chile, Colombia, India, México, Nueva Zelandia y Perú como asociados–, los tres países reclamantes denunciaron infracciones al Acuerdo sobre la Aplicación de Medidas Sanitarias y Fitosanitarias, al Acuerdo sobre la Agricultura, al Acuerdo GATT 1994 y al Acuerdo sobre Obstáculos Técnicos al Comercio.

Una situación similar presentan las disputas comerciales entre Estados Unidos y Japón.[81] En los últimos años, el país asiático se ha ubica-

---

80 Asimismo, a nivel mundial, se ha desarrollado una corriente que ha propagado la idea de la pequeña producción agroecológica como alternativa al creciente peso de la agroindustria. En sus interpretaciones se enfatiza como causa de las deficiencias alimentarias y perjuicios ambientales al desarrollo científico y tecnológico, restándose importancia a la dinámica capitalista global y a la responsabilidad de los grandes capitales imperialistas en la configuración de este escenario internacional. No obstante, resulta interesante a los fines de este estudio la articulación de esta perspectiva con otras corrientes más críticas que articulan el estudio de los flujos ecológico-materiales con el análisis de las relaciones sociales de producción presentes en estos contextos. Foster, John y Clarck, Brett, "Imperialismo ecológico: la maldición del capitalismo", en: Panitch, Leo y Leys, Colin (comp.) (2004), *El nuevo desafío imperial*, CLACSO/Socialist Register, Buenos Aires, pp. 231-250.

81 Considerando el ranking de las 500 mayores empresas del mundo por facturación, las empresas japonesas participan con un 24% del total; es decir, ocudo tercero entre los que realizan mayores intercambios comerciales con Estados Unidos (luego de Canadá y México) y muestra una balanza comercial ampliamente favorable. Los gobiernos norteamericanos se han planteado la reducción del déficit comercial bilateral a través del establecimiento de metas cuantitativas en el comercio exterior entre Japón y Estados Unidos. No obstante, el gobierno japonés ha puesto reparos y ha planteado la necesidad de arribar a concesiones bilaterales. Algunas de las principales controversias, expresadas dentro de la OMC, se refieren a los derechos de propiedad intelectual, a la restricción japonesa a las importaciones de algunos productos agrícolas norteamericanos y al incumplimiento estadounidense en la reducción de gravámenes a los camiones, productos electrónicos y textiles japoneses.[82]

Otro escenario de contradicciones se expresa en la rivalidad de la Unión Europea con Japón, tras las cuales se trasuntan los intereses de sus grandes corporaciones. La Unión Europea ha mantenido un déficit comercial con el país asiático y ha existido una enorme desproporción a favor de los capitales japoneses entre las inversiones europeas en Japón y las inversiones japonesas en Europa. Dentro de la OMC, la Unión Europea ha abogado por la reducción de las medidas de protección arancelaria y de las subvenciones empresariales en Japón, así como ha elevado sus quejas por la desigualdad de oportunidades de inversión para sus empresas en el mercado nipón.

Para China, su incorporación a la OMC en diciembre de 2001 le significó la presión para bajar los impuestos de importación, atenuar el monopolio estatal del comercio exterior, suprimir las limitaciones para las empresas cuya propiedad sea totalmente extranjera, a la vez que constituyó un intento de las otras potencias por contener la expansión económica del país asiático.

En el plano militar, la investigación biotecnológica ha llevado a la extracción sistemática de bienes naturales para manipulación y reproducción industrial y también a su experimentación y utilización como armas biológicas. Los tratados de libre comercio y la realización de ejercicios militares conjuntos entre las principales potencias militares y los países periféricos, cuyos territorios poseen importancia en términos de biodi-

---

pan el segundo lugar en participación después de los Estados Unidos. Grandes bancos como el *Mitsubishi UFJ Financial Group* y el *Resona Holdings Inc.* se han destacado en los últimos años como los mayores del mundo en volumen de operaciones.

82 Tablada, Carlos y otros (2005), *Comercio mundial: ¿incentivo o freno para el desarrollo?*, Ruth Casa Editorial, Panamá, pp. 31-34.

versidad, han resultado componentes estratégicos para la aproximación a la apropiación de estos recursos.[83]

Los países de Europa occidental habían alcanzado la plena autosuficiencia en la producción de alimentos a fines de la década de 1970, amparados en la Política Agrícola Común (PAC) en el marco de la CEE, situación que desencadenó negociaciones y conflictos con Estados Unidos. A partir de entonces, pasaron a incrementar sus exportaciones agrícolas, casi triplicándolas entre 1975 y 1987.[84]

A su vez las empresas agroalimentarias de origen europeo han experimentado un extraordinario crecimiento en interés del capital financiero del continente, en donde se manifiesta un fuerte entrelazamiento del capital agrario, el bancario y el industrial. La consecuencia principal fue la expansión conseguida por los principales monopolios europeos a fin de disputar los diferentes mercados y áreas de influencia. En la creación de valor en el sector agrario se destacan empresas como *Syngenta*, *Bayer*, *Basf*, *Same*, *Nestlé*, *Louis Dreyfus* y *Carrefour*; en diversas alianzas con grandes bancos monopolistas como el *ABN AMOR*, *Deutsche Bank*, *Banque de France*, *BZ-Bank* y *UBS Warburg*.

Japón no alcanzó los mismos resultados de autosuficiencia alimentaria pero se mantiene como una de las potencias económicas internacionales. Grandes empresas como *A.S.C.*, *Mitsui*, *Itochu*, *Marubeni*, *Coyoy*, *Tomen* y *Sumitomo* se han extendido a escala mundial sobre la comercialización y/o elaboración de diversos productos (sobre todo en *commodities* agrícolas y no agrícolas) y tractores agrícolas (*Mitsubishi*, *Kubota* e *Hinomoto*).

En resumen, la disputa a escala planetaria entre las corporaciones transnacionales y las potencias que las respaldan –tal como hemos ejemplificado– es parte constituyente del desarrollo del propio sistema capitalista en su fase imperialista.

---

83 López Monja, Carina, Perelmuter, Tamara y Poth, Carla, op. cit., pp. 151-152.

84 Teubal, Miguel (1995), *Globalización y expansión agroindustrial. ¿Superación de la pobreza en América Latina?* Corregidor, Buenos Aires, p. 34. Entre 1975 y 1987, las exportaciones agropecuarias de los Estados asociados en la Comunidad Europea pasaron de US$ 11,6 a US$ 30,7 mil millones.

La penetración ideológica en el ámbito educativo, las organizaciones sociopolíticas, la prensa y las producciones culturales

Karl Marx y Friedrich Engels, en el contexto del capitalismo de libre concurrencia del siglo XIX, analizaron cómo las clases dominantes y sus intelectuales promovían y manipulaban según sus intereses la formulación y divulgación de elaboraciones teóricas y culturales.[85]

El imperialismo, al igual que las fases precedentes del capitalismo, reproduce su existencia tanto objetiva y materialmente como de forma subjetiva. En particular, si bien no es un asunto central en esta investigación, interesa destacar la influencia subjetiva que ejerce tanto en los países imperialistas como dentro de los países dependientes.

En los países centrales, se traslada al ámbito educativo, a las instituciones religiosas y a la prensa, consiguiendo extender sus valores militaristas, racistas, nacionalistas y civilizatorios a las masas populares, a la par que busca orientar la opinión pública hacia una posición favorable a los intereses imperialistas. El capital "penetra, inevitablemente, en todas las esferas de la vida pública"[86], las publicaciones sobre economía y los periódicos resultan algunos de los medios de comunicación de masas preferenciales de reproducción subjetiva del capitalismo.

Por su parte, Antonio Gramsci incursionó en la consideración de distintas formas asociativas (como clubes, partidos, asociaciones culturales, periódicos, revistas, iglesias y otras entidades) y de los intelectuales que intervienen en ellas desempeñando una compleja mediación para el convencimiento de la dominación de una clase o una fracción de clase. Diferentes asociaciones e intelectuales no quiere decir todas las asociaciones y todos los intelectuales, sino aquellas y aquellos que expresan una mimesis de intereses en la búsqueda de legitimidad y consentimiento de la dominación de clase entre los sectores populares. Por lo tanto, "además del aparato gubernativo debe también entenderse por 'Estado' el aparato 'privado' de 'hegemonía' o sociedad civil"[87], permitiéndonos observar la trama de partidos y asociaciones que influyen en el ocultamiento o el disfraz de los intereses y las ideas de la clase dominante presentándolas

---

85 Marx, Carlos y Engels, Federico, "Feuerbach. Oposición entre las concepciones materialista e idealista (Capítulo I de *La Ideología Alemana*), en: Marx, C. y Engels, F. (1974), *Obras escogidas*, Progreso, Moscú, T. I, pp. 45-46.

86 Lenin, Vladimir, "El imperialismo, fase superior del capitalismo", op. cit., p. 357.

87 Gramsci, Antonio (1984), *Notas sobre Maquiavelo, sobre la política y el Estado moderno*, Nueva Visión, Buenos Aires, p. 157.

como ideas e intereses universales. Lo cual incluye la justificación del accionar del capital monopolista en su expansión internacional.

El capital como relación social dominante absorbe los modos de vida y la comprensión y la construcción de la realidad social a través de diferentes ramas del pensamiento que colaboran en su reproducción (el sentido común, la ciencia y la religión, entre las principales). De esta forma, la ciencia y la tecnología se enseñan predominantemente como ajenas a los conflictos de clases y relaciones de poder y encierran una visión optimista sobre su permanente progreso. Esta perspectiva borra las relaciones de clase presentes en la creación, el uso y la propiedad de las innovaciones científicas y técnicas; manifestándose éstas como neutrales, objetivas y universales. La penetración ideológica de las clases dominantes –y en general la expansión no sólo nacional de los intereses capitalistas–, a través de las preferencias, los gustos, las creencias, la moral y las costumbres, les permite asegurar su papel reproductor del orden social, el cual recurre a las leyes, los jueces o la violencia estatal cuando el comportamiento de los sujetos lo pone en discusión.

Como ejemplo de esta influencia, puede observarse la estrecha relación que guarda el desarrollo cultural estadounidense con la historia militar del país. Si bien esta esfera no determina principalmente la política imperialista emergente de la estructura económica y política norteamericana, resulta innegable que "la glorificación de la guerra es un negocio pingüe para industrias que facturan miles de millones de dólares, y que incluye películas, televisión, publicidad y la fabricación de juguetes y video juegos para niños y adultos. Estar en contra del militarismo y el reinado de las armas es considerado por ciertos sectores como algo antiestadounidense".[88]

Estas consideraciones permiten atender a los mecanismos legitimadores –sutiles y sin expresión directa en el plano político, económico y bélico– que utiliza la dominación capitalista en su fase imperialista, tanto al interior de los países centrales como en los países dependientes.

En los últimos años, en las naciones subordinadas bajo distintas modalidades a los capitales imperialistas, esta situación se traduce en los diversos lazos que éstos establecen con los aparatos culturales locales, incluidos la producción de papel, la industria editorial, la edición de diarios y revistas, las productoras de radios, el cine y los canales de televisión.

---

88 Franklin, H. Bruce (2010 [2008]), *War stars. Guerra, ciencia ficción y hegemonía imperial*, Final Abierto, Buenos Aires, p. 37.

Extracción de plusvalía de los países dependientes y expropiación masiva

La propia existencia del capital reside en relaciones sociales que se basan en la producción de valor por parte de la fuerza de trabajo asalariada y que ocultan el acaparamiento de beneficios producido por la no remuneración de una parte del trabajo (sobretrabajo). La expansión de las relaciones sociales capitalistas conduce permanentemente a la concentración y necesita, para su desarrollo a escala social, de una constante expropiación de propietarios de medios de producción.

Este proceso de ampliación de las relaciones y condiciones sociales capitalistas se expresa en el plano histórico en un doble movimiento. Por un lado, se presenta la expropiación de grandes masas campesinas, agrarias y de pueblos originarios que por diversas razones (atracción de la vida en los centros urbanos, expulsión de sus tierras, mantenimiento de formas de producción tradicional, etc.) son enajenadas de la propiedad y el uso de los medios de producción y pasan a constituir y ampliar el mercado de fuerza de trabajo. Por otro lado, existe una expropiación generada por la propia concurrencia capitalista (competencia intercapitalista), es decir, el régimen capitalista de producción contiene una lógica concentradora de la producción y centralizadora del capital que presupone nuevas expropiaciones en su búsqueda de una mayor extracción de plusvalía.

Bajo el primer movimiento se expresa la permanencia de la dinámica de procesos de expropiación originaria que puede ser observada en las distintas experiencias de extinción de derechos comunales y consuetudinarios, supresión de formas de producción y consumo no capitalista, y expulsión y proletarización de poblaciones rurales en distintas regiones del planeta. Además, la continuidad de situaciones semejantes o que actúan de manera similar a la "acumulación originaria" –aunque ya no como punto de partida del sistema capitalista[89]– se manifiesta en la

---

89 Vale entender que, si bien esta expropiación funciona al igual que la acumulación originaria que está en el origen del capitalismo, también actúa de manera constante en el proceso de continua expansión de las relaciones capitalistas a escala planetaria realizada por todo tipo de medios (pacíficos y violentos). En la actualidad, es posible observar diversas formas de permanencia y profundización de este tipo de expropiaciones, y la continuidad del éxodo rural a escala mundial y de distintas formas de lucha y resistencia de la población campesina, agraria y de pueblos originarios. Véase Moyo, Sam y Yeros (coords.) (2008), *Recuperando la tierra. El resurgimiento de movimientos rurales en África, Asia y América Latina,* CLACSO, Buenos Aires; Domínguez, Diego (2010), "La territorialización apropiación privada de tipo capitalista de otros bienes naturales (aguas), conocimientos e instituciones públicas, y en el patentamiento de códigos genéticos y seres vivos.[90] Esta expropiación no se realiza sólo por medios económicos, sino que supone mecanismos de despojo violento y directo y/o procedimientos jurídicos y políticos que habilitan tales fenómenos.[91]

Por otra parte, el proceso de expropiaciones derivadas de la competencia capitalista, "termina con la derrota de los muchos capitalistas pequeños, cuyo capitales son engullidos por el vencedor, o desaparecen".[92] La propia dinámica centralizadora de la economía capitalista es la que ocasiona este proceso de expropiación.

Esta situación ocurre paralelamente a una constante innovación de los instrumentos de producción (a partir de la modernización tecnológica, los nuevos descubrimientos científicos, la incorporación de nove-

---

de la lucha por la tierra en la Argentina del Bicentenario", *Revista Interdisciplinaria de Estudios Sociales*, Bahía Blanca, 2010, núm. 1, pp. 7-39.

90 Fontes, Virginia (2010), *O Brasil e o capital-imperialismo. Teoria e história*, Río de Janeiro, Editora UFRJ, pp. 60-61. La autora establece una diferenciación entre expropiación primaria (de la tierra) y las expropiaciones secundarias, de diferente naturaleza y desarrolladas por el capital-imperialismo, que imponen nuevas condiciones para la extracción de plusvalía (expropiación de derechos sociales, expropiación de la propiedad de medios de producción de trabajadores urbanos, expropiación sobre la biodiversidad, y expropiaciones sobre el conocimiento y técnicas diversas (desde cultivos hasta tratamientos de salud utilizados por pueblos tradicionales). Algunas diferencias con esta perspectiva (debatidas oportunamente por Fontes) pueden encontrarse en David Harvey, en cuanto este geógrafo inglés –siguiendo a Rosa Luxemburgo– contrapone la expropiación (vinculada a la acumulación primitiva u originaria) y la desposesión (que constituye un resurgimiento de la acumulación primitiva en un nuevo escenario). Para Harvey, la marca del *"nuevo imperialismo"* estaría dada por la *"acumulación por desposesión"* que se realiza orgánicamente vinculada a la reproducción ampliada del capital. Véase: Harvey, David, "El ¨nuevo¨ imperialismo: acumulación por desposesión", en: Panitch, Leo y Leys, Colin (comp.) (2004), *El nuevo desafío imperial*, CLACSO-Socialist Register, Buenos Aires; Harvey, David (2004), *O novo imperialismo*, Loyola, São Paulo.

91 Alimonda, Héctor, "La colonialidad de la naturaleza. Una aproximación a la ecología política latinoamericana", en: Alimonda, Héctor (Comp.) (2011), *La naturaleza colonizada. Ecología política y minería en América Latina*, Ciccus/CLACSO, Buenos Aires, pp. 21-58.

92 Paralelamente, Marx observó como el papel del crédito se convertía en un potente instrumento en el campo de la competencia y resultaba una poderosa palanca de la centralización de capitales. Véase: Marx, Carlos, "La ley general de la acumulación capitalista", en: Marx, Carlos (1995 [1867]), *El capital. Crítica de la economía política*, Fondo de Cultura Económica, México, T. I, p. 530.

dosas técnicas y maquinarias, la apropiación privada de conocimientos sociales, etc.) y de la fase de circulación (mediante el mejoramiento del transporte y las comunicaciones) y, por consiguiente, a una permanente transformación de las relaciones sociales de producción que alcanza escala internacional. En los últimos años, la globalización capitalista ha generalizado el modo de producción capitalista forjando un escenario económico cualitativamente nuevo en el que la relación capital-trabajo se ha extendido a escala mundial. Como hechos decisivos de esta configuración intervinieron, entre otros, la restauración del capitalismo en la URSS y Europa del Este, y más tarde en China.

La supremacía económica, política y militar de Estados Unidos

Estados Unidos emergió de la Segunda Guerra Mundial no sólo como la mayor potencia económica sino, además, con la principal industria militar del mundo; tal fenómeno tuvo como consecuencias el desarrollo de una carrera armamentista y la ampliación a escala mundial de las intervenciones imperialistas. Este complejo militar-industrial que está directamente ligado al Departamento de Defensa genera intereses económicos y políticos que favorecen el mantenimiento y crecimiento de ese sector.[93]

En 1949, se constituyó la Organización de Tratado del Atlántico Norte (OTAN) que materializó la alianza militar entre Estados Unidos y los países capitalistas de Europa occidental y Canadá. A través del tiempo, Estados Unidos se reservó los principales cargos militares y utilizó la alianza como mecanismo de disuasión a la expansión soviética en Europa durante la Guerra Fría, así como fuerza militar de intervención directa en distintos conflictos bélicos.

Esta potencia ha apoyado diplomática, militar y económicamente a diferentes dictaduras militares, y ha contribuido con diferentes golpes de estado, acciones desestabilizadoras e intervenciones militares directas.[94] En América Latina, la fuerte incidencia de este poder económico,

---

93 Yarmolinsky, Adam (1971), *The military establishment. Its Impact on American Society*. NuevaYork, Harper and Row; Knoll, Ervin y Mcfadden, Judth (1969), *American Militarism, 1970*, The Viking Press, Nueva York.

94 Algunas de estas acciones luego de la segunda posguerra fueron la organización del golpe de Estado contra Mossadeg en Irán en 1953, el apoyo a las dictaduras de Ferdinando Marcos en Filipinas, de Suharto en Indonesia, y la intervención militar a Vietnam, Laos y Camboya.

militar y político ha conducido a la simplificación –en algunos casos, no de forma inocente– de identificar en el discurso político y mediático al imperialismo sólo con Estados Unidos.[95]

Ellen Meiksins Wood, quien considera a Estados Unidos como el "único imperio capitalista", ha señalado que, aun después de la ocupación de Irak (2003), el proyecto imperialista estadounidense es esencialmente de hegemonía económica. Según la autora, este accionar tiene sus raíces en el sistema de Bretton Woods, el FMI, el BM y el GATT, y a su vez está sustentado en la supremacía militar y política; pero no significa que mediante sus últimas intervenciones intente ejercer un dominio colonial directo. Sin embargo, el proyecto de supremacía de la doctrina militar norteamericana tendría por objeto no sólo disuadir un ataque sino prevenir la emergencia de cualquier rivalidad. Esta superioridad militar es ejercida en forma directa sobre sus principales aliados, que también son parte de sus principales competidores económicos. Por lo tanto, Estados Unidos puede ejercer sin ningún tipo de restricciones ese enorme poder militar para defender sus intereses económicos.[96]

Meiksins Wood discute las características del imperialismo norteamericano diferenciando sus rasgos, incluso, de expresiones "imperialistas" precapitalistas, a las que define como "*traditional imperialism*".[97] Según la autora, tomada aquí como referente de una poderosa corriente de pensamiento que se manifiesta en el mismo sentido interpretativo, en la actualidad Estados Unidos tiene presencia militar en unos 140 países, pero no se puede decir que controla la totalidad de éstos por medio de regímenes títeres, ni que su predominio se expresa igual que los imperios comerciales que prevalecían por medio de la fuerza y por un avanzado desarrollo naval. Tampoco su dominio se ejerce mediante de la explotación económica de colonias de forma transparente como lo hicieran los españoles en América del Sur o los belgas en el Congo. Meiksins Wood argumenta que bajo el capitalismo las medidas de coerción son imperso-

---

95 En su injerencia latinoamericana se pueden destacar los golpes militares de Guatemala en 1954, de Brasil en 1964, de Chile y Uruguay en 1973. Entre los apoyos a las dictaduras, la lista se hace aún más extensa: Alfredo Stroessner en Paraguay, el clan Somoza en Nicaragua, Marcos Pérez Jiménez en Venezuela, Rafael Trujillo en República Dominicana, y Fulgencio Batista en Cuba, entre otros. Además, Estados Unidos intervino militarmente en República Dominicana en 1965, Granada en 1983 y Panamá en 1990.

96 Meiksins Wood, Ellen (2005), *Empire of Capital*, Verso, New York, pp. xii-xiii.

97 Ídem, p. 2 Bajo este concepto la autora integra experiencias desarrolladas bajo el capitalismo pero también fuera de este modo de producción, lo cual la aleja de la conceptualización leninista de imperialismo.

nales, no parecen impuestas por los seres humanos sino por los mercados. Por las mismas razones, bajo el imperialismo capitalista es más difícil de lo que era en los viejos imperios coloniales detectar la transferencia de riqueza de las naciones más débiles a las más fuertes. De todas maneras, el capital requiere apoyarse en fuerzas extraeconómicas (el poder político, militar, diplomático y cultural), y éstas son, hoy como ayer, suministradas fundamentalmente por el Estado. Lo cual lleva a contradecir las posiciones que consideran que el capital ha minimizado la injerencia controladora del Estado en la "era de la globalización", y a analizar cuál es el papel de los diferentes Estados en este escenario.

El imperialismo estadounidense, al igual que el resto de los países que han alcanzado tal fase de desarrollo del capitalismo, depende del Estado territorial, del Estado-nación, dado que las funciones que éste desempeña no han sido asumidas por organizaciones supranacionales. El sistema político mundial no se expresa en un Estado global, sino a través de un sistema global de múltiples Estados locales, estructurado en una compleja relación de dominación, resistencia y subordinación. El imperialismo encuentra en el Estado-nación el garante más fiable de las condiciones necesarias para la acumulación capitalista; asimismo, como los imperativos del mercado se han convertido en un medio de manipulación de las élites locales, los Estados locales han demostrado ser útiles correas de transmisión para sus intereses. De esta forma, tanto el imperialismo de Estados Unidos, como el de sus pares y competidores, hacen frente –a través del ejercicio de distintas formas de control no específicamente económicas– a una contradicción inherente al imperialismo: la brecha entre el alcance económico del capital y el alcance extraeconómico del territorio. Es decir, mientras que los capitales se expanden superando las fronteras nacionales, los Estados expresan su soberanía territorialmente; por lo que en los ámbitos geográficos definidos se materializan las relaciones de dominación, se dirimen las diferencias de intereses y se expresan los antagonismos.

Por otra parte, debemos señalar que una de las características de la economía estadounidense es su constante déficit de la balanza comercial y de pagos. La explicación de este fenómeno está vinculada en particular con el incremento de las importaciones, en ocasiones provenientes de empresas filiales de capitales norteamericanos[98], con el fin de reducir

98 Vale destacar que entre las 500 mayores empresas del mundo clasificadas por volumen de negocios, según cifras de varios años entre 1993 y 2005, entre el 32% y el 39% son de origen estadounidense. Véase: Sánchez Tabares, Ramón y Elías Moreno, Ferrán, "El proceso de cambio de las grandes EMN (Empresas Multinacionales)", en: Gambina, Julio y Estay, Jaime, op. cit., p. 39.

el costo de la fuerza de trabajo y también el valor de los insumos industriales. Al mismo tiempo, hay que considerar el ingreso de capitales del exterior –atraídos por la seguridad, la liquidez y los altos retornos comparativos que se obtienen al participar en los mercados financieros norteamericanos y en la economía norteamericana en general–.[99] Lo cual se vincula a que las letras del Tesoro de Estados Unidos pasaron a constituir una reserva monetaria mundial. De esta forma, una caída del dólar sería contenida por los tenedores de dólares externos con el fin de no ver devaluados sus activos en dólares.

En el ámbito del complejo agroalimentario mundial, y en disputa con sus rivales imperialistas, la política de Estados Unidos ha perseguido el control de la energía, de la alimentación y del crecimiento de la población, para lo cual han impulsado las denominadas *ayudas financieras* a través del FMI, el BM, la ONU y la Fundación Rockefeller, con la condición de implementar programas de control demográfico.[100]

Enmarcado en las disputas interimperialistas, otro de los aspectos que contribuye a la supremacía estadounidense se expresa en el enorme desarrollo sus empresas agroalimentarias a escala planetaria y sobre distintas ramas de la producción y distribución. En 1954, el gobierno de Estados Unidos desarrolló el programa "Alimentos por la Paz" como principal herramienta para la colocación de sus excedentes agrarios en el exterior. La iniciativa permitía estrechar lazos con países "pobres" que compraban productos alimenticios a precios preferenciales y en moneda local. De esta manera, se financió la penetración de proyectos agroindustriales de grandes empresas norteamericanas en el exterior y su consiguiente expansión en diversos mercados.

ConAgra, Cargill, Archer Daniels Midlands (ADM), Quaker Oats y *General Foods* son algunas de estas grandes corporaciones con filiales en numerosos países y con un alto nivel de concentración económica ligada a distintos productos que han resultado actores centrales del posicionamiento norteamericano en este campo. Del mismo modo, *John Deere*,

---

99 Panitch, Leo y Gidin, Sam, "Las finanzas y el imperio norteamericano", op. cit., p. 100.

100 Fuchs, Richard, "Ímpias alianç*as: multinacionais da Agroquímica, governo dos EUA, Fundação Rockefeller, Banco Mundial, Organização Mundial do Comércio, Organização Mundial da Saúde, Food and Drug Administration, Rede Internacional de Pesquisa e International Service for the Acquisition of Agri-Biotech Applications. Na rede dos lobistas nada é deixado ao acaso", en: Andrioli, Antônio y Fuchs, Richard (2008), Transgênicos: as sementes do mal. A silenciosa contaminação de solos e alimentos, Expressão Popular, São Paulo, pp. 174-181.*

Harvester, *Caterpillar* y *Massey Ferguson* expandieron sus operaciones de maquinaria agrícola a escala global. Paralelamente, estas empresas, en su dinámica expansiva, al tiempo que compiten, establecen alianzas con capitales de diferente origen, incluso de potencias capitalistas rivales.

La conformación de potencias imperialistas sobre la base del cambio de carácter de países socialistas: la URSS y China

La Unión de Repúblicas Socialistas Soviéticas (URSS)

Al finalizar la Segunda Guerra Mundial, se asistió a un proceso de descolonización de los territorios dominados formalmente por las potencias imperialistas y a la configuración de un mundo bipolar, en el que Estados Unidos y la URSS confrontaron en la llamada Guerra Fría. Frente a este fenómeno, una cantidad de países de África, Asia y América Latina procuraron alcanzar cierta autonomía política conformando el Movimiento de Países No Alineados en las conferencias de Bandung (1955) y Belgrado (1961).

La situación económica y social del llamado "Tercer Mundo"[101] adquirió cada vez más relevancia, y la cuestión del desarrollo económico fue en buena medida puesta en el terreno de las disputas entre el socialismo y el capitalismo.

En 1964, Mao Tse Tung desarrolló una teorización crítica acerca de la política interna y externa de la URSS, señalando que con posterioridad a la muerte de Iosif Stalin (1953) y luego del XX° Congreso del Partido Comunista de la Unión Soviética (PCUS) en 1956, se abandonaron los lineamientos marxistas-leninistas y se adoptó una política social-fascista (hacia el interior de la URSS) y social-imperialista (con relación a otros países). Dada la transformación del socialismo en un poderoso y original capitalismo monopolista de Estado, se trataría pues de un imperialismo

---

101 Es un término elaborado por el economista francés Alfred Sauvy en 1952 para referirse a los países no alineados con los Estados Unidos ni con la URSS. Mejía, María Consuelo, "Introducción", en: Mejía, María Consuelo (1996), *El tercer mundo: sociedad, economía, política y cultura. Una bibliografía temática*, UNAM, México, p. 9

que por su origen histórico tan peculiar no funcionaba exactamente igual que el de las potencias cuyos antecedentes registraban un largo período de desarrollo capitalista sin intermediación de una etapa socialista. Mao llegó a la conclusión de que el ascenso de una corriente revisionista de las teorías revolucionarias marxistas al poder del Estado expresaba el ascenso de una nueva burguesía y la restauración del capitalismo. Así, por lo tanto, se verificaba un cambio en el carácter de la URSS.

Originariamente, el concepto de *socialimperialismo* fue adoptado por Lenin en su réplica a Ramsay MacDonald, dirigente del Partido Laborista Independiente de Gran Bretaña, y sus declaraciones de apoyo a la burguesía inglesa.[102] Es evidente que este planteo de Lenin tiene puntos en conexión con el pensamiento de Mao, en cuanto que la fraseología socialista es utilizada para apoyar prácticas imperialistas. Pero también presenta elementos divergentes, dado que la opinión de Lenin fue expresada en el contexto de la primera posguerra mundial y para el caso de un apoyo de sectores del movimiento obrero a la política exterior británica.

Para afirmar el carácter imperialista de la URSS desde una perspectiva marxista es necesario constatar algunos rasgos similares a las de las estructuras capitalistas imperialistas. ¿Cuáles fueron los mecanismos usados por la Unión Soviética que permitieron este tipo de señalamientos?

Un elemento que se destaca es el desplazamiento de la vieja guardia comunista de la URSS y de los países que habían constituido las llamadas *democracias populares*. En la Unión Soviética ese cambio fue posible por la burocratización del socialismo y el asesinato de buena parte de la cúpula bolchevique realizado durante el liderazgo de Stalin, y se completó con el desplazamiento de viejos dirigentes durante el ascenso de Nikita Jruschov. En la República Democrática Alemana y en Checoslovaquia las direcciones de los partidos comunistas adhirieron a los nuevos lineamientos de Moscú durante el período jruschoviano. En Polonia, Hungría, Bulgaria y Mongolia, el cambio fue posible luego de la renuncia y/o expulsión de los viejos dirigentes. Sin embargo, durante años, en China, Vietnam, Corea y Albania las direcciones comunistas se opusieron a las nuevas teorías.

Otro punto de discusión es la existencia de un bloque de países dominado política, económica y militarmente por la URSS. En particular, significó el abandono del principio del desarrollo independiente y completo de las economías de los países integrantes del Consejo de Ayuda Mutua y Económica (CAME), creado en 1949, y la adopción de una teoría de la división internacional del trabajo dentro del campo socialista.

102 Lenin, Vladimir, "Las tareas de la III° Internacional" [1919], en: Lenin, Vladimir (1971), *Obras Completas*, Cartago, Buenos Aires, T. XXXI, p. 370.

De esta manera, se legitimaba la desigualdad en términos de intercambios, la especialización de los otros miembros de la CAME en determinados productos y la dependencia con la Unión Soviética para vender los productos de su especialización y abastecerse del resto de productos.

Willi Dickhut, respecto de esta reorientación de la política y la economía soviética, argumentó cuáles fueron los objetivos de los lineamientos seguidos luego del ascenso de Jruschov. El autor considera que los dirigentes soviéticos pretendían principalmente "convertir a los países del CAME en mercados seguros para las mercancías soviéticas" e "invertir su capital excedente en el fomento de empresas extranjeras que producen bienes para las necesidades soviéticas en forma más rentable y a precios menores que las empresas soviéticas".[103]

En 1971, se fundó a través del CAME el *Banco Internacional de Inversiones*, del cual la tercera parte del capital inicial provino del Estado soviético. De esta manera, la URSS constituía a los países integrantes del CAME en mercados en donde invertía capitales y establecía en qué condiciones debía ser gastado lo recibido. Esa exportación de capitales, a diferencia de las otras potencias imperialistas, funcionaba casi exclusivamente a través de la concesión de préstamos y créditos. No obstante, al igual que el resto de las potencias imperialistas, exigía –como se ha señalado– la inversión de una parte del crédito en compra de productos del país acreedor o que se la destinara a proyectos de "interés común" (es decir, que también sirvan a la URSS).

La dependencia económica que imponía la URSS llevó a los países del CAME a soportar una baja de los precios de sus productos exportados a la Unión Soviética, el pago de precios más caros que los países capitalistas de Occidente por las importaciones soviéticas y una balanza comercial deficitaria con la Unión Soviética. A través del crédito y las relaciones comerciales, la URSS también procuró expandir su influencia a otros países, sobre todo hacia los nuevos países surgidos luego de la Segunda Guerra Mundial y el proceso de descolonización.

Estas características de la economía soviética llevaron a Ernesto Guevara a realizar una serie de observaciones críticas. En 1965, Guevara consideró que en la sociedad soviética "se mantienen las viejas relaciones capitalistas, se mantienen las viejas categorías del capitalismo".[104] Igualmente, cuestionaría la orientación que caracterizaba el comercio exterior entre los llamados países socialistas, sosteniendo que esta tendencia

---

103 Dickhut, Willi (1994), *La restauración del capitalismo en la Unión Soviética*, Ágora, Buenos Aires, T. 1 (Primera Edición en español), p. 268.
104 Guevara, Ernesto, "Algunas reflexiones sobre la transición socialista", en: Guevara, E. (2007), *Apuntes críticos a la Economía Política*, Ocean Sur, Bogotá, p. 11.

debía invertirse a favor del internacionalismo proletario: "Es necesario crear índices de productividad que obliguen al país más desarrollado a vender más barato y comprar más caro a los países de menos desarrollo, al menos, vender más barato o comprar más caro".[105] Por último, se preguntaba acerca de las consecuencias políticas e ideológicas sobre la dirigencia soviética que podría ocasionar el sistema crediticio y la expansión del Banco del Estado de la URSS en Londres y París.

El comercio de armas y el establecimiento de ayudas militares fue otra de las formas de penetración que adoptó la URSS. Las razones justas o injustas de los conflictos bélicos son omitidas a favor del incremento de los negocios en esta materia y el endeudamiento creciente de los países. Durante las décadas de 1960 y 1970, la provisión de armas a países que no tenían un gobierno socialista y que ejercían políticas de agresión a Estados vecinos o de represión interna contra el descontento social fue constante. Así lo expresa la venta de armas soviéticas a India, Irán y Afganistán durante esos años.

Por otra parte, la URSS también adoptó la invasión directa de países que aspiraban a un grado mayor de independencia. En 1956, las tropas soviéticas fueron llamadas por el denominado Gobierno Revolucionario de Obreros y Campesinos de Hungría a recuperar el orden democrático-popular. Pero en 1968, sin mediar un llamado de este tipo, las tropas del Pacto de Varsovia ocuparon Checoslovaquia con el objetivo de asegurar la fidelidad de este país a la URSS, violando el principio del derecho a la autodeterminación de los pueblos. Otro ejemplo de intervención directa lo constituyó la invasión rusa a Afganistán en 1979 en apoyo del Partido Democrático Popular de Afganistán, que desembocó en la Guerra Afgano-Soviética y la posterior derrota de la URSS.[106] Asimismo, se expresó esa política de penetración militar, entre otras cosas, en el asentamiento de tropas de manera permanente en algunos países de Europa Oriental, Mongolia y en el establecimiento de bases militares en Egipto y de misiles atómicos en diferentes países.

Otra de las formas adoptadas fue el desarrollo de empresas mixtas en las que intervino el Estado soviético. De esta manera, la URSS participaba de la extracción de plusvalía en el país donde instalaba sus capitales.

---

105 Guevara, Ernesto, "X preguntas sobre las enseñanzas de un libro famoso", en: Guevara, E., op. cit., p. 190.

106 Geis, Immanuel, "Condiciones históricas previas de los conflictos contemporáneos", en: Benz, Wolfgang y Graml, Hermann (Comp.) (2002 [1982]), *El siglo XX. Problemas mundiales entre los dos bloques de poder III*, Siglo XXI, Madrid, pp. 63-65.

La integración económica de la URSS en el seno del sistema capitalista mundial se manifestó en la combinación de los soviéticos con capitales imperialistas extranjeros. Ejemplos de estos desarrollos fueron el *Eurobank, FIMACO* (*Financial Management Co. Ltd.*)[107] y la creación del complejo automovilístico *VAZ* (desarrollado en alianza con la *Fiat* italiana).[108] Sin embargo, como se ha indicado, bajo esta aparente "cooperación" el mundo asistió a una feroz disputa interimperialista.

La URSS, además de desarrollar en Europa Oriental su bloque económico a partir del CAME, reforzó los lazos de dependencia de naciones que lentamente cayeron bajo la hegemonía soviética (Mongolia, Cuba y Vietnam). No obstante, su desarrollo capital-imperialista estatal se hallaba rezagado en comparación con la economía estadounidense y operaba distintivamente a través de intermediarios y testaferros en una vasta red de empresas industriales, comerciales y bancos. En Argentina, esta expansión comenzó durante la presidencia de Arturo Frondizi (1958-1962) promoviendo préstamos y asociaciones empresariales –como la Cámara de Comercio Argentino-Soviética– favorables al incremento de los intercambios con la URSS, cuya incidencia sobre el complejo agroindustrial pampeano será explicada en los siguientes capítulos.

Es posible hacer alguna salvedad en la forma como se producía la apropiación de plusvalía por parte de la nueva burguesía burocrática soviética, que se diferencia de las modalidades habituales vigentes en las expresiones clásicas del imperialismo. Esta apropiación se realizaba a través del control del Partido Comunista y de las empresas estatales, es decir, bajo la forma de una apropiación privada colectiva y no por medio de la propiedad privada individual del capital, como resultaba tradicional en el resto del mundo capitalista.[109]

No obstante, cabe remarcar que la crisis económica, social y política que estalló en esa potencia a partir de mediados de la década de 1980 –si bien conllevó a la desestructuración de la antigua URSS en 1991– trasladó buena parte del poder soviético a Rusia. Las reformas económicas posdisolu-

---

107 Johnson, Juliet (2000), *A fistful of rubles. The rise and fall of the Russian Banking System*, Cornell University, New York, pp. 64-65; Goldman, Marshall (2003), *The piratization of Russia, Russian Reform goes awry*. Routledge, New York/Oxon, pp. 166-176.

108 Fava, Valentina (2013), "La Fiat e la AutoVaz de Togliatti. Alla ricerca del fordismo perduto", *Storicamente*, Università di Bologna, Bologna.

109 Más allá de no coincidir con las conclusiones que el autor extrae de dicho fenómeno, una apreciación similar puede encontrarse en el trabajo de Barrat Brown. Cfr. Barrat Brown, Michael (1978 [1974]), *A Economia política do imperialismo*, Zahar, Rio de Janeiro, p. 280 .

ción de la URSS permitieron las adquisición de las firmas por parte sus antiguos directores ligados a la *nomeklatura* y al *apparatik*, y la continuidad, aunque debilitada, de la política imperialista seguida por el Estado ruso.[110]

La República Popular China

Las transformaciones ocurridas en China a partir de 1978 se asemejan, en cierto grado y medida, a los cambios iniciados en la URSS en 1956. Bajo el liderazgo de Deng Xiaoping, tras superar las dificultades que durante una década había opuesto la Revolución Cultural a la restauración del capitalismo[111], y favorecida por la muerte de Mao, la dirigencia revisionista se impuso en el control del Estado y el partido, orientando la economía china a una integración con el sistema mundial capitalista.

La reforma de la economía china se dirigió a ampliar la autonomía de las empresas, la participación del capital extranjero en compañías conjuntas, la exportación de mercancías y de capital. Asimismo, se establecieron zonas económicas especiales y, en 1984, 14 ciudades costeras se abrieron al capital extranjero. Es decir, bajo la retórica de "modernizar la economía nacional", de alentar el "autoperfeccionamiento y autodesarrollo del sistema socialista" o de conformar la "economía de mercado socialista", se consiguió profundizar la restauración del sistema capitalista en China.[112]

---

110 Overman, Sam (1998), "La privatización en China, México y Rusia: un estudio comparativo", *Gestión y Política Pública*, vol. VII, núm. 1, 1° semestre, pp. 158-159.

111 La Revolución Cultural Proletaria implicó el lanzamiento –a partir de noviembre de 1965– de una ofensiva política liderada por Mao Tse-Tung a fin de detener los procesos de burocratización y restauración del capitalismo en el seno del socialismo chino. Con apoyo de algunos dirigentes y, principalmente, de amplias masas juveniles, cuestionó a una parte de las autoridades del Partido, acusándolos de desviarse de los lineamientos socialistas y adherir a elementos superestructurales de la burguesía y demás clases explotadoras. La evaluación de los resultados de este proceso, finalizado luego del IX° Congreso del Partido Comunista de China (abril de 1969), es motivo de marcadas diferencias interpretativas en el campo político y de la historiografía. Véase Aricó, José (1971), "Mao Tse-Tung", en: AA.VV., *Los hombres de la historia*, CEAL, Buenos Aires, núm. 162; Bianco, Lucien, "La Revolución Cultural (1965-1969)", en: Bianco, Lucien (2006 [1976]), *Asia Contemporánea*, Siglo XXI, México, pp. 228-232.

112 Beijing Informa, *15 años de reforma económica en China (1978-1993)*, Nue-

Estos cambios dieron la posibilidad a los monopolios imperialistas de participar de la extracción de plusvalía de los trabajadores chinos, ampliar en más de 1.000 millones de personas el mercado capitalista mundial y explotar sus riquezas naturales. Las inversiones extranjeras directas en China crecieron unas 50 veces entre 1985 y 1995, se decuplicaron entre 1991 y 2001, y ascendieron de US$ 46.850 millones a US$ 108.312 millones entre 2001 y 2008.[113]

Entre las principales áreas de intervención de las grandes empresas extranjeras[114], vale señalar aquellas que necesitaban un mayor dinamismo y modernización tecnológica: la industria de automóviles y el mercado de computadoras. Estas inversiones foráneas se realizaron bajo la conformación de empresas conjuntas o *joint venture* entre capitales extranjeros con empresas estatales chinas.[115] Por ejemplo, *General Motors* se asoció con *Shanghai Automotive Indrustry Corporation (SAIC)* en 1997, y *First Automotive Works (FAW)* ha firmado distintos *joint venture* con *Volkswagen* (1991), *Toyota* (2002) y *Mazda* (2005).[116]

La balanza comercial China ha presentado un superávit constante en los últimos 20 años, ubicándose entre las principales naciones comerciales del mundo. Además, ha mantenido un sostenido balance comercial positivo con dos de sus principales competidores: Estados Unidos y la Unión Europea. Con Rusia ha tenido un saldo deficitario, pero los volúmenes de comercialización –los saldos negativos– son considerablemente inferiores a los registrados positivamente con Estados Unidos y la Unión Europea. En el caso de los intercambios comerciales con Japón, sólo desde 2002 se han producido resultados deficitarios.[117]

Desde mediados de la década de 1980, el PBI de China mantuvo tasas de crecimiento de un 10% de promedio. En 2000, alcanzó el sexto lugar entre los mayores PBI del mundo y para 2008 fue considerada como la cuarta economía del planeta (por detrás de Estados Unidos, la Unión Eu-

---

va Estrella, Beijing, 1994, pp. 2, 6 y 43.

113 United Nations Conference on Trade and Development (UNCTAD), *World Invest Report 2009*.

114 Lo cual no sugiere la subordinación de China a los intereses imperialistas. Por el contrario, los negocios de las transnacionales en el país asiático se producen en paralelo a su elevación al carácter de superpotencia.

115 Cfr. Engel, Stefan, op. cit, pp. 201-216.

116 Estos procesos pueden verse en Kamiya, Marco y Ramírez, César (2004), "La industria automotriz: desarrollos en China e implicaciones para Latinoamérica", *Journal of Economics, Finance and Administrative Science*, Universidad Esan, Lima, vol. 9, núm. 17, diciembre.

117 OMC, *Estadísticas del Comercio Internacional*, 2007.

ropea y Japón). A este crecimiento se le ha sumado la incorporación de Hong Kong –con la segunda bolsa de valores más importante de Asia– y Macao como regiones administrativas especiales.

En cuanto a los capitales chinos en el exterior, el Estado ha promovido las inversiones de sus principales empresas en otros países. En 2008, la tasa anual de las inversiones chinas en el exterior alcanzó los US$ 52.152 millones, mientras que, en valores promedios, esa tasa rondó los US$ 2.200 millones durante toda la década de 1990.[118]

En 1979, el Estado chino creó *CITIC Group* –con actividades diversificadas entre las que se han destacado las financieras– que expandió sus filiales a Estados Unidos, Japón, Holanda, Canadá, Australia y Nueva Zelandia.

La puja por colocar las nuevas inversiones ha generado disputas importantes con capitales que tienen una larga historia en los distintos segmentos del mercado internacional. Así, la expansión de las empresas petroleras chinas encontró resistencias, como en el caso la compra de la petrolera californiana *Unocal* por parte de la *China National Offshore Oil Corporation (CNOOC)*, que fue rechazada por el gobierno de Estados Unidos.[119]

Este ascenso económico de China ha recibido distintas caracterizaciones. Así, Engel lo interpreta como "un poder socialimperialista ascendente"[120] pero Yuezhi Zhao, reconociendo la "naturaleza capitalista de las reformas" y la "integración de China en el capitalismo mundial", considera –algo disparatadamente– que estamos ante "un poder regional que se está integrando al 'imperio norteamericano informal'".[121]

Por cierto que, desde nuestra perspectiva, las concesiones chinas al capital extranjero no habilitan a considerar a este país asiático como una parte del "imperio norteamericano" con una clase dirigente "transnacional". Estas interpretaciones caen en la vieja confusión de igualar el contenido de la lucha interimperialista con su forma (pacífica o bélica). De este modo, consideramos que las contradicciones y los conflictos entre las potencias por el reparto de mercados se mantienen vigentes. Esta dis-

---

118 World Bank, *World Development Indicators*, septiembre de 2009; International Fund Monetary, *World Economic Outlook Database*, 2008.

119 Las principales potencias establecen diferentes mecanismos y criterios para regular las inversiones en torno a la preocupación por la seguridad nacional definiendo qué inversiones pueden estar restringidas. Las restricciones van desde exigir la aprobación de inversiones en un sector de la defensa en sentido estricto, a las amplias restricciones basadas en la seguridad económica y la política cultural.

120 Engel, Stefan, op. cit., pp. 201-216.

121 Yuezhi Zhao, "La matrix mediática: la integración de China en el capitalismo mundial", en: Panitch, Leo y Leys, Colin (edit.) (2005), *Socialist Register 2005: el imperio recargado*, CLACSO, Buenos Aires, pp. 227-250.

puta se ha extendido recientemente a América Latina, expresando una creciente incidencia de los capitales chinos.[122]

Estas contradicciones han registrado su contraparte en el plano militar. Estados Unidos ha estimulado el desarrollo armamentístico de Japón para actuar como contrapeso regional de China y Corea del Norte. Los japoneses han participado de las invasiones organizadas por Estados Unidos en Afganistán y en Irak, y su papel en la región cobró mayor relevancia luego de los ensayos nucleares norcoreanos de 2006.[123] En ese año, China amplió su poderío militar y se colocó, por primera vez, a la cabeza de los países con mayor gasto militar de Asia, secundado por el anterior líder Japón. De esta manera, China se convirtió en el cuarto país con mayor gasto militar del mundo, estimándose éste en U$S 49.500 millones. Pero el crecimiento del gasto militar no se detuvo y, en 2008, China pasó al segundo lugar del ranking mundial con un gasto estimado de U$S 84.900 millones anuales. Por lo tanto, en el terreno militar China se ha transformado en una superpotencia con 2.500.000 soldados estables, misiles atómicos intercontinentales y tecnología espacial.[124]

La integración de China a la economía mundial capitalista[125] llevó a que su territorio recibiera capitales extranjeros de origen estadounidense, europeo y japonés desde 1980, pero al mismo tiempo ha emergido como potencia imperialista –con posibilidades de superar a Estados Unidos en las décadas próximas– pasando a realizar crecientes inversiones directas en el extranjero. Desde la década de 1990 fue notoria la expansión de los capitales chinos

---

122 Para un detallado estudio de la expansión de los capitales imperialistas chinos en América Latina, véase Ellis, Robert Evan (2009), *China in Latin America. The wahts and wherefores*, Rienner, Colorado.

123 La rivalidad militar se ha expresado recientemente en distintos acontecimientos. En mayo de 1999, un avión de la OTAN atacó "por error" la embajada china en Belgrado durante la llamada guerra de Kosovo. En abril de 2001, en un contexto de tensiones por las tratativas de ventas de armamentos de alta tecnología de Estados Unidos a Taiwán, se produjo la intercepción de un avión espía norteamericano con 24 personas en las cercanías de la isla china de Hainán.

124 Stockholm International Peace Research Institute (SIPRI), *SIPRI Yearbook*, 2009.

125 Una visión no coincidente con nuestra postura que argumenta el crecimiento de la economía china debido a una *"reforma socialista"* y a los logros de *"un régimen considerablemente equitativo de distribución"*, pueden confrontarse en: Tablada, Carlos y Dierckxsens, Wim, "El 'milagro chino'", en: Tablada, Carlos y Dierckxsens, Wim (2005), *Guerra global, resistencia mundial y alternativas*, Nuestra América, Buenos Aires, p. 230.

a otros países en el área de alimentos, insumos, maquinarias e infraestructura.

Ascenso de países y burguesías rezagadas a condiciones imperialistas subalternas

En el parteaguas de los siglos XIX y XX, Alemania, Italia y Japón todavía registraban un desarrollo capitalista comparativamente rezagado en relación con Gran Bretaña, Francia y Estados Unidos. A través del desarrollo de su industrialización, estos países adoptaron posiciones muy competitivas en el plano internacional, que se expresaron tanto en la disputa económica por diferentes mercados como en la colonización de territorios de una extensa periferia. De este modo, se operó su conversión en potencias imperialistas[126], dando lugar a tensiones diplomáticas y militares que desembocaron en las dos guerras mundiales del siglo XX.

Cabe considerar, entonces, que la configuración del escenario mundial se opera dinámicamente a través de la constante expansión de las relaciones sociales capitalistas, que siempre está acompañada de una permanente transformación de las relaciones de dominación y subordinación en el plano internacional. Por tanto, las asimetrías económicas, militares, políticas y sociales entre países se redefinen a lo largo de la historia reciente en función del desigual desarrollo capitalista a escala planetaria. En algunos casos, estos procesos son susceptibles de forjar nuevos imperialismos que pasan a competir y/o a integrarse de modo contradictorio con los ya existentes. Así, considerar que se desarrollan países imperialistas rezagados, constituye lo mismo que expresar que las burguesías de estos países extraen en una amplia escala su plusvalía dentro y fuera de las fronteras nacionales, aun cuando por ahora en la mayoría de los casos esta característica no basta para asimilarlos con sus pares más antiguos y poderosos.[127]

---

126 El desarrollo de países imperialistas rezagados también operó sobre las bases colonialistas de potencias secundarias cuya expansión en mercados y territorios externos se operó en el marco de regímenes precapitalistas (España, Portugal, Rusia y Austria) o en los albores del desarrollo capitalista (Holanda y Bélgica).

127 En el campo teórico, fuertemente influenciadas por el desarrollo de la llamada "transnacionalización" del capital, las denominadas teorías de la "globalización", de la "mundialización", y de los sistemas mundiales procuraron dar cuenta de la continua transformación y expansión del capital ocurrida a partir de la segunda mitad del siglo XX. Las posiciones neoliberales favorables a la expansión del libre mercado y las empresas transnacionales, no consideran el papel de la

Esta situación se inserta en el proceso de exportación de capitales, iniciado a escala internacional a fines del siglo XIX y que manifestó una fuerte aceleración cualitativa y cuantitativa a partir de la segunda mitad del siglo XX con la expansión de las empresas transnacionales.[128]

La cuestión aquí planteada ha sido abordada por diferentes autores. Entre ellos, vale destacar el aporte pionero de Ruy Mauro Marini al introducir el concepto de *subimperialismo*, considerando el papel imperialista –con múltiples asociaciones– desempeñado por Brasil[129], una economía que ha registrado un enorme crecimiento en los últimos años (hasta alcanzar, según el FMI, la sexta ubicación del planeta en cuanto al PBI).[130] A través de este concepto se hace referencia a la expansión de capitales de nuevos países imperialistas que conservan, no obstante, una condición dependiente y subalterna en el conjunto de la cadena imperialista.[131] Este fenómeno requiere un análisis atento a las formas

---

dominación y subordinación de los países periféricos al imperialismo. Los puntos de vistas más críticos, principalmente –aunque no únicamente– enrolados en las llamadas teoría del sistema-mundo hacen hincapié en cómo los poderes hegemónicos se configuran de forma integrada aunque desigual en el plano económico, cultural, político y social a nivel mundial –incluso en situaciones previas al desarrollo capitalista– trascendiendo los marcos del Estado-nación. Para un repaso de los distintos análisis reunidos en estas últimas perspectivas teóricas véase Ianni, Octavio (1996), *Teorías da Globalização*, Civilização *brasileira,* Rio de Janeiro; Beck, Ulrich (2008), *¿Qué es la globalización? Falacias del globalismo, respuestas a la globalización*, Paidós, Buenos Aires. Para un consideración de la teoría del "sistema-mundo", Wallerstein, Immanuel (2006), *Análisis de sistemas-mundo. Una introducción*, Siglo XXI, Madrid; Amin, Samir (1996), *Los desafíos de la mundialización*, Siglo XXI, México; Arrighi, Emmanuel (1999), *El largo siglo XX. Dinero y poder en los orígenes de nuestra época*, Akal, Madrid.

128 Petras, James (2000), *Globaloney. El lenguaje imperial, los intelectuales y la izquierda*, Antídoto, Buenos Aires, p. 27.

129 Marini, Ruy Mauro (1969), *Subdesarrollo y revolución*, Siglo XXI, México; Marini, Ruy Mauro (1973), *Dialéctica de la dependencia*, Serie Popular Era, México.

130 Becker, Bertha y Egler, Claudio (1993), *Brasil: uma nova potência regional na economia-mundo*. Bertrand Brasil, Rio de Janeiro; Fonseca Dos Santos, Pablo (2005), "La notable trayectoria de Brasil: la economía más grande de América Latina está cosechando los frutos de la reforma", *Finanzas y Desarrollo*, FMI/BM, Nueva York, vol. 42, núm. 2, pp. 50-52.

131 De esta manera, la dinámica capitalista configuraría en diferentes áreas del mundo un proceso desigual y combinado de desarrollo, con la posibilidad de dar origen a nuevos imperialismos. Véase Trotsky (2006), León, *Historia de la Revolución Rusa,* Antídoto, Buenos Aires, T. 1, p. 16.

de conexiones y contradicciones interimperialistas actualmente en curso que envuelven diferentes países rezagados en la cadena imperialista.[132]

Entre los países emergentes[133] devenidos en potencias rezagadas en la cadena imperialista, consideramos oportuno mencionar las modalidades específicas que encuentran las empresas transnacionales brasileñas que incursionan en el ámbito del complejo agropecuario, entre las que se puede destacar, a modo de ejemplo, a *Petrobras* (combustibles, biodiésel y fertilizantes), *JBS–Friboi* (carnes, lácteos y biodiésel), *AmBev* (cervecería) y *Marfrig* (carnes).[134]

Tomando como referencia lo expuesto en este capítulo, en el siguiente presentaremos un análisis del proceso histórico general de penetración del capital imperialista en la Argentina, considerando tanto las trabas a la acumulación interna del capital en el país como su relación particular con el complejo agroalimentario pampeano.

---

132 Fontes, Virginia (2010), *O Brasil e o capital-imperialismo. Teoria e história*, EPSJV/Editora UFRJ, Rio de Janeiro, p. 364. La autora menciona, junto al cambio del capitalismo y la burguesía brasileña, las nuevas condiciones geoestratégicas de Corea del Sur, Sudáfrica, México, India, China, Rusia y Turquía. También, véase, Osorio, Jaime (2007), "Nueva división internacional del trabajo, reproducción del capital y recientes subimperialismos", *Realidad Económica*, Buenos Aires, 16 de agosto al 30 de septiembre, pp. 27-46; Bond, Patrick, "El imperio norteamericano y subimperialismo sudafricano", en: Panitch, Leo y Leys (2005), Colina (comp.), *El imperio recargado*, CLACSO-Socialist Register, Buenos Aires, pp. 251-276.

133 Con este concepto una amplia literatura ha hecho referencia a los países que han pasado de una situación de subdesarrollo a una situación de crecimiento económico que les permite ser denominadas "economías en desarrollo". Véase Fleury, Afonso y Fleury, Maria Tereza Leme (Org.) (2007). *Internacionalização e os países emergentes*, Atlas, São Paulo.

134 Saggioro García, Ana y otros (2009), *Empresas transnacionais brasileiras na América Latina. Um debate necessário*, Expressão Popular, São Paulo. Véase también el debate sobre el carácter del capitalismo brasileño: Berringer, Tatiana (2013), "A tese do imperialismo brasileiro em questão", *Crítica Marxista*, núm. 36, pp. 115-128; Fontes, Virgínia (2013). "A incorporação subalterna brasileira ao capital-imperialismo", *Crítica Marxista*, núm. 36, pp. 103-114; Luce, Mathias S. (2013), "O subimperialismo, etapa superior do capitalismo dependente", *Crítica Marxista*, núm. 36, pp. 129-142; Matos Souza, Angelita (2013), "Crítica à noção de subimperialismo", *Crítica Marxista*, núm. 36, pp. 143-151.

CAPÍTULO 2
EL PROCESO HISTÓRICO GENERAL Y EL PAPEL DEL EMPRESARIADO LOCAL

En este capítulo se analiza el proceso histórico general de la penetración del capital extranjero en la Argentina y en el complejo agroindustrial pampeano en particular. Asimismo, se incluyen, para comprender mejor esta injerencia, observaciones introductorias sobre el papel del empresariado local en este proceso, ya que la expansión del capital foráneo se desplegó en contraposición y/o asociación con el capital local, registrándose importantes diferencias por ramas (con distintos grados de exclusividad o de división del mercado). El rumbo del estudio se inicia con una descripción del marco histórico general que va desde 1880 a 1976, procurando sumar elementos de juicio para el examen de la dinámica de la dependencia, los agentes de gobierno y sus planes. En un segundo momento se señalan algunos ejes problematizadores de utilidad para la definición de las consecuencias más generales de este período en consideración de la injerencia del imperialismo en la Argentina, poniendo de relevancia su incidencia en la definición del tipo de país. En tercer lugar, se revisa el período histórico que comprende este libro (1976-2008), caracterizando las vinculaciones del capitalismo argentino –prestando especial atención al sector agroindustrial– con los intereses imperialistas.

Formación y evolución de la Argentina moderna dependiente y capitalista (1880-1976)

El modelo agroexportador (1880-1930)

Durante los orígenes del capitalismo en su fase imperialista –iniciado a finales del siglo XIX y los primeros años del siglo XX– se impuso a escala internacional una nueva división del trabajo que influyó en forma decisiva en la estructuración económica y política de los diferentes países, pudiéndoselos delimitar según su grado de autonomía en "al menos cuatro tipos diferentes: imperialistas, dependientes, semicolonias (países con partes de su territorio controlado por gobiernos extranjeros) y colonias".[135]

Esta circunstancia tuvo expresión en la configuración de Argentina como un país dependiente en términos económicos, aunque formalmente independiente en el plano político, incidiendo en el plano interno la dirección de un bloque hegemónico integrado por terratenientes-capitalistas y la gran burguesía comercial y financiera, cuyos intereses de mayor gravitación se circunscribían al ámbito rural y urbano pampeano.

La formación de esta élite se realizó en un proceso específico y de larga duración –durante los siglos xvii, xviii y buena parte del siglo xix– en el que las actividades productivas y comerciales del colonialismo español, y luego las de la independencia nacional –acompañadas de luchas político-militares que definieron los escenarios–, dispusieron el ordenamiento de la economía y la sociedad del área rioplatense. Estos desarrollos –que antecedieron a la consolidación del capitalismo como sistema de producción dominante en estos territorios– determinaron una sumisión comercial que entrelazaba a las clases dominantes de la región pampeano-litoral con las principales potencias de la época y reforzaba las bases de su especialización primario-exportadora (fundamentalmente ganadera en los prolegómenos de la influencia internacional del imperialismo) y la importación de productos manufacturados.

Con posterioridad, entre 1880 y la primera década del siglo xx, Argentina privilegió esta asociación subordinada con el capital extranjero –principalmente británico pero también de origen diverso (francés, alemán, belga y otros)–,[136] mediante los efectos de las inversiones foráneas y el establecimiento de nuevas redes financieras y diplomáticas que sujetaban la economía al imperialismo. Todo lo cual se realizó en simultaneidad con el aceleramiento en la transformación de las relaciones sociales de producción operada como consecuencia de la inmigración, la proletarización de la fuerza de trabajo, la ampliación de la producción agropecuaria, el desarrollo de la urbanización y la conquista de los territorios pertenecientes a los pueblos originarios.

Esta orientación agroexportadora de la economía argentina no dejaba de estimular el surgimiento de actividades industriales (curtiembres,

---

135 Azcuy Ameghino, Eduardo (2011), *Una historia casi agraria. Hipótesis y problemas para una agenda de investigación sobre los orígenes y desarrollo del capitalismo en Argentina*, Ediciones del PIEA, Buenos Aires, p. 43.

136 Rapoport, Mario y Spiguel, Claudio (2005), *Política exterior argentina. Poder y conflictos internos (1880-2001)*, Capital Intelectual, Buenos Aires, p. 13.

saladeros, laneras, frigoríficos, molinos harineros, cervecerías, etc.) y de servicios (ferrocarriles, bancos, etc.) destinadas al mercado interno. Sin embargo, los incentivos a la industrialización resultaban acotados fundamentalmente al desarrollo de producciones ligadas al sector agropecuario.

En particular, una de las áreas de mayor incidencia del capital imperialista fue la industria frigorífica, con las cuotas de exportación, en la que se manifestaban, además, los conflictos interimperialistas entre británicos y norteamericanos. A partir de 1907, con el arribo de capitales del "trust de Chicago" –con el consiguiente debilitamiento relativo del monopolio británico en el sector–, Argentina se convirtió en importadora de medios de producción estadounidenses, estableciéndose una trama de relaciones económicas triangulares: se exportaba fundamentalmente a Gran Bretaña, mientras que las importaciones norteamericanas crecían en participación al igual que sus inversiones financieras y el establecimiento de filiales de empresas de ese origen.[137] Las disputas por el control de la economía argentina se plasmaron en las llamadas "guerras de las carnes", en las que los frigoríficos ingleses y estadounidenses disputaron de manera abierta en torno a los precios de la carne y de los fletes, a fin de incrementar sus respectivas partes del mercado.[138] Vale observar

---

137 Fodor, Jorge y O'Connell, Arturo (1973), "La Argentina y la economía atlántica en la primera mitad del siglo XX", *Desarrollo Económico*, núm. 49, abril-junio, pp. 3-65; Díaz Alejandro, Carlos (1983 [1975]), *Ensayos sobre la historia económica argentina*, Amorrortu,Buenos Aires; Caputo de Astelarra, Sara (1984), "La Argentina y la rivalidad comercial entre los Estados Unidos e Inglaterra (1899-1929)", *Desarrollo Económico*, núm. 92, enero-marzo pp. 599-603; O'Connell, Arturo (1986), "La fiebre aftosa, el embargo sanitario norteamericano y el triángulo Argentina-Gran Bretaña-Estados Unidos", *Desarrollo Económico*, núm. 101, abril-junio, pp. 21-50

138 Alemania ocupó la segunda posición en cuanto a las importaciones de nuestro país a partir de 1904 y fue desde 1906 el segundo comprador del total de ventas de la Argentina. En ambos casos desplazó de su colocación a Francia. La posición de los capitales norteamericanos va a ser apoyada en el inicio por los terratenientes y burgueses proalemanes que participaban del gobierno durante la presidencia de José Figueroa Alcorta (1906-1910) y la de Roque Sáenz Peña (1910-1914) a fin de conseguir el debilitamiento de los capitales ingleses. No obstante, hacia 1918, en el comercio con Alemania cayeron de manera significativa las importaciones de ese origen y desaparecieron por completo las exportaciones directas hacia aquel país. De todas maneras, las inversiones en Argentina no fueron afectadas. Con posterioridad, hacia 1934, los alemanes recuperaron algunas ventajas comerciales producto del "Convenio Comercial y de Pagos" firmado con Argentina. Véase Huret, Jules (1913), *En Argentina: del Plata a la Cordillera de* que un rasgo persistente de la estructura económica argentina ha sido la presencia de capitales de distinto origen –aunque durante períodos prolongados sea posible considerar la presencia hegemónica de alguno de ellos– que han establecido vínculos diversos con las clases dominantes locales y diferentes conexiones con los principales sujetos que tienen injerencia o disputan la dirección del Estado argentino.

El contexto de la Primera Guerra Mundial (1914-1918) operó una verdadera división y un enfrentamiento en el seno de las clases dominantes argentinas, cuyas fracciones representaban y se asociaban con distintos imperialismos. A pesar del avance formal en la democratización del sistema político nacional que significó la sanción de la Ley Sáenz Peña (1912), las medidas de los presidentes radicales –Hipólito Yrigoyen (1916-1922 y 1928-1930) y Marcelo Torcuato de Alvear (1922-1928)– no se propusieron transformar la base económica agroexportadora y dieron continuidad a la reproducción de los intereses terratenientes y de burguesía intermediaria. Las clases dominantes –luego de mantener durante años su política represiva contra el radicalismo– avanzaron en la infiltración y cooptación de los principales cuadros de esta fuerza política.

El ascenso radical incluía la participación de importantes sectores de las masas populares (pequeña burguesía rural y urbana, obreros, etc.). Sin embargo, los gabinetes del primer gobierno de Yrigoyen y los de Alvear expresaron una continuidad con los del régimen oligárquico, siendo un rasgo saliente la pertenencia de la mayoría de sus miembros a la Sociedad Rural. De allí que no existieran lineamientos antiterratenientes y antiimperialistas que sentaran las bases de una independencia económica. De esta manera, "la oligarquía y el imperialismo (...) desde dentro y fuera del radicalismo prepararían la recuperación plena de su poder".[139]

A pesar de estas circunstancias, se expresó una clara diferencia entre Yrigoyen y Alvear. Mientras el primero adoptó una crítica moral al imperialismo y el latifundio, conciliando en la práctica, el segundo se manifestó en forma abierta proimperialista y proterrateniente, entendiéndose con el ala antipersonalista del radicalismo y con los conservadores. Esta

---

los Andes, Fasquelle, París, p. 521; Sommi, Luis (1945), *Los capitales alemanes en Argentina. Historia de su expansión*, Claridad, Buenos Aires, pp. 22 y 99; Van der Karr, Jane (1974), *La Primera Guerra Mundial y la política económica argentina*, Troquel, Buenos Aires, pp. 144-168; Botana, Natalio (1977), *El orden conservador. La política argentina entre 1880-1916*, Sudamericana, Buenos Aires, p. 229.

139 Gastiazoro, Eugenio (1986), *Historia argentina. Introducción al análisis económico y social*, Agora, Buenos Aires, t. III, p. 175.

situación llevó a la oposición del yrigoyenismo que, cuando retornó a la presidencia, adoptó un tono nacionalista moderado (en lo fundamental respecto del petróleo) y mostró una composición de clase en su gabinete que difería de la de su primer gobierno (sólo Juan Fleytas, el ministro de Agricultura, era socio de la Sociedad Rural).[140]

La crisis de 1929 pondría de relieve la debilidad del modelo agroexportador sustentado en el latifundio y en el comercio exterior. Cuando el yrigoyenismo se transformó en un impedimento para la obtención de beneficios de las clases dominantes y los imperialismos en el nuevo contexto mundial, éstos aprovecharon las dificultades económicas para conspirar abiertamente y coincidieron en una salida golpista luego de la cual aparecería el forcejo por quién hegemonizaba.[141]

La industrialización dependiente (1930-1945)

A partir de la crisis de la economía mundial iniciada con el *crack* de Wall Street en 1929, se abrió la posibilidad de transformaciones de la estructura económica argentina para adecuarla a las nuevas condiciones internacionales, pasando la industria a convertirse –en especial a partir de 1933– en un sector de liderazgo en la economía del país. Se puso en marcha un modelo de acumulación cuyo rasgo fundamental fue la Industrialización por Sustitución de Importaciones (ISI), proceso que tenía como antecedente el incipiente desarrollo de la industria local alcanzado por las circunstancias extraordinarias que atravesaron las importaciones durante la Primera Guerra Mundial.[142] La crisis también provocó una al-

---

140 Alén Lascano, Luis (1975), *La Argentina ilusionada, 1922-1930*, La Bastilla, Buenos Aires.

141 Perón, Juan Domingo (1974), *Tres revoluciones militares*, Síntesis, Buenos Aires.

142 Durante la Primera Guerra Mundial, como consecuencia de la disminución del comercio exterior, se alcanzó una exigua diversificación de la producción industrial para el abastecimiento del mercado interno. En la década de 1920, los capitales estadounidenses se destacaron en la instalación de fábricas en la Argentina, consiguiendo la reducción de los costos de transporte, una mayor penetración en el mercado y un aumento en la competitividad frente a otras firmas. Esto posibilitó el surgimiento de numerosos talleres complementarios y firmas subsidiarias de capitales argentinos, a la vez que en el sector industrial rompía con el exclusivo carácter complementario de las actividades agropecuarias.

teración en cuanto al papel del Estado, dejando de lado el librecambismo tradicional por lineamientos intervencionistas.

En este desarrollo, sobre todo dirigido al abastecimiento del mercado interno, participaron tanto sectores de la clase dominante argentina que diversificaron sus actividades económicas como capitales extranjeros de diferente origen que pujaron por aprovecharse de las oportunidades que allí se abrían. En este marco, los estadounidenses se afianzaron con mayor facilidad que sus competidores, dado el mayor desarrollo tecnológico y el poderío que ya manifestaban. Por lo tanto, el proceso de diversificación de la economía argentina –operado en esta etapa de la industrialización–, si bien fue una alteración que modernizó la economía y la sociedad, no alcanzó a transformar ésta en economía independiente sino en una adaptación de la oligarquía argentina a las nuevas circunstancias mundiales, continuando con la dependencia de elementos que no se producían en forma local y las ventajas para los capitales imperialistas (garantizados mediante acuerdos bilaterales como el Pacto Roca-Runciman).[143] La Argentina dejó de importar bienes de consumo para pasar a importar medios de producción, privilegiando a los socios extranjeros, practicando el "proteccionismo al revés"[144] en el que se gravaban con mayores aranceles los insumos que los productos terminados, y se estableció la regulación en los mercados de los bienes agropecua-

---

143 Sanguineti, Horacio (1975), *La democracia ficticia, 1930-1938*, La Bastilla, Buenos Aires. Los acuerdos alcanzados a través del Pacto Roca-Runciman fueron ratificados por el Congreso Nacional. El Convenio establecía condiciones leoninas favorables a Gran Bretaña: el Reino Unido se comprometía a importar una cuota de carne argentina, pero reservándose el derecho de no hacerlo si los precios excedían los de los demás proveedores mundiales y otorgándole a los frigoríficos argentinos una cuota del 15% de lo enviado a aquel país. Como contrapartida, Argentina dispensaría un tratamiento benévolo a los intereses británicos: no limitaría el uso de divisas para compras en Gran Bretaña, facilitaría divisas para remesas de utilidades de empresas británicas y mantendría libre de aranceles a la importación al carbón y otras mercaderías que provenían del Reino Unido.

144 El "proteccionismo al revés" fue un concepto acuñado por Félix Weil para caracterizar una estructura arancelaria que fijaba un sobrecosto para las materias primas de origen extranjero y favorecía a las industrias que utilizaban insumos nacionales. De esta manera, los grandes terratenientes y empresarios sostenían que evitaban estimular industrias que consideraban "artificiales", encareciendo así la provisión de maquinarias y otros bienes de capital, y contribuyendo a significativos déficit en los nuevos establecimientos. Por lo que el autor no considera justificadas las expresiones que otorgan a la política de la oligarquía las características de "aliento al desarrollo industrial nacional". Véase: Weil, Félix (2010), *El enigma argentino*, Biblioteca Nacional, Buenos Aires, pp. 200-203.

rios mediante la creación de comisiones asesoras y juntas reguladoras. Se conformaba así una industria importadora de insumos y maquinarias que necesitaba las divisas provenientes de las exportaciones agropecuarias. De esta manera, la profundización de la industrialización quedaba sujeta a las orientaciones de las clases dominantes (hegemonizadas por los terratenientes-capitalistas y la gran burguesía intermediaria en alianza subordinada con los imperialismos) y a los resultados de las inversiones extranjeras.

Sin embargo, en paralelo se desarrollaron también emprendimientos industriales medianos y pequeños –especialmente en bienes de consumo masivo como textiles, alimentos y metalúrgica liviana–, que emergieron por las relativamente fáciles condiciones de estas producciones relacionadas con insumos locales que no requerían elevados volúmenes de capital para su funcionamiento, y se aprovecharon las condiciones del mercado protegido con moderación por barreras aduaneras. A pesar de que la participación de este sector en el conjunto de la economía "no era demasiado significativa (en 1939, el 82% de los establecimientos generaban el 10,7% de la producción, y el 22,8% del empleo totales)",[145] las circunstancias especiales de la Segunda Guerra Mundial –sumadas al escenario abierto por las condiciones internacionales imperantes desde 1930– repercutieron de modo favorable en la expansión de algunos emprendimientos y en la consolidación de la Confederación General Económica (CGE) como grupo de interés de este empresariado. Estos sucesos impulsaron a esta burguesía nacional de aspiraciones industrialistas y mercadointernistas a una confluencia con la vertiente nacionalista y antiimperialista de las Fuerzas Armadas (principalmente del Ejército) que expresó el ascenso político del peronismo.

La industrialización y el peronismo (1946-1955)

El proceso de industrialización en el marco del régimen oligárquico (1930-1945) enfrentaba dificultades tanto desde el punto de vista macroeconómico como microeconómico. En el primer caso, las ramas tradicionales –textiles y alimentos– expresaban más del 50% de la producción total, existía una fuerte dependencia de bienes de capital importado y se mantenían las desventajas de las industrias que usaban materias primas

---

145 Rapoport, Mario y otros (2003 [2000]), *Historia económica, política y social de la Argentina (1880-2000)*, Macchi, Buenos Aires, p. 325.

importadas frente a las importaciones. En el segundo aspecto, los bienes eran en general copias de diseños foráneos rezagados con respecto a los parámetros tecnológicos internacionales de la época, coincidiendo con el alto grado de obsolescencia tecnológica.[146]

Los cambios en la situación internacional por efectos de la Segunda Guerra Mundial –debilitamiento temporal de Gran Bretaña, la transformación en guerra antifascista y el deslumbramiento por el poderío militar e industrial alemán– aceleraron las contradicciones internas de las clases dominantes argentinas. De este modo, el golpe de Estado de 1943 y las periódicas renuncias y designaciones de presidentes y ministros entre 1943 y 1945 expresaron la participación en esos acontecimientos de sectores oligárquicos aliadófilos –en general proingleses– y proeje (sobre todo proalemanes pero también proitalianos)–, así como de una corriente de militares nacionalistas en la que avanzaba el liderazgo de Juan Domingo Perón.[147]

Mediante el peronismo, la burguesía nacional hegemonizó un frente nacionalista que consiguió el apoyo de la mayoría de los obreros urbanos y rurales, y otros sectores populares, concediendo parte de sus reivindicaciones aunque practicando una política de conciliación de clases y subordinando las organizaciones sociales al Estado.[148]

El primer gobierno de Perón (1946-1952) financió la continuidad del proceso de industrialización a través del Instituto Argentino de Promoción del Intercambio (IAPI), monopolizando el comercio exterior agropecuario, apropiándose de la renta agraria mediante impuestos específicos a la exportación y redistribuyendo los ingresos en el desarrollo industrial. No obstante, el desarrollo del IAPI se encontró con trabas difíciles de superar: saldos exportables insuficientes y dificultades de pagos internacionales ante la debilidad económica de la Europa de posguerra. En la práctica se operó un boicot de los intereses oligárquicos a las exportaciones, una reorientación de las inversiones terratenientes y la paralización de la producción agropecuaria. Al mismo tiempo, las limitaciones de la industria argentina por constituirse como autosuficiente y exportadora –más allá de los forcejos y las conciliaciones del peronismo con estos

---

146 Katz, Jorge y Kosacoff, Bernardo (1989), *El proceso de industrialización en la Argentina: evolución, retroceso y perspectiva*, CEPAL/CEAL, Buenos Aires.
147 Potash, Robert (1981), *El ejército y la política, 1945-1962, De Perón a Frondizi*, Sudamericana, Buenos Aires; Potash, Robert (1984), *Perón y el GOU. Los documentos de una logia secreta*, Sudamericana, Buenos Aires.
148 Doyon, Louise (1988), "Crecimiento sindical bajo el peronismo", en Torre, Juan Carlos (comp.), *La formación del sindicalismo peronista*, Legasa, Buenos Aires, p. 199; Godio, Julio (1990), *El movimiento obrero argentino (1943-1955). Hegemonía nacionalista-laborista*, Legasa, Buenos Aires, pp. 196-197.

sectores– derivaron en crisis y en la reconfiguración de las relaciones de subordinación con los principales capitales foráneos.

Así, desde los últimos años del segundo gobierno de Perón (1952-1955), Argentina asistió a un proceso de recesión con estancamiento de la industrialización y desempleo industrial (a pesar de promover inversiones extranjeras a fin de incentivar el desarrollo de la industria pesada,[149] propiciar acuerdos de unión económica con los países limítrofes y establecer el primer tratado comercial con la Unión Soviética en 1953). La decisión de los terratenientes de no resignar los beneficios de la renta agraria para la profundización de la industria nacional, así como los intereses imperialistas opuestos a todo desarrollo económico independiente, resultaron factores clave en el desenlace que tuvo esa crisis.[150]

Bajo el signo desarrollista: radicación de capitales y planes de ajuste (1956-1976)

Las clases dominantes argentinas se balancearon, a partir del golpe de Estado de 1955, entre dos tipos de salida frente a la crisis: por un lado, la profundización de un modelo de desarrollo industrial dependiente vía radicación de capitales extranjeros, por otro, la reprimarización de la economía. La década de 1960, en lo fundamental a través de las distintas propuestas del desarrollismo, fue escenario del primer modelo; a partir de 1976 se impondrá –bajo distintas variantes y dictadura militar mediante– la segunda alternativa. Las Fuerzas Armadas participaron de ambos mediante un ciclo de golpes militares que dio lugar al llamado péndulo político de democracia y autoritarismo pero que, a su vez, expresó disputas internas (como la que enfrentó a los "azules" con los "colorados")[151] que manifestaban los alineamientos proimperialistas de las

---

149 En 1950, el gobierno de Perón contrajo un crédito por US$ 125 millones con el *Eximbank* para solventar las remesas impagas de las empresas estadounidenses, se sancionó una ley de radicación de capitales extranjeros (ley 14.222) el 21 de agosto de1953 y se estableció un acuerdo de explotación petrolífera con la *California Standard Oil* (regulado mediante el decreto 6.688 del 6 de mayo de 1955). Para este último, véase Silenzi de Stagni, Adolfo (1956), *El petróleo argentino*, Ediciones Problemas nacionales, Buenos Aires; Perón, Juan Domingo (2006 [1956]), *La fuerza es el derecho de las bestias*, Instituto Nacional Juan Domingo Perón, Buenos Aires, pp. 115-120; Rapoport, Mario y Spiguel, Claudio (2009), *Relaciones tumultuosas. Estados Unidos y el primer peronismo*, Emecé, Buenos Aires, pp. 373-375.

150 Slodky, Javier (1988), *El Estado justicialista*, Buenos Aires, t. II.

151 Se trata de dos grandes facciones que se forman en las Fuerzas Armadas –

distintas fracciones de las clases dominantes. Lejos de expresar un "empate hegemónico"[152] en el que diferentes proyectos se encontraban en equilibrio de fuerzas, se trató de una pugna por dirigir lo fundamental de las palancas de la economía argentina. Ésta tuvo un lugar central en el despliegue de medidas favorables a los intereses agroexportadores, a los empresarios locales intermediarios y al capital extranjero de diverso origen.

Ante la emergencia de estas dos alternativas entre las clases dominantes, la burguesía nacional que expresaba el peronismo mostraba las limitaciones de su política conciliatoria con el latifundio y la dependencia, y de las vacilaciones para aceptar la defensa armada de la clase obrera y los sectores populares. Buena parte de la dirección de este empresariado local –a través de la CGE– empalmó en algunos períodos con el proyecto desarrollista.[153]

El general Eduardo Lonardi, a cargo de la presidencia luego del derrocamiento de Perón, convocó a Raúl Prebisch[154] como asesor económico de la autodenominada "Revolución Libertadora". A partir de entonces se intentó contener la inflación luego de una devaluación que rebajaba el poder adquisitivo de los salarios e impedía nuevos aumentos, se disolvió el IAPI, el país se incorporó al FMI y se establecieron contratos de préstamos con el Banco Mundial. Desde entonces, la orientación general de la política económica se dirigió a impulsar incrementos en la producción agropecuaria vía una mayor incorporación tecnológica, una modernización de la estructura agraria (que no ponía en cuestionamiento el latifundio sino que lo alentaba y permitía su reconstitución) y el incentivo a la industrialización favoreciendo la inversión de empresas extranjeras.

---

cuya división se expresó marcadamente en el Ejército– a partir del golpe de 1962. Los denominados "azules" (comandados por los generales Enrique Rauch y Juan Carlos Onganía y con apoyo de la Aeronáutica) se proponían como legalistas y tendientes a la integración del peronismo a la vida política nacional (pero excluyendo al propio Perón). Los "colorados" (dirigidos por varios jefes, entre ellos los generales Raúl Poggi y Federico Toranzo Montero, el brigadier Cayo Antonio Alsina y el almirante Agustín Penas), marcadamente ultraliberales, se oponían a cualquier participación del peronismo en la vida política. A través del golpe de Estado de 1966 se impuso de manera definitiva el bando "azul". Véase: San Martín, Salvador (1983), *El poder militar y la nación*, Troquel, Buenos Aires, pp. 269-271..

152 Portantiero, Juan Carlos (1977), "Economía y política en la crisis argentina, 1958-1973", *Revista Mexicana de Sociología*, núm. 2, pp. 531-565.

153 Gastiazoro, Eugenio (1973 [1971]), *Argentina hoy. Latifundio, dependencia y estructura de clases*, Ediciones Pueblo, Buenos Aires, pp. 105 y 153.

154 Fundador del estructuralismo latinoamericano y secretario ejecutivo de la Comisión Económica para América Latina y el Caribe (CEPAL) entre 1950 y 1963.

Durante este período, el gobierno de Arturo Frondizi (1958-1962) fue la expresión más acaba de la estrategia desarrollista promovida por la CEPAL, favoreciendo en términos globales a la clase capitalista, disminuyendo la participación del salario en el PBI y avanzando en la sustitución de importaciones de bienes intermedios que requieren una tecnología de mayor complejidad. En estas circunstancias, las empresas foráneas encontraron en el país condiciones ventajosas para su instalación y la obtención de una alta tasa de ganancia: "el mercado interno preexistente, las barreras aduaneras proteccionistas, la posibilidad de revalorizar maquinarias y equipos obsoletos para el nivel de desarrollo de los países imperialistas, la accesibilidad de los recursos internos a través del sistema financiero, una posición oligopólica que les permite el manejo de mercados y precios, etc.".[155]

Este ambiente propicio para el arribo del capital imperialista se complementó con la sanción de la Ley de Radicaciones 14.780 de 1958 y la de Promoción Industrial 14.781. Ambas medidas alentaron el desarrollo de ramas como la química, la petroquímica, la celulosa y la siderúrgica, liberalizando las importaciones de capital y las transferencias de dividendos al exterior. El gobierno también concedió contratos de exploración y explotación petrolera a las compañías norteamericanas *Pan American*, *Banca Loeb* y *Tennessee*,[156] contribuyendo a socavar el apoyo inicial que le habían prestado el peronismo y otras fuerzas populares.[157] El peronismo pasaría a la oposición abierta mediante huelgas (como la de los obreros petroleros y los ferroviarios), con uso de barricadas, movilizaciones y ocupaciones de fábricas (como la del ex *Frigorífico Lisandro de la Torre* del barrio porteño de Mataderos), recibiendo por respuesta medidas represivas aplicadas a través del Plan CONINTES (Conmoción Interna del Estado).

---

155 Gastiazoro, Eugenio, *Historia argentina. Introducción al estudio económico y social*, op. cit., t. IV, p. 145.
156 Uno de los artífices de la política petrolera de Frondizi, la llamada "batalla del petróleo" en la que el desarrollismo procuraba contar con el abastecimiento interno mediante concesiones al capital foráneo, fue Arturo Sábato, quien ocupó la presidencia de YPF entre 1958 y 1960. Véase: Sábato, Arturo (1963), *Historia de los contratos petroleros: Notas para el prólogo a un libro sobre "Petróleo y Nación"*, Cogtal, Buenos Aires; Sábato, Arturo (1974), *Petróleo: liberación o dependencia*, Macacha Güemes, Buenos Aires. Una crítica a estos convenios en: Nosiglia, Julio (1983), *El desarrollismo*, CEAL, Buenos Aires.
157 Selser, Gregorio (1988 [1965]), *El país a precio de costo. El gobierno de Frondizi*, Hyspamérica, Buenos Aires, t. I, pp. 64-91.

A los conflictos sociales y los cuestionamientos golpistas al tratamiento de Frondizi hacia el peronismo y el comunismo se les sumaron las dificultades económicas con la reaparición del déficit comercial –por efecto de los factores climáticos sobre la producción agropecuaria y del deterioro de los términos de intercambios– y la contracción de las inversiones extranjeras. Estos factores incidieron en la exigencia de renuncia al presidente por parte de las Fuerzas Armadas y su sustitución por José María Guido (por entonces presidente del Senado) en marzo de 1962.

Durante el gobierno de Guido se sucedieron los ministros de Economía de cuño liberal –Jorge Wehbe, Federico Pinedo, Álvaro Alsogaray, Eustaquio Menendez Delfino y José Alfredo Martínez de Hoz–, cuya fugacidad en el cargo debe atribuirse en lo fundamental al recalentamiento de la conflictividad social y política que provocaba la estrategia económica. A mediados de 1965, durante la gestión de Pinedo, la liberación del mercado cambiario provocó una inmediata devaluación del peso respecto del dólar, una drástica caída del salario real y un aumento de los costos industriales de aquellas empresas que requerían insumos importados. Además, procurando equilibrar la balanza de pagos, se estableció un acuerdo *stand by* con el FMI por US$ 100 millones. La situación se transformó en recesión, trepando la desocupación al 9%, reavivándose la inflación y generándose un proceso de endeudamiento de numerosas empresas que terminaron en quiebra. Sin embargo, al reducirse las importaciones volvió a registrarse superávit comercial, manteniéndose como objetivos de los ministros el equilibrio de la balanza de pagos y el incentivo a las exportaciones industriales.[158]

El gobierno de Arturo Illia (1963-1966) adoptó en el terreno económico una serie de disposiciones que afectaban los intereses del capital extranjero, como la anulación de los contratos petroleros firmados por Frondizi, la regulación del mercado farmacéutico[159] y el control de reme-

158 Diamand, Marcelo (1973), *Doctrinas económicas, desarrollo e independencia*, Paidós, Buenos Aires, pp. 184-185.

159 La regulación del mercado farmacéutico establecía el control sobre la cantidad y calidad de la composición de los medicamentos, el congelamiento de precios, la limitación de los fondos de los laboratorios para campañas publicitarias y la entrega de muestras gratuitas, y se restringían los pagos en concepto de regalías y remesas al exterior para la compra de insumos. La medida generó una abierta oposición de las compañías transnacionales afectadas y la apelación a sus respectivos gobiernos para la defensa de sus intereses. Batalla, Pablo y Rizzi, Fernando (1990), *Arturo Illia*, Fundación Arturo Illia, Buenos Aires, pp. 54-55 y 129-131.

sas privadas al exterior.[160] Ante estos lineamientos, se desató una campaña de desprestigio en los medios de comunicación –en especial a través de los semanarios *Primera Plana* y *Confirmado*– cuestionando la falta de dinamismo económico y la lentitud en la toma de decisiones del gobierno radical. Illia, llegado al gobierno con el peronismo proscripto, no reunía una base popular suficiente para invertir los efectos de las acciones de descrédito y una correlación de fuerzas favorables que evitara su caída.

El golpe de Estado del 28 de junio de 1966 –liderado por los generales Julio Alsogaray, Juan Carlos Onganía, Alejandro Lanusse, Pascual Pistarini y Osiris Villegas– contó entonces con el respaldo de Estados Unidos. Así, los capitales norteamericanos parecieron asegurarse la hegemonía en la gestión de la dictadura de Onganía (1966-1969), que suprimió el sistema electoral e instrumentó la Doctrina de la Seguridad Nacional con el fin de reprimir en el orden interno las acciones de las organizaciones político-militares de origen marxista y peronista. La Unión Industrial Argentina (UIA) apoyó a Onganía y la gestión de su ministro de Economía Adalbert Krieger Vasena (1967-1969), respaldando medidas como el congelamiento de salarios, la suspensión de los convenios colectivos de trabajo, la devaluación del peso, la liberalización del mercado de cambios y la concesión de contratos petroleros a las empresas extranjeras. Por otra parte, los grandes terratenientes –si bien se opusieron a su política de retenciones a las exportaciones– manifestaron su aprobación a la Ley Raggio (1967) que liquidó el régimen de prórroga automática y congelamiento de los arrendamientos, llevando al desalojo de numerosas familias chacareras.[161]

Sin embargo, el grupo de militares golpistas era heterogéneo: en junio de 1970 la Junta de Comandantes de las Fuerzas Armadas dispuso el desplazamiento de Onganía y su reemplazo por el general Marcelo Levingston. En ese marco se replanteó la política económica, por un lado intentando favorecer mediante prácticas proteccionistas a las industrias radicadas en el país y, por otro, promoviendo nuevos mercados para la producción agropecuaria, alcanzando una nueva base de acuerdo con la URSS. Con posterioridad, en marzo de 1971, ante la continuidad de la crisis política y social durante el gobierno de Levinsgton, asumió el general Lanusse, quien anunció la celebración de elecciones generales previa concreción de un Gran Acuerdo Nacional (GAN) entre todas las fuerzas

160 García Vázquez, Enrique (1997), *La política económica argentina en los últimos cincuenta años*, Ediciones Macchi, Buenos Aires, pp. 36-37.
161 Perina, Rubén (1983), *Onganía, Levingston, Lanusse. Los militares en la política argentina*, Editorial Belgrano, Buenos Aires.

políticas. Perón no aceptó los condicionamientos del presidente de facto para su regreso al país y la oposición popular a la dictadura se expresó en la continuidad del auge de luchas sociales que se había abierto con el Cordobazo (mayo de 1969).[162] La dictadura respondió con la represión y el asesinato de numerosos militantes políticos.

En 1973, cuando asumió el tercer gobierno justicialista (1973-1976), se fijaron algunas restricciones al capital extranjero a fin de proteger ramas de la economía y empresas del proceso de desnacionalización. Como respuesta al proceso de extranjerización registrado durante la dictadura de Onganía (1966-1969), se sancionó la Ley de Radicación de Capitales Extranjeros (ley 20.557) que prohibía en forma explícita al capital foráneo "la adquisición de acciones, cuotas, participaciones sociales de cualquier tipo y fondos de comercio destinados a la producción o comercialización de bienes, existentes en el país y pertenecientes a empresas de capital nacional".[163]

Para radicarse o permanecer en el país, las compañías extranjeras debían atender criterios mínimos: actividades económicas y zonas prioritarias, empleo de recursos naturales y humanos del país, mejora de las condiciones de vida de la población, beneficio neto para el país en cuanto al balance de divisas, armonización tecnológica y generación de tecnología nacional, empleo de personal directivo, científico, técnico y administrativo argentino, y limitación estricta para la utilización de ahorro interno.[164]

Para la transferencia de utilidades al exterior o a las casas matrices se establecía un máximo de remesas del 20% por año, con un mínimo de cinco años de espera; no podían superar el 12,5% anual de los recursos líquidos propios y las utilidades excedentes quedaban definitivamente radicadas en el país. Además, la ley fijaba un límite máximo de endeudamiento en el exterior y el Estado no podía avalar tales créditos.

La ley 20.557 sería derogada por la dictadura militar en 1976 y los sucesivos gobiernos democráticos mantendrían el marco normativo establecido entonces a favor de las firmas extranjeras.

---

162 Balbe, Beba, Murmis, Miguel, Marín, Juan y otros (2005 [1973]), *Lucha de calles, lucha de clases*, CICSO/Razón y Revolución, Buenos Aires.
163 Ley de Radicación de Capitales Extranjeros, N° 20.557, artículo 6°.
164 Ley de Nacionalización de los Depósitos bancarios, N° 20.520. Fue sancionada en agosto de 1973 y otorgaba al Banco Central de la República Argentina un poder directo sobre la determinación del volumen de crédito y dinero en circulación. La reforma financiera de 1977 puso fin a la vigencia de este sistema.

Un desarrollo capitalista dependiente, limitado y deformado

Durante la consolidación del Estado nacional, desarrollada en las décadas finales del siglo XIX y las primeras del siglo XX, la Argentina privilegió las relaciones políticas y económicas con las principales potencias capitalistas europeas. El país mantuvo y acentuó las trabas a la industrialización de productos que se importaban desde el exterior, configurándose una producción local poco diversificada y concentrada en bienes primarios.

Cuando el proceso de centralización del capital y concentración de la producción en los países imperialistas llegó a una mayor intensidad, se constituyeron grandes empresas conglomeradas que pasaron a controlar en forma oligopólica las principales ramas económicas. Estos monopolios, desde el último cuarto de siglo XIX, comenzaron su expansión y conquista de nuevos espacios económicos por medio de la inversión de capitales en los países dependientes, a fin de obtener ganancias más elevadas que en sus países de origen.

Los países imperialistas operaron a través del intercambio externo con la Argentina una división internacional del trabajo caracterizada por una fuerte desigualdad en la obtención de beneficios. El comercio exterior argentino estableció débiles barreras o mecanismos que limitaran la asimetría del poder de compra e importaciones de las potencias capitalistas. Este modo de inserción del país en el mercado mundial capitalista se explica "por la existencia de núcleos de intereses coincidentes"[165] entre el capital imperialista y las clases dominantes argentinas. El desarrollo industrial de Gran Bretaña, como principal potencia internacional, determinó la búsqueda de nuevos mercados para vender sus productos y abastecerse de materias primas. La Argentina agroexportadora se integró a ese esquema de forma "subordinada, dominada y especializada en extremo".[166] Es decir, para que esta relación tenga lugar, no bastaron las causas externas sino que también actuaron agentes internos –como los grandes terratenientes de la pampa húmeda y la burguesía comercial intermediaria– que, al tener como principal base de su acumulación la renta del suelo y la ganancia de la gran empresa ganadera, operaron como pilares fundamentales de la sujeción a los intereses extranjeros.

Esta alianza histórica de las clases dominantes que controlaban el Estado argentino con el imperialismo, en la que las primeras participaron

---

165 Ciafardini, Horacio (2002 [1990]), "La Argentina en el mercado mundial contemporáneo", en: Ciafardini, Horacio, *Textos sobre economía política e historia*, Amalevi, Rosario, p. 156.
166 Ibid.

de forma subordinada y como socios menores respecto de los negocios del capital extranjero (sobre todo británico en aquella época), redujo las posibilidades de industrialización.

Otro aspecto de esa relación se desarrolló con las inversiones de capitales extranjeros en la propia actividad exportadora ligada al mercado europeo, pasando a dominar ramas enteras de la economía como los ferrocarriles (en 1910 y 1917, la inversión externa en esta actividad marchaba a la cabeza y promediaba un 36% del total), los frigoríficos, el comercio de exportación de productos agropecuarios, las obras portuarias y los bancos. Si bien en una primera etapa la abrumadora mayoría de los capitales era inglesa, ya iniciado el siglo xx se produjo el arribo de inversiones más diversificadas. Hacia 1910, la distribución por origen indica que el 65% provenía de Gran Bretaña, el 18% de Francia, el 9% de Alemania, el 1% de Estados Unidos y un 7% de otros orígenes[167] (entre los que se destacan los belgas e italianos). Estos capitales se radicaron en un país carente de un adecuado régimen de control de sus actividades, aprovechando la posibilidad de prácticas especulativas y posiciones oligopólicas de inversiones que obtenían una alta rentabilidad.[168]

A lo cual hay que añadir el aumento de la deuda pública de Argentina con el capital financiero extranjero. En 1910 y 1917, los empréstitos y títulos representaban el 30% y el 20% respectivamente de la inversión externa total, ubicándose en segundo lugar después de la de los ferrocarriles.[169]

Desde mediados de la década de 1950 hasta 1976, derrotada la experiencia industrial nacional del peronismo, se intentó superar los límites de la industrialización sustitutiva profundizando el proceso mediante la radicación de capitales industriales extranjeros en un mayor grado y, de esta manera, equilibrar el comercio exterior. Así, Argentina recorrió el camino de la industrialización dependiente, creándose nuevas ramas industriales bajo condiciones monopólicas explícitas (con barreras aduaneras para frenar la importación competitiva) y con garantía estatal so-

---

167 Rapoport, Mario y otros, *Historia económica, política y social de la Argentina, 1880-2000*, op. cit., p. 34.

168 Ferns, Henry Stanley (1966), *Gran Bretaña y Argentina en el siglo xix*, Hachette, Buenos Aires; Regalsky, Andrés (1986), *Las inversiones extranjeras en la Argentina (1860-1914)*, CEAL, Buenos Aires, pp. 25-26.

169 Santos Martínez, Pedro (1989), "Después del 90: la deuda externa, las inversiones inglesas y el Comité Rothschild", *Investigaciones y Ensayos*, Academia Nacional del la Historia, Buenos Aires, núm. 39, pp. 245-273; Cortés Conde, Roberto (1997), *La economía argentina en el largo plazo*, Sudamericana/Universidad de San Andrés, Buenos Aires.

bre un porcentaje mínimo de ganancias (de la cual las empresas no gozan en sus países de origen). Los recursos del Estado y el patrimonio de las empresas estatales se transferían en forma sistemática a empresas privadas mediante diferentes mecanismos como garantías legales y contractuales, promociones externas, evasión sobre los derechos de exportación, subvenciones, compensaciones y estímulos a la radicación de capitales.

La radicación de capitales en los países dependientes, como la Argentina, determina un drenaje de la plusvalía obtenida en el país a través de la repatriación de beneficios e intereses y la colocación lucrativa en otras áreas del mundo, así como la monopolización progresiva de ramas de actividad que constituyen áreas dominantes de estas economías por parte del capital extranjero.

El desarrollo capitalista argentino adoptó la dependencia como un rasgo específico, tanto por la orientación de su producción hacia la demanda externa y la inversión foránea en infraestructura y financiación durante el modelo agroexportador como por la continuidad de ese lazo durante los períodos en los que primaron las tendencias industrialistas, manifestado en este caso a través de una sujeción a las importaciones de bienes de capital, la radicación y la expansión de empresas extranjeras en su mercado interno y al creciente endeudamiento a favor de los acreedores externos.

A todo esto hay que agregar las limitaciones de ese proceso dadas la apropiación y/o captación de plusvalía local que el capital extranjero realiza mediante diversos mecanismos y transfiere al circuito de sus negocios globales. Los monopolios imperialistas extraen de nuestro país voluminosas ganancias en función del menor precio relativo de la fuerza de trabajo en los países dependientes, en comparación con el pagado en las principales potencias y a través de la competencia avasalladora ejercida frente a las empresas nacionales de menor tamaño. Asimismo, obtienen extraordinarios beneficios desde sus posiciones monopólicas u oligopólicas en el mercado interno, y a través de la deuda externa generada a favor de la banca internacional, contribuyendo a la transferencia al exterior de la riqueza generada en la Argentina.

A estas características debemos añadir el rasgo específico de la deformación –debida a la parcialización (económica, tecnológica, regional)– del aparato productivo "que impone su inserción en el proceso de reproducción ampliada del capital monopolista mundial",[170] en función

---

170 Cimillo, Elsa, Lifschitz, Edgardo, Gastiazoro, Eugenio, Ciafardini, Horacio y Turkieh, Mauricio (1973), *Acumulación y centralización del capital en la industria argentina*, Editorial Tiempo Contemporáneo, Buenos Aires, p. 37.

de satisfacer las necesidades que la acumulación de capital plantea a las burguesías metropolitanas. Se trata pues de una economía cuyas palancas fundamentales están orientadas por el capital extranjero y su clase dominante local se encuentra subordinada a los intereses imperialistas. De este modo, los recursos internos son girados al exterior en forma permanente y no permiten crear las bases de un proceso de acumulación independiente.

A su vez, el control de la propiedad de las innovaciones tecnológicas que ejercen las empresas transnacionales implica la importación de maquinarias e instrumentos ya terminados (o semiterminados), llevando de esta manera a la subordinación de los aprendizajes de técnicos e ingenieros a las condiciones de reproducción de la dependencia. Los avances en los procesos de producción no se incorporan o lo hacen de modo tardío. Todo ello conduce a la subutilización del capital y a la subvaloración de los técnicos nacionales, disminuyendo las posibilidades de creación de nuevos empleos y generando empresas "sobredimensionadas con relación a las necesidades sociales".[171]

En cuanto a los efectos de esta orientación dependiente sobre la estructura productiva regional de la Argentina, puede observarse un desarrollo industrial acotado al espacio pampeano, ocupando un lugar marginal respecto del resto de las economías, resultado de la hegemonía de la gran burguesía intermediaria (en la que se confunden los intereses de los terratenientes-capitalistas pampeanos) asociada de modo subordinado al capital extranjero.

El capital local ante la extranjerización (1976-2008)

Dictadura militar y grupos empresariales (1976-1983)

La crisis económica internacional de fines de la década de 1960 y comienzos de la de 1970, seguida por el aumento del precio del petróleo y la consecuente duplicación de las reservas monetarias internacionales, incidió de manera decisiva en la configuración de un nuevo escenario internacional. La enorme liquidez de los mercados mundiales y su escasa

171 Gastiazoro, Eugenio, *Historia argentina. Introducción al análisis económico social*, op. cit., t. IV, pp. 238-239.

absorción por parte del capital productivo –dado los efectos de las crisis sobre la tasa de inversión y la demanda– repercutieron en un incremento de las prácticas especulativas y en la inestabilidad de los tipos de cambio entre las divisas de mayor importancia mundial. Esta situación facilitó un agudo crecimiento de la deuda externa de los países dependientes, que derivaría durante los años 80 en políticas de ajuste en cada país a fin de cumplir con las imposiciones de la banca acreedora y en la reconfiguración del papel del Estado en la economía.

En la Argentina, estas circunstancias repercutieron de modo trascendental en un cambio estructural de su economía y sociedad. La dictadura militar iniciada en 1976 produjo una modificación en el régimen de acumulación desarrollado en los años previos, produciéndose el abandono del modelo de industrialización sustitutiva de importaciones. En este escenario, las actividades agropecuarias y financieras prevalecieron por sobre los demás sectores. Las altas tasas de interés conjugadas con la disminución de aranceles a la importación y la subvaluación del dólar contribuyeron a la desindustrialización y a la reestructuración industrial. Unos pocos grandes grupos económicos locales y extranjeros consolidaron sus posiciones hegemónicas.[172]

La política de desindustrialización y reprimarización se planteó como un retorno al papel agroexportador que Argentina desarrolló desde fines de siglo XIX y las primeras décadas del siglo XX. El esquema impuesto –que incluía una baja cotización del dólar– otorgó a la salida de capitales condiciones de privilegio, profundizó la desindustrialización reduciendo las barreras arancelarias, facilitó la importación de productos fabriles a bajo precio y agravó el déficit estatal a través del endeudamiento público y el saqueo del aparato estatal.

La contracara social de la política de desindustrialización fue el desempleo, el empleo precario y el subempleo. Estas situaciones constituyeron verdaderas extracciones de plustrabajo realizado en el país bajo forma de salida de capitales hacia el exterior en condiciones de privilegio.[173]

---

172 Basualdo, Eduardo y Khavisse, Miguel (1993), *El nuevo poder terrateniente*, Planeta, Buenos Aires, p. 11.

173 La desocupación "refuerza la posición de los capitalistas en general en el regateo del salario, permitiéndoles impulsar un proceso de superexplotación o reducción del salario real, con lo que el mercado interno de artículos de consumo se ve ulteriormente restringido en su crecimiento". Véase: Cimillo, Elsa, Lifschitz, Edgardo, Gastiazoro, Eugenio, Ciafardini, Horacio y Turkieh, Mauricio (1973), *Acumulación y centralización del capital en la industria argentina*, Editorial Tiempo Contemporáneo, Buenos Aires, p. 55.

Desde el punto de vista social y político, la estrategia de la última dictadura eliminó los sujetos generados por el proceso de industrialización que se oponían a sus planteos. Esta tarea se realizó mediante la desestructuración de las industrias ligadas al mercado interno, golpeando en simultáneo a los sindicatos y a los grupos empresarios con mayor propensión a las políticas nacionalistas.

La importación masiva de productos industriales fue presentada como búsqueda de una mayor eficiencia industrial y el fin de las subvenciones a la industria obtenidas mediante una protección excesiva y créditos baratos. Lejos de modernizarse, la industria se redujo al mínimo y las inversiones del capital foráneo fueron liberalizadas a fin de alentar su radicación en la Argentina. A través de la Ley de Inversiones Extranjeras (ley 21.382), sancionada el 13 de agosto de 1976, se eliminaba el tratamiento diferencial entre el capital de origen nacional y el capital extranjero, y se suprimían las restricciones para la compra de empresas o participación en negocios. Se inauguraba así un ascenso exponencial de la extranjerización de la economía argentina que continuaría durante todo el período analizado en esta obra.

El gobierno militar contó con el respaldo de las principales instituciones empresarias. No obstante, intentó eliminar o controlar algunas de ellas como la Confederación General Empresaria (CGE) y la Confederación Industrial Argentina (CINA). La UIA recuperó su personería jurídica aunque fue intervenida hasta 1981.

Uno de los sectores que manifestaron un apoyo abierto a la dictadura fue la corriente nucleada bajo el Movimiento Industrial Argentino (MIA) –uno de cuyos principales representantes fue Gilberto Montagna, titular de la empresa alimentaria *Terrabusi*– que se declaró a favor de las políticas de liberalismo económico y en contra del intervencionismo estatal. Otras organizaciones, como el Movimiento de Unidad Empresarial (MUI) y el Movimiento de Empresarios del Interior (MEDI), si bien avalaron el golpe militar, criticaron desde posiciones desarrollistas el carácter especulativo de la política económica.[174]

---

174 Acuña, Carlos (1995), "Intereses empresarios, dictadura y democracia en la Argentina actual (o sobre por qué la burguesía abandona estrategias autoritarias y opta por la estabilidad democrática)", en Acuña, Carlos (comp.), *La nueva matriz política argentina*, Nueva Visión, Buenos Aires, pp.231-282; Dossi, Marina Virginia (2012), "La Unión Industrial Argentina: su organización y vinculaciones con el mundo de las corporaciones empresarias", *Documentos de Investigación Social*, IDAES-UNSAM, Buenos Aires, núm. 19.

Durante este período se produjo una reorientación del aparato estatal en beneficio de estos grupos empresariales mediante el endeudamiento fiscal o previsional, la demanda y oferta de bienes o servicios, el manejo de precios relativos y el crédito, el acceso diferencial al sistema financiero y la política de avales o garantías oficiales.

Entre las organizaciones patronales que dieron su apoyo, también puede mencionarse a la Sociedad Rural Argentina (SRA) que posicionó sus representantes en la Secretaría de Ganadería de la dictadura y consiguió la derogación de la ley 21.251/75, evitando al sector el pago de ingresos brutos provinciales y obteniendo un aumento del 722% en los precios de la producción animal en 1976. La Asociación de Bancos Argentinos (ADEBA), integrada por entidades privadas nacionales y extranjeras, ganó posiciones en el Banco Central de la República Argentina a la vez que la entidad vio arribar a la presidencia a Adolfo Diz, quien fuera un alto ejecutivo del FMI.

El golpe militar también sumó el apoyo explícito de la Asamblea Permanente de Entidades Gremiales Empresarias (APEGE) –formada en 1975 al calor de "paros patronales" y encendidas declaraciones– para contrarrestar a la Confederación General Económica (CGE). La APEGE reunía entre sus integrantes a Unión Industrial Argentina, la Cámara Argentina de Comercio, SRA, Cámara Argentina de la Construcción, Cámara de Sociedades Anónimas y Cámara de Grandes Tiendas.[175]

A través de José Martínez de Hoz, ligado tradicionalmente a los intereses terratenientes, hasta entonces titular de la acería *Acindar* y presidente del Consejo Empresario Argentino (CEA),[176] al frente del Ministerio de Economía entre 1976 y 1980, la dictadura militar promovió una gradual reducción de las retenciones a las exportaciones, hasta que fueron eliminadas completamente en 1978. En forma simultánea, se produjo un drástico cambio en el funcionamiento de la Junta Nacional de Granos (JNG). Su actividad pasó a manos del sector privado, concentrándose en unas pocas empresas el comercio interno y externo. A partir de ese momento, el Estado no sólo fue prescindente en cuanto a su participación

---

175 Mason, Alfredo (2006), "Golpe de Estado S.A. Un buen negocio", *Question*, vol. 1, núm. 10.

176 El CEA fue una organización empresaria argentina fundada en 1967 en la que participaban: *Techint, Acindar, Macri, Fortabat, Garovaglio y Zorroaquín, Pescarmona, Bulgheroni, Clarín, La Nación, Arcor, Astra, Celulosa, Bunge y Born, Aluar, Soldati, Gotelli, Fate* y *Pérez Companc.* Esta asociación se disolvió en 2002, siendo reemplazada por un nuevo agrupamiento con mayor integración de capitales foráneos: la Asociación Empresaria Argentina (AEA).

en la comercialización sino que fue cediendo, de manera progresiva, a estos grupos empresariales los ámbitos de acción que históricamente se habían mantenido en su poder aun en los períodos en que prevaleció una política privatista.

Con la reforma financiera de 1977 se liberalizaron los depósitos, el crédito y las tasas de interés.[177] De este modo, comenzó a declinar la inversión agropecuaria y se inició un ciclo de liquidación ganadera sin expansión de la superficie cultivada, que se mantuvo hasta mediados de la década de 1980. Por otra parte, también se registró un incremento del endeudamiento sectorial que contribuyó al proceso de desindustrialización. De lo cual se deduce que el excedente sectorial se dirigió hacia la especulación de corto plazo y la valorización financiera. Estos cambios estuvieron acompañados por precios relativos que provocaron que la producción agrícola se concentrara en unos pocos cultivos que se expandieron con rapidez y requirieron una acentuada complejidad tecnológica.

Vale destacar que un rasgo saliente de la reestructuración económica y social fue el endeudamiento externo. Los sectores hegemónicos del capital concentraron también una porción de la deuda externa privada, la cual estuvo estrechamente vinculada a la fuga de capitales al exterior y, con posterioridad a 1980, fue transferida al Estado. Esta situación permite explicar la influencia que tendrán los bancos acreedores y los organismos financieros internacionales en las decisiones políticas argentinas.

Por otra parte, las relaciones económicas con los países del Pacto de Varsovia permitieron la consolidación de vínculos financieros de la URSS con empresarios locales y con el Estado. Además, se afianzaron las relaciones diplomáticas y militares de Moscú con un país dependiente bajo la hegemonía de las tradicionales potencias capitalistas.[178] En forma simultánea, esta orientación económica de la dictadura condujo a profundas tensiones diplomáticas con Estados Unidos.[179]

---

177 La reforma financiera fue establecida el 14 de febrero de 1977 mediante la ley 21.526.

178 Echagüe, Carlos (1986 [1984]), *El socialimperialismo ruso en la Argentina*, Agora, Buenos Aires. Los acuerdos con la URSS realizados por el ministro de Economía José Ber Gelbard en 1974 no fueron ratificados por el gobierno peronista sino por la dictadura militar, en 1977. Por intermedio de estos convenios, la URSS pasó a suscribir contratos para el suministro de maquinarias y equipos por U$S 179 millones entre 1976 y 1980. Se les adjudicó a ingenieros y científicos rusos la preparación del proyecto hidroeléctrico Paraná Medio y se pactó la provisión de turbinas rusas para centrales de energía eléctrica. También se establecieron acuerdos cerealeros, cárnicos, pesqueros y del campo de la energía atómica.

179 "Afirmar la imagen de país", *La Nación*, Buenos Aires, 26 de marzo de 1977,

Martínez de Hoz jugó un rol activo en el afianzamiento de las relaciones económicas con la URSS y alejó a la Argentina del embargo de granos contra aquel país que promovió Estados Unidos luego de la invasión rusa a Afganistán en 1979. Tal situación benefició ampliamente a la exportación agropecuaria. En 1980, los militares argentinos participaron en Bolivia en el apoyo al golpe de Estado encabezado por general Luis García Meza, el cual tuvo la oposición de James Carter. Los Estados Unidos no designaron embajador en la Argentina y las relaciones entre ambos países entraron en un período de enfriamiento hasta la asunción de Ronald Reagan a la presidencia norteamericana.

El acercamiento a Washington se operó, principalmente, con la llegada a la presidencia del general Leopoldo Fortunato Galtieri. Éste accedió al poder luego de una pugna interna entre facciones y expresó una coalición de corrientes militares bastante heterogéneas. Durante su gobierno se intensificó la colaboración de oficiales y asesores militares argentinos con la represión de los movimientos revolucionarios en América Central y, al mismo tiempo, se produjo un distanciamiento con la URSS.[180] A la postre, esta alineación le restó el aval ruso a la recuperación militar de las islas Malvinas y determinó la suspensión de las compras de granos soviéticas durante la guerra de 1982, a la vez que Estados Unidos daba todo su apoyo a sus aliados ingleses. Luego de la derrota bélica y la renuncia de Galtieri a la presidencia, la corriente videlista logró recuperar la conducción con el general Reynaldo Bignone.

En este contexto, la producción cerealera y de oleaginosas creció inmediatamente hasta 1983, con la única excepción de 1980. Sin embargo, los productores rurales pequeños y medianos quedaron expuestos a las oscilaciones del mercado y perjudicados por el retraso cambiario, contribuyendo al proceso de concentración y expulsión de la estructura agra-

---

pp. 1 y 16. En 1977, el canciller de la dictadura, vicealmirante César Guzzetti, debía contestar a la prensa sobre las relaciones entabladas con los países del este europeo: "se ajustan a nuestra tradicional política de intercambio comercial, tecnológico y cultural, sin que ello deba influir en nuestra posición interna ni nuestro estilo de vida." Ante este avance de la URSS sobre el continente, el gobierno de los Estados Unidos encabezado por el presidente Jimmy Carter desplegó fuertes críticas a la violación a los derechos humanos en la Argentina y otros países de América Latina y redujo los créditos destinados al suministro de armamento de origen estadounidense. Véase: "La ayuda militar de Estados Unidos", *La Nación*, Buenos Aires, 2 de marzo de 1977, p. 1.

180 Armony, Ariel (2004), "Transnacionalizando la 'guerra sucia'. Argentina en Centroamérica", en: Spencer, Daniela (coord.), *Espejos de la guerra fría: México, América Central y el Caribe*, CIESAS, México, pp. 319-348.

ria. Dicha cuestión provocó críticas de organizaciones de productores que habían recibido con elogios el golpe de Estado.

No obstante, la reprimarización productiva reafirmó la centralidad de los sectores agroexportadores más concentrados, estrechamente imbricados con influyentes jefes militares, en la dinámica política y económica de la Argentina, a la vez que expresó la dependencia tecnológica y financiera respecto de los capitales foráneos.[181]

El alfonsinismo y las organizaciones económicas (1983-1989)

Las propuestas de política económica elaboradas por los candidatos de los partidos mayoritarios en las elecciones de 1983 no contaron con el aval de las principales entidades empresariales. Estas corporaciones, luego de haber apoyado a los gobiernos militares: "hablaban con enojo del desorden económico dejado por la dictadura, en pro de la disminución de impuestos, la plena liberalización de la economía, el repliegue de la intervención del Estado e incluso para alertar sobre eventuales efectos inflacionarios, por la distribución de ingresos a los sectores populares".[182]

Durante el gobierno de Raúl Alfonsín (1983-1989) se conjugaron una atmósfera internacional desfavorable y una crítica situación interna dejada por la dictadura militar. En líneas generales, a pesar de las preocupaciones iniciales por otorgar a la industria un papel exportador, la etapa alfonsinista expresó marcadas continuidades con las políticas agropecuarias desarrolladas durante los gobiernos de facto.

En la gestión de Bernardo Grispun como ministro de Economía se plantearon como objetivos el crecimiento del producto de un 5% anual, alcanzar acuerdos sobre la deuda externa con los acreedores, aumentar los salarios reales, bajar la inflación y fijar impuestos a la riqueza y a los ingresos. A pesar de ello, el gobierno se vio envuelto en una serie de dificultades y presiones para realizar sus objetivos –entre ellas las iniciadas

---

181 Para una lectura más amplia de las relaciones internacionales durante la dictadura, véase: Rapoport, Mario y Spiguel, Claudio (2005), "La dictadura militar y sus consecuencias", en: Rapoport, Mario y Spiguel, Claudio, *Política exterior argentina. Poder y conflictos internos (1880-2001)*, Capital Intelectual, Buenos Aires, pp. 51-63.

182 Schvarzer, Jorge y Sidicaro, Ricardo (1988), "Empresarios y Estado en la reconstrucción de la democracia en Argentina", en: Garrido, Celso, *Empresarios y Estado en América Latina*, CIDE, México, p. 236.

por la SRA y la UIA que objetaron la intervención del Estado en la economía– y el ministro renunció a fines de febrero de 1985.[183]

El eje de la propuesta económica radical se centró en la incorporación de nuevas técnicas y el desarrollo del modelo exportador. Las colocaciones de productos en el mercado mundial debían erigirse en el eje del crecimiento y aportar divisas para el problema de la deuda externa. De todos modos, los mercados no tardaron en saturarse, cayeron los precios de los productos agrícolas[184] y el crecimiento esperado no se produjo, pero las actividades exportadoras resultaron beneficiadas. La distribución funcional del ingreso que se había perfilado durante la dictadura pasó a consolidarse; esta situación generó una depresión del mercado interno y mejoró la competitividad de los sectores que desarrollaban estrategias exportadoras y que se vieron beneficiados con la inflación.

En junio del mismo año, bajo la gestión del nuevo ministro de Economía, Juan Vital Sourrouille, se lanzó el "Plan Austral". El plan económico implicaba un ajuste de gastos con congelamiento de precios, tarifas públicas y salarios, el establecimiento de un nuevo signo monetario (el austral), la devaluación del 15% y el incremento de los impuestos a las exportaciones. Más allá de los resultados positivos alcanzados en un inicio, las tasas de interés y la inflación volvieron a aumentar, se contrajo el salario real y las medidas tendientes a frenar la especulación financiera resultaron ineficientes.

En los primeros meses de 1986, los productores agropecuarios nucleados en la SRA, la Confederación Intercooperativa Agropecuaria (CONINAGRO), la Federación Agraria Argentina (FAA) y Confederaciones Rurales Argentinas (CRA) iniciaron movilizaciones y *lockouts* contra la política económica alfonsinista. En un contexto de caída de los precios internacionales de los granos y deterioro de los términos de intercambio, las entidades agrarias reclamaron la disminución de gravámenes a las exportaciones agropecuarias. Como consecuencia de estas presiones, el gobierno creó el Consejo Agropecuario de Emergencia Económica, estableció una rebaja en las retenciones agropecuarias y renunció al proyecto de un impuesto a la tierra libre de mejoras. Los empresarios industriales

---

183 "Repercusión del mensaje de Sourrouille", *La Nación*, 1 de marzo de 1985, p. 13; "El agro ante el discurso de Sourrouille", *La Nación*, 2 de marzo de 1985, Secc. 3, p. 1.

184 Las medidas proteccionistas adoptadas por Estados Unidos y la Comunidad Económica Europea (CEE), así como los acuerdos económicos entre los norteamericanos y la URSS sobre ventas subsidiadas de cereales agudizaron el derrumbe de los precios.

se sumaron al descontento manifestando su oposición a las medidas de control de precios y la política fiscal, las cuales eran dispositivos para contener la inflación.

Estas presiones, sumadas al aumento de huelgas del sindicalismo y la presión de los organismos internacionales por el pago de la deuda externa, influyeron en un desplazamiento de la política económica durante ese año. Las propuestas de abrir negociaciones con empresas trasnacionales para promover la inversión extranjera en la explotación de petróleo, privatizar total o parcialmente empresas públicas y disminuir la intervención del Estado fueron bien recibidas por los principales grupos empresarios. En particular, el gobierno contó con el apoyo del llamado Grupo María –denominado públicamente como "los capitanes de la industria"– compuesto por conglomerados locales diversificados que resultaron favorecidos durante la dictadura militar y que incluía las mayores empresas industriales del sector privado proveedores y/o contratistas de empresas o reparticiones públicas (*Alpargatas-Grupo Roberts, Astra, Bagley, Astarsa, Boris Garfunkel e Hijos, Arcor, Sevel, Sideco, Philco, IMPSA, La Serenísima, Fate, Aluar, Bunge & Born, Ledesma, Bridas, Loma Negra, Pérez Companc, Techint, Acindar* y otros).[185]

En agosto de 1988, un nuevo programa económico, el "Plan Primavera", contó con el apoyo de las principales entidades industriales –principalmente la UIA– y del comercio –en particular la Cámara Argentina de Comercio (CAC)– pero ocasionó la oposición de las entidades ruralistas –la SRA, la CRA, CONINAGRO y la FAA– y de otros sectores del empresariado más ligado a intereses regionales o mercadointernistas, como la Coordinadora de Actividades Mercantiles y Empresarias (CAME) y la Unión de Entidades Comerciales Argentina (UDECA). El plan proponía el desdoblamiento del mercado cambiario: por un lado, quedaban las exportaciones agropecuarias y un 50% de las industriales reguladas con un tipo de cambio menor y, por otro, se constituía un mercado liberado para el otro 50% de las exportaciones manufactureras, las importaciones y los intereses de la deuda externa de los particulares. El plan constituía un intento del gobierno por captar parte del incremento de los precios agrícolas en el mercado internacional sin recurrir a las retenciones. Los reclamos de los productores fueron parcialmente aquietados por las me-

185 Fair, Hernán (2010), "Las marchas y contramarchas del proceso de reformas y ajustes estructurales durante el gobierno de Alfonsín (1983-1989). Pugna distributiva, heterogeneidad empresarial y restricciones al desarrollo", *Revista Theomai*, Buenos Aires, núm. 21, primer semestre, pp. 18-42.

joras en la ecuación precios, costos y rindes, y el aumento en el valor y volumen de las exportaciones.[186]

En las vísperas de la espiral hiperinflacionaria de 1989, las asociaciones empresariales aliadas al gobierno rompieron su alianza y liberaron los precios acordados, mientras los exportadores se negaban a liquidar las divisas a la tasa de cambio oficial.

La estrategia agroexportadora que prevaleció a lo largo del gobierno radical condujo a una reducción del grado de transformación de los productos exportados, disminuyendo su valor agregado y perdiendo lugar las incipientes exportaciones de maquinarias agrícolas y bienes de capital. En las MOA, se registró un vertiginoso ascenso de la exportación de aceites vegetales, al mismo tiempo que caían las exportaciones de lácteos, azúcar, fibras de algodón, legumbres y hortalizas.[187]

La convertibilidad y sus sostenes económicos (1989-2001)

El decenio presidencial de Carlos Saúl Menem (1989-1999) se inició en un contexto de hiperinflación, crisis socioeconómica y quiebra del Estado. Los sectores que concentran el poder económico en la Argentina ejercieron una enorme influencia para la consolidación del modelo de política económica que había comenzado a imponerse durante la última dictadura militar. El conjunto de transformaciones encarado por el gobierno menemista se caracterizó por la desregulación (tanto en los diversos mercados como en el campo laboral), las privatizaciones, la apertura económica externa y el ajuste interno. A su vez, los principales representantes del sector financiero radicado en Argentina, de las empresas privatizadas controladas por capitales extranjeros, del Banco Mundial y el FMI influyeron en la de toma de decisiones del gobierno.[188] En materia diplomática y de política exterior, Argentina se realineó con decisión a Estados Unidos.

---

186 Girbal de Blacha, Noemí (1997), *Ayer y hoy de la Argentina rural. Gritos y susurros del poder económico (1880-1997)*, La Página, Buenos Aires, p. 84.
187 Bisang, Roberto y Kosacoff, Bernardo (1993), "Las exportaciones industriales en una economía en transformación: las sorpresas del caso argentino", en: Kosacoff, Bernardo, *El desafío de la competitividad: la industria argentina en transformación*, Alianza Editorial, Buenos Aires.
188 Lattuada, Mario y Neiman, Guillermo (2005), *El campo argentino. Crecimiento con exclusión*, Capital Intelectual, Buenos Aires, p. 11.

Los cambios de la economía mundial, la crisis hiperinflacionaria de fines de la década de 1980 y el extraordinario peso de la deuda externa posibilitaron las condiciones para efectuar un programa de reformas estructurales basado en un fuerte ajuste económico, la continuidad de la financiación externa mediante un importante endeudamiento en dólares y el otorgamiento de una mayor presencia al mercado en la asignación de los recursos y la distribución de los ingresos.

Al iniciar su gobierno, Carlos Menem eligió como ministro de Economía a un alto ejecutivo de *Bunge & Born*, una de principales empresas transnacionales radicadas en el país, ligada a las exportaciones agrarias. Esta determinación expresaba la nueva orientación de la política económica. A fines de 1989, la liberalización del mercado cambiario y de precios establecida por el ministro de Economía Erman González fue apoyada por el denominado "Grupo de los 8" compuesto por la UIA, la SRA, ADEBA, la Bolsa de Comercio de Buenos Aires, la Cámara Argentina de Comercio, la Cámara Argentina de la Construcción (CAC), la Asociación de Bancos de la República Argentina (ABRA) y la Unión Argentina de Construcción (UAC).

Dicha política desindustrializadora y generadora de desocupación fue el signo distintivo de los gobiernos de Carlos Menem (1989-1995 y 1995-1999). La sobrevaluación de la moneda local llevó a impedir la competencia internacional de los capitales industriales locales, mientras que los grupos exportadores no vieron afectada a su capacidad normal de valoración.

En consonancia, el decreto presidencial 2.284 de fines de 1991 constituyó una medida tendiente a lograr una completa desregulación económica del país e integró un paquete que incluía la Ley de Emergencia Económica (1989), la Ley de Reforma del Estado (1989) y la ley de flexibilización del mercado laboral. Por este decreto se desactivó la red institucional que había regulado las actividades del sector agropecuario por más de seis décadas.

La normativa reforzaba los principios de libre comercio y justificaba la eliminación de los organismos fiscalizadores y reguladores por su presunta ineptitud dentro de la economía argentina de final de siglo. El objetivo declarado era movilizar recursos productivos y aumentar la producción y la competitividad en el mercado internacional.[189] Se disolvie-

189 Azcuy Ameghino, Eduardo (2004), "Dependencia, monopolización de la tierra y éxodo rural", en: Azcuy Ameghino, Eduardo, *Trincheras en la Historia. Historiografía, marxismo y debates*, Imago Mundi, Buenos Aires, p. 258. El autor se ha referido puntualmente al reforzamiento de la dependencia económica ron mercados de concentración, institutos de investigación, institutos de fiscalización de la actividad agraria y de los mercados de hacienda, la JNG,[190] la JNC, y muchos otros organismos de fiscalización y regulación de los productos regionales. De esta manera repentina, se desreguló en profundidad el sector agropecuario argentino y se eliminaron los derechos de exportación agropecuaria (las llamadas "retenciones"). El poder legislativo nacional no tomó ninguna iniciativa para la discusión y eventual derogación del mencionado decreto.[191]

Estos aspectos, junto al Plan de Convertibilidad, constituyeron los ejes centrales de la política de gobierno a partir de 1991. Este plan, impulsado por el ministro de Economía Domingo Felipe Cavallo, instauró un peso sobrevaluado en relación con el dólar y la plena liberalización de las transacciones financieras con el exterior. El Plan excluyó la posibilidad de la devaluación como elemento de la política económica y estableció fuertes limitaciones a la política monetaria en el nivel nacional.

En 1993, el decreto 1.853/93 ordenó el texto de la Ley de Inversiones Extranjeras sancionado por la dictadura. De esta manera, con modificaciones menores, las condiciones al capital foráneo resultaron aún más ventajosas: se eliminaba la necesidad de contar con autorización expresa del poder ejecutivo para el acceso al crédito de mediano y largo plazo, se consideraba las relaciones entre las casas matrices y las subsidiarias locales como actos entre partes independientes, y se eliminaban los requisitos y los plazos para la remisión de dividendos y la repatriación de capitales.[192]

---

en el plano agrario, en especial durante la vigencia del programa de convertibilidad, señalando que "una porción creciente del sistema agroindustrial del país se halla controlada por el capital imperialista, en el marco del predominio político de teorías económicas que en nombre de la libertad y la autorregulación de los mercados resultan funcionales a la expansión de las corporaciones".

190 Las funciones principales de la JNG –almacenamiento de granos y operación de silos de campaña– fueron transferidas al sector privado. Asimismo, la actividad de la JNG referida a controles de calidad sobre los granos en el mercado interno y externo fue abierta a la participación privada, en forma conjunta con el Estado y bajo la supervisión del Instituto Argentino de Sanidad y Calidad Vegetal (IASCAV). De esta manera, desapareció el sistema de precios sostén, fletes diferenciales y distribución de insumos con el que operaba la JNG.

191 Leon, Carlos y Rossi, Carlos (2003), "Instituciones Agrarias de la Argentina. La Junta Nacional de Granos", *Realidad Económica*, Buenos Aires, núm. 196.

192 De acuerdo a esto último es posible reconocer las deudas entre la sociedad controlante y su filial local y acreditar regalías, autopréstamos en condiciones leoninas, etcétera, como mecanismos de transferencias de capitales a la casa matriz.

Hasta 1995 aumentó de modo sustancial el PBI, revirtiéndose tendencias de la década anterior. No obstante, junto con esta onda expansiva y después de un primer momento en el que mejoraron en forma coyuntural los índices salariales, por efecto de la estabilidad, continuaron manifestándose las tendencias negativas: cayeron los salarios reales, aumentó la desocupación y se hizo cada vez más regresiva la distribución del ingreso nacional. El problema laboral registró niveles superiores a los de los críticos años de la década de 1930.

Debe señalarse que fue a partir de 1993 cuando aparecieron el incremento de los niveles de desocupación y subocupación, una mayor desigualdad de los ingresos y el aumento de la población por debajo de las líneas de pobreza e indigencia. Sin embargo, el PBI a nivel general crecía, es decir, se trataba de una situación de "crecimiento con desarticulación social".[193]

En el sector industrial, se liquidaron ramas enteras de la producción nacional y la mediana y pequeña industria nacional fue pulverizada por la competencia con la libre importación de productos provenientes de economías de bajos costos salariales o de países de alta productividad con la más avanzada tecnología. Por su parte, los grupos de mayor poder económico que perdieron su papel como proveedores del Estado con las privatizaciones obtuvieron en compensación la posibilidad de participar de las privatizaciones.

En el escenario de la apertura externa plena y del Plan de Convertibilidad, las sucesivas crisis internacionales (crisis mexicana, la asiática, la rusa y la brasileña) que se produjeron a partir de diciembre de 1994 generaron una gran inestabilidad en la economía nacional, lo cual expresó los primeros síntomas del agotamiento de la onda de crecimiento inicia-

---

193 Teubal, Miguel y Rodríguez, Javier (2001), "Neoliberalismo y crisis agraria", en: Giarracca, Norma y otros, *La protesta social en Argentina. Transformaciones económicas y crisis social en el interior del país*, Alianza Editorial, Buenos Aires, pp. 69-70. "El aumento de la producción global se debió fundamentalmente al aumento del consumo y no al aumento de la inversión: la estabilidad lograda tras la aplicación del Plan de Convertibilidad, en 1991, hizo que gran parte de los fondos que anteriormente se invertían en 'plazos fijos' y en otras operaciones financieras, que rendían tasas de interés generalmente más altas que la tasa inflacionaria, se volcaran al consumo. Este factor facilitó la materialización de consumos atrasados, reforzado por el influjo de capitales del exterior que, si bien en gran parte eran de tipo especulativo, contribuyeron al auge económico en los primeros años del Plan de Convertibilidad. (...) No sólo no hubo políticas activas de promoción industrial, sino que muchas de aquellas que todavía persistían al comienzo de la convertibilidad (el *compre nacional*, medidas de promoción del interior, etc.) fueron dejadas de lado."

da a comienzos de la década. Los capitales especulativos se retiraron de los llamados países emergentes y el país registró una periódica y masiva fuga de capitales.[194]

El perfil tecnológico, tanto en la región pampeana como en el resto del país, se reorientó hacia un esquema de mayor intensidad en el uso de capital. En general, los cultivos cuyas producciones experimentaron un mayor crecimiento fueron aquellos destinados con prioridad a la exportación y en los cuales se introdujeron innovaciones tecnológicas y cambios en las formas de producción, destacándose las producciones de soja y del resto de oleaginosas vinculadas a la industria de aceites vegetales, y la producción de cereales. De esta manera, los insumos industriales como semillas, abonos, maquinarias y plaguicidas, entre otros, tuvieron una mayor incorporación, lo que generó un proceso de expansión y modernización agroindustrial vinculado sobre todo a empresas extranjeras. La incorporación de nuevas prácticas como la siembra directa y la utilización de semillas transgénicas fueron otras de las transformaciones tecnológicas de importancia en los últimos años.

Las principales exportaciones siguieron siendo de origen agropecuario, las cuales sentaron un aumento considerable de las exportaciones de las MOA, orientadas en gran medida a los países del MERCOSUR, que acompañaron a las tradicionales de trigo, soja y otros granos. Estas ventas estuvieron sujetas, de forma inusitada, a las variaciones de los precios internacionales de productos agropecuarios.[195]

En términos de la estructura agraria, las políticas hacia el sector agropecuario en los años 1990 favorecieron, en general, la concentración de la producción en unidades de mayor tamaño, mejor preparadas para obtener financiamiento en condiciones más convenientes y para incorporar tecnología, la desaparición de numerosas pequeñas y medianas explotaciones agropecuarias, y la quiebra y desaparición de gran cantidad de cooperativas, comercios e industrias relacionados con el sector.

El período 1989-2001 registró un excepcional e ininterrumpido crecimiento del sector agrario argentino en términos tecnológicos, productivos y de exportaciones. Según los Censos Nacionales Agropecuarios, la superficie total implantada en la Argentina pasó de 33 millones de hectáreas en 1988 a 38 millones en 2002. En conjunto, esta situación posi-

---

194 Basualdo, Eduardo y Kulfas, Matías (2000), “Fuga de capitales y endeudamiento externo en la Argentina”, *Realidad Económica*, núm. 173, pp. 76-103.
195 En los primeros años de la convertibilidad se produjeron aumentos de precios que se revierten a partir de la mitad de la década, transformándose al concluir el milenio en caídas sustanciales para los principales productos agropecuarios.

bilitó mantener el aporte del sector primario y agroindustrial en torno al 30% del PBI. Debido a una serie de transformaciones ocurridas en varios cultivos, la producción agrícola global registró un aumento de los rendimientos y de la superficie dedicada a la agricultura.

La crisis económica, social y política argentina de comienzos de la década de 2000, luego de cuatro años de recesión, determinó una dura puja de intereses al interior del bloque de clases dominantes.

Por un lado estaban sectores del empresariado productivo local nucleados en la Unión Industrial Argentina (UIA) y grandes empresas extranjeras y, por otro, mayormente los sectores del capital financiero y de las empresas de servicios privatizadas. Mientras los primeros impulsaban el reemplazo de la convertibilidad por un modelo de dólar alto, los segundos propugnaban una reducción feroz del gasto público para evitar un nuevo endeudamiento para el cumplimiento del pago de los intereses de la deuda externa.

Las primeras voces que se alzaron por un cambio de las condiciones económicas se habían expresado luego de las devaluaciones del Sudoeste Asiático en 1997 y de Brasil en 1999, y, en lo fundamental, con el inicio de la recesión económica argentina en 1998.

En diciembre de 1999 asumió Fernando De la Rúa la presidencia de la Nación. Durante su gobierno, las medidas adoptadas no significaron un viraje con respecto a la política menemista sino que acentuaron sus efectos más perjudiciales. En diciembre de 2001, la crisis económica, social y política generada como consecuencia de la política económica derivó en su renuncia.

En ese mismo año se verificó una gigantesca fuga de divisas por parte de las grandes empresas locales y extranjeras –en las que participaron también las agroindustriales–, que a su vez habían sido tomadoras de deuda externa durante la convertibilidad. En términos agregados, los fondos fugados entre 1992 y 2001 ascendieron a US$ 72.819 millones y su principal destino fueron Estados Unidos (receptor de un 68% de las divisas transferidas).[196]

Posconvertibilidad y neodesarrollismo (2002-2008)

Los grupos económicos más concentrados resultaron ser los más favorecidos con la desocupación, la crisis de las pequeñas y medianas empre-

---

196 Basualdo, Eduardo, Nahón, Cecilia y Nochteff, Hugo (2005), *Trayectoria y naturaleza de la deuda externa privada en la Argentina: la década del noventa, antes y después*, FLACSO, Buenos Aires, pp. 21 y 59.

sas, y por el proceso de desindustrialización, concentración y extranjerización de la economía argentina.

Luego de la renuncia del ministro de Economía Domingo Cavallo y del presidente Fernando De la Rúa en diciembre de 2001, y después de la sucesión de mandatarios que ejercieron la primera magistratura por escasos días –Ramón Puerta, Adolfo Rodríguez Saá y Eduardo Camaño–, asumió la presidencia Eduardo Duhalde el 2 de enero de 2002. El 6 de enero de 2002 se sancionó la "Ley de Emergencia Pública y de Reforma del Régimen Cambiario". De esta forma, triunfaba la orientación devaluacionista aunque la consolidación del nuevo esquema imponía un ajuste regresivo sobre los ingresos de los trabajadores. Como ha sostenido Martín Schorr: "Aunque nunca fue planteado de manera explícita, la opción devaluacionista buscaba reducir de inmediato los salarios, tornando las exportaciones mucho más competitivas. Se buscaba, asimismo incrementar significativamente el valor en moneda doméstica de los capitales fugados".[197]

La salida del régimen de convertibilidad, mediante la devaluación del peso para afirmar la competitividad de la industria local, permitió a los capitales exportadores, los terratenientes y capitalistas agrarios obtener una ganancia extraordinaria como producto de la mediación cambiaria. En el marco de políticas de retenciones a las exportaciones, el Estado resignó estos beneficios a través de subsidios, préstamos de fondos públicos a tasas de interés reales negativas, asignación directa de divisas a un tipo de cambio inferior al de la paridad para la importación, compensaciones a pequeños productores, etcétera.[198]

A partir de 2003 se inició un ciclo económico de expansión a nivel mundial influenciado por el crecimiento de China, generándose un crecimiento de la demanda y un aumento de los precios de los productos agropecuarios y del petróleo. Esta situación alentó una alianza estratégica con el país asiático y una política exportadora asentada en la dominación monopolista extranjera y en la continuidad de la dependencia.

La mejora en los precios de los productos agropecuarios permitió cierta recuperación de pequeños y medianos productores endeudados, pero también aumentó el precio de la tierra en la región pampeana. Esto favoreció una mayor expansión de los *pooles* de siembra e incrementó

---

197 Schorr, Martín (2005), *Modelo nacional industrial. Límites y posibilidades*, Capital intelectual, Buenos Aires, pp. 39-40.

198 Iñigo Carrera, Juan (2007), *La formación económica de la sociedad argentina, Volumen I: Renta agraria, ganancia industrial y deuda externa 1882-2004*, Imago Mundi, Buenos Aires, pp. 20-21.

la tendencia a la concentración de la producción.[199] Por otra parte, el proceso concentrador se manifestó en los distintos segmentos del complejo agroindustrial argentino. Durante la década de 2000, tres grandes exportadoras transnacionales –*Cargill*, *Bunge* y *Dreyfus*– manejaron aproximadamente la mitad de los embarques de granos, aceites y harina. Estas grandes empresas fueron de hecho las principales beneficiarias de la devaluación, cancelando sus deudas en pesos.[200]

A lo largo del nuevo período, diversos indicadores sociales mejoraron sensiblemente ante un conjunto de políticas públicas y la obtención sostenida de superávit externo y fiscal. De todas maneras, no se trató de una transformación estructural de la vida económica, manteniéndose la tendencia a la reprimarización del aparato productivo, la oligopolización de las distintas ramas y las condiciones favorables para la inversión del capital extranjero.

En lo fundamental, la concentración económica y la extranjerización fueron dos rasgos que se fortalecieron durante el "modelo de acumulación con matriz diversificada y de inclusión social".[201]

Aun considerando que el nivel de concentración puede estar subestimado a través de un indicador de "concentración económica global" por la presencia de conglomerados que reúnen en su seno diferentes firmas, el peso relativo de la cúpula empresaria en el Valor Bruto de Producción (VBP) total pasó de un promedio del 20,4% bajo la vigencia del régimen de convertibilidad durante el período 1993-2001, a una media del 28% en la fase 2003-2009. En la industria manufacturera, entre ambos períodos la participación en el VBP sectorial de las compañías líderes pasó, en promedio, del 33,1% al 40,9%.[202]

---

199 Los *pooles* de siembra son, fundamentalmente, fideicomisos agropecuarios que reúnen fondos de inversión para el arrendamiento de campos y la contratación de servicios para su puesta en producción. Si bien existen distintas dimensiones de esos *pooles* de siembra, los hay de grandes tamaños integrados por capitales trasnacionales de diverso origen y por grandes capitalistas agrarios. Díaz, Susana (2003), "La tierra es de unos pocos", *Página 12*, Buenos Aires, 30 de marzo.

200 Latorraca, Martín, Martínez, Maximiliano y Montero, Hugo, "Hambre en el país de la tierra", *Le Monde Diplomatique*, Buenos Aires, año VI, núm. 62, agosto, p. 5.

201 Discurso de la presidente Cristina Fernández de Kirchner, en la apertura del 126° período de sesiones ordinarias del Congreso de la Nación Argentina, 1 de marzo de 2008.

202 Para las ventas de la cúpula empresaria, se consideran las 200 empresas de mayor facturación del país (excluye a las grandes firmas agropecuarias y finan-

En materia de comercio exterior, la concentración de las exportaciones por parte de la elite empresaria pasó de un 63,3% en el período 1993-2001 a un 73,2% en la etapa 2003-2009, mientras que también se incrementó entre ambas fases la participación de la cúpula en las exportaciones sectoriales de la industria, pasando de un 67,5% a un 78,3%.[203]

En materia de radicación de firmas extranjeras, durante el trascurso de la posconvertibilidad se mantuvo vigente la legislación sobre inversiones extranjeras sancionada por la dictadura militar en 1976 (ley 21.382) y los capitales extranjeros terminaron consolidando su peso relativo en el proceso de acumulación interno de la Argentina. La participación de firmas foráneas en la cúpula empresaria se incrementó en cuanto a ventas y exportaciones, tanto en términos porcentuales como en número de firmas. Al respecto, la participación de las ventas de las compañías extranjeras que integran la cúpula en el VBP total pasó del 8,3% para la etapa 1993-2001 al 16,6% para la fase 2003-2009 y el peso relativo en las exportaciones totales pasó de un 33,9% a un 48,9% entre ambos períodos.

La composición del bloque económico ganador con la salida devaluacionista estaba hegemonizada tanto por empresarios locales como por grandes empresas extranjeras. Los primeros se habían favorecido del proceso de desindustrialización y especulación financiera inaugurado con la última dictadura militar (1976-1983), y fueron beneficiados por las ventas de sus empresas o distintas formas de asociación con capitales extranjeros. Los segundos habían conseguido una significativa incidencia en las principales ramas manufactureras, en especial aquellas orientadas al comercio exterior.

Toda esta situación permite advertir que, si bien pasó a registrarse un crecimiento del sector industrial con recuperación de puestos de trabajo, lo fundamental del nuevo modelo ha sido en beneficio de este sector económico hegemónico que se vio favorecido por la competitividad de las expor-

---

cieras). En cuanto a la cúpula industrial, se trata de las 100 firmas industriales de mayor facturación del país. Aspiazu, Daniel, Manzanelli, Pablo y Schorr, Martín (2011), *Concentración y extranjerización: la Argentina en la posconvertibilidad*, Capital intelectual, Buenos Aires, p. 21.

203 En cuanto a las ventas externas de la cúpula empresaria, estamos haciendo referencia a las 200 empresas de mayor facturación del país (excluye a las grandes firmas agropecuarias y financieras). En este universo, las firmas que orientaron una parte de la venta al mercado externo fueron 112 en 1993, 109 en 2001, 128 en 2005 y 106 en 2009. Respecto de la cúpula industrial, se trata de las 100 empresas industriales de mayor facturación del país. En este universo, las firmas que orientaron una parte de sus ventas al mercado externo fueron 84 en 1991, 83 en 2001, 90 en 2005 y 85 en 2009. Ídem, p. 27.

taciones locales, la promoción de inversiones asociada a subsidios estatales y las restricciones y el encarecimiento de las importaciones que daban mejores condiciones a la producción industrial en el mercado interno. De esta manera, las principales medidas económicas del gobierno de Eduardo Duhalde (2002-2003), de la presidencia de Néstor Kirchner (2003-2007) y de Cristina Fernández de Kirchner (2007-2011 y 2011-actual) han sido saludadas por los grupos empresarios locales –entre los que figuran las empresas agroindustriales– que han visto consolidadas sus posiciones.[204]

Hacia marzo de 2008, la respuesta de las entidades agrarias a la resolución 125 sobre retenciones móviles mostraría las primeras grandes desafecciones dentro del bloque dominante. En este caso, las de una fracción agraria y agroindustrial aunque la ausencia de una alternativa política al kirchnerismo le permitió a éste una recomposición de los apoyos empresariales y la continuidad en el gobierno.

A fines de 2007, las retenciones a las exportaciones agrarias subieron (en el caso de la soja este aumento significó una suba del 27% al 35%) y, a partir del 10 de marzo, a través de la resolución 125 se estableció el régimen de retenciones móviles. Este acontecimiento determinó una de las mayores revueltas agrarias, con concentraciones de 300.000 personas en Rosario y Buenos Aires, dirigida sobre todo por la burguesía agraria pampeana, en la que participaron la Federación Agraria Argentina (FAA), la Confederación Intercooperativa Agropecuaria (CONINAGRO), la Sociedad Rural Argentina (SRA) y las Confederaciones Rurales Argentinas (CRA), las cuatro entidades nucleadas en la denominada "Mesa de Enlace". El conflicto expresó una doble contradicción: por un lado, estaban presentes las consecuencias de esta medida para la pequeña y mediana producción agraria, por otro, se expresaban las pujas al interior del bloque dominante por el control de las ganancias y la renta del suelo.[205]

Los monopolios exportadores resultaron beneficiados por una medida que les posibilitó comerciar la soja en los mercados a futuro con un 27% de retención, pero que la pagaran a los productores con un 35% de retención, o con un porcentaje mayor cuando las retenciones pasaron a ser móviles. La operación de las transnacionales exportadoras, en per-

---

204 En noviembre de 2004 se conformó el grupo Campo, Industria para la Producción, el Empleo y la Competitividad (CIPEC) en el que participaban las agroindustriales *Arcor*, *SanCor* y *Biogénesis*. Ochoa, Francisco (2004), "Lavagna, el campo y la industria se juntaron para defender el dólar alto", *El Cronista Comercial*, Buenos Aires, 30 de noviembre.

205 Spiguel, Claudio (2008), *El conflicto agrario desde una perspectiva histórica y estructural*, La Marea, Tucumán-Buenos Aires, p. 23.

juicio de los productores y del Estado nacional, se estimó en U$S 1.450 millones. Entre las 10 principales empresas beneficiadas se encontraban tanto grandes capitales extranjeros como de origen local: *Bunge Argentina* (subsidiaria de *Bunge Limited* con sede en Nueva York), *LDC Argentina* (subsidiaria de *Louis Dreyfus*, de origen francés), *Cargill* (con sede en Estados Unidos), *Aceitera General Deheza* (empresa argentina propiedad del empresario, ex ucedeísta y senador del kirchnerista Frente para la Victoria entre 2003 y 2009, Roberto Urquía), *Vicentín* (empresa santafesina dirigida por el empresario Gustavo Nardelli), *Molinos Río de la Plata* (propiedad del grupo *Pérez Companc*), *Asociación de Cooperativas Argentinas (ACA)* –una entidad cooperativa de segundo grado–, *Renova* (propiedad conjunta del grupo suizo *Glencore* y de *Vicentín*), *Nidera* (compañía de origen holandés con sede en Suiza) y *Noble Argentina* (subsidiaria del grupo anglo-chino *Noble Grain*).[206]

De esta manera, se expresó una complicidad entre los resortes del poder estatal y las grandes empresas exportadoras de cereales, oleaginosas, aceites y biocombustibles. Sin embargo, se manifestaron las contradicciones al interior del bloque dominante entre, por un lado, la dirigencia de la Sociedad Rural Argentina (SRA) y de las Confederaciones Rurales Argentinas (CRA) y, por otro, los grandes capitalistas ligados al gobierno como el grupo *Werthein* (grandes terratenientes del sector frutícola, altos directivos de la *Caja de Ahorro y Seguros*, las bodegas *Finca Flichman*, *Visa Argentina*, *Cointel*, *Telefónica*, *Telecom* y la Cámara de la Producción, la Industria y el Comercio Argentino-China), los Elsztain (grandes propietarios de campos agropecuarios a través de *Cresud* y de otros bienes raíces a través de *IRSA*, con participación accionaria en el *Banco Hipotecario*), los Grobocopatel (titulares de *Los Grobo*) y Lázaro Báez (empresario de la construcción que está incursionando en distintos rubros –petróleo, hotelería, energías alternativas– y que en el sector agrario ha creado la empresa *Austral Agro*).[207] En sí misma, la disputa de intereses reflejó las contradicciones internas de una burguesía intermediaria asociada a distintos imperialismos.

La burguesía agraria lideró entonces a otros sectores del empresariado agroindustrial. Así, distintas entidades nucleadas en el Foro de la Cadena Agroindustrial Argentina, como la Coordinadora de las Industrias

---

206 Vidal, Armando (2008), "Una comisión bicameral investiga a las principales exportadoras", *Clarín*, Buenos Aires, 7 de agosto; Muchnik, Daniel (2008), "Exportaciones de cereales y una maniobra polémica", *Clarín*, Buenos Aires, 11 de agosto.
207 Bossi, Jesica (2007), "Lázaro Báez. Los nuevos negocios del socio oculto de K", *Noticias*, Buenos Aires, núm. 1.614, 30 de noviembre.

de Productos Alimenticios (COPAL), la Cámara de la Industria Aceitera de la República Argentina (CIARA), la Asociación de Bancos de Capital Argentino (ADEBA) y la Cámara Argentina de Fabricantes de Maquinaria Agrícola (CAFMA), manifestaron su respaldo a los reclamos de la Mesa de Enlace agraria.

El proyecto de la resolución 125 sobre retenciones móviles, finalmente, encontró rechazo en el Senado de la Nación el 17 de julio de 2008.

Más allá de estas rivalidades intraburguesas, el complejo agroalimentario argentino, tal como se analiza en este libro, se mantuvo dominado por un engranaje de actores que concentraron sus principales beneficios: las poderosas empresas que comercializan los paquetes tecnológicos, los exportadores, las grandes empresas agroindustriales, los importadores de maquinarias, los bancos, las empresas aseguradoras, los grandes productores, los grandes contratistas y terceristas, y los grandes medios de comunicación masivos asociados a esos intereses.

Un importante segmento de estos sectores –pero principalmente los exportadores y/o sustitutivos de importaciones extranjeros– reportó elevadas ganancias en Argentina durante la posconvertibilidad, las cuales fueron transferidas a sus casas matrices en el exterior en concepto de "utilidades y dividendos". Bajo esos términos, según cifras oficiales, entre 2003 y 2008 fueron girados fondos por US$ 23.088 millones, superando de manera holgada a la "reinversión de utilidades" (un volumen de US$ 8.867 millones entre 2003 y 2009).[208]

Por otra parte, en las décadas de 1990 y 2000 se ha consolidado una serie de asociaciones en cuyos consejos directivos las grandes empresas extranjeras participan en forma activa y orientan de modo vertical las cadenas de valor de los principales cultivos. Entre estas asociaciones pueden mencionarse la Asociación Maíz Argentino (MAIZAR), la Asociación Argentina de Productores de Siembra Directa (AAPRESID), la Asociación de la Cadena de la Soja Argentina (ACSOJA), el Consejo Argentino para la Información y Desarrollo de la Biotecnología (ARGENBIO), la Asociación de Semilleros Argentinos (ASA), la Asociación Argentina de Girasol (ASAGIR) y la Asociación de Cámaras de Tecnología Agropecuaria (ACTA), entre otras. Además, desde hace más de 50 años, la Asociación Argentina de Consorcios de Experimentación Agrícola (AACREA) ha expresado los intereses de los capitalistas agropecuarios. Estas enti-

---

208 Montenegro, Maximiliano (2011), *Es la ekonomía, estúpido. La historia secreta de las decisiones, trampas y falacias del kirchnerismo*, Planeta, Buenos Aires, pp. 221-222. Datos elaborados por este autor en base a las estadísticas del Balance de Pagos del INDEC.

dades permanecieron en un segundo plano durante el conflicto agrario de 2008 pero se mantuvieron como actores políticos a través de la Fundación "Darse Cuenta", poniendo el eje en la difusión y transferencia de paquetes tecnológicos.

Estas configuraciones son coherentes con la estrategia de transversalidad seguida por estas organizaciones que participaron, a través de sus asociados, en las cuatro entidades de la Mesa de Enlace, y con la definición de su carácter de "actores políticos" a través de "la construcción de una agenda ciudadana".[209] Por medio de estos discursos y asociaciones, este sector empresario consigue establecer un contexto institucional, moral e ideológico que legitima sus intereses y complementa la reproducción material del capital.

Síntesis y conclusiones parciales

Este capítulo permite evidenciar algunos aspectos clave del accionar del capital extranjero y observar los principales actores locales que se han articulado con esos intereses.

Lo esencial del período en cuestión es el fortalecimiento de la dependencia económica con el exterior y la consolidación de los capitales foráneos en el sistema agroindustrial.[210] De este modo, los grandes capitalistas agrarios y terratenientes asociados a distintos capitales transnacionales, la gran burguesía intermediaria, el capital financiero y los bancos locales y extranjeros, las grandes empresas extranjeras que dominan la provisión de maquinarias, agroquímicos y semillas, los monopolios exportadores y los grandes medios de comunicación beneficiados por los capitales agroindustriales han constituido y constituyen un complejo entramado de actores que, a través de mecanismos formales e informales, dirigen, orientan y/o presionan las unidades claves del sistema político, favoreciendo los negocios de capitales imperialistas y de sus socios locales.

Vale enunciar aquí una tendencia que, al igual que el péndulo democracia-autoritarismo señalado por Guillermo O'Donnell para el buena

209 Hierro, Gustavo (2008), "Cuando vale darse cuenta", *El Federal*, Buenos Aires, año V, núm. 235, 06 de noviembre pp. 24-26.

210 Sin negar las contradicciones intraclase e interimperialistas que se expresan entre los distintos capitales que se desenvuelven en el agro pampeano.

parte de la historia argentina del siglo xx,[211] deviene en un movimiento similar en torno a la estrategia seguida por el bloque de clases dominantes en la Argentina y ha expresado, en parte, las contradicciones entre distintas fracciones por hegemonizar el poder del Estado. Se trata de dos péndulos: uno, que podríamos denominar estatista-liberal, y otro, al que denominamos industrializador-desindustrializador. Las distintas estrategias de política económica se realizan en provecho de las clases dominantes locales y según las formas de acumulación de capital más convenientes.

La estrategia estatista-industrializadora concede al Estado un papel central y de determinación en materia económica, asegurando la manutención de la tasa de ganancias e intentando compatibilizar las tasas de interés y las de ganancias. En ese marco, el Estado es utilizado como una de las estructuras principales por medio de las cuales las clases dominantes intervienen en la economía capitalista a fin de promover, organizar y regular las actividades de acuerdo a sus intereses. Los diferentes ciclos de desarrollo industrial fueron condicionados por las estrategias de acumulación capitalista seguidas por las clases dominantes locales y por la orientación que la fracción hegemónica logró imponer desde la dirección del Estado. Así, es posible observar que desde la etapa agroexportadora las pocas industrias desarrolladas estaban concentradas principalmente en el sector de alimentos, dirigidas con preferencia al mercado interno (con la salvedad de la industria frigorífica) y sin conseguir exportar lo fabricado. La situación cambia hacia la década de 1930 como consecuencia de la adopción de la industrialización por sustitución de importaciones impuesta luego de la crisis económica internacional desatada en 1929. Tanto los distintos gobiernos de Juan Domingo Perón (1946-1955 y 1973-1976) como el breve gobierno de Arturo Illia (1963-1966), a través de la concesión de medidas proteccionistas y subsidios al capital nacional, fueron expresiones políticas de una burguesía nacional que forcejeó con el capital extranjero por el control del mercado interno y estableció condiciones que limitaban su expansión y reproducción. Por el contrario, durante la presidencia de Arturo Frondizi (1958-1962) y los gobiernos de facto de la denominada "Revolución Argentina" (1966-1973), la modernización industrial alentó la radicación de capitales extranjeros bajo el supuesto de que las inversiones requeridas para el desarrollo industrial y tecnológico superaban las condiciones de ahorro interno. De este modo,

---

211 O'Donnell, Guillermo (1972), *Modernización y autoritarismo*, Paidós, Buenos Aires; O'Donnell, Guillermo (1977), "Estado y alianzas en la Argentina, 1956-1976", *Desarrollo Económico*, Buenos Aires, núm. 64, enero-marzo.

una estrategia estatista-industrialista no es necesariamente en sí misma una política económica independiente, pudiéndose observar orientaciones estatistas, industrialistas y en sintonía con el capital extranjero.

En 1976, una burguesía local intermediaria recuperó el pleno comando del aparato estatal, implementando una estrategia liberal (neoliberal)-desindustrializadora, propugnando la reducción de la intervención económica estatal al mínimo. El Estado redujo los subsidios y las medidas de promoción industrial, aunque un sector del gran capital local (denominado popularmente como "la patria contratista") mantuvo prerrogativas vía promoción industrial y regional, grandes contratos de obra, tercerización de pozos de *Yacimientos Petrolíferos Fiscales* (YPF) y otras medidas. La apertura comercial y financiera liquidó al pequeño capital industrial y benefició a las grandes compañías locales y extranjeras. La política de convertibilidad y apertura externa seguida por Menem y la Alianza, si bien fue apoyada por los grupos económicos locales durante buena parte de su vigencia, derivó en una reducción de la rentabilidad empresaria y una fuerte caída de la actividad industrial que se expresaría en la crisis económica, social y política de 2001. Por entonces, las organizaciones representativas del empresariado promovían ya una nueva estrategia de acumulación que sería llevada a cabo bajo una orientación estatista, industrialista y dependiente.

CAPÍTULO 3
LAS MAQUINARIAS AGRÍCOLAS DEL AGRO PAMPEANO

El objetivo de este capítulo es analizar la estructura y dinámica de la producción, así como la comercialización, de dos subgrupos de maquinarias agrícolas del complejo agropampeano–cosechadoras y tractores–, dominados por empresas foráneas, observando en particular la incidencia de las políticas socioeconómicas y del capital extranjero en su entramado desde 1976 a 2008, es decir, en el contexto de distintos modelos de política económica.[212] Ambos tipos de maquinarias son los medios de producción clave y de mayores costos y desarrollo tecnológico. En el caso de los tractores, han permitido incrementar la eficiencia productiva mediante la incorporación de distintas herramientas acopladas (arados, trilladoras, picadoras, sembradoras, segadoras, fumigadores, esparcidores de fertilizantes, etc.). Por su parte, las cosechadoras han concedido una

---

212 Como puede observarse, han sido dejados de lado en el análisis los subsectores correspondientes a sembradoras e implementos agrícolas: predominan en ambos los capitales nacionales. Entre las razones de este predominio, puede señalarse que la diversidad de cultivos y la gran amplitud de latitud de la producción argentina generan un mercado interno con diversos y específicos requerimientos, lo cual otorga un contexto propicio para la existencia de numerosos fabricantes de sembradoras e implementos cuyo dilatado y discontinuo desarrollo es posible rastrear desde los orígenes del propio capitalismo argentino. Además, a diferencia de los equipos con mayor complejidad tecnológica, las empresas nacionales de sembradoras y pulverizadoras adoptaron una serie de innovaciones técnicas y lograron expandirse en el mercado interno. Por el contrario, la fabricación local de cosechadoras, por diversos motivos que aquí se analizan, enfrentó una fuerte caída a partir de 1976 con el inicio de la reducción arancelaria, la desregulación de los mercados y la suspensión de los incentivos a las actividades industriales. En el caso de los tractores, se registra una continuidad histórica en términos de predominio del capital extranjero bajo distintas modalidades de penetración (importaciones o instalación de filiales en el país). Cfr. Romero Wimer, Fernando (2012), "Las maquinarias agrícolas del agro pampeano. Orígenes y desarrollo de un sector subordinado al capital extranjero", en: AA.VV., *Estudios agrarios y agroindustriales*, Imago Mundi, Buenos Aires, pp. 191-232.

simplificación de las tareas de recolección de los principales productos agrícolas del ámbito pampeano.

La perspectiva analítica utilizada permite visualizar cómo la dinámica capitalista se manifiesta en un país dependiente como la Argentina a través del control que adquieren las grandes empresas extranjeras en sectores clave de la economía nacional, lo cual tiene su correlato en la intromisión de los intereses imperialistas en las instancias políticas nacionales.

Para avanzar en la comprensión de este sector agroindustrial, se examinan los nudos fundamentales de la trayectoria histórica de la industria de tractores y cosechadoras desde sus orígenes a nivel mundial y nacional, enfatizando el análisis del mercado argentino durante el período 1976-2008. En ese marco temporal, nuestras indagaciones se encaminan a echar luz sobre las políticas oficiales dirigidas hacia el sector, su relación con la dinámica de las producciones agropecuarias pampeanas, los volúmenes de producción, ventas, importaciones y exportaciones de estas maquinarias, la caracterización de las principales empresas respecto de su posicionamiento en la Argentina y a escala global, la dinámica productiva y tecnológica, y, en la medida de los datos disponibles, también sobre su incidencia en el nivel de empleo.

Orígenes de la maquinaria agrícola a nivel mundial

La moderna evolución de las herramientas agrícolas comenzó en Europa con la incorporación de trilladoras mecánicas[213] y de los arados de hierro hacia fines del siglo XVIII.[214]

El modelo desarrollado por Jethro Tull en 1701 dio inicio al desarrollo de las sembradoras mecánicas a tracción animal, permitiendo implantar

---

213 En Escocia, Andrew Meikle desarrolló en 1768 la trilladora de tambor que se accionaba con la fuerza del viento o el agua o de un caballo. Hacia 1802, la trilladora de Meikle incorporó la energía a vapor.

214 En Estados Unidos, desde la década de 1830, John Deere –un herrero nacido en Vermont– reparó y desarrolló arados y otros instrumentos de labranza. Deere se destacó en la fabricación de arados de vertedera en los cuales reemplazaba el hierro colado por acero colado y resultaba más práctico para los suelos pesados debido a su baja adherencia de tierra. Pacheco, José Germán (2007), *Agricultura, modernización y ciencias agrícolas en Venezuela. De la ilustración borbónica a los ilustrados del gomecismo, 1770-1935*, UCV Consejo de Desarrollo Científico y Humanístico, Caracas, p. 66.

extensos campos con pocos trabajadores y mayor regularidad en la siembra y mejorando la homogeneidad en el crecimiento de las plantas.

Con respecto a las segadoras, desde finales del siglo XVIII se realizaron los primeros modelos, alcanzando una amplia utilización la diseñada por el escocés Patrick Bell en 1826, equipo que aún implicaba el empuje mediante energía animal, y su uso se extendió hasta 1860, cuando fue reemplazada por los inventos de origen estadounidense.

Durante la década de 1830, en Estados Unidos, Obed Hussey y Cyrus McCormick introdujeron importantes innovaciones en las segadoras. De la puja competitiva entre estos dos, surgirá victoriosa la empresa *McCormick* con su modelo de segadora tirada por caballos y con asiento para el operario, inaugurando una marca que tendría continuidad hasta la actualidad.[215] En 1847, la empresa ya producía 500 segadoras al año, y en 1874 incorporó un sistema para atar gavillas convirtiendo a las máquinas en segadoras-atadoras.

En 1836, Hiram Moore desarrolló el primer prototipo de una cosechadora combinada, es decir, que desarrollaba los procesos de siega y trilla en forma conjunta (de allí su denominación de segadoras-trilladoras) y no por separado. Eran máquinas de gran tamaño y pesadas que debían ser tiradas por unos 20 caballos. Para la década de 1890, numerosas empresas producían cosechadoras en Estados Unidos, entre las que se destacaban: *Holt Manufacturing*, *Daniel Best Company*, *Houser-Haines Company*, *Shippee Harvester Work* y *Mattenson & Williamson*.[216] En

---

215 En 1902, la empresa *McCormick Harvesting Company* se fusiona con cuatro de sus principales competidores –*Deering Harvester Company*, *Milwaukee*, *Plano*, y *Warder, Bushnell and Glessner*–, formando *International Harvester Company (IHC)*. En 1985, *Case* –propiedad del grupo italiano *Fiat* pero con origen y sede en los Estados Unidos– adquiere la división agrícola de *IHC*. En 2000 y 2001, luego de la desinversión de *Case* en las plantas de Doncaster (Inglaterra) y Saint Dizier (Francia) adquiridas a *IHC*, la empresa italiana *Argo* adquiere los establecimientos y relanza la marca *McCormick*. A partir de 2007, la empresa *McCormick Tractors International* concentró su producción en Fabricco (Italia). En diciembre de 2007, *Argo* cerró la planta de Doncaster. En marzo de 2011, la compañía estatal china *Yto* adquirió la planta de Saint Dizier constituyendo *McCormick Yto*. Para una historia de los orígenes de la compañía véase: Hutchinson, William Thomas (1935), *Cyrus Hall McCormick. Harvest, 1856-1884*, Appleton-Century Company, New York/London.

216 Wik, Reynold (1975), "Some interpretations of the mechanization of agricultura in the Far West", *Agricultural History*, vol. 49, núm. 1, enero, pp. 73-83; Olmstead, Alan y Rhode, Paul (1988), "An overview of California agricultural mechanization, 1870-1930", *Agricultural History*, vol. 65, núm. 3, pp. 86-112.

1913, *Holt* absorbió *Houser-Haines* y en 1925 se fusionó con *Best,* creando *Caterpillar Tractor Company.*[217]

En Australia, desde la década de 1840 se fabricaron unas cosechadoras denominadas *stripper* (despojadora) –bajo el principio de rastrillo y batidor, que favorecía la separación del grano de la paja–, de tamaño reducido y siguiendo el modelo diseñado por John Bull y John Ridley. A partir de 1893, en aquel país, Hugh Victor McKay fabricó las pequeñas y manuables cosechadoras del modelo *Sunshine.*[218]

Con respecto al tractor, sus antecedentes se remontan, en la década de 1850, al desarrollo de arados con motor a vapor que presentaban los problemas de difícil manejo, excesivo peso, tamaño y consumo de combustible. Estos vehículos con motores a vapor fueron denominados "locomóviles".[219]

En 1892, John Froelich inventó el tractor con motor a nafta para la empresa *Van Duzen Gas & Gasoline Engine* de Cincinnatti (Ohio, Estados Unidos), aunque la compañía no prosperó por ello y fue adquirida poco después por *Huber Manufacturing.* También la compañía estadounidense *Case* desarrolló en 1892 un modelo con motor a nafta que tuvo poco éxito comercial, el *Paterson.* Para la primera década del siglo xx, el tractor con motor a nafta ganó mercados, destacándose las firmas *Hart-Parr, Massey Harris* e *International Harvester Company (IHC).* En 1917, *Ford* –a través de la marca *Fordson*– comenzó a producir trac-

---

217 La empresa amplió sus actividades hacia la producción de maquinarias para la construcción, excavadoras, equipos de minería y motores diésel, entre otros rubros. Se ha destacado entre los principales exportadores de bienes de los Estados Unidos y entre las mayores corporaciones internacionales. Orlemann, Eric (2000), *Caterpillar chronicle. The history of world´s greatest earthmovers,* MBI, Minneapolis.

218 En 1954, la compañía *McKay* fue adquirida por la canadiense *Massey Harris.* Véase Merret, David, "Australian multinationals in historical perspective: 'Do you come from a land down under?'", en: Dick, Howard y Merret, David (ed.) (2007), *The internalisation strategies of small-country firms. The Australian experience of globalisation*, Edward Elgar, Cheltenham/Northampton, pp. 18-42.

219 Dornel, Laurent (2011), "Algunas reflexiones sobre el *Informe sobre máquinas agrícolas* de Alexis Peyret", *Estudios Rurales*, Centro de Estudios de la Argentina Rural, Buenos Aires, vol. 1, núm. 1, pp. 151-162; Sartelli, Eduardo (1995), "Del asombro al desencanto: la tecnología rural y los vaivenes de la agricultura pampeana", en: Bjerg, María Mónica y Reguera, Andrea (Comp.), *Problemas de la Historia Agraria. Nuevos debates y perspectivas de investigación*, IEHS, Tandil, pp. 125-154; Sartelli, Eduardo (1997), "Ríos de oro y gigantes de acero. Tecnología y clases sociales en la región pampeana (1870-1940)", *Razón y Revolución*, núm. 3, pp. 85-101.

tores y, al poco tiempo, se convirtió en el principal fabricante de estas maquinarias en el mercado estadounidense debido al bajo costo de sus unidades. En 1928, *Ford* puso fin a su línea de producción de tractores en Estados Unidos pero continuó fabricándolos en Irlanda y posteriormente en Inglaterra.[220]

A principios del siglo XX, también comienzan a incorporarse los tractores con motor diésel –diseñados por Rudolph Diesel durante la última década del siglo XIX–, que permitían un mayor rendimiento de la unidad y menores costos de combustible. En Alemania, *Deutz* lanzó un modelo diésel en 1907 y, para finales de la década de 1920, los principales fabricantes de tractores del mundo habían desarrollado este tipo de unidades. Posteriormente, los tractores con este tipo de combustibles se impondrán en la producción y las ventas sobre los modelos nafteros.[221]

Evolución de la producción local de maquinarias agrícolas

La dependencia tecnológica y el modelo agroexportador (1880-1930)

Para 1877, Argentina consiguió embarcar regularmente hacia el exterior un número limitado de toneladas de cereal, pero todavía la producción agrícola era muy escasa y se importaban trigo y otros granos para abastecer el mercado interno. A partir de la década de 1870, la expansión agrícola registró un crecimiento acelerado, pasando de 580 mil hectáreas sembradas en 1872 a más de 6 millones en 1900 y a casi 22 millones de hectáreas en 1914.[222]

---

220 Wik, Reynold (1964), "Henry Ford's tractors and American Agriculture", *Agricultural History*, vol. 38, núm. 2, abril, pp. 79-86.

221 Barañao, Teófilo V. (1941), *El tractor en la agricultura*, Sudamericana Buenos Aires, pp. 111-116 y 188.

222 La agricultura a gran escala no consiguió comenzar a prosperar hasta la década de 1860, orientándose predominantemente a cubrir las necesidades de cada localidad donde se producía. Algunos años más tarde, el desarrollo de los ferrocarriles, los incentivos estatales a la colonización y los inicios de la mecanización de las labores hicieron posible el comercio interprovincial de cereales. Véase, *Segundo Censo de la República Argentina, 1895*, Buenos Aires, Taller Tipográfico de la Penitenciaría Nacional, Buenos Aires, 1898, tomo III, pp. XXVI-XVII.

Recién entonces en la década de 1890, bajo los efectos del incremento de la demanda interna e internacional, la producción desarrolló excedentes que le permitieron a la Argentina transformarse en una gran exportadora de cereales, sobre todo de trigo y de maíz.

Paralelamente, para poder iniciar la producción en esas superficies, se concretó la expansión de la mecanización rural mediante la importación de diferentes maquinarias agrícolas, lo cual derivó en un primer momento en un aumento simultáneo de maquinarias y mano de obra, lo que facilitaba las tareas en chacras superiores a 40 hectáreas.[223] Si bien las primeras segadoras fueron introducidas en el país en 1854, a partir de finales de la década de 1870 comenzaron a difundirse las segadoras-atadoras. En la década de 1890, las desgranadoras australianas *stripper* obtuvieron mayor preferencia en la zona sur de la provincia de Buenos Aires –por su menor tamaño, costo y adaptación al cultivo de trigo– que las cosechadoras segadoras-trilladoras norteamericanas, y empezaron a importarse. Los locomóviles fueron introducidos en los inicios del siglo XX y comenzaron a reemplazar la tracción a bueyes o caballos.[224] De todos modos, según los distintos estudios sobre el tema, este proceso no habría sido homogéneo ni en términos de tipos de productores ni de las distintas regiones. Aun dentro de la región pampeana, la presencia de maquinarias tenía grandes diferencias por provincias o subregiones.[225] En este espacio geográfico, la incorporación de modernas maquinarias procedentes del exterior a la producción agrícola empezó a desarrollarse tanto entre medianos y grandes propietarios, como entre los grandes arrendatarios, persistiendo todavía muchos años los métodos de producción anteriores.[226]

---

223 Una interesante relación de la tendencia a economizar mano de obra a la vez que "mejorar las condiciones de trabajo" véase en: Billard, Juan (1957), *Análisis de los Aspectos Económicos de las Máquinas Juntadoras y Cosechadoras de Maíz en la República Argentina*, AAPA, Buenos Aires.

224 Gelman, Jorge y Barsky, Osvaldo (2005 [2001]), *Historia del agro argentino. Desde la conquista hasta fines del siglo XX*, Mondadori, Buenos Aires, pp. 178-180.

225 Villaruel, José (1992), "Las ventajas competitivas de la pampa", *Ciclos en la historia, la economía y la sociedad*, Buenos Aires, núm. 3, pp. 40-41.

226 Varios testigos de época se han referido a esta cuestión. Ferré, José (1917), *Máquinas para la cosecha de cereales*, Ministerio de Agricultura de la Nación-Dirección General de Enseñanza e Investigaciones Agrícolas, Buenos Aires; Miatello, Hugo (1904), *Investigación agrícola de la provincia de Santa Fe*, Compañía Sudamericana de Billetes, Buenos Aires; Raña, Eduardo (1904), *Investigación agrícola en la República Argentina. Provincia de Entre Ríos*, Im-

Desde los orígenes de la expansión agrícola, el complejo agroindustrial pampeano estuvo atravesado por el fenómeno de la dependencia económica y tecnológica. La industria metalúrgica era prácticamente nula[227], por lo que esas herramientas fueron importadas casi en su totalidad, en especial de Estados Unidos y de Gran Bretaña pero recibiéndose también maquinarias de países que ocupaban posiciones económicas similares a la de Argentina, como Australia y Canadá.[228]

A este panorama hay que agregar que algunos fabricantes extranjeros –predominantemente norteamericanos– comenzaron a abrir sucursales en el país a fin de obtener mejor acceso al mercado. En 1883, la *IHC* inauguró una oficina de venta en el país y grandes casas importadoras –como *Drysdale, Mantels, Hasenclever* y *Agar Cross*– proveían de maquinarias e implementos agrícolas a la región pampeana.[229] La empresa *Case* desde 1902 poseyó sucursales en Bahía Blanca y Rosario[230] y la compañía *Cereal Machine* se radicaba en 1919.[231]

Sin embargo, si bien las principales innovaciones tecnológicas procedían del exterior, se fue desarrollando con lentitud un sector industrial de capitales nacionales –impulsado por el alto costo de las máquinas importadas[232]– que comenzó a reparar y fabricar maquinaria agrícola con

---

prenta Biedma e Hijos, Buenos Aires. Entre los estudios más recientes que refieren al tema, véase: Volkind, Pablo (2008), "Entre el ingenio y la frustración: la producción nacional de maquinaria agrícola y el papel de las herramientas extranjeras en la región pampeana, 1895-1914", *Documentos del CIEA*, Buenos Aires, núm. 3, pp. 165-189.

227 "La industria extractiva de metales industriales se encuentra todavía en estado incipiente, de modo que se utilizan los metales que se importan". Véase *Segundo Censo de la República Argentina, 1895*, op. cit.

228 Villanueva, Roberto (2008), *Historia de la siderurgia argentina*, Eudeba, Buenos Aires, pp. 31-39.

229 Bil, Damián (2008), "Los orígenes de la fabricación de maquinaria e implementos agrícolas en la Argentina (1860-1940)", *XXI Jornadas de Historia Económica de la Asociación Argentina de Historia Económica*, Caseros (provincia de Buenos Aires), 23 al 26 de septiembre, p. 5.

230 Fuchs, Jaime, *La penetración de los trusts yankees en Argentina*, op. cit., pp. 388-389.

231 Rapoport, Mario (1988), "El triángulo argentino. Las relaciones económicas con Estados Unidos y Gran Bretaña, 1914-1943", en: Rapoport, Mario (Comp.), *Economía e historia. Contribuciones a la historia económica argentina*, Tesis, Buenos Aires, 1988, pp. 270-276.

232 Rougier, Marcelo (2007), "Producir para el agro en un entorno turbulento. El caso de una fábrica de cosechadoras en la Argentina", *Mundo Agrario*, Buenos Aires, núm. 14.

una importante adecuación a las condiciones pampeanas, en especial, a la cosecha del trigo. En principio, estas iniciativas estuvieron ligadas a la producción de arados y otros implementos, con las dificultades de que el hierro y el acero eran de origen importado y de que el régimen aduanero resultaba poco beneficioso para la fabricación local.[233]

Algunos ejemplos de estos intentos fueron los registrados para la producción de arados de hierro por parte de Alois Tabernig –un inmigrante austríaco–, que empezó la actividad en la década de 1860 en Esperanza (provincia de Santa Fe); un modelo de segadora-trilladora que en 1873 registró Adolfo Fauçon, una máquina trilladora de trigo construida por Antonio Narrero y presentada en la Exposición Industrial de Buenos Aires, una desgranadora de trigo en planta que diseñó Bartolomé Long en 1878 y una trilladora económica diseñada por Federico Urfer en 1885 en la localidad de Esperanza. Además, *Paisano Hermanos* mostraba su trilladora en 1894[234], y en 1903 Juan Bautista Istilart –inmigrante vasco– desarrolló en Tres Arroyos (provincia de Buenos Aires) el llamado "embocador giratorio" o "embocador Istilart", un implemento que facilitaba el traspaso de las gavillas a la boca de la trilladora.[235] Uno de los emprendimientos iniciales de mayor éxito fue el de la empresa *Schneider Hermanos* en la santafecina Esperanza, que comenzó a fabricar arados en 1878. Ya entrado el siglo xx, podemos destacar entre las experiencias pioneras en este campo la instalación de la primera fábrica de cosechadoras de la Argentina y de Sudamérica de los hermanos Senor en 1921 y la fabricación de la primera cosechadora automotriz del mundo por Alfredo Rotania en 1929.[236] Casi de manera paralela, Miguel Druetta presentó su *Autocosechadora Druett*, convirtiéndose en otro precursor de la invención de cosechadoras automotrices.

---

233 Los arados e implementos de origen extranjero pagan el 5% de derecho aduanero y el "fierro en bruto" para la fabricación pagaba un 10%. Véase Helguera, Dimas (1893), *La producción argentina en 1892: descripción de la industria nacional, su desarrollo y progreso en toda la República, ampliación del retrospecto publicado en La Prensa el 1 de enero de 1893*, Goyoaga, Buenos Aires, p. 205.

234 "Una trilladora argentina", *Revista La Agricultura*, Buenos Aires, año II, núm. 104, 27 de diciembre de 1894.

235 Gorraiz, Ramón (1935), *Historia de Tres Arroyos*, Minerva, Tres Arroyos, p. 176. La empresa *Istilart* posteriormente desarrolló diversos artículos para la actividad agrícola, como casillas para trilladoras, carros, rastras, emparvadores, rodillos destructores de cardos y molinos de viento. Hacia 1915 comenzó a fabricar la cocina económica, línea de productos a la que se dedica actualmente la firma.

236 Barrale, José María (2007), *Reinas mecánicas*, Advocatus, Córdoba, pp. 49 y 84-85.

De todos modos, estos pioneros de la producción nacional de maquinarias agrícolas no consiguieron estabilizar una industria de autocosechadoras consistente y competitiva, ni desempeñar un papel dinamizador con relación a la economía del país. Lo cual resulta una expresión del carácter dependiente del capitalismo argentino, en el que las clases dominantes se asociaron subordinadamente al imperialismo, relegando así el desarrollo industrial y del mercado interno. En este sentido, la cúpula terrateniente que rigió el ascenso capitalista también opuso severos obstáculos a la profundización de la acumulación de capital. Tanto por el destino de sus excedentes –orientados de manera predominante a las finanzas, el comercio, la especulación y el consumo de bienes suntuarios–, como por la magnitud de la propiedad latifundista, la oligarquía no sólo constriñó la disponibilidad de capital necesario para la reproducción ampliada de las pequeñas y medianas unidades chacareras[237], sino que además inhibió el progreso y la consolidación de una fracción burguesa alineada con el fomento y la expansión industrial. A ello vale agregar que el afianzamiento de la estructura primario-exportadora se producía en consonancia y articulación con las políticas de Estado, que supeditaban los alcances de la industrialización a los intereses del bloque dominante de terratenientes y gran burguesía local, y a sus negocios con el capital extranjero.[238] A modo de ejemplo podemos indicar algunas medidas que contribuyeron a las dificultades de desarrollo autónomo de esta rama industrial: a) la falta de inversiones estatales para búsqueda y explotación de los minerales del territorio nacional, b) la ausencia de restricciones para exportar chatarra que constituía la materia prima fundamental de la fabricación local de equipos destinados a la agricultura, y c) el mayor arancel que pagaban las importaciones de hierro y acero en comparación

---

237 Por entonces, a las dificultades crediticias de pequeños y medianos campesinos debe añadirse la apropiación, a través del monto de los arriendos captados por los terratenientes, no sólo de las rentas absolutas y diferencial, sino también la succión de significativas porciones de la ganancia media empresaria de las explotaciones chacareras y deducciones de los salarios de los trabajadores rurales. Véase Adelman, Jeremy (1992), "Financiamiento y expansión agrícola en la Argentina y el Canadá, 1890-1914", *Ciclos en la historia, la economía y la sociedad*, año II, núm. 3, 2do. semestre, p. 15; Azcuy Ameghino, Eduardo, "Renta y arriendo: problemas de economía e historia", en: Azcuy Ameghino, Eduardo, *Trincheras en la Historia*, op. cit., pp. 202-203.

238 Para una observación de las dificultades para la elaboración de un proyecto de industrialización nacional, véase Cúneo, Dardo (1967), *Comportamiento y crisis de la clase empresaria*, Pleamar, Buenos Aires.

con el impuesto aduanero de arados, espigadoras, segadoras, sembradoras y trilladoras.[239]

La introducción de sembradoras, trilladoras, segadoras, espigadoras y cosechadoras modernizó las tareas y tendió a reducir el tiempo de trabajo destinado a la producción. Las compañías colonizadoras, las empresas comercializadoras, los contratistas de maquinarias y los grandes productores cerealeros resultaron actores clave en el impulso que adquirió la mecanización del agro. No obstante, el proceso no fue homogéneo; mientras una minoría de explotaciones capitalistas incorporó la tecnología proveniente de los países centrales, se manifestaba una significativa brecha intersectorial entre estas explotaciones y las unidades de producción familiar, que en forma mayoritaria accedían a maquinarias e implementos más sencillos y menos costosos.[240]

Una mirada a la estructura social agraria evidencia que, en las circunstancias descriptas, el tamaño de las explotaciones agropecuarias (EAP) manifestaba una excesiva concentración de la producción que se conjugaba con el predominio del sistema de arrendamientos. Las unidades de más de 1.000 hectáreas representaban un 4,7% de las explotaciones en las principales provincias de la región pampeana (Buenos Aires, Córdoba y Santa Fe) y centralizaban un 57,3% de la superficie en esta región, mientras que en el total del país este estrato reunía el 8,2% de las unidades y expresaban el 78,3% de la superficie. En las principales provincias pampeanas, la concentración era relativamente menor y las unidades inferiores a 1.001 hectáreas abarcaban un 42,7% de la superficie, mientras que en el total del país estas comprendían un 21,7%. Además, la región pampeana presentaba otras diferencias remarcables: a) un menor desarrollo de unidades minifundistas o inferiores a 26 hectáreas (un 23% frente al 33% del país); y b) el 37,5% de las EAP se concentraba en el

---

239 Volkind, Pablo, "Entre el ingenio y la frustración: la producción nacional de maquinaria agrícola y el papel de las herramientas extranjeras en la región pampeana, 1895-1914", op. cit., pp. 176-181.

240 No existiendo en el país explotación de minas de hierro, algunos inventores solucionaron el problema aprovisionándose de material de chatarra proveniente de maquinarias agrícolas que habían cesado su vida útil. Cfr. Villarruel, José (1992), "Las ventajas competitivas de una estepa humedecida: la pampa, 1890-1914", *Ciclos en la historia, la economía y la sociedad*, año II, núm. 3, 2do. semestre, pp. 40-41; Bil, Damián (2009), "La industria argentina de maquinaria agrícola (1870-1975): evolución y problemas de su desarrollo", *Documentos de Jóvenes Investigadores N° 16*, Instituto de Investigaciones Gino Germani, Facultad de Ciencias Sociales, Universidad de Buenos Aires, junio, p. 20.

estrato de 101 a 500 hectáreas, expresando un 26% de la superficie ocupada, mientras que en el total del país representaba un 12%.

Vale considerar que la distribución regional de la maquinaria agrícola también era muy desigual. Hacia 1914, las provincias de Santa Fe y Buenos Aires eran las de mayor mecanización agrícola; conjuntamente representaban el 58% del capital invertido en maquinarias para la agricultura argentina, lo que se expresaba en la concentración de importantes porcentajes sobre el total del país: el 46% de los arados, el 87% de las cosechadoras, el 55% de las desgranadoras, el 58% de las espigadoras, el 62% de las segadoras, 66% de las sembradoras y el 61% de las trilladoras.[241]

Es posible indicar que, hacia 1914, al menos el 46% de las unidades agrícolas estaban dirigidas por arrendatarios de los cuales el 72% eran extranjeros, verificándose tanto el impacto del proceso inmigratorio como que la estructura social agropecuaria habría obstaculizado la existencia de una clase de pequeños y medianos propietarios rurales similar a la de Estados Unidos, Canadá o Australia.[242]

Entre 1916 y 1930, los gobiernos radicales mantuvieron como eje de la política económica el modelo agroexportador, la estructura agraria basada en la gran propiedad y el sistema de arrendamientos. Las decisiones gubernamentales no se plantearon ninguna política de protección de las industrias instaladas, ni de incentivos a la innovación tecnológica y la consolidación del mercado interno. Mientras tanto, en cuanto al régimen de tenencia de la tierra, las medidas introducidas procuraron responder a los reclamos de pequeños y medianos chacareros, pero sin alterar su funcionamiento.[243]

---

241 *Censo Nacional de 1914.*

242 Palacio, Juan Manuel (2004), *La paz del trigo*, Edhasa, Buenos Aires, p. 113.

243 Los gobiernos de Hipólito Yrigoyen atendieron algunas pretensiones de los productores rurales ligados a la FAA. Una normativa sancionada en aquel entonces –dirigida a quienes arrendaban parcelas no superiores a 300 hectáreas– contemplaba la indemnización por mejoras, la prolongación del alquiler cuando el contrato no excediera los tres años, la posibilidad de negociar libremente la venta de la producción y el acceso a una vivienda confortable. Además, durante el mismo gobierno se sancionó la ley de cooperativas agrícolas de 1926, se estableció el reparto de semillas ante situaciones de emergencia, y la comercialización de bolsas a precios subsidiados.
Dos leyes sancionadas durante la década de 1920 estuvieron relacionadas con el acceso a la propiedad y la permanencia en el ámbito rural; se trata de las leyes 10.676 y 11.170. La primera facilitaba a los colonos el acceso al crédito a través del Banco Hipotecario Nacional de hasta el 80% del valor de la explotación que se deseaba adquirir; la segunda eliminaba de los contratos de arrendamiento algunas cláusulas perjudiciales para los arrendatarios. No obstante, estas leyes no

El desarrollo capitalista de la Argentina, Estados Unidos, Canadá y Australia: un análisis comparado sobre las condiciones de acceso a la maquinaria agrícola

La descripción anterior genera una serie de interrogantes con respecto a las diferencias entre la estructura socioeconómica de la Argentina y la de otros países productores de granos. Vale señalar que los primeros pasos de la mecanización agrícola pampeana se concretaron en un contexto de crecimiento poblacional anual del 5,2%, muy superior a los porcentajes de otros territorios que recibían afluencia inmigratoria, y de una mayor densidad poblacional por kilómetro cuadrado que Australia y Canadá (Cuadro 1). Sin embargo, podemos indicar que gran parte de los inmigrantes no pudieron radicarse en el campo y que, en conjunto, la cantidad que llegó a la Argentina fue notablemente inferior a la de Estados Unidos e, incluso, si se comparan ambos países, fue superior la proporción de los que decidieron volver.[244] Tal situación no fue ajena a las características de la estructura económica –con fuerte peso del latifundio y la parcialización del aparato productivo, que subordinaba el desarrollo industrial a los intereses de los terratenientes y la gran burguesía intermediaria– y a los débiles avances del proceso de democratización política de Argentina.[245]

---

tuvieron efectos inmediatos respecto de los colonos y sirvieron para valorizar las tierras de los terratenientes; en 1929 –en el contexto de la crisis internacional– los deudores hipotecarios fueron ejecutados y desalojados de sus propiedades. Véase: Girbal-Blacha, Noemí (1988), *Estado, chacareros y terratenientes (1916-1930). Política agraria y relaciones de poder*, CEAL, Buenos Aires.

244 Vázquez Presedo, Vicente (1971), *El caso argentino. Migración de factores, comercio exterior y desarrollo. 1875-1914*, Eudeba, Buenos Aires, pp. 91-92.

245 En ese mismo escenario, se desarrolló una fuerte conflictividad social que involucró a obreros urbanos, ferroviarios, peones rurales y chacareros; como ejemplo vale señalar la huelga de los colonos de Macachín (La Pampa) en 1910. Estos acontecimientos, sumados al fracaso de la cosecha de 1912, la caída de precios de la producción, la cancelación de los créditos y el aumento del canon de arrendamiento, influyeron en el movimiento que se gestó en las localidades de Bigand, Alcorta, Máximo Paz, Villa Mugueta y Peyrano, en la zona maicera de Santa Fe, y se extendió por el resto de la región pampeana. El 25 de junio de 1912 se declaró la huelga por tiempo indeterminado de los campesinos – inmigrantes en su gran mayoría– entre cuyos reclamos se destacaban: 1) rebaja general de arrendamientos y aparcería; 2) contratos por un plazo mínimo de cuatro años; 3) libertad de trillar y asegurar sus sementeras; 4) libertad del colono para vender la cosecha para cuando él dispusiera y a quien quisiera. Estos hechos, conocidos

En cuanto a la maquinaria para la agricultura, los productores agropecuarios pampeanos quedaban sujetos a los "cambios y vaivenes del mercado internacional y a las imposiciones de las casas extranjeras" que suministraban los equipos.[246] Mientras tanto, en Estados Unidos:

> "El triunfo en la guerra civil de 1860-65 de las clases directamente interesadas en el desarrollo pleno de industrialización, el mercado interno, el poblamiento y la colonización del rico e inmenso continente que se extendía al oeste de la antigua franja costera colonial, constituyó un punto de inflexión a partir del cual el capitalismo se desarrollaría, casi sin trabas ni contrapesos, de manera más rápida y profunda que en ninguna otra experiencia conocida de similar contenido socioeconómico".[247]

Luego de suprimidas las trabas para la hegemonía nacional de la burguesía del norte atlántico en 1865 y bajo el estímulo de la puesta en producción de una extraordinaria cantidad de tierras libres, el proceso capitalista estadounidense consiguió tanto un salto cualitativo en el desarrollo del país como un crecimiento económico global. En este sentido, la ampliación del mercado nacional, el aumento de la demanda industrial y el incremento de la oferta de alimentos y materias primas se superpusieron como procesos que contribuyeron a acrecentar las ganancias y la acumulación capitalista y la reducción de los montos salariales, sirviendo de base para que hacia finales de siglo XIX emergiera la producción monopolista norteamericana.

---

como el "grito de Alcorta", fueron el origen de la Federación Agraria Argentina (FAA), institución que a partir de entonces identificó a un sector importante de los productores familiares pampeanos. Véase Grela, Plácido (1985 [1958]), CEAL, *El Grito de Alcorta*, Buenos Aires; Ansaldi, Waldo (1991), "La pampa es ancha y ajena. Las luchas por las libertades capitalistas y la construcción de los chacareros como clase", *III Jornadas Interescuelas/Departamentos de Historia*, Buenos Aires, Facultad de Filosofía y Letras de la UBA, Buenos Aires; Ansaldi, Waldo (1993), "Cosecha roja. La conflictividad obrera rural en la región pampeana", en: Ansaldi, Waldo (Comp.), *Conflictos obreros rurales pampeanos, 1900-1937*, CEAL, Buenos Aires, t. I, pp. 11-48.

246 Volkind, Pablo (2011), "Entre necesidades y dificultades: campesinado y maquinaria agrícola en la provincia de Buenos Aires", *Revista Interdisciplinaria de Estudios Sociales*, Bahía Blanca, enero-junio, p. 18.

247 Azcuy Ameghino, Eduardo, "Los caminos clásicos del desarrollo histórico del capitalismo en el campo", en: Azcuy Ameghino, Eduardo, *Trincheras en la historia*, op. cit., p. 151.

En las condiciones descriptas, los *farmers* pudieron contar con la ventaja de acceder a maquinarias producidas localmente, reparaciones y repuestos, con lo cual abarataron costos, ahorraron tiempo y aumentaron sus beneficios derivados de la mecanización de la agricultura.

Cuadro 1. Argentina, Estados Unidos, Canadá y Australia: superficie territorial, cantidad, densidad y crecimiento anual de población. Años 1895-1914

Países	Superficie en 1911 (km²)	Habitantes en 1911 (millones)	Habitantes en 1911 (por km²)	Crecimiento anual % y años de referencia
Argentina	2.951.000	7,1	2,7	5,2 (1895 a 1914)
Australia	6.500.000	4,4	0,7	3,2 (1911 a 1913)
Canadá	9.660.000	7,1	0,7	3,7 (1911 a 1913)
Estados Unidos	7.839.000	92	11,7	1,7 (1911 a 1913)

Fuente: *Elaboración propia sobre datos del Censo Nacional de 1914.*

El acceso a maquinarias agrícolas en la Argentina también presentaba notables diferencias con respecto al de Canadá, resultado de distintos caminos seguidos en torno a la evolución agraria e industrial. En el caso canadiense, las condiciones eran más favorables a raíz de seis factores fundamentales: a) un sistema de créditos a largo plazo en condiciones más ventajosas que las concedidas por el sistema informal de crédito que predominaba en la Argentina; b) un mayor y más homogéneo acceso a la propiedad de la tierra de los productores canadienses, lo cual facilitaba la garantía de los créditos y disminuía su costo; c) el lugar central de la agricultura canadiense, mientras que en la Argentina estaba parcialmente subordinada a la ganadería; d) la generación de un contexto y una concepción más favorable a la incorporación de capital fijo por parte de los *farmers* canadienses, que representa una sustancial diferencia con la estructura de distribución de costos entre terratenientes (que incorporan capital fijo) y arrendatarios (que absorben capital variable); e) la fabricación de maquinarias y equipos agrícolas en Canadá tanto a través de capitales canadienses como a través de subsidiarias de empresas estadounidenses, lo cual la dejaba en una posición de independencia relativa con respecto a esta clase de importaciones[248];

248 Por el contrario, la Argentina se convertía en gran exportador agropecuario minimizando el desarrollo de industrialización y la diversificación de la economía. Si bien Canadá no logró evitar la expansión de los capitales norteamericanos en su territorio, alentó una política industrial proteccionista con independeny f) la decidida orientación industrialista y mercadointernista seguida por Canadá a partir de 1879.[249]

Divergencias similares distancian el desarrollo económico argentino del de Australia. El país de Oceanía, favorecido también por los incrementos en la demanda mundial de alimentos y materias primas de fines de siglo XIX, ejecutó una política industrialista y de incentivo al desarrollo científico y tecnológico, acompañada de medidas de promoción del mercado interno y estímulo a la democratización de la tierra. Por otra parte, Australia contó con el significativo aporte de la minería, que contribuyó a la creación y el fomento de la industria metalúrgica y siderúrgica. Estos componentes resultaron vitales para los procesos de acumulación de capital, que permitieron el establecimiento y la expansión de plantas de maquinarias agrícolas para el abastecimiento del mercado local.[250]

Crisis económica y primeros desarrollos de la industria local de maquinarias agrícolas (1930-1945)

Los obstáculos para la incorporación de bienes de capital importado en el contexto de la crisis de la década de 1930 influyeron en el establecimiento de nuevos emprendimientos. Las limitaciones a las importaciones de maquinarias e implementos agrícolas dieron un renovado impulso a las iniciativas que se venían desarrollando en talleres de herrería, tornería, fundición y de reparación, llevando a la creación de nuevas o al desarrollo de novedosas adaptaciones de las ya existentes. Las dificultades por conseguir repuestos y partes procedentes del exterior alentraron la

---

cia económica respecto de los Estados Unidos que posibilitó la consolidación de una matriz de desarrollo nacional fuerte y autónomo, claramente diferente de las condiciones de atraso y dependencia del país sudamericano. Cfr. Adelman, Jeremy (1992), "Financiamiento y expansión en la Argentina y el Canadá, 1890-1914", *Ciclos en la historia, la economía y la sociedad*, Buenos Aires, núm. 3; Ferns, H.S. (1983), *La Argentina*, Sudamericana, Buenos Aires, pp. 163-164.

249 Bernal, Federico (2010), *El mito agrario. Una comparación con Australia y Canadá*, Capital Intelectual, Buenos Aires, pp. 67-75.

250 Fogarty, John (1977), "Difusión de tecnología en áreas de asentamiento reciente: el caso de Australia y de la Argentina", *Desarrollo Económico*, Buenos Aires, vol. 17, núm. 65, abril-junio, pp. 133-142.

búsqueda de motores, diferenciales[251], cernidores y transmisores que suplantaran a los de origen extranjero.[252]

Sin embargo, la Segunda Guerra Mundial incidió en la discontinuidad de la actividad de buena parte de las fábricas nacionales por escasez de materiales. En el plano internacional, la contienda condujo a restricciones en el comercio de acero y otros metales, y a transformaciones en el mercado de maquinarias. Desde 1941, la participación de Estados Unidos en el conflicto bélico determinó que las compañías de ese país orientaran todos sus esfuerzos a la producción de vehículos militares, partes de aviones y municiones. En Europa, distintas empresas debieron parar sus plantas de producción o fueron destruidas por los bombardeos.[253]

En este período surgieron algunas empresas nacionales de importancia como *Bernardín*[254], *Druetta*[255], *Alasia, Daniele, Mainero*[256], *Forzani,*

---

251 Arnal Atares, Pedro y Antonio Laguna Blanca (1989), *Tractores y motores agrícolas*, Mundi-Prensa, Madrid, p. 281. El diferencial cumple con la función de permitir diferente velocidad de giro en cada una de las ruedas facilitando la maniobrabilidad en las curvas.

252 Solivérez, Carlos (2009), "Nuestra virtuosa industria de maquinarias agrícolas", *Río Negro*, General Roca, 19 de agosto, pp. 20-21.

253 Bil, Damián, "La industria argentina de maquinaria agrícola (1870-1975)", op. cit., p. 17.

254 En la actualidad la marca se mantiene bajo la administración de la firma *Agroindustrial San Vicente.*

255 En 1932, Miguel Druetta pasó a conformar *Logia y Druetta y Compañía,* que posteriormente se transformó en *Druett Fábricas de Máquinas Agrícolas.* En 1939, la empresa llegó a producir 170 máquinas y 500 recolectores y contaba con 300 obreros. Al inicio de la Segunda Guerra Mundial, afectada por la crisis del comercio de productos agrícolas, atravesó una difícil situación económica. Por entonces, en 1940, Druetta formó una nueva razón social *Drumaq SRL.* Ésta se dedicó inicialmente a la producción de enfardadoras motrices y luego carrocerías para camiones. En 1949 fue vendida a capitales extranjeros ex propietarios de los ferrocarriles franceses.

256 Se fundó en Bellville (provincia de Córdoba) en 1933 por Carlos Miguel Mainero, Carlos Rocco Bernardi y Francisco Lambertini. En 1944, esta compañía comenzó a fabricar uno de los primeros equipos del mundo para la cosecha del girasol. En los últimos años, *Mainero* ha mantenido su producción industrial de cabezales y equipos forrajeros y ha operado como distribuidor en la Argentina de los tractores de origen italiano *Same* y de las cortadoras francesas *Khun.* Según el *Banco Central,* a diciembre de 2007, los créditos tomados por la empresa ascendían a $ 15,6 millones, el 43% con el *Banco Francés*, el 19% con el *Santander Río* y el resto con otras entidades bancarias. Véase: Infomedia Producciones, "Quién es quién. Mainero", *El Federal*, Buenos Aires, núm. 201, 13 de marzo de 2008, pp. 40-41.

Puzzi, Senor, Susana, Metalúrgica Magnano, La Margariteña y *La Soberana, GEMA*[257]*, Balbi, Angélica.*[258]

Asimismo, empresas norteamericanas, como *Allis Chalmers* y *Minneapolis Moline,* establecieron sucursales en Rosario, Córdoba y localidades de la provincia de Buenos Aires durante la década de 1930 a fin de comercializar tractores importados de esas empresas.[259]

Considerando la cantidad de iniciativas de capital nacional que surgieron en este período, debemos hacer algunas referencias sobre por qué la provisión de tractores y cosechadoras para el agro pampeano quedaría con posterioridad en manos del capital extranjero –vía su fabricación local o por medio de importaciones–.

En primer lugar, es conveniente indicar que este desarrollo de la industria nacional de maquinarias agrícolas fue producto de la iniciativa del capital privado en un contexto en el cual la escasez de combustibles, maquinarias, motores, vehículos, neumáticos y herramientas imponía la sustitución de las importaciones, a fin de continuar con las actividades de la producción agropecuaria. La fabricación de maquinarias agrícolas en el país operó, por entonces, en pequeña escala (para 1937 se fabricaban unas 500 unidades en todo el territorio)[260] y con un uso intensivo de fuerza de trabajo, manteniendo el atraso tecnológico y la dependencia con el exterior en torno a la provisión de piezas claves, como motores y diferenciales, que comenzaron a fabricarse localmente a partir de las décadas de 1940 y 1950. De todos modos, la utilización de tecnología e insumos importados continuaría y se profundizaría en las décadas siguientes, enfrentando el país severas dificultades en la balanza de pagos cada vez que los incrementos en la producción impulsaban el alza de las importaciones.

En segundo orden, debemos considerar que el Estado no instrumentó una política de financiamiento industrial y de promoción del desarrollo tecnológico que fomentara la consolidación de plantas metalúrgicas y siderúrgicas. Por el contrario, se entendía a estas producciones como "artificiales", con lo que se orientaban las inversiones industriales de origen

---

257 En Rosario (provincia de Santa Fe), de la fusión de dos empresas dedicadas a la fabricación de maquinarias agrícolas, surgió en 1943 la firma *Grandes Establecimientos Metalúrgicos Argentinos,* más conocida como *GEMA.*

258 Barrale, José María (2007), *Reinas Mecánicas,* Advocatus, Córdoba.

259 Fuchs, Jaime, *La penetración de los trusts yanquees en la Argentina,* op. cit., p. 389.

260 Bil, Damián, "La industria argentina de maquinaria agrícola (1870-1975)", op. cit., p. 34.

nacional preferentemente hacia industrias transformadoras de materias primas locales, resarciendo a la economía argentina de la contracción de los intercambios externos.[261]

Otra cuestión a considerar es que, si bien la producción local de maquinarias agrícolas se expandió, su participación fue minoritaria en la producción total. En este sentido, un 50% de esta última correspondía a las ramas tradicionales de alimentos y textiles, y un 8% al rubro de maquinarias y vehículos. Las ramas tradicionales contaron con mayor rentabilidad dado que no soportaron el sobrecosto aduanero que pagaban las industrias que utilizaban materias primas e insumos importados; incluso la Segunda Guerra Mundial implicó la discontinuidad en la producción de cosechadoras debido a la escasez de hierro, acero y caucho.[262] Se debe agregar a esto que buena parte de los guarismos que expresan la expansión de la industria metalmecánica se explican por la instalación de filiales de firmas multinacionales de automóviles y de maquinarias agrícolas que realizaban tareas de ensamblado, condiciones que contribuían a obstruir el desarrollo nacional de tecnología y generaban una progresiva vía de pérdida de divisas, debido al pago de regalías, asistencia técnica y transferencias de beneficios.

En suma, estos factores –resultantes de la subordinación y adecuación a los intereses del bloque dominante local y el imperialismo– dificultarían un desarrollo industrial autosostenido y mermarían los efectos multiplicadores de la actividad industrial sobre la estructura socioeconómica, sentando las bases de las limitaciones técnicas, financieras y comerciales que padecería la industria nacional de maquinarias agrícolas en la competencia con sus rivales extranjeras.

Los incentivos industriales durante el peronismo (1946-1955)

Favorecida por el debilitamiento de la dependencia durante la Segunda Guerra Mundial y estimulada por la decadencia del imperialismo inglés –hasta entonces el más fuerte localmente–, la burguesía nacional en el

---

261 Murmis, Miguel y Portantiero, Juan Carlos (1971), *Estudios sobre los orígenes del peronismo*, Siglo XXI, Buenos Aires, pp. 24-38.
262 Belini, Claudio (2004), "Política industrial y sustitución de importaciones: el caso de la industria de maquinaria agrícola, 1951-1957", *XIX Jornadas de Historia Económica*, San Martín de los Andes.

gobierno alentó posiciones industrialistas, mercadointernistas y de independencia económica.

Durante las dos primeras presidencias de Juan Domingo Perón (1946-1952 y 1952-1955), el Estado persiguió el propósito de mecanizar completamente el agro argentino, con particular hincapié en el espacio pampeano. Se implementaron líneas de crédito y políticas fiscales tendientes a facilitar la adquisición de maquinarias agrícolas[263] e incentivar el desarrollo de su industria local. El *Banco de Crédito Industrial* –creado durante el gobierno del general Edelmiro Farrell en 1944– otorgó préstamos de mediano y largo plazo para la creación de nuevas empresas industriales o para modernizar las ya existentes. En agosto de 1951, a través del Banco Central –nacionalizado en 1946[264]–, el Estado otorgó divisas para la importación de motores, materias primas y otros productos para la fabricación. En diciembre del mismo año, el decreto 25.056 declaraba de "interés nacional" la industria de maquinaria agrícola y sus repuestos; además se liberaba de derechos de importación a insumos y materias primas. En forma paralela, se establecía la prohibición de importación de cosechadoras.[265]

Estimulados por estas medidas, los fabricantes nacionales obtuvieron ventajas para desarrollar sus cosechadoras y otras maquinarias agrícolas. Así surgieron nuevos emprendimientos y adquirieron continuidad las empresas sobrevivientes del período anterior. Entre las nuevas indus-

---

263 La promoción de la tecnificación agrícola realizada por el peronismo apeló en una primera instancia a la adquisición de maquinaria agrícola importada libre de aranceles. El Decreto N° 12.109/49 derogó el arancel del 10% *ad valorem* fijado por necesidades fiscales en 1931, favoreciendo la apertura externa en este rubro y encontrando oposición entre el empresariado nacional del sector. Raccanello, Mario y Rougier, Marcelo (2012), "La mecanización agrícola en la crisis de balance de pagos del peronismo. La apuesta trunca de IAME y su tractor Pampa", *Estudios Rurales*, Universidad Nacional de Quilmes, Bernal, vol. 1, núm. 3, pp. 40-74.

264 Cichero, Mario Alberto (1979), *Introducción a la economía argentina y la legislación económica y laboral argentina*, El Ateneo, Buenos Aires, pp. 470-471.

265 Bil, Damián (2009), "Los límites históricos de la producción de maquinaria e implementos agrícolas en la Argentina: desde sus orígenes (1870) hasta la actualidad", *VII Jornadas de Investigación Histórico Social Razón y Revolución*, Buenos Aires, 10 al 12 de diciembre, p. 4.

trias que aparecieron pueden mencionarse: *Araus, Vassalli, Guasch*[266], *Giubergia*[267], *Marani, Rector, Druetta*[268], *Marziotta & Compañía.*

La industria nacional de cosechadoras logró avanzar por medio del aprendizaje tecnológico y la acumulación de capital en las circunstancias favorables que le aportaba la política oficial. Si bien habían conseguido desplazar la presencia de sus similares extranjeras, todavía las fábricas eran pequeñas y no se producían más de 100 cosechadoras anuales por establecimiento. Recién en la década de 1960, como veremos, lograría consolidarse y conseguir una notable expansión.

En materia de tractores, hasta la década de 1950, la totalidad de las unidades eran importadas principalmente de Estados Unidos. También en cosechadoras se registraba el predominio de las importaciones estadounidenses y, en segundo lugar, canadienses. Para romper este monopolio el gobierno incentivó las compras a países europeos, entre ellos Checoslovaquia, la República Federal Alemana, Francia e Italia.[269] El reingreso de maquinaria importada a fin de acelerar la mecanización agraria posibilitó cierto rejuvenecimiento relativo del parque, aunque la descapitalización sufrida bajo el doble efecto de la crisis de la década de 1930 y la Segunda Guerra Mundial dejaba todavía a dos terceras partes de los equipos en condiciones de obsolescencia.[270]

La promoción de las actividades industriales por parte del Estado y la protección del mercado interno permitieron un fuerte crecimiento de la

---

266 En 1943, Ramón y Amadeo Guasch crearon un dispositivo que podía usar la corta trilla de cereales para la recolección de maíz, sorgo y girasol. En 1951 el invento es patentado con el número 86.650, lo cual les permitió fabricarlo en serie y contar con un régimen de excepción de impuestos provinciales y nacionales por diez años. Posteriormente pasaron a fabricar cosechadoras automotrices de diseño propio y sembradoras de granos gruesos. Según Barrale, importaban de Inglaterra los motores *Perkins*, las cadenas eran traídas de Italia y las cubiertas eran de origen holandés. Véase Barrale, José María, op. cit., pp. 22-25 y 144.

267 En 1944, en Venado Tuerto (provincia de Santa Fe) se fabricó la primera cosechadora de la firma, que por aquel entonces contaba con 50 operarios. En 1951, la empresa fabrica 57 cosechadoras y 185 recolectores de girasol. Las máquinas comenzaron utilizando motores *Chevrolet* y posteriormente *Perkins* importados de Inglaterra.

268 En 1950, Miguel Druetta –luego de vender *Drumaq*– se vinculó entonces con la fábrica *Rosati y Cristófaro Sociedad Anónima (RYCSA)* hasta 1963, produciendo los modelos automotrices *A17* y *U14* y la *T 12* de arrastre.

269 Fuchs, Jaime, *La penetración de los trusts yanquees en la Argentina*, op. cit., pp. 247.

270 Raccanello, Mario y Rougier, Marcelo, op. cit., p. 48.

fabricación nacional de maquinaria agrícola. En paralelo, el gobierno peronista impulsaba un fuerte aliento a la producción agropecuaria a través de medidas diversas.[271]

Ante el descenso del valor de las exportaciones y la escasez de divisas experimentada a partir de 1949, el Estado encaró en 1952 la construcción del tractor *Pampa* dentro del conglomerado de las *Industrias Aeronáuticas y Mecánicas del Estado* (*IAME*). Para su producción, se utilizó como modelo el *Lanz Bulldog D 9506* de 1930 de origen alemán y se contó con la asistencia técnica de la firma italiana *Fiat*, la que pasaría a radicarse en el país y posteriormente conseguiría adquirir esta fábrica que estaba ubicada en Ferreyra (provincia de Córdoba) en 1954, participando el Estado como socio minoritario de la empresa organizada como *Fiat Someca Construcciones Córdoba Concord*.[272] El *Pampa* continuó produciéndose hasta 1963 en el marco de la Dirección Nacional de Fabricaciones e Investigaciones Aeronáuticas (DINFIA) –nombre que adoptaron las IAME a partir de la dictadura inaugurada en 1955–, utilizando nuevas instalaciones construidas en la misma localidad.[273]

Además de *Fiat* –en el contexto de la apertura a las inversiones extranjeras que manifestó el peronismo a partir de la década de 1950–, se establecieron las empresas alemanas de tractores *Fahr*, *Deutz* y *Hanomag*, incluyéndose en los convenios de radicación concertados con el Estado argentino permisos de cambio para la importación de máquinas rurales. Estas tres compañías junto con las firmas alemanas *Mercedes Benz* e *Inyecta Magnet* estaban asociadas al empresario peronista Jorge Antonio.[274]

Paralelamente a estas experiencias, se desarrollaron industrias metalúrgicas de capital nacional (como las empresas *Miretti*, *Carra*, *Rolle*, *Urvig* y *Maizco*) que fabricaban piezas mecánicas –cernidores, zarandas, diferenciales y cabezales recolectores de maíz, etc.– para los productores

---

271 Lattuada, Mario (1986), *La política agraria peronista (1943-1983)*, CEAL, Buenos Aires, t. 1, pp. 71-81 y 89-91.

272 Belini, Claudio (2009), *La industria peronista, 1946-1955*, Edhasa, Buenos Aires, p. 104.

273 Luego de la Segunda Guerra, este tractor fue replicado entre 1946 y 1956 en Francia y denominado "*Le Percheron*" por una compañía estatal, en Polonia fabricado por *Ursus* entre 1947 y 1959, en Australia producido por *Kelly & Lewis* entre 1948 y 1952 y en España por *Lanz Ibérica* entre 1956 y 1963. Cfr. Raccanello, Mario y Rougier, Marcelo, op. cit., p. 60.

274 Rougier, Marcelo (2012), *La economía del peronismo. Una perspectiva histórica*, Sudamericana, Buenos Aires.

de maquinarias agrícolas. Además, los fabricantes de maquinarias locales desarrollaron su propia producción de partes e insumos.

El devenir de la industrialización sustitutiva y su aprovechamiento por parte de las firmas transnacionales (1955-1976)

Si bien el escenario proteccionista permaneció luego del golpe de Estado de 1955, el capital extranjero encontró nuevas y mejores condiciones de expansión con el proceso inaugurado por la autodenominada "Revolución Libertadora". Para mediados de la década de 1950, ya producían localmente distintas empresas de liderazgo mundial: la italiana *Fiat Concord* y las alemanas *Hanomag*, *Fahr* y *Deutz*. Estas tres últimas fueron interdictas en diciembre de 1955 por sospechas de maniobras de corrupción realizadas durante el peronismo que involucraban a Jorge Antonio, y se anularon los contratos firmados durante la presidencia de Perón.[275] En 1957 se declaró a la industria del tractor de interés nacional a través del decreto 15.385/57, previéndose distintas medidas de fomento para la actividad y resultando beneficiadas sobre todo las radicaciones de compañías foráneas.[276]

Dos años más tarde se dictó el decreto 11.300/59 (modificado por el decreto 3437/60), que organizó un sistema promocional para la industria del tractor, caracterizado –en lo sustancial– por un régimen arancelario de excepción para la importación de partes y prototipos de tractores condicionado al cumplimiento de múltiples obligaciones a cargo de las empresas acogidas a dicho sistema.[277]

Estas circunstancias influyeron en la estrategia de instalación de filiales en nuestro país de las grandes corporaciones extranjeras que operaban en el sector. En 1958, la estadounidense *John Deere* comenzó la construcción de su planta de Granadero Baigorria (provincia de Santa Fe).

---

275 Belini, Claudio y Rougier, Marcelo (2008), *El Estado empresario en la industria argentina. Conformación y crisis*, Manantial, Buenos Aires, p. 135.

276 Herrero, Félix (1965), *Aspectos legales de la promoción industrial en Argentina*, Centro de Investigaciones Económicas-Instituto Torcuato Di Tella, Buenos Aires, pp. 79-81.

277 En 1963 se creó mediante decreto-ley 8.655/63 una tasa del tres por diez mil del valor de facturación de su producción que debían abonar las empresas acogidas al régimen de promoción de esta industria, a fin de solventar los gastos de este sistema de promoción. Pocos días después, fue dictado el decreto 8.980/63 que estableció el régimen de la industria de tractores.

En agosto del mismo año, se asociaron la empresa *La Cantábrica* y la firma alemana *Klöckner-Humboldt-Deutz* con el fin de fabricar en forma conjunta tractores *Deutz*. La nueva sociedad adoptó la denominación *DECA* (*Deutz-Cantábrica*), cuya planta se ubicó en un terreno de doce hectáreas próximas a *La Cantábrica* en Haedo (provincia de Buenos Aires). En 1961, *Deutz* adquirió la empresa de tractores *Fahr*, pasando a producir los tractores con la marca *Deutz-Fahr*.

Además, desde 1961, participó *RYCSA*, una empresa nacional de maquinarias agrícolas que había logrado expandirse durante el peronismo y que producía tractores con tecnología *Case*.

Para la década de 1960, la producción local de tractores continuó estando de modo predominante en manos de empresas extranjeras y concentrada sobre todo en cuatro firmas: *Deutz* (Alemania Federal), *John Deere* (Estados Unidos), *Fiat* (Italia) y *Massey Ferguson* (Canadá/Gran Bretaña).[278] Como ya sostuvimos, la fabricación del tractor nacional *Pampa* fue abandonada en 1963 y con ella la posibilidad de una fuente de generación de divisas, ahorro interno, promoción de tecnología de elevada complejidad y dinamización de la competitividad del agro pampeano mediante la incorporación de máquinas rurales de menor costo. El limitado alcance de los planes de mecanización agraria trazados por el peronismo se vio entorpecido tanto por el quiebre político que supuso el desplazamiento de la burguesía nacional del gobierno en 1955, como por el carácter marginal que finalmente adoptó la producción de tractores encarada por el Estado. Elementos problemáticos que se conjugaron con los altos requerimientos de capital, la débil integración con la industria automotriz para la provisión de partes y la estrechez del mercado interno.

El crecimiento de la industria de maquinaria agrícola y la disponibilidad de beneficios impositivos y de créditos para la compra de maquinarias a tasa subsidiada permitieron satisfacer la demanda interna. Por otra parte, la inflación facilitó la cancelación de los créditos. El parque de tractores pasó de 47.200 en 1955 a 110.000 unidades en 1960, lo que positibilitó la mecanización total de las labores de la agricultura pampea-

---

278 En 1953, la compañía canadiense *Massey Harris* se fusionó con la firma británica *Ferguson*, dando origen a *Massey-Harris-Ferguson*. En 1958 adoptó el nombre *Massey-Ferguson*.

na[279] y la recuperación para mediados de la década de 1960 de los niveles de producción que se habían alcanzado en 1940.[280]

En 1963, se instrumentó una relevante línea de crédito a través del convenio Banco Interamericano de Desarrollo (BID)-Banco Nación que estaría en vigencia unos 14 años. Este acuerdo aportaba, por entonces, unos US$ 83 millones para facilitar la compra de maquinarias agrícolas y silos.[281] Sin embargo, a partir de la segunda mitad de la década de 1960, se ha podido observar un estancamiento y una caída de los índices de producción asociados a la saturación de la demanda.[282] Durante el período 1960-1972, la potencia total vendida pasó de 690.000 CV anuales de promedio a 1.291.175 CV al año en el lapso 1973-1976; es decir un 87%

---

279 Las medidas destinadas a impedir los desalojos de los arrendatarios, adoptadas a partir de la década de 1940, llevaron a sucesivas prórrogas de los contratos hasta 1968, cuando se sancionó la Ley Raggio. Estas circunstancias acompañaron la expansión de una clase media rural que alentó un proceso de acceso a la propiedad de la tierra y capitalización por parte de numerosos chacareros. Véase: Slutzky, Daniel (1968), "Aspectos sociales del desarrollo rural en la pampa húmeda argentina", *Desarrollo Económico*, núm. 29, abril-junio, pp. 95-136; Tort, María Isabel (1980), "Maquinaria agrícola en Argentina. Historia y situación actual", *Tecnología y empleo en el agro*, Documento de Trabajo N° 8, CEIL, Buenos Aires, 1980.

280 La tractorización –en simultáneo con el mejoramiento de las técnicas agronómicas promovidas por el Instituto Nacional de Tecnología Agropecuaria (INTA) creado en 1956 y la iniciativa privada de los Consorcios Regionales de Experimentación Agrícola (CREA) desde 1957– permitió verificar aumentos en la producción agrícola mediante el aporte del incremento combinado de la superficie agrícola y de la productividad. Véase: Obschatko, Edith (1988), "Las etapas del cambio tecnológico", en: Barsky, Osvaldo y otros, *La agricultura pampeana. Transformaciones productivas y sociales*, Fondo de Cultura Económica, Buenos Aires, p. 117-135.

281 Huici, Néstor (1988), "La industria de la maquinaria agrícola en la Argentina", en: Barsky, Osvaldo y otros, *La agricultura pampeana. Transformaciones productivas y sociales*, Fondo de Cultura Económica, Buenos Aires, p. 143.

282 García, Graciela (1998), "Industria argentina de maquinaria agrícola: del mercado protegido al mercado abierto", *Terceras Jornadas de Investigaciones en la Facultad de Ciencias Económicas y Estadísticas*, Universidad Nacional de Rosario, Rosario, octubre, p. 96; Bil, Damián (2009), "La fabricación argentina de tractores (1960-1995): aproximación a sus problemas en el marco de la competencia internacional", *VI Jornadas Interdisciplinarias de Estudios Agrarios*, Facultad de Ciencias Económicas (UBA), Buenos Aires, 11 al 13 de noviembre, p. 8; Lavarello, Pablo, Gutman, Graciela y Langard, Federico, "La Industria de Maquinaria Agrícola en Argentina Dinámica reciente, trayectorias innovativas", *VI Jornadas Interdisciplinarias de Estudios Agrarios*, op. cit., p. 5.

de incremento. Entre 1975 y 1977, se registró una alta inflación que hizo aumentar la demanda de crédito y las compras crecieron considerablemente hasta alcanzar casi unas 22.100 unidades en 1977.

De este modo, como ya se indicó, la industria local de tractores se organizó en torno a la instalación de unas pocas grandes firmas multinacionales que aprovecharon hasta mediados de la década de 1970 las ventajas de la política estatal de industrialización sustitutiva. Por aquel entonces, la metalúrgica de capitales nacionales *Zanello* lanzaba su primer tractor.

En el período 1971-1976, el mercado de tractores estuvo liderado por *Fiat*, que a su vez distribuía las marcas italianas *Kubota* y *Versatile,* con un 36% de las ventas. *Massey Ferguson*, *John Deere* y *Deutz* poseían porciones del mercado similares. *Zanello* marchaba por entonces muy detrás, con 1,6% de las ventas de esa etapa.

Durante estos últimos años, los incentivos a la exportación de bienes industriales permitieron a las empresas de equipos agrícolas vender sus productos a países limítrofes. De este modo, la industria local de maquinarias logró atemperar la desaceleración de su crecimiento pero no consiguió independizarse de las fluctuaciones de la demanda doméstica. Por otra parte, la sanción del decreto 812/73 permitió a la Secretaría de Industria de la Nación regular la importación de tractores similares a los producidos en el país.

Esa capacidad exportadora en materia de tractores contrastaría con el escenario que se presentó sobre todo a partir de 1980, dadas las consecuencias de una política económica favorable a la importación y desalentadora de la producción local. El año 1974 se constituirá en récord en términos de ventas de tractores al mercado externo (Cuadro 2). Este fenómeno marcó un hito dentro de la explotación imperialista y la sustracción de beneficios que deberían haber contribuido a la reproducción ampliada de la economía argentina, dado que casi la totalidad de las unidades exportadas correspondían a empresas extranjeras que producían en Argentina y que también monopolizaban el mercado interno. Estas condiciones sólo consiguieron ser atemperadas por la Ley de Radicación de Capitales Extranjeros (ley 20.557) sancionada durante la tercera presidencia de Perón, la cual limitaba la remisión de utilidades al exterior.

Cuadro 2. Tractores: exportaciones por empresa por unidades. Años 1971-1976.

Año	*Massey*	*Fiat*	*Deere*	*Deutz*	Totales
1971	-	943	123	21	1.087
1972	56	471	160	21	708
1973	1.600	567	505	69	2.741
1974	2.371	858	922	82	4.233
1975	2.038	941	749	103	3.831
1976	922	318	418	128	1.786

Fuente: Anuario de la Economía Argentina 1987.

En cuanto al subsector de **cosechadoras**, la producción anual durante la década de 1960 se amplió significativamente y promediaría las 2.100 unidades. Cifras que, sin embargo, representaban valores muy por debajo de las 258 mil cosechadoras al año que producía Estados Unidos, las 213 mil de Gran Bretaña, las 131.000 de Francia y las 123 mil de Alemania para el mismo período.[283] La década de 1970 se caracterizó por la continuidad en el predominio de las empresas de capital nacional, destacándose el liderazgo de cuatro empresas argentinas: *Vassalli* con un 30% del mercado interno para el período 1973-1976[284]; seguida por *Senor* con el 13%, *Bernardín* con 12% y *GEMA* con un 10% (Cuadro 3).

Durante la década de 1960 y la primera mitad de la década de 1970, la importación fue casi inexistente. Además, las firmas de capital extranjero que se instalaron en Argentina para fabricar tractores no pudieron ganar espacios significativos en ventas de cosechadoras, dado que la producción nacional contaba con una larga tradición y amplia aceptación entre los chacareros. En este sentido, la fuerte presencia de capitales nacionales y las medidas de estímulo y protección industrial desarrolladas en el período 1945-1955 propiciaron la casi total ausencia de cosechadoras

---

283 Bil, Damián, "La industria argentina de maquinaria agrícola (1870-1975)", op. cit., p. 19.

284 A comienzos de la década de 1960, *Vassalli* otorgó a la empresa *Mecanizadora Agrícola* de Porto Alegre licencias para fabricación y comercialización de equipos maiceros. Al iniciarse la década de 1970 adquirió esta firma y dispuso de sus instalaciones para el armado de cosechadoras con piezas procedentes de su fábrica en Firmat. A finales de los años setenta, *Vassalli* vendió su planta en Brasil acosada por el impulso de aquel país a la radicación de grandes corporaciones multinacionales de maquinarias agrícola. Rougier, Marcelo (2007), "Producir para el agro en un entorno turbulento. El caso de una fábrica de cosechadoras en la Argentina", *Mundo Agrario*, La Plata, vol. 7, núm. 14, enero/junio.

extranjeras en el agro pampeano hasta 1977.[285] Por lo que vale tener en cuenta que la industria nacional de cosechadoras, pese a las dificultades de la estrechez del mercado interno, el impacto del descenso de los precios de los productos agropecuarios, la brecha tecnológica respecto de la fabricación de maquinaria agrícola de las corporaciones transnacionales y una producción por debajo de la capacidad global instalada, contó con suficiente dotación de unidades y tecnología para aprovisionar los requerimientos del agro pampeano e incluso realizar, aunque de modo inestable, algunas exportaciones. Las explicaciones de su retroceso estuvieron fundamentalmente en las formas que fue adquiriendo la estructura económica argentina con el proceso aperturista inaugurado por la dictadura militar instalada a partir de 1976. La competencia de máquinas importadas hizo disminuir las ventas de las cosechadoras nacionales, coincidiendo con medidas de elevación de las tasas de interés y retraso en el tipo de cambio que contrajeron la inversión en maquinaria agrícola por parte de los agricultores y desalentaron la producción local. Es decir, que el afianzamiento del capital monopolista foráneo fue posible no sólo por la propia dinámica concentradora y expansiva del capital a escala global, sino también por el rol destacado que adoptó el bloque dominante desde el Estado en el estímulo de estas tendencias.

Cuadro 3. Cosechadoras: venta por marcas en el mercado interno, en unidades. Años 1973-1976.

Año	*Vassalli*	*Bernardín*	*GEMA*	*Senor*	Nueve firmas restantes	Importaciones	Total
1973	475	100	150	188	530	-	1.433
1974	398	231	200	234	570	3	1.636
1975	391	193	150	153	540	-	1.427
1976	751	250	204	263	682	-	2.150

Fuente: Huici, op. cit., 1988.

285 Rougier, Marcelo (2006), "Encadenamientos productivos en el agro y la industria. La fábrica de cosechadoras Vassalli en el sur de Santa Fe, Argentina", *IV International Economic History Congress*, Helsinki.

En materia de nuevas fábricas nacionales que se incorporaron entre 1955 y 1976 se encontraban: *Aipridec, Boffelli, Marani*[286], *Aumec*[287], *Di Tullio*[288], *Folguera*[289], y *Boschetto*[290].

En materia de motores se instalaron dos empresas inglesas: *Perkins* en 1961 y *Bedford* en 1964.

En resumen, el proceso de mecanización del agro pampeano arrojaba para el período 1955-1976 una fuerte monopolización del mercado interno y de las exportaciones por parte de las empresas extranjeras de tractores que se radicaron en el país. Vale destacar en este sentido que, en cuanto al suministro de las cosechadoras, mientras en la década de 1960 28 empresas de capital nacional elaboraban localmente este medio de producción, entrados los años setenta, el número de las que quedaban en actividad se había reducido a 13 firmas argentinas, liderado por *Vassalli* con el 40% de las ventas totales.

---

286 En 1958 *Marani* –que había iniciado sus actividades en el período anterior– fabricó su primera cosechadora, a la que incorpora un motor *Chrysler* naftero y al año siguiente las cabinas con ventilador. Posteriormente equiparon sus máquinas con motores *Kaisser* y seguidamente anexaron los motores diésel. Además, durante la década de 1960 incorporaron motores *Perkins* –procedentes de Inglaterra– y *Ford Thame*.

287 En 1958, en Arequito (provincia de Santa Fe) dos mecánicos con experiencia en maquinaria agrícola –Celino Audoglio y Constantino Mecozzi– fundaron *Aumec*. Fabricaron sus primeras 6 unidades en 1959 y pasaron a 15 en 1960, alcanzando posteriormente una producción de 60 a 70 unidades anuales con los modelos *AM* y *MD*. Promediando la década de 1960 la empresa reunía unos 45 obreros en su planta y había logrado exportar a Brasil, Paraguay y Bolivia. Las máquinas utilizaron motores producidos en el país por el capital extranjero –*Someca, Perkins, Continental, Ford Thame* y *Deutz*–; cernidores *Rolle*, diferenciales *Ford* (importados de Canadá), *Mercedes Benz, Urbig* y de fabricación propia.

288 En 1960, en Firmat se creó *Industrias Agromecánicas Di Tullio*. Las cosechadoras estaban equipadas con motores *Kaiser* y posteriormente se utilizaron *Mercedes Benz* importados de Alemania.

289 En Cruz Alta (provincia de Córdoba), en 1960 la empresa *Folguera* comenzó la producción de cosechadoras en serie. Las máquinas contaron con motores *IKA, Bedford 300, Perkins* y *Ford Thames* (estos dos últimos importados de Inglaterra).

290 Para la década de 1960, la producción de la firma *Luis Boschetto y Hermanos* alcanzó a producir hasta 140 unidades anuales, ocupando unos 100 obreros. Al inicio de la década de 1970, la empresa dejó de producir cosechadoras, pasando a fabricar plantas de silos.

Las maquinarias agrícolas en el contexto de la valorización financiera y la apertura externa (1976-2001)

La dictadura militar (1976-1983)

A partir del golpe de Estado de 1976, con la imposición de una política económica basada en la valorización financiera, la Argentina fue afectada por un fuerte endeudamiento externo incentivado por la expansión de la liquidez internacional[291], proceso acompañado por una liberalización económica que estimuló la apertura externa y desreguló la inversión extranjera otorgando igualdad de derechos al capital extranjero respecto del nacional.[292]

Una cuestión a destacar es la ya mencionada reforma financiera de 1977. Este conjunto de medidas favoreció la instalación de nuevos bancos y la expansión de sucursales tanto de entidades nacionales como extranjeras, incrementando la participación del sector financiero privado en la provisión de fondos de corto plazo. Además, la reforma contribuyó a deteriorar las condiciones de rentabilidad de las actividades productivas y abrió plenamente el movimiento de capitales con el exterior. En ese marco, el Estado abandonó los subsidios al sector industrial y se establecieron tasas de interés positivas para las actividades productivas, registrándose, en los hechos, una transferencia de recursos desde el sector industrial hacia las actividades financieras.[293]

En el marco de esta política de desindustrialización[294], existieron numerosos elementos que afectaron la fabricación local de maquinaria agrícola: la reducción de aranceles y la profundización de la importación de equipos, la eliminación de regulaciones, la suspensión de créditos a tasa preferencial para la compra de maquinarias, la contracción de las exportaciones, la caída de los precios internacionales de los granos[295] y la ausencia de incentivos fiscales a la producción industrial.

---

291 Basualdo, Eduardo (1987), *Deuda externa y poder económico en la Argentina*, Nueva América, Buenos Aires.
292 Azpiazu, Daniel, Manzanelli, Pablo y Schorr, Martín, op. cit., pp. 34-35.
293 Palacio Deheza, Carlos (1981), *El plan Martínez de Hoz y la economía argentina*, Corregidor, Buenos Aires.
294 Ciafardini, Horacio, "Argentina 1976-1983: la estrategia de desindustrialización de la dictadura", Ciafardini, Horacio (2002), *Textos sobre economía política e historia*, Amalevi, Rosario, pp. 187-194.
295 No obstante, la disminución de retenciones a las exportaciones permitieron un mejor aprovechamiento del valor exportado por parte de los productores.

De esta manera, la demanda de cosechadoras y tractores disminuyó en forma drástica y reflejó una abrupta caída en la producción en los años ochenta.

Entre 1976 y 1979, la industria del tractor mantuvo un arancel de protección que iba entre el 30% y el 40%, siendo este el más bajo para los bienes de capital que se elaboraban en el país. El 95% de sus componentes se producían localmente y se abonaban en buena medida con un precio que superaba a los valores internacionales.

Si bien en 1976 y 1977 la producción y la venta tractorista siguieron con ritmo ascendente hasta registrar volúmenes récords, en 1978 se registró una retracción notable: la producción cayó un 77% y las ventas en el mercado interno un 71%. (Cuadro 4).

En diciembre de 1979, se reglamentó mediante el decreto 3318/79 la producción de tractores, permitiéndose la incorporación libre de aranceles de un 15% de partes importadas para la fabricación de unidades producidas en el país; las que excedieran este porcentaje quedaban sujetas al pago de los derechos vigentes. Este régimen, que duraría dos años, pasó a regir desde enero de 1980 y no determinaba un nivel máximo de piezas importadas, las cuales quedaban a criterio de los fabricantes. Posteriormente, el decreto 105/81 prorrogó hasta 1986 el régimen transitorio que en un principio estableció el decreto 3318/79. De acuerdo con este sistema, entre 1981 y 1983 los fabricantes del sector podrían importar hasta un 20% de partes sin recargo de importación, un 15% en 1984, un 10% en 1985 y un 5% en 1986. La autorización para importar comprendía partes, piezas o conjuntos integrantes, y la exención de derechos no rigió para porcentajes adicionales. El mismo decreto autorizó la importación de motores con una tarifa del 20%. Según esta reforma, a partir de 1987 la industria del tractor no tendría tratamiento especial alguno. En cuanto al sistema arancelario, el Ministerio de Economía dispuso –mediante la resolución 962 de 1980– la eliminación del recargo para la importación de tractores de 15 a 35 CV y para más de 140 CV, a pesar de que en el país existía producción de equipos de esta última potencia.

Según diferentes estudios del sector para 1980[296], la capacidad teórica conjunta de las cuatro principales fábricas que operaban en el país (*Massey Ferguson*, *John Deere*, *Fiat* y *Deutz*) era de 37 mil unidades/año. No obstante, la dotación de personal fabril se redujo drásticamente de 8 mil a 2 mil trabajadores, a la vez que muchas secciones de las

---

296 Consejo Técnico de Inversiones, *Anuario de la economía argentina*, Buenos Aires, 1980, núm. 19, pp. 242-244; Asociación Argentina de Fabricantes de Tractores (AFAT), *Memorias anuales*, Buenos Aires, 1979-1982.

plantas fueron levantadas, con lo cual disminuyó también la capacidad efectiva de la producción. Ese mismo año, *DECA* (*Deutz Argentina*) decidió dejar de operar en su fábrica de Haedo (provincia de Buenos Aires), con lo cual suspendió su producción[297], aunque luego prosiguió sus actividades. Frente al avance de las importaciones, la fabricación interna realizada fundamentalmente por el capital extranjero atravesó un escenario de oscilaciones, dado el reducido mercado local y las dificultades para exportar en las condiciones del tipo de cambio vigente en el último bienio.

Asimismo, se verificó una notable retracción de la demanda de tractores en el período en cuestión. Empero, las filiales locales de las empresas tractoristas extranjeras –principalmente *John Deere*, *Fiat* y *Deutz*– desarrollaron un importante avance en materia de importaciones, consiguiendo de esta manera adaptar sus negocios locales y redefinir la extracción de plusvalía obtenida globalmente. *Ford* importó tractores del Brasil, mientras que algunos empresarios trajeron equipos de países de Europa Oriental para su comercialización.[298] Entre 1976 y 1982, el 8,9% de las ventas del mercado interno correspondió a tractores importados sobre todo por filiales de fabricantes extranjeros instalados en el país. Sin embargo, los guarismos tendieron a incrementarse durante este lapso, pasando la participación de unidades importadas en el mercado interno de un 0,6% en 1976 a un 48% en 1981 (Cuadro 5).

Vale añadir que, además del drenaje de divisas de la economía argentina que se registró vía importaciones a favor de las empresas extranjeras durante la última dictadura militar, es posible identificar la participación de *Ford*, *John Deere* y *Fiat* en el endeudamiento externo privado –que posteriormente fue asumido como propio por el Estado nacional–, por valores de US$ 80.420.000, US$ 67.209.403 y US$ 51.000.000 respectivamente.[299] En su mayoría, estos fondos no contribuirían a nuevas inversiones productivas sino que favorecieron la especulación financiera.

---

297 Consejo Técnico de Inversiones, *Anuario de la economía argentina*, núm. 19, op. cit.

298 En 1981, el Ministerio de la Industria aplicó un derecho *antidumping* preventivo a las importaciones desde Rumania.

299 Olmos, Alejandro, *Todo lo que usted quiso saber sobre la deuda externa y siempre le ocultaron. Quiénes y cómo la contrajeron*, op. cit., pp. 212-213 y 230.

Como consecuencia de estos procesos –tal como se anticipó–, se registró una aguda disminución general del empleo en el subsector, acentuándose esta baja en el personal calificado e incrementándose la tendencia a la subcontratación.

Ante la sostenida depresión de la demanda, se implementó un régimen transitorio de exención impositiva parcial desde octubre de 1981 hasta el 31 de mayo de 1982 (una reducción del Impuesto al Valor Agregado –IVA– del 20% al 10%)[300] y un compromiso de rebaja de precios de las terminales de hasta un 15%, con lo que el precio de fábrica se reducía aproximadamente entre un 17% y un 25%. De todas maneras, estas rebajas también fueron aplicadas a los tractores importados y los resultados de la reactivación fueron más bien moderados.

300 Previamente, se había dictado la ley 22.294, vigente a partir del 6 de octubre de 1980, que permitió al productor agropecuario computar un crédito fiscal presunto equivalente al 4% del monto de las compras realizadas, contra el pago de otros impuestos nacionales. No obstante, se registraba una situación de inequidad entre el pago de IVA a proveedores por insumos y el crédito presunto del 4%, por lo que el régimen será sustituido en mayo de 1983 por la ley 22.817.

Cuadro 4. Tractores: producción local y ventas en el mercado interno de la Argentina (en unidades). Años 1976-2008.

Año	Producción (en unidades)	Variación % anual	Ventas en el mercado interno (en unidades)	Variación % anual	Relación producción/ ventas %
1976	23.923	-	21.142	-	113,1
1977	25.845	8,0	22.087	4,4	117,0
1978	5.939	-77,0	6.435	-70,8	92,2
1979	10.710	80,3	8.387	30,3	127,6
1980	3.658	-65,8	5.212	-60,9	70,1
1981	1.359	-62,8	3.227	-38,0	42,1
1982	3.826	181,5	4.407	36,5	86,8
1983	8.286	116,5	8.145	84,8	101,7
1984	12.322	48,7	12.920	58,6	95,3
1985	6.377	-48,2	5.683	-56,0	112,2
1986	8.056	26,3	6.661	17,2	120,9
1987	3.114	-61,3	2.551	-61,7	122,0
1988	5.075	62,9	5.116	100,5	99,1
1989	4.295	-15,3	4.786	-6,4	89,7
1990	6.135	42,8	4.615	-3,5	132,9
1991	3.739	-39,0	3.520	-23,7	106,2
1992	4.298	14,9	4.051	15,0	106,0
1993	3.830	-10,8	4.411	8,8	86,8
1994	4.642	21,2	5.637	27,7	82,3
1995	3.490	-24,8	3.800	-32,5	91,8
1996	5.681	62,7	7.380	94,2	76,9
1997	4.631	-18,4	7.559	2,4	61,2
1998	3.513	-24,1	5.826	-22,9	60,2
1999	1.673	-52,3	2.770	-52,4	60,3
2000	422	-74,7	2.014	-27,2	20,9
2001	98	-76,8	1.304	-35,2	7,5
2002	313	219,4	874	-32,9	35,8
2003	619	97,8	4.038	362,0	15,3
2004	962	55,4	6.139	52,0	15,6
2005	925	-3,8	6.542	6,5	14,1
2006	1.172	26,7	5.791	-11,4	20,2
2007	1.579	34,7	7.880	36,0	20,0
2008	1.748	10,7	7.952	0,9	21,9

Fuente: Elaboración propia sobre la base del Consejo Técnico de Inversiones, Estadísticas de Productos industriales (INDEC) y AFAT.

En cuanto a las exportaciones, a pesar de la falta de incentivos para las ventas al exterior y el retraso en el tipo de cambio, se mantuvieron significativamente en ascenso hasta 1979 (aunque no llegaron a los valores récords de 1974 con 4.233 unidades exportadas) hasta que los efectos de la apertura económica provocaron una drástica caída (Cuadro 5). Es de señalar que, al inicio de este período, los mayores niveles de importación estuvieron asociados a tractores de potencia reducida (menos de 40 CV) y de mayor potencia (a partir de 140 CV), aunque con posterioridad las máquinas procedentes del exterior ganaron porciones de la franja intermedia, que representaba el grueso de la producción local y que otrora había conseguido expandir las exportaciones. De esta manera, las empresas imperialistas en Argentina conseguían incrementar sus beneficios y su competitividad a escala global, a partir de la reducción de plantas instaladas en países que habían tenido hasta entonces mercados relativamente protegidos y disminuir sus costos operativos especializando la producción de unidades de sus fábricas.

Cuadro 5. Tractores agrícolas: importaciones (M) y exportaciones (X) en la Argentina (en unidades) y participación en ventas del mercado interno y totales en porcentajes. Años 1976-2008.

	Importaciones	M/Ventas en mercado interno en %	Exportaciones*	X/Ventas totales** en %
1976	128	0,6	1.786	7,8
1977	572	2,6	1.807	7,6
1978	777	12,0	2.752	30,0
1979	1.034	12,3	2.944	25,9
1980	1.502	28,8	818	13,5
1981	1.547	47,9	273	7,8
1982	780	17,7	647	12,8
1983	598	7,3	5	0,1
1984	185	1,4	41	0,3
1985	172	3,0	247	4,2
1986	155	2,3	923	12,1
1987	187	7,3	635	19,9
1988	187	3,6	126	2,4
1989	591	12,3	215	4,2
1990	600	13,0	22	0,4
1991	289	8,2	46	1,2
1992	543	13,4	71	1,7
1993	550	12,4	42	0,9
1994	997	17,6	101	1,7
1995	339	8,9	73	1,8
1996	355	4,8	81	1,0
1997	1.247	16,4	101	1,3
1998	1.798	30,8	39	0,6
1999	1.063	38,3	3	0,1
2000	647	32,1	2	0,1
2001	341	26,1	0	0
2002	857	98,2	5	0,5
2003	3.553	87,9	6	0,1
2004	5.323	86,7	62	0,9
2005	5.652	86,3	43	0,6
2006	4.715	81,4	234	3,8
2007	6.175	78,3	243	2,9
2008	6.456	81,1	663	7,6

** Los datos correspondientes a las exportaciones han sido recalculados tomando en consideración únicamente a tractores agrícolas.*

*** Ventas totales incluye las ventas en el mercado interno más las exportaciones.*

Fuente: Elaboración propia sobre la base de datos provenientes de AFAT, Consejo Técnico de Inversiones, INDEC.

A pesar de las mencionadas medidas, en la década de 1980 se asistirá al evidente crecimiento de *Zanello,* la firma de tractores de capitales nacionales con sede en Las Varillas (provincia de Córdoba). En el lapso de diez años, la compañía pasaba de participar con el 1% de las ventas en el mercado interno en 1971 al 25% en 1981, logrando desplazar a las empresas transnacionales y exportar principalmente a Brasil y a otros países limítrofes.[301] Este hecho resulta muy significativo, dado que estaría expresando que es posible desarrollar y consolidar con gran rapidez una industria nacional autónoma y tecnológicamente viable de tractores. Todo lo cual se realizó con precios inferiores y ganándoles franjas del mercado a las poderosas empresas imperialistas que contaban con el respaldo económico de sus negocios expandidos a escala global y un régimen legal que favorecía la importación de equipos.

Es oportuno señalar que la contracción del tamaño del mercado interno de tractores estuvo acompañada por un aumento de la productividad y el tamaño de las unidades vendidas, registrándose un sostenido incremento de la potencia promedio. En este contexto, la superficie implantada de girasol, maíz, trigo y soja saltó de 11.302.600 hectáreas en la campaña 1975-1976 a 15.142.000 hectáreas en 1982/83, registrando un nuevo récord en 1983/84 con 15.735.000 hectáreas.[302] No obstante, el tamaño del mercado en términos de potencia total vendida, pasó de 1.585.100 CV en 1976 a unos 447.300 CV en 1982, con guarismos aún más críticos en 1981 con 296.000 CV.

En materia de cosechadoras, al iniciarse la década de 1980, la cantidad de fábricas se había reducido y se concentraba en grandes plantas de capitales argentinos, resultando las empresas extranjeras importadoras de unidades procedentes del exterior. Además, se produjo una brusca caída de las ventas que interrumpió el proceso de crecimiento e inversión desarrollado durante la década anterior. *Gema* tuvo que ser rescatada por un club de bancos y *Perkins,* su proveedor de motores. Asimismo, *Perkins* adquirió parte del paquete accionario de *Bernardín,* como parte de pago de una deuda por la compra de motores.

---

301 Huici, Néstor (1988), "La industria de maquinaria agrícola en Argentina", en: Barsky, Osvaldo y otros, *La agricultura pampeana. Transformaciones productivas y sociales,* Fondo de Cultura Económica, Buenos Aires, pp. 141-175.

302 La tendencia resultaría similar si a estos cultivos se les agrega el sorgo, que por entonces superaba a la soja en superficie implantada y cosechada. La soja comenzaría a superarlo en estos guarismos hacia 1979 y consolidaría un ascenso sostenido a partir de 1983.

Las exportaciones de cosechadoras –en espacial hacia países limítrofes– también se desmoronaron después de un récord entre 1973/1975 (Cuadro 6). Al igual que en materia de tractores, una serie de factores adversos actuó negativamente contra la presencia continua de las cosechadoras locales en la exportación: a) el efecto del atraso cambiario de principios de la década de 1980, b) la falta de crédito en los países latinoamericanos, c) el cierre del mercado brasileño desde fines de la década de 1970, d) la presión de otros competidores, y e) las dificultades en ofrecer una asistencia mecánica permanente y los altibajos en el suministro de máquinas y repuestos durante la crítica época de cosecha.[303]

Cuadro 6. Argentina: Ventas totales (VT) y Exportación (X) de cosechadoras de granos en la Argentina, porcentaje de X/VT. Años 1970-1985.

Año	Ventas totales*	Exportación	X/VT
1970/72	4.551	942	20,7
1973/75	6.651	2.148	32,3
1976/1979	8.511	285	3,3
1980/83	4.207	172	4,1
1984	2.019	43	2,1
1985	891	16	1,7

**Ventas totales incluyen mercado interno más exportaciones.*
Fuente: Elaboración propia con datos de Huici (1988), AFAC (Asociación de Fábricas Argentinas de Cosechadoras). Servicio Nacional de Economía y Sociología Rural, Dirección General de Información Industrial y Anuarios de Comercio Exterior, INDEC.

Las importaciones de cosechadoras alcanzaron el 6,3% durante el período, con un pico de participación del 32,7% en 1981. Este proceso comenzó lentamente a partir de 1977, siendo casi inexistente la importación en las décadas de 1960 y 1970 (Cuadro 7). Las cosechadoras importadas provenían sobre todo del continente europeo, sus precios casi duplicaban a las nacionales y eran modelos que tenían mayor potencia que los equipos locales más vendidos. Se trataba de maquinarias con motores de 160 CV, plataformas más anchas y órganos de trilla y separación de mayor superficie, lo que les permitía procesar un mayor volumen de granos por hora. En general, los contratistas y grandes agricultores –quienes poseían la capacidad de compra para su adquisición– fueron sus

303 Consejo Técnico de Inversiones, *Anuario de economía argentina* (números 15 a 22), Buenos Aires, 1976-1983.

principales clientes, en un contexto en que se habían eliminado los créditos subsidiados, y los disponibles se efectuaban en moneda extranjera. Esta situación impulsó a los fabricantes locales a introducir con rapidez nuevos modelos y adelantos tecnológicos para no perder competitividad en este segmento del mercado. Sin embargo, los componentes con mayor contenido tecnológico (como los motores hidráulicos y las transmisiones hidrostáticas) fueron provistos por otros sectores industriales, de modo que la introducción de innovaciones no generó más empleo en el sector.

Cuadro 7. Argentina: producción local, ventas totales e importaciones (M) de cosechadoras, unidades y porcentajes. Años 1970-1982.

Año	Producción	Ventas mercado interno	Importaciones (M)	% M/Ventas en mercado interno
Total 1970-1976	10.998	10.265	3	-
1977	2.554	2.349	17	0,7
1978	2.201	2.124	66	3,1
1979	1.716	1.762	76	4,3
1980	453	752	246	4,3
1981	193	356	44	32,7
1982	1.225	1.457	108	12,4
Total 1977-82	8.342	8.800	557	6,3

Fuente: Elaboración propia con datos de AFAC (Asociación de Fábricas Argentinas de Cosechadoras, Servicio Nacional de Economía y Sociología Rural, Dirección General de Información Industrial y Anuarios de Comercio Exterior, INDEC.

La demanda de cosechadoras de mayor potencia, que recolectan una elevada superficie por máquina, se explica por la expansión del fenómeno del contratista[304] y la búsqueda de una mayor capacidad de trabajo en el escaso tiempo de recolección de cada cultivo. La firma *Perkins*, principal proveedora de motores de cosechadoras, registró en sus ventas un incremento de la potencia media por máquina de 94,7 CV en 1974 a 115,7

304 Estos últimos son sujetos capitalizados con maquinaria agrícola que venden sus servicios a terceros; entre ellos se cuentan tanto productores prestadores de servicios como personas y empresas cuya actividad no está vinculada a la producción. Cfr. Slutzky, Daniel (1968), "Aspectos sociales del desarrollo rural en la pampa húmeda argentina", *Desarrollo Económico*, núm. 29, abril-junio; Baumeister, Eduardo (1980), *Estructura agraria, ocupacional y cambio tecnológico en la región cerealera maicera, la figura del contratista de máquina*, CEIL, Buenos Aires.

CV en 1982, a pesar de que la crisis del sector arrojaba una disminución de la cantidad de motores.

Por otra parte, *Deutz*, uno de los fabricantes líderes del mercado argentino de tractores, comenzó a integrar localmente la cosechadora que importaba de Alemania y pasó a producir por entonces la máquina con mayor potencia del mercado con un motor turboalimentado de 180 CV.

La crisis también afectó al nivel de empleo que pasó de unas 2.600 personas empleadas a comienzos de la década de 1970 a 1.600 al iniciarse la década de 1980. Sin embargo, a excepción del momento más crítico (1979/81), la productividad de la mano de obra fue aumentando en forma constante (Cuadro 8).[305]

Cuadro 8. Argentina: empleo y productividad en el sector cosechadoras, en unidades y CV.

Año	Producción	Empleo	Productividad (unidades/pers.)	Potencia media CV
1970/72	1.415	2.616	0,54	84*
1973/75	1.613	2.276	0,71	96*
1976/78	2.223	2.515	0,88	99*
1979/81	787	1.632	0,48	103
1982	1.225	1.617	0,76	116

**Se calcula el promedio trienal.*
Fuente: Huici (1986).

Por otra parte, también se incrementó el número de convenios comerciales entre las firmas locales y las empresas de capital extranjero a fin de incorporar tecnología foránea y utilizar el prestigio mundial de ciertas marcas. En este cuadro de situación, los montos girados en concepto de regalías al exterior por transferencia de tecnología no son fáciles de precisar. Según Huici, para el período en cuestión, el "Banco Central, que es la institución que autoriza la transferencia de divisas, no lleva un registro desagregado por rama industrial, y tampoco lo hace el Instituto Nacional de Tecnología Industrial (INTI)".[306] La dependencia tecnológica se manifestaba, además, en pagos con sobreprecio por los componentes importados. De tal manera, los oferentes extranjeros se resguardaban de

305 Huici, Néstor, *Reestructuración productiva y empleo: el caso de la industria de maquinaria agrícola*, Secretaría de Planificación, Buenos Aires, diciembre de 1986.
306 Huici, Néstor, op. cit., 1988, p. 156.

los vaivenes del mercado de divisas y cualquier otro obstáculo derivado de la política económica nacional.

Vale reiterar entonces que la caída de la producción local y la retracción de la demanda de unidades de tractores y cosechadoras fueron producto de varios factores concomitantes: a) la incidencia en el agro de la reforma financiera de 1977, la eliminación del crédito subsidiado y la reintroducción de los créditos a tasa fija, b) los resultados desfavorables obtenidos por la introducción de los créditos indexados otorgados en 1976-77[307], c) la evolución negativa de la rentabilidad de las actividades agrícolas, y d) la implantación de un régimen de apertura de mercado que desalentó el desarrollo industrial local, favoreció la especulación financiera y generó la expulsión de trabajadores de su fuente de trabajo.

La etapa alfonsinista (1983-1989)

A partir de 1983, durante el gobierno de Raúl Alfonsín, debido a la profundidad de la crisis y la presión de los principales grupos económicos locales y los organismos financieros internacionales, se introdujeron planes de ajuste que redujeron el salario real y correcciones al tipo de cambio.

Por otra parte, la orientación primaria exportadora no fue modificada sino alentada con expectativas para cubrir las obligaciones de la deuda externa. A pesar de ello, se registró una sobreoferta de productos agrícolas que provocó una caída en los precios, y las exportaciones no pudieron generar las divisas suficientes para cancelar los vencimientos de las obligaciones externas.

El Plan Austral iniciado en 1985 se dirigió a estimular las exportaciones y las inversiones en una coyuntura de fuertes presiones por los pagos de la deuda externa. Paralelamente, el plan anunciaba restricciones a la emisión monetaria, congelaba precios y salarios, planteaba algunos proyectos privatizadores, reducía las tasas de interés reguladas y buscaba detener la inflación.[308] Luego de los resultados positivos alcanzados ini-

---

307 Los préstamos indexados por el nivel general de precios resultaron perjudiciales para quienes los habían tomado para la adquisición de bienes de capital, dado que contrajeron una deuda cuya evolución superó ampliamente la valorización de la maquinaria en el mercado.

308 Heymann, Daniel (1986), "Plan Austral: una experiencia de estabilización de shock", en: Heymann, Daniel, *Tres ensayos sobre inflación y políticas de es-*

cialmente por esta medida económica, aumentaron las tasas de interés, se incrementó otra vez la inflación, se redujo en forma considerable el salario real y las medidas tendientes a frenar la especulación financiera resultaron ineficientes.[309]

En este marco, las condiciones para una recuperación del sector industrial encontraron serios obstáculos. Sin producir modificaciones sustanciales en la distribución del poder de los sectores económicos, se establecieron límites a la importación de maquinarias agrícolas. De este modo, para 1985 aún el 95% de las cosechadoras vendidas en el mercado interno eran de fabricación local y existía más de una docena de empresas nacionales. Además, en 1988, reaparecieron los créditos para la compra de maquinarias, pero esta vez a través de los programas BID-Banco Mundial y con tasas de interés de mercado reales positivas. Sin embargo, la recuperación del sector no alcanzó el nivel de ventas, producción y exportaciones anterior a 1976.

En cuanto al parque de tractores, durante la década de 1980, se registró un aumento del 15% en la cantidad de unidades (alcanzando un total de 267.782 unidades), pero un notorio aumento en la edad promedio del conjunto de unidades y en la potencia media. Los resultados del Censo Nacional Agropecuario (CNA) de 1988 indicaban que el 54,7% de las unidades tenía más de 15 años, es decir, eran maquinarias obsoletas (Cuadro 9).

---

tabilización, CEPAL, Buenos Aires, pp. 135-209; Canavese, Alfredo y Di Tella, Guido (1988), "¿Estabilizar la inflación o evitar la hiperinflación? El caso del Plan Austral 1985-1987", en: Di Tella, Guido y otros (comps.), *Inflación y estabilización. La experiencia de Israel, Argentina, Brasil, Bolivia y México*, Fondo de Cultura Económica, México, pp. 189-229.

309 Vale señalar que, a través de la devaluación y el aumento de precios y tarifas, el mismo gobierno especuló con la medida que iba a tomar. Además, al filtrarse la noticia del Plan Austral, se generó una fuerte corrida cambiaria en los días previos al feriado bancario del 14 de junio de 1985. Asimismo, los grupos empresarios aumentaron sus precios al conocer anticipadamente el congelamiento de precios. Cfr. Gastiazoro, Eugenio (2004), *Historia argentina. Introducción al análisis económico social*, Agora, Buenos Aires, tomo IV, pp. 282-286.

Cuadro 9. Argentina: existencia de tractores según escala de antigüedad y rango de potencia (CV), en unidades y en porcentajes. Año 1988.

Potencia CV	Antigüedad (años)									
	Menos de 5		5 a 9		10 a 14		15 y más		Total	
	Unid.	%	Unid.	%	Unid.	%	Unid.	%	Unid.	%
Hasta 50	1.932	2,4	4.059	5	14.812	18,1	61.092	74,6	81.895	30,6
de 51 a 75	3.937	3,8	6.449	6,3	25.533	24,9	66.648	65	102.567	38,3
de 76 a 100	9.842	18,1	9.231	17,0	19.770	36,4	15.394	28,4	54.237	20,2
de 101 a 140	7.351	35,3	5.015	24,1	5.852	28,1	2.616	12,6	20.834	7,8
Más de 140	4.451	54,0	2.363	28,6	813	9,9	622	7,5	8.249	3,1
Total	27.513	10,3	27.117	10,1	66.780	24,9	146.372	54,7	267.782	100,00

Fuente: CNA 1988.

En 1983, la producción local de tractores creció un 116% y las ventas un 84%. La reactivación estuvo determinada por la evolución favorable de los ingresos agropecuarios que compensaron la escasez de crédito (Cuadro 4). Una serie de factores concomitantes concurrieron en esta tendencia favorable: a) el proceso de licuación de pasivos que permitió mejorar la estructura patrimonial de los productores agropecuarios pampeanos e incentivó la adquisición de grandes maquinarias, b) los muy buenos resultados de la campaña agrícola 1982/1983 y la mejora en los precios de las carnes, y c) la desgravación impositiva de la producción agropecuaria –otorgada por la ley 22.817 del 26 de mayo de 1983– bajo la forma de crédito fiscal por el IVA pagado en las compras de bienes de capital en un 100%, aplicable como pago a cuenta de ganancias o del impuesto sobre los capitales. Este benefició alcanzó a los contribuyentes cuyas actividades de producción agropecuaria tuvieran operaciones exentas de IVA.[310]

La tendencia ascendente continuó en 1984, pero la disminución de los precios agrícolas internacionales, el aumento de los costos y la ausencia de créditos adecuados contribuyeron a una nueva caída. Con lo cual, para

310 Consejo Técnico de Inversiones, *Anuario de economía argentina*, Buenos Aires, 1983, núm. 22.

el segundo semestre de ese año, se inició una tendencia declinante que se manifestó claramente en los guarismos de 1985.

Asimismo, en octubre de 1985 por resolución 1016 del Ministerio de Economía de la Nación se dispuso modificar los valores aforos vigentes para la industria, medida que pasó a regir a partir del 1 de enero de 1986. Es oportuno señalar que las importaciones de tractores disminuyeron con respecto al período 1976-1982, representando en 1983-1989 un 4,5 % de las ventas en el mercado interno. Los equipos importados correspondían a tractores de gran tamaño no fabricados en el país (más de 150 CV) o de la franja más baja (menos de 40 CV). La reducción del grado de integración local observado sobre fines de la década de 1970 y los primeros años de la década de 1980 se había revertido en 1982 con el cierre experimentado en la economía durante la Guerra de Malvinas. La situación originó una reactivación en la producción en el país de piezas y repuestos y la incorporación de la firma nacional *Tortone* en la producción de tractores.

Las exportaciones también se redujeron considerablemente tanto en unidades como en valores porcentuales, promediando el 5% de las ventas totales en el período 1983-1989 (Cuadro 5). Además, se destacaron la exportación de partes: blocks[311] y motores a Estados Unidos y México, bombas de inyección[312] a Brasil y cajas de cambio y diferenciales a diferentes mercados. No obstante, la orientación exportadora estaba condicionada por los bajos niveles de venta en el mercado interno, por lo que el escaso volumen de colocaciones en el exterior derivó en que éstas no constituyeran un aliciente significativo.[313]

Frente a la caída de las ventas y la falta de crédito oficial, los fabricantes desarrollaron la alternativa de pago en especie en cuatro meses, entregándose la unidad contra la primera cuota del volumen de grano convenido, y quedando fijas sin intereses ni indexación las tres restantes. Sin embargo, este método encontró resultados muy magros. Las firmas exportadoras de cereales también participaron en el financiamiento ante las dificultades crediticias.

---

311 El block o bloque es "una pieza hecha de fundición. Es la más pesada y voluminosa del motor, en la cual se insertan todos los mecanismos fundamentales de este." Véase: Arnal Atares, Pedro y Antonio Laguna Blanca (1989), *Tractores y motores agrícolas*, Mundi-Prensa, Madrid, p. 19.

312 La bomba de inyección tiene tres funciones fundamentales: a) dosifica la cantidad de gasoil que debe entrar al motor, b) da presión elevada al gasoil para que pueda entrar al cilindro, y c) manda gasoil a los cilindros.

313 Consejo Técnico de Inversiones, *Anuario de economía argentina* (números 22 a 28), Buenos Aires, 1983-1989.

La respuesta de la banca oficial fue muy limitada. A partir de noviembre de 1985 se promovió el financiamiento para la compra de maquinaria en el Banco de la Nación Argentina y el Banco de la Provincia de Buenos Aires pero la tendencia declinante continuó, probablemente por los temores de los productores a no poder cumplir con los compromisos en un escenario de precios agrícolas deprimidos. En 1988, se implementó el Crédito Global Agropecuario II (CGA II) a través del Banco Nación para la compra de tractores, aunque también resultó insuficiente para alcanzar una adecuada renovación del obsoleto parque (se estimaba que se necesitaban adquirir entre 11 mil y 12 mil unidades/año).[314]

En el mercado de tractores, en 1987, la caída anual de la producción y las ventas promedió el 61% (Cuadro 4). Por otra parte, a partir del 1 de enero de ese año cesó el régimen transitorio de tratamiento especial para la importación de partes para la industria del tractor. No obstante, se evidenció una tendencia que se profundizaría hasta los años recientes: la reducción de la integración nacional del producto, que en 1976 llegaba a un promedio del 95%, y el incremento de la producción de piezas y partes para exportarlas a sus filiales, así como la utilización de componentes importados por parte de las fábricas instaladas en la Argentina.

En 1988 y los primeros meses de 1989, si bien el nivel de demanda mejoró con respecto al crítico año 1987, los niveles de entrega fueron bajos si se los compara con la cantidad de unidades que se producían y vendían en los dos años iniciales del período analizado. En este sentido, influyeron las altas tasas de interés vigentes, que desalentaban la inversión en bienes de capital, y el agotamiento de las líneas de crédito con apoyo de recursos externos. La crisis cambiaria de 1989 provocó un abaratamiento relativo de la maquinaria al desmoronarse su valor en términos de dólares. Esta situación indujo a una demanda de carácter especulativo y a un incremento de las ventas. Éstas volvieron a declinar a medida que los precios se dolarizaron y se hizo presente el fenómeno hiperinflacionario.

El CNA 1988 confirmó también la tendencia que marcaban los fabricantes nucleados en AFAT sobre el aumento de la potencia media vendida. El estudio de Bertolasi sostiene: "Cuando un tractor es reemplazado

---

314 El Banco Nación ofreció financiamiento por un monto global de US$ 300 millones a 10 años de plazo con la línea CGA II –financiada por el BID y el Banco Mundial– que cubría hasta el 80% del valor de la unidad, ajustable por la variación del tipo de cambio. No obstante, el crédito disponible en este banco se agotó para el segundo semestre de 1989, quedando para la asistencia crediticia la banca privada y las entidades bancarias provinciales que participaban de CGA II.

por otro de mayor tamaño, aún en el caso de encontrarse al final de su vida útil, habitualmente se destina a tareas secundarias (como por ejemplo, el acarreo de cereal o distribución de raciones)".[315] Por lo que es posible considerar que los datos del CNA 1988 presentan la dificultad del registro de unidades en desuso. Delafosse ha estimado que cerca de un 25% de los tractores censados no se encontraría en condiciones de realizar tareas agrícolas. De tal forma, si al total de tractores de más 15 años se le resta el 25% del total censado, queda un 60,5% de tractores con menos de 15 años. Cifras que se aproximan a las estimaciones de AFAT, en las cuales el parque de tractores registraría un total de 215 mil unidades y de las cuales el 65% tendría menos de 15 años.[316]

Según los datos del CNA 1988, del 11% del parque de tractores que correspondía a equipos de más de 100 CV, el 89% había sido adquirido en los últimos 5 años; y el 83% de los tractores de más de 140 CV poseía una antigüedad inferior a 10 años. Por el contrario, el 93% de los tractores hasta 50 CV tenía por entonces más de 10 años.[317]

La tendencia a la adquisición de tractores de mayor potencia también se comprueba mediante las estadísticas de ventas de tractores publicadas por AFAT. Las ventas correspondientes a las unidades de más de 90 CV pasaron del 72% en 1984 al 80% en 1989. Mientras que las unidades mayores de 120 CV se mantuvieron fluctuantes entre un 27% y un 15%.

Durante el período, los aranceles a la importación oscilaron del 15 al 37%, correspondiendo los derechos más bajos a los modelos cuyo rango de potencia no era fabricado en el país (menores de 40 CV). Los informes emanados de las propias firmas locales evidencian los resquemores ante la competencia de unidades procedentes de Europa Oriental y Brasil, que presentarían subsidios cruzados.[318]

---

315 Bertolasi, Roxana (1995), *Estimación de las necesidades de reposición del parque de tractores en la Argentina*, Subsecretaría de Producción Agropecuaria y Mercados. Dirección de Producción Agrícola, Buenos Aires, noviembre, pp. 9-10.

316 Delafosse, Roberto (1994), *Mecanización agrícola. Situación del sector en la República Argentina*, INTA, Buenos Aires, 1994.

317 AFAT, Estadísticas del Mercado de Tractor 1984-1993.

318 Los subsidios cruzados son un mecanismo utilizado por las empresas en el cual los beneficios obtenidos en determinados bienes permiten resarcir a la compañía de las pérdidas o menores ganancias que obtiene en otros productos. Con esto consigue vender algunas mercaderías baratas e inclusive por debajo del costo y perjudicar a sus competidores del mercado. Consejo Técnico de Inversiones, *Anuario de economía argentina*, Buenos Aires, 1989, núm. 28, p. 270.

La maquinaria agrícola durante el menemismo y el gobierno de De la Rúa (1989-2001)

En la década de 1990, la apertura unilateral de la economía, la eliminación de los mecanismos de regulación estatal, la privatización de las empresas estatales y el establecimiento de un tipo de cambio fijo con un peso sobrevaluado (expresado en la paridad de un peso igual a un dólar) constituyeron los lineamientos de la política socioeconómica del gobierno de Carlos Menem. En términos generales, estos ejes se mantuvieron durante la presidencia de Fernando De la Rúa.[319]

Frente a este nuevo contexto sociohistórico, en el cual avanzó la conformación del MERCOSUR, las empresas nacionales de maquinaria agrícola debieron enfrentar un ambiente fuertemente competitivo debido a la intensificación de la presencia de empresas extranjeras en el mercado interno. Esta situación implicó una redefinición productiva y comercial tanto de las filiales de las empresas extranjeras y sus proveedores locales, como de las firmas de capital nacional que buscaron mejorar su *performance* en el mercado.

El gobierno de Menem estableció líneas de créditos para la capitalización agrícola a tasas diferenciales a través de la banca pública. En diciembre de 1991, ante un escenario descendente para las ventas en el mercado interno y la producción local, el Banco Nación lanzó una línea de crédito por un monto global de US$ 50 millones para financiar hasta el 40% del valor de compra de maquinarias e implementos agrícolas nuevos fabricados en el país, a 30 meses de plazo, con el propósito de compensar la interrupción del CGA II. No obstante, las condiciones de financiamiento no resultaron un cambio significativo en la producción local ante las malas circunstancias climáticas que afectaron las cosechas.

Se establecieron aranceles para la importación de equipos agrícolas correspondientes a un 22% para bienes finales, 11% para productos intermedios y 5% para tractores de más de 140 CV. A partir de 1992, las cosechadoras sin terminar importadas de Brasil no pagaron aranceles y les fue disminuido el pago de derecho de estadística del 10% al 3%. Este país pasó a ser el principal proveedor de maquinaria agrícola importada, seguido por Estados Unidos y la Unión Europea.[320]

---

319 Azcuy Ameghino, Eduardo (2004), "De la convertibilidad a la devaluación: el agro pampeano y el modelo neoliberal, 1991-2001", en: Azcuy Ameghino, Eduardo, *Trincheras en la historia. Historiografía, marxismo y debates*, Imago Mundi, Buenos Aires, pp. 229-272.

320 Chudnovsky, Daniel y Castaño, Ángel (2003), *Componente: Sector de la Maquinaria Agrícola*, Oficina de la CEPAL-ONU, Buenos Aires, marzo, p. 9.

Paralelamente, a fin de atemperar la desprotección que esto generaba para las empresas locales de equipos agrícolas, a través del decreto 937/93 se instrumentó un reintegro fiscal del 15% para las ventas de la producción de origen local que se realizaran en el mercado interno y se las desgravó de las cargas sociales sobre los salarios y otros impuestos. Sin embargo, en 1995 el reintegro disminuyó a un 10% y en agosto de 1996 fue derogado por ser incompatible con la unión aduanera que significaba el MERCOSUR, por lo que los equipos agrícolas, sus partes y componentes provenientes de los países que integraban ese espacio económico subregional pudieron ser importados sin aranceles. De esta manera, la producción local de maquinarias fue perjudicada y se incentivó la importación de bienes finales.[321]

Vale considerar aquí las implicancias del MERCOSUR para las burguesías locales de los países miembros. Desde el período inicial (1991-2001), en paralelo al entrelazamiento comercial subregional, subsistieron fuertes relaciones económicas bilaterales entre las naciones integrantes y los diferentes imperialismos. Por lo que esta unión arancelaria no prevaleció como una integración autónoma sino como una articulación subordinada y dependiente. En este marco, las corporaciones transnacionales establecidas principalmente en Brasil y Argentina ampliaron sus beneficios favorecidos por la complementación comercial y productiva obtenida tanto por el arancel común como por las reducciones aduaneras dispuestas. De tal forma, estas medidas posibilitaron nuevas condiciones en la disputa interimperialista local y global.

Paralelamente, se registró un incremento notable del mercado, la absorción de capitales y la exportación de productos y capitales brasileños, todo lo cual resulta expresión del papel expansivo de los capitales de este origen y de la relocalización de grandes empresas extranjeras que antes actuaban en la Argentina.[322]

Asimismo, en un contexto de supresión de políticas y organismos públicos de promoción tecnológica y productiva, el financiamiento público de innovaciones tecnológicas por parte de las empresas nacionales de maquinaria agrícola resultó insuficiente y fue baja la asociación entre estas empresas con las instituciones públicas de ciencia y tecnología.[323] En

---

321 Para una comprensión de los orígenes y las políticas del MERCOSUR, véase: Ferrer, Aldo (1996), "MERCOSUR: trayectoria, situación actual y perspectivas", *Desarrollo económico*, Buenos Aires, núm.140, enero-marzo.

322 Katz, Claudio (2006), *El rediseño de América Latina. ALCA, MERCOSUR y ALBA*, Luxemburg, Buenos Aires, pp. 35-64.

323 Remolins, Eduardo, Ugolini, María Victoria y Kosacoff, Bernardo (1998), general, puede observarse que el proceso de innovación está vinculado a la información procedente de los compradores de maquinaria a través de la interacción con los proveedores.[324]

La tendencia a importar componentes para integrarlos al ensamblado de unidades en las fábricas instaladas en Argentina o a producir partes y repuestos para exportarlos a otras filiales se acentuó en la segunda mitad de la década de 1990, cuando las empresas extranjeras trasladaron lo principal de su fabricación de tractores al mercado brasileño. Puede mencionarse como ejemplo que *Massey Ferguson* se convirtió en un gran importador de cosechadoras brasileñas a la par que, como contrapartida, ha exportado sistemas hidráulicos, equipamiento para cosechadoras, camiones y pulverizadores automotrices. A su vez *John Deere*, a partir de agosto de 1996, amplió significativamente la integración de partes provenientes desde Brasil y es uno de los grandes importadores de maquinarias de esa firma desde Estados Unidos. La producción local de tractores pasó de 5.681 unidades 1996 a 98 en 2001 y las ventas en el mercado interno bajaron de 7.380 a 874 unidades en el mismo período (Cuadro 4).

Las importaciones de tractores tuvieron un comportamiento oscilante. En 1998 las unidades procedentes del exterior alcanzaron el récord del período con 1.798 equipos y una participación en las ventas del mercado interno del 31%. A partir de 1999, como parte del proceso de crisis del sector y caída de los precios de los granos, los equipos importados decrecen pero siguió siendo considerable su participación porcentual en las ventas locales (Cuadro 5). Entre las principales marcas ofertadas aparecen *Agrotecnia* (*Fiat Italia*), *Valtra* (*Valmer Brasil*), *CIDEF* (*Valmer* y *Case* de Estados Unidos) y *Ford* (de Brasil y Canadá).

Esta relocalización de las fábricas en el mercado brasileño convirtió a *Zanello* en el principal productor local de tractores, seguido por *Deutz Argentina* –que fue adquirida en noviembre de 1996 por *Agco*–, *Massey Ferguson* y *John Deere*.

A pesar de la fuerte presencia de empresas extranjeras y el incremento de tractores importados, la empresa de capital nacional *Macrosa* –orientada a la maquinaria vial– comenzó a participar en 1990 con la fabricación de un tractor de 180 CV equipado con motor *Caterpillar*.

"Innovación en la agroindustria santafesina", Universidad Austral, Rosario, noviembre. Mimeo.

324 Lódola, Agustín, Angeletti, Karina, Fossati, Román y otros (2005), "Maquinaria agrícola, estructura agraria y demandantes", Universidad Nacional de La Plata, La Plata, septiembre.

En cuanto a las cosechadoras, durante la primera mitad de la década de 1990, la estabilización cambiaria, el incremento del área sembrada, la mayor productividad de los distintos cultivos y la recuperación del precio de los principales granos permitieron cierto ascenso de la demanda interna, tanto de unidades de producción local como importadas. Sin embargo, luego de la devaluación de la moneda brasileña en 1999 y hasta el final del período, se produjo una drástica caída de las ventas; esta situación incidió en la disminución de la producción local, el cierre de fábricas de capital nacional y la discontinuidad de la producción de las filiales de las empresas extranjeras radicadas en el país.

La producción local de cosechadoras cayó un 75% entre 1990 y 2001, mientras que las ventas mermaron un 56% en el mismo período (Cuadro 10). El factor determinante de esta situación fue el notable incremento de las importaciones que, en ocasiones, superaron a las ventas en el mercado interno. Entre 1990 y 2001 la participación de las importaciones en relación con las ventas en el mercado interno correspondió al 77%. Paralelamente, las exportaciones se redujeron a porcentajes poco significativos con una caída del 73% entre 1989 y 2001 (Cuadro 11).

Cuadro 10. Argentina. Cosechadoras: producción y ventas en mercado interno en la Argentina (en unidades) y variación anual en porcentaje. Años 1990-2008.

Año	Producción	Variación % anual	Ventas en mercado interno	Variación % anual
1990	1.100	S/D	1.350	S/D
1991	747	-32,1	700	-48,1
1992	550	-26,4	350	-50,0
1993	320	-41,8	660	88,5
1994	370	15,6	1.250	89,3
1995	210	-43,2	570	-54,4
1996	574	173,3	1.140	100
1997	680	18,4	1.300	14,0
1998	610	-10,2	1.050	-19,2
1999	357	-41,4	710	-32,3
2000	347	-2,8	680	-4,2
2001	275	-20,7	597	-12,2
2002	175	-36,4	622	4,2
2003	348	98,8	2.345	277,0
2004	560	60,9	3.203	36,6
2005	635	13,4	2.228	-30,4
2006	715	12,6	1.885	-15,4
2007	785	9,7	2.415	28,1
2008	355	-54,7	2.295	-4,9

Fuentes: *Elaboración propia sobre la base de los datos del Consejo Técnico de Inversiones, Estadísticas de Productos Industriales del (INDEC), AFAT e INTA Manfredi.*

A partir de 1999, algunas reediciones de medidas proteccionistas que buscaban proteger la producción local e incentivar la demanda consistieron en la emisión de bonos fiscales para ser aplicados al pago de impuestos de los fabricantes de maquinaria que rebajen sus precios, por un valor del 10% y 12,8% de las ventas mensuales.[325]

Al iniciarse la década de 1990, una docena de empresas operaban en la fabricación de cosechadoras.[326] Sin embargo, a comienzos de 2000 habían cerrado el 70% de las fábricas de cosechadoras nacionales, y las firmas extranjeras líderes a nivel mundial –algunas de las cuales estuvieron radicadas en el país– habían trasladado sus plantas a Brasil para aumentar su escala y obtener ventajas comparativas con esta relocalización. La agudización de los problemas financieros derivados de la tendencia a la disminución de las ventas, el alto costo del crédito y la competencia de las máquinas importadas condujeron en primera instancia a la limitación de la capacidad de producción de las empresas de capital nacional y, posteriormente, a la quiebra de numerosas de ellas. En 1993, *Roque Vassalli SA* fue adquirida por el grupo *Koner Salgado*[327] –con quien había establecido un acuerdo para el aporte de capital en 1987–, que entró en quiebra en 1998. La familia Vassalli siguió en la actividad industrial desarrollando cosechadoras *Don Roque* en la planta de *Vassalli Fabril*, recuperando el liderazgo en el sector en 1996.[328]

---

325 El Decreto N° 257/99 sobre modernización del sector agropecuario estableció la emisión de un bono equivalente al 10% del valor de las ventas de maquinarias e implementos agrícolas. En marzo, mayo y octubre de 2000, los Decretos N° 187/00, 364/00 y 919/00 prorrogaron estas medidas de incentivo fiscal. En 2001, el Decreto N° 379/2001 (29 de marzo de 2001) y el Decreto N° 502/2001 (30 de abril de 2001), que estableció la emisión de un bono fiscal que permitía la devolución de hasta un 14% del valor de las ventas mensuales de los fabricantes de bienes de capital, informática y telecomunicaciones.

326 En esta década se produjo un cambio del mercado hacia cosechadoras con mayor ancho de cabezal, más de 260 CV de motor y gran capacidad de tolva que relegó a un segundo plano a las cosechadoras producidas por empresas de capital nacional.

327 En 1988, el grupo *Koner Salgado* había sido acusado del delito de defraudación al Estado argentino a través de facturación falsa y adulteración de documentación para la percepción de créditos de promoción industrial y comercial. En el caso del sector de la maquinaria agrícola participaba además con el 50% de las acciones de *Zanello* y se los acusó de "vaciamiento" de la empresa *Roque Vassalli.*

328 Rougier, Marcelo, "Encadenamientos productivos en el agro y la industria. La fábrica de cosechadoras Vassalli en el sur de Santa Fe, Argentina", op. cit.

Cuadro 11. Argentina. Cosechadoras: importaciones (M) y exportaciones (X) en la Argentina (en unidades y porcentajes). Años 1986-2008.

Año	Importaciones	M/Ventas en mercado interno en %	Exportaciones	X/Ventas totales en %
1986	3	S/D	47	S/D
1987	30	S/D	22	S/D
1988	216	S/D	100	S/D
1989	273	S/D	45	S/D
1990	247	18,2	38	2,7
1991	298	42,5	29	3,9
1992	382	109,1	28	7,4
1993	361	54,6	4	0,6
1994	910	72,8	1	0,1
1995	612	107,3	14	2,3
1996	1.227	107,6	18	1,5
1997	1.170	90,0	17	1,3
1998	1.185	112,8	5	0,5
1999	470	66,1	13	1,8
2000	400	58,8	7	1,0
2001	742	124,2	12	2,0
2002	242	38,9	46	6,9
2003	2.185	93,1	5	0,2
2004	2.964	92,5	10	0,3
2005	1.405	63,1	11	0,5
2006	1.213	64,3	169	8,2
2007	1.810	74,9	168	6,5
2008	2.053	89,4	224	8,9

Fuentes: Elaboración propia sobre la base de datos del Servicio Estadístico de Comercio Exterior (INDEC), AFAT e INTA Manfredi.

A partir de 2000, el peso del capital financiero de uno de los grandes fabricantes de maquinarias que operaba en la Argentina se manifestó en la creación de una entidad crediticia específica. Ese año el grupo *John Deere* fue autorizado por el Banco Central para operar como compañía financiera y dar créditos para compra de máquinas, y la unidad de negocios pasó a denominarse *John Deere Credit*.[329]

329 A fines de 2010, *John Deere Credit* pasó a denominarse *John Deere Financial.*

La reactivación de la demanda de maquinarias agrícolas en el contexto de la posconvertibilidad (2002-2008)

La reactivación de la demanda interna de maquinarias agrícolas a partir de 2002 –en un contexto de creciente ampliación de la superficie sembrada y cosechas récord[330]– motivó la emergencia de argumentaciones optimistas que enfatizaron el carácter expansivo, el desarrollo tecnológico y el dinamismo exportador del sector.[331] No obstante, si bien su evolución ha experimentado cambios significativos a lo largo de los últimos años, los rasgos originarios vinculados a la estructura dependiente de la Argentina han mantenido una perdurable vigencia. Así, entre 2002 y 2008, más de las tres cuartas partes de las ventas de cosechadoras y tractores en el mercado interno argentino correspondieron a firmas foráneas.[332]

Luego de la devaluación del peso iniciada en diciembre de 2001, se produjeron modificaciones importantes en la situación del sector. El aumento de los precios internacionales de oleaginosas y cereales, la recuperación de la capacidad de endeudamiento de productores agropecuarios y contratistas luego de la liquidación de pasivos, y el nivel de obsolescencia del parque experimentado a partir de fines de la década de 1990 influyeron decisivamente en el incremento del nivel de ventas de maquinarias e implementos agrícolas. Según la Subsecretaría de Industria de la Nación, la falta de crédito para la inversión de los productores en maquinarias fue suplantada mediante la utilización de los Bonos Optativos del Estado Nacional (BODEN), recibidos a cambio de los plazos fijos

---

330 Teubal, Miguel (2012), "Expansión del modelo sojero en la Argentina. De la producción de alimentos a los commodities", *Realidad Económica*, núm. 220, 16 de mayo a 30 de junio, pp. 71-96.

331 Véase: Palermo, Ángel (2005), "Los fierros vienen cada vez más grandes", *La Nación*, 30 de julio; Bártoli, Mauricio (2007), "Un mercado que vuelve a crecer fuerte y apuesta a la exportación", *Clarín Rural*, 14 de julio, pp. 12-15; Lukin, Tomás (2008), "Los fierros vienen marchando", *Página 12*, 27 de marzo; Raggio, Juan (2009), "Los fierros mostraron sus garras", *Clarín Rural Revista*, Edición núm. 9, abril-mayo, pp. 26-27.

332 Vale recordar, a tono con nuestra perspectiva de análisis, que no asimilamos acríticamente las importaciones a la dependencia, dado que esta también puede gestarse mediante la extracción de plusvalía local obtenida por las firmas foráneas radicadas en el país o bien necesitarse un incremento de las importaciones para fomentar un proceso de desarrollo económico autónomo.

retenidos en los bancos, y por el financiamiento propio que ofrecen las firmas de maquinaria mediante el canje de granos.[333]

La reactivación parcial de la producción local de maquinarias estuvo ligada, además, al aumento de los precios relativos de los bienes importados; situación que, a su vez, incidió en la recuperación de la industria doméstica de componentes de las maquinarias, neumáticos y acero.

En cuanto a los subsidios oficiales para innovación y desarrollo se mantuvo el decreto 379/2001, que estableció la emisión de un bono fiscal que permitía la devolución de un 14% del valor de las ventas mensuales de los fabricantes de bienes de capital, informática y telecomunicaciones hasta el 31 de diciembre de 2003.[334] A partir de 2003, con fondos provenientes de la Agencia Nacional de Promoción Científica y Tecnológica y del Fondo Tecnológico Argentino (FONTAR), algunas iniciativas del Centro de Investigación y Desarrollo Tecnológico Regional (CIDETER) permitieron a algunas firmas nacionales modernizar productos y procesos. Vale destacar entre los resultados la modernización de la planta y el desarrollo de un prototipo de cosechadora de la firma *Metalfor* y la creación de un Centro Tecnológico para la certificación de seguridad de maquinaria agrícola en Las Parejas (provincia de Santa Fe).

Además, a través del Instituto Nacional de Tecnología Industrial (INTI) y del Instituto Nacional de Tecnología Agropecuaria (INTA) se establecieron instancias de capacitación, asistencia comercial y tecnológica para la concreción de convenidos bilaterales con Venezuela, los cuales incentivaron las ventas de maquinarias agrícolas de producción argentina.

A partir de 2003, el Ministerio de Trabajo de la Nación instrumentó el Programa de Recuperación Productiva (REPRO) destinado a promover el empleo del sector privado y/o de zonas geográficas en crisis, colocando a la maquinaria agrícola entre las ramas más beneficiadas por los subsidios.[335]

---

333 Lódola, Agustín, Angeletti, Karina, Fossati, Román y otros (2005), "Maquinaria agrícola, estructura agraria y demandantes", Universidad Nacional de La Plata, La Plata, septiembre, p. 24. Mimeo.

334 Bragachini, Mario y otros (2004), "2003. Año de fuerte recuperación del mercado de maquinaria agrícola argentino", Manfredi, Proyecto Nacional de Agricultura de Precisión INTA Manfredi, p. 1. El decreto contribuía a su vez a reducir el precio de la maquinaria de origen importado que, si bien no recibía el bono, debía referenciarse con la industria nacional para mejorar su competitividad.

335 El Estado pasó a subsidiar a las empresas adheridas al programa con una suma fija mensual no remunerativa de hasta $ 600 por trabajador, dicha suma estaba destinada a completar la remuneración correspondiente a su categoría laboral.

En 2004, por iniciativa de la Secretaría de Industria, Comercio y de la Pequeña y Mediana Empresa, se conformó el Foro Nacional de Competitividad de la Maquinaria Agrícola con participación de distintas instancias de gobierno, cámaras empresariales, empresas, representantes sindicales y universitarios. El Foro estableció entre sus objetivos fortalecer la demanda interna, estimular el perfil exportador, fortalecer la red de proveedores y enriquecer la capacidad tecnológica y el desarrollo innovador del sector.[336]

Este Foro ha detectado algunos inconvenientes de las políticas públicas dirigidas al sector:

a) El mantenimiento de la alícuota del IVA en el 10,5% para las ventas de maquinarias agrícolas.[337]
b) Los saldos técnicos acumulados por la alícuota partida del IVA y su aplicación al pago del IVA contenido en nuevos proyectos de inversión.
c) Las amenazas a la continuidad y al pago eficiente del reintegro del 14% a los fabricantes locales de maquinarias. En diciembre de 2005, el Consejo del MERCOSUR dispuso la prórroga de los regímenes de importación de bienes de capital vigentes entre los países miembros hasta el 31 de diciembre de 2008. De este modo, se estableció la continuidad del arancel cero para las importaciones de bienes de capital y la del bono del 14% para las ventas de equipos de fabricación nacional. En 2009, a través de la Cámara Argentina de Fabricantes de Maquinaria Agrícola (CAFMA), los industriales reclamaron un pago eficiente dado que se establecen demoras de hasta 6 meses para la recuperación del importe y su reducción luego de una serie de trámites burocráticos a un 11%.

---

336 Foro de la Maquinaria Agrícola, "Plan de acción 2005-2007", Ministerio de Economía y Producción, 2004.

337 Esta alícuota establecida por los Decretos N° 493 (27 de abril de 2001) y N° 615 (11 de mayo de 2001) llevó a que los bienes finales estén sujetos a una alícuota menor que los productos intermedios correspondientes a la producción de estos bienes. Es decir, que las materias primas, los insumos y las partes de las maquinarias producidas localmente aportaban porcentualmente más al fisco que una maquinaria importada. Esta situación condujo a marcadas asimetrías entre los equipos fabricados localmente y los procedentes del exterior del país. La propuesta del Foro fue elevar el IVA y compensar con una bonificación del 50% del monto abonado por los compradores de maquinarias en concepto de IVA, con el objetivo de no modificar la relación de precios entre los equipos fabricados en el país y los importados.

d) La competitividad de la industria brasileña de maquinarias agrícolas y sus importaciones. Según un informe de 2004, la maquinaria agrícola producida por Brasil quintuplicaba la generación de puestos de trabajo de Argentina y exportaba del 25% al 30% de lo producido localmente. Además, el 98% de la maquinaria agrícola que utilizaba el productor brasileño era producido en Brasil. No obstante, también el mercado brasileño de tractores y cosechadoras ha estado concentrado por las mismas grandes empresas transnacionales que operan en la Argentina.[338]

En ese contexto, se desarrollaron líneas de crédito oficiales para la adquisición de bienes de capital de origen local con tasas preferenciales mediante la ley 25.924 de "Promoción de inversiones en bienes de capital y obras de infraestructura", a fin de practicar en el impuesto a las ganancias la amortización acelerada de los equipos de fabricación nacional.[339] No obstante, dichas medidas no consiguieron desacelerar la importación de maquinaria agrícola en los subsectores de tractores y cosechadoras, incidiendo particularmente tanto la competitividad de la industria brasileña de maquinarias (además de la competencia de equipos de otros orígenes) y la relocalización en Brasil de las plantas radicadas en Argentina durante la década de 1990 como el deterioro de la capacidad productiva de la industria local.

Debemos enfatizar aquí que la devaluación del tipo de cambio ha operado configurando este tipo de escenario en el que tanto fabricantes nacionales como grandes corporaciones foráneas son incentivados a producir sus equipos de manera local. Por lo que las medidas de promoción impulsadas por el Estado o por instancias como el Foro no constituyen necesariamente un estímulo al desarrollo autónomo sino un marco de atracción para la producción industrial sin distinción del origen del capital.

---

338 Bragachini, Mario y otros, 2004, op. cit., pp. 9-10.

339 La ley 25.924 fue sancionada el 18 de agosto de 2004. La reglamentación de esta ley nacional mediante el Decreto del Poder Ejecutivo Nacional (PEN) N° 1152/2004 estableció criterios de selección que benefician la integración de insumos, partes, piezas y servicios de origen nacional. En algunas provincias, como Buenos Aires y Córdoba, se han establecido medidas que promueven la incorporación de bienes de capital e incentivan la industria metalmecánica. En 2009, el Banco de la Provincia de Buenos Aires lanzó una línea de crédito con una tasa fija del 8% anual, un plazo máximo de un año y un monto máximo de $ 150.000 por empresa para capital de trabajo del sector agropecuario. En el mismo año, el gobierno de la provincia de Córdoba implementó un programa que destina $ 40 millones para que los productores agropecuarios locales que adquieran maquinarias agrícolas de origen provincial reciban un reintegro del 10%.

Si se analiza en particular el mercado de tractores, se registra que, para 2002, las unidades disminuyeron un 8,8 % con relación al CNA 1988, pasando a contabilizar 244.320 tractores, y las existencias de una antigüedad mayor a 15 años aumentaron aún más significativamente, correspondiendo al 73% del parque de tractores.

A partir de 1999, como parte del proceso de crisis del sector y caída de los precios de los granos[340], los equipos importados decrecieron hasta mediados de 2002 y comenzaron en 2003 una fuerte recuperación. Un elemento decisivo en el repunte de las importaciones y la dinamización del mercado en esta década es la mejora en los precios internacionales de la soja y de los principales cultivos, así como el incremento en la rentabilidad de la producción agrícola luego de la devaluación de 2002. Esta medida, si bien encareció los equipos importados y protegió los de fabricación local, no consiguió desalentar la adquisición de maquinarias procedentes del exterior dado el aumento de los beneficios registrado en buena parte de los productores pampeanos y la tendencia a la adquisición de marcas líderes.

En 2004, el 86% de los tractores vendidos era de origen importado, destacándose en primer lugar las unidades procedentes de Brasil y en segundo lugar las de Estados Unidos. En 2005, en este rubro se importó de Brasil por US$ 146.871.000 y de Estados Unidos por US$ 16.412.000, lo cual representaba el 88,4% y el 9,9% de las importaciones, respectivamente, expresión de la estrategia del capital transnacional en el nuevo escenario de la economía argentina en la que se combinan la división territorial de tareas industriales y la ampliación del comercio interregional entre Argentina y Brasil producto del MERCOSUR.

Entre 2002 y 2008, el 83% del total de tractores comercializados en el mercado local correspondió a unidades importadas (Cuadros 4 y 5). Las importaciones procedentes de Brasil representaron un 73% de las unidades vendidas en el país.

Las ventas de tractores estuvieron concentradas principalmente en las siguientes empresas.

Agco Corporation

Esta firma con sede en el estado de Georgia (Estados Unidos) se inició con la adquisición de *Deutz Allis* con sede en Alemania al grupo *Kloeck-*

---

340 Obschatko, Edith, Estefanell, Gonzalo y Caracciolo de Basco, Mercedes (2000), *El sector agroalimentario argentino, 1997-1999*, IICA, Buenos Aires.

ner-Humboldt-Deutz AG (KHD), quien había comprado parte del negocio *Allis-Chalmers* cinco años antes.

A partir de 1992 pasó a proporcionar una oferta pública inicial de la mitad de sus acciones y participó en el NASDAQ. Posteriormente, se incorporó a los listados en la NYSE bajo el símbolo "AG". En 1993 inició la adquisición de la empresa *Massey Ferguson* a nivel mundial, en 1996 adquirió *Deutz Argentina* y en 1997 la empresa alemana de tractores *Fendt*. En 1998, creó una *joint venture* con *Deutz AG* para producir motores en la Argentina. El mismo año compró *Spra-Coupe* y *Willmar*, dos líderes en el mercado de pulverizadoras agrícolas. En 1999 anunció la creación de *AGCO Finance*, una entidad de financiamiento formada en asociación con *De Lage Landen* (*DLL*) –una filial de la compañía holandesa *Coöperatieve Centrale Raiffeisen-Boerenleenbank B.A. (Rabobank*[341]*)*– destinada a otorgar créditos para la venta al por mayor y al por menor de productos *Agco*. En 2002 adquirió los activos de las empresas *Caterpillar* de equipos agrícolas, incluyendo la fabricación de los tractores *Challenger*. En 2003 inició la adquisición de la empresa finlandesa de tractores *Valtra*, esta adquisición incluyó *SISU Diesel*, una fábrica de motores diésel. En 2007, adquirió el 50% de la fábrica de equipos de cosechas *Laverda* (de capitales italianos) y tres fábricas en Brasil: una de cosechadoras (en Santa Rosa, estado de Rio Grande do Sul), una de tractores *Massey Ferguson* (en Porto Alegre) y otra de tractores *Valtra* en *São* Paulo.[342] Estas adquisiciones –junto a otras de menor envergadura– le permitieron pasar de una facturación de US$ 200 millones en 1990 a US$ 6.827 en 2007.

---

341 El *Rabobank* es un banco holandés de origen cooperativo rural que ha distribuido préstamos a empresas agroindustriales nacionales como *Aceitera General Deheza*, *Vicentín* y *SanCor*. Además, ha participado de créditos que otorgan el Banco Mundial y el BID. En 2006 su volumen de facturación fue de 10.049 millones de euros, sus activos mundiales rondaban los 556.000 millones de euros (de los cuales 324.000 millones de euros eran créditos). Del total de créditos otorgados ese año, el 16% correspondía al sector agropecuario y agroindustrial. En la Argentina, opera con el nombre de *Rabo Trading Argentina SA*. Entre los directivos se encuentra Alejandro Reca, hijo de Lucio Reca, quien fuera secretario de Agricultura durante la presidencia de Raúl Alfonsín (1983-1989). Véase: Infomedia Producciones, "Quién es quién. Rabobank", *El Federal*, Buenos Aires, núm. 210, 15 de mayo de 2008, pp. 40-41.

342 Infomedia Producciones, "Quién es quién. *Agco*", *El Federal*, Buenos Aires, núm. 213, 5 de junio de 2008, pp. 40-41.

En el mercado argentino ha participado con las marcas *Agco Allis, Challenger, Massey Ferguson* y *Valtra*.[343] Además de la fabricación de motores en la planta de Haedo, la empresa posee una fábrica de ensamblado de tractores *Agco Allis*. Entre 2004 y 2008, su participación en el mercado interno ha promediado un 44% de las ventas.

John Deere

Esta empresa estadounidense, con orígenes en el siglo XIX, comenzó su comercialización de maquinarias agrícolas en Argentina en 1894 a través de la distribución de la firma *Agar Cross*.

En la Argentina, a finales de la década de 1950, construyó una planta en Granadero Baigorria (Santa Fe) y empezó a producir sus primeros modelos de tractor. El emblemático tractor 730 de 62 CV permaneció en el mercado entre 1959 y 1971, produciéndose unas 20.022 unidades. En la década de 1990 amplió significativamente la integración de partes que procedían de Brasil hasta convertirse en un gran importador de maquinarias de esa empresa provenientes de Brasil y de Estados Unidos. Así, la producción local de tractores y cosechadoras se desmanteló y pasó a especializarse en la producción de motores.[344] En 2008 lanzó un Plan de Ahorro Previo de hasta 60 meses sin interés ni gastos para la compra de tractores y cosechadoras. Entre 2002 y 2008 aglutinó un 26% de las ventas de tractores y lideró las ventas de cosechadoras.

En América del Sur, Brasil constituye su principal base de operaciones, donde posee tres fábricas: una de cosechadoras de caña de azúcar en el estado de Goiás, otra de tractores en Porto Alegre y la fábrica de cosechadoras, tractores y sembradoras de Horizontina (Rio Grande do Sul).[345]

A nivel global, desarrolló –durante los últimos años del siglo XX– una División de Nuevas Tecnologías encaminada a diseñar y desarrollar componentes de última generación como Internet o el posicionamiento global por satélites (GPS) destinados a la agricultura de precisión. En 2007, la empresa obtuvo ganancias por US$ 1.822 millones y facturó US$

343 En 2003, *Agco* adquirió *Valtra* a nivel mundial en US$ 673 millones. De esta manera, pasó a comercializar a partir de 2004 un 46% de las ventas en el mercado interno.
344 En 2003 invirtió un millón de dólares en la fabricación de ese bien y exportó el 90% de las 8.700 unidades que produjo.
345 Infomedia Producciones, "Quién es quién. John Deere", *El Federal,* Buenos Aires, núm. 212, 29 de mayo de 2008, pp. 40-41.

24.082 millones, de los cuales U$S 12.121 millones correspondieron a maquinaria agrícola, dado que también comercializa unidades para la construcción y la forestación. Entre 2002 y 2008, aunque sus principales mercados siguen siendo Estados Unidos y Canadá, abrió nuevas fábricas en India, Turquía y China, intentando aprovechar el crecimiento económico de esos países.

CNH

Esta compañía surgió en 1999 cuando se fusionaron las centenarias firmas *Case* y *New Holland*. Su sede está en Estados Unidos y sus acciones pasaron a cotizar en la Bolsa de Nueva York. El control de *CNH* lo ejerce *Fiat Group,* quien anteriormente había adquirido *New Holland* en 1991. *Fiat* también posee, desde 2006, un acuerdo con *Crédit Agricole* de Francia –uno de los veinte mayores bancos comerciales del mundo en cuanto a su patrimonio– destinado a la provisión de servicios financieros para la adquisición de automóviles, principal rubro de expansión de esta gran corporación. De este modo, si bien se constituye como una firma vinculada a capitales italianos, la amplia internacionalización del grupo torna difícil precisar todas sus articulaciones.

A nivel mundial, en 2007, su facturación anual rondó los US$ 15.000 millones, ocupando el segundo lugar en el ranking mundial detrás de *John Deere*. La empresa posee fábricas en diversos países (Alemania, Austria, Bélgica, Italia, Estados Unidos, Canadá, Brasil y Australia), además de diferentes *joint ventures* para la fabricación de tractores, motores y componentes (en México, China, Turquía, Pakistán y Uzbekistán).[346]

En la Argentina, hasta 2011 no tuvo plantas de producción, convirtiéndose en importador de sus productos provenientes de Brasil y Estados Unidos.[347] Entre 2002 y 2008, *CNH* concentró un 15% de las ventas de tractores producidas en el mercado interno.

---

346 Lodeiros, Luis (2003), "La maquinaria agrícola en Canadá", Instituto Español de Comercio Exterior-Oficina Económica y Comercial en Toronto, Toronto, febrero, p. 17.

347 Infomedia Producciones, "Quién es quién. CNH", *El Federal,* Buenos Aires, núm. 236, 13 de noviembre de 2008, pp. 40-41.

Pauny

Esta fábrica de tractores de capitales nacionales abrió sus puertas en enero de 2002. Inicialmente, algunos obreros y directivos de *Zanello* alquilaron las instalaciones luego de que la empresa cesara sus actividades. Con posterioridad, con el apoyo del gobierno de la provincia de Córdoba y de la municipalidad de Las Varillas, compraron la quiebra de *Zanello* en US$ 24,5 millones en 2003. La propiedad de la empresa se reparte en un 33% en poder de una cooperativa de trabajadores, otro 33% propiedad de cuatro ex gerentes de *Zanello*, un 31% en manos de inversores del sector financiero y el resto en propiedad de la municipalidad de Las Varillas. Sus unidades utilizaron motores *Cummins,* una empresa de capitales estadounidenses con sede en la Argentina. Además de la fábrica en la provincia de Córdoba, en 2006 inauguró una planta de ensamblado en Santiago del Estero.

Entre 2003 y 2008 la participación de *Pauny* en el mercado de tractores alcanzó un 12%. En 2007 facturó unos $ 117 millones y tuvo unos $ 3,4 millones de ganancia. En su ejercicio anual de 2008 facturó $ 164 millones y obtuvo una ganancia de $ 5,6 millones. En mayo de 2009, según el Banco Central, sus créditos tomados con entidades bancarias y financieras radicadas en el país ascendían a $ 18,1 millones, el 50% con el Banco de la Provincia de Córdoba y el 20% con el Banco de la Nación Argentina.[348]

Luego de esta descripción, es posible considerar algunas características sobre el accionar de los diferentes imperialismos que se expresan en el mercado de los principales medios de producción agropecuarios.

En primer lugar, se evidencia la continuidad de un proceso de centralización del capital en el que capitales de origen estadounidense (*John Deere* y *Agco*) e italiano (*Fiat-CNH*) avanzaron absorbiendo y/o desplazando a otros competidores monopolistas o no monopolistas.

En segundo orden, se verifica la utilización de operaciones financieras como mecanismo de expansión de los negocios transnacionales y agudización de la lucha competitiva en el mercado mundial. A su vez, estas grandes corporaciones instrumentan la acumulación de capital financiero y expresan sus disputas en la Bolsa a través de la propiedad de acciones que representan la propiedad de empresas e inversiones, regulando

348 Infomedia Producciones, "Quién es quién. Pauny SA", *El Federal*, Buenos Aires, núm. 287, 5 de noviembre de 2009, pp. 36-37.

en ella los flujos globales del capital y concentrando cantidades continuamente crecientes de capital especulativo.[349]

En tercer lugar, se observa que la creciente concentración monopolista a escala internacional arroja como resultado cambios en las relaciones de las clases dominantes a nivel global. Las corporaciones transnacionales que avanzan en la lucha competitiva integran subordinadamente o asociando a otros sectores de las burguesías internacionales monopolistas o no monopolistas mediante *joint venture*, licencias de fabricación, acuerdos de representación y estructuras de suministros.

Además, en este período se ha registrado la importación de tractores de otras marcas: *Zetor* (instalada en República Checa pero propiedad de capitales eslovacos), *Belarús* (Bielorrusia), *Taishan* (China), *Same Deutz-Fahr* (Italia) y el desarrollo de equipos de capital nacional: *Macrosa*[350], *Dolbi*[351], *Trac-Za*[352], *Agrinar*[353], *Metalfor*[354] y *T&M Grossi*.

Vale indicar que la difusión de la siembra directa ha impuesto una creciente demanda de tractores de mayor potencia (más de 120 CV), con capacidad de arrastrar los equipos de las nuevas tecnologías. De esta manera, la potencia media vendida anualmente continuó con su tendencia ascendente alcanzando los 137 CV en 2003, valores en los que se mantuvo hasta el final del período.[355]

---

349 Engel, Stefan, op. cit., p. 161.

350 En 2004 fue adquirida por *Finning*, una empresa canadiense distribuidora de maquinaria *Caterpillar*.

351 La empresa santafesina *Dolbi* adoptó esa denominación en 1977 y es sucesora de la empresa de capitales nacionales *Dolzani*, orientada a la fabricación de implementos y maquinaria agrícola para la producción de algodón.

352 Empresa fundada en Villa María, en 2002, por Luis y Carlos Zanello, luego de la quiebra de su empresa de tractores. Sin embargo, no volvieron a ocupar un lugar de liderazgo y la misma fue disuelta. Raccanello, Mario, "Una historia del capitalismo local. Auge y crisis de la firma de tractores *Zanello*", *Industrializar Argentina*, núm. 14, mayo, pp. 29-33.

353 *Agrinar* comenzó a operar en 2002, luego de adquirir la planta de producción de maquinarias agrícolas de *Massey Ferguson*, en Granadero Baigorria (provincia de Santa Fe). En la fabricación de cosechadoras está asociado con la empresa nacional *Marani* produciendo con la marca *Marani-Agrinar*.

354 En 2001 *Metalfor* comenzó la producción de equipos en su planta de Ponta Grossa (Brasil) y en 2003 compró en Noetinger (provincia de Córdoba) la ex planta de cosechadoras de la firma *Araus* a la empresa *Agco*.

355 Según la opinión posiblemente algo idealizada de Bragachini, alguien muy involucrado en las bondades de su expansión, la utilización de la siembra directa implica a su vez una mayor economía de agua y de carbono, la disminución de un 90% de la erosión de suelos agrícolas, y una reducción de uso de combustible por

A partir de la salida del régimen de convertibilidad y la modificación de la política económica en 2002, la producción de maquinaria agrícola, en general, y tractores, en particular, experimentó un crecimiento entre 2003 y 2007. No obstante, los guarismos de 2007 se posicionaron por debajo de los correspondientes a los primeros años de la década de 1990. Esta situación obedece al cierre de empresas derivado de la apertura externa y al traslado de las instalaciones a Brasil que mencionáramos anteriormente.

De este modo, las modificaciones observadas indican que la participación de tractores de fabricación local (incluidos los ensamblados en el país por parte de las corporaciones extranjeras) en las ventas del mercado interno pasó de rondar el 15% en 2004 y 2005 a promediar un 21% en 2007 y 2008 (Cuadro 4), lo cual pone en cuestión el relato sobre el avance de la industria nacional de maquinarias agrícolas y el desarrollo autónomo alcanzado en el marco del crecimiento económico experimentado en este período.

Sin otorgar un excesivo peso explicativo a la composición del mercado interno de la Argentina, debemos considerar que este presenta importantes diferencias con los de Brasil y Estados Unidos, países de donde provienen la mayoría de las importaciones. Como puede observarse en el Cuadro 12, el número de unidades por cada mil agricultores ha sido considerablemente muy inferior al registrado en países dedicados al cultivo de cereales y oleaginosas. Así, los parques de tractores de Brasil y Estados Unidos han resultado, respectivamente, un 27% y un 153% superiores al de Argentina y es notable la diferencia en hectáreas destinadas al cultivo de granos. Por lo que los limitantes de superficies cultivables y las dificultades por integrar familias de maquinarias que compartan componentes y subproductos de fabricación propia aparecen como factores significativos que obstaculizan el desarrollo industrial de firmas nacionales de este sector.[356] En este punto es notorio cómo en un país dependiente las limitaciones económicas someten las posibilidades de desarrollo autónomo al interés o la falta de atracción del capital imperialista. Esta situación no ha podido ser contrabalanceada por una política de promoción que consolide la producción nacional de maquinarias agrícolas y las grandes empresas que controlan el mercado internacional han consolidado, bajo distintas modalidades (importaciones o fabricación local), su presencia en el escenario interno.

Las empresas extranjeras que intervienen en la Argentina logran superar todos los obstáculos de competitividad gracias a que su expansión

---

hectárea del 40% y de uso de tractor agrícola por tonelada de grano producido del 66%. Bragachini, Mario, “Desarrollo industrial de la maquinaria agrícola y agropartes en la Argentina”, Manfredi, INTA, 2011.

356 Lavarello, Pablo, Gutman, Graciela y Langard, Federico, op. cit.

a nivel global les otorga una alta movilidad de las fuerzas productivas (máquinas, plantas industriales, tecnología, partes, insumos, personal de gerenciamiento e ingenieros, etc.), les permite el acceso a materias primas subsidiadas, la explotación de la fuerza de trabajo y/o el acceso a tecnologías a bajo precio en distintas partes del mundo. El mantenimiento de estas ventajas competitivas posibilita que estas empresas continúen o abandonen la producción en el mercado local cuando las condiciones se presentan más favorables para convertirse en importadoras de otras filiales, y que extraigan beneficios que no son volcados nuevamente en el mercado nacional. Tal situación se ha manifestado en forma particular desde la relocalización de fábricas de las corporaciones foráneas en Brasil a partir de la entrada en vigencia del MERCOSUR, acarreando pérdidas de empleos en la Argentina, llevando a la desaparición y/o reconfiguración de la red de pequeñas y medianas empresas de suministros, e impactando negativamente sobre las economías regionales.

Cuadro 12. Tractores: utilización de la tierra y uso en Argentina y otros países. Años 2001-2005.

Países	Tierra cultivada por habitante en hectáreas (2001-2003)	Tierra destinada al cultivo de cereales en miles de hectáreas (2003-2005)	Tractores por mil agricultores (2001-2003)
Argentina	0,74	9.633	108
Brasil	0,33	19.772	137
Uruguay	0,40	567	241
Estados Unidos	0,60	57.028	273
Canadá	1,46	17.276	160
Australia	0,74	18.360	64

Fuente: Elaboración propia sobre la base de datos del INDEC.

En este último período, los convenios bilaterales firmados con Venezuela han convertido a ese país en el principal destino de las exportaciones argentinas, participando con el 67% de las compras de tractores de producción local. En cuanto al conjunto de la maquinaria agrícola exportada por Argentina, su participación fue de 47% y 25% en los años 2007 y 2008, respectivamente. Los tractores pasaron de no exportarse en lo absoluto hacia ese destino en 2004 a ventas por US$ FOB 295 mil en 2005 y por US$ FOB 14,1 millones en 2008.[357] Entre estos equipos se

357 Dirección de Oferta Exportable y otros, *Informe Sectorial de Maquinaria Agrícola*, Ministerio de Relaciones Exteriores, Comercio Internacional y Culto, Buenos Aires, 2009, p. 66. Mimeo.

destacó la participación de la empresa argentina *Pauny*; de este modo las relaciones entre dos países dependientes –políticamente modulada– que procuran mayor autonomía de sus economías tiende a fortalecer la producción nacional.

Con un comportamiento similar al descripto para el subsector de tractores, cerca del 80% del mercado de cosechadoras estuvo concentrado en manos de grandes empresas extranjeras que importan equipos. Solamente cuatro empresas de capitales nacionales sobrevivieron al proceso de extranjerización: *Vassalli Fabril*[358], la empresa líder, seguida por *Agroindustrial San Vicente-Bernardín, Marani-Agrinar* y *Metalfor*.[359]

Entre 2002 y 2003, el crecimiento de la producción agrícola y los buenos precios internacionales de cereales y oleaginosas revirtieron la caída de las ventas desde 1998, creciendo un 430% con respecto a 2002.

En 2004, las importaciones de cosechadoras rondaron las 3 mil unidades, el 87% de las cuales provenían de Brasil (pero producidas principalmente por las grandes corporaciones imperialistas estadounidenses) y el 10% de Estados Unidos. En los casos de los equipos que se producían localmente, los componentes de fabricación argentina fueron reducidos en forma paulatina. Las marcas *John Deere, New Holland, Agco* y *Massey Ferguson* se destacaron entre las procedentes del mercado externo. En 2003, la empresa alemana *Class* comenzó a montar una fábrica de cosechadoras y picadoras de forraje en Oncativo (provincia de Córdoba).

Durante 2002-2008, la participación porcentual de las cosechadoras de producción local (tanto las de capital nacional como las fabricadas por firmas extranjeras) en el mercado interno retrocedió, alcanzando las ventas de las importadas un 79% durante el período y obteniendo participaciones anuales de hasta el 93%[360] (Cuadro 11). No obstante, la producción local mantuvo su tendencia ascendente (Cuadro 10) y, luego de alcanzar guarismos insignificantes durante 2003-2005, a partir de 2006 fue notoria la exportación de los equipos de fabricación nacional en este

---

358 El 1 de abril de 2003 la familia Vassalli adquirió la empresa *Roque Vassalli SA* que había vendido al grupo *Koner Salgado*.

359 *Metalfor* es una empresa que se inició en El Fortín (provincia de Córdoba) a mediados de la década de 1970 bajo la denominación de *Metalúrgica El Fortín*. En 1991 se trasladó a Marcos Juárez. Inicialmente desarrolló pulverizaroras de arrastre y pulverizadoras autopropulsadas. En la década de 2000 comenzó la producción de fertilizadoras, cosechadoras y tractores. En 2001, desembarcó en Brasil instalando su planta en la ciudad de Ponta Grossa, Estado de Paraná.

360 La proporción de ventas de cosechadoras nacionales en el mercado interno ha sido oscilante, pasó del 18% en 2004 al 29% en 2006, pero volvió a caer al 14% en 2008.

rubro, destacándose las compras realizadas por Venezuela a través de los convenios bilaterales ya mencionados. Este país representó en 2008 el principal comprador de cosechadoras de fabricación nacional, participando con un 90% en el destino de las exportaciones de estas maquinarias.[361], Las cosechadoras exportadas a este país pasaron de US$ FOB 64 mil en 2005 a US$ FOB 16,5 millones en 2008.[362]

En cuanto al mercado de maquinaria agrícola en general (cosechadoras, tractores, pulverizadoras, sembradoras y otros implementos agrícolas), los guarismos internacionales indicaron que, durante 2002, Alemania fue el principal exportador con US$ 3.883 millones, seguida de Estados Unidos con US$ 3.646 millones e Italia con US$ 2.613 millones. Argentina se ubicó en el lugar 41 de dicho ranking, con US$ 16 millones exportados, participando del 0,08% de las exportaciones totales. Por su parte, Brasil ocupó el lugar 15 con una participación del 1,4%.

En el mismo año, el principal importador fue Estados Unidos, con US$ 3.027 millones, seguido por Francia con US$ 2.131 millones y Canadá con US$ 1.638 millones. Brasil con US$ 80 millones ocupó el lugar 35, mientras que Argentina con aproximadamente de US$ 31 millones se ubicó en el lugar 54.[363]

Los datos consignados ponen en evidencia tanto el predominio de las importaciones por sobre las exportaciones en la Argentina en el marco del escenario post-convertibilidad como las limitaciones del mercado argentino en referencia a otros países de producción agrícola. Resulta sorprendente identificar el lugar que pasó a ocupar la Argentina, con 32 millones de hectáreas cultivadas, en el concierto internacional. Esta situación convirtió al país en un importador neto[364], carácter que no puede

---

361 Centro de Estudios para la Producción, "El salto exportador y la recuperación productiva de la maquinaria agrícola", *Síntesis de la Economía Real N° 58. Primera Sección: La Industria y el Comercio Exterior*, diciembre de 2008, p. 85.
362 Fundación Exportar, *Plan de promoción sectorial de maquinaria agrícola*, Buenos Aires, Ministerio de Relaciones Exteriores, Comercio Internacional y Culto, 2008, p. 28: Dirección de Oferta Exportable y otros, op. cit., p. 66.
363 Los datos expuestos proceden originariamente de las estadísticas del Com-Trade de las Naciones Unidas citados en: Hybel, Diego (2006), "Cambios en el complejo productivo de maquinarias agrícolas 1992-2004. Desafíos de un sector estratégico para la recuperación de las capacidades metalmecánicas", *Documento de trabajo*, núm. 3, Instituto Nacional de Tecnología Industrial (INTI), marzo, pp. 19-20.
364 La definición de importador neto se desprende del Índice Gruber & Lloyd modificado que expresa como (X-M)/(X+M), donde X son las exportaciones y M las importaciones. Este índice varía entre -1 y 1, estableciéndose en este caso que

ser modificado sin adoptar políticas que reviertan la incidencia de las grandes empresas extranjeras en el sector y la dependencia.

El estudio de Diego Hybel destaca que, si bien en el mercado internacional de equipos agrícolas el principal segmento por su monto en dólares corresponde a los tractores seguido por las cosechadoras, en Argentina –a diferencia de las tendencias mundiales– sucede que "son las cosechadoras las que concentran la mayor parte del comercio (importaciones) expresado en dólares, seguidas por los tractores. Esto se explica, en parte, por la mayor difusión que ha adquirido la siembra directa en nuestro país, que reduce sustancialmente el uso del tractor en relación con el sistema convencional de laboreo de la tierra".[365]

Vale resaltar aquí, nuevamente, como factor interpretativo, la decisión de las filiales argentinas de las grandes empresas extranjeras de cosechadoras de trasladar a Brasil la producción para el MERCOSUR y el resto de la región.

Sin políticas que atemperen los efectos de la dinámica capitalista global, la persistencia del imperialismo en el rubro de la maquinaria agrícola existe, en buena medida, debido a que las principales empresas foráneas poseen una red de negocios global que les posibilita aprovechar los requerimientos de capital, ofrecer una gama integral de equipamiento agrícola (tractores, cosechadoras, sembradoras, pulverizadoras, motores y equipos de GPS), dominar las distintas tecnologías y los procesos innovadores y acceder en mejores condiciones de competitividad al mercado.

Las maquinarias agrícolas del agro pampeano: ¿promoción de la innovación nacional o subsidio al capital extranjero?

A través de lo expuesto, a lo largo del período 1976-2008 se puede observar el reforzamiento del principal rasgo estructural de la economía capitalista argentina: su carácter dependiente. El desarrollo del sector de maquinarias agrícolas asistió a un proceso de cierre y/o reconversión de plantas ubicadas en la Argentina y el traslado de buena parte de la producción al territorio brasileño.

---

para valores entre 1 y 0,33 se ubican los países exportadores netos, entre 0,32 y -0,32 los países con comercio intraindustrial y entre -0,33 y -1 los importadores netos.

365 Hybel, Diego, op. cit., p. 20.

Este desarrollo, basado en leyes inherentes del capital, requiere, asimismo, la continuidad de las políticas de Estado dictadas por los intereses de los sectores dominantes, que –en virtud de los negocios y los patrimonios con los que operan– no hacen más que afianzar los mecanismos de la dependencia con el exterior, adaptando la economía argentina a las condiciones del sistema capitalista mundial.

A partir de 1976, a pesar de que en 1977 alcanzó el récord de producción de casi 26 mil unidades anuales, la industria local de tractores y cosechadoras comenzó a ser afectada por el esquema de especulación financiera, apertura externa y disminución de la promoción de actividades sectoriales por parte del Estado. Como contrapartida, la producción cayó un 77% y las ventas internas un 70% en 1978, mientras que las importaciones de estos subsectores fueron ganando lugar.

Por otro lado, la gigantesca deuda externa acumulada en estos años determinó una injerencia creciente de la banca acreedora sobre las políticas económicas, reforzando la subordinación general de los intereses nacionales al imperialismo. Como consecuencia, los sucesivos planes de ajuste implementados impulsaron una reprimarización de la producción y la reconfiguración de la estructura agroexportadora.

En el período 1983-1989, las bases del desarrollo industrial –dependiente de insumos importados y subordinado a los intereses del sector agroexportador– no fueron modificadas. No obstante, se establecieron medidas de control para la importación de maquinarias agrícolas que permitieron un aumento en la participación de los equipos fabricados en el país, sin distinción del origen del capital. Estas políticas, si bien favorecieron un aumento del empleo local y una dinamización del mercado interno, estuvieron condicionadas por el control ejercido por parte las firmas foráneas, a la vez que las medidas se desarrollaron en un contexto de caída del valor del salario mediante la devaluación de la moneda y la inflación.

En la década de 1990, durante la vigencia del programa de convertibilidad, se experimentó una gran caída de la producción argentina de tractores y cosechadoras. Estos cambios fueron acompañados de importantes descensos de las exportaciones de estas maquinarias (en ambos subsectores la caída en unidades rondó el 71%) y fuertes alzas en las importaciones (en tractores se registró un incremento en unidades del 31%) con respecto a la década de 1980. Asimismo, a pesar del desarrollo de un proceso de cambio tecnológico y modernización de la producción agrícola, y del incentivo que gozó la incorporación de maquinaria de última generación que arribó al país con la política de apertura externa del menemismo, las ventas totales por unidad experimentaron una caída con respecto a las de la década de 1980; en el caso de las cosechadoras fue de un 8% y en el de los tractores de un 16%.

Por otra parte, como se ha señalado, a partir de mediados de la década de 1990 se incrementó la tendencia a importar partes de maquinaria desarmada, por lo que la fabricación local de unidades nuevas se trataba, en realidad, de numerosos casos de ensamblados con fuerza de trabajo más barata que la estadounidense, europea y brasileña. De esta manera, unidades presentadas como de fabricación nacional contienen lo que se denomina una forma encubierta de importación financiada por la sociedad argentina.

Un nuevo escenario se ha desplegado, entre 2002 y 2008, con la mejora de los precios internacionales de los principales granos (soja, maíz, trigo y girasol) y de la rentabilidad de la producción luego de la devaluación, incrementándose las ventas de maquinarias agrícolas con guarismos anuales que superan a los registrados durante las décadas de 1980 y 1990. En cuanto a la potencia promedio de los tractores vendidos, mientras en 1976 era de 75 CV, en 1986 alcanzaba los 97 CV, expresaba 94 CV en 1996 y se elevaba a 137 CV en 2006. Sin embargo, las importaciones participaron con un promedio del 83% de las ventas en el mercado interno de tractores y un 79% de las de cosechadoras, registrándose un intenso proceso de desnacionalización industrial. Paralelamente, se han observado incrementos de las exportaciones y de participación de maquinarias de producción local en el total de ventas internas pero la tendencia a la centralización de estos subsectores en manos de grandes empresas transnacionales (con predominio del capital estadounidense) hace moderar cualquier matiz de optimismo de estos últimos resultados, además de que el tipo de convenios bilaterales firmados con Venezuela no ha conseguido generalizarse al resto de las relaciones con los países dependientes.

Cabe subrayar entonces que, a lo largo del período analizado, el espacio agrícola pampeano ha manifestado una tendencia al reforzamiento de los lazos de la dependencia económica, expresándose en la creciente concentración y centralización del capital en los distintos eslabones que componen la cadena productiva. En el caso de los subsectores estudiados, las firmas extranjeras consolidaron su predominio participando crecientemente del mercado de tractores y cosechadoras utilizados en producción agrícola pampeana.

En el período 2002-2008, además, es oportuno señalar que sólo dos empresas –*John Deere* y *CNH*– concentraron un 40% del mercado mundial. La tendencia global a la concentración de la producción en manos de un puñado de empresas se acelera al tratarse de cosechadoras y tractores con alta tecnología (incorporación de informática, electrónica y GPS). Algunas compañías nacionales han logrado sobrevivir a la dinámica centralizadora e incluso han conseguido expandir sus plantas a otros países sudamericanos (como la radicación en Brasil de *Vassalli* en las décadas de 1960 y 1970 y *Metalfor* desde 2001), aunque esto no es generalizable al conjunto del capital nacional, dada la fuerza competitiva del capital monopolista extranjero en el mercado de maquinarias agrícolas. Las firmas locales, en general, participaron de una oferta más focalizada en las características particulares del agro regional, adaptándose a las características del terreno y los cultivos.[366]

Una perspectiva liberadora de la dependencia y centrada en el desarrollo de una producción nacional al servicio de las grandes mayorías sociales no implica solamente una cuestión de recomposición del tejido industrial y una inversión sostenida capaz de atender las potencialidades que ofrece el contexto global. Se trata, sobre todo, de situar las preocupaciones políticas en la canalización de los excedentes de la producción agraria hacia la promoción de industrias que contribuyan al crecimiento de las comunidades del interior del país, promuevan y adapten tecnologías acordes a las necesidades de medianos y pequeños productores, incorporen grandes contingentes de trabajadores a la producción y concreten un sistema tributario y crediticio que revierta las tendencias a la centralización y extranjerización de la economía.

366 *Panorama sectorial, Anuario 2008,* Buenos Aires, enero de 2009, tomo II, pp. 758-759.

CAPÍTULO 4
AGROINDUSTRIAS DE INSUMOS Y BIOTECNOLOGÍA EN LA ARGENTINA

Las agroindustrias de insumos con significación para la región pampeana pueden desagregarse en tres grandes grupos: fertilizantes, semillas (híbridas y transgénicas) y fitosanitarios (herbicidas, fungicidas, insecticidas, curasemillas y acaricidas). Estos insumos de origen industrial han incidido en la modificación del perfil tecnológico del agro nacional y regional e influido en el incremento de la producción y los rendimientos de los principales cultivos. Todo lo cual ha sido acompañado por la extensión de la siembra directa y la incorporación de nuevas maquinarias, la modernización de toda la cadena productiva agrícola y profusos debates sobre las consecuencias sociales y ambientales de estas transformaciones.

Las grandes empresas transnacionales –que controlan los mercados a escala mundial– han alcanzado un rol dominante en la provisión de los principales insumos agroindustriales y biotecnología para el agro pampeano, extrayendo cuantiosos beneficios del territorio y acentuando la integración vertical del complejo agroindustrial y la dependencia de los productores rurales respecto de las grandes empresas proveedoras de semillas y paquetes tecnológicos.[367]

En este capítulo nos proponemos, en primer lugar, conceptualizar la problemática y reseñar las principales controversias sobre el uso y desarrollo de la biotecnología y los organismos genéticamente modificados (OGM). En un segundo momento, se examinan los orígenes y la evolución de la incorporación de insumos agrobiotecnológicos al agro pampeano durante el siglo XX. En tercer orden, se revisa el marco regulatorio internacional y nacional para la utilización de los nuevos paquetes tecnológicos, problematizando la incidencia del imperialismo en su configuración. Seguidamente, se describen las principales empresas –con particular interés en aquellas que se destacan en el mercado local– y el proceso de fusiones, adquisiciones y alianzas a nivel mundial. Luego, se analiza la configuración del mercado argentino de agroquímicos y semi-

---

367 Newby, Howard y Sevilla-Guzmán, Eduardo (1983), *Introducción a la Sociología Rural*, Alianza Universidad, Madrid, pp. 81-82.

llas. Por último, se evalúan los mecanismos y los impactos por los cuales se expresan aspectos clave del sector como una manifestación particular de un capitalismo dependiente. De esta manera, el desarrollo del capítulo sitúa en primer orden la presentación de datos para arribar luego a ciertas conclusiones sobre la extranjerización del sector.

La biotecnología agrícola y los organismos genéticamente modificados (OGM)

Se entiende por biotecnología agrícola o agrobiotecnología a toda técnica que usa organismos vivos o sustancias derivadas de esos organismos, para crear o modificar un producto, mejorar plantas o animales o desarrollar microorganismos para usos específicos. Por lo tanto, en un sentido amplio, el concepto resulta extensivo a toda la manipulación humana que ha intervenido en buena parte de la historia –desde hace unos 12.000 años, con la revolución neolítica– en la elaboración de alimentos y bebidas, el mejoramiento de cultivos y la selección de animales domésticos.[368]

A principios del siglo xx, el manejo de la semilla y el descubrimiento del "valor híbrido" otorgaron a diversas compañías la propiedad privada de "los beneficios de la mejora genética que se venían compartiendo socialmente".[369] La producción de semillas híbridas –primera generación de dos líneas parentales distintas dentro de una misma especie– posee para el agricultor el atractivo de otorgar mayores rendimientos que las semillas comunes o las semillas sucesivas. De este modo, el productor rural debe comprar las semillas año a año con el fin de mantener o incrementar sus rindes. El éxito de la hibridación comercial se ha dado en cultivos como maíz, girasol y sorgo (especies alógamas) pero ha encontrado limitaciones en el cultivo de trigo y soja (especies autógamas).[370]

---

368 Morris Strauch Milstein, Mordejai (1989), "Historia de la Biotecnología", *Ciencia y desarrollo*, CONACYT, México, vol. XIV, núm. 84, enero-febrero, pp. 19-32.
369 Pengue, Walter, op. cit., p. 41.
370 "La fertilización depende de la llegada del polen a un estigma receptivo para germinar allí y aportar sus núcleos para la formación del embrión y de sus alimentos (endosperma). Existen dos tipos de polinización: autógama y alógama. Una flor polinizada con su propio polen es autógama mientras que si este proviene de otra flor de la misma especie se dice que la polinización es cruzada y la flor alógama", D'Antoni, Héctor (2008), *Arqueoecología: sistémica y caótica*, CSIC, Madrid, p. 79.

No obstante, la industria biotecnológica tiene una existencia relativamente reciente. En la década de 1970, la fusión entre biotecnología molecular e industria de la fermentación permitió las primeras aplicaciones prácticas de la técnica del ácido desoxirribonucleico (ADN) recombinante en el campo de las bacterias y las levaduras, lo cual benefició a la producción farmacéutica y agroindustrial.[371] En la actualidad, la biotecnología integra conocimientos científicos provenientes de distintas disciplinas (genética, genómica[372], bioquímica, biología molecular, embriología, biología celular) con diversas áreas técnicas (ingeniería química, robótica, ingeniería agronómica) en el desarrollo de nuevos componentes genéticos y moleculares de los cultivos y animales o de nuevos productos que alteran su composición. Paralelamente, se han desarrollado, principalmente en Estados Unidos y Europa, innovadoras empresas especializadas en biotecnología, las cuales, frecuentemente, han sido adquiridas por grandes empresas transnacionales de las industrias farmacéutica o química o de insumos agroindustriales.

Otro paso importante en el desarrollo biotecnológico ha sido la adopción de los OGM vegetales a partir de la década de 1980.[373] Desde en-

---

371 En 1953, el estadounidense James Watson y el inglés Francis Crick descubrieron la estructura de doble hélice del ADN, que contiene la información necesaria para ordenar los aminoácidos correctamente, a efectos de transmitir características de una generación a otra. Véase Tamames, Ramón (2003), *Los transgénicos. Conózcalos a fondo*, Ariel, Barcelona, p. 32; Katz, Jorge y Bárcena, Alicia, "El advenimiento de un nuevo paradigma tecnológico. El caso de los productos transgénicos", en: Bárcena, Alicia, Katz, Jorge, Morales, César y Schaper, Marianne (edit.) (2004), *Los transgénicos en América Latina y el Caribe: un debate abierto*, CEPAL, Santiago de Chile, p. 23.

372 La genómica es una *"subdisciplina de la genética que se ocupa del mapeo, secuenciación y análisis de la funciones de genomas completos"*. Véase: Echenique, Viviana, Schrauf, Gustavo y Selva, Juan, "Genómica", en: Echenique, Viviana, Rubinstein, Clara y Mroginski, Luis (comp.) (2004), *Biotecnología y mejoramiento vegetal*, Ediciones INTA, Buenos Aires, p. 213.

373 "En 1983 se informaron los primeros experimentos de expresión de un transgén (gen introducido) en células vegetales y al año siguiente se obtuvieron las primeras plantas transgénicas (tabaco y petunia). Desde entonces se ha extendido la aplicación de esta tecnología a unas 120 especies. (...) Entre sus aplicaciones se encuentran la obtención de plantas con resistencia a virus, insectos, hongos y bacterias, tolerancia a herbicidas y a estreses abióticos y modificación de calidad nutritiva de los cultivos entre otras". Véase: Díaz, Marina, Zappacosta, Diego, Franzone, Pascual y Ríos, Raúl, "Transformación genética", en: Echenique, Viviana, Rubinstein, Clara y Mroginski, Luis (comp.) (2004), *Biotecnología y mejoramiento vegetal*, Ediciones INTA, Buenos Aires, p. 109.

tonces, en torno a los OGM y sus costos y beneficios ambientales, sociales y económicos se desataron una serie de controversias. En resumidas cuentas, las posturas a favor de los OGM enfatizan las ventajas actuales y potenciales de estos productos: incremento de los rendimientos, reducción del consumo de fitosanitarios, simplificación de labores, obtención de alimentos con mejores propiedades que los tradicionales y capacidad de reducción del hambre a nivel mundial.[374] Las posiciones en contra consideran que el consumo de estos bienes es poco seguro y confiable para la salud humana, cuestionan el carácter privado de las nuevas tecnologías y sus derechos de propiedad, exponen los riesgos ambientales y sanitarios asociados a su uso en la producción agropecuaria, argumentan sobre la dependencia del productor respecto del paquete tecnológico[375], la concentración de la innovación biotecnológica y el control de la alimentación de la humanidad en manos de un pequeño grupo de grandes empresas transnacionales, y sostienen que su utilización deteriora la soberanía alimentaria.[376] Sería conveniente acotar que las argumentaciones a favor no siempre niegan la fuerte injerencia de las grandes empresas en el desarrollo rural, o sea que no sería un argumento que diferencie ambas posturas.[377]

---

374 Hodson de Jaramillo, Elizabeth y Carrizosa, María (2008), "Mejora nutricional en alimentos derivados de Organismos Genéticamente Modificados OGM", *Biotecnología y Alimentación*, Bogotá, núm. 5, abril-junio, pp. 3-4.

375 La generación de nuevas variedades de semillas a través de la hibridación o de la transgénesis está asociada a la producción de insumos externos (fertilizantes químicos y fitosanitarios) que conforma un paquete tecnológico.

376 Es un concepto que refiere al derecho de cada nación a definir su propia política agraria y alimentaria incorporando una gran cantidad de temáticas que le atañen, como la reforma agraria, la biodiversidad, la producción local y la salud de la población. La utilización del término está ampliamente presente entre los movimientos sociales y las organizaciones campesinas, particularmente aquellas que forman parte a nivel internacional de la Vía Campesina.

377 Cfr. Trigo, Eduardo, Chudnovsky, Daniel, Cap, Eugenio y López, Andrés (2002), *Los transgénicos en la agricultura argentina. Una historia con final abierto*, Libros del Zorzal, Buenos Aires, pp. 16-17. Véase, también, Solbrig, Otto T., "Ventajas y desventajas de la agrobiotecnología", en: Bárcena, Alicia, Katz, Jorge, Morales, César y Schaper, Marianne (edit.), op. cit., pp. 33-69. Por su parte, Horacio Giberti, ex presidente de INTA y ex secretario de Agricultura y Ganadería de la Nación, ha sostenido: "En cuanto a la biodiversidad, la soja transgénica sin duda la disminuye, pero resta agregar que lo mismo sucede en mayor o menor escala toda vez que el hombre se instala en algún espacio, desarrolla su vida doméstica, cría plantas y animales, y defiende su persona y su hábitat de todo lo que considera dañino (...) Parece pueril oponerse a los transgé-

Nuestra perspectiva frente a la polémica es que no se trata simplemente de los efectos de la biotecnología sino de los del imperialismo (con sus tendencias a la concentración de la producción, la monopolización de la propiedad de los medios de producción y la tecnología, la centralización del capital, la extracción de plusvalía de los países dependientes, y la expropiación masiva de pequeños y medianos productores y empresas).

Orígenes y antecedentes de la incorporación de insumos agrobiotecnológicos en el escenario internacional y su relación con el ámbito pampeano (desde el siglo XIX a 1976)

En el plano internacional, en la primera década del siglo XIX, comenzaron a expandirse los estudios universitarios de química y biología. En 1840, en Alemania, Justus von Liebig publicó su célebre *Cartas sobre la química y sobre sus aplicaciones a la industria, a la agricultura y a la fisiología*[378]; obra en la que reconoció el poder de los fertilizantes a base de nitrógeno y realizó destacados aportes a la nutrición vegetal. El país teutón alcanzó en este siglo un gran prestigio en el desarrollo de sus estaciones experimentales, modelo que posteriormente se difundió en Estados Unidos, Japón y toda Europa.

Vale destacar también, entre los desarrollos decimonónicos, el realizado por el francés Louis de Vilmorin sobre la teoría de la herencia vegetal publicada en 1856 y el del austríaco Gregor Mendel, cuyo aporte a la genética (Leyes de Mendel) no fue valorado en el momento de su publicación (1866). Posteriormente, en 1900, los científicos Carl Correns, Erich von Tschermak y Hugo de Vries –trabajando en forma independiente– alcanzaron resultados similares.

Hacia los primeros años del siglo XX se originó la industria semillera, estableciéndose un sector específico de la economía en la selección,

---

nicos porque provienen de grandes empresas que pueden dominar el mercado e incluso condicionar al agricultor. El peligro existe, pero no se soluciona negando el progreso sino mediante acciones estatales que encaucen a tales empresas y desarrollen la tecnología nacional. A nadie se le ocurriría oponerse a los automóviles porque lo producen poderosas empresas capaces de manejar el mercado." Giberti, Horacio (2003), "Modernizado e insatisfactorio sector agropecuario", *Realidad Económica*, núm. 200, 16 de noviembre al 31 de diciembre, pp. 110-111.

378 Liebig, Justus Von (1845 [1840]), *Cartas sobre la química y sobre sus aplicaciones a la industria, a la fisiología y a la agricultura*, Morán, Salamanca.

producción y comercialización de semillas. En Estados Unidos, el vigor híbrido o heterosis del maíz se descubrió en 1903 y en 1921 el del sorgo. En 1924, Henry Agard Wallace[379] comenzó la venta de semillas híbridas de maíz y en 1926 fundó *Pionner*. En 1929, desarrolló una línea comercial del sorgo híbrido.

En la Argentina, durante el siglo XIX y los comienzos del XX, las primeras semillas de los actuales cultivos pampeanos fueron traídas por los inmigrantes que arribaron al país, o fueron desarrolladas por compañías privadas y el Estado, no existiendo regulación de ninguna naturaleza. Las diferentes variedades de trigo que se incorporaron recibieron su denominación a partir de los vínculos que las unían a las distintas corrientes inmigratorias: "francés", "ruso", "húngaro", "Costa de Bari", "japonés", etc. El maíz –originario de América– era reintroducido procedente de Italia.[380] Los girasoles derivaron de los "gigantes de Rusia", de ciclo largo y bajo contenido de aceite, traídos principalmente por colonos judíos.[381]

Los estudios genéticos del sector público comenzaron en 1872, durante la presidencia de Domingo Faustino Sarmiento, con la fundación del Instituto Agronómico Veterinario de Santa Catalina. En 1883 se iniciaron los estudios superiores –con un plantel docente de científicos belgas y franceses– y en 1887 egresó la primera promoción. En esos años también empezaron a expandirse las estaciones y chacras experimentales.[382]

Los primeros fitomejoradores contratados en el país procedían del exterior. En 1912, el gobierno argentino contrató a William Backhouse, procedente de Inglaterra. En 1917, el alemán Enrique Klein –quien se encontraba en Uruguay acompañando a su coterráneo el doctor Alberto Boerger– fue contratado por la *Cervecería Quilmes* como consultor y criador del cultivo de cebada. En 1919, Klein fundó en Argentina un criadero con su nombre que se destacaría en la producción de trigo y cuya presencia en el mercado se extiende hasta la actualidad.[383]

---

379 Henry Agard Wallace fue vicepresidente de Estados Unidos entre 1941-1945.
380 Gutiérrez, Marta y Jacobs, Eduardo (1986), *La industria de las semillas en Argentina*, CISEA, Buenos Aires, p. 8.
381 Feierstein, Ricardo (2006), *Historia de los judíos argentinos*, Galerna, Buenos Aires, p. 84.
382 Graciano, Osvaldo (2004), "Los caminos de la ciencia. El desarrollo inicial de las ciencias agronómicas y veterinarias en Argentina, 1860-1910", *Signos Históricos*, UAM-Iztapalapa, México, julio-diciembre, pp. 8-36.
383 Krug, C. A. y Carvalho, A. (1967), "El fitomejoramiento", en: AA.VV., *Las ciencias agrícolas en América Latina: progreso y futuro*, IICA, San José de Costa Rica, p. 301; Pastore, Rodolfo y Teubal, Miguel (1992), "Articulaciones agroindustriales en el complejo cervecero", *Desarrollo Económico*, vol. 31, núm. 124, pp. 523-544.

Los desarrollos de los híbridos de maíz en la Argentina se realizaron en primera instancia a través del sector público. En 1923, el Ministerio de Agricultura contrató al fitotecnista estadounidense Thomas Bregger.[384] En el mismo año arribó a la Argentina José Buck, un agrónomo alemán que en 1930 fundaría una empresa semillera nacional de larga trayectoria, participando en la realización de ensayos en la Estación Experimental de Devoto (provincia de Córdoba) y posteriormente contratado para trabajar en la Chacra Experimental de La Previsión (actual Barrow) cercana a la ciudad de Tres Arroyos (provincia de Buenos Aires). También en 1930, la Facultad de Agronomía de Buenos Aires nombró al frente de su Instituto de Genética al ingeniero argentino Salomón Horovitz, quien realizó estudios de posgrado sobre fitomejoramiento en Estados Unidos.[385] A partir de 1935, los ingenieros Antonio Marino y José Luna trabajaron en el Instituto de Investigación Agrícola Ganadera Ángel Gallardo de la provincia de Santa Fe, que había sido fundado ese mismo año durante la gobernación de Luciano Molinas.[386] En ese instituto, en 1945, se obtuvieron los primeros híbridos dobles de maíz de la Argentina: el *Santa Fe 2* y el *Santa Fe 3*. En 1962, en la Estación Experimental del Instituto Nacional de Tecnología Agropecuaria (INTA) de Pergamino se logró el *Abatí INTA*.[387]

Una experiencia pionera del capital nacional fue producida en 1951 por la empresa *Santa Úrsula,* la cual inscribió su primer híbrido de maíz: el *Morgan Rendidor*. De esta manera, se adelantó en tres años a la inscripción de quien resultaría su principal competidor en el mercado local: *Cargill.*

En cuanto a las empresas extranjeras, en 1947 *Cargill* se instaló en Pergamino (provincia de Buenos Aires) y desarrolló su criadero sobre la base de los materiales genéticos creados por las instituciones públicas y contratando al ingeniero Marino. En 1954 logró inscribir su primer híbrido de maíz en el mercado argentino: el *Cargill Récord 1*. En 1974, registró el segundo híbrido de girasol del mercado argentino.

---

384 Gutiérrez, Marta y Jacobs, Eduardo, *La industria de las semillas en Argentina*, op. cit., p. 27.

385 Vessuri, Hebe (2002-2003), "El hombre del maíz en la Argentina. Salomón Horovitz y la tecnología de la investigación en la fitotecnia sudamericana", *Estudios Interdisciplinarios de América Latina y el Caribe*, vol. 14-1.

386 Pizarro, José, "Principales factores condicionantes de la evolución maicera en la región pampeana", en: Puignau, Juan (1995), *Maíz: sistemas de producción*, IICA-PROCISUR, Montevideo, p. 93.

387 Rossi, Daniel (2007), "Evolución de los cultivares de maíz utilizados en la Argentina", *Revista Agromensajes de la Facultad*, núm. 22, Facultad de Ciencias Agrarias Universidad Nacional de Rosario, Rosario, agosto, pp. 3-10.

En 1956, se incorporó la empresa *Dekalb* al mercado a través de un contrato con la firma *Agrosoja* y en 1972 inscribió el primer híbrido de girasol que aparece en el mercado nacional. [388]

Tanto a nivel mundial como en la Argentina, la primera etapa de desarrollo del fitomejoramiento genético estuvo liderada por las instituciones oficiales. A partir de la década de 1960, el sector privado comenzó a tener resultados similares a los del sector público y empezó a desplazarlo en materia de desarrollo biotecnológico. En el caso de las firmas nacionales, se observa un proceso de asociación con compañías extranjeras a partir de esta época, pasando luego a operar como filiales de esas empresas.

Al iniciarse la década de 1970, estimuladas por la necesidad de aumentar sus ganancias tras la quiebra del ordenamiento internacional de Bretton Woods y el fin del período de crecimiento sostenido de la segunda posguerra[389], las grandes compañías transnacionales de la industria química y farmacéutica aceleraron su concentración adquiriendo o fusionándose con firmas semilleras líderes (proceso que no excluyó otras áreas de la economía global). Entre los casos más resonantes en el sector se registraron la compra de *Northrup King* por la empresa suiza *Sandoz* en 1976 y el *joint venture* de *Dekalb* con *Pfizer*.[390]

En consonancia con un marco donde el capital imperialista conseguía consolidar su peso relativo en el proceso de acumulación interno de la Argentina, la actividad del INTA fue disminuyendo paulatinamente en el área del desarrollo biotecnológico. Al promediar 1976, la política oficial de producción de semillas ubicó al INTA en un lugar complementario de la actividad privada, colocando a disposición de los criaderos fiscalizados los materiales genéticos desarrollados por el sector público.[391]

---

388 Para el desarrollo de la constitución de las empresas nacionales y el arribo de firmas foráneas nos hemos guiado principalmente con Gutiérrez, Marta y Jacobs, Eduardo, *La industria de las semillas en Argentina*, op. cit.

389 Vidal, Gregorio (2001), *Privatizaciones, fusiones y adquisiciones: las grandes empresas en América Latina*, Anthropos Editorial, Barcelona, pp. 79-81.

390 En 1982, *Dekalb* formó una empresa conjunta con *Pfizer*, denominada *Dekalb-Pfizer Genetics* y posteriormente *Dekalb Corporation*. Entre 1996 y 1998 se concretó la adquisición de esta empresa por parte de *Monsanto*.

391 Gutiérrez, Marta, "Políticas de genética vegetal", en: Barsky, Osvaldo (edit.) (1991), *El desarrollo agropecuario pampeano*, Grupo Editor Latinoamericano, Buenos Aires.

El marco regulatorio: su articulación con los intereses de las empresas transnacionales

Las transformaciones del conocimiento biotecnológico conllevaron modificaciones en la esfera jurídico-legal a escala internacional y nacional. Los derechos de propiedad intelectual sobre las semillas y los paquetes tecnológicos asociados suscitaron el interés de juristas y abogados por afirmar la apropiación privada de los nuevos conocimientos y productos. En este sentido, cabe indagar acerca de los marcos regulatorios globales en los principales países productores de biotecnología –Estados Unidos y la Unión Europea– y en el ámbito nacional, escenarios en los cuales se encuadran los intereses y las disputas entre las principales corporaciones productoras de insumos agropecuarios y biotecnológicos, así como sobre la dinámica experimentada por este sector en el período bajo análisis.

El escenario internacional

Tanto en el ámbito de las relaciones internacionales como en cada uno de los países productores y consumidores, se establecen distintas legislaciones vinculadas al uso y la comercialización de los OGM. Los principales aspectos que se atienden en el marco regulatorio son los relacionados con los riesgos ambientales y sanitarios, el derecho de los ciudadanos a la información sobre los alimentos que se consumen y la propiedad intelectual de las innovaciones biotecnológicas. No obstante, las condiciones para la aprobación experimental y para la comercialización varían en los diferentes países en función de los intereses de las empresas transnacionales, expresados en los Estados-nación imperialistas y en la asociación subordinada de las burguesías intermediarias de los países dependientes.

Una de las primeras legislaciones sobre derechos del inventor de una nueva variedad se concretó en 1930 en Estados Unidos. Esta ley fue denominada *Plant Patent Act* (PPA) y otorgaba a los fitomejoradores de plantas que se reproducen asexualmente (excluidos los tubérculos) derechos de propiedad transitoria sobre sus productos, prohibiéndose temporariamente a terceros su comercialización y confiriendo a su creador una renta monopólica. En principio, su aplicabilidad se observó principalmente en especies frutales y ornamentales.[392] Este tipo de medidas,

---

392 Gutiérrez, Marta y Jacobs, Eduardo (1986), *La industria de las semillas en Argentina*, CISEA, Buenos Aires, p. 5.

semejantes a las patentes de invención, se extendieron a todo el mundo a partir de la década de 1960 y expresaron una avanzada del capitalismo en la apropiación de los denominados bienes comunes de la humanidad, estableciendo sistemas legales que permiten el patentamiento de seres vivos.[393]

En 1967, en Ginebra, se firmó el convenio de creación de la Organización Mundial de la Propiedad Intelectual (OMPI), que entró en vigor en 1970 y en 1974 pasó a transformarse en una agencia especializada de la ONU. En su seno se administran varios acuerdos internacionales vinculados a organismos vivos como los de la *Union for the Protection of New Plant Varieties* (UPOV).

Desde 1961, la UPOV estableció un sistema de protección a nivel internacional para los obtentores que desarrollan una nueva variedad vegetal. Las actas de esta organización han sido modificadas varias veces. Argentina adhirió al Acta de 1978, mientras otros países ya han ratificado el Acta de 1991. Los obtentores tienen derechos sobre las nuevas variedades vegetales aparecidas en los últimos 15 años según el Acta de la UPOV de 1978, los que se extendieron a 20 años en 1991. A su vez, el Acta de 1991 permite la "excepción del fitomejorador" (*breeders exemption*), que posibilita que un tercero desarrolle actividades de investigación sobre variedades previamente protegidas e introduce el concepto de "variedad esencialmente derivada", protegiendo los derechos de las variedades vegetales ya existentes. De esta manera, se logran derechos para el obtentor de la nueva variedad que son también otorgados a los del criador de la variedad inicial, evitándose que, mediante ingeniería genética, una empresa se apropie de todas las variedades existentes de un solo cultivo colocándoles un nuevo gen. Entre las reformulaciones del Acta de 1991, figuran las restricciones a los "derechos del agricultor" y el reconocimiento a la doble protección del fitomejorador, facilitando la

---

393 Cuestión que ha llevado a posiciones divergentes entre quienes reivindican el cobro de regalías por las modernas tecnologías de *breeding* y quienes defienden el aporte de los agricultores en el mejoramiento de las variedades vegetales. Entre los que defienden la primera posición, aunque reconocen "la posibilidad de uso propio gratuito sólo ante supuestos de agricultura de subsistencia o de pequeña escala", véase: Nuñez, Javier Fernando (2006), "Propiedad intelectual sobre obtenciones vegetales: cuestiones en debate", *Revista de Jurisprudencia Argentina*, Lexis-Nexis, Buenos Aires, Fascículo 8 (2006-I). Se ubican entre los defensores de los derechos del agricultor: Federación Agraria Argentina (2005), *Patentamiento y regalías en semillas. Un país que regala soberanía. Accionar y posición de Federación Agraria Argentina*, Tekhne, Rosario.

adquisición de derechos de propiedad intelectual según la UPOV y la legislación sobre patentes.[394]

A partir de la década de 1970, con el desarrollo de variedades transgénicas, las discusiones en torno a la evaluación de la bioseguridad –es decir, los potenciales riesgos o daños para el ser humano, la flora y la fauna tanto en el presente como en el futuro– y los derechos de propiedad intelectual se acentuaron.

En 1975, en la Conferencia de Asilomar (Estados Unidos), un grupo internacional de científicos dio los primeros pasos para el desarrollo de políticas de control de la seguridad de organismos recombinantes, estableciendo principios de prudencia para tratar los riesgos potenciales.

Los intereses imperialistas expresados en la OCDE han intervenido en las actividades intersectoriales relacionadas con la bioseguridad, utilizando esta entidad como instrumento de confrontación con otras jurisdicciones económicas.[395] En 1986, la institución convocó a una reunión de expertos que reunió sus recomendaciones para la regulación de la biotecnología en el llamado "Libro Azul" (*Blue Book*)[396] y, en 1990, publicó la obra *Buenas prácticas de desarrollo*.[397] En 1993, la organización formuló el concepto de "equivalencia sustancial", a través del cual las corporaciones transnacionales conseguirían la legitimación de sus productos y establecían un marco de referencia que orienta la evaluación de inocuidad de nuevos alimentos, tomando "como referencia los cultivos o alimentos

---

394 Bravo, Elizabeth (2005), "Derechos de propiedad intelectual y los OGM", *Revista Biodiversidad*, abril.

395 Nos referimos a los intereses predominantes que se manifiestan en la institución. Con esto no queremos decir que todos los países nucleados en la OCDE expresen los objetivos del capital imperialista dado que, junto a Estados Unidos, Gran Bretaña, Francia, Alemania, Japón, Canadá e Italia (Grupo de los 7 o G 7), también la integran naciones dependientes como por ejemplo Irlanda, Turquía y Grecia. Para una reflexión sobre la cuestión véase Smouts, Marie-Claude, "É possível democratizar a governança da economía política global?", en: Gómez, José María (2004), *América Latina y el (des)orden global neoliberal: hegemonía, contrahegemonía, perspectivas*, CLACSO, Buenos Aires, pp. 15-28.

396 Organización de las Naciones Unidas para la Agricultura y la Alimentación (FAO) (2007), *Instrumentos de la FAO sobre bioseguridad*, FAO Roma, p. 116.

397 De Greef, Willy, "Riesgos y regulación de la biotecnología: conceptos básicos y breve historia", en: Jaffé, Walter (1994), *Armonización de la bioseguridad en el Cono Sur: supervisión de plantas transgénicas*, IICA San José de Costa Rica, p. 26.

conocidos y aceptados como seguros y comparándolos con sus versiones mejoradas mediante ingeniería genética"[398].

En cuanto a los derechos del obtentor, podemos señalar que la protección técnica de una semilla varía entre diferentes especies y formas de propagación. Mientras que las semillas híbridas tienen una alta protección dada la dificultad para transmitir el potencial híbrido a otras generaciones mediante una nueva siembra o de obtener similares cualidades si el cruzamiento que da origen al híbrido queda en secreto, las semillas autógamas modificadas por transgénesis pueden ser utilizadas en forma ininterrumpida sin ver alteradas sus cualidades.[399]

De esta manera, en el marco de las vertiginosas transformaciones biotecnológicas y el interés que despiertan en las grandes empresas transnacionales resulta que la "importancia de la propiedad intelectual como medio legal de apropiación de los resultados de la innovación y el cambio tecnológico es inversamente proporcional a la protección técnica, o dificultad relativa de imitar un producto o un proceso, debido a los obstáculos que impiden el acceso al conocimiento o a los materiales pertinentes para producirlo."[400]

El procedimiento de aprobación de los OGM está sujeto a una serie de etapas. Inicialmente consiste en la evaluación de la experimentación y/o liberación al medio de las variedades desarrolladas en laboratorio, considerándose los potenciales impactos agroambientales y los posibles efectos en la salud humana. La primera aprobación que se recibe es en carácter de cultivo experimental y se mantienen en observación los efectos sobre el ambiente y la salud. Luego de varios años podría recibirse su

---

398 Rubinstein, Clara, "Criterios científicos para la evaluación de la bioseguridad de organismos genéticamente modificados", en: Echenique, Viviana, Rubinstein, Clara y Mroginski, Luis (comp.) (2004), *Biotecnología y mejoramiento vegetal*, Ediciones INTA, Buenos Aires, p. 377.

399 No obstante, se ha desarrollado una biotecnología que permite obtener OGM vegetales –las llamadas "semillas *Terminator*"– cuya segunda generación devenga estéril pero no se han aprobado para los cultivares comerciales. Véase Pessanha, Lavinia y Wilkinson, John (2005), *Transgênicos, recursos genéticos e segurança alimentar: o que está em jogo nos debates?*, Amazém do Ipê, Campinas, pp. 23-24.

400 Brieva, Susana, Ceverio, Rocío e Iriarte, Liliana (2008), "Trayectoria de las relaciones socio-técnicas de los derechos de propiedad intelectual en la agricultura argentina: los derechos de obtención de semillas (DOV) en trigo y en soja desde principios de los años '70 a la actualidad", *XXI Jornada de Historia Económica*, Caseros, p. 2.

aprobación para la comercialización, aunque continuándose con el monitoreo de los posibles impactos negativos.

Las controversias sobre los potenciales riesgos para los consumidores han llevado al debate sobre el sistema de etiquetado (rotulado) o *labelling* de los OGM, el cual ha llevado al establecimiento de distintas posiciones a favor y en contra.

Entre los países que se han opuesto al etiquetado están Estados Unidos y Canadá, que autorizan la producción de transgénicos en sus respectivos territorios. Lo cual explicita la intimidad entre las corporaciones y el gobierno de esos países. De esta manera, los mecanismos de acción estatal de las naciones imperialistas contribuyen a proteger y legitimar los derechos de las clases y los grupos económicos dominantes en sus respectivos estados, manteniendo un marco jurídico acorde a estos intereses. El principal argumento que esgrimen es que etiquetar a los OGM haría suponer a los consumidores que se trata de productos que potencialmente pueden dañar su salud o ser pocos seguros. Plantean establecer medios de información alternativos para los consumidores y que no existe la misma presión para informar sobre los agroquímicos que utilizan los cultivos convencionales.

La postura de Estados Unidos, en el ámbito internacional, es la defensa del "principio de equivalencia sustancial" que –como se ha señalado– fue acuñado por la OCDE en 1993 y establece igual tratamiento en el mercado para los nuevos alimentos o nuevos ingredientes que resulten sustancialmente equivalentes a otros ya existentes en el mercado o una evaluación más estricta con animales de experimentación si la comparación revelara diferencias significativas.[401] Los organismos de competencia sobre los OGM en Estados Unidos son la *Food and Drug Administration* (FDA), el *United States Department of Agriculture* (USDA) y la *Environmental Protection Agency* (EPA).[402]

En la Unión Europea –aunque reconoció el "principio de equivalencia sustancial" en su legislación– se estableció, en 1997, que todo alimento que contenga OGM deberá ser etiquetado y se ha adoptado el llamado "principio precautorio"[403]. En 2002, la Unión Europea definió explícita-

---

401 No obstante, este principio ha sido muy discutido por su simplicidad aduciéndose que deberían hacerse pruebas de laboratorio más estrictas en cuanto a los aspectos biológicos, inmunológicos y toxicológicos.

402 Trigo, Eduardo, Chudnovsky, Daniel, Cap, Eugenio y López, Andrés, op. cit., p. 46.

403 En 1997, se aprobó el Reglamento (CE) nº 258/97 del Parlamento Europeo y del Consejo de 27 de enero de 1997 sobre nuevos alimentos y nuevos ingremente este principio –con aplicación tanto a OGM como a la introducción de alimentos para el consumo humano y animal en general– como aquel que concierne a medidas de gestión del riesgo frente a los posibles efectos negativos sobre la salud o a la incertidumbre desde el punto de vista científico sobre los posibles daños ambientales y sanitarios. Paralelamente, se creó la Autoridad Europea de Seguridad Alimenticia con atribuciones para suspender importaciones o establecer condiciones para la introducción de alimentos bajo este lineamiento, aún argumentando que su consideración no debe ser restrictiva del comercio y deben revisarse sus medidas en un período razonable de tiempo. De este modo, debe tenerse en cuenta que la aplicación del "principio precautorio" deja un amplio margen para el encubrimiento de fines proteccionistas, por lo que su instrumentación por parte de los intereses imperialistas europeos está en consonancia con la acentuada rivalidad entre las corporaciones de ese origen y las empresas transnacionales estadounidenses y la regulación de importaciones y subproductos provenientes de terceros países que compiten con la producción europea.

Las discusiones en torno a los OGM y las disputas entre los grandes monopolios del complejo agroalimentario global se trasladaron a los diversos foros internacionales, entre los que se destacan el Protocolo de Bioseguridad, el Codex Alimentarius y la Organización Mundial de Comercio (OMC).[404]

El Protocolo de Cartagena sobre Seguridad Biológica inició sus negociaciones en 1996 en la Conferencia de las Partes del Convenio sobre Diversidad Biológica y finalizó en 2000 con la firma de un acuerdo en Montreal, y es el único texto legal que regula el movimiento transfronterizo de OGM. El texto reconoce el "principio precautorio" y autoriza a los países firmantes a imponer restricciones a la importación de OGM.

---

dientes alimentarios y, en 1998, el Reglamento (CE) Nº 1139/98 del Consejo de 26 de mayo de 1998 relativo a la indicación obligatoria, en el etiquetado de determinados productos alimenticios fabricados a partir de organismos modificados genéticamente. En marzo de 2001, a través de la Directiva 2001/18/CE del Parlamento Europeo y del Consejo sobre la liberación intencional en el medio ambiente de organismos modificados genéticamente, se aprobaron en la Unión Europea modificaciones que incluyen la trazabilidad de los productos destinados a la alimentación tanto humana como animal. En otros países, como Australia, Nueva Zelanda, Japón, Corea del Sur, Indonesia, Tailandia, Hong Kong, China, México, Etiopía y Sudáfrica ya se han implementado sistemas de etiquetado obligatorio para los alimentos.

404 Pessanha, Lavinia y Wilkinson, John, *Transgênicos, recursos genéticos e segurança alimentar: o que está em jogo nos debates?*, op. cit., pp. 30-52.

No obstante, el protocolo todavía no ha sido ratificado por al menos 50 países de los 140 que intervinieron en su negociación, no ha quedado resuelta la compatibilidad con las disposiciones de la OMC y es posible que surjan situaciones conflictivas en la implementación práctica.

El Codex Alimentarius fue creado en 1962 por acción conjunta de la Organización Mundial de la Salud (OMS) y la Organización de las Naciones Unidas para la Alimentación y la Agricultura (FAO) y tiene la función de establecer estándares, recomendaciones y lineamientos sobre la sanidad y seguridad de los alimentos. En referencia a los OGM, en 1993, el Codex comenzó las deliberaciones sobre etiquetado sin llegarse a acuerdos efectivos al respecto, generando una creciente segmentación de mercados en el comercio mundial de alimentos. Además de los delegados gubernamentales, han participado como consultores permanentes los representantes de *Coca-Cola*, *Nestlé*, *Bayer*, *BASF*, *DuPont*, *Monsanto*, y otros.[405] De esta manera, las conclusiones sobre los efectos de los alimentos transgénicos sobre la salud humana se subordinan a los intereses de las empresas imperialistas interesadas en el negocio, conformando una red de complicidades que involucra gobiernos, agencias nacionales e internacionales, especialistas, centros de investigación científica y empresas subordinadas e intermediarias.

La OMC –institución que, como se señaló en el primer capítulo, ha resultado un actor clave en las políticas de liberalización comercial impulsadas por las principales potencias económicas– inicialmente prohibía establecer restricciones sobre la base de los impactos negativos de los procesos productivos. Sin embargo, en los últimos años –en el marco de las disputas interimperialistas entre las corporaciones europeas y norteamericanas–, la organización admitió la validez de estas restricciones cuando no son aplicadas en forma discriminatoria, arbitraria e injustificable. Dentro de la OMC hay dos acuerdos vinculados a los OGM: el Acuerdo sobre la Aplicación de las Medidas Sanitarias y Fitosanitarias (SPS) y el Acuerdo sobre Obstáculos Técnicos al Comercio (TBT). El primero establece que un país puede adoptar normas destinadas a garantizar la inocuidad de alimentos, la protección de animales y la preservación de los vegetales a través de medidas sanitarias y fitosanitarias. Los países pueden establecer medidas más rigurosas si se fundan en una justificación científica. El segundo cubre las restricciones a la importación o la exportación basadas en estándares y regulaciones técnicas, estableciendo que toda norma técnica no restrinja el comercio más allá de

---

405 Andrioli, Antônio y Fuchs, Richard, op. cit, p. 189.

lo necesario para alcanzar la seguridad nacional, la salud humana y la seguridad de la vida animal y vegetal.

En el seno del SPS, Estados Unidos y Canadá han presentado sus quejas con respecto a las medidas de etiquetado (o rotulado) y trazabilidad adoptadas por la Unión Europea y a los sistemas de regulación implementados por China.

En cuanto a los derechos de propiedad intelectual, los principales monopolios productores de biotecnología que influyen en las políticas de sus respectivos estados han bregado por la firma de acuerdos que regulen este aspecto desde fines de la década de 1970. El acuerdo *Trade-Related Aspects of Intellectual Property Rights* (TRIPS) o Acuerdo sobre los Aspectos de los Derechos de Propiedad Intelectual relacionados con el Comercio (Acuerdo sobre los ADPIC) –firmado en 1994 en el marco de la Ronda Uruguay del GATT– permitió a los países firmantes la exclusión de plantas y animales del sistema de patentes. Sin embargo, con la participación de empresas como *Bristol Myers Squibb*, *Dupont*, *Cargill* y *Monsanto*, en el Comité para la Propiedad Intelectual se establecieron derechos de propiedad sobre variedades vegetales y microorganismos.[406] Estas negociaciones concluyeron en la aprobación, como parte del conjunto dc medidas asociadas a la OMC. Para 2001, producto de un acelerado proceso de concentración industrial registrado en las décadas de 1970 y 1980, las seis mayores compañías de agroquímicos del mundo concentraban el 80% del mercado global y las cinco principales empresas productoras de semillas reunían el 90% del mercado de transgénicas y el 40% del mercado de convencionales.[407]

En Estados Unidos, la conexión entre las empresas semilleras y de innovación biotecnológica y el aparato estatal se ha expresado en el establecimiento de una legislación acorde a los intereses de las corporaciones. En 1970, se promulgó la *Plant Variety Protection Act* (PVPA), incluyendo la protección de la propiedad de nuevas variedades de plantas que se reproducen sexualmente, es decir, mediante el uso de semillas, lo cual era restringido dentro de la PPA. La ley ha tenido distintas enmiendas: en 1980, se incluyeron patentes de algunas hortalizas; y, en 1994, se reconocieron beneficios si la materia patentable fuera utilizada por terceros.

---

406 López Monja, Carina, Perelmuter, Tamara y Poth, Carla, op. cit., p. 105.

407 Fuchs, Richard, "O negocio como patentes no caso das sementes transgênicas: 20 anos de royalties", en: *Andrioli, Antônio y FUCHS, Richard, op. cit., pp. 191-199.*

En 1980, se promulgó la *Bayh-Dole Act*, que permitió a universidades, fundaciones y pequeñas empresas patentar sus innovaciones tecnológicas financiadas con apoyo de fondos federales y beneficiarse por el cobro de regalías[408], manifestándose de esta manera la incidencia ideológica del imperialismo en el ámbito educativo y otras esferas de la vida pública.

En la misma década, la Justicia norteamericana ha permitido el patentamiento de organismos vivos como bacterias, luego del fallo *Diamond-Chakrabarty*[409]. Posteriormente, se otorgaron derechos de propiedad intelectual sobre sustancias extraídas de la naturaleza y partículas subcelulares como los genes. En 1986, se reconocieron los derechos sobre plantas y animales transgénicos. El mismo año, a través de la *Federal Technology Transfer Act*, se autorizó la comercialización de descubrimientos realizados en laboratorios federales y la participación de los científicos en su beneficio de las empresas que los adoptan. Paralelamente, la legislación norteamericana establece severas restricciones a la retención de semillas para resiembra por parte de los agricultores (*farmers privilege*) y limita severamente el alcance de las excepciones para los fitomejoradores a fin de incrementar las ganancias de las empresas y proteger sus mercados.[410]

En cuanto a la Unión Europea, en 1994, en concordancia con el interés geopolítico de sostenimiento a la población rural, se exceptuó a los pequeños agricultores del pago de derechos de patentes de semillas. La legislación europea consideró esta disposición para cultivos cuya producción no supere "una superficie superior a la que sería necesaria para producir 92 toneladas de cereales".[411]

Respecto del patentamiento sobre variedades de plantas y animales, el Parlamento Europeo confirmó su prohibición en marzo de 1995, aunque el Instituto Europeo de Patentes había concedido ya en la década

---

408 Mowery, David C. et al. (2004), *Ivory tower and industrial innovation: university-industry technology transfer before and after the Bayh-Dole Act in the United States*, Stanford University Press, Stanford.

409 En 1980, a través de este fallo, la Corte Suprema de Estados Unidos admitió una patente sobre una bacteria modificada capaz de separar los componentes del petróleo crudo.

410 Bozeman, Barry (2000), "Technology transfer and public policy: a review of research and theory", *Research policy*, vol. 29, núm. 4, pp. 627-655.

411 Consejo de la Unión Europea, Reglamento (CE) N° 2100/94 del Consejo del 27 de julio de 1994 relativo a la protección comunitaria de las obtenciones vegetales. En diciembre de 2007 fue modificado a través del Reglamento (CE) N° 15/2008 del Consejo a fin de facilitar la presentación de solicitudes para Protección Comunitaria de Obtenciones Vegetales (PCOV).

de 1980 patentes sobre plantas. En 1998, fundamentalmente debido a la presión lobista de las corporaciones agroquímicas, esta orientación fue nuevamente debatida y se aprobó la posibilidad de patentamiento de variedades vegetales y animales y procesos. Posteriormente, en julio de 2003, fueron votadas y aprobadas por el Parlamento Europeo dos leyes que facilitaron la liberación de productos transgénicos y pusieron fin a la moratoria sobre su aprobación en vigor desde 1998.[412] A través de estas medidas, la norteamericana *Monsanto*, que ya contaba con la aprobación de su maíz transgénico MON 810, consiguió el consentimiento para la importación de nuevas variedades de maíz, soja y colza procedentes de Estados Unidos, Argentina y Brasil; *BASF* logró la autorización del cultivo de papas transgénicas destinadas a la alimentación humana pero inicialmente desarrolladas para su uso en la industria del papel y los pegamentos, y *Syngenta* obtuvo la posibilidad de realizar sus ventas del maíz transgénico BT 11, además de verse beneficiadas otras corporaciones transnacionales europeas y estadounidenses que rivalizan entre sí globalmente.[413] En este contexto, la Comisión Europea conseguía aprobar unilateralmente la comercialización de OGM y enfrentaba severos cuestionamientos de países miembros que se opusieron a este tipo de iniciativas.[414]

---

412 Fuchs, Richard, "Impías alianças...", en *Andrioli, Antônio y Fuchs, Richard (comps.), op. cit., pp. 183-184.*

413 Para una observación de las contradicciones entre los intereses económicos europeos y estadounidenses y de la penetración de los capitales norteamericanos en la Unión Europea, véase Grahl, John, "La Unión Europea y el poder norteamericano", en: Panitch, Leo y Leys, Colin (Edit.) (2005), *Socialist Register 2005: el imperio recargado*, CLACSO, Buenos Aires, pp. 331-349. Por otra parte, también es dable observar contradicciones en el interior de la propia Unión Europea, en donde Gran Bretaña y otros países rivalizan fuertemente con el eje franco-alemán, como quedó en evidencia en el marco de la invasión estadounidense a Irak durante el año 2003. Manchón, Federico, "La constitución europea y la globalización", en: Estay Reyno, Jaime (comp.) (2005), *La economía mundial y América Latina. Tendencias, problemas y desafíos*, CLACSO, Buenos Aires, p. 96. Acerca de la apertura externa del continente europeo y las inversiones de capitales intraimperialistas, es aconsejable consultar Toussaint, Eric (2004), *La bolsa o la vida. Las finanzas contra los pueblos*, CLACSO, Buenos Aires, pp. 98-105.

414 Para una visión crítica de la presencia de transgénicos en la Unión Europea y la acción de los lobistas de las corporaciones de las industrias de insumos agropecuarios sobre las instituciones supranacionales véase Breyer, Hiltrud, "As terras do euro nas mãos de lobistas", en: *Andrioli, Antônio y Fuchs, Richard (comps.), op. cit., pp. 201-217.*

El contexto nacional

Respecto del marco jurídico del mercado semillero, en 1902 se sancionó la ley 4.084 para controlar la entrada al territorio nacional de vegetales y simientes. Posteriormente, en la década de 1930, algunas resoluciones ministeriales dieron cuenta de la necesidad de estudiar la producción y el comercio de granos y las áreas de difusión de las variedades de trigo.

En 1935, la Ley de Granos 12.253, creada por la Comisión Nacional de Granos y Elevadores, estableció un capítulo de "Fomento de la Genética", vedando el lanzamiento de nuevas variedades sin autorización del Ministerio de Agricultura y estableciendo las modalidades de fiscalización por el ente gubernamental.[415] Esta medida permitió el reconocimiento de algunos derechos para el fitomejorador[416], más allá de que durante años se impuso un sistema de ventas de semillas no fiscalizadas a través de los acopiadores de granos.[417]

En 1936, mediante el decreto 75.609, se prohibió la distribución y venta de semillas de trigo sin fiscalizar en todo el territorio nacional. Durante la década de 1940, la prohibición se extendió a otras especies.

---

415 Leavy, Sebastián y Sáez, Francisco Fabián (2008), "Intervención del estado en el comercio granario. Los casos de la Junta Nacional de Granos y de la Oficina Nacional de Control Comercial Agropecuario", *II Congreso Regional de Economía Agraria,* Montevideo, 5 al 7 de noviembre de 2008.

416 Si bien no se estableció la obtención de primas para el creador de una variedad, este tenía la ventaja de "una cierta recompensa que se implementaba a través del sistema de inscripción de un cultivar. Cuando el Tribunal de Fiscalización de Semillas aprobaba una variedad de trigo, por ejemplo, luego de pasar por ciertos requisitos, era aceptada en inscripción 'provisoria'. Eso significaba que debía permanecer durante tres años en ensayos territoriales de rendimiento en las diferentes zonas del país antes de ser cancelada o adquirir categoría 'definitiva'. Durante ese lapso, solamente el creador –el establecimiento criadero– podía vender semilla de la variedad (...) Esto tenía dos objetivos: evitar la difusión de semilla de una variedad no suficientemente probada fuera de la región ecológica donde fue obtenida, y asegurar que por tres años el único abastecedor teórico de esa semilla fuera su creador." Véase: Gutiérrez, Marta y Jacobs, Eduardo, op. cit., pp. 10-11.

417 Los acopiadores de granos restituían una parte de la semilla a los agricultores a fin de financiarle al chacarero su siembra. En 1986, se estimaba que un 20% de la semilla usada era obtenida por este medio. Gutiérrez, Marta y Jacobs, Eduardo, op. cit., pp. 12-13. Para una descripción del acopiador como sujeto social desde finales del siglo xix a las primeras décadas de siglo xx véase Colomé, Rinaldo Antonio y Gumierato, Lucas Héctor (2009), "Los orígenes de la comercialización de granos en Argentina: (c. 1870-1920)", *Revista de la Bolsa de Comercio de Rosario*, año XCIX, núm. 1508, septiembre de 2009, pp. 52-61.

Desde la difusión de las semillas híbridas comerciales en la década de 1930, los agricultores tuvieron progresivamente una mayor propensión a adquirir estas simientes que les aportan vigor híbrido, dado que los granos que producen no alcanzan estas características debido al cruzamiento. De todas maneras, aunque la burguesía nacional expresada por el peronismo acentuó la injerencia estatal en la producción y difusión de esta tecnología, su uso generalizado no se conseguiría hasta finales de la década de 1970.[418] En 1959, influida por el accionar lobista de *Cargill* y en el marco de una política de concesiones a la instalación de empresas transnacionales, la legislación argentina –a través de la resolución 847 de la Secretaría de Agricultura y Ganadería– favoreció en el sector semillero el desarrollo de los capitales privados en detrimento del sector público. Los primeros pasaron a reservarse el derecho de inscribir sus semillas en la categoría "pedigree cerrado", cuyas líneas parentales no son declaradas. A partir de entonces, los productos del sector público debieron exponer sus líneas parentales y fueron de libre disponibilidad.

En marzo de 1973, durante los días finales de la dictadura del general Alejandro Lanusse, se promulgó la ley 20.247 de Semillas y Creaciones Fitogenéticas, reservándose el Ministerio de Agricultura la facultad de prohibir o condicionar "la producción, multiplicación, difusión, promoción o comercialización de una semilla, cuando lo considere conveniente por motivos agronómicos o de interés general"[419]. Esta ley sería reglamentada recién en marzo de 1977, durante la dictadura militar siguiente, a través de la Comisión Nacional de Semillas (CONASE), procurando compatibilizarla con la nueva estrategia desreguladora y de achicamiento del Estado.[420] En 1991, en el marco del huracán neoliberal impulsado por el menemismo se reforzaron los derechos del obtentor –mediante el decreto 2.183/91– beneficiándose a las grandes transnacionales que llevaban la delantera en la producción semillera y el desarrollo biotecnológico.[421]

---

418 Bisang, Roberto, "El desarrollo agropecuario en las últimas décadas: ¿volver a creer?", en: Kossacoff, Bernando (2007), *Crisis, recuperación y nuevos dilemas. La economía argentina 2002-2007*, CEPAL, Santiago de Chile, p. 195.
419 Ley 20.247, artículo 15. Véase también Zemán, Claudia (2004), "El derecho del agricultor frente a la protección intelectual de las innovaciones biotecnológicas", *VII Congreso Argentino de Derecho Agrario, Universidad Nacional del Sur*.
420 Gutiérrez, Marta (1994), *El debate y el impacto de los derechos de obtentor en los países en desarrollo. El caso argentino*, IICA, Buenos Aires, p. 16.
421 Rossi, Daniel (2006), "El contexto del proceso de adopción de cultivares transgénicos en la Argentina", *Revista Agromensajes de la Facultad,* núm. 20, Universidad Nacional de Rosario, Rosario, diciembre.

Con respecto a la regulación de la transferencia tecnológica, en 1971 se sancionó la ley 19.231, que creó el Registro Nacional de Contratos de Licencias y Transferencias de Tecnología. En noviembre de 1974, en consonancia con una política que procuraba revertir el proceso de desnacionalización económica, el tercer gobierno justicialista sancionó una nueva medida que la reemplazó: la ley 20.794. Ésta se propuso evaluar y controlar la tecnología extranjera a fin de alentar aquella que no existiera en el país y que no pudiera generarse localmente en el corto plazo, contribuyendo a disminuir los pagos en concepto de transferencias tecnológicas desde el exterior.[422]

En 1977, en el marco de una estrategia proimperialista de liberalización de la economía llevada a cabo por la dictadura militar, se produjo otro cambio en la legislación: se sancionó la ley 21.617 que reformaba la ley 20.794 y eliminaba toda mención a cláusulas restrictivas que limitaran el desenvolvimiento productivo, comercial y/o tecnológico del receptor de tecnología. El espíritu de la ley se basaba en el principio de no intervención del Estado, a fin de facilitar la entrada al mercado de tecnologías extranjeras.

En concordancia, en 1978, se creó el Servicio Nacional de Semillas (SENASE), como unidad de aplicación, y el Registro Nacional de Propiedad de Cultivares (RNPC), como organismo otorgante de los títulos de propiedad sobre nuevas variedades y habilitador para la comercialización y el cobro de regalías por parte de las empresas.

En 1981, la ley 22.426 derogó el sistema de aprobación de contratos de transferencia tecnológica vigente y estableció que el Instituto Nacional de Tecnología Industrial (INTI) evalúe exclusivamente los contratos entre firmas independientes. De esta manera, se dejaba de lado la necesidad de estar autorizado para celebrar contratos de transferencia tecnológica, bastando con informarlo a la autoridad de aplicación.

Así, la Argentina se abría a condiciones de participación en forma dependiente y receptora del paradigma biotecnológico, en tanto que la dinámica local actuaba adoptando y adaptando los procesos y productos procedentes del exterior.

El arribo de capitales externos, ya favorecido por la ley 21.382 de 1976, consiguió nuevas oportunidades en 1989, a través de la Ley de Emergencia Económica 23.697/89, que permitía suspender los beneficios promocionales al capital nacional y desregular y liberalizar aún más el mercado.

---

422 Correa, Carlos María (1982), "Regulación del mercado de tecnología en América Latina. Evaluación de algunos de sus resultados", *Desarrollo económico*, vol. 22, núm. 85, abril-junio, pp. 73-98.

Posteriormente, por intermedio del decreto 1.853/93 (que reglamentó la ley 21.382), concedió para los inversores extranjeros los mismos derechos y obligaciones que las leyes acordaban para los inversores nacionales.[423]

La legislación de patentes de invención sancionada en 1995 (ley 24.481) fue modificada en 1996 mediante la ley 24.572, y entró en vigencia en 2000, de acuerdo con los TRIPS acordados dentro de la Ronda Uruguaya del GATT. La nueva medida amplió el período de protección de 15 a 17 años, implantó las patentes para microorganismos y productos farmacéuticos y suprimió la licencia obligatoria.[424]

La legislación argentina establece un marco regulatorio y medidas de evaluación para los avances y desarrollos tecnológicos en biotecnología agropecuaria a fin de garantizar que los OGM, con los que se realizan ensayos en una primera fase en condiciones de aislamiento (en invernaderos y/o bioterios y a campo) y los que posteriormente se aprueben para su comercialización, sean seguros para el medio ambiente e inofensivos para el consumo humano y animal. Las pautas que deben reunir los OGM aprobados para su liberación comercial y en el agroecosistema son definidas por la Dirección de Biotecnología[425] y la Comisión Nacional Asesora de Biotecnología Agropecuaria (CONABIA)[426] al evaluar cada solicitud presentada. Los principios que guían la elaboración de dictámenes de estos entes son el criterio de bioseguridad y el enfoque precautorio.[427]

---

423 Azpiazu, Daniel (2005), *Las privatizadas. Ayer, hoy y mañana*, Capital Intelectual, Buenos Aires, t. II, p. 44.

424 Trigo, Eduardo, y otros, op. cit., p. 79.

425 Fue creada el 13 de noviembre del año 2008 por el decreto 1.940, como área dependiente de la por entonces Secretaría de Agricultura, Ganadería, Pesca y Alimentación (SAGPyA). A partir de la creación del Ministerio de Agricultura, Ganadería y Pesca, en abril de 2010, quedó bajo la esfera de este organismo y dependiente de la actual Secretaría de Agricultura, Ganadería y Pesca.

426 Fue creada en 1991, como instancia de evaluación y consulta dependiente de la SAGPyA. Inicialmente, la CONABIA estaba a cargo de todo el proceso regulatorio y de evaluación. A medida que la actividad se fue incrementando, las tareas pasaron a la Coordinación Técnica de la CONABIA y la Oficina de Biotecnología. A partir de 2008, esas funciones fueron asumidas por la Dirección de Biotecnología.

427 Burachik, Moisés, "Bioseguridad de Organismos Genéticamente Modificados. Marcos Regulatorios", en: Echenique, Viviana, Rubinstein, Clara y Mroginski, Luis (comp.) (2004), *Biotecnología y mejoramiento vegetal*, Ediciones INTA, Buenos Aires, p. 391.

Las normas que deben reunirse para definir la inocuidad alimentaria de dichos organismos son aplicadas por el Servicio Nacional de Sanidad y Calidad Alimentaria (SENASA) y el Comité Técnico Asesor en el Uso de Organismos Genéticamente Modificados (CTAUOGM) al evaluar cada solicitud presentada. Estos organismos emiten dictámenes que finalmente deben ser aprobados por quienes ocupan la máxima autoridad política del Ministerio de Agricultura.

En 1991, mediante el decreto 2.817 del 30 de diciembre de 1991, se transformó el Servicio Nacional de Semillas (SENASE) en el Instituto Nacional de Semillas (INASE), actuando como organismo descentralizado de la administración pública nacional en el ámbito de la SAGyP del Ministerio de Economía. En 1996, el directorio del organismo dispuso, a través de su resolución 35/96, las condiciones de la "excepción para el agricultor" –establecidas por el 27 de la ley 20.247– para reservar y sembrar semillas para uso propio en su explotación sin autorización del obtentor ni rotulación.[428]

Vale señalar que las empresas extranjeras han participado –junto con delegados de las distintas secretarías del gobierno nacional, el INTA, el CONICET, las universidades públicas y otros organismos oficiales– como miembros de la CONABIA, representando cámaras empresariales (ASA y CASAFE) y el Foro Argentino de Biotecnología. En otras palabras, la conformación y el funcionamiento de la CONABIA expresan la objetivación del proceso de dominación en que los mecanismos del Estado y áreas como la ciencia y la tecnología de un país dependiente se encuentran estrechamente ligados económica, política e ideológicamente a los grupos económicos hegemónicos derivados de la relación de asociación subordinada entre el gran capital intermediario y el imperialismo.[429]

---

428 INASE, *Resolución 35/96*, Buenos Aires, 28 de febrero de 1996.

429 No obstante, quien fuera coordinador general de la Dirección de Biotecnología ha presentado al respecto una visión fuertemente edulcorada de esta relación entre el Estado, los investigadores y las empresas: "La Comisión hace especial énfasis en mantener una elevada ética de transparencia, evitando rigurosamente la posible interferencia de conflictos de intereses. Para ello, los miembros deben declarar la existencia y naturaleza de sus intereses, sean ellos comerciales o científicos, y excluirse totalmente de la discusión de solicitantes de liberación de OGM que provengan de las empresas o institutos a los que están vinculados". Burachik, Moisés, op. cit., p. 391. Esta visión fue reiterada en la entrevista a Moisés Burachik realizada por Fernando Romero Wimer, Buenos Aires, 8 de marzo de 2012. Opiniones similares han sido vertidas en mayo de 2009 por Guillermo Cal –director ejecutivo de la Cámara de Sanidad Agropecuaria y Fertilizantes (CASAFE)– y Gastón Fernández Palma –presidente de AAPRESID–. Véase Cal,

Durante 2002 y 2003, se barajaron varios proyectos de ley de semillas a fin de adaptar el marco legal al pago de la propiedad intelectual, cuestionando y recortando la libre circulación de semillas. En septiembre de 2007, en el I Congreso Interamericano de Semillas, el secretario de Agricultura del gobierno de Néstor Kirchner, Javier de Urquiza, prometió una nueva ley antes de finalizar el año.[430] El proyecto, que no fue concretado, tenía el apoyo de los principales semilleros nucleados en la Asociación de Semilleros Argentinos (ASA) y la Asociación de la Cadena de la Soja Argentina (ACSoja)[431] e intervino en su elaboración un alto directivo de la firma *Relmó*.[432]

Esta empresa rosarina de producción y comercialización de semillas ha establecido en los últimos años acuerdos con la estadounidense *Monsanto*, que la autorizan a la utilización del gen RR para la soja y el gen BT para la producción de maíz transgénico, y se asoció con la *Delley Semences et Plantes* de Suiza para la comercialización de variedades de trigo en toda América del Sur; apalancada por estos capitales ha conseguido expandirse en el mercado sudamericano (principalmente en Uruguay, Paraguay y sur de Brasil) y en Sudáfrica.[433] En 2008, *Relmó* pasó a manos de *Pampa Agrobusiness Fund* (PAF) –en el que participaron *Monsanto* y la *Corporación Financiera Internacional* (institución para el sector privado del Banco Mundial)– con domicilio fiscal en las Islas Caimán.[434]

Guillermo (2009), "Los fitosanitarios, productos seguros e imprescindibles", *El Federal*, 14 de mayo de 2009, año 5, núm. 262, Buenos Aires, p. 26, y Fernández Palma, Gastón (2009), "Entre la información y el ruido", *El Federal*, 14 de mayo de 2009, op. cit., p. 29.

430 Colombres, Mercedes (2007), "Una nueva ley de semillas, en marcha", *La Nación*, 8 de septiembre de 2007.

431 La industria semillera ha mantenido este apoyo a la elaboración de una nueva ley que establezca el pago de la propiedad intelectual para el desarrollo de semillas y ha difundido sus posiciones a través de los principales medios de prensa del país. Véase como ejemplo: Graziani, Andrés (2011), "Un chorro de tecnología", *Rural Revista (Clarín)*, Buenos Aires, edición núm. 20, febrero-marzo de 2011, pp. 4-9.

432 López Monja, Carina, Perelmuter, Tamara y Poth, Carla, op. cit., pp. 146-147. Se trata de Miguel Ángel Rapela, coordinador del Centro de Propiedad Intelectual de la Universidad Austral y director de Investigación y Desarrollo de *Relmó*.

433 Estos datos fueron presentados por Oscar Domingo, director de *Relmó*, en el Simposio OMPI-UPOV sobre los derechos de propiedad intelectual en el ámbito de la biotecnología vegetal, celebrado en Ginebra el 24 de octubre de 2004.

434 "Otro semillero vendido", *El Federal*, año 4, núm. 203, Buenos Aires, 27 de marzo de 2008, p. 50.

Por lo que, en suma, se trataría de una medida fuertemente auspiciada por el capital intermediario y las poderosas compañías transnacionales que integran ASA y ACSOJA.

En **materia de agroquímicos**, el decreto ley 3.489 del 24 de marzo de 1958 y su reglamentación por el decreto ley 5.769 del 12 de mayo de 1959 establecieron que el Ministerio de Agricultura y Ganadería/Dirección General de Sanidad Vegetal fuera el contralor de la venta de productos químicos o biológicos y coadyuvantes usados en la producción agrícola.

A partir de 1969, se establecieron distintas leyes que fijan los límites máximos de residuos agroquímicos y las penalidades correspondientes a quienes las infringieren; son ellas: la ley 18.073 del 27 de marzo de 1969, la ley 18.796 del 8 de octubre de 1970 y la ley 20.418 del 22 de junio de 1973.

En octubre de 1988, se instituyó el Manual de Procedimiento para el Registro de Fertilizantes y Plaguicidas Agrícolas, dispuesto por resolución 895/88 de la SAGyP de la Nación, estableciendo que los nuevos productos deben pasar por un registro experimental, aportando las empresas datos toxicológicos sobre éstos, aunque ya hayan sido registrados en otros países.

Mediante el decreto 2.121/90, la Secretaría de Agricultura Ganadería y Pesca (SAGyP) de la Argentina prohibió algunos productos argumentando "que la presencia de residuos contaminantes de alto riesgo toxicológico y de principios activos de alta residualidad pueden comprometer seriamente las exportaciones de productos y subproductos agrícolas".[435]

En 1995, mediante el decreto 2.194/94 (posteriormente derogado y reemplazado por el decreto 815 de 1999), se estableció el Sistema Nacional de Control de Alimentos y se creó la Comisión Nacional de Alimentos (CONAL), con el objetivo de asegurar el cumplimiento del Código Alimentario Argentino. La CONAL, con sede en el Ministerio de Salud, está compuesta por representantes del Ministerio de Agricultura, Ganadería y Pesca, la Secretaría de Comercio Interior, el Servicio Nacional de Sanidad y Calidad Agroalimentaria (SENASA), la Secretaría de Políticas de Regulación e Institutos, el Instituto Nacional de Alimentos, y representantes de los gobiernos provinciales y de la ciudad de Buenos Aires.

---

435 Gallo Mendoza, Guillermo (1998), *Los agroquímicos, la salud animal y vegetal y la salud de la población humana en la Argentina*, ILAPS, Buenos Aires, pp. 9-15.

Sin embargo, durante la década de 1990, más allá de estas prohibiciones, se establecieron medidas contrapuestas, como las autorizaciones para la liquidación de *stocks* remanentes de las firmas que habían adquirido estos productos, a lo que hay que sumar que, hasta la actualidad, en la red de laboratorios inscriptos en el SENASA, participan entidades –radicadas en el país y en el exterior– visiblemente ligadas a las empresas que los producen y comercializan, transformándose las compañías en evaluadores toxicológicos de sus mismos productos agroquímicos[436]. De esta manera, los intereses de las empresas conseguirían imponerse por sobre las disposiciones sanitarias y, más aún, por sobre los cuidados del medio ambiente y la salud de la población.[437]

Los grandes oferentes de insumos agropecuarios y biotecnología: adquisiciones, fusiones y alianzas. Sus repercusiones en la Argentina

A partir de la década de 1970 y en forma acentuada desde mediados de la década de 1980, se registraron diferentes oleadas de fusiones y de concentración caracterizadas por la emergencia de corporaciones que aglutinaron negocios de la química, la agroquímica, la producción de semillas, el desarrollo de biotecnología y la industria farmacéutica, pasando a ocupar un lugar dominante en el rubro de insumos agropecuarios.[438] De ello se infiere de modo visible que la concentración conduce directamente a

---

436 Inicialmente, los datos procedieron de la entrevista al ingeniero forestal Claudio Lowy realizada por Fernando Romero Wimer, el 22 de abril de 2013. En ella se hizo alusión a una carta oficial que enviara el secretario de Agricultura de la Nación, Lorenzo Basso, en septiembre de 2011, a la Red Nacional de Acción Ecologista como respuesta a un pedido de informe que esta organización le formulara en junio del mismo año. En la misiva se indica que no es posible ver los expedientes de registro de los formulados porque son confidenciales y pertenecen a las empresas.

437 Este proceder contraviene la resolución 736/2006 de la SAGPYA que sostiene en su artículo 9: "Los laboratorios autorizados deberán abstenerse de efectuar análisis sobre material proveniente de cualquier empresa con la cual mantengan algún tipo de vinculación o dependencia que pueda afectar su independencia y juicio".

438 Jacobs, Eduardo y Gutiérrez, Marta (1986), *La industria en países semiindustrializados: los casos de Argentina y Brasil*, Serie Proagro núm. 8, ISNAR, La Haya, p. 1.

la formación de poderosas empresas conglomeradas que aplastan a sus competidores a través del menor precio relativo de sus productos y el valor de las materias primas, además de asociar de manera subordinada a otras, a través de la titularidad de patentes de invención sobre genes, principios activos y microorganismos.[439]

En las empresas de biotecnología moderna –muchas de ellas, en sus inicios, pequeñas y ligadas a universidades e institutos de investigación de las principales potencias imperialistas–, han confluido los intereses económicos y científicos y, a través de sus activos en patentes, rutinas y desarrollos, han ingresado a la bolsa de valores para captar fondos de inversión. Así, el capital financiero –operando como capital de riesgo– ha intervenido en la dinámica del desarrollo científico y tecnológico de agroquímicos y semillas, en la cual cada estallido de las burbujas financieras ha permitido decantar el número de firmas participantes.[440]

En los últimos años, las grandes corporaciones transnacionales que han concentrado el mercado mundial de insumos agropecuarios lideran la producción e innovación biotecnológica en la Argentina. Entre 2006 y 2008, las áreas de Innovación y Desarrollo (I&D) han representado entre un 12% a un 39% de su facturación anual a nivel global, de la cual aproximadamente el 40% está destinado para biotecnología agrícola.[441] De allí que los institutos tecnológicos públicos y las universidades de países dependientes, como la Argentina, hayan marchado extremadamente rezagados en esta línea frente a empresas cuyos beneficios son extraídos globalmente.[442]

---

439 Katz, Jorge y Bárcena, Alicia, "El advenimiento de un nuevo paradigma tecnológico. El caso de los productos transgénicos", en: Bárcena, Alicia, Katz, Jorge, Morales, César y Shaper, Marianne (2004), *Los transgénicos en América Latina y el Caribe. Un debate abierto*, CEPAL, Santiago de Chile, pp. 23-27.

440 Morales, César y Shaper, Marianne, "Las nuevas fronteras tecnológicas: los transgénicos y sus impactos sobre América Latina y el Caribe", en: Bárcena, Alicia, Katz, Jorge, Morales, César y Shaper, Marianne, op. cit., pp. 203-207.

441 Bisang, Roberto, Campi, Mercedes y Cesa, Verónica (2009), *Biotecnología y Desarrollo*, CEPAL, Santiago de Chile, p. 32.

442 Trigo, Eduardo, Chudnovsky, Daniel, Cap, Eugenio y López, Andrés, op. cit., p. 110.

Cuadro 1. Panorama general de las empresas de biotecnología en el mundo y principales regiones oferentes, ingresos e inversión en I&D en millones de US$ y empleados y compañías en unidades. Años 2006 y 2008.

	Años	Mundo	Estados Unidos	Europa	Canadá	Asia-Pacífico
Ingresos	2006	72.478	55.458	11.489	3.242	3.289
	2008	89.648	66.127	16.515	2.041	4.965
I&D	2006	27.782	22.865	3.631	885	401
	2008	31.745	25.270	5.171	703	601
Número de empleados	2006	190.500	130.600	39.740	7.190	12.970
	2008	200.760	128.200	49.060	7.970	15.530
Cantidad compañías públicas	2006	710	336	156	82	136
	2008	776	371	178	72	155
Cantidad de compañías privadas	2006	4.275	1.452	1.621	465	737
	2008	4.717	1.754	1.836	358	769

Fuentes: Elaboración propia sobre la base de datos Ernst & Young (2007 y 2009).

Entre 2006 y 2008, Estados Unidos concentraron un 75% de la facturación mundial de las empresas biotecnológicas, Europa –principalmente Gran Bretaña, Alemania, Dinamarca, Francia y Suiza– participó con el 17%, la región de Asia y el Pacífico –liderada por Australia, India, China, Japón y Singapur– reunió un 5% y Canadá un 3% (Cuadro 1).

Un rasgo saliente de este tipo de empresas es que la concentración de la producción es mucho más intensa que la concentración de trabajadores, debido a la productividad de las nuevas tecnologías. Como han sostenido Bisang y otros, la relación entre tareas y niveles de facturación estaría evidenciando que se trata de que "pocos empleos pero de alta remuneración y capacidad parecen ser los rasgos de la actividad. De esta forma, los efectos multiplicadores de esta 'industria de industrias basadas en el conocimiento' se asocian más con la posibilidad de mejorar costos y/o introducir nuevos productos en actividades que le siguen 'aguas abajo' en la cadena productiva que en la generación intrínseca de mano de obra".[443]

Con respecto a la dinámica concentradora creciente en los sectores de agroquímicos, biotecnología y semillas, con un acentuado desplazamiento del capital entre sectores, podemos subrayar que las crecientes

443 Bisang, Roberto, Campi, Mercedes y Cesa, Verónica, op. cit., p. 31.

fusiones y adquisiciones han otorgado a las compañías líderes de insumos agropecuarios y biotecnología el papel de oferentes de paquetes tecnológicos completos, estableciendo fuertes ligazones entre las industrias alimentaria, química y farmacéutica.[444]

Según datos de 2001, un conjunto de 7 corporaciones transnacionales aglutinaba el 80% de las ventas de las principales 20 compañías de agroquímicos y semillas. Con la adquisición de *Adventis* por *Bayer* ese mismo año, el número de líderes que reunía similar tamaño del mercado se redujo a 6.[445] En otro estudio realizado según los datos de 2003, estas 6 empresas principales facturaron aproximadamente un total de US$ 31.000 millones en insumos agropecuarios, lo cual constituía por entonces el 51% del mercado global (Cuadro 2).[446]

Cuadro 2. Total mundial: Ventas de las 6 empresas líderes de insumos agrarios, en millones de US$. Año 2003.

Empresa	Origen	Ventas a nivel mundial en millones de US$
Bayer	Alemania	6.917
Syngenta	Suiza	6.578
DuPont	Estados Unidos	5.500
Monsanto	Estados Unidos	4.936
BASF	Alemania	4.001
Dow AgroSciences	Estados Unidos	3.008
Total 6 líderes		30.940

Fuente: Bisang, Roberto y Varela, Liliana. "Panorama internacional de la biotecnología en el sector agrario", en Bisang, Roberto, Gutman, Graciela, Lavarello, Pablo, Sztulwark, Sebastián y Díaz, Alberto (Comp.) (2006), Biotecnología y desarrollo. Un modelo para armar en la Argentina, Buenos Aires, Prometeo, p. 36.

Nos hallamos entonces ante un escenario en el que las empresas monopolistas consiguen fagocitar a sus competidores en el plano interna-

---

444 Ernst & Young, *Beyond borders. Global biotechnology report 2009*, p. 26.

445 Álvarez, Valeria (2003), "Evolución del mercado de insumos agrícolas y su relación con las transformaciones del sector agropecuario en la década de los 90 (Informe final)", en: Ministerio de Economía de la Nación, *Estudios sobre el sector agroalimentario*, marzo de 2003, p. 36.

446 Bisang, Roberto y Varela, Liliana, "Panorama internacional de la biotecnología en el sector agrario", en: Bisang, Roberto, Gutman, Graciela, Lavarello, Pablo, Sztulwark, Sebastián y Díaz, Alberto (comp.) (2006), *Biotecnología y desarrollo. Un modelo para armar en la Argentina*, Prometeo, Buenos Aires, pp. 32-33 y 36.

cional. En paralelo, sobre todo durante la década de 1990, en el ámbito agropecuario nacional perdieron terreno iniciativas públicas de modernización tecnológica dirigidas a incrementar la productividad, a la par que se alentó un proceso que delegó en el capital privado –principalmente en las grandes compañías proveedoras de insumos– la provisión de nuevas tecnologías. A continuación se presenta una breve reseña del devenir histórico de las principales empresas de agroquímicos y semillas a nivel mundial y su entrelazamiento con el mercado local.

Monsanto

La empresa fue fundada en 1901, en Saint Louis (Estados Unidos). Originariamente orientada en el rubro de endulzantes para la industria alimenticia, pasó a partir de la década de 1920 a especializarse en la industrialización de productos químicos.

Desde 1980, comenzó a avanzar en la producción de agroinsumos. En 1997, *Monsanto* separó de la empresa al sector de productos químicos, creando la empresa *Solutia*[447], y pasó a consolidar grandes unidades de negocios a través de la venta de semillas y agroquímicos y el desarrollo de eventos biotecnológicos. La compañía creó el glifosato (el herbicida de la soja transgénica), su marca comercial *Roundup* (que ha representado el mayor ingreso de la compañía) y la genética vegetal resistente al glifosato (*Roundup Ready*).

En 1997 adquirió *Holden Seeds*, empresa estadounidense especializada en semillas de maíz. Sus principales marcas de semillas son *Asgrow* (adquirida a *Seminis* en 1997, en US$ 267 millones) *y Dekalb* (cuya compra fue iniciada en 1998 y completó una suma de US$ 2.300 millones). En 1998, sumó las unidades de negocio de semillas de *Cargill* en Europa, América Central y del Sur, Asia y África. El mismo año anexó también *Delta & Pine Land*, dedicada a semillas de algodón, y la división europea de desarrollo de cultivos de trigo de *Unilever*, por US$ 525 millones[448]. En 2005 compró la semillera mexicana *Seminis*. Su balance anual a nivel mundial alcanzaba ventas por US$ 8.300 millones con 993 millones de ganancia en 2007, arrojando al año siguiente una facturación por US$

447 Robin, Marie-Monique (2008), *El mundo según Monsanto. De la dioxina a los OGM. Una multinacional que les desea lo mejor*, Península, Barcelona, p. 32.
448 Shiva, Vandana (2003 [2000]), *Cosecha robada. El secuestro del suministro mundial de alimentos*, Paidós, Barcelona, p. 101.

11.365 con US$ 2.000 millones de ganancia. Sus ventas durante 2008 se repartieron en US$ 6.369 millones correspondientes a operaciones con semillas y desarrollo de eventos biotecnológicos y US$ 4.996 millones por el negocio de agroquímicos (de los cuales el 82% corresponde a venta de glifosato).

En la Argentina, esta compañía está presente desde 1956. En 1997 adquirió *Chemotécnica Sintyal*, una empresa líder en productos farmacéuticos (su principal producto es el analgésico *Ibupirac*), veterinarios y agroquímicos. A fines de ese año, formó la firma *Genética Mandiyú* –junto a *Delta & Pine Land* y *CIAGRO*– para la venta de semillas de algodón BT (resistentes a insectos).[449] En los últimos años, la empresa ha incorporado una planta de secado de maíz en espiga en Rojas (provincia de Buenos Aires), instalaciones de procesamiento de semillas de girasol en Pergamino, una fábrica de producción de glifosato y agroquímicos en Zárate, y dos estaciones experimentales (una en Pergamino y otra en Mar del Plata). La transnacional también ha desarrollado un *joint venture* con *Cargill* llamado *Renessen*, para la producción y comercialización de maíces denominados "de alto valor". Además, ha mantenido participación en *Seminium* (semillero *La Tijereta*), cuyos principales directivos –Pablo Vaquero y Phil Mc Mahon– han participado como miembros del directorio de *Monsanto Argentina*.[450]

En la década de 1990, durante el gobierno de Carlos Menem, *Monsanto* se posicionó como interlocutor privilegiado de la CONABIA. Mientras tanto, la publicidad de la compañía y la presencia de la promoción de agricultura transgénica en los principales periódicos nacionales –*La Nación* y *Clarín*–, revistas especializadas o de circulación masiva (como *El Federal*) y otros medios de comunicación (radio y televisión) cobraron lugares de privilegio.

En mayo de 2009, *Monsanto Argentina*, a través de entrevistas a sus directivos –Pablo Vaquero y Federico Ovejero– publicadas en *El Federal*, respondió a las denuncias sobre toxicidad de sus productos formuladas por la periodista francesa Marie-Monique Robin en el libro ya citado. Esto se convirtió en un hecho sobresaliente y expresaría la importancia de la filial local en términos globales si se toma en cuenta que en ninguna

---

449 Vara, Ana María (2004), "Transgénicos en Argentina: más allá del boom de la soja", *Revista Iberoamericana de ciencia, tecnología y sociedad*, vol. 1, núm. 3, Buenos Aires, septiembre, pp. 101-129.

450 Es de destacar la ausencia de un estudio pormenorizado de la presencia y los efectos de la empresa *Monsanto* en Argentina.

parte del mundo hasta entonces *Monsanto* había contestado las denuncias.[451]

Paralelamente, la Asociación Argentina de Productores en Siembra Directa (AAPRESID), fundada en 1989, se colocaba como la principal impulsora de los nuevos paquetes entre las organizaciones de productores rurales. En Argentina, las ventas de *Monsanto* pasaron de US$ 498 millones en 2007 a US$ 783 millones al año siguiente.[452] De todas formas, su principal mercado sigue siendo el estadounidense, con una facturación de US$ 5.698 millones en 2008. Por entonces, Argentina, con un 7% de las ventas, se ubicaba en tercer lugar por detrás de los negocios de la empresa en Brasil.

Esta presencia descollante en el mercado global de agroquímicos y semillas transgénicas registrada en las últimas décadas arrojaría resultados negativos para el mundo, acentuando las contradicciones entre el imperialismo y los países dependientes. Los negocios de *Monsanto* en la industria de insumos agropecuarios se mantendrían en una línea de continuidad con sus vínculos con el Estado norteamericano y su producción militar expresada en las décadas de 1960 y 1970.[453] Con lo que nos permitimos volver a exponer nuestra posición sobre la nocividad genética de los cultivos para la salud humana: no se trata de las consecuencias de la biotecnología y la agricultura transgénica, sino de las derivaciones del imperialismo.

Dow AgroSciences

Los antecedentes cercanos de esta empresa –con casa matriz en Indianápolis (Estados Unidos)– se remontan a 1989, cuando, a través de un *joint venture* entre *Dow Chemical Company* –por entonces, la segunda mayor empresa química estadounidense después de *DuPont*– y *Ely Lilly and Company*, fue creada *Dow Elanco*. Ésta se conformó como una de las mayores productoras mundiales de agroquímicos.

En 1996, la empresa logró introducirse en el negocio de la biotecnología y adquirió la empresa de semillas *Mycogen*, alcanzando en 1998 el

451 Hierro, Gustavo (2009), "David contra Goliat", *El Federal*, 14 de mayo de 2009, año 5, núm. 262, Buenos Aires, pp. 22-30.

452 Según números informados por la propia compañía, véase Infomedia Producciones, "Monsanto", *El Federal*, Buenos Aires, 15 de enero de 2009, pp. 52-53.

453 Robin, Marie-Monique, op. cit., pp. 69-71.

100% de las acciones. Paralelamente, a través de esta firma compró en la Argentina el *Semillero Morgan (Santa Úrsula)*. En 1997, *Dow Chemical Company,* que por entonces rondaba a nivel mundial una facturación anual de US$ 20.000 millones[454], sumó el 100% de *Dow Elanco,* y la nueva subsidiaria fue rebautizada como *Dow AgroSciences,* en 1998. También, en 1997, compró la empresa sudafricana *Sanachem,* tercer productor mundial de genéricos y distribuidor líder de productos de protección de cultivos en Sudáfrica. En 2000, a través de *Mycogen,* obtuvo las divisiones de investigación, producción y distribución de las semillas híbridas de *Cargill* en Estados Unidos y Canadá; con esta compra, *Mycogen* se convirtió en la tercera mayor compañía productora de semillas de maíz de Estados Unidos. Además, en 2001, *Dow* compró la empresa estadounidense *Rohm&Haas,* dedicada a la producción de herbicidas, fungicidas e insecticidas. En 2008, según datos de la firma, *Dow AgroSciences* poseía unos 6.000 empleados repartidos en 50 países y su facturación anual rondaba los US$ 3.000 millones anuales.

Entre los vínculos más reconocidos entre *Dow Chemical* y el gobierno estadounidense, se encuentra su carácter de proveedor –al igual que *Monsanto–* del llamado napalm o "agente naranja" (un herbicida altamente cancerígeno y causante de deformaciones congénitas), que fuera utilizado como defoliante tóxico esparcido por los aviones norteamericanos en la guerra de Vietnam durante las décadas de 1960 y 1970.[455] Esta situación ha llevado a numerosas denuncias contra estas corporaciones por parte de diferentes organizaciones –políticas, sociales, ambientalistas, ecologistas, etc.–, motivo por el cual *Dow* ha trazado cínicamente una estrategia de acercamiento a las comunidades en las que tiene instaladas sus plantas y construido discursos de propaganda que la presentan como un actor responsable y seguro para el medio ambiente y la salud humana, aludiendo al cambio climático, las investigaciones sobre los efectos hormonales de sus productos y el desarrollo sostenible.[456]

En Argentina, la corporación *Dow* operó desde 1957, en sus comienzos con el nombre de *Indoquim.* En 1969, la empresa consiguió la aprobación por parte del Estado nacional de su proyecto para la instalación del complejo Petroquímica Bahía Blanca a través del decreto 6.908/69. Luego, en los primeros años de la década de 1970, la iniciativa fracasó y la compañía abandonó sus planes, pasando el Estado a llevar a cabo

---

454 The Dow Chemical, *Informe público 1999,* 1999.
455 Warwick, Hugh (1998), "Agente naranja: el envenenamiento de Vietnam", *The Ecologist,* vol. 28, núm. 5, septiembre-octubre, pp. 17-18.
456 The Dow Chemical, op. cit.

su construcción mediante *Fabricaciones Militares*. Sobre las razones de este retiro existen interpretaciones contrapuestas. Una de ellas señala que las aspiraciones monopólicas de la firma demoraron y obstaculizaron las posteriores aprobaciones por parte del Estado. Otras sostienen que se trataba de un proyecto que procuraba dificultar nuevas localizaciones por parte de compañías competidoras de *Dow* en el mercado internacional.[457]

Dow AgroSciences posee tres plantas en el país: la planta de San Lorenzo (Santa Fe), dedicada a la producción de agroquímicos, y las de Colón (Buenos Aires) y Venado Tuerto (Santa Fe), abocadas al procesamiento de semillas. Las instalaciones de Colón se dedican sobre todo a semillas híbridas de girasol y las de Venado Tuerto, en especial, a semillas de maíz y sorgo.

Entre las principales razones de la fuerte presencia en el país del grupo *Dow Argentina* –integrado por un conjunto de empresas químicas, petroquímicas y agrícolas–, se encuentran el mayor desarrollo relativo de la industria gasífera nacional respecto del resto de América Latina, la abundancia de gas natural, y las nuevas oportunidades de negocios alentados por los incentivos promocionales para la inversiones de capital en el contexto de las privatizaciones y la desregulación presentes durante la década de 1990.[458] En 1995, *Dow* adquirió las acciones del Estado en *Petroquímica Bahía Blanca (PBB)* constituyendo un consorcio con la privatizada *YPF* y la compañía japonesa *Itochu*. En 1996 compró *Polisur*, de *Ipako*, perteneciente a capitales locales fuertemente favorecidos durante la dictadura militar,[459] y que tenía diferentes acuerdos de suministros

---

457 Gorenstein, Silvia (1993), "El Complejo Petroquímico Bahía Blanca: algunas reflexiones sobre sus implicancias espaciales", *Desarrollo Económico*, Buenos Aires, vol. 32, núm. 128, enero-marzo, p. 577.

458 Desde la década de 1960, la industria petroquímica se transformó en uno de los sectores más dinámicos en la Argentina, consiguiendo crecer aún en contextos macroeconómicos adversos. Véase López, Andrés (1994), "Ajuste estructural y estrategias empresarias en la industria petroquímica argentina", *Desarrollo Económico*, vol. 33, núm. 132, enero-marzo.

459 Se trataba de una empresa del grupo *Garovaglio y Zorraquín*, perteneciente a la gran burguesía intermediaria, quienes adquirieron el paquete accionario de control de *Ipako* a la norteamericana *Koopers* en 1974. En Ipako también tendrá participación accionaria el grupo *Soldati*, otro importante conglomerado de burguesía intermediaria. Véase "Garovaglio & Zorraquín. Borrón y cuenta nueva", *La Nación*, Buenos Aires, 13 de abril de 1997; Lewis, Paul (1993 [1990]), *La crisis del capitalismo argentino*, Buenos Aires, Fondo de Cultura Económica, p. 420; Schvarzer, Jorge (1978), "Estrategia industrial y grandes empresas: el caso tecnológicos con diferentes empresas norteamericanas como *Arco Polymers* y *Union Carbide*[460], firma que se convirtió en subsidiaria de *Dow Chemical* en 2001. En ese mismo año, se integró a la *Compañía Mega* (compuesta por una planta separadora de gases y otra fraccionadora y un poliducto), en la que participó junto a la petrolera estatal brasileña *Petrobras* e *YPF*.[461] En marzo de 2001, *Dow Investment Argentina* S.A. y *Repsol-YPF* convinieron la fusión de sus participaciones en *Polisur* y *PBB*, constituyéndose *PBB-Polisur*. En enero de 2005, *Dow* compró las acciones que mantenía *Repsol* en *PBB-Polisur*, pasando a ser propietaria del 100% de las acciones de esa empresa.[462] De esta manera, la centralización del capital realizada por *Dow* se hacía a costa del capital estatal, de la gran burguesía intermediaria y de otros capitales imperialistas, consiguiendo erigirse como principal beneficiaria de los significativos incentivos promocionales que en distintos momentos y en diverso grado transfirieron los costos del negocio petroquímico al Estado nacional y, en definitiva, erogando de la sociedad argentina cuantiosos recursos que podrían haber sido utilizados para su desarrollo social y económico.

Durante 2007, *Dow Argentina* facturó US$ 1.217 millones y sus ganancias ascendieron a US$ 145 millones.[463]

DuPont

Esta compañía estadounidense fue fundada por una familia de inmigrantes franceses en los inicios del siglo XIX, focalizándose principalmente en

---

argentino", *Desarrollo Económico*, vol. 18, núm. 171, octubre-diciembre, p. 344.

460 Polisur S.M., Bahía Blanca, 1996 [Informe sobre la creación y funcionamiento de Polisur en Bahía Blanca].

461 Correa, Rubén, "Por qué Dow invierte fuerte en la Argentina", *La Nación*, Buenos Aires, 8 de junio de 1997. Esa sociedad *Mega* aún continuó luego de la expropiación de las acciones de *Repsol* en *YPF* y *Dow* ha conseguido recientemente un acuerdo con esta última para la producción de shale-gas. Véase Fernández Blanco, Pablo (2013), "Dow invertirá con YPF para producir gas en Vaca Muerta", *La Nación*, 27 de marzo de 2013.

462 Müller, Alberto y Petelski, Natalia, "La industria petroquímica argentina: concentración técnica, centralización económica, extranjerización", en: Müller, Alberto (comp.) (2010), *Industria, desarrollo, historia. Ensayos en homenaje a Jorge Schvarzer*, CESPA, Buenos Aires, pp. 56-104.

463 Prensa Económica (2008), *Ranking de las 1.000 empresas líderes*, Buenos Aires.

la investigación química. Su gran variedad de actividades abarca la alimentación, la nutrición, el cuidado de la salud, la indumentaria, el hogar, la construcción, la electrónica y el transporte.

En la Argentina, la firma arribó en 1935 con la empresa *Duperial* (integrada por *DuPont* e *ICI*) y se asoció con *Compañía Química* del grupo *Bunge & Born* en la conformación de *Ducilo*, dedicada a la producción de rayón. Este acuerdo significó también el reparto de productos que *Compañía Química* podía y no podía elaborar.[464]

En 1988, comenzó a producir y comercializar su marca *Pioneer* subsidiaria de *Pionner Hi-Bred Internacional Inc.* (adquirida por el grupo *DuPont*); en la actualidad, su actividad se focaliza en semillas híbridas de maíz, girasol, sorgo y variedades de soja y alfalfa. En 1999, adquirió la totalidad del paquete accionario de *Agar Cross*, empresa local dedicada a la producción de agroquímicos y servicios integrales para el productor.

En 2007, la facturación de *DuPont* en la Argentina rondó los US$ 140 millones.[465]

Syngenta

Esta empresa corporativa con sede en Basilea (Suiza), surgió en 2001 mediante la fusión de las unidades de agroquímicos y semillas de la compañía suiza *Novartis*[466] y agroquímicos de la firma británica *Zéneca*; en la actualidad posee subsidiarias en 90 países. Como empresa integrada, ha mantenido una gran diversidad de actividades: semillas de girasol, maíz, soja y trigo (entre las que se destacan su marca *NK* y el lanzamiento de los eventos biotecnológicos *Agrisure*); agroquímicos; asesoramiento técnico; acopio de cereales, y créditos para los productores. Además, ha desarrollado la provisión de semillas de soja e insecticidas a través de *Ciba-Geigy*.

---

464 Schvarzer, Jorge (1996), *La industria que supimos conseguir. Una historia político-social de la industria argentina*, Planeta, pp Buenos Aires,. 170-171.

465 En 2011 adquirió *Danisco*, un gigante de ingredientes de la alimentación de origen danés, por unos US$ 5.800 millones; el interés de la *DuPont* en esta compra está centrado en la producción de enzimas para biocombustibles y detergentes.

466 En 1996, las empresas suizas *Sandoz* y *Ciba-Geigy* se fusionaron para dar origen a *Novartis*. En 1997, esta nueva firma había comprado el negocio de pesticidas de *Merck* en US$ 910 millones.

Su facturación, en 2007, ascendió a US$ 9.240 millones, de los cuales US$ 7.285 millones correspondieron a agroquímicos –destacándose en la creación de herbicidas selectivos– y US$ 1.955 millones a la producción de semillas. En 2008, a nivel mundial, las ventas de la compañía rondaron los US$ 11.600 millones y las inversiones en I&D alcanzaron los US$ 1.000 millones. Las ventas en Latinoamérica representaron el 17% de la facturación global. Sus principales productos son *Callisto* (herbicida) y *Amistar* (fungicida de uso para la roya de la soja y el trigo).[467]

En los últimos años, entre las adquisiciones más significativas de *Syngenta*, pueden mencionarse: en 2004, la semillera estadounidense *Golden Harvest*; en junio de 2006, *Emergent Genetics Vegetable (EGV)*, especializada en el fitomejoramiento y la comercialización del pepino, la espinaca, el col y el coliflor; en agosto del mismo año, la firma de métodos paisajistas *Conrad Fafard*; en mayo de 2007, el 49% de la semillera china *Sanbei Seed;* en septiembre del mismo año, la empresa israelí *Zeraim Gedera*, especializada en fitomejoramiento y producción de vegetales, y *Fisher*, empresa europea dedicada a la producción de flores; en noviembre de 2008, las empresas *Goldsmith Seeds* y *SPS Argentina*[468], esta última dedicada a desarrollo, comercialización y producción de semillas de soja, maíz y girasol; en diciembre de 2008, *Yoder Brothers*, compañía de origen estadounidense de producción de flores.[469]

Ese último año, en la Argentina, sus inversiones anuales promedio en I&D rondaron los US$ 9 millones, empleaba unos 2.700 trabajadores y mantenía una planta de procesamiento de semillas en Venado Tuerto (Santa Fe); dos estaciones experimentales, una en Santa Isabel (Santa

---

467 Infomedia Producciones, "Quién es quién. Syngenta", *El Federal*, núm. 225, Buenos Aires, 28 de agosto de 2008, p. 40-41.

468 Infomedia Producciones, "Quién es quién. SPS Argentina", *El Federal*, núm. 172, Buenos Aires, 23 de agosto de 2008, pp. 38-39; Hierro, Gustavo (2008), "Syngenta. Crecer en plena crisis", *El Federal*, núm. 237, Buenos Aires, 20 de noviembre de 2008, pp. 22-30. En la década de 1990, *SPS* estuvo vinculada al *crusher* de girasol *Glencore* y desarrolló acuerdos con *Cargill* y *Molinos Cañuelas*. En 2003, el semillero argentino *Don Mario* se hizo con el 51% del paquete accionario. La facturación cerrada en el año 2005 rondó los $ 26 millones con ganancias después de impuestos de $ 4,3 millones, mientras que en el 2006 las ventas alcanzaron casi los $ 30 millones y las ganancias después de impuestos $ 1,3 millones.

469 Además, en septiembre de 2009, adquirió los activos del negocio de semillas híbridas de girasol de *Monsanto*, incluyendo el germoplasma y las actividades de desarrollo y fitomejoramiento de las semillas híbridas de girasol y, en diciembre de 2009, las empresas de origen estadounidense *Pybas Vegetable Seed* y *Synergene Seed*, dedicadas a la producción de semillas de lechuga.

Fe) y otra en Miramar (Buenos Aires); un depósito central y centro de distribución de agroquímicos en Pilar (Buenos Aires), y dos fábricas de agroquímicos, una en Cañuelas (Buenos Aires) y otra en Fighiera (Santa Fe). Durante 2007, las ventas del grupo *Syngenta* ascendieron a US$ 169 millones.[470] En 2008, la facturación nacional de este conglomerado fue del orden de los US$ 400 millones, de los cuales US$ 330 millones correspondieron a agroquímicos y US$ 70 millones a semillas.[471]

Advanta Semillas

Esta compañía, filial de *Advanta India Limited*, se ha focalizado en semillas de girasol, sorgo, maíz y colza. Sus antecedentes la ligan al brazo semillero de la trader *Continental* (posteriormente absorbida por *Cargill*) y ha tenido presencia en el mercado girasolero con la marca *Contiflor*. Luego *Contiflor* pasó a ser propiedad de la firma inglesa *Zéneca* y, posteriormente, mediante una fusión con la semillera holandesa *Vanderhave* –propietaria de las semilleras *Gasrst Seed Co, AgriPro Seeds, AgriPro Wheat* e *Intertate Seeds*– surgió *Advanta*.

A partir de 2006, *Advanta* fue adquirida por *United Phosphorus Limited*, una empresa de productos químicos de capitales indios.

Bayer

El grupo farmacéutico y químico alemán *Bayer*[472] compró *Adventis CropScience* –una empresa de capitales franceses y alemanes especializada en la producción de insumos agrícolas que se había formado mediante la fusión de *AgrEvo* y *Rhône-Poulenc Agro*– por US$ 6.500 millones en agosto de 2001.

470 Prensa Económica (2008), *Ranking de las 1.000 empresas líderes*, Buenos Aires.

471 Infomedia Producciones, "Quién es quién. Syngenta", *El Federal*, núm. 253, Buenos Aires, 12 de marzo de 2009, pp. 48-49.

472 La facturación global del grupo Bayer alcanzaría unos US$ 48.000 millones anuales. Véase Infomedia Producciones, "Quién es quién. Bayer CropScience", *El Federal*, núm. 226, Buenos Aires, 4 de septiembre de 2008, pp. 40-41.

En octubre de 2002, se organizó *Bayer CropScience* como sociedad jurídica independiente dedicada a la producción y desarrollo de fitosanitarios y semillas agrícolas. Con esta adquisición, *Bayer* facturó en el sector de semillas y fitosanitarios unos US$ 8.540 millones en 2007.[473]

En enero de 2006, *Bayer Innovation GmbH*, una filial del Grupo *Bayer* para el desarrollo de nuevas áreas de negocio, adquirió la empresa de biotecnología *Icon Genetics AG*.[474]

En la Argentina, el conglomerado está presente desde 1911, iniciando sus actividades como importador de ácido acetilsalicílico, elemento fundamental para la preparación de la aspirina. Con el curso de los años, ha elaborado en el país herbicidas, fungicidas, insecticidas, antiparasitarios y otros productos veterinarios, además de una diversificada producción en rubros tales como los fármacos, los cosméticos, los plásticos, y productos básicos para la industria petrolera y química.[475] En 2007, las ventas de *Bayer Argentina* ascendieron a US$ 285 millones.[476]

BASF

Fue fundada en 1865 y su nombre deviene de la formación de la sigla de *Badische Anilin & Soda Fabrik Aktiengesellschaft*. Esta empresa química alemana ha intervenido en la innovación biotecnológica y en la producción de agroquímicos y de nutrición animal, entre otros rubros (plásticos, pinturas, productos farmacéuticos, petróleo y gas).[477] Ha sido

---

473 Entre los principales productos que desarrolló en esta área se pueden mencionar: *Liberty*, *Basta* y *Puma* (herbicidas), *Flint*, *Stratego*, *Nativo* y *Sphere* (fungicidas), *Confidor* y *Decis* (insecticidas), *Poncho*, *Gaucho* y *Raxil* (tratamiento de semillas).

474 Esta área se potenció aún más en 2009, cuando *Bayer CropScience* compró la compañía de biotecnología *Athenix Corp*. En 2010, las ventas mundiales de *Bayer CropScience* ascendieron a un promedio anual de US$ 9.600 millones.

475 Minsburg, Naúm (1987), *Capitales extranjeros y grupos dominantes (análisis histórico y contemporáneo)*, CEAL, Buenos Aires, t. II, pp. 11-13.

476 Prensa Económica (2008), *Ranking de las 1.000 empresas líderes*, Buenos Aires.

477 En la Argentina, desde 1978, *BASF* ha mantenido la propiedad de la empresa *Wintershall Energía* (subsidiaria de la mayor empresa europea del grupo *BASF*, *Wintershall AG*), dedicada a la producción y exploración de hidrocarburos. Además, ha elaborado pinturas arquitectónicas y automotrices; en este rubro, adquirió en 1998 la marca *Casablanca*. A nivel global, en 2010, la compañía considerada como la mayor empresa química del mundo en términos de expansión y ventas a nivel global. Su casa matriz en Ludwigshafen (Alemania) conforma un recinto químico integrado de 10 kilómetros cuadrados con 40.000 empleados, y ha alcanzado unos 110.000 empleados en todo el planeta.

En 2000, adquirió *American Cyanamid* –una empresa agroquímica que pertenecía a la compañía *American Home Products*– en US$ 3.800 millones.

BASF facturó en 2007 unos US$ 83.400 millones, de los cuales cerca de US$ 4.500 millones corresponden a productos agrícolas. Según datos de 2008, en lo que respecta a la distribución de sus mercados, América del Sur representó el 20%, América del Norte el 25% y Europa el 46 %. En lo referente a la participación de sus productos, un 40% perteneció a fungicidas (principalmente su marca *Opera*, en base al principio activo F500)[478] y un 37% a herbicidas (en particular con su sistema *Clearfield* incorporado luego de la compra de *Cyanamid*).

En el área de la agrobiotecnología, *BASF* ha ostentado la propiedad de *DNA Landmarks* (una compañía canadiense de servicios genéticos) y de las firmas alemanas *Metanomics* y *SunGene*. En marzo 2007, la empresa *BASF* cerró un acuerdo para el desarrollo de eventos biotecnológicos y fungicidas con *Monsanto*.[479] Ese mismo año, su facturación en la Argentina fue de US$ 170 millones.[480]

Albaugh

Esta compañía de origen estadounidense se convirtió en la mayor productora de herbicidas de Argentina a través de su marca *Atanor*, empresa que perteneció hasta 1997 al grupo *Braun Menéndez* y *Bunge & Born*. Entre sus propiedades en el país, se han destacado una planta dedicada a la producción de semillas de maíz transgénico, girasol y sorgo híbri-

---

anunció ventas por US$ 89.700 millones, correspondiendo un 6% al segmento de productos para la agricultura.

478 "BASF duplica producción de F500", *El Federal*, núm. 286, Buenos Aires, 29 de octubre de 2009, p. 48.

479 Infomedia Producciones, "Quién es quién. BASF", *El Federal*, núm. 227, Buenos Aires, 11 de septiembre de 2008, pp. 40-41.

480 Prensa Económica (2008), *Ranking de las 1.000 empresas líderes*, Buenos Aires.

dos (con la marca *Atar*) en Pergamino (Buenos Aires) y campos en Orán (Salta), para la producción a contra-estación.

La firma intervino en el mercado mexicano, adquiriendo la empresa de funguicidas *Cuproquim* en 2003 y, en 2004, la compañía *United Agri Products México* –propiedad de *ConAgra Foods*– especializada en biocidas. Ambas empresas fueron integradas a la empresa filial *Agri-Estrella*. En 2006, estableció un *joint venture* con la empresa china *Anhui Huaxing Chemical* para la producción del herbicida 2,4 D en la República Popular China.

Nidera

Es una compañía transnacional suizo-holandesa fundada en 1920, con sede en Rotterdam (Holanda). Como empresa integrada, ha abarcado una gran diversidad de actividades: recepción, almacenaje, acondicionamiento y comercialización de granos, oleaginosas, aceites, harinas y derivados; producción y comercialización de aceites comestibles envasados para el país y hacia el exterior; investigación, producción y provisión de híbridos y variedades para el mercado de semillas; y distribución de gran variedad de insumos agropecuarios. Recientemente, estuvo incursionando en la producción de bioenergía con una planta de etanol en Indiana (Estados Unidos).

En 1929, se creó en el país *Nidera Argentina S.A.*, manteniendo en los últimos años tres grandes áreas de negocios: la molienda y refinación de aceites vegetales, la provisión de insumos para el agro (que incluye semillas y fertilizantes) y, el más importante, el comercio de cereales, oleaginosas y subproductos.[481]

En la Argentina, la empresa ha estado encabezada por Martín Mayer Wolf, perteneciente a una de las familias fundadoras, quien preside la firma que posee el paquete mayoritario (*Nidera Argentina SA Compañía de Inversiones*). Una minoría de acciones poseen *Nidera Holding*, con sede en Suiza, y *Rolgra Inversora*, liderada por Raúl Simón Loeb, otro descendiente de los fundadores. Si bien no existen estadísticas oficiales del mercado semillero nacional, se presume que *Nidera* encabeza los mercados de la soja y el girasol, y marcha tercero en el de trigo detrás de *Klein* y *Buck* y segundo en el de maíz, detrás de *Dekalb*, la empresa de

---

481 Infomedia Producciones, "Quién es quién. Nidera", Buenos Aires, 11 de octubre de 2007, año 4, núm. 179, pp. 40-41.

Monsanto. Entre 2004 y 2006, la facturación de la compañía osciló entre US$ 840 y US$ 865 millones, con ganancias que disminuyeron de US$ 33 millones a US$ 4 millones para los años respectivos. Según el Banco Central de la República Argentina, a julio de 2007 tenía una deuda de US$ 118 millones, de los cuales el 19% correspondía al Banco Nación y el 14% al *Citibank*.[482]

Agrium Inc.

Fue creada en 1931 con el nombre de *Cominco Fertilizers Ltd.* y cambió su nombre por el actual en 1995. Esta firma canadiense se ha enfocado en el negocio de los fertilizantes y ha ostentado la propiedad de minas de fosfato en Estados Unidos y Canadá, una megaplanta de urea en Damietta (Egipto)[483] y el 50% de la empresa de fertilizantes *Profertil* (la otra mitad en propiedad de *Repsol-YPF*, predominantemente de capital español, cuya estrategia de negocios en la Argentina fuera definida por el gobierno nacional en 2012 como *"depredatoria, cortoplacista y especulativa"*)[484].

La planta de *Profertil* instalada en Bahía Blanca, inicialmente, representó una inversión de más de US$ 600 millones dedicados a la producción de urea granulada en base a gas; su puesta en funcionamiento en 2000 significó un volumen de elaboración que supera largamente las necesidades locales, generando un saldo exportable del orden de los US$ 200 millones anuales. Su capacidad instalada –poco más de 1 millón de toneladas anuales– la ubicó entre los mayores emprendimientos a nivel mundial.[485]

---

482 Infomedia Producciones, "Quién es quién. Nidera", *El Federal*, núm. 179, Buenos Aires, 11 de octubre de 2007, pp. 40-41. Según datos de la compañía, en 2009, su facturación en la Argentina alcanzó los US$ 1.600 millones por todo concepto.

483 En esta planta, *Agrium* tiene una participación de 60% con empresas estatales egipcias como socias.

484 Jefatura de Gabinete de Ministros/Subsecretaría para la Reforma Institucional y Fortalecimiento de la Democracia, *Informe Mosconi. Sobre la estrategia de depredación, desinversión y desabastecimiento de Repsol descubierta por el equipo de intervención de YPF SA*, Buenos Aires, Presidencia de la Nación, 2012, p. 29.

485 Bisang, Roberto (2003), "Difussion process in networks: the case of transgenic soybean in Argentina", *Primera Conferencia Internacional sobre Sistemas*

Desde 1995, otra empresa de *Agrium* ha sido su filial en Argentina, *ASP* (*Agroservicios Pampeanos*), dedicada a la comercialización de fertilizantes, semillas y agroquímicos y con 31 unidades comerciales en todo el país. En el ejercicio 2004, las ventas de *ASP* alcanzaron los US$ 120 millones, con una ganancia de US$ 4,5 millones, ascendiendo en 2005 a una facturación de US$ 134 millones y una ganancia de US$ 7 millones. No obstante, en 2002 tuvo que afrontar pérdidas por US$ 57 millones. Según el informe del *Banco Central de la República Argentina*, a agosto de 2007, las deudas de *ASP* sumaban US$ 17 millones.[486] En 2004, a través de su subsidiaria *ASP*, *Agrium* compró las 18 sucursales *United Agri Products (UAP) Sudamérica*, que habían sido propiedad de *ConAgra*[487], 12 de ellas en Argentina, 4 en Chile y 2 en Bolivia.

En 2007, la facturación de *Agrium* a nivel mundial alcanzó los US$ 5.491 millones, con una ganancia récord de US$ 441 millones. Precisamente, las ventas de esta compañía han ido en ascenso sostenido desde 2000, cuando facturó unos US$ 1.873 millones, con ganancias de US$ 73 millones, hasta alcanzar en 2005 un volumen de ventas de US$ 3.294 millones y ganancias por US$ 283 millones.[488] En 2008, *Agrium* completó la adquisición de *UAP*, incorporando 300 centros de distribución en Estados Unidos y Canadá.[489]

Cargill

Durante años, *Cargill* ha sido uno de los grandes jugadores del mercado mundial de semillas. Los orígenes de esta gran corporación diversificada, con sede en Estados Unidos, se remontan a 1865. A partir de 1970 se

---

de Innovación y Estrategias de Desarrollo para el Tercer Milenio, Río de Janeiro, p. 7.

486 Infomedia Producciones, "Quién es quién. ASP", *El Federal*, núm. 173, Buenos Aires, 30 de agosto de 2007, pp. 40-41.

487 En 2003, *ConAgra* se deshizo de la compañía *UAP*, vendiéndola al fondo de inversión *Apollo Management LP*.

488 Infomedia Producciones, "Quién es quién. Agrium", *El Federal*, núm. 200, Buenos aires, 6 de marzo de 2008, pp. 40-41. Según datos de la empresa, en el 2010 alcanzó ventas por unos US$ 10.000 millones anuales. Ese mismo año, le compró a *DuPont* una planta de formulación de herbicidas e insecticidas en Casilda (provincia de Santa Fe) y 24 centros de distribución de productos agropecuarios en la Argentina.

489 Infomedia Producciones, "Quién es quién. United Agri Products", *El Federal*, núm. 222, Buenos Aires, 7 de agosto de 2008, pp. 40-41.

posicionó como la mayor compañía cerealera mundial, aunque sólo la mitad de sus ingresos provienen de esa actividad.

Ha mantenido intereses en distintos sectores: carne (carne vacuna en todo el mundo, carne de pescado en Perú y de pollo en Turquía), acero, harina, algodón, arroz, café, biocombustibles, agroquímicos, sal, chocolate y productos derivados del petróleo, y servicios financieros, entre otros.

Entre 1998 y 2000, *Cargill* vendió su división de semillas a nivel global, beneficiándose en la adquisición las empresas *Monsanto* (que compró el negocio en América Central y del Sur, África, Asia y Europa) y *Dow* (que alcanzó las operaciones en Estados Unidos y Canadá). Entre las razones argumentadas por los directivos de *Cargill*, sobresalieron aquellas que reconocían cierto atraso de la empresa en materia de biotecnología con respecto a sus competidores internacionales.[490]

En 2004, *Cargill* e *IMC Global* se unieron para crear *Mosaic*: una compañía con sede en Minnesota (Estados Unidos) dedicada a la producción de fertilizantes fosfatados y potásicos y cuyos principales mercados han sido Estados Unidos y la India.[491]

En el ejercicio 2007, *Mosaic* tuvo una facturación a nivel mundial de US$ 5.774 millones, y ganancias por US$ 420 millones. En 2008, sus negocios treparon a US$ 9.813 millones con dividendos de US$ 2.082 millones. En 2009, las ventas ascendieron a US$ 10.298 millones con un margen de US$ 2.350 millones. Ese último año, Estados Unidos representó el 30% de su facturación y la India el 22%, desplazando a Brasil del segundo lugar. *Mosaic* posee minas de fósforo en Estados Unidos y minas de potasio en Canadá y Estados Unidos. Según datos del 2010, la firma controlaba el 13% de la producción mundial de fósforo y dominaba el 58% del mercado estadounidense.

Argentina se ubicó en 2008 en el séptimo lugar entre los mercados de la compañía, con ventas por US$ 239 millones (el 2,5% de la facturación global). En 2009, ocupó el octavo lugar, con ventas por US$ 188 millones. *Mosaic* posee un puerto y una planta elaboradora de superfostato simple granulado en Rosario, que fueron puestos en funcionamiento en 2007 con una inversión de US$ 20 millones.

---

490 "Cargill deja las semillas", *Clarín*, Buenos Aires, 30 de junio de 1998.

491 Infomedia Producciones, "Quién es quién. Mosaic", *El Federal*, núm. 231, Buenos Aires, 9 de octubre de 2008, pp. 40-41; Infomedia Producciones, "Quién es quién. Mosaic", *El Federal*, núm. 298, Buenos Aires, 21 de enero de 2010, pp. 38-39;

En cuanto a *Cargill*, en Argentina, la empresa abrió una oficina para obtener informaciones rápidas y exactas sobre los precios de los cereales sudamericanos en 1929, pero recién en 1947 se radicó en forma permanente. En el país, la compañía es el primer procesador de trigo, contando con siete plantas propias, y el principal exportador de granos, aceites y subproductos con una cuota de mercado que supera el 20%. En 2005, adquirió el frigorífico *Finexcor*, vendido recientemente a empresarios locales.[492]

FMC Corporation

Con sede en Estados Unidos, *FMC Corporation* ha estado dedicada a la elaboración de agroquímicos y productos químicos. En 2008, la unidad de agroquímicos facturó unos US$ 1.100 millones a nivel mundial, repartiéndose sus ventas como sigue: el 41% en América Latina, el 27% en América del Norte, el 17% en Europa y parte de África, y un 15% en Asia.

La empresa se hizo presente en Argentina a partir del 2000 con representantes comerciales, y ha importado desde Estados Unidos y Brasil productos que luego son formulados en las plantas de *DuPont*, *ASP*, *InsuAGro* y otras. La facturación de *FMC Corporation* en el país ascendió a US$ 21 millones en 2008.[493]

Pannar Group

Esta compañía sudafricana fue fundada en 1958. El grupo *Pannar* se ha mantenido como dueño de *Pannar Seeds* (dedicada a la producción y comercialización de semillas, líder del mercado africano), *Mascor* (concesión de máquinas rurales), *Kombat* (productora de agroquímicos) y *Pidelta* (una

---

492 En 2010, *Cargill* fue la segunda empresa con mayor facturación en nuestro país –después de *Repsol-YPF*–, obteniendo ingresos que rondaron los US$ 5.000 millones. Naishtat, Silvia (2011), "Cargill abandonó el negocio frigorífico en la Argentina", *iEco* (*Clarín*), Buenos Aires, 6 de septiembre de 2011.

493 La firma ha elaborado productos de marca propia –como *Affinity*, *Gamit 48*, *Command 36* y *Authority* (herbicidas), *Furia*, *Mustang-Talstar*, *Brigada Alfa Plus*, *Furadan Posse 25*, *Marshal 20* y *Eltra Star* (insecticidas)– y ha vendido principios activos para que sean desarrolladas por terceras empresas. Infomedia Producciones, "Quién es quién. FMC Corporation", *El Federal*, núm. 283, Buenos Aires, 8 de octubre de 2009, pp. 36-37.

empresa agropecuaria y forestal). La firma ha contado con programas de mejoramiento genético en Argentina, Estados Unidos, Zimbawe y Sudáfrica.

Pannar arribó a la Argentina en 2000 y se ha dedicado, con exclusividad, a la producción y comercialización de semillas. En 2003, operó en el mercado de capitales a través de la Bolsa de Comercio de Buenos Aires, con obligaciones negociables a corto plazo por US$ 5 millones.

La empresa ha importado en Sudáfrica semillas de soja de la semillera rosarina *Relmó* y ha comercializado en Argentina los maíces híbridos *BioGene,* una marca de la semillera *Pionner Hi–Bred.*[494]

Cheminova

Empresa química de origen danés, *Cheminova* ha facturado recientemente unos 750 millones de euros anuales, ha desarrollado subsidiarias en 20 países, y su principal área de negocios han sido los agroquímicos.

En Argentina, adquirió en 1999 la empresa local *Chemiplant,* que se convirtió a partir de entonces en su filial. Sin embargo, no ha contado con una planta de producción propia en el país y ha importado los principios activos a la par que ha tercerizado la síntesis. En 2006, *Cheminova Agro* de Argentina concretó ventas por $ 77,3 millones con ganancias de $ 2,6 millones, y en 2007 facturó $ 104,5 millones y obtuvo ganancias por $ 6,4 millones.[495]

Yara International ASA

Esta empresa noruega fue fundada en 1905 bajo la denominación de *Nork Hydro* y se ha posicionado, en los últimos años, como el principal productor mundial de fertilizantes.

---

494 Infomedia Producciones, "Quién es quién. Pannar Group", *El Federal*, núm. 169, Buenos Aires, 2 de agosto de 2007, pp. 38-39.

495 Entre sus productos más vendidos se pueden mencionar: *Warrant*, *Shooter* y *Gangster* (insecticidas) y *Total*, *Luger* y *Vesuvio* (herbicidas). Según el *Banco Central de la República Argentina*, a marzo de 2009 los créditos tomados por la empresa con entidades locales ascendían a $ 6,8 millones, de los cuales el 55% eran tomados con el *Banco Galicia* ($3,7 millones) y el 42% con el *Citibank*. Infomedia Producciones, "Quién es quién. Cheminova", *El Federal*, núm. 269, Buenos Aires, 2 de julio de 2009, pp. 36-37.

Entre 1978 y 1990 adquirió otras firmas europeas de fertilizantes: *Supra* (Suecia), *Fisons* (Reino Unido), *Ruhr Sticstoff* (Alemania), *NSM* y *Windmill* (Holanda), y *Cofaz* (Francia). Estableció una terminal en Chiwan (China) en 1982 y una oficina en Harare (Zimbawe) en 1983. Entre 2006 y 2007, compró la mitad de la empresa suiza *Balderton*, creó un *joint venture* con la estadounidense *Praxair* (la mayor proveedora mundial de dióxido de carbono y helio y la mayor empresa de gases industriales de América), y adquirió la empresa de fertilizantes *Kemira GrowHow*, de capitales finlandeses y del Estado finlandés. Los accionistas principales de *Yara* han sido el gobierno noruego –a través del Ministerio de Comercio e Industria (36,2% de las acciones) y el Plan de Seguro Nacional (5,9% del paquete accionario)–, aunque también han participado bancos como el *Clearstream Banking* de Luxemburgo, el *State Street Bank* y el *Bank of New York* de Estados Unidos.

Makhteshim Agan (Magan)

Es un grupo israelí especializado en la producción de agroquímicos; comenzó a operar en Argentina en 1996, bajo la filial *Magan Argentina*.[496] En 2007, su facturación en el país fue de US$ 22 millones.[497]

En cuanto a las principales empresas locales, se han observado una serie de alianzas y fusiones con compañías extranjeras, así como algunas adquisiciones recientes.[498] Por tanto, el proceso registra no sólo la injerencia del imperialismo en el sector de semillas y agroquímicos a través de la instalación en el país de corporaciones transnacionales, sino también la adquisición y/o asociación subordinada de firmas locales. De esta manera, el rasgo esencial de la cuestión es la convivencia del capital imperialista con el capital intermediario en el sector de insumos del complejo agroalimentario pampeano. Relación despareja, ya que bajo

---

496 En 2010, la compañía israelí comenzó negociaciones con *Albaugh* para la adquisición de *Atanor* en US$ 1.000 millones. No obstante, en septiembre del mismo año y luego de haber avanzado en la firma de una Carta de Intención, las negociaciones se suspendieron por varios hallazgos de desviación de información que fueron revelados en el proceso de auditoría.
497 Prensa económica (2008), *Ranking de las 1.000 empresas líderes*, Buenos Aires.
498 En febrero de 2012 se de formalizó un *joint-venture* entre *Bioceres* y la semillera estadounidense *Arcadia*.

el capitalismo el desarrollo no es igualitario, sino que expresa la fuerza económica de cada participante. A continuación, señalamos algunos ejemplos notorios de esta dinámica en el período 1976–2008, para luego reflexionar cómo moldea el capital extranjero la dependencia en el ámbito específico de los agroinsumos.

- ***Agroinvest*** es un laboratorio de productos microbiológicos establecido en Junín, dedicado a la formulación, elaboración y distribución de inoculantes y herbicidas. El 100% de su paquete accionario pasó a manos de *Adecoagro* –entre cuyos principales accionistas se encuentra el magnate húngaro-norteamericano George Soros– y el grupo *El Tejar* (abocado a la producción agropecuaria). Cabe agregar que *Adecoagro* se asoció en los últimos años con la cooperativa láctea canadiense *Agropur* y que *El Tejar* pasó el 23,5% de la empresa a accionistas ingleses y norteamericanos.
- La empresa de fitosanitarios ***Gleba***, fundada en 1950, fue vendida en 1997 a la firma chilena *Agrícola Nacional SAC* (*ANASAC*).
- ***Palaversich*** –dedicada a la producción de semillas forrajeras– se integró en 1999 al grupo semillero holandés *Barenbrug*.
- ***Rizobacter*** se convirtió en representante exclusiva para Latinoamérica de la empresa francesa *De Sangosse*, dedicada a la producción de cebos granulados para plagas.
- ***Don Mario*** adquirió en 2004 la operación local de la marca de maíces híbridos estadounidense *Golden Harvest*, que en su país de origen fue adquirida por *Syngenta*. En 2008, vendió el 51% de su paquete accionario en el semillero *SPS* a *Syngenta*.[499]
- La productora y sintetizadora de agroquímicos ***IPESA***, fundada en 1978, se vendió a fines de 2007 a un fondo de inversión norteamericano[500] y cambio su nombre por ***Agrofina***.

En este breve listado se aprecia la tendencia a la desaparición y/o subordinación del empresariado local a las transnacionales. Es que el capital imperialista cuenta con las ventajas derivadas del tamaño de las corporaciones y el volumen del capital, una operatoria y un poder financiero de proyección mundial, mejores desarrollos biotecnológicos y suficiente capacidad de producción como para provocar una avalancha de importaciones capaz de controlar los mercados en contextos donde fueron desmantelados los mecanismos proteccionistas sectoriales en beneficio de

---

499 Infomedia Producciones, "Quién es quién. Don Mario", *El Federal*, año 5, núm. 248, Buenos Aires, 5 de febrero de 2009, pp. 32-33.
500 "Más extranjerización: se vendió IPESA (agroquímica)", *Infocampo*, 21 de diciembre de 2007; Infomedia Producciones, "Quién es quién. Ipesa", *El Federal*, núm. 193, Buenos Aires, 17 de enero de 2008, pp. 40-41.

la competencia externa. En las últimas décadas, la aplicación de nuevas biotecnologías en la actividad agrícola pampeana halló un escenario de acentuación y aceleración de la concentración y extranjerización de la estructura económica nacional. La dinámica resultante coloca a las firmas locales y los institutos públicos de investigación en una posición secundaria, en la que solamente logran ciertas ventajas en el control de algunas variedades de semillas específicas adaptadas a las demandas particulares de las diferentes zonas agroproductivas;[501] pero en líneas generales han resultado el furgón de cola de poderosos conglomerados que participan simultáneamente de diversas ramas productivas.

El mercado de fitosanitarios en la Argentina (1976-2008)

En el período 1976-2008, la composición de la industria de agroquímicos ha oscilado entre 50 a 80 empresas, y entre 1.500 a 6.500 trabajadores. La estructura del mercado de productos agroquímicos se ha caracterizado por una alta concentración. En fitosanitarios se ha destacado la participación de grandes empresas transnacionales, como *Monsanto*, *Atanor*, *Syngenta*, *Bayer*, *Dow Agrosciences*, *Basf* y *DuPont*.[502]

El desarrollo de la industria de fitosanitarios durante la dictadura militar (1976-1983)

En la década de 1970, dos firmas, *Atanor* y *Compañía Química*, lideraban la fabricación del herbicida 2,4 D. La primera, fundada en 1938, era una empresa mixta en la que en 1944 se asociaron poderosos grupos de la gran burguesía intermediaria argentina –como los grupos *Braun-Menéndez Behety* y el grupo *Roberts*– con el Estado nacional a través de

501 Bisang, Roberto, "Apertura económica, innovación y estructura productiva: la aplicación de biotecnología en la producción agrícola pampeana argentina", *Desarrollo Económico*, vol. 43, núm. 171, Buenos Aires, octubre-diciembre de 2003, p. 421.
502 Consejo Técnico de Inversiones, *Anuario de economía argentina*, núm. 15 a 50, Buenos Aires, 1976-2011.

Fabricaciones Militares.[503] La segunda fue creada en 1932 y –como ya se señaló– era una compañía del grupo *Bunge & Born*.

Para 1976, la Argentina importaba unas 7.500 toneladas de fitosanitarios para satisfacer la demanda interna, de las cuales el 45% correspondía a insecticidas, el 30% a fungicidas y el 25% a herbicidas[504], aunque la tendencia se invertiría para los primeros años de la década de 1980, pasando al primer lugar los herbicidas. Para 1983, las importaciones experimentarían un crecimiento del 113% respecto del inicio del período (Cuadro 3).

En 1979, como efecto de la Revolución Iraní, se registró una fuerte alza del petróleo que derivó en un aumento de las cotizaciones internacionales de los agroquímicos. Esto influyó en las decisiones de reducción de los aranceles de importación de fitosanitarios y fertilizantes en el mes de mayo. En forma paralela, durante la gestión del ministro Martínez de Hoz, la dictadura eliminó los derechos de importación de los principios activos para elaborar los fitosanitarios, afectando así a las industrias que localmente fabricaban estos bienes.

El mismo año, *Compañía Química* selló una alianza con la transnacional estadounidense *Eli Lilly* a través de la firma *Quimel* y puso en marcha una planta de treflan –un herbicida para la soja– en San Nicolás (provincia de Buenos Aires). Este proyecto significó una inversión del orden de US$ 1,5 millón.[505] A la par, esta asociación participó por aquellos años en las licitaciones petroleras que abría la dictadura militar. Este tipo de acontecimientos manifiesta lo sustancial del desarrollo de fitosanitarios durante el período: el crecimiento económico de grupos de la gran burguesía intermediaria ligados al capital transnacional y el fortalecimiento de oligopolios foráneos que usufructuaron de la tutela oficial para aumentar sus beneficios.

En 1981, la evolución del mercado de fitosanitarios manifestó dificultades en su demanda en virtud de la prolongada sequía que afectó al agro pampeano entre mayo y octubre de aquel año. Ante la reducción de las ventas, se incrementó la competencia entre las firmas que desarrollaban sus productos localmente y las que se dedicaban a la importación, registrándose continuas amenazas a la producción local por aumentos de los

---

503 Ostiguy, Pierre (1990), *Los capitanes de la industria: grandes empresarios, política y economía en la Argentina de los años 80*, Legasa, Buenos Aires, p. 229.

504 Consejo Técnico de Inversiones (1976), *Anuario de economía argentina*, núm. 15, Buenos Aires, p. 327.

505 Consejo Técnico de Inversiones (1979), *Anuario de economía argentina*, núm. 18, Buenos Aires, pp. 364-366; Schvarzer, Jorge (1989), *Bunge & Born: crecimiento y diversificación de un grupo económico*, CISEA/GEL, Buenos Aires, p. 53.

costos de producción y disminución de la rentabilidad. Ese año, *Atanor* y *Compañía Química* celebraron un acuerdo por el cual la primera se abocaría a la producción de productos formulados de diversos insumos agroquímicos que industrializaba la segunda.[506]

Las mejoras de la rentabilidad de la agricultura pampeana registradas en el ciclo 1982-1983 significaron un incremento generalizado del consumo de agroquímicos, con lo que aumentaron las importaciones, no consiguiéndose frenarlas mediante la sanción de la resolución 382, que estableció una cuotificación con límites a las compras externas de estos bienes. De esta manera, se daba un duro golpe a cualquier nueva iniciativa nacional de industrialización de agroquímicos.

Mientras tanto, *Atanor* y *Compañía Química* se enfrentaban al incremento de la competencia externa por parte de poderosos conglomerados transnacionales que les disputarían el mercado. Ante tal desafío, estos oligopolios mantuvieron su poder de presión sobre el Estado para maximizar sus beneficios y expandirse, procurando además nuevas alianzas con el capital imperialista. En el siguiente período, estas tendencias continuarían acentuándose.

Cuadro 3: Argentina: Importación de Fitosanitarios en Toneladas.

	1976	1977	1978	1979	1980	1981	1982	1983	1984
Insecticidas y acaricidas	2.517	5.913	4.264	9.412	4.805	3.533	4.752	6.170	5.920
Fungicidas	3.162	1.506	1.500	2.900	2.927	1.925	2.306	2.759	2.358
Herbicidas	1.565	2.283	2.631	2.827	2.995	3.787	6.229	7.095	9.525
Otros	10	11	367	20	15	7	0	0	0
Total	7.254	9.713	8.762	15.159	10.742	9.245	13.287	16.524	17.865

Fuente: Anuario de Economía Argentina

El mercado de fitosanitarios durante la etapa alfonsinista (1983-1989)

En 1984, la retracción de los precios de los productos agropecuarios, la incertidumbre con respecto a los proyectos de reforma impositi-

506 Consejo Técnico de Inversiones (1981), *Anuario de economía argentina*, núm. 20, Buenos Aires, pp. 268-269.

va y el buen estado sanitario que mayoritariamente presentaron los campos,determinaron la disminución generalizada de las ventas de agroquímicos. Esto influyó de modo decisivo en una acumulación de stocks por el lado de la oferta, así como en una profundización de la competencia entre las empresas que producían localmente y las importadoras, con lo que conseguirían continuar avanzando las poderosas firmas transnacionales en el mercado interno.

En julio de 1985, la Secretaría de Comercio Interior resolvió implementar un régimen de precios máximos para los insumos agroquímicos, de acuerdo con los lineamientos de un informe específico elaborado por la Secretaría de Agricultura, Ganadería y Pesca. La medida pasó a regir a partir del 4 de agosto de ese año y comprendió las operaciones al contado sobre camión o vagón, depósito del fabricante o importador, sin incluir IVA ni flete. Los precios máximos establecidos se estimaron atractivos para los productores agropecuarios, pero la marcada disminución de las cotizaciones internacionales de los granos desalentó la inversión en estos insumos, por lo tanto, los resultados económicos de la industria local no fueron elevados. No obstante, el acusado incremento de la producción de soja durante el período implicó un aumento de las compras de herbicidas posemergentes para aplicarlos a este cultivo.

En ese último año también el holding *Bunge & Born* adquirió el 22% de las acciones de *Atanor* a través de *Compañía Química*[507], situación que evolucionaría hasta convertirse en el socio mayoritario en 1988 con la adquisición del 21% del paquete accionario en manos de *Fabricaciones Militares*. Con este tipo de acontecimientos se anticipaba la política de privatizaciones encarada por el Estado nacional en la siguiente década, y que tendría a los grupos de capital transnacional y gran burguesía local como principales beneficiarios.

Durante 1987 se concretaron varias inversiones por parte de grandes empresas. *Monsanto* inauguró en Zárate (provincia de Buenos Aires) una planta para la producción de glifosato con un costo de US$ 6,3 millones. *Atanor* abrió su planta de herbicidas en Río Tercero (provincia de Córdoba) con una inversión de US$ 3,5 millones. Por su parte, *Compañía Química* invirtió US$ 3 millones en la concreción de una planta de producción de atrazina.

---

507 Minsburg, Naúm (1987), *Capitales extranjeros y grupos dominantes (análisis histórico y contemporáneo)*, CEAL, Buenos Aires, t. II, p. 104.

Los fitosanitarios durante el menemismo (1989-1999)

En la década de 1990, el sector creció sostenidamente en conjunto con la producción agrícola. En el marco de esta tendencia y de la apertura neoliberal a las inversiones extranjeras, las empresas transnacionales encontraron un ambiente propicio para la instalación de nuevas plantas dotadas con moderna tecnología importada y capacidad para realizar exportaciones. Por su parte, las principales firmas –*Compañía Química* y *Atanor*– fueron vendidas a grandes oferentes foráneos: en 1993, la primera pasó a manos de la estadounidense *Procter & Gamble* y en 1996 *Atanor* fue comprada por el ya mencionado grupo *Albaught*.[508]

Tales acontecimientos fueron el resultado de la confluencia de distintas causas. Por un lado, la preferencia de las corporaciones imperialistas por las ramas más concentradas de la producción industrial. Por otro, la decisión de los conglomerados –con marcas bien posicionadas– de transferir aquellas empresas dotadas tecnología obsoleta y relativamente más débiles frente a sus competidores. En el caso de la transnacional *Bunge & Born*, la compañía pasó a desarrollar una estrategia de especialización en el negocio de *commodities* agropecuarios y, de manera paulatina, continuó desprendiéndose de sus actividades industriales.[509]

La campaña agrícola de granos finos y oleaginosas de 1990-1991 arrojó magros resultados como consecuencia de la disminución de los precios internacionales. Al iniciarse 1991, por efecto de la contracción de la demanda de estos insumos por parte de los productores agropecuarios y de la rebaja de los aranceles de importación[510], se registró una importante merma en los precios de los herbicidas y fertilizantes. La situación evidenció signos de recuperación en la segunda parte de ese año, pero encontró limitaciones en la disponibilidad del crédito. En líneas generales, esta dinámica del mercado de fitosanitarios, marcada por el manejo de precios realizado por las principales corporaciones que influyen sobre la oferta, así como por la

---

508 Correa, Rubén (1996), "Alimentos la apuesta de Bunge y Born", *La Nación*, Buenos Aires, 21 de abril; Datri, Darío y Borenstein, Andrés (1998), "La retirada final del grupo Bunge & Born", *Clarín*, Buenos Aires, 31 de mayo.

509 Gaggero, Alejandro (2008), "'Fui industrial durante muchos años...'. Los grupos económicos nacionales y el proceso de extranjerización del empresariado argentino durante la década de los noventa.", *Papeles de trabajo. Revista Electrónica del Instituto de Altos Estudios de la Universidad Nacional de San Martín*, año 2, núm. 3, Buenos Aires, junio de.

510 En julio de 1991 se dispuso que los plaguicidas provenientes de Brasil se beneficiaran con un aumento de la franquicia arancelaria del 40% al 47% sobre un derecho básico del 11%.

regulación funcional a sus intereses de los aranceles externos, resultaba una expresión manifiesta tanto de la estructura cartelizada del sector y sus estrechos lazos con la estructura estatal de sus países de origen, como de su capacidad de presión sobre los gobiernos de países dependientes.[511]

Con posterioridad, la utilización de biotecnología acompañada del empleo de la siembra directa y, en general, de buenos precios posibilitó alcanzar cosechas récords, por lo que el mercado de fitosanitarios pasó de US$ 286 millones a US$ 1.000 millones en 1997. No obstante, durante 1998 se produjo una caída de los precios internacionales de los cereales y las oleaginosas, lo cual llevó a que los productores buscaran reducir los costos de producción manteniendo o retornando a sistemas tradicionales, aunque corriendo el riesgo de una disminución en los rendimientos por acción de plagas, malezas y enfermedades. A esto se añadieron las inclemencias climáticas (precipitaciones, inundaciones y sequías prolongadas) que perjudicaron los cultivos de algunas regiones, llevando a una merma en la aplicación de fitosanitarios.

Como ya se indicó, el período registró una agudización de la extranjerización del sector mediante la instalación de nuevas plantas. Entre ellas se puede destacar la realizada en 1997 por la firma alemana *Agrevo* con la construcción de su nueva planta para la formulación de fitosanitarios en Zárate, cuyo costo fue de US$ 5 millones. Por su parte, *Atanor* –ya en manos de capitales norteamericanos– comenzó la ampliación de su planta de producción de herbicidas en San Nicolás.

A nivel financiero, los proveedores de insumos operaron abriendo el crédito a los productores agropecuarios (en particular a quienes tenían dificultades de acceso). Las empresas recargaban el precio de los agroquímicos con un 1,5% mensual frente al 0,9% mensual que se podía obtener en las entidades bancarias.[512] En esta forma, las compañías imperialistas no sólo eran partícipes en la dotación de insumos que posibilitaban el crecimiento de la producción granaria, sino que se apropiaban de una parte de la renta agraria gracias a su posición oligopólica[513], contribuían al proceso de endeudamiento de los pequeños y medianos productores y, por lo tanto, favorecían la brutal aceleración de la concentración económica que se verificaba en esos años en

---

511 Peritore, Patrick (1992), "El surgimiento del cartel biotecnológico", *Revista Mexicana de Sociología*, vol. 54, núm. 2, abril-junio, pp. 101-131.

512 Consejo Técnico de Inversiones (1997), *Anuario de economía argentina*, núm. 36, Buenos Aires, p. 321.

513 Rodríguez, Javier y Seain, Carla (2007), "El sector agropecuario argentino, 1990-2005: del crecimiento con crisis a la exteriorización de la renta", en: Basualdo, Victoria y Forcinito, Karina (comp.), *Transformaciones recientes en la economía argentina. Tendencias y perspectivas*, Prometeo/UNGS, Buenos Aires, pp. 57-77.

la estructura agraria argentina[514]. Estos fenómenos, a su vez, se combinaron con políticas públicas que exacerbaron esas tendencias.[515]

Los fitosanitarios durante la posconvertibilidad (2002-2008)

Según las estadísticas de la Cámara Argentina de Sanidad Agropecuaria y Fertilizantes (CASAFE), el volumen de negocios pasó de US$ 600 millones en 2002 a US$ 1.800 millones anuales precio neto al distribuidor en 2008. El incremento de la demanda a partir de 2003 llevó a reducir la proporción de las exportaciones sobre la producción total. La oferta doméstica ha sido insuficiente para cubrir totalmente los requerimientos de la demanda local, por lo que puede observarse que en el mercado argentino de fitosanitarios, según los distintos años, entre el 60% y el 81% proviene de la formulación (es decir, se importa el principio activo para luego elaborar la mezcla) o es de origen importado (Cuadros 4 y 5).

Cuadro 4. Argentina: comercio exterior de agroquímicos (fitosanitarios y fertilizantes), en millones de US$. Años 2003-2008.

	Exportaciones	Var. % anual	Importaciones	Var. % anual	Balanza comercial
2003	81,7	–	246,2	–	–164,5
2004	86,8	6,2	460,2	86,9	-373,4
2005	124,8	43,8	433,4	–5,8	-308,6
2006	138,6	11,1	543,5	25,4	–404,9
2007	92,0	33,6	1.106,0	103,5	–1.014,0
2008	78,6	–14,6	1.473,6	33,2	-1.395,0

Fuente: Elaboración propia sobre la base de datos de SENASA.

---

514 Basualdo, Victoria, "Tendencias recientes de la distribución de la propiedad de la tierra en la provincia de Buenos Aires: ¿concentración o desconcentración?", en: Basualdo, Victoria y Forcinito, Karina (comp.), *Transformaciones recientes en la economía argentina. Tendencias y perspectivas,* op. cit., pp. 79-98.
515 Giarraca, Norma y Teubal, Miguel (1997), "El Movimiento de Mujeres Agropecuarias en Lucha: las mujeres en la protesta rural en la Argentina", *Realidad Económica*, núm. 150, Buenos Aires, pp. 96-120; Azcuy Ameghino, Eduardo, "De la convertibilidad a la devaluación: el agro pampeano y el modelo neoliberal, 1991-2001", en: Azcuy Ameghino, *Trincheras en la historia,* op. cit., pp. 229-272; Fernández, Diego Ariel (2008), "El fuelle del Estado: sobre la incidencia de las políticas públicas en la concentración de la producción agrícola pampeana (1989-2001)", *Documentos del CIEA*, núm. 3, Buenos Aires, pp. 33-67.

Cuadro 5. Evolución del mercado argentino de fitosanitarios según origen en millones de dólares (precio neto al consumidor). Años 1998-2008.

	1998	1999	2000	2001	2002	2003	2004	2005	2006	2007	2008
Formulado	254,8	190,9	183,7	167,5	220,3	210,9	271,8	278,4	274,4	438,2	574,6
Importado	383,1	302,5	314,5	256,8	178,6	224,6	275	281,2	284	484,7	445,1
Producido	138,7	129,9	135,8	178,6	201,2	218,3	371,8	339,4	344,1	441,5	757,4
Total	776,6	623,3	634	603	600,1	653,8	918,6	899	902,5	1364,3	1777,1

Fuente: Elaboración propia en base a datos del Anuario de Economía Argentina (varios años).

Entre los principales proveedores se encuentran Brasil –a través de similares corporaciones transnacionales que están presentes en Argentina–, Estados Unidos y China. En cuanto a las exportaciones, los países limítrofes fueron los principales destinos entre 2003 y 2007, sumando en forma agregada el 90%, seguidos por Estados Unidos y México.

La participación promedio de los herbicidas en los volúmenes totales de fitosanitarios ha rondado el 70%, destacándose una presencia similar del glifosato dentro de este segmento. El llamado "fenómeno glifosato" (en 2009 representó el 93% de las ventas de herbicidas) ha estado directamente vinculado a la difusión de la soja transgénica en la Argentina, a la implementación de la técnica del barbecho químico y al desplazamiento de herbicidas selectivos por un producto de menor costo y mayor versatilidad. La patente de *Monsanto* en la Argentina había caducado en 1987[516], es decir, mucho antes de la introducción de la soja transgénica; mientras que en Estados Unidos los derechos recién caerían en 2000[517]. Este herbicida lo producían localmente como un genérico diferentes empresas, y para su fabricación resultaban significativas las importaciones del principio activo. Cuando cesó la vigencia de la patente en el país del norte y buena parte del mundo, las importaciones del principio activo del

516 Brieva, Susana (2006), *Dinámica socio-técnica de la producción agrícola en países periféricos: configuración y reconfiguración tecnológica en la producción de semillas de trigo y soja en Argentina, desde 1970 a la actualidad*, Buenos Aires, FLACSO [Tesis doctoral], p. 265; Vara, Ana María (2004), "Transgénicos en Argentina: más allá del boom de la soja", *Revista Iberoamericana de ciencia, tecnología y sociedad*, vol. 1, núm. 3, Buenos Aires, septiembre, pp. 101-129.

517 Pierri, Jose y Abramovsky, Marcelo (2009), "Legislaciones de patentes de semilla y uso de insumos en la producción de soja en la Argentina y en los Estados Unidos, 1990/2006", *Realidad Económica*, núm. 244, Buenos Aires, pp. 88-117.

glifosato –que hasta entonces provenían mayoritariamente de Estados Unidos– fueron reemplazadas por una explosión de importaciones chinas a precios más bajos, las que llegaron a cubrir el 95% de las compras de ese producto.[518]

La empresa *Monsanto*, a través de la marca *Roundup*, ha liderado el mercado de glifosato concentrando un 65% de este, seguido por la firma de capitales estadounidenses *Atanor* con un 15%*, Syngenta, Nidera* (*con la marca Zamba*) y *Dow* (con la marca *Panzer Gold*)[519] que reúnen en conjunto un 10%; el resto del mercado se distribuye entre unas 40 empresas de menor tamaño. Las corporaciones transnacionales han presentado un alto grado de integración vertical, desarrollando todos los procesos desde la síntesis hasta la distribución de los agroquímicos de producción local. Sin embargo, los aportes en I&D se producen principalmente en las casa matrices.

Respecto a este insumo, resulta significativo que el gobierno de Néstor Kirchner dispusiera en febrero de 2004, por resolución 28/04 del Ministerio de Interior –cartera a cargo de Aníbal Fernández– "el cierre de la investigación relativa a la existencia de *dumping* en operaciones de exportación hacia la República Argentina de glifosato y sus formulaciones, originarias de la República Popular China", evitando así aplicar aranceles extraordinarios a las importaciones de glifosato de este país y desestimando la petición efectuada por la empresa *Monsanto*. Como sostuvimos en el capítulo 1, este tipo de acontecimientos expresan sustancialmente a nivel mundial el incremento del poderío del capitalismo chino en los últimos años y la agudización de sus contradicciones con otros imperialismos. Respecto de la Argentina, evidencian el aumento de su incidencia política y económica en el país en años recientes, que logró por medio de sus adquisiciones de tierras y su papel de gran comprador de soja y aceite de soja, así como de gran proveedor de productos industriales y equipos de infraestructura.[520]

---

518 Rajman, Nadab y Silva Failde, Diego (2012), "El desafío del desarrollo para la Argentina en un contexto mundial incierto", *IV Congreso Anual de AEDA*, 15-17 de agosto de 2012.

519 Consejo Técnico de Inversiones (2003), *Anuario de economía argentina*, núm. 42, Buenos Aires, p. 264.

520 "Advierten sobre las diferencias de costos de la producción china", *La Nación*, 18 de noviembre de 2004.

Los fertilizantes químicos en la agricultura pampeana (1976-2008)

Los fertilizantes son todas aquellas sustancias minerales u orgánicas que suministran elementos nutritivos para estimular el crecimiento, acrecentar la productividad o mejorar la calidad de producción de los vegetales. Estos insumos pueden contener los siguientes elementos: nutrientes primarios (nitrógeno, fósforo y potasio), nutrientes secundarios (calcio, magnesio, azufre) y micronutrientes (boro, zinc, cobre, hierro, molibdeno, manganeso, cloro). Pueden presentarse como productos sólidos o líquidos y, según su composición, ser simples (constituidos por una sola sustancia aunque ella posea uno o más nutrientes) o compuestos (se trata de mezclas de dos o más fertilizantes simples).[521] Los fertilizantes nitrogenados y fosforados son los de mayor utilización en la producción de cereales y oleaginosas

Los fertilizantes nitrogenados, como la urea, el nitrato de amonio y sulfato de amonio, se sintetizan a partir de la combinación de hidrocarburos (sobre todo de gas) con el nitrógeno del aire. Particularmente, la urea es el fertilizante nitrogenado de mayor difusión mundial.

La elaboración de fertilizantes fosforados y potásicos depende de la presencia de yacimientos de roca fosfática en el lugar de origen, donde son procesados y exportados como producto final. En la Argentina, estos yacimientos existen, pero su explotación local es marginal. Por ello, estos fertilizantes no se producen en el país y se importan.[522]

Durante el período bajo análisis (1976-2008), han encabezado las ventas de fertilizantes: *Profertil*, *Nidera*, *Cargill*, *Hydro Agri* (hasta 2004 vinculado al grupo noruego-estadounidense *Yara*), *Bunge* y *Asociación de Cooperativas Argentinas (ACA)*. En los últimos años, una sola empresa nacional[523] (*ACA*) se ha destacado entre las líderes, encontrándose el sector fuertemente oligopolizado por las empresas transnacionales, que desplazaron a las empresas de la gran burguesía intermediaria local (*Pérez Companc*) durante la década de 1990 y comienzos de la de 2000.

---

521 Decreto 1624/80, art. 3; Finck, Arnold (1998), *Fertilizantes y fertilización*, Reverté, Barcelona, pp. 5-19.

522 Erro Velázquez, Melisa (2012), *Caracterización de la industria de fitosanitarios y fertilizantes en la Argentina. Estructura y dinámica de un sector clave del complejo agroalimentario pampeano*, Bahía Blanca, (Tesis de grado de la Licenciatura en Economía dirigida por Fernando Romero Wimer), p. 32.

523 El grado de integración de *Bunge* con el capital imperialista no nos permite considerarla como una empresa de capital nacional.

Asimismo, se han registrado cambios sustanciales en términos de adopción masiva de los fertilizantes en la región pampeana que resultaron superiores a los incrementos proporcionales registrados a nivel mundial

El mercado de fertilizantes durante la dictadura militar (1976-1983)

En la década de 1970, el abastecimiento local de urea lo realizaba la empresa *PASA Petrosur SA* (perteneciente a un consorcio de firmas estadounidenses), que contaba con una planta en Campana (provincia de Buenos Aires), cuya capacidad de producción inicial era de 100 mil toneladas anuales de urea perlada, de las cuales el 75% se destinaba a la agricultura. No obstante, a pesar de los bajísimos índices de consumo de fertilizantes, entre 1978 y 1984 la mayor parte provenía de la importación, cuando los productos de origen externo pasaron a representar del 52% al 75% del mercado interno, respectivamente (Gráfico 1).

Gráfico 1. Argentina. venta de fertilizantes, en toneladas. Años 1978-1984.

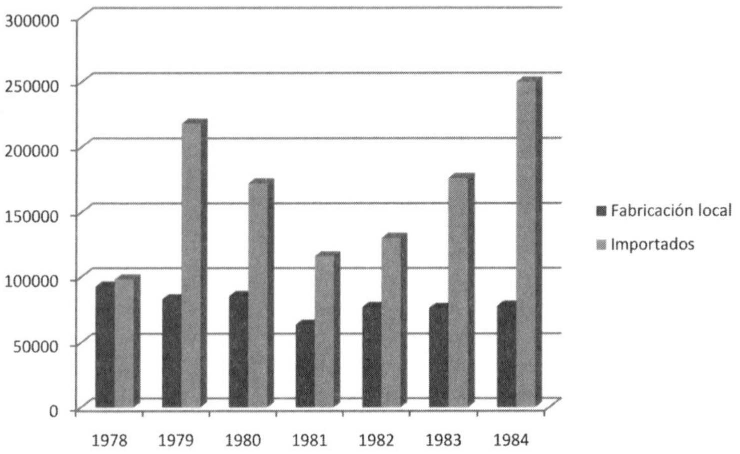

Fuente: Elaboración propia sobre la base de datos del Anuario de Economía Argentina (varios números).

Hasta 1976, los elevados precios y la relación insumo-producto de los fertilizantes importados habían restringido su consumo por parte de los productores agropecuarios argentinos. Estas eran circunstancias desfavorables para los incrementos de la productividad de la agricultura pampeana, a la vez que el proceso de industrialización por sustitución de importaciones no había conseguido reemplazar los diversos fertilizantes que se compraban al exterior. Así, las condiciones resultaban desfavorables a una incorporación masiva de estos bienes, aunque la urea comenzaba a desprenderse de esta tendencia y se importaban por entonces unas 10 mil toneladas. En 1978, la colocación de la urea importada a precios más bajos que la producida en el mercado interno resultó adversa para los fabricantes locales, por lo que se vieron favorecidas en alta proporción las empresas transnacionales que operaban en forma global.

Al promediar aquellos años también se invierte la tendencia en el uso de amoníaco y sulfato de amonio, por lo que *PASA Petrosur* disminuyó la fabricación de este producto.[524]

Hasta 1979 se fertilizaba aproximadamente un 15% de la superficie sembrada con trigo[525], y la mayor parte de la fertilización en Argentina se realizaba en los cultivos intensivos. Ese año se registró un notable incremento del uso de la urea para trigo (que pasó de 15 mil toneladas/año a 70 mil toneladas/año), siendo este el cultivo de mayor consumo de fertilizantes. Un informe de 1981 sostenía que en la Argentina se utilizaban sólo 0,5 kilogramos de fertilizantes por hectárea por año, mientras que en Chile y Uruguay se consumían entre 20 y 30 kilogramos por hectárea por año, y en Estados Unidos y los países de la CEE unos 250 kilogramos por hectárea por año.[526]

Entre las principales razones vinculadas a la baja utilización de fertilizantes químicos hasta ese año podemos señalar:

- La producción extensiva y la rotación agrícolo-ganadera. La existencia de la chacra mixta aseguraba el mantenimiento de la fertilidad del suelo por mecanismos biológicos a través de la alternancia de los culti-

524 Consejo Técnico de Inversiones (1978), *Anuario de economía argentina*, núm. 17, Buenos Aires, p. 333.

525 En un estudio del año 1962, la casi total ausencia de actividades de fertilización hacía indicar a su autor: “Las tierras pampeanas han sido distinguidas entre las más feraces del globo, lo que ha quedado evidenciado por los altos niveles de su producción durante medio siglo, sin recibir prácticamente fertilización alguna ni rotaciones adecuadas”. Véase: Borella, Adolfo (1962), “Industria de los fertilizantes en la República Argentina”, en Instituto de la Producción, *Contribuciones*, núm. 70, La Plata, p. 1.

526 Consejo Técnico de Inversiones (1981), *Anuario de economía argentina*, núm. 20, Buenos Aires, p. 267.

vos agrícolas y de pasturas leguminosas para el ganado. Estas últimas tienen la propiedad de fijarle al suelo el nitrógeno atmosférico.[527]

- Las relaciones de precios relativos insumo-producto. En ocasiones se registraban tendencias a la baja de cereales y oleaginosas, o precios de los fertilizantes en el mercado local superiores a los internacionales[528]. Durante la década de 1970, los productores argentinos de trigo debían entregar por el nitrógeno un 80% y un 140% más del producto que sus pares norteamericanos y franceses, respectivamente.[529] Circunstancias como el control del mercado externo y la búsqueda fallida de alternativas de producción local influyeron en el incremento de los valores de estos productos.
- El desconocimiento por parte del productor de los niveles de déficit de su suelo.
- La expansión de la figura del contrato de producción por cosecha. Los gastos de fertilización los realiza el contratista, pero el propietario participa del incremento del beneficio[530], resultando de esta forma una menor atención al progresivo deterioro de los suelos.
- El insuficiente avance tecnológico nacional alcanzado en la materia, la escasa promoción del desarrollo de fuentes locales de aprovisionamiento y el eventual relativo desinterés imperialista en el rubro.

Los fertilizantes del agro pampeano durante el gobierno alfonsinista (1983-1989)

En 1983, el gobierno argentino constituyó el Comité de Producción de Fertilizantes (COPROFER) a fin de impulsar la industrialización local

---

527 Picardi, Susana (1994/95), "Biotecnología en el sector agropecuario: el caso de los biofertilizantes", Departamento de Economía, Bahía Blanca.

528 El precio más caro de los fertilizantes en Argentina se registra en estudios anteriores y en comparación con países vecinos, Borella sostuvo que, en el año 1956, Argentina necesitó el valor de 100 kilogramos de trigo para adquirir 11 kilogramos de anhídrido fosfórico mientras que Chile y Uruguay, con igual cantidad de ese cereal adquirían 11 y 39 kilogramos del mismo nutriente respectivamente. Véase Borella, op. cit., pp. 4-5.

529 Reca, Lucio y Cirio, Félix (1983), *Fertilizantes químicos: fuente de crecimiento subutilizado en la agricultura pampeana*, FUNDECO, Buenos Aires.

530 Del Bello, Juan Carlos (1991), "Difusión de fertilizantes", en: Barsky, Osvaldo (editor), *El desarrollo agropecuario pampeano*, Grupo Editor Latinoamericano, Buenos Aires, pp. 698.

de ese producto. A partir de 1984, el gobierno nacional promocionó y subsidió la fertilización de trigo con urea –siendo el principal fertilizante en términos de consumo y volumen de negocios–, lo que provocó un nuevo salto a nivel de consumo y difusión de la fertilización química. La propuesta se realizó en el contexto de la difusión previa de semillas mejoradas y de la expansión del cultivo de soja y del doble cultivo trigo-soja de segunda. Esta iniciativa se denominó Subprograma de Fertilizantes y estaba enmarcada en el Programa Incremento de la Productividad Agropecuaria, cuya meta era alcanzar las 60 millones de toneladas de granos. De esta manera, las necesidades económicas de mayor exportación de granos, en el contexto de un mercado protegido, contribuirían contradictoriamente a la reducción de aranceles a la importación de fertilizantes.

El Subprograma se propuso la adquisición de grandes volúmenes de urea en el mercado internacional y la eliminación de los derechos de importación y otras restricciones, con el fin de posibilitar el abaratamiento del precio del producto. En la campaña agrícola 1985-1986 se realizaron importaciones de superfosfato triple de calcio (SPT). No obstante, esos años el programa presentó dificultades en torno a volúmenes no colocados por condiciones climáticas adversas y declinación del precio internacional del trigo.

Frente al mencionado subprograma, las empresas privadas reaccionaron en forma negativa, preocupados por la competencia de precios que ejerció la JNG con el plan canje a fin de la cosecha de trigo por urea, fertilizante proveniente principalmente de la URSS. La medida establecía cantidades diferenciales en relación con la distancia desde el punto de distribución al puerto de arribo que regía el canje.

En septiembre de 1985, la Secretaría de Agricultura –desde el inicio del gobierno de Alfonsín hasta el 31 de diciembre de 1986 a cargo de Lucio Reca– puso en marcha la segunda etapa del subprograma promoviendo el uso de fertilizantes en el cultivo de maíz mediante un plan canje.

En julio de 1987, el grupo local *Pérez Companc* adquirió un tercio del paquete accionario de *PASA* y comenzó a participar de esta sociedad, compuesta mayoritariamente, por entonces, por firmas norteamericanas.[531]

Por aquellos años también se promovió desde el gobierno de Alfonsín la realización de nuevas plantas de fertilizante mediante sociedades mixtas –con participación de la empresa estatal *YPF* y capitales privados–,

531 Minsburg, Naúm, *Capitales extranjeros y grupos dominantes (análisis histórico y contemporáneo)*, op. cit., t. II, pp. 41.

con el fin de producirlos internamente. Dos de estos proyectos se realizarían uno en la provincia de Neuquén –denominado *Fertilizantes Neuquinos (FERTINEU)*– y otro en la provincia de Salta –bajo el nombre de *Fertilizantes del Noroeste Argentino (FERTINOA)*–, ambos previstos para la producción en un mínimo de 100 toneladas/año de urea. Este escenario fue disputado tanto por capitales locales como por distintos capitales extranjeros (*Taiwán Fertilizantes* y la empresa checoslovaca *Technoexport*), pero los proyectos nunca llegaron a concretarse debido a las demoras ocasionadas por la impugnación presentada por uno de los oferentes y a retrasos en la ejecución de los presupuestos adjudicados.[532]

Estas pretensiones de inversión de capitales checoslovacos y la importación de urea principalmente desde la Unión Soviética estaban en consonancia con la activa presencia de los intereses rusos en la Argentina entre 1976 y 1989, tal como se ha mencionado en el capítulo 2. Un hecho de significativa trascendencia, durante los años ochenta, fue el incremento de las adquisiciones de fertilizantes procedentes de Polonia y la URSS. A finales de la década, ya debilitada la superpotencia socialimperialista, del total de fertilizantes vendidos anualmente en la Argentina al menos un tercio era cubierto con importaciones provenientes de esos destinos[533], y el consumo por entonces rondaba los US$ 65 millones al año.[534]

Los fertilizantes del agro pampeano y las políticas neoliberales del menemismo y la Alianza (1989-2001)

En el contexto de vigencia del programa neoliberal instrumentado por el gobierno de Carlos Menem y continuado por el de Fernando de la Rúa, se experimentaron procesos de modernización e incremento de la producción agraria acompañados por una aguda concentración económica y desnacionalización agroindustrial, a la que no escapó el mercado de fertilizantes.

---

532 Del Bello, Juan Carlos (1991), "Difusión de fertilizantes", en: Barsky, Osvaldo (editor), *El desarrollo agropecuario pampeano*, Grupo Editor Latinoamericano, Buenos Aires, pp. 716-718.
533 Consejo Técnico de Inversiones (1989), *Anuario de economía argentina*, núm. 28, Buenos Aires, p. 333.
534 Consejo Técnico de Inversiones (1985), *Anuario de economía argentina*, núm. 24, Buenos Aires, p. 286.

A partir de 1992 se ha podido observar una caída en la utilización de la urea perlada, que se acentuó con la introducción de urea granulada en 1997. La evolución de estos productos muestra tendencias opuestas dado que tiene lugar un proceso sustitutivo del orden de las 200 mil a 300 mil toneladas anuales a favor de la granulada y en detrimento de la perlada.[535]

En 1994, a pesar de la notable expansión del uso de fertilizantes, apenas se alcanzaron los 30 kilogramos por hectárea. En el caso del trigo, entre las campañas agrícolas 1991-1992 y 1999-2000, la fertilización pasó del 25% al 75% de la superficie total cultivada.

En 1997, se proyecta una obra de abultados requerimientos de capital. La ya privatizada *YPF* (todavía con un porcentaje considerable de acciones en manos del Estado nacional y de los estados provinciales, pero propiedad conjunta con bancos y fondos de inversión transnacionales) y las empresas *Pérez Companc* y *Agrium* anunciaron la creación de la firma *Profertil* para construir una planta de urea y amoníaco en Bahía Blanca (provincia de Buenos Aires). Por entonces, la obra sería la mayor del mundo en su tipo, con una capacidad de producción que superaría el millón de toneladas anuales. Además, contaría con un aporte de US$ 500 millones del gobierno de la provincia de Buenos Aires, encabezado por Eduardo Duhalde. En diciembre de 1998, *Pérez Companc* se retiró de este proyecto en un contexto de caída del precio del petróleo, manteniéndose en el control de su empresa *PASA*[536], y en 1999 el paquete accionario mayoritario de *YPF* fue adquirido por la empresa española *Repsol*, que pasó entonces a participar de la constitución de *Profertil*. No debe perderse de vista que la inversión estatal no perseguía un fin estratégico para el desarrollo social y económico del país, sino que –en consonancia con la política abiertamente entreguista del período– le concedía al capital foráneo la fuente de generación de enormes riquezas mientras en la

---

535 MECON (2004), *Abastecimiento de urea para el sector agropecuario*, Expediente N° S01: 0263111/2004, Registro del Ministerio de Economía y Producción, Resolución SCT N° 149, Buenos Aires.

536 En 1998, la capacidad de producción de la empresa *PASA Petrosur* fue ampliada a 180.000 toneladas anuales. "Un negocio menos para Pérez Companc", *Clarín*, 5 de diciembre de 1998.

Argentina crecían el desempleo[537] y la pobreza[538], a la par que se asistía al endeudamiento y remate de las explotaciones agropecuarias de pequeños y medianos productores[539].

De esta manera, aun a pesar de las inversiones, la operatoria de *Repsol* al frente de *YPF* succionó en forma parasitaria importantes recursos del Estado, adquiriendo la concesión de las reservas petroleras a precios subvaluados, pagando regalías por debajo de las que las corporaciones erogaban en Bolivia y Venezuela, alcanzando ganancias superlativas con el encarecimiento de los precios internos de los combustibles, obteniendo significativos beneficios impositivos y consintiéndosele la evasión fiscal sin control de su extracción de crudo.[540]

Vale indicar que, hasta la puesta en funcionamiento de la planta de producción de urea de *Profertil* en Bahía Blanca, el aumento del consumo en el mercado interno mantenía la tendencia al abastecimiento principalmente vía importaciones, las cuales casi se octuplicaron entre 1990 y 2000. En 2001, ya instalada esta fábrica, ocurre un importante salto de los fertilizantes de origen local, pero producido por capitales extranjeros, alcanzando las 660 mil toneladas (Gráfico 3).

---

537 Durante la década de 1990, entre las principales tendencias de la economía para generar empleo genuino puede observarse que la tasa de desocupación pasó del 6% en 1991 al 14,7% en 2000, y la tasa de subocupación del 7,9% al 14,3% en el mismo período. Es decir, aproximadamente un 40% de la población económicamente activa tenía problemas de trabajo. Véase Beccaria, Luis (2002), "Empleo, remuneraciones y diferenciación social en el último cuarto del siglo xx, en: Beccaria, Luis y otros, *Sociedad y sociabilidad en la Argentina de los 90*, Biblos-Universidad Nacional de General Sarmiento, Buenos Aires.

538 "El número de personas por debajo de la línea de pobreza (población cuyos ingresos no alcanzaban para comprar una canasta de bienes y servicios básicos de costo mínimo) pasó del 21,5% en 1991, al 28,9% en 2000; el volumen de indigentes (aquellos cuyos ingresos no alcanzan siquiera a cubrir los gastos de alimentación) saltó de 3% a 7,7% en igual lapso." Torrado, Susana (2004), *La herencia del ajuste. Cambios en la sociedad y la familia*, Capital intelectual, Buenos Aires, p. 46.

539 Azcuy Ameghino, Eduardo, "Reformas económicas y conflicto social agrario: la Argentina menemista, 1991-1999, en: Azcuy Ameghino, Eduardo, *Trincheras en la historia*, op. cit., pp. 215-228.

540 Cfr. Gavaldá, Marc (2006 [2003]), *La recolonización. Repsol en América Latina. Invasión y resistencias*, Icaria-Antrazyt, Barcelona, pp. 27-51; Solanas, Fernando (2009), *Causa Sur*, Planeta, Buenos Aires, pp. 167-169.

Los fertilizantes del agro pampeano y el escenario pos-convertibilidad (2002-2008)

Entre 2002 y 2008, el mercado de la urea granulada estuvo controlado oligopólicamente por la empresa *Profertil*, calculándose en unos US$ 100 millones las utilidades netas anuales en promedio entre 2006 y 2008. Según datos de 2004 del Ministerio de Economía, esta compañía participó con un 77% de la oferta en lo que respecta a la comercialización primaria de fertilizantes nitrogenados. Por otra parte, debido al efecto de la pesificación realizada durante la presidencia de Duhalde al iniciarse 2002, *Profertil* obtuvo una licuación de su deuda que la beneficio en el orden de los US$ 31 millones.[541] En forma paralela, las distintas indagaciones seguidas contra la empresa por la Comisión Nacional de Defensa de la Competencia del Ministerio de Economía y Producción de la nación, investigada por posición monopólica, resultaron favorables a la firma y se la liberó de acusaciones.[542] Préstese entonces atención a cómo estas resoluciones favorecieron al capital imperialista y contribuyeron a la transferencia de recursos nacionales a favor de las empresas monopólicas, drenando una abundante riqueza que el Estado podría haber absorbido en beneficio de las mayorías populares y evitando consolidar posiciones dominantes de compañías que habían obtenido amplios beneficios durante el período anterior.[543]

---

541 Basualdo, Eduardo, Schorr, Martín y Lozano, Claudio (2002), "La transferencia de recursos a la cúpula económica durante la administración Duhalde. El nuevo plan social del gobierno", IDEF-CTA, Buenos Aires.

542 Como ejemplo: Comisión de Defensa de la Competencia, *Dictamen 436/04*, Buenos Aires, Ministerio de Economía, 22 de diciembre de 2003. En el mencionado dictamen, si bien se reconoce la concentración en el sector de la producción y la comercialización primaria, se sostiene que "PROFERTIL tiene escasas posibilidades de cometer abuso de posición dominante porque es altamente desafiable, tanto por el bajo nivel de los aranceles existentes, como por las facilidades portuarias y logísticas que poseen los grandes distribuidores mayoristas para la importación, como por las posibilidades de realizar importaciones directas en pequeña escala, ya sea por camión o ferrocarril, tanto los distribuidores minoristas y los propios productores agropecuarios".

543 A los que debe añadirse un abundante volumen de agua que *Profertil* consume diariamente, cuyos niveles rondaban en el año 2000 los 1.300 metros cúbicos por hora, lo que representa que una sola empresa absorbe el 16% del consumo total de las ciudades de Bahía Blanca y Punta Alta.

En 2002, la segunda productora local de urea, *Pecom Energía* –la ex empresa *PASA Petrosur* del grupo *Pérez Companc*– fue vendida a la empresa brasileña *Petrobras*, en aproximadamente US$ 1.000 millones.[544]

En cuanto al consumo anual de fertilizantes en Argentina, éste ha tenido en los últimos 20 años un crecimiento exponencial, dado que pasó de 300 mil toneladas en 1990 a 3.680.000 toneladas en 2007, año récord (Gráfico 2), con una mayor participación de lo producido localmente a partir de 2001 (Gráfico 3). De esta manera, para la campaña 2007-2008, el porcentaje de hectáreas fertilizadas alcanzó el 95% de la superficie cultivada con trigo.

En 2008 se firmaron los acuerdos entre el gobierno de Tierra del Fuego y la firma *Tierra del Fuego Energía y Química SA* (*TEQSA*), propiedad de la empresa estatal china *Shaanxi*, que se instaló en la ciudad de Río Grande al año siguiente para producir amoníaco y urea granulada. Por entonces, el gobierno provincial, encabezado por Fabiana Ríos, concedió a la compañía la compra de gas a precio promocional (más barato que lo que el Estado nacional pagaba por el que importaba desde Bolivia), otorgando así condiciones ampliamente beneficiosas para la radicación de esta industria extranjera en la isla.[545]

Gráfico 2. Argentina. Fertilizantes: evolución del mercado argentino en miles de toneladas. Años 1980-2008.

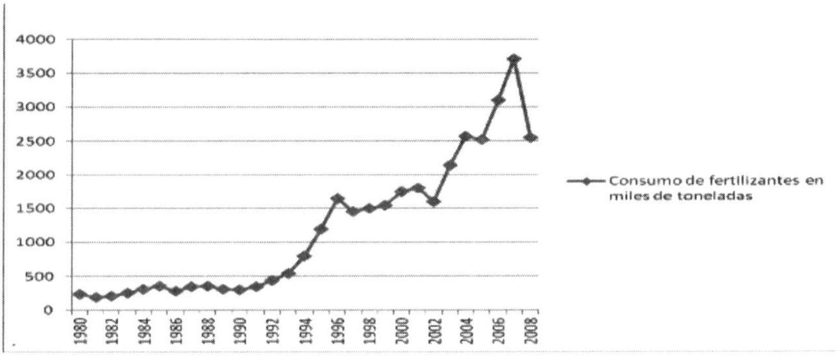

Fuente: Elaboración sobre la base de datos de CASAFE 2010.

---

544 Véase: "La historia secreta de la mayor venta del año", *Clarín*, Buenos Aires, 28 de julio de 2002.

545 "Convenio chino: una historia plagada por los incumplimientos", *Diario del Fin del Mundo*, Ushuaia, 12 de julio de 2012.

Gráfico 3. Argentina. Fertilizantes: consumo según origen de producción en miles de toneladas. Año: 1990-2008.

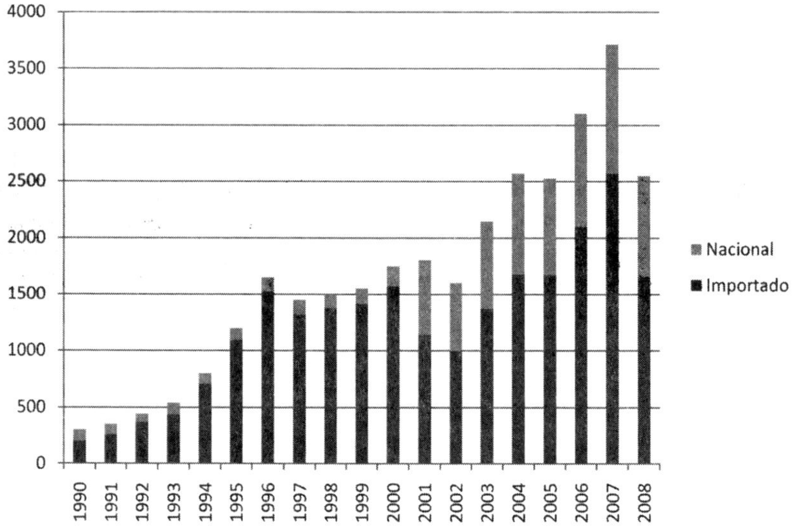

Fuente: Elaboración propia sobre la base de datos de CASAFE.

La industria de semillas en la Argentina (1956-2008)

Como ya hemos señalado en párrafos anteriores, desde 1956, el INTA participó en la generación y adopción de nuevas tecnologías, a la vez que –mediante de un marco normativo que permitía la retribución de los costos de investigación– fomentó el desarrollo de pequeñas y medianas empresas semilleras. A raíz de ello se creó una cooperativa de productores de semillas originales que se denominó *Productores de Semillas Selectas* (*PRODUSEM*)[546].

---

546 Los antecedentes de *PRODUSEM* están relacionados con los orígenes de la investigación pública en el sector semillero. La firma se creó en 1962 por iniciativa del ingeniero agrónomo Walter Kugler, director de la Estación Experimental Pergamino del INTA. Inicialmente producía semillas forrajeras y luego incorporó la producción de semillas de cereales y oleaginosas. A partir de la campaña 1972-1973 se redujo aceleradamente la participación de los híbridos públicos en el total de semilla comercializada, situación que inhibió al INTA a continuar con la producción de híbridos comerciales (formalizada luego con la resolución 310/79) y decidió a *PRODUSEM* a volcarse a la producción de semilla de trigo. En diciem-

Las empresas extranjeras –tales como *Cargill, Asgrow, Continental, Dekalb, Northrup King, Ciba-Geigy y Pionner*– incursionaron en el mercado interno desde de fines de los años cuarenta. En la década de 1960, se constituyeron en los principales oferentes de híbridos del país, aunque cabe destacar que ya existían empresas nacionales que los producían, entre las que se encontraban *Klein, SPS, Buck*[547] y *Morgan* (semillera *Santa Úrsula*).

Las firmas *SPS* y *Buck* utilizaban tecnología francesa para la producción de maíces híbridos, mientras que *Morgan* se destacaba en la producción de híbridos de maíz, sorgo y girasol.

En 1959, las operaciones de *lobby* de *Cargill* llevaron a la Secretaría de Agricultura de la Nación a dictar una norma que estableció la no obligatoriedad de declarar la fórmula de los híbridos desarrollados por las empresas, a la vez que obligaba al INTA a poner a disposición pública sus líneas parentales. Este régimen, conocido como *pedigree* cerrado (para los criaderos privados) y *pedigree* abierto (para el sector público), mejoró la *performance* en el mercado de las empresas extranjeras y perjudicó el desarrollo del INTA. La presión empresarial para la obtención de la medida estuvo relacionada con la necesidad que tenían las grandes semilleras de inscribir con su marca productos no enteramente diferenciados. Esta situación, acompañada de una deficiente política institucional de producción y comercialización de la semilla, generó irritación entre los fitomejoradores estatales, dado que las empresas privadas se apropiaron de muchas líneas parentales públicas y las firmas registraron nuevas variedades que no se diferenciaban de las ya existentes.[548]

A pesar de este marco legal desfavorable para el organismo público, la investigación y los cruzamientos de variedades autógamas permitieron a numerosas pequeñas y medianas empresas nacionales el acceso al desarrollo biotecnológico mediante diferentes convenios con programas públicos de mejoramientos de simientes.

En el marco de la Revolución Verde, el INTA estableció fuertes vínculos con organismos de investigación extranjeros, como el Centro Interna-

---

bre de 2004, *PRODUSEM* fue adquirida por la empresa nacional *Kiñewen SA*.

547 *Buck* –fundada 1930 por un inmigrante alemán– fue el primer criadero privado de trigo del país. Inicialmente su sede estuvo en Deferrari (provincia de Buenos Aires), trasladándose en 1943 a la localidad bonaerense de La Dulce (cercana a Necochea).

548 Gutiérrez, Marta (1991), "Políticas de genética vegetal", en: Barsky, Osvaldo (editor), *El desarrollo agropecuario pampeano*, Buenos Aires, Grupo Editor Latinoamericano, pp. 682-683. Se trata de la resolución 847/59 de la SEAyG.

cional de Mejoramiento de Maíz y Trigo (CIMMYT)[549], en el marco de un programa cooperativo internacional que le posibilitó ingresar y adaptar el trigo con germoplasma mexicano.[550]

Durante la década 1960, se dieron nuevos pasos en el proceso de concentración y extranjerización de la producción semillera. La industria nacional de semillas híbridas estableció los primeros contactos con las semilleras extranjeras –como *Dekalb*, *Funks*, *Pionner*[551] y *Northrup King*–. La situación resultó en fusiones y ventas de las firmas locales, que pasaron a convertirse en filiales de las foráneas.[552] Entre las diversas razones de esta absorción cabe destacar tanto el endeudamiento en dólares y las devaluaciones del peso, como las necesidades de crédito y la transferencia tecnológica.

---

549 El CIMMYT es un organismo internacional "sin fines de lucro", cuyo orígenes se remontan a 1943, cuando se desarrolló en México una programa piloto de fitomejoramiento de las plantas de maíz y trigo patrocinado por el gobierno de aquel país y la Fundación Rockefeller.

550 En 1962, uno de los principales investigadores del CIMMYT, Norman Borlaug, desarrolló en México variedades de trigo enanas, con rendimientos extraordinariamente altos de grano y mejor respuesta a los fertilizantes que las variedades anteriores. Se inició así la larga familia de trigo con germoplasma mexicano. Con posterioridad, la India y Paquistán adoptaron estos trigos para sus siembras, lo que posibilitó que duplicaran su producción triguera entre 1966 y 1971. Más adelante, las mejoras incluirían desarrollos similares en el arroz, atendiendo los problemas de suministro de alimentos en las regiones subdesarrolladas del planeta. Otros centros internacionales de investigación agrícola son: el *International Rice Research Institute* (*IRRI*) con sede en Filipinas, el *International Food Policy Research Institute* (*IFPRI*) en Washington, Estados Unidos, y el Centro Internacional de Agricultura Tropical (CIAT) radicado en Bogotá, Colombia. Todos ellos, junto a otros organismos forman parte del Consultative Group on International Agriculture (*CGIAR*). La denominada Revolución Verde –iniciada durante los últimos años de la década de 1960 y los primeros de la de 1970– designa el significativo crecimiento de los grandes cultivos alimenticios basados en la utilización de semillas mejoradas, fitosanitarios y fertilizantes. Véase Brown, Lester (*circa* 1967), *Semillas de cambio. La Revolución Verde, progresos agrícolas para la década del setenta,* México, Centro Regional de Ayuda Técnica,; Brown, Lester (1969), *Una nueva era en la agricultura mundial*, México, Centro Regional de Ayuda Técnica/Agencia para el Desarrollo Internacional.

551 *Pionner* inicialmente operó con un contrato de transferencia tecnológica con la semillera nacional *Santa Úrsula*, a la que proveía líneas de sorgos híbridos.

552 Gutiérrez, Marta (1988), "Semillas mejoradas: desarrollo industrial e impacto sobre la producción agrícola", en: Barsky, Osvaldo y otros, *La agricultura pampeana. Transformaciones productivas y sociales*, Buenos Aires, Fondo de Cultura Económica, pp. 176-211.

¿Qué fue lo que sucedió para que las empresas locales reunieran esas desventajas y fueran adquiridas por el capital imperialista?

En primer lugar, los contratos de las firmas nacionales con compañías extranjeras implicaban un permanente drenaje de divisas en concepto de pago por uso de licencias y transferencias tecnológicas, lo que abonaba además el camino hacia su endeudamiento.

En segundo término, los ingresos de las semilleras argentinas eran predominantemente en moneda nacional, en un escenario de recurrentes planes de devaluación como salida a los problemas derivados del déficit de la balanza comercial y el agotamiento de las divisas del Banco Central.

En tercer orden, factores como los costos de investigación, la escasa dimensión de sus instalaciones para su expansión y la necesidad de publicidad para ganar mayores porciones de mercado resultaban limitantes de peso ante las dificultades financieras del empresariado local, que debía acceder a créditos –en ocasiones en moneda extranjera– para poder capitalzarse. De esta manera, consolidado su acceso al ámbito pampeano, las empresas foráneas avanzaron en la investigación adaptativa a las condiciones locales requeridas por las necesidades de especificidad geográfica de las semillas.[553]

Retomando la cuestión sobre el marco normativo y la proporción de la participación estatal y privada en investigación agropecuaria, podemos señalar que éstos no han sido estáticos. A partir de la segunda mitad del siglo XX, la concentración de la industria de semillas ha estado asociada a su creciente integración con paquetes de insumos provistos por las grandes empresas extranjeras de insumos y de biotecnología.

La promulgación de leyes relacionadas con los derechos de obtentor ha intervenido en la dinámica del sector, en virtud del desarrollo de nuevas variedades de semillas y su impacto en los diferentes actores del complejo agroalimentario. Así, la relación de fuerzas de los distintos intereses económicos reflejada en el plano político ha determinado la dirección de los lineamientos establecidos para el sector, en un escenario de constante expansión de la producción de cereales en el mundo, que en 2008 arribaba a los 2.520 millones de toneladas, con un crecimiento del orden del 21% en tan sólo 14 años.

---

553 Gutiérrez, Marta (1991), "Políticas de genética vegetal", en: Barsky, Osvaldo (editor), *El desarrollo agropecuario pampeano*, Buenos Aires, Grupo Editor Latinoamericano, pp. 683-684.

La industria de semillas durante la dictadura militar (1976-1983)

En la década 1970 comenzó a desarrollarse una legislación de protección jurídica a los derechos del fitomejorador u obtentor vegetal (DOV), lo cual dio marco a las relaciones entre firmas locales y empresas extranjeras en el negocio de importación y exportación de semillas. En cuanto al INTA, cabe reiterar que durante la dictadura militar 1976-1983 se concibió para el Estado un rol subsidiario y, por lo tanto, se consideró que las instituciones públicas vinculadas a la producción tecnológica debían retirarse de la actividad innovadora.

En la década de 1980, las posibilidades de desarrollo de biotecnología moderna en materia vegetal en la Argentina tuvieron un importante antecedente en la creación del Centro Argentino Brasileño de Biotecnología (CABBIO), en el marco del Programa Nacional de Biotecnología creado en 1982.[554] El objetivo de este centro ha sido la financiación conjunta de innovaciones biotecnológicas en las cuales tienen participación centros de investigación y empresas de ambos países. No obstante, en los años siguientes, CABBIO fue debilitándose debido, entre otros factores, a las restricciones presupuestarias, las crisis económicas y las políticas de apertura económica.[555]

La industria de semillas durante el gobierno de Alfonsín (1983-1989)

Posteriormente, la política del INTA fue reformulada a finales de 1983, pero los lineamientos adoptados a partir de entonces tampoco fueron homogéneos, por lo que cabe destacar que entre 1976 y 1986 el organismo no inscribió ningún híbrido.[556]

---

554 El Programa Nacional de Biotecnología era coordinado por la Secretaría de Ciencia y Técnica de la Nación y estaba dedicado a vincular laboratorios, financiar proyectos y promover acciones internacionales y regionales. Entre los puntos sin resolver se encontraban la participación de investigadores del CONICET en *joint ventures* con empresas que exigían el secreto de sus resultados y la participación en las ganancias y regalías. Gutiérrez, Marta, op. cit., p. 691.
555 Brieva, Susana, Ceverio, Rocío e Iriarte, Liliana (2008), "Trayectoria de las relaciones socio-técnicas de los derechos de propiedad intelectual en la agricultura argentina: los derechos de obtención de semillas (DOV) en trigo y en soja desde principios de los años '70 a la actualidad", *XXI Jornada de Historia Económica*, Caseros.
556 Katz, Jorge y Bercovich, Néstor (1988), "Innovación genética y esfuerzos públicos de IyD", *Desarrollo Económico*, núm. 110, vol. 28, julio-septiembre, p. 228.

En febrero de 1988, el INTA y la Federación Agraria Argentina (FAA) firmaron un convenio de vinculación tecnológica de 8 años de duración para la creación y difusión de híbridos simples de maíz. La institución pública –manteniendo la titularidad sobre los resultados de la actividad innovadora– garantizaba la transferencia tecnológica y la licencia exclusiva para la producción y la comercialización a la FAA. La entidad que nuclea a los productores se comprometía a financiar los desarrollos y pagar una cierta regalía sobre las futuras ventas de semilla híbrida.

La expansión de los OGM y los paquetes tecnológicos durante el menemismo y la Alianza (1989-2001)

En 1996, Felipe Solá –por entonces Secretario de Agricultura– aprobó la introducción del primer cultivo transgénico liberado comercialmente en Argentina. Se trataba de la soja resistente al glifosato, que, acompañada de este herbicida y junto a la siembra directa, posibilitó el incremento de las superficies dedicadas a este cultivo en el área pampeana y sobre regiones no pampeanas, desplazando así a otras actividades agropecuarias.[557] La expansión de la soja transgénica o soja RR (*Roundup Ready*) en la Argentina ha sido muy elevada. La cosecha récord de la campaña 1997-1998, en la que se obtuvieron unos 66 millones de toneladas de granos, manifestó tanto una propensión al aumento de la superficie sembrada como una aceleración de la tendencia de constantes incrementos de los rindes y de los volúmenes de producción, en virtud de la incorporación de los principales desarrollos biotecnológicos (Gráficos 4, 5, 6 y 7).

El área cubierta con soja tolerante a herbicidas pasó de representar menos del 1% de la superficie cultivada con esa especie, en la campaña 1996-1997, a más del 90% (unos 9 millones de hectáreas) en la campaña agrícola 2000-2001 y trepando hasta casi el 100% en la campaña 2007-2008.[558]

La semilla de soja RR fue uno de los primeros desarrollos de organismos vegetales genéticamente modificados, y lo realizó la empresa *Monsanto* en 1994. Consistió en una variedad de soja a la cual se le incorporó un gen (RR) que la transformó en resistente a un herbicida llamado glifosato, producido y comercializado por la firma. Es decir que la soja transgénica junto con el glifosato conformaron un paquete tecnológico.

---

557 Pengue, Walter, op. cit.
558 Trigo, Eduardo (2011), *Quince años de cultivos genéticamente modificados en la Argentina*, Argenbio, Buenos Aires, noviembre.

Cuando la soja RR se liberó para su comercialización en la Argentina, la primera firma en introducirla en el país fue *Asgrow*, que a nivel internacional mantenía un convenio de licencias con *Monsanto*. Sin embargo, *Nidera* –que había adquirido *Asgrow Argentina* en 1989– obtuvo la ventaja de su aprobación para la comercialización y la difundió masivamente sin pagar regalías a *Monsanto*, dado que según la legislación argentina tampoco podía cobrarles éstas a los agricultores argentinos.[559] El negocio de *Monsanto* consistió en la venta del glifosato al que la soja RR es resistente; así, en el período siguiente, ha pretendido cobrar regalías en los países importadores de soja o derivados (aceites y harinas) que compran a la Argentina. Por otra parte, la enorme difusión del uso de semillas transgénicas le permitiría a *Monsanto* promover la expansión de sus intereses imperialistas en el resto de América del Sur, incluyendo una significativa aceptación de su paquete tecnológico por parte de pequeños y medianos productores.

En la década de 2000, las actividades del CABBIO se reactivaron y se desarrolló la formación de un posgrado binacional a través de la Escuela Argentina Brasileña de Biotecnología (EABBIO).

La industria de semillas en la posconvertibilidad: entre la participación pública y las empresas transnacionales (2002-2008)

En 2002 y 2003, el INTA creó un programa de evaluación de semilleros para la multiplicación y distribución de nuevas variedades de trigo elaboradas por el instituto, los denominados trigos *BioInta*. De esta manera, se formó la Red BioInta en la que participaron 13 semilleros nacionales, destacándose el Convenio de Vinculación Tecnológica firmado con la empresa argentina *Bioceres*, en el que participan grandes capitalistas agrarios locales como *Los Grobo* (la firma de Gustavo Grobocopatel) y Víctor Trucco.[560] Esta misma compañía en 2004 firmó un acuerdo de asociación con el CONICET y la Universidad Nacional del Litoral (UNL).[561]

---

559 Paarlberg, Roberto (2001), *La política de la precaución. Cultivos modificados genéticamente en países en desarrollo*, IFPRI, Baltimore, p. 86.
560 Infomedia Producciones, "Quién es quién. Bioceres", *El Federal*, año 6, núm. 272, Buenos Aires, 23 de julio de 2009, pp. 36-37.
561 En febrero de 2012, esta unión público-privada dio como resultado el descubrimiento de un gen que permitiría mayor resistencia de los cultivos a la sequía y la salinidad. La patente del descubrimiento se definió como propiedad conjunta

Aunque no hay estadísticas oficiales del mercado semillero, la mayoría de las apreciaciones coinciden en señalar a *Monsanto* (según estimaciones de la propia compañía, detenta un 35% del mercado de maíz híbrido) y *Nidera* como las empresas líderes, seguidas por *Syngenta, Dupont* y *Dow*, y más atrás *Advanta, SPS* y la nacional *ACA*. Además, *Monsanto* posee un segundo canal de ventas por intermedio del semillero *La Tijereta*.

Con posterioridad a la aprobación de la soja transgénica, se han liberado para su comercialización variedades transgénicas de maíz y de algodón con tolerancia a herbicidas y resistencia a insectos. Las 12 semillas genéticamente modificadas (10 si se toman solamente los cultivos pampeanos de soja y maíz) que fueron aprobadas para su comercialización entre 1996 y mayo de 2008 han sido solicitadas por empresas de capital extranjero, entre las que se destaca *Monsanto* con 4 eventos aprobados. Cabe resaltar que, más allá de los incrementos en la cantidad de experimentaciones, un reducido número de empresas transnacionales han dominado la presentación de solicitudes para la aprobación de eventos transgénicos[562], observándose una participación del 88% sobre el total para 2008 (Cuadro 6).

Argentina pasó a ocupar así el segundo lugar después de Estados Unidos en cuanto a superficie agrícola con cultivos transgénicos durante el período analizado[563]; situación que se explica por la notable expansión del cultivo de soja resistente al glifosato, aunque la tendencia a la sojización precede a la incorporación de las semillas genéticamente modificadas. Las variedades transgénicas llevan a una estrecha dependencia de los productores con el paquete tecnológico y afectan la salud de la población, otras actividades rurales (apicultura y otros cultivos, etc.), conducen a la contaminación del agua subterránea y al agotamiento y degradación de los suelos.[564]

---

del Estado (a través de la del CONICET y la UNL) y *Bioceres*. La empresa adoptó la licencia para su uso y explotación por veinte años.

562 López Monja, Carina y otras, op. cit., p. 123.

563 Lugar del que será desplazada más tarde por Brasil. Según el informe de Cleave James, en 2011: Estados Unidos poseía 69 millones de hectáreas de cultivos transgénicos, Brasil 30 millones, Argentina 23 millones, seguida de la India y Canadá con 10 millones cada una y China con casi 4 millones de hectáreas. Véase James, Cleave (2011), *Global Status of Commercialized Biotech/GM Crops: 2011, ISAAA Brief num. 43,* Nueva York, ISAAA, p. 2.

564 Giberti, Horacio (2003), "Modernizado e insatisfactorio sector agropecuario", *Realidad Económica*, núm. 200, 16 de noviembre al 31 de diciembre, pp. 108-109.

Gráfico 4. Argentina: producción de los principales granos pampeanos, en toneladas. Años 1975-1976 a 2007-2008.

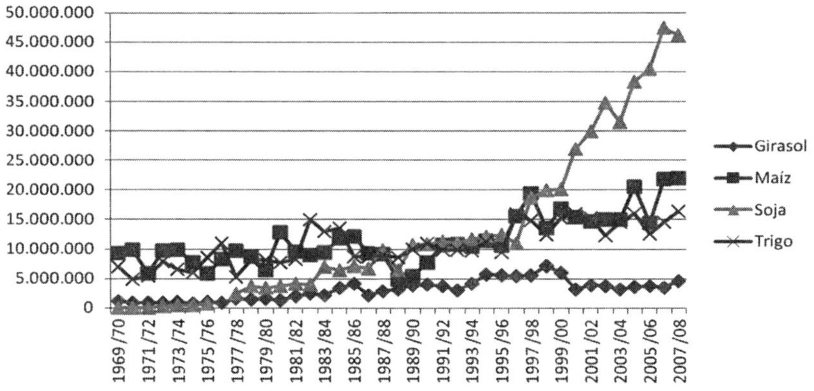

Fuente: Elaboración propia basada en datos del Ministerio de Agricultura y Ganadería.

Gráfico 5. Argentina. Rendimiento del girasol, maíz, soja y trigo, en kilogramos por hectáreas. Años 1969-1970 hasta 2007-2008.

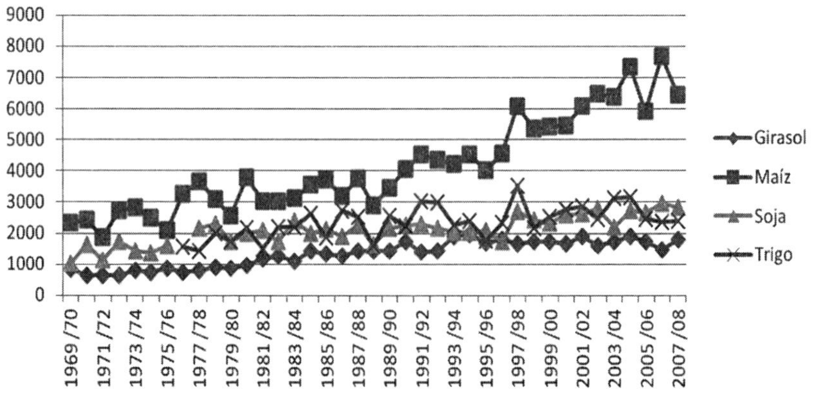

Fuente: Elaboración propia basada en datos del Ministerio de Agricultura y Ganadería

Gráfico 6. Argentina. Superficie implantada, en hectáreas. Años 1969-1970 hasta 2007-2008.

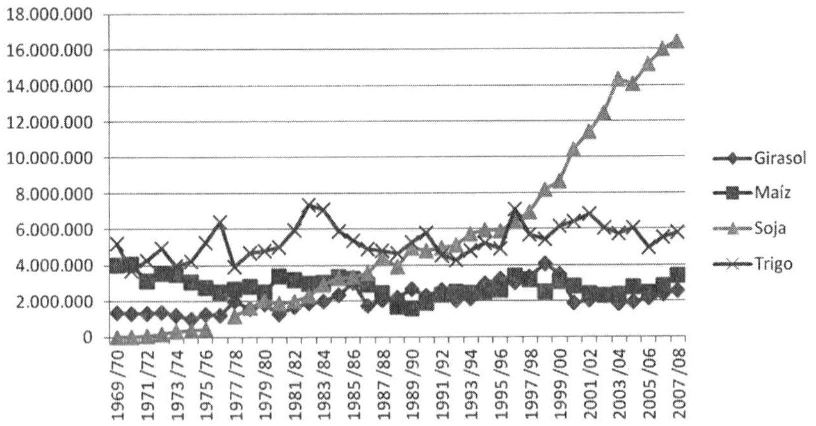

Fuente: Elaboración propia basada en datos del Ministerio de Agricultura y Ganadería.

Gráfico 7. Argentina: superficie cosechada, en hectáreas. Años 1969-1970 hasta 2007-2008.

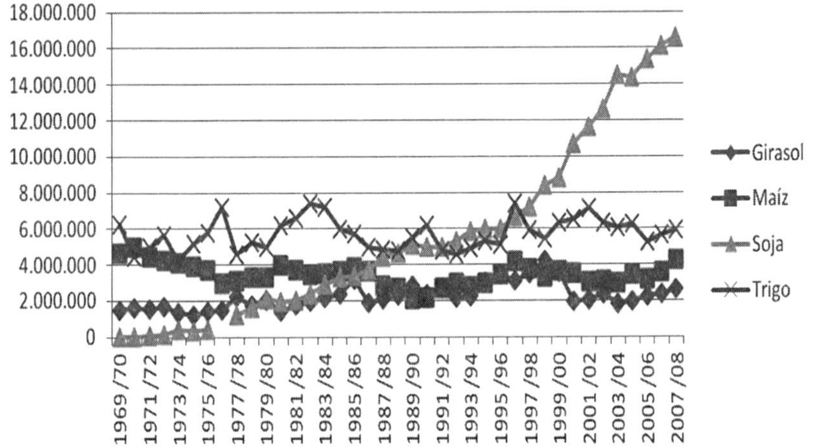

Fuente: Elaboración propia basada en datos del Ministerio de Agricultura y Ganadería.

El 13 de julio 2004, el ministro de Economía del gobierno de Néstor Kirchner, Roberto Lavagna, y su secretario de Agricultura, Miguel Campos, anunciaron la autorización del maíz transgénico NK 603, producido por *Monsanto*. En este cultivo también el crecimiento de los rindes fue exponencial.

En 2006, *Monsanto* inició pedidos de detención de barcos con harina de soja argentina en los puertos de Dinamarca, Holanda, España e Inglaterra, reclamando el pago de millonarias regalías y entablando juicios a los importadores europeos.[565] La Argentina comercializaba por entonces entre US$ 2.000 y US$ 4.000 millones anuales de harina de soja con Europa, su principal cliente. *Monsanto* presentó su demanda contra la importadora holandesa *Cefetra* después de que la secuencia patentada de ADN de la soja RR fuera descubierta en tres cargamentos de harina de soja proveniente de Argentina en 2005 y 2006. Mediante estas acciones, *Monsanto* presionó al gobierno argentino para que reconociera un sistema de compensación destinado al uso de la biotecnología incorporada a la soja RR, dado que por entonces cerca del 90% de la soja producida en el país era transgénica. Finalmente, en 2010, el fallo del Tribunal de Justicia de la Unión Europea no reconoció el pedido hecho por la compañía estadounidense.

No obstante, *Monsanto* también ha desarrollado en la Argentina el sistema de "regalía extendida", por el que establece un contrato privado con los productores agropecuarios que compran sus semillas, los cuales renuncian explícitamente a su derecho de reproducir la semilla que les otorga la ley 20.247 de 1973.[566] Todo lo cual pone en evidencia que la ofensiva de *Monsanto* se produce en el marco de una feroz lucha interimperialista, cuya manifestación más palmaria ocurre en los países dependientes que, como la Argentina, presentan una debilidad relativa ante las demandas de las potencias. Esta cuestión pone de manifiesto las contradicciones de los intereses capitalistas a escala internacional, revelando que no hay *un único imperialismo* sino *imperialismos* que tienden a disputar entre sí (sin excluir que también se asocian y forman bloques para rivalizar con otros imperialismos u oprimir a otros países). Así como tampoco existe un único tipo de relación de los países dependientes con los capitales imperialistas, sino vínculos variados (subordinación mayor o menor, grados de resistencia, tomas de posición en las pugnas interimperialistas, alteraciones respecto a los capitales con los que se entretejen los lazos de dependencia, etc.).

---

565 Correa, Carlos (2006), "Monsanto vs. Argentina", *Le Monde Diplomatique*, núm. 82 (Edición Cono Sur), Buenos Aires, abril, pp. 4-5.

566 Rodríguez, Javier Leonel (2010), "Consecuencias económicas de la difusión de soja genéticamente modificada en Argentina, 1996-2006", en: Bravo, Ana Lucía y otros, *Los señores de la soja. La agricultura transgénica en América Latina*, CLACSO/CICCUS, Buenos Aires, p. 184.

Cuadro 6. Variedades genéticamente modificadas de cultivos pampeanos aprobadas para su comercialización. Años 1996-2008.

Especie	Evento de transformación	Característica introducida	Empresa solicitante	N° de resolución de aprobación SAGPyA y fecha
Soja	40-3-2	Tolerancia a glifosato	*Nidera*	N° 167 (25/03/1996)
Maíz	176	Resistencia a lepidópteros	*Ciba-Geigy*	N°19 (16/01/1998)
Maíz	T 25	Tolerancia a glufosinato de amonio	*AgrEvo*	N° 372 (23/06/1998)
Maíz	MON 810	Resistencia a lepidópteros	*Monsanto*	N° 429 (16/07/1998)
Maíz	BT 11	Resistencia a lepidópteros	*Novartis*	N° 392 (27/07/2001)
Maíz	NK 603	Tolerancia a glifosato	*Monsanto*	N° 640 (13/07/2004)
Maíz	TC 1507	Resistencia a lepidópteros y tolerancia a glufosinato de amonio	*Pionner Argentina y Dow Agrosciences*	N° 143 (15/03/2005)
Maíz	GA 21	Tolerancia a glifosato	*Syngenta*	N° 640 (22/08/2005)
Maíz	NK 603x MON 810 (MGRR2)	Tolerancia a glifosato y resistencia a lepidópteros	*Monsanto*	N° 78 (28/08/2007)
Maíz	1507xNK603	Resistencia a lepidópteros y tolerancia a glufosinato de amonio y glifosato	*Dow AgroSciences y Pionner Argentina*	N° 434 (28/05/2008)

Fuente: Elaboración propia basada en datos del Ministerio de Agricultura de la Nación.

La extranjerización del sector de insumos. La dependencia tecnológica y la extracción de beneficios por medio de patentes

Las principales empresas que han operado en el sector de insumos poseen una amplia gama de negocios, destacándose en un conjunto empresarial –con participación del capital financiero– que incluye la industria farmacéutica, la producción de agroquímicos, de semillas y de eventos biotecnológicos.

El acelerado proceso de fusiones registrado desde la década de 1970 dio lugar a enormes conglomerados que concentran la investigación, la producción y la comercialización de estos productos, generándose importantes barreras a la entrada de nuevas empresas. Otras compañías obtienen cuantiosos beneficios a través de diferentes segmentos del complejo agroindustrial, *Cargill* y *Nidera* participan tanto en la producción de insumos agrobiotecnológicos como en el procesamiento de la producción primaria y el comercio exterior de granos y MOA.

En la década de 1990, la creciente incidencia de las empresas extranjeras en la economía argentina se manifestó, juntamente con el aumento sustancial de las importaciones de bienes de capital y flujos de IED, en el incremento de los pagos realizados por licencias, uso de patentes y marcas registradas, dirigidos al exterior.

Asimismo, las solicitudes de patentes de invención por parte de no residentes aumentaron de 2.500 por año a más de 6.000 por año, en el transcurso del último período analizado (2002-2008). Los gastos realizados en el país en actividades científicas y tecnológicas también se incrementaron; aumentaron del 0,3% del PBI agropecuario y agroindustrial al 0,5% en el mismo período, manifestándose un fuerte acrecentamiento del peso relativo del sector privado (que rondó aproximadamente el 15%).[567] En contrapartida, las solicitudes de patentes por parte de residentes se mantuvieron estancadas. En este sentido, cabe indicar que la inversión en ciencia y tecnología de la Argentina se mantuvo por debajo de países vecinos, como Brasil (0,8%) y Chile (0,9%), y de país agroindustriales de clima templado como Australia y Nueva Zelanda, que invierten cerca del 3% de su PBI agropecuario y agroindustrial en estas actividades.

El desarrollo de las industrias de insumos agrobiotecnológicos –fitosanitarios, fertilizantes y semillas– ha manifestado distintas formas de concentración ligadas al desenvolvimiento del capitalismo en su fase imperialista: la concentración económica del sector (evidenciada en las cuotas de mercado de las principales compañías y las oleadas de fusiones y adquisiciones) y la concentración de la propiedad de los principales desarrollos tecnológicos (avanzando sobre la apropiación privada de organismos vivos a través de la propiedad intelectual en semillas, ya sea en forma de derechos de obtentor o de patentes).

---

567 Según lo observado por Trigo y otros, op. cit., pp. 81-82: "el gobierno sigue siendo el principal ejecutor y financiador, aunque disminuye su participación en el total".

CAPÍTULO 5
AGROINDUSTRIAS DE TRANSFORMACIÓN

La transformación industrial de la producción primaria, desde la inserción del país en el mercado mundial capitalista, se realizó de manera subordinada a los intereses comerciales, industriales y financieros de las grandes potencias, consolidando a nivel local la hegemonía de una clase dominante terrateniente-mercantil con epicentro en Buenos Aires, aunque con múltiples lazos con las oligarquías provinciales.

El propósito de este capítulo es analizar las agroindustrias de transformación de la producción primaria proveniente del agro pampeano teniendo en cuenta como referencia lo sucedido en el período 1976-2008. Sin embargo, se apunta a explicar también sus antecedentes históricos, rastreando sus orígenes y posterior evolución de una manera sintética. Para ello se remarcan los rasgos más salientes en materia estructural, de inserción en el mercado mundial, de capacidad tecnoproductiva, lineamientos de políticas públicas, así como los aspectos más destacados del proceso de concentración y extranjerización acaecido en el conjunto de los sectores agroindustriales, y la incidencia de tales fenómenos en la estructura agraria y el mercado laboral. Para finalizar, se arriba a una serie de conclusiones parciales que se desprenden del análisis efectuado.

Orígenes y evolución de la industrialización de productos de origen agropecuario pampeano

Durante el modelo agroexportador (1880-1930)

A partir de 1880, con la inserción de la Argentina como proveedor de productos agropecuarios en el mercado mundial, se configuran los componentes definitorios de la estructura socioeconómica nacional. En los años previos nada cabalmente industrial o fabril se desarrollaba en estos territorios y sólo podía observarse una serie de establecimientos rudimentarios como los saladeros, las tahonas, fábricas de fideos, de velas, de jabones, de licores y de cervezas. La disminución en los costos de transporte –gracias al extraordinario despliegue alcanzado por el ferrocarril y el desarrollo de la navegación a vapor– y la recuperación de los precios de las materias primas y de los alimentos hacia 1896 permitieron que los países agroexportadores como la Argentina incrementaran sus beneficios en estas actividades y profundizaran su incorporación dependiente, asimétrica y periférica en el esquema económico mundial.

El país se transformaría a partir de entonces en uno de los principales exportadores de carne vacuna, trigo, maíz y lino, y se incorporaría a una división internacional del trabajo en la que Gran Bretaña, Alemania, Estados Unidos y Francia lideraban el comercio de mercancías, las exportaciones de capital y la producción industrial a escala global.

En el caso de Gran Bretaña, sus inversiones y servicios en el exterior (transferencia de beneficios, intereses, fletes y seguros) compensaban su déficit comercial, estrechando los lazos de dependencia de los países periféricos tanto a través de mecanismos predominantemente económicos (como en Argentina) como mediante una combinación entre componentes político–militares y económicos (India, Sudáfrica, etc.).[568]

Francia, Alemania, Estados Unidos y, en menor medida, otras potencias secundarias como Holanda y Bélgica buscaron extender su influencia en otras áreas del planeta anexándose territorios. De este modo, Asia y África fueron presa de la voracidad del expansionismo inglés, francés y alemán y, a partir de 1898, Cuba, Puerto Rico, las Filipinas, Guam y Hawai cayeron en manos del naciente imperialismo de Estados Unidos, potencia que en los años inmediatamente posteriores ejercería una presencia hegemónica en el resto de América Latina.[569]

Por entonces, la expansión imperialista se desplegaba en un escenario caracterizado por factores como el desarrollo de un capitalismo monopólico u oligopólico, la migración de masas de población europea de las zonas más afectadas por las crisis económicas, el predominio del capital

568 Ferro, Marc (2000 [1994]), "Colonización o imperialismo", en: Ferro, Marc, *La colonización: una historia global*, Siglo xxi, México, pp. 19-46; Mommsen, Wolfang (1991 [1969]), *La época del imperialismo. Europa 1885-1918*, Siglo xxi, México; Hobsbawm, Eric (1998 [1987]), *La era del imperio, 1875-1914*, Crítica, Buenos Aires.

569 Kepner, Charles y Sootill, Jay (1957), *El imperio del banano: las compañías bananeras contra la soberanía de las naciones del Caribe*, Triángulo, Buenos Aires ; Matthews, Herbert Lionel y Silvert, Kalman (1967), *Los Estados Unidos y América Latina: de Monroe a Fidel Castro*, Grijalbo, México ; Abarca, Graciela (2009), "El Destino Manifiesto y la construcción de una nación continental", en: Pozzi, Pablo y Nigra, Fabio (comps.), *Invasiones bárbaras en la historia contemporánea de los Estados Unidos*, Editorial Maipue, Buenos Aires, pp. 43-54.

financiero, el proteccionismo de las potencias en sus áreas de influencia y la creciente acumulación de fuerzas y rivalidad militar que se expresó hasta el estallido de la Primera Guerra Mundial en 1914.[570]

Hacia 1875, como manifestación de los efectos de la crisis capitalista internacional sobre los países periféricos –y, en particular, por las caídas de las exportaciones argentinas de lana–, los debates en torno a la diversificación de la estructura productiva con coexistencia de la producción agropecuaria y del fomento del desarrollo industrial fueron impulsados por Vicente Fidel López, Carlos Pellegrini, Miguel Cané, Santiago Alcorta y Dardo Rocha. Éstos se nuclearon en el Club Industrial[571] y, en la Cámara de Diputados, promovieron la sanción de la Ley de Aduanas de 1877.[572] No obstante, superados los efectos de la crisis, estas posiciones fueron perdiendo su carácter proteccionista y la ley, que favoreció a las industrias incipientes de indumentaria, bebidas, alimentos, perfumes y cigarrillos, reveló aspectos incongruentes y fines predominantemente recaudatorios para cubrir las exigencias de pagos de la deuda externa, sin llegar a significar un gran estímulo al desarrollo de nuevos emprendimientos fabriles. La Ley Arancelaria de 1906, que modificó la normativa de 1877, favoreció aún más la desprotección al fijar valores aforo que, con el correr del tiempo, se iban distanciando cada vez más de los precios internacionales de los productos cuando estos se incrementaban.

El crecimiento de la industria argentina constituyó un desarrollo colateral y subordinado del modelo agroexportador, basado sobre todo en la producción pampeana. El acelerado avance del ferrocarril, la modernización de los puertos y los efectos socioeconómicos de la inmigración dotaron de particular empuje a la demanda de bienes industriales, la industria de la construcción y la creación de talleres de reparación.[573] El

---

570 Hobsbawm, Eric (1998 [1987]), "De la paz a la guerra", en: Hobsbawm, Eric, *La era del imperio, 1875-1914*, Crítica, Buenos Aires, pp. 310-336.

571 En cuanto a sus dirigentes, el grupo no se diferenciaba de la élite que controlaba los destinos económicos y políticos de la Argentina, estableciendo aceitadas relaciones con miembros del gobierno y la Sociedad Rural Argentina. En 1887, sobre esta base, se creó la Unión Industrial Argentina (UIA), unificando a los miembros del Club Industrial con los del Centro Industrial, una fracción que se había desprendido de su seno.

572 Chiaramonte, José Carlos (1969), "La crisis de 1866 y el proteccionismo argentino en la década del ´70", en: Di Tella, Torcuato y Halperin Donghi, Tulio (comps.), *Los fragmentos del poder: de la oligarquía a la poliarquía*, Jorge Álvarez, Buenos Aires, pp. 171-215.

573 Los países dependientes, como la Argentina, conviven de modo contradictorio con impulsos modernizadores de las relaciones sociales de producción que impacto poblacional se reflejó en el incremento del consumo de bebidas y alimentos, buena parte de ellos procedentes de la producción agraria pampeana, como la cerveza, la harina, los aceites, los lácteos, las carnes y las pastas. Es decir, las primeras experiencias industriales argentinas estuvieron asociadas al procesamiento de la producción primaria, siempre y cuando no resultaran competitivas con las mercaderías británicas. El mantenimiento del latifundio, los altos beneficios obtenidos en la ganadería y la agricultura por terratenientes, comisionistas y financistas, y la relativa ausencia de crédito para las iniciativas industriales dificultaron el establecimiento de grandes industrias nacionales.[574]

Con la Primera Guerra Mundial (1914-1918), la Argentina arribó a un proceso incipiente de sustitución de importaciones y creciente participación del capital nacional en la industria, dado el bloqueo de mercaderías inglesas que, en los hechos, ejerció Alemania a través del desarrollo de la guerra submarina contra Gran Bretaña.[575] En este contexto, la dependencia de la provisión de maquinarias, herramientas y todo tipo de bienes del exterior se manifestó como un obstáculo al desarrollo industrial, pero la recuperación obtenida al finalizar la contienda bélica postergó cualquier debate que significara un cambio de rumbo en la estructura agroexportadora. De todas formas, industrias como las del queso, de los aceites vegetales y de la malta cervecera fueron estimuladas por la temporaria suspensión de estas importaciones.

Según el Censo Nacional de 1914, la mayoría de las industrias de transformación se concentró entre la ciudad de Buenos Aires y las pro-

---

remueven formas anteriores al predominio capitalista. No obstante, éstas se desarrollan de forma subordinada a los lazos creados con el capital extranjero y favorecen a los grandes empresarios en detrimento de los pequeños. En el caso de los ferrocarriles, más allá de la acción estatal en la construcción de la extensa malla de rieles, lejos de promover el crecimiento de la industria siderúrgica local como en Europa y los Estados Unidos, podemos resaltar que estos "equipos ferroviarios, de los más simples a los más complejos, llegaban desde Gran Bretaña, impulsados por esa relación especial entre inversores y compradores" Schvarzer, Jorge (1996), op. cit., p. 68

574 Díaz Alejandro, Carlos (1980), "Economía argentina 1880-1913", en: Ferrari, Gustavo y Gallo, Ezequiel, *La Argentina del ochenta al centenario*, Sudamericana, Buenos Aires, pp. 369-376; Vázquez Presedo, Vicente (1971), *El caso argentino, 1875-1914*, Eudeba, Buenos Aires; Cortés Conde, Roberto (2005), "El período de rápida expansión: 1880-1914", en: Cortés Conde, Roberto, *La economía política de la Argentina en el siglo xx*, Edhasa, Buenos Aires, pp. 15-51.

575 Lewis, Paul (1993 [1990]), *La crisis del capitalismo argentino*, Fondo de Cultura Económica, Buenos Aires, pp. 61-62.

vincias de Buenos Aires, Santa Fe y Entre Ríos, resultando que en estos territorios se congregaba el 81% de las fábricas. Sólo la capital del país reunía el 39% de los establecimientos.[576] Si se consideran los principales subgrupos de la industria de la alimentación en base a la producción agraria pampeana, se puede indicar que existían en el país 22 fábricas de aceite, 29 de cervezas, 13 frigoríficos, 401 molinos harineros y 8.101 establecimientos dedicados a la industrialización lechera. Por lo que puede observarse que los frigoríficos, con el 0,1% del total de establecimientos del rubro, concentraban el 14% del capital invertido, 34% del valor de producción, el 15% del personal y 17% de la fuerza motriz de la industria de alimentos (Cuadro 1). En cuanto a la nacionalidad de los 48.779 establecimientos industriales, el efecto de la inmigración y la inversión de capitales foráneos muestran resultados contundentes: el 64% lo constituyen extranjeros, un 33% los argentinos y un 3% empresas mixtas compartidas por argentinos y extranjeros. Estos guarismos presentan de manera conjunta tanto el aporte de los migrantes extranjeros, que fundaron buena parte de la industria nacional censada entre 1895 y 1914, como los capitales imperialistas que reforzaron el carácter dependiente de la Argentina y la asociación subordinada de la clase dominante local con sus intereses. En todos estos casos, el capital foráneo fue captado o radicado en el país sin planificación ni adecuado control de su inserción en la economía nacional. Tal situación condujo al desenfreno especulativo de las empresas imperialistas, como en el caso de los ferrocarriles o los empréstitos gubernamentales de la década de 1880, o a prácticas oligopólicas que perjudicarían a los productores locales, como en el caso de los frigoríficos en la primera mitad del siglo XX.

---

576 *Tercer Censo Nacional (levantado el 1° de junio de 1914)* (1916), Talleres Rosso, Buenos Aires, t. VII, p. 6.

Cuadro 1. República Argentina: establecimientos industriales del rubro de la alimentación, subgrupos seleccionados (aceiteras, cervecerías, frigoríficos, molinos harineros y lechería). Año1914.

Subgrupo	Establecimientos	Capital ($ m. n.)	Producción ($ m. n.)	Materia prima ($ m. n.)	Fuerza motriz en HP*	Personal
Aceites comestibles	22	4.139.790	6.472.250	4.675.605	969	468
Cerveza	29	32.242.062	35.679.622	7.925.463	8.680	2.599
Frigoríficos	13	92.991.909	268.246.886	230.845.244	24.237	14.687
Molinos harineros	401	56.774.007	148.899.084	122.442.633	26.531	4.909
Industria de la leche (tambos)	8.191	100.785.390	52.798.903	29.364.975	3.317	28.589
Total industria de la alimentación	13.549	649.539.109	797.136.505	548.246.291	140.949	88.193

Fuente: Tercer Censo Nacional (1914).
** Horsepower (Caballos de Potencia)*

Entre los establecimientos industriales de alimentos, la mayoría era de pequeña escala. De todos modos, también participaron las grandes firmas, principalmente en la **industria frigorífica de carnes** inaugurada en 1876.[577] Entre ellas se destacaban las empresas estadounidenses *Swift*, *Armour* y *Wilson*, las inglesas *Smithfield*, *Anglo* y *Vestey*, y la firma de capitales nacionales *Sansinena* controlada por el poderoso grupo *Tornquist*.[578]

577 Ese año llegó a Buenos Aires el barco francés *Le Frigorifique* que ensayó por primera vez la posibilidad de transportar carnes congeladas durante varios días y largas distancias.

578 Ernesto Tornquist (1842-1908) era hijo de un acaudalado comerciante de importación que a su vez era cónsul en Montevideo (Uruguay) de la ciudad libre de Bremen. A la muerte del padre de su esposa se convirtió en el accionista mayoritario de la compañía comercial belga *Altgelt, Ferber & Company* en 1877 y la rebautizó *Ernesto Tornquist y Compañía*, diversificando sus actividades a rubros tales como ingenios azucareros en la provincia de Tucumán, la elaboración de cervezas, refinería de azúcar en Rosario, diversas plantas metalúrgicas, explotación de quebracho en Santiago del Estero, la adquisición de *Cristalerías Rigolleau* y de la fábrica *Bagley*, entre otros negocios. El grupo se destacó por su control del capital financiero a través del *Banco Tornquist* e integrando el

En 1900 se inauguró una etapa de predominio de la elaboración y exportación de carnes vacunas congeladas y enfriadas, situación que se produjo sobre todo por la prohibición de la importación de ganado en pie establecida por el Reino Unido –bajo el argumento de que los animales estaban afectados por la fiebre aftosa–, lo cual buscaba beneficiar a los frigoríficos británicos que incorporaban un mejor desarrollo tecnológico para conservar cortes de carne más grandes.[579]

A partir de 1907 comenzó la instalación de los norteamericanos cuando la *Swift* compró *La Plata Cold Storage*, un frigorífico de capitales ingleses. Desde entonces, el llamado "trust de Chicago" –compuesto por los "*Big Four*" y encabezado por *Swift* y *Armour*– buscó una mayor penetración en el mercado argentino, estimulado por los bajos precios, la calidad de la materia prima y los menores costos de la fuerza de trabajo. Para 1912, el capital estadounidense controlaba el 58% de las exportaciones de *chilled* (carne enfriada) y su participación se acentuaría en los años siguientes.[580]

La presencia de los frigoríficos norteamericanos en competencia con los británicos llevó al desencadenamiento de distintas fases de la denominada "guerra de carnes".[581] En esencia, ésta consistía en una disputa por la cuota de exportaciones de ambos grupos de frigoríficos dentro del abastecimiento a Gran Bretaña y se manifestaba en una puja de precios. La primera etapa de la guerra duró desde 1907 hasta 1911. Un hecho destacado de ese período lo constituyó la venta en 1909 de *La Blanca*, perteneciente a capitales argentinos e ingleses, a manos de los norteamericanos. Al finalizar 1911, los acuerdos de cuotas beneficiaron a los capitales provenientes de Estados Unidos. Una segunda fase se desarrolló entre 1913 y 1914: otra vez los estadounidenses consiguieron aumentar su cuota de exportaciones.

---

directorio del *Banco de la Provincia de Buenos Aires* y el *Banco Hipotecario Nacional*. Madero, Fernando (1980), "Ernesto Tornquist", en: Ferrari, Gustavo y Gallo, Ezequiel (comps.), *La Argentina del ochenta al centenario*, Sudamericana, Buenos Aires, pp. 627-638; Lewis, Paul, *La crisis del capitalismo argentino*, op. cit., pp. 90-91.

579 Liceaga, José (1952), *Las carnes en la economía argentina*, Raigal, Buenos Aires; Smith, Peter H. (1986), *Carne y política en Argentina*, Hyspanoamérica, Buenos Aires; Giberti, Horacio (1985), *Historia económica de la ganadería argentina*, Hyspanoamérica, Buenos Aires .

580 Berges, Pedro (1913), "La industria de carnes de frigorífico en la República Argentina", *Anales de la Sociedad Rural Argentina*, julio-agosto.

581 Giberti, Horacio, *Historia económica de la ganadería argentina*, op. cit., pp. 200-202.

En 1921 y 1922, la ganadería argentina afrontó una seria crisis producto de la situación internacional de posguerra, en particular la disminución del poder adquisitivo, la acumulación de carne envasada y congelada de los países aliados, la existencia de otros mercados proveedores, la paulatina recuperación del sector agropecuario europeo. La situación repercutió en la agudización de las contradicciones y de los conflictos entre criadores e invernadores, lo cual se vio reflejado en las disputas en la Sociedad Rural Argentina (SRA) y en los debates parlamentarios. Los primeros sufrían todo el impacto de la recesión debido a la comercialización de novillos de baja calidad a muy bajo precio con los frigoríficos o a su entrega para engorde a los invernadores. Estos últimos contaban con mayores y mejores extensiones de tierras, podían arrendar porciones de sus unidades en tiempos en los que el trigo constituía una mejor inversión y retenían gran cantidad de animales a la espera de una mejora del mercado.[582]

Luego de la presentación de varios proyectos –entre los que se barajó incluso la posibilidad de estatizar el *pool* de los frigoríficos–[583]y ante un período de intensa fiebre especulativa que llevó a una muy brusca caída de las cotizaciones del ganado, el Congreso de la Nación sancionó, en 1923, cinco leyes: a) la ley 11.205, que establecía la construcción de un frigorífico administrado por el Estado en la ciudad de Buenos Aires y la creación de depósitos distribuidores de carnes; b) la ley 11.210, sobre la represión de delitos económicos o Ley Antitrust; c) la ley 11.226, sobre inspección y supervisión gubernamental del comercio de carnes; d) la ley 11.227, que establecía precios mínimos para la compra de ganado y máximos para la venta al público; y e) la ley 11.228, que establecía la venta del ganado vacuno sobre peso vivo.

Sin embargo, la construcción del frigorífico nunca se cumplió, jamás se recurrió a la Ley Antitrust y la ley que establecía funciones de contralor estatal se suspendió luego de que los frigoríficos cuestionaran su constitucionalidad. Con respecto a los precios mínimos, los frigoríficos forcejearon económicamente y dejaron de comprar novillos, interrumpiendo el comercio de exportación de carnes; el gobierno de Alvear cedió

---

582 Smith, Peter H. (1986), *Carne y política en Argentina*, Hyspanoamérica, Buenos Aires, pp. 51 y 85-109.

583 En 1923, la SRA, presidida por Pedro Pagés, un representante de los criadores, propuso la estatización de los frigoríficos para evitar sus acciones monopólicas pero la propuesta no encontró realización. Jáuregui, Aníbal (2004), *Brasil y Argentina. Los empresarios industriales 1920-1955*, Imago Mundi, Buenos Aires, p. 43.

y el precio mínimo establecido fue suspendido. Solamente la ley 11.228 se puso realmente en práctica.[584]

Entre mayo de 1925 y octubre de 1927 se dio otro episodio de la denominada guerra de las carnes ante una nueva puja por las cuotas entre frigoríficos estadounidenses y británicos. Al final llegaron a un acuerdo en el cual salieron beneficiados los norteamericanos, aumentando sus cuotas en desmedro de los frigoríficos ingleses y argentinos.

En 1926, la SRA elaboró el informe llamado "El pool de los frigoríficos necesita la intervención del Estado", redactado por Raúl Prebisch, en el cual se los acusaba de ganancias excesivas, pero no iba tan lejos como para reclamar la formación de un frigorífico nacional, como era la reivindicación de los criadores.[585] En este punto, resulta pertinente destacar que los pocos intentos de desarrollar empresas de capital nacional se encontraron con varios obstáculos: a) un mercado oligopolizado que bloqueaba la entrada a nuevos competidores, b) las considerables sumas de dinero requeridas para instalar una nueva planta frigorífica, c) los altos beneficios obtenidos por los terratenientes en su asociación subordinada al capital imperialista, y d) la promoción de los gobiernos argentinos a la instalación de frigoríficos mediante las rebajas de impuestos y la oferta de subsidios sin condiciones al origen del capital.

Pero el acontecimiento que tuvo mayor incidencia en el sector ganadero y en la industria frigorífica se produjo en septiembre de 1926: el Departamento de Agricultura de Estados Unidos dispuso la prohibición de la importación de carnes de cualquier región donde hubiera fiebre aftosa, entre ellas la Argentina.[586] Como respuesta al embargo, la SRA –presidida por Luis Duhau– lanzó una vigorosa campaña para fomentar el comercio recíproco con Gran Bretaña con el lema "comprar a quien nos compra"; su fuerte influencia en la política nacional contribuyó de manera paulatina a reducir la esfera de actuación de Estados Unidos –que más que cliente resultaba competidor de la Argentina en cuanto a los productos agropecuarios– y volver a estrechar los lazos tradicionales con los británicos.[587]

---

584 Giberti, Horacio (1985), *Historia económica de la ganadería argentina*, Hyspanoamérica, Buenos Aires, pp. 208-209.

585 Prebisch, Raúl (1991-1993), *Obras, 1919-1948*, Fundación Raúl Prebisch, Buenos Aires, t. I.

586 O´Connell, Arturo (1986), "La fiebre aftosa, el embargo sanitario norteamericano y el triángulo Argentina-Gran Bretaña-Estados Unidos", *Desarrollo Económico*, núm.101, Buenos Aires, abril-junio, pp. 21-50.

587 Rapoport, Mario (comp.) (1988), *Economía e historia. Contribuciones a la historia económica argentina*, Tesis, Buenos Aires, pp. 254-260; Fodor, Jorge y

En el rubro **cervezas**, aunque en un inicio se importaban la malta, el lúpulo y la cebada, se destacó la presencia de *Quilmes*, fundada en 1888 en la localidad homónima de la provincia de Buenos Aires por el inmigrante alemán Otto Sebastián Bemberg y por Ricardo Wendelstadt con el nombre de *Brasserie Argentine Quilmes*, y cuya producción se inauguró en 1890. Con el correr del tiempo, esta cervecería se consolidó como la mayor del país e incorporó otras marcas como *Schlau* (empresa fundada en Rosario bajo la denominación de *Cervecería Alemana* en 1872) y *Palermo* (firma fundada por Ernesto Tornquist en 1897, que al principio comercializaba con las marcas *Salvator* y *Victoria*), incorporadas al grupo *Bemberg* en 1907 y 1918 respectivamente. A través del *Consorcio Cervecero Unión*, que el grupo *Bemberg* compartía con las cervecerías *Buenos Aires* y *Germania*, fundó en 1913 la *Cervecería del Norte*, en Tucumán. En 1915 *Quilmes* adquirió y desmanteló *Germania*, y en 1919 adquirió la *Buenos Aires*. El crecimiento de *Quilmes* determinó la reubicación en Berazategui (provincia de Buenos Aires) de su proveedor de botellas *Cristalerías Rigolleau*, fundada en 1882.[588]

Al finalizar la Primera Guerra Mundial, el gobierno francés incautó alrededor de un 25% de las acciones de *Quilmes* que estaban en manos del socio alemán Wendelstadt, situación que llevó a que estas fueran adquiridas por Otto Sebastián Bemberg.

Durante la década de 1920, la empresa adoptó el nombre de *Cervecería Argentina Quilmes*. Por aquellos años, a fin de evitar la escasez de malta y lúpulo que se había registrado durante la contienda bélica, Bemberg fundó la *Cervecería y Maltería Los Andes*, en Mendoza, y la *Primera Maltería Argentina*. De este modo, el poder del grupo *Bemberg* sobre la industria cervecera se fortalecía al erigirse como proveedor de la materia prima esencial para el resto de las empresas. Por entonces adquirió también la *Cervecería San Martín* de Bahía Blanca y la *Cervecería Santa Fe*.[589]

O'Connell, Arturo (1973), "Argentina y la economía atlántica en la primera mitad del siglo xx", *Desarrollo Económico*, núm. 49, abril-junio, 3-65; Smith, Peter (1967), "Los radicales argentinos y la defensa de los intereses ganaderos, 1916-1930", *Desarrollo Económico*, vol. 7, núm 25, abril-junio pp. 795-829.

588 Russo, Cintia (2011), "Fabrica y territorio: un caso al sur de la región metropolitana de Buenos Aires", *Investigaciones de Historia Económica,* vol. 7, núm. 3, noviembre pp. 369-379.

589 Belini, Claudio y Rougier, Marcelo (2008), "Conflicto político, controversia legal e intervención estatal. La nacionalización del grupo Bemberg, 1948-1959", en: Belini, Claudio y Rougier, Marcelo, *El Estado empresario en la industria argentina. Conformación y crisis*, Manantial, Buenos Aires, pp. 141-142.

Otra importante marca de cerveza que emergió localmente fue *Bieckert*, fundada en Buenos Aires en 1860 por un inmigrante alsaciano –Emil Bieckert– y vendida en 1889 a un consorcio de capitales ingleses *Bieckert Brewing Company Limited.* En 1900, la firma atravesó graves dificultades financieras y se creó una sociedad de salvataje para evitar la quiebra. Entre las vinculaciones políticas del grupo aparece el ex presidente Carlos Pellegrini, quien pasó por entonces a formar parte de su directorio. Entre 1908 y 1913, los capitales ingleses que participaban en *Bieckert* realizaron el proceso de adquisición de la *Cervecería San Carlos*, de la provincia de Santa Fe, que pasó a ser denominada *The San Carlos Brewery.*

Como hemos señalado en el capítulo 1 de este libro, el proceso de concentración industrial y centralización del capital es inherente a la dinámica capitalista, y en este contexto *Quilmes* y *Bieckert* –la primera desde sus orígenes fuertemente apalanca por capitales belgas, alemanes y franceses, y la segunda en manos de capitales británicos– participaron desde esta primera etapa como empresas líderes del mercado cervecero de la Argentina, obteniendo los mayores volúmenes de producción y adquiriendo empresas competidoras.[590]

En la producción de **harinas y aceites**, además de otros productos alimenticios, se destacó el desarrollo que obtuvo *Molinos Río de la Plata*, una empresa fundada en 1902 –con el nombre de *S. A. Molinos Harineros y de Elevadores de granos Molinos Río de la Plata*– por el grupo *Bunge & Born*, una compañía exportadora cuya sede original estaba en Amberes (Bélgica). La firma desde sus comienzos incidió en la producción de harinas –entre las que se distinguían las marcas *Favorita*, *Preferida* y *Delicia*– y en la década de 1920 empezó con la producción de aceites vegetales de algodón, girasol, lino y maní. A través de *Molinos* como principal productora de harina, *Bunge* pasó a controlar el mercado local y la exportación de este rubro y consiguió extenderse "atenaceando a los pequeños molinos del interior: compitiendo con ellos a precios ruinosos, lograba adquirirlos para controlar la oferta".[591]

Casi en paralelo, en 1899, Costábile Matarazzo, un inmigrante italiano, fundó en Villa Adelina (provincia de Buenos Aires) la fábrica de pas-

---

590 Para una observación de este proceso en los orígenes de la industria cervecera argentina, véase: Morgenfeld, Leandro (2001), "Primera aproximación al estudio de la concentración industrial y los procesos de trabajo en la rama cervecera: Buenos Aires, 1870-1920", *V Congreso Nacional de Estudios del Trabajo*, Buenos Aires, 1 al 4 de agosto.

591 Schvarzer, Jorge (1996), op. cit., p. 123.

tas *Matarazzo*, aunque el negocio principal se concentró en la exportación de harina de trigo hasta 1950, momento en el que volvió a orientarse con preferencia a la fabricación original.

En el sector **lácteos**, Vicente Lorenzo Casares fundó en 1889, en el partido de Cañuelas, la empresa *La Martona*, que ya en 1893 exportaba manteca a Inglaterra y que se mantuvo en funcionamiento hasta 1980.[592] Además, un grupo de inmigrantes de origen alemán constituyó en 1915 una empresa de capital nacional que creció con rapidez a partir de la década 1930: *Kasdorf*. En los años sesenta, la empresa expandió su comercialización bajo la marca *Las Tres Niñas*.[593]

Entre **otras iniciativas locales en la industria alimenticia** merece destacarse la fundación de *Bagley*, en 1864, por el inmigrante estadounidense Melville Sewell Bagley. La empresa emergió con una bebida alcohólica novedosa hecha a base de cáscaras de naranjas –la *Hesperidina*– y luego se consolidó en la producción de galletitas cuando fue incorporada a la empresa la familia Demarchi, vinculada al *Banco de Italia y Río de la Plata*. Las necesidades de capital de la empresa *Bagley* para su ampliación y consolidación la llevaron más tarde a la participación del grupo *Tornquist* –fuertemente ligado a capitales belgas y alemanes– cuya expansión se apuntaló en el poder financiero de un gran emporio que reunía en propiedad bancos, hoteles, minas, terrenos agrícolas, ingenios, establecimientos de embotellamiento de agua mineral, empresas de pesca comercial, frigoríficos y fábricas del vidrio.[594] Hacia 1905, Pedro Mosoteguy –pariente de los terratenientes salteños Patrón Costas– pasó a convertirse en primer accionista de *Bagley*, ya constituida como sociedad anónima.[595]

---

592 Míguez, Eduardo (2008), *Historia económica de la Argentina. De la conquista a la crisis de 1930*, Sudamericana, Buenos Aires, p. 216.

593 Knecher, Lidia y Fuld, Roberto (1998), "Orígenes, desarrollo y desaparición de una empresa de capital nacional: la historia de Kasdorf S.A.", *Ciclos en la historia, la economía y la sociedad*, núm. 16, segundo semestre.

594 Stols, Eddy (1998), "Presencia belga en la República Argentina: emigrantes y expatriados, comerciantes y empresarios (siglos XIX y XX)", en: De Groof, Bart, Geli, Patricio, Stols, Eddy y Van Beeck, Guy (comps.), *En los deltas de la memoria. Bélgica y Argentina en los siglos XIX y XX*, Leuven University Press, Leuven, pp. 24-28; Silvestri, Graciela (1998), "Proyectos urbanos y proyectos industriales en los años de racionalización. La empresa Tornquist y los capitales belgas en la construcción de Buenos Aires, 1925-1940", en: De Groof, Bart, Geli, Patricio, Stols, Eddy y Van Beeck, Guy (comps.), op. cit., pp. 107-114.

595 Ostiguy, Pierre (1990), *Los capitanes de la industria*, Legasa, Buenos Aires, pp. 359-360.

En 1865 Benito Noel creó *Noel*, una firma dedicada a la fabricación de confites, chocolates y galletitas. En 1875 se fundó la empresa *Canale* que en principio funcionó como una panadería y a partir de 1901 lanzó los bizcochos que pasaron a competir con las galletitas inglesas y francesas importadas.[596]

Durante esta etapa, además de los frigoríficos, otras compañías de capitales extranjeros se instalaron en el país, como la empresa industrial suiza *Nestlé* y las estadounidenses *Quaker Oats* y *Corn Products* (*Refinerías de Maíz*).

Los gobiernos radicales adoptaron algunas tímidas iniciativas para favorecer a la industria local –como las reformas de los avalúos aduaneros en 1920 y 1923–, aunque estas medidas no significaron una alteración del modelo agroexportador.[597] La normalización del comercio exterior en 1918, una vez finalizada la guerra, pospuso las orientaciones políticas de fomento de la industrialización como las que por entonces proponía Alejandro Bunge.[598] En ese entorno, la debilidad de la política aduanera para proteger las industrias locales, la relativamente escasa calificación de la fuerza de trabajo, la expansión poco consolidada del mercado interno y un escenario insuficientemente receptivo a la innovación tecnológica conspiraron contra el desarrollo industrial nacional.

Por otra parte, la inconsistencia de la política arancelaria llevaba a la configuración de un denominado "proteccionismo al revés", cuya función parecía ser más la recaudación fiscal que la protección industrial: en nu-

---

596 Lewis, Paul, *La crisis del capitalismo argentino*, op. cit., pp. 86-88, 91 y 98; Guy, Donna (1982), "La industria argentina, 1870-1940. Legislación comercial, mercado de acciones y capitalización extranjera", *Desarrollo Económico*, vol. 22, núm. 87, Buenos Aires, octubre-diciembre, pp. 351-374.

597 Rock, David (1992 [1986]), "Argentina de la Primera Guerra Mundial a la Revolución de 1930", en: Bethell, Leslie (comp.), *Historia de América Latina*, Crítica, Barcelona, t. X, p. 106.

598 Durante la presidencia de Marcelo T. de Alvear (1922-1928), Alejandro Bunge –un economista sobresaliente con algún grado de parentesco con los propietarios de la *Bunge & Born*– se desempeñaría como Director General de Estadísticas, dependiente del Ministerio de Hacienda a cargo de Rafael Herrera Vegas, y preparó un proyecto proteccionista para la industria local. El Congreso de la Nación rechazó la propuesta y la oleada de protestas determinó la renuncia del ministro y del director de Estadísticas. Entre sus obras, véase: Bunge, Alejandro (1917), *Riqueza y renta en la Argentina, su distribución y capacidad contributiva*, Bubli, Buenos Aires; Bunge, Alejandro (1921), *La nueva política económica argentina: introducción al estudio de la industria nacional*, Buenos Aires; Bunge, Alejandro (1940), *Una nueva argentina*, Kraft, Buenos Aires.

merosas ocasiones se encarecían con altas tasas los insumos industriales provenientes del exterior, los cuales resultaban proporcionalmente más costosos que los productos terminados importados.[599]

Con todo, la producción y la tasa de inversión industrial se incrementaron durante la década de 1920 a partir de industrias como las del automóvil –vinculada a capitales estadounidenses– del caucho, de la metalúrgica y del petróleo, apartándose de la estricta complementariedad de las actividades agropecuarias. A partir de 1930 –por efectos de la crisis económica internacional– se inauguró otra etapa en el desarrollo industrial argentino, adoptando el Estado argentino políticas de fomento a la industrialización e intentando por este medio la sustitución de importaciones. Este desarrollo industrial local, con tecnología y máquinas rudimentarias, exigua incorporación de técnicos y profesionales, altas tasas de ganancias y fuerte injerencia del capital extranjero, obtuvo mediante la protección y el fomento estatal la consolidación de su carácter rentístico, atrasado y dependiente.

Avances y vacilaciones de la industria de manufacturas de origen agropecuario durante la inauguración del modelo ISI (1930-1945)

La crisis mundial implicó para la Argentina la caída de ingresos por exportaciones, la disminución de su capacidad de importar y limitaciones para obtener créditos externos. El Estado pasó a jugar un papel clave en el sector industrial, estableció el control de cambios y la regulación del comercio exterior a fin de evitar la fuga de divisas y equilibrar la balanza comercial. Pese a estos cambios notorios en la estructura productiva, la economía y la política en su conjunto seguían siendo piloteadas por las clases dominantes tradicionales que mantuvieron una estructura arancelaria que disuadía la instalación de industrias que no utilizaran una alta proporción de insumos locales. La industrialización se constituía "un aggiornamiento sofisticado de los intereses agropecuarios, que se complementaba con la expansión de un conjunto de firmas multinacionales" [600] y representaba sobre todo la necesidad del bloque dominante terra-

599 Weil, Félix (2010 [1944]), *El enigma argentino*, Biblioteca Nacional, Buenos Aires, Biblioteca Nacional, 2010 [1944], pp. 200-220.
600 Rapoport, Mario y otros, *Historia económica, política y social de la Argentina (1880-2000)*, op. cit., p. 332.

teniente y de la gran burguesía intermediaria de aprovechar el mercado interno en un contexto donde el sector rural era profundamente afectado por la crisis.[601] En consecuencia, las transformaciones no dotaron al país de efectos multiplicadores sino que profundizaron la dependencia, tanto mediante la radicación de nuevos capitales imperialistas como por el incremento de importaciones de bienes de capital, que obturarían el desarrollo nacional de tecnología y constituirían otra vía de transferencias de divisas en concepto de regalías y asistencia técnica. En este escenario, los representantes de las organizaciones patronales de la industria –como la UIA, presidida por Luis Colombo– pasaron a apoyar la dictadura de Uriburu y se integraron a las comisiones gubernamentales, obteniendo medidas contra el *dumping* y aumento de los aranceles aduaneros.[602]

En cuanto a la **industria de la carne**, en mayo de 1933, en un contexto de contracción de la demanda exterior y caída de los precios, se firmó el "Pacto Roca-Runciman". Este acuerdo, que satisfacía principalmente las demandas británicas, aseguraba una cuota de *chilled* en el mercado británico (en un monto bastante reducido), e Inglaterra concedía una participación del 15% en la exportación de carnes a los frigoríficos argentinos, lo cual tardó en ponerse en práctica. A cambio, el Reino Unido lograba diversas medidas favorables: se desbloqueaban las divisas británicas congeladas por el control de cambios, se asumía el compromiso de tratar en forma preferencial las inversiones inglesas, se aceptaba no incrementar los aranceles sobre algunas importaciones británicas como el carbón y reducir los aranceles proteccionista para otros productos de

---

601 Hacia 1940, Federico Pinedo, conspicuo representante de las clases dominantes y ministro de Economía del general Justo y del gobierno de Ramón Castillo, consideraba que el país giraba alrededor de una "gran rueda maestra" que era el comercio exterior pero que junto ella era necesario desarrollar otras ruedas menores como ciertas industrias basadas en materias primas locales. El Plan de Reactivación Económica de 1940 elaborado por Pinedo enfatizaba sobre todo estas ideas y las entrecruzaba con otras de corte keynesiano como el estímulo del consumo popular, la construcción de viviendas populares y el financiamiento de largo plazo. Véase: Ministerio de Hacienda de La Nación, *El plan de reactivación económica ante el Honorable Senado*, Buenos Aires, 1940, pp. 155-157.
602 Una disposición de agosto de 1931 modificó la ley de Aduanas N° 11.281, incrementando la protección de las industrias. Luis Colombo posteriormente fue candidato a diputado por el Partido Demócrata Nacional que apoyó la candidatura a presidente del general Agustín P. Justo. Jáuregui, Aníbal, *Brasil y Argentina. Los empresarios industriales, 1920-1955*, Buenos Aires, Imago Mundi, 2004, pp. 70-71 y 125.

ese origen.[603] Si bien el Pacto evitaba la brusca contracción de las exportaciones, no aseguraba la posición de los ganaderos que, aun manteniendo las contradicciones entre criadores e invernadores, reclamaron la intervención del Estado en su defensa frente al poder oligopólico de los frigoríficos, que les permitiría ejercer plenamente su poder de compra. En ese marco, se aprobó en septiembre de 1933 la ley 11.747 que creaba la JNC y contemplaba la creación del Frigorífico Nacional de la ciudad de Buenos Aires y de la CAP.[604] Fue recién a partir del mencionado año cuando se recuperó la tasa de inversión industrial y se inició una recuperación sostenida del sector.

En 1936 culminó el período de vigencia del Pacto Roca-Runciman y se firmó un nuevo acuerdo: el Tratado Malbrán-Eden. Por éste, las carnes argentinas fueron aranceladas en un 20% sobre el precio de venta, con el fin de subvencionar a los ganaderos británicos que habían demandado protección frente a la competencia y reclamaban el apoyo financiero oficial del gobierno británico. A cambio de ello, el gobierno argentino tenía la facultad de distribuir cuotas de exportación entre los frigoríficos, aunque la situación no sufrió modificaciones significativas. El Estado nacional, para compensar las pérdidas que podían alcanzar a ganaderos y frigoríficos, implementó un subsidio y un tipo de cambio diferencial para las divisas liquidadas por los frigoríficos. De esta manera, el precio

---

603 Los acuerdos de la Conferencia de Ottawa de 1932, en la cual los países de la Commonwealth establecieron un sistema proteccionista para defenderse de la crisis, habían llevado a los ganaderos argentinos a disminuir el comercio con sus clientes más importantes. Cfr. Skupch, Pedro, "El deterioro y fin de la hegemonía británica sobre la economía argentina, 1914-1947", en: Panaia, Marta, Lesser, Ricardo y Skupch, Pedro, *Estudios sobre los orígenes del peronismo/2*, Buenos Aires, Siglo xxi, 1975, pp. 36-43.

604 No obstante, los frigoríficos continuaron dominando la situación. En 1934, el senador nacional Lisandro De la Torre denunció la complicidad del gobierno en la evasión al impuesto a los réditos que realizaban los frigoríficos ingleses y el manejo discrecional de los precios del ganado; se creó, entonces, la Comisión Investigadora del Comercio de Carnes. En el informe de mayoría de la Comisión presentado por De la Torre se manifestaba que los frigoríficos imponían malas condiciones de trabajo a los obreros y pagaban salarios miserables. Además, se señalaba que las leyes que creaban la JNC y la CAP eran utilizadas discrecionalmente en provecho del oligopolio de los frigoríficos extranjeros y de los ganaderos vinculados a ellos. Finalmente, los debates concluyeron luego del asesinato en el mismo recinto del Senado Nacional, del senador Enzo Bordabehere, correligionario de De la Torre, a quien iban dirigidos presuntamente los disparos. Smith, Peter, *Carne y política en la Argentina*, op. cit., pp. 161-182 final de venta de la carne argentina no se alteró y las exportaciones no se vieron afectadas.

Ante esta política económica que privilegiaba los intercambios comerciales con quienes compraban las exportaciones agropecuarias argentinas (bajo la consigna "comprar a quien nos compra"), los capitales estadounidenses y otros de origen europeo (entre los que se destacaron los alemanes) vieron la necesidad de trasladar filiales al territorio argentino a fin de no perder participación en el mercado. De esta manera, la década de 1930 se transformaría en la de mayor disputa interimperialista durante la primera mitad del siglo XX. En este contexto marcado por la continuidad del comercio triangular anglo-argentino-norteamericano que predominaba desde la década de 1920 y la declinación de la hegemonía británica, se agudizó la penetración del imperialismo estadounidense –a través del *pool* frigorífico, las industrias automotrices, el caucho, el desarrollo de la red vial y la expansión de compañías petroleras– hasta que el inicio de la Segunda Guerra Mundial y, sobre todo, el ataque japonés a Pearl Harbor distrajeron momentánea la atención de los capitales norteamericanos hacia otras áreas.

Por otra parte, en paralelo con el desarrollo de grandes empresas industriales asociadas a terratenientes que buscaban diversificar sus intereses ante el nuevo escenario económico, se registraron nuevas experiencias provenientes de pequeños y medianos emprendimientos de origen inmigrante.

No obstante, la estructura arancelaria que gravaba con mayores impuestos a los insumos que a los productos terminados y el modo en que la clase dominante –muy condicionada por su subordinación al imperialismo en un país dependiente– aceptaba cierta industrialización que sólo secundariamente la incluía en su agenda dificultaban la competitividad y el crecimiento de aquellas industrias cuyas materias primas eran importadas. De este modo, las industrias alimentarias gozaron de mayores ventajas que otras ramas que eran consideradas "artificiales" por no contar con insumos suficientes en el país. La denominación de algunas industrias como "artificiales" provenía sobre todo de la SRA, que veía comprometida sus exportaciones agropecuarias si disminuían las importaciones de origen británico. Sin embargo, era compartida por entonces por la totalidad de los partidos políticos que participaban de los debates en el Congreso Nacional.[605]

---

605 Lindeboim, Javier, "El empresariado industrial argentino y sus organizaciones gremiales entre 1930 y 1946", *Desarrollo Económico*, Buenos Aires, Vol° 16, núm. 62, Buenos Aires, julio-septiembre, pp. 163-201; Llach, Juan José (1984),

La Segunda Guerra Mundial representó un nuevo impulso al desarrollo industrial, tanto por la protección de hecho que significó la contienda como por las facilidades crediticias y los redescuentos otorgados al sector por el Banco Central. Sin embargo, el período bélico llevó a que la actividad fabril fuera afectada por la escasez de combustibles y de maquinarias y equipos nuevos, debiéndose balancear ésta entre el déficit energético, la obsolescencia tecnológica, la intensificación del uso de la fuerza de trabajo y la baja productividad. En ese marco, se creó en 1944 el *Banco de Crédito Industrial*, que otorgaba préstamos de mediano y largo plazo.

En cuanto a la **industria cervecera**, *Quilmes* adquirió la *Cervecería Córdoba* en 1931 y la *Cervecería y Maltería Bella Vista* en 1934, pasando a concentrar cerca del 80% del mercado de cervezas en la Argentina. Este constante acrecentamiento del capital le posibilitó al grupo *Bemberg* expandirse hacia otras áreas de negocio como las compañías inmobiliarias (*Caja de Crédito Hipotecario* y *Compañía Inmobiliaria Sol*), la producción ganadera y láctea (*Estancias Santa Rosa*), la industria textil (*Manufactura Algodonera Argentina*) y las operaciones financieras (*Crédito Industrial y Comercial Argentino*).[606] En 1937, el grupo *Bemberg* comenzó a atravesar un escándalo por ocultamiento de bienes y evasión del impuesto sucesorio correspondiente a la muerte de su fundador, Otto Bemberg, y de su esposa. El grupo sostenía que había liquidado sus negocios en la Argentina, que ahora eran propiedad de un *holding* con sede en Bélgica. Durante el peronismo, el asunto derivaría en la nacionalización de la compañía, mediante la sanción de la ley 14.122 de 1952.

Por su parte, en la **industria harinera y aceitera**, la empresa *Molinos Río de la Plata* lanzó en 1932 al mercado su marca de aceite comestible *Cocinero*. A partir del 4 de enero de 1935 comenzó a cotizar en la Bolsa de Comercio de Buenos Aires e intensificó la diversificación de sus productos alimenticios. Así, en 1940 inició sus actividades en aceites de oliva y en 1943 incorporó el producto de harina de sémola para nutrición infantil *Vitina*. También durante esos años comenzó a comercializar yerba mate bajo la marca *Nobleza Gaucha*.[607]

"El plan Pinedo de 1940, su significado histórico y los orígenes de la economía política del peronismo", *Desarrollo Económico*, vol. 23, núm. 92, Buenos Aires, enero-marzo, pp. 515-558.

606 En torno al *affaire* Bemberg se sigue el desarrollo de la investigación realizada por Belini, Claudio y Rougier, Marcelo, op. cit., pp. 142-143.

607 Anaya Franco, Eduardo (1996), "La Bunge & Born: un conglomerado multinacional", *Revista de la Facultad de Ciencias Económicas*, Universidad Mayor de San Marcos, Lima, núm. 2, pp. 111-119.

En cuanto a la **industria láctea**, como parte de la política de intervención estatal en la economía en abril de 1934 –a través del decreto 40.140– se creó la Junta Reguladora de la Industria Lechera, integrada por representantes gubernamentales, de los tamberos, de la industria, del comercio y de los consumidores. El objetivo de la Junta era asesorar al Estado en referencia a medidas que protegieran el abastecimiento de productos para el consumo interno, controlaran los precios y subvencionaran los productores lecheros con un fondo compensatorio. No obstante, el organismo no adquirió un carácter estable y la actividad continuó regulada por una comisión *ad-hoc* hasta 1958.[608]

La industrialización de los agroalimentos durante el peronismo (1946-1955)

La formulación del Primer Plan Quinquenal (1947-1951) elaborado por el Secretario Técnico de la Presidencia José Figuerola, un inmigrante español que se integró al equipo de Alejandro Bunge, enfatizaba el desarrollo de la industria liviana, especialmente aquella cuyos insumos eran productos agropecuarios. El plan adoptaba un marcado tono nacionalista y antiimperialista bajo la consigna de "independencia económica", que fue seguido por la política de nacionalizaciones que afectaron sobre todo a

608 En 1940 una iniciativa de Confederaciones Rurales de Buenos Aires y La Pampa (CARBAP) y de la Unión General de Tamberos (UGT) proponía darle estabilidad a la Junta Reguladora e impulsaba un anteproyecto de ley que no encontró aceptación en el Congreso. En 1958, fue organizada la Dirección General de Lechería, dependiente del Ministerio de Agricultura y Ganadería, aunque las dificultades presupuestarias mermaron su rol regulador y se redujeron a la acción fiscalizadora. En 1967 se creó la Comisión Nacional de Lechería aunque en la práctica, en la década siguiente, el escenario estaría caracterizado por la intervención de la Secretaría de Comercio para fijar los precios que se derivaban de los acuerdos entre los tamberos y los industriales. Para los antecedentes de los organismos reguladores en el complejo agroindustrial lácteo, véase: Nogueira, María Elena (2011), *Estado y sector lácteo. Historia reciente de la construcción de políticas públicas: Argentina 1983-2008*, Prohistoria Ediciones, Rosario; Binolfi, Luciana y Lattuada, Mario (2004), "Experiencias de concertación intersectorial en el complejo lácteo argentino", en: Renold, Juan Mauricio y Lattuada, Mario, *El complejo lácteo en una década de transformaciones estructurales*, Biblos, Buenos Aires.

los capitales ingleses y alemanes, debilitados luego de la Segunda Guerra Mundial.[609]

La industria ligera presentaba la ventaja de requerir una menor intensidad en capital y en tecnología, y permitía una mayor demanda de empleo, por lo que se siguió una sustitución de importaciones de bienes de consumo no durables. Por su carácter, el proceso de industrialización seguido durante el peronismo hasta 1952 daba continuidad a las experiencias desarrolladas durante la década de 1930, denominadas como "sustitución de importaciones fácil".[610] Pero hay un cambio notorio en el modelo económico-social con el que la burguesía nacional había logrado ganar una gran base de masas. El peronismo resultaba, entonces, la cristalización de una política de conciliación de clases que integraba en alianza a la burguesía industrial ligada predominantemente al mercado interno con el proletariado fabril y rural, y en la que participaron además sectores nacionalistas de las fuerzas armadas y de la pequeña burguesía (profesionales e intelectuales). De esta manera, los primeros gobiernos justicialistas plantearon un severo cuestionamiento a los vínculos tradicionales de la cúpula terrateniente y de la burguesía intermediaria con el imperialismo, promoviendo la independencia económica e incrementos del salario real a fin de estimular el consumo.

Hacia 1949, el ministro de Agricultura Carlos Emery enfatizaba la necesidad de industrializar, diversificar e independizar del mercado externo a la producción agropecuaria, sosteniendo que: "La industria, lejos de debilitar, vigoriza a las actividades del campo y representa un factor preponderante para estabilizarlas. La industria en efecto, le proporciona a la agricultura y a la ganadería un mercado seguro: el propio mercado interno. He ahí, una de las proyecciones, quizás la más importante, del Plan de Gobierno sobre la agricultura y la ganadería nacionales".[611]

---

609 Skupch, Pedro (1972), "Nacionalización, libras bloqueadas y sustitución de importaciones", *Desarrollo Económico*, vol. 12, núm. 47, Buenos Aires, octubre-diciembre, pp. 477-493; Scalabrini Ortíz, Raúl (2009 [1946]), *Los ferrocarriles deben ser argentinos*, Lancelot, Buenos Aires; Skupch, Pedro (1975), "El deterioro y fin de la hegemonía británica sobre la economía argentina, 1914-1947", en: Panaia, Marta, Lesser, Ricardo y Skupch, Pedro, *Estudios sobre los orígenes del peronismo*, Siglo xxi, Buenos Aires, vol. 2, pp. 36-43; Sukup, Viktor (1992), *El peronismo y la economía mundial. Modelos de inserción económica internacional del peronismo*, Grupo Editor Latinoamericano, Buenos Aires.

610 Rapoport, Mario y otros, op. cit., pp. 426-427.

611 Emery, Carlos (1949), "Economía social y economía capitalista", en: *Hechos e Ideas*, vol. XVI, núms. 64 y 65, julio-agosto, p. 405 [Citado en Lattuada, Mario, *La política agraria peronista*, op. cit., t. I, p. 84].

En forma paralela se establecieron subsidios directos e indirectos (disminución del costo de transportes y tasas de interés negativas) y desgravaciones impositivas para facilitar el financiamiento del sector industrial, y restricciones a las importaciones mediante cuotas de importación, control de cambios y la elevación de los aranceles para los productos que el país producía o aquellas actividades incipientes que eran consideradas prioritarias. Además, a partir de 1947 se eliminaron las listas de aforos, permitiendo una mayor actualización de los aranceles de acuerdo al precio real del producto.

Respecto del crédito industrial, este representó uno de los aspectos más destacados de la política económica. A través del *Banco de Crédito Industrial Argentino* se otorgaron préstamos baratos para la pequeña y mediana empresa a la par que concedía créditos a las grandes firmas. Producto de la inflación de la época, las tasas de interés negativas resultaron un subsidio indirecto para las compañías tomadoras. Las industrias alimentaria y textil resultaron las principales beneficiarias de los créditos.

La expansión económica duró hasta 1949, cuando un conjunto de acontecimientos adelantó los primeros signos de la crisis que se acentuaría en 1952.[612] La caída de los precios de los productos agrícolas en el mercado internacional –que limitó los ingresos distribuidos a otros sectores mediante el Instituto Argentino para la Promoción del Intercambio (IAPI)–, el déficit presupuestario por un excesivo incremento del gasto público y la insuficiencia en el desarrollo de la industria pesada (siderurgia, petróleo, productos químicos, minería y fabricación de maquinarias) contribuyeron a debilitar la estructura de la economía argentina durante el peronismo.

El IAPI –bajo la dirección de Miguel Miranda– se propuso objetivos muy amplios: actuaba como ente público que centralizaba el comercio exterior, comprando cereales y carnes para luego exportarlos e importando materiales extranjeros, y subsidiaba a diversos sectores económicos.[613] Entre los subsidios se cuentan los dirigidos a la agricultura, la ganadería y la rama agroalimentaria; en esta última fueron particularmente favo-

---

612 Ferrer, Aldo (1977), "La economía política del peronismo", *El Trimestre Económico*, México, vol. 44, núm. 173 (1), enero-marzo, pp. 73-115; Mainwaring, Scott (1982), "El movimiento obrero y el peronismo, 1952-1955", *Desarrollo Económico*, vol. 21, núm. 84, Buenos Aires, enero-marzo, pp. 515-530.

613 Novick, Susana (1986), *IAPI: auge y decadencia*, CEAL, Buenos Aires; Bullor, Leandro (2011), "Análisis de la operatoria del IAPI en su intervención sobre el comercio exterior y el sector agropecuario", *Documentos del CIEA*, núm. 7, Buenos Aires, diciembre, pp. 183-200.

recidos los frigoríficos extranjeros, los molinos harineros y las refinerías de aceite. A partir de 1949, el organismo comenzó una etapa deficitaria llevando a tomar permanentes préstamos del *Banco de Crédito Industrial* y del *Banco Nación.*

La política de nacionalizaciones del peronismo redujo la injerencia del capital imperialista en sectores clave de la economía nacional, como los servicios de gas y de transporte urbano que estaban en poder de capitales británicos, los ferrocarriles y puertos en manos de capitales ingleses y franceses, y los teléfonos y la electricidad bajo el control de firmas norteamericanas. Además, afectó también los intereses alemanes (fundamentalmente asociados a capitales belgas) en su participación en el sector manufacturero, agropecuario y financiero.[614]

En 1952, en el marco de la acentuación de la crisis económica, se produjo el reemplazo del ministro de Hacienda Ramón Antonio Cereijo por Pedro José Bonnani. Pero el cambio más notorio fue el abandono de los postulados de su principal asesor económico y presidente del Consejo Económico Nacional, Miguel Miranda, y el lanzamiento –durante ese último año– del Plan de Estabilización. Este Plan estaba centrado fundamentalmente en el control inflacionario, la recuperación del sector externo, la promoción del ahorro, la restricción del consumo y el incremento de la productividad.

De manera paralela, Juan Domingo Perón proyectó el Segundo Plan Quinquenal, cuyas principales modificaciones respecto del primero estaban en el programa de inversiones estatales y privadas destinadas a incrementar la industria básica –sobre todo en el terreno de la energía, materias primas industriales y maquinarias–, y en el papel complementario asignado al capital y al crédito extranjero.[615] Así, el proyecto nacio-

---

614 Esteban, Juan Carlos (1972 [1961]), *Imperialismo y desarrollo económico. Las raíces del atraso argentino*, Merayo, Buenos Aires, pp. 79-83.

615 Asimismo, en agosto de 1953 se sancionó la ley 14.222 sobre inversiones extranjeras, habilitándose la remisión de utilidades sin previa autorización a partir del segundo año de radicación. No obstante, la ley resultaba complementaria de otras disposiciones vigentes y revelaba cierta cautela frente al ingreso de capitales foráneos. En los hechos benefició la instalación de unas 14 empresas, entre las que se destacaron *Bayer* en el área de la química, las automotrices *Kaiser* y *Mercedes Benz*, las maquinarias agrícolas de *Fiat* y la *Siemens* en energía. Las empresas alimentarias no fueron promovidas por la medida. Véase: Altamir, Oscar, Santamaria, Horacio y Sourrouille, Juan (1966), "Los instrumentos de promoción industrial en la posguerra", *Desarrollo Económico*, núm. 22-23, julio-diciembre; Belini, Claudio (2009), *La industria peronista*, Edhasa, Buenos Aires, pp. 55-85.

nalista burgués que encarnaba el peronismo se enredaba en una política de compromiso con la burguesía intermediaria, la gran burguesía industrial, los terratenientes y el imperialismo. Este retroceso en la independencia económica que postulaba no hizo más que adelantar los intentos de desplazarlo del Estado por parte de los mismos sectores dominantes con los que conciliaba, que finalmente se concretaron en su derrocamiento en 1955. A partir de entonces se produjo una reversión acelerada del estado de cosas impuesto desde del primer gobierno de Perón, llevándose a cabo un mayor disciplinamiento de las masas trabajadoras, la recuperación del poder de decisión patronal en las plantas fabriles, la integración a los organismos económicos internacionales y una decidida apuesta a la atracción del capital extranjero.[616]

Resultan ilustrativas de la política nacionalista en el sector agroindustrial algunas referencias al *affaire Bemberg* iniciado en 1937. En diciembre de 1949, el *holding* fue condenado a pagar una multa millonaria de 97 millones de pesos, aunque previamente se había iniciado una intervención por parte del Ministerio de Justicia de la Nación, realizándose la liquidación de bienes de la empresa a fin de hacer frente al pago de la deuda con el fisco. Algunos de ellos fueron adquiridos por integrantes de la familia Bemberg y otros fueron otorgados a nuevos capitales; entre estos últimos se encontraban las ventas de las cervecerías *Santa Fe* y *Schlau*. Con respecto a *Quilmes*, se llegó a un acuerdo en julio de 1950 en cuanto a los derechos de los accionistas franceses, que significó la intervención del embajador de Francia en Argentina. No obstante, en junio de 1952, ante la sospecha de fuga de capitales hacia el Uruguay y una recomposición del grupo *Bemberg* al frente de las compañías, el gobierno de Perón remitió un nuevo proyecto al Congreso Nacional a fin de nacionalizar sus empresas. La propuesta gubernamental contó con el voto favorable de la oposición radical y se convirtió en la ley 14.122/52.

Así, en 1953 el Estado, a través de la Dirección Nacional de Industrias del Estado (DINIE),[617] pasaría a ser el adjudicatario de las empresas del ex grupo *Bemberg*, creándose una Comisión Administradora de Bienes

---

616 Godio, Julio (1985), *La caída de Perón (junio a septiembre de 1955)*, CEAL, Buenos Aires.

617 Este organismo, dependiente de la Secretaría de Industria y Comercio, fue encargado de la administración de una treintena de firmas de capital alemán que se expropiaron en 1945 luego de la declaración de guerra del Eje y a las que con posterioridad se le sumaron otras. Belini, Claudio (2001), "DINIE y los límites de la política industrial peronista, 1947-1955", *Desarrollo Económico*, Buenos Aires, vol. 41, núm. 161, abril-junio, p. 97.

(CAB) presidida por el ministro Bonnani. Al principio, ésta controlaba cuatro empresas cerveceras (*Cervecería y Maltería Argentina*, *Cervecería Palermo*, *Cervecería Buenos Aires* y *Maltería Bella Vista*). En 1954, mediante presión a los gobernadores provinciales que revirtieron las concesiones a otros capitales, se incorporaron otras seis empresas: *Cervecería del Norte*, *Maltería y Cervecería Los Andes*, *Maltería y Cervecería Cuyo*, *Cervecería Santa Fe*, *Enrique Meyer Cervecería Córdoba* y *Cervecería Schlau*. El Estado se hizo cargo, además, de una serie de firmas vinculadas a la actividad como: una fábrica de levaduras, la planta de fabricación de tapas, fábricas de hielo, soda, gaseosas marca *Bilz* y otras bebidas sin alcohol.

Con posterioridad, la CAB resultó adjudicataria de otras empresas cerveceras. En febrero de 1955, esta entidad elevó el proyecto de traspaso de las empresas al sindicato cervecero, la Federación Obrera Cervecera Argentina (FOCA), que formó una sociedad anónima para tal fin. De tal manera, aun cuando el problema de dilucidar la conveniencia de la intervención industrial estatal debiera orientarse por motivos estratégicos hacia una evaluación de las ramas básicas (siderurgia, petroquímica, hidrocarburos y el sector energético),[618] estos hechos evidencian las posibilidades de participación y obtención de beneficios en un rubro de baja densidad tecnológica y de capital, y el carácter prescindible de la inversión imperialista en este tipo de sectores, a la vez que muestran la aptitud de la clase obrera para la implementación de diferentes formas de autogestión de empresas. Luego del golpe de Estado de 1955, mediante el decreto 12.965 del 18 de julio de 1956, el gobierno de Pedro Eugenio Aramburu derogó el acuerdo y determinó la devolución de las empresas a la órbita de la CAB.

Cabe señalar que, como consecuencia de la política nacionalista desarrollada por el peronismo, la participación del capital extranjero en el total del capital fijo pasó de un 15,4% en 1945 a un 5,4% en 1949 y un 5,1% en 1955. Lo que significó un descenso del capital foráneo de US$ 4.260 millones en 1945 a US$ 1.860 millones en 1955 (medido valor dólar de 1950).[619] Todo lo cual permite indicar que, más allá de las limitaciones y conciliaciones del reformismo burgués liderado por

---

618 Para una consideración del sector público en actividades industriales, sus ventajas y desventajas, recomendamos la lectura de Dorfman, Adolfo (1983), *Cincuenta años de industrialización en Argentina, 1930-1980*, Solar, Buenos Aires, pp. 549-564.

619 Esteban, Juan Carlos, *Imperialismo y desarrollo económico. Las raíces del atraso argentino*, op. cit., p. 71.

Perón, la relación de fuerzas con el imperialismo había sido alterada. En los años venideros, recuperado el control del Estado por parte de la burguesía intermediaria y la cúpula terrateniente, se experimentarían constantes intentos del capital imperialista por restablecer y ampliar su supremacía en el país.

La industria de alimentos durante las políticas desarrollistas (1955-1976)

Tanto el gobierno de facto del general Eduardo Lonardi (1955) como el de su par Pedro Eugenio Aramburu (1955-1958) mantuvieron las empresas nacionalizadas bajo control estatal.[620] Por lo tanto, el derrocamiento de Perón no significó una inmediata reconstrucción del grupo *Bemberg* en el país y se planteó que los ex propietarios y accionistas debían seguir el camino judicial.

El cambio fundamental de situación del grupo se produjo en 1959, durante la presidencia de Arturo Frondizi (1958-1962). Este gobierno se inclinó por la vía extrajudicial, procurando alentar otras inversiones extranjeras y asumiendo el carácter inconstitucional de la ley 14.122 que había expropiado al grupo *Bemberg*. De esta forma, mediante el decreto 547 del 16 de enero de 1959, este conglomerado cervecero volvía a reconstituirse en Argentina.

Frondizi promovió la atracción del capital extranjero sobre todo en aquellas ramas en las que la falta de maquinarias y la ausencia de dinamismo en las industrias básicas obstaculizaban el crecimiento del proceso industrial.[621] Mediante el fomento del ingreso del capital foráneo, la política desarrollista de Frondizi concedía al imperialismo la posibilidad de instalarse en la Argentina y así aprovechar su mercado interno, revalorizar máquinas y equipos obsoletos en las potencias capitalistas, beneficiarse de las barreras proteccionistas y la industrialización por sustitución de importaciones, y acceder a los recursos internos a través del mercado financiero. Con el desarrollismo, el capitalismo dependiente ar-

---

620 Rouquié, Alain (1983), *Poder militar y sociedad política en la Argentina*, Emecé, Buenos Aires, t. II, pp. 122-140; Spinelli, María Estela (2005), *Los vencedores vencidos. El antiperonismo y la "revolución libertadora"*, Biblos, Buenos Aires.

621 Rouquié, Alain (1975), *Radicales y desarrollistas*, Schapire, Buenos Aires, pp. 109; Rodríguez Lamas, Daniel (1984), *La presidencia de Frondizi*, CEAL, Buenos Aires.

gentino asumía como clave de su estrategia de acumulación la expansión industrial a partir del capital imperialista y colocaba en un lugar secundario el eje agropecuario, aunque intentaba favorecer en simultáneo a los sectores concentrados del campo. Esta orientación expresó en particular los intereses de la gran burguesía intermediaria y los terratenientes; no obstante, también las organizaciones de la burguesía mediana y pequeña –como la Confederación General Económica– consideraron durante algún período esta vía como la única posible para atender las necesidades de inversión de la economía argentina.[622]

A poco de asumir, Frondizi firmó un conjunto de contratos para la extracción de petróleo en pozos ya localizados y favoreció la instalación de transnacionales de las industrias química y metal-mecánica.[623] Derrotado el peronismo, el capital foráneo recuperó posiciones a través de la promoción gubernamental de nuevas radicaciones o consolidando las anteriores. El frondicismo expresó así los intereses de una burguesía intermediaria que impulsaba medidas facilitadoras de una configuración estructural dependiente, abriendo las puertas al capital imperialista estadounidense, inglés, francés y alemán, a la vez que se incentivaron préstamos, asociaciones empresariales y convenios con la Unión Soviética. Tal situación, en el marco de una intensa disputa interimperialista global y del ahondamiento de la dependencia argentina con el capital extranjero, expresaría notorios avances, en primer lugar para el capital estadounidense y, en segundo orden, para otros capitales europeos a la vez que se daban los primeros pasos para la asociación subordinada entre fracciones de la clase dominante local y el imperialismo ruso. A lo cual hay que agregar que la defensa del mercado interno de la política económica de Frondizi favorecía a las multinacionales mediante aranceles y normas técnicas específicas, "además de créditos y de los pedidos de compra de sus bienes por parte de empresas y organismos estatales".[624]

Así, a la par de los contratos obtenidos por las empresas petroleras *Pan American*, la *Banca Loeb* y la *Tennesse* y de los amplios beneficios

---

622 Gastiazoro, Eugenio (2004), *Historia argentina. Introducción al análisis económico social*, op. cit., p. 142.

623 Una visión opuesta ante estas medidas del desarrollismo véase en Selser, Gregorio (1988 [1965]), *El país a precio de costo: el gobierno de Frondizi*, Hyspamérica, Buenos Aires. Para la observación de una defensa de esta política de Frondizi obsérvese Sábato, Arturo (1963), *Historia de los contratos petroleros*, COGTAL, Buenos Aires.

624 Schvarzer, Jorge (1996), op. cit., p. 230.

con que contó la radicación de firmas extranjeras de maquinaria agrícola a partir del golpe de Estado de 1955, la firma de automóviles *Ford*, ya presente como importador desde 1913 y como ensamblador desde 1917, se acogió a la ley 14.780 de Inversiones extranjeras y comenzó la instalación de su fábrica de General Pacheco (provincia de Buenos Aires) en 1959. Ese mismo año, la empresa francesa *Renault* comenzó su provisión tecnológica de la firma norteamericana *Kaiser* (que en el país operaba a través de una sociedad mixta con la *IAME*) y en 1967 conseguiría asumir importante parte de su capital accionario, culminando en 1975 por absorberla totalmente. Asimismo, mediante los decretos 2154/60 y 245/61, se autorizó al consorcio estadounidense *Fish International* con sede en Panamá y con el irrisorio capital de US$ 5.000 a instalar en la Argentina una empresa dedicada al rubro petroquímico, dando nacimiento a *PASA Petroquímica Argentina* con la provisión de materias primas por parte de *YPF* y *Gas del Estado* a "precio de fomento". En 1958, la empresa alemana *Siemens*, especializada en la producción de artículos electrónicos y telecomunicaciones, recuperó sus instalaciones expropiadas en 1945.[625]

Por su parte, las empresas de menor requerimiento técnico instaladas en el período anterior, como las de alimentos y las textiles, permanecieron estancadas y con bajas inversiones. Esta parcialización del aparato productivo, en función de satisfacer las necesidades que la acumulación de capital plantea a las burguesías metropolitanas, reafirmaba los rasgos deformados del desarrollo capitalista dependiente de la Argentina. Los frigoríficos, las fábricas de cervezas y otras alimentarias asistieron al envejecimiento de sus maquinarias, y al atraso técnico y organizativo de sus gerentes y directivos. Las políticas proteccionistas habían promovido un desarrollo en la industria liviana con escasa competitividad e inversión, y colocaron a estas compañías en una situación difícil con el incremento de las compras al exterior. Algunas comenzaron el proceso de alianzas o ventas al capital transnacional como opción frente a su deterioro y otras prefirieron el vaciamiento. No obstante, las nuevas industrias extranjeras pronto siguieron el mismo comportamiento, las innovaciones tecnológicas y los desarrollos de nuevos productos se realizaban en la casa matriz, y en las filiales sólo se decidía la adaptación al mercado local en función de las exigencias oficiales o la presión de la competencia.[626]

---

625 Minsburg, Naúm, *Capitales extranjeros y grupos dominantes (análisis histórico y contemporáneo)*, op. cit., t. II, pp. 26-27, 40-41, 44-45 y 50.
626 Katz, Jorge (1976), "Crecimiento industrial, pago de regalías al exterior y gastos locales de investigación", en: Urquidi, Víctor y Thorp, Rosemary, *América Latina en la economía internacional*, FCE, México, pp. 244-285.

En el sector primario, Frondizi también impulsó la modernización agrícola subsidiando la compra de maquinarias, promoviendo la adopción de nuevas tecnologías por parte de los productores agropecuarios y posibilitando el crecimiento de la oferta cerealera.

En abril de 1961, Álvaro Alsogaray renunció como ministro de Economía en un escenario de fuerte oposición sindical. En marzo de 1962, ante el avance electoral del peronismo luego de su legalización, los jefes militares jaquearon el gobierno de Arturo Frondizi y lo destituyeron de su cargo de presidente de la Nación, reemplazándolo por el presidente provisional del Senado Nacional, José María Guido (marzo de 1962-octubre de 1963).

Guido disolvió el Congreso Nacional, intervino las provincias y llevó a cabo una política tutelada por las Fuerzas Armadas, incorporando ministros de Economía de matriz liberal como Federico Pinedo (abril de 1962), Álvaro Alsogaray (mayo a diciembre de 1962) y José Alfredo Martínez de Hoz (mayo de 1963-octubre de 1963).

El 12 de octubre de 1963 asumió la presidencia Arturo Illia (octubre de 1963-junio de 1966), promoviendo una política de ordenamiento del sector público y de desarrollo industrial.[627] Este gobierno era expresión de una fracción de las clases dominantes con posiciones moderadamente nacionalistas que alistaba en el radicalismo con una exigua base popular. Pese a sus iniciativas, se registró un incremento de la movilización obrera, estudiantil y campesina. Manifestación relevante de este proceso fue el acercamiento entre la Confederación General del Trabajo (CGT) y la Federación Agraria Argentina (FAA) para la lucha por la reforma agraria.[628] Estos acontecimientos se enmarcarían en un escenario de descenso del desempleo, incrementos del salario real, un crecimiento del producto y una mayor participación en él de los asalariados.[629]

Entre los principales forcejeos del gobierno de Illia contra el imperialismo se encuentra la anulación –mediante los decretos 744 y 745 de noviembre de 1963– de los contratos petroleros firmados por Frondizi, la regulación del mercado farmacéutico y el control de remesas privadas al exterior. Este tipo de políticas tuvo su correlato en el complejo agroa-

627 Sánchez, Pedro (1983), *La presidencia de Illia*, CEAL, Buenos Aires.

628 Villulla, Juan Manuel (2009), "Los trabajadores asalariados de la agricultura pampeana, 1944-1988. Una lectura crítica de las referencias disponibles", *Documentos del CIEA*, núm. 4, Facultad de Ciencias Económicas de la UBA, Buenos Aires, p. 107.

629 García Vázquez, Enrique (1997), *La política económica argentina en los últimos 50 años*, Macchi, Buenos Aires, pp. 40-41.

limentario: en febrero de 1964 "procuró subsanar la escasez interna de carne vacuna ordenando a los frigoríficos extranjeros que entregasen 15% de su producción, a precio de costo, a la Junta Nacional de Carnes".[630] Por otra parte, adoptó medidas que recortaban el poder terrateniente como la ley que gravó las tierras ociosas de los latifundios.

El golpe de Estado del 28 de junio de 1966, encabezado por el general Juan Carlos Onganía, conseguía revertir los moderados avances de los sectores populares y recuperar para el bloque hegemónico –asociado subordinadamente al capital extranjero– la iniciativa de una política proimperialista y promonopolista, con lo que se debilitaban las posibilidades de recuperación de la burguesía nacional para una política económica independiente.[631]

Durante el gobierno de facto pronorteamericano de Onganía (1966-1969), el Ministerio de Economía estuvo dirigido al principio (entre junio y diciembre de 1966) por Néstor Jorge Salimei, un empresario del grupo *SASETRU*[632] que, más allá de su adhesión al equipo liberal del Instituto de Estudios Económicos y Sociales dirigido por Álvaro Alsogaray, propiciaba una política de corte estatista.[633] Hacia los meses finales de 1966, Salimei fue blanco de críticas y comenzó a barajarse su reemplazo en la cartera. El resultado fue la asunción, el 31 de diciembre de 1966, de Adalbert Krieger Vasena, un empresario de matriz liberal ligado a empresas mineras estadounidenses y diversos negocios inmobiliarios, industriales y financieros.[634] El ascenso de Krieger Vasena reflejaba en la Argentina –al igual que en la mayor parte del mundo– la hegemonía del imperialismo norteamericano y el desplazamiento paulatino a segundo orden del capital inglés. En 1955, del total del capital extranjero en el país, el 31% era de origen estadounidense y el 21% británico. Pero para el período

---

630 Lewis, Paul, op. cit., p. 338.
631 Selser, Gregorio (1986 [1973]), *El Onganiato (I). La espada y el hisopo*, Hyspamérica, Buenos Aires.
632 *SASETRU* era el acrónimo de los apellidos de sus dueños Salimei, Seitún y Trucco, el grupo estaba vinculado a las inversiones diversas en áreas financieras y a la industria alimenticia. Véase Schvarzer, Jorge (1978), op. cit., pp. 343-344.
633 "El primer equipo", *Primera Plana*, edición especial, Buenos Aires, año IV, 30 de junio de 1966, p. 8.
634 Adalbert Krieger Vasena se mantendría en su cargo hasta junio de 1969. Para más datos sobre su ligazón con diversos grupos económicos véase García Lupo, Rogelio (1971), "Radiografía financiera de Krieger Vasena", en: García Lupo, Rogelio, *Mercenarios y monopolios en la Argentina de Onganía a Lanusse, 1966-1971*, Achával Solo, Buenos Aires, pp. 79-83.

1958-1964, el 70% de las nuevas inversiones provenía de Estados Unidos y menos del 6% de Gran Bretaña.[635]

El plan económico de Krieger Vasena implementado a partir de enero de 1967, no difería en lo esencial de lo implementado durante la presidencia de Frondizi. La dictadura buscaba promover el crecimiento del sector industrial favoreciendo la penetración y la consolidación del capital imperialista, con el objetivo de conseguir su expansión hacia el mercado externo y equilibrar la balanza de pagos. Una de las principales medidas fue la devaluación de la moneda nacional en relación con el dólar, para favorecer la posición competitiva del sector industrial local y en busca de atraer la radicación de capitales extranjeros ante los menores costos internos. En forma complementaria, se desregulaba el mercado de cambios favoreciendo la transferencia de divisas al exterior y se reducían los aranceles de importación evitando la eliminación de incentivos sobre la eficiencia interna.[636]

Sin embargo, en cuanto al capital foráneo, a diferencia del desarrollismo del gobierno de Frondizi, no se privilegió su inserción en la industria básica sino que no se estableció ninguna prioridad. Esta promoción de las inversiones de las empresas transnacionales en la Argentina representó "un considerable peso para los movimientos financieros del balance de pagos, donde se acrecentó notablemente el rubro 'pago de royalties' (licencias o patentes de distinto tipo), porque dado que esas empresas eran filiales de una casa matriz y adoptaban procesos, marcas y características de sus lugares de origen, tenían que pagar esos royalties, que se sumaban a las remesas normales de utilidades".[637]

A esto se agregó que las diferencias de la tasa de interés en el mercado doméstico respecto del internacional motivaban colocaciones de corto plazo para el capital financiero transnacional, aumentando las condicio-

---

635 Cimillo, Elsa y otros, *Acumulación y centralización del capital en la industria argentina*, op. cit., p. 85.

636 Perina, Rubén (1983), *Onganía, Levingston y Lanusse. Los militares en la política argentina*, Editorial de Belgrano, Buenos Aires. Paralelamente, se establecieron retenciones a las exportaciones que afectaron en particular a las exportaciones agropecuarias, capturando parte de los beneficios generados por los productores agropecuarios como efecto de la devaluación. En materia de hidrocarburos, la gestión Krieger impulsó la conclusión de los diferendos con las empresas petroleras nacionales y extranjeras iniciados durante el gobierno de Arturo Illia (1963-1966) e inspiró la sanción de la Ley de Hidrocarburos del 24 de junio de 1967, favoreciendo la instalación de empresas privadas.

637 Rapoport, Mario y otros, op. cit., p. 651.

nes de volatilidad de la economía nacional y acrecentando el riesgo de fuga de capitales.

En el conjunto de la industria alimenticia no se registraron inversiones significativas del capital extranjero durante estos años, pero el sector incrementó la participación de los productos en las exportaciones, pasando de un 12,5% en 1966 a valores del 15,8% y el 18,7% entre 1967 y 1968.[638] En general, la situación se debió a una devaluación del 40% de la moneda establecida en 1967 –con la idea de atraer inversiones foráneas y radicar empresas–, la cual permitió una mayor competitividad de la producción local. No obstante, en 1969 la creciente inflación y el congelamiento del tipo de cambio nominal provocarían una relativa retracción de esta tendencia.[639]

En cuanto a la **industria de la carne**, se manifestó un notorio deterioro de la participación de los grandes frigoríficos extranjeros dedicados a la exportación en el total de cabezas faenadas (que pasó de aproximadamente el 60% al 16% entre 1956 y 1970) en contraste con el incremento de las posiciones de los frigoríficos medianos y mataderos orientados al mercado interno. El apoyo gubernamental a la empresa *Swift-Deltec* mediante un régimen de financiación especial desató un escándalo que involucró a Krieger Vasena y al ministro de Relaciones Exteriores del gobierno de Onganía, Nicanor Costa Méndez.[640]

El "Cordobazo" de mayo de 1969 precipitó el fin de la política de Krieger Vasena, elevándole Onganía un pedido de renuncia. Un año después, el secuestro y la muerte del general Pedro Eugenio Aramburu –sumados a las contradicciones de la política económica con los sectores terratenientes– aceleraron el desplazamiento Onganía y su relevo en la presidencia de facto por el general Roberto Marcelo Levingston (junio de 1970 a marzo de 1971) quien, a su vez, fue reemplazado por el general Alejandro Agustín Lanusse (marzo de 1971 a mayo de 1973).

De esta manera, el grupo económico de burguesía intermediaria asociada al socialimperialismo ruso pasó a disponer de las palancas claves del Estado, a la vez que establecía una política de cooptación a la burguesía nacional para subordinarla en un frente burgués antiestadounidense

---

638 Idem, pp. 652-653.

639 García Vázquez, Enrique, *La política económica argentina en los últimos 50 años*, op. cit., pp. 46-48.

640 Yasky, Samuel (1972), "Pleito. El país c/Swift-Deltec, Deltec absuelta?", *Realidad Económica*, núm. 8, Buenos Aires, pp. 26-29; Gresores, Gabriela (1998), "Apuntes para la historia del frigorífico Swift en la Argentina (1957-1980)", *Cuadernos del PIEA-IIHES*, núm. 7, diciembre.

no dirigido por Perón. En 1971, la URSS recibiría el tratamiento de nación más favorecida a través de un convenio comercial –similar al que firmara ese mismo año la Comunidad Económica Europea– que sentaba las bases para el afianzamiento de los lazos con la superpotencia del Este.[641] Se afirmaba así la relación con una potencia complementaria que podía comprar los productos agropecuarios a la vez que el país demandaba maquinarias, tecnología y productos químicos de origen soviético.[642] El mismo año, la dictadura establecería la apertura de negociaciones con el gobierno de Chile –liderado por el presidente socialista Salvador Allende– y, a continuación, el inicio de relaciones diplomáticas con China, en febrero de 1972, y con Cuba, en marzo de 1973.[643]

Un cambio significativo estuvo entonces en la asunción de Aldo Ferrer como ministro de Economía de la gestión Levingston y su continuidad durante el gobierno de Lanusse. Ferrer adoptó una serie de instrumentos que promovían el fortalecimiento de la industria nacional como la elevación de los aranceles a la importación, créditos a la pequeña y mediana empresa a través del Banco Nacional de Desarrollo (BANADE) y la inspiración de la ley 18.875 "Compre nacional" de diciembre de 1970. De esta forma, se pretendía relegar al capital extranjero a un papel complementario del desarrollo industrial nacional. Sin embargo, las medidas se toparon con severos obstáculos estructurales como eran las vinculaciones entre las empresas locales con firmas transnacionales monopólicas u oligopólicas (y algunas, a su vez, con carácter de monopsonio u oligopsonio), que determinaron el establecimiento de nuevas condiciones y nuevos precios para mantener sus beneficios.

Además, en el sector carnes, a fin de frenar la inflación, Ferrer estableció por semanas alternadas la veda al consumo interno de carnes vacunas, privilegiando el incremento de los *stocks* exportables ante el aumento de los precios internacionales.[644] De este modo, la medida contribuía también a asegurar los altos beneficios de los sectores terratenientes que concurrían al mercado externo.

---

641 Gastiazoro, Eugenio, *Historia Argentina. Introducción al análisis económico social*, op. cit., t. IV, p. 203.
642 Lanús, Juan (1986), *De Chapultepec al Beagle. Política exterior argentina, 1945-1980*, Hyspanoamérica, Buenos Aires, t. I, pp. 105-109.
643 Vacs, Aldo César, *Los socios discretos*, op. cit., pp. 45-46.
644 Zeitler, Tomás Elías (2010), "La problemática del agro en la perspectiva de Aldo Ferrer: Una reevaluación del discurso político de 'La Economía Argentina' y la práctica histórica durante la apertura nacionalista (1970-1971)", *Mundo agrario*, La Plata, vol. 11, núm. 21, julio-diciembre.

En mayo de 1973, el regreso del justicialismo al gobierno estuvo acompañado de la gravitante figura de José Ber Gelbard –un empresario ligado al Partido Comunista Argentino (PCA) y a la diplomacia rusa–[645]al frente del Ministerio de Economía entre el 25 de mayo de 1973 y el 21 de octubre de 1974, durante los gobiernos de Héctor Cámpora (mayo a julio de 1973), Raúl Lastiri (julio a octubre de 1973), Juan Domingo Perón (octubre de 1973 a julio de 1974) y María Estela Martínez (julio de 1974 a marzo de 1976). La política económica implementada se caracterizó por el acuerdo de un Pacto Social entre dirigentes sindicales y empresariales, con el fin de controlar la inflación, reanimar la productividad de las empresas nacionales y congelar precios y salarios.

Asimismo, el peronismo avanzó en un plan de nacionalización económica, aunque más moderado que el que había iniciado tres décadas atrás. Como indicáramos en el capítulo 2, durante la tercera presidencia de Perón se estableció la Ley de Radicación de Capitales Extranjeros (ley 20.557), la cual limitaba la remisión de utilidades al exterior y el ingreso de nuevas firmas. En octubre de 1974, se expropió la *Editorial Codex* y se declaró la "argentinización" de *Standard Electric*, *Siemens*, la *Compañía Italo Argentina de Electricidad* y de las bocas de expendio de combustible de la *Shell* y de la *Esso*, entre otras medidas.[646]

En forma paralela, denegaba la ratificación de los acuerdos comerciales con la URSS promovidos por el ministro de Economía José Ber Gelbard, que posibilitaban la continuidad de los vínculos entablados durante la presidencia de Lanusse. Esos acuerdos favorecían tanto a sectores terratenientes y de burguesía intermediaria con posibilidades de exportar a ese mercado como a la penetración de maquinarias y equipos provenientes de Moscú, y la participación soviética en obras de infraestructura. Por lo que todo parece indicar que Gelbard era en un verdadero hombre de paja de los negocios rusos en la Argentina. A la vez que forcejeaba con los capitales estadounidenses y europeos, y concedía ciertas medidas nacionalistas y populares (como la Ley de Contrato de Trabajo), pretendía orientar la economía a una nueva dependencia. Sus

---

645 José Ber Gelbard (1917-1977) había comenzado como vendedor en la provincia de Catamarca, era de origen judío-polaco. En la década de 1950 fue fundador de la Confederación General Económica que nucleaba cámaras de hacendados, industriales y comerciantes que apoyaban al peronismo.

646 Rougier, Marcelo y Fiszbein, Martín (2006), *La frustración de un proyecto económico. El gobierno peronista de 1973-1976*, Manantial, Buenos Aires, p. 85; Kandel, Pablo y Monteverde, Mario (1976), *Entorno y caída*, Planeta, Buenos Aires, pp. 49-50.

vinculaciones económicas y el trato preferencial que despertó en Moscú nos llevan a descartar la visión edulcorada presentada por Gilbert de un supuesto "fuerte afecto ideológico"[647] al socialismo de este empresario con intereses en *Fate, Aluar* y *Papel Prensa.*

Ese mismo mes, en un escenario de inestabilidad marcado por la crisis del petróleo en el plano internacional, la presidente María Estela Martínez reemplazó a Gelbard por Alfredo Gómez Morales. A partir de entonces, convivieron en tensión al interior del gobierno quienes propiciaban la profundización de la nacionalización de la economía y quienes, como Gómez Morales, impulsaban la liberalización de las inversiones extranjeras.

Durante 1975, la Argentina se vio envuelta en un proceso inflacionario que redujo los salarios reales y debilitó sus apoyos tradicionales en el movimiento obrero, en el marco de una feroz lucha interna, sobre todo con la asunción de Celestino Rodrigo como ministro de Economía el 2 de junio de ese año. Éste impulsó un programa –popularmente conocido como "el Rodrigazo"– que implicaba una fuerte devaluación monetaria, incrementos en los precios de las naftas y el transporte urbano, otros ajustes tarifarios y la negativa a homologar los aumentos obtenidos por los sindicatos mediante discusiones paritarias. La resistencia de los trabajadores a este conjunto de medidas provocó la renuncia de Rodrigo, seguida de la del cuestionado ministro de Bienestar Social, José López Rega, y la conformación de un nuevo gabinete con apoyo de la CGT y las 62 Organizaciones.[648] No obstante, la conflictividad al interior del peronismo, la crítica coyuntura económica internacional y nacional, y la conspiración golpista que asedió al gobierno en su fase final obstaculizaron las políticas de desarrollo de la industria nacional y del mercado interno, y generaron el anticipo de algunas medidas de corte liberal que preanunciaron las promovidas durante la dictadura militar (1976-1983).

Detrás del golpe de Estado de 1976 convergieron intereses heterogéneos: los sectores prorrusos que procuraban amarrar el comercio exterior argentino a la dependencia económica con la URSS, los sectores pronorteamericanos y proeuropeos que empujaban la especulación financiera sustentada en el endeudamiento externo, y diversas fracciones

---

647 Gilbert, Isidoro (2007), *El oro de Moscú. Historia secreta de la diplomacia, el comercio y la inteligencia soviética en la Argentina*, Sudamericana, Buenos Aires, p. 350.

648 Muchnik, Daniel (1998), *Argentina modelo: de la furia a la resignación económica: economía y política entre 1973-1998*, Manantial, Buenos Aires, pp. 82-87.

de la gran burguesía nacional interesadas en contener la conflictividad obrera y popular.[649]

Las industrias alimentarias y el devenir según la dinámica capitalista global: concentración y profundización de la extranjerización (1976-2008)

La transformación del escenario de industrias alimentarias en el contexto de la apertura de mercado (1976-1983)

La crisis económica mundial de inicios de la década de 1970 y una enorme liquidez en los mercados internacionales, que no era absorbida en forma productiva, marcaron el contexto económico global con el que se inauguró la dictadura militar del período 1976-1983. La Junta de Comandantes de las Fuerzas Armadas designó al general Jorge Rafael Videla para el ejercicio de la presidencia de facto y cargo de ministro de Economía le correspondió a José Alfredo Martínez de Hoz, un hombre fuertemente vinculado a la Sociedad Rural Argentina (SRA) y al capital financiero internacional.

Hacia 1976, la Ley de Inversiones Extranjeras sancionada en agosto de ese año y la liberalización del comercio exterior mediante la reducción de aranceles y regulaciones a las importaciones constituyeron medidas que eliminaron las restricciones para un rápido ascenso de la participación del capital extranjero en todas las ramas de la economía. En 1977, el sector industrial todavía no había sentido el impacto de manera directa. Ese último año, sin embargo, a través de la reforma financiera se congelaron los salarios y se liberalizaron por completo el mercado crediticio y las tasas de interés, los requisitos para la expansión de las entidades financieras y los flujos de capitales con el exterior.[650] Como consecuencia

---

649 Rapoport, Mario (1986), *Las relaciones argentino-soviéticas en el contexto internacional*, FLACSO, Buenos Aires; Groisman, Enrique (1984), "El Proceso de Reorganización Nacional y el sistema jurídico", en: Ozlak, Oscar (comp.), *"Proceso", crisis y transición democrática/1*, CEAL, Buenos Aires, p. 62; Duhalde, Eduardo Luis (1983), *El Estado terrorista argentino*, El caballito, Buenos Aires, pp. 54-60; Gastiazoro, Eugenio, *Historia argentina*, op. cit., t. IV, pp. 242 y 249.
650 Canitrot, Adolfo (1980), "La disciplina como objetivo de la política económi-

se registró una notoria disminución de las inversiones físicas y una significativa inundación de productos importados. A pesar de ello, el sector de alimentos y bebidas fue el menos afectado por la competencia externa, resultando un descenso de la actividad industrial medida en pesos entre 1975 y 1983 del 6,1% mientras que otros sectores más afectados, como la industria maderera, la textil y las imprentas y editoriales, tuvieron descensos del 35%, 29% y 21% respectivamente.[651]

En 1976, mediante el decreto 2.253 del poder ejecutivo, se suspendió de manera temporaria la transferencia de utilidades al exterior y la repatriación de inversiones pero esta medida fue pronto abandonada. En octubre de ese año, la "Circular B 1399 RC 657" del Banco Central de la República Argentina estableció las nuevas condiciones para el pago de remesas de utilidades al exterior, a la vez que autorizó a los bancos del país a otorgar préstamos a mediano y largo plazo a empresas de capital extranjero en iguales condiciones a que las acordadas para las de capital nacional.

De esta manera, se iniciaba un período clave en cuanto al accionar de los imperialismos en el país y su conjunción con la estrategia desindustrializadora de las clases dominantes locales. El programa de la dictadura militar expresaba los intereses de la gran burguesía intermediaria, la cúpula terrateniente y las empresas transnacionales, "apuntando a lograr un disciplinamiento social generalizado mediante un cambio drástico de la antigua estructura de relaciones económicas, sociales y políticas".[652]

La estrategia desindustrializadora buscaba reducir la actividad productiva de las empresas nacionales que utilizaban medios de producción importados –en particular aquellas vinculadas al mercado interno, "que son la sede de los principales sindicatos y de los grupos empresarios más proclives al nacionalismo"–,[653] especializándose en las que aprovechaban recursos naturales y conseguían exportar. En estos intereses confluían

---

ca. Un ensayo sobre el programa económico del gobierno argentino desde 1976", *Desarrollo Económico*, vol. 19, núm. 46, Buenos Aires, enero-marzo, pp. 453-475; Feldman, Ernesto y Sommer, Juan (1986), *Crisis financiera y endeudamiento externo en la Argentina*, CEAL, Buenos Aires; Schvarzer, Jorge (1983), *Argentina 1976-1981: el endeudamiento externo como pivote de la especulación financiera*, CISEA, Buenos Aires.

651 Rapoport, Mario y otros, *Historia económica, política y social de la Argentina (1880-2000)*, op. cit., pp. 846-847.

652 Torrado, Susana (2004), *La herencia del ajuste. Cambios en la sociedad y en la familia*, Capital intelectual, Buenos Aires, p. 17.

653 Ciafardini, Horacio (2002 [1984]), "Argentina 1976-1983: La estrategia de desindustrialización de la dictadura"; en: Ciafardini, Horacio, *Textos sobre economía política e historia*, Amalevi, Rosario, p. 190.

sectores terratenientes y de la gran burguesía, ligados a las exportaciones a la URSS, que por entonces constituía el principal mercado y compensaba sus intercambios con maquinarias, equipos y materiales estratégicos, además de conseguir participar en la construcción de obras hidroeléctricas. No obstante, el balance comercial favorable a la Argentina llevaba a que la entrada de divisas de estos intercambios comerciales se destinara en parte a importaciones de otros imperialismos.

A la vez, grandes bancos de Estados Unidos y de Gran Bretaña eran los principales acreedores externos del país, en un tiempo de divisas baratas que contribuían a la especulación financiera en un mercado local altamente rentable, y en el que importantes sectores de la gran burguesía intermediaria y extranjera hicieron buenos negocios. Esta última situación, años más tarde, desencadenaría las presiones al Estado argentino para el pago de la deuda externa, incluida la deuda privada estatizada.

En este marco, Estados Unidos, siendo exportador de alimentos, no constituía un mercado atrayente para las exportaciones argentinas y continuó brindando –además de capitales– importaciones de medios de producción, adelantos tecnológicos y productos terminados. Por lo que se configuró un nuevo triángulo comercial en el cual –de forma similar a las viejas relaciones triangulares que involucraban a Inglaterra y Estados Unidos– "se establece una disputa aguda por la participación de diversos sectores de ambas potencias en negocios sobre los cuales existe acuerdo general".[654]

Resulta interesante considerar cómo las luchas interimperialistas por el control de las palancas claves de la economía argentina se expresaron en el posicionamiento de las principales potencias, en el marco de conflictos globales entre los dos bloques imperialistas. Éstas generaron reacciones encontradas en la clase dominante argentina y se tradujeron en pujas en su interior.

Con relación a Estados Unidos, el gobierno republicano de Gerald Ford había alentado el golpe de Estado de 1976 en su comienzo. Pero luego de la asunción del demócrata James Carter a la presidencia en enero de 1977, los norteamericanos presionaron a la dictadura de Videla esgrimiendo el tema de la violación de los derechos humanos y la desaparición forzada de personas, y suspendieron la ayuda militar. Cuestión que mejoró de modo temporario en 1978 y "que se tradujo en la autorización dada por el Departamento de Estado al Eximbank para garantizar el

---

654 Ciafardini, Horacio (2002 [1984]), "La Argentina en el mercado mundial contemporáneo", en: Ciafardini, Horacio, *Textos sobre economía política e historia*, op. cit., p. 183.

financiamiento de la compra de turbinas para el proyecto hidroeléctrico de Yaciretá".[655] Aunque en 1980 volvería a interrumpirse el diálogo entre los dos gobiernos luego del rechazo argentino al embargo cerealero dispuesto por Estados Unidos contra la Unión Soviética a raíz de la invasión a Afganistán y del apoyo de los militares argentinos al golpe de Estado de julio de ese año en Bolivia.

La cuestión del embargo cerealero expresó la dependencia del país de un gran comprador de granos y carnes que por entonces representaba la URSS,[656] y la vigencia de los acuerdos económicos –negociados por Gelbard en 1974 y ratificados por Videla en agosto de 1977– con esta superpotencia.

El escenario de la industria de alimentos durante el gobierno de Alfonsín (1983-1989)

Durante el gobierno de Raúl Alfonsín (1983-1989) se conjugaron un contexto internacional desfavorable con una situación interna crítica dejada por la dictadura militar, incrementándose la inflación, la deuda externa y los problemas de desocupación.

La etapa alfonsinista expresó en buena medida una continuidad con los lineamientos de política económica que se habían desarrollado durante los últimos gobiernos de facto. Pese a que en un inicio –durante la gestión de Bernardo Grispun (diciembre de 1983 a febrero de 1985) como ministro de Economía– se plantearon objetivos de desarrollo del mercado interno y de distribución de la riqueza,[657] la estructura económica había cambiado: los principales grupos económicos eran de capital extranjero o estaban ligados a ellos mediante distintos mecanismos y se orientaban con preferencia a las actividades financieras y del sector agroexportador. Ante el incremento de la presión de la banca acreedora, la creciente inflación y la fuga de divisas al exterior, Grispun presentó su renuncia a poco más de un año de haber asumido y fue reemplazado por Juan Sourrouille (febrero de 1985 a marzo de 1989).

655 Rapoport, Mario y otros, op. cit., p. 772.
656 Russell, Roberto (1984), "Argentina y la política exterior de un régimen autoritario (1976-1982): una evaluación preliminar", *Estudios Internacionales*, Santiago de Chile, año 17, núm. 66, abril-junio, pp. 170-201.
657 Restivo, Néstor y Rovelli, Horacio (2011), *El accidente Grispun. Un ministro desobediente*, Capital Intelectual, Buenos Aires.

La gestión de Sourrouille proyectó recuperar la inserción exportadora del país, reajustando el tipo de cambio y las tarifas públicas, a fin de detener la inflación e incrementar las divisas para el pago de la deuda externa. Los principales conglomerados locales –nucleados en el Grupo María, que reunía los llamados "capitanes de la industria"– resultaron interlocutores privilegiados en torno a los objetivos de fomentar y ampliar el papel exportador de la industria. Dentro del dinamismo alcanzado por el sector industrial, en las MOA fueron notorios el veloz incremento de las exportaciones de aceites vegetales y la significativa disminución de las exportaciones de lácteos.[658] Entre las grandes firmas de los "capitanes de la industria" se encontraban algunas agroindustriales como *Arcor* de Fulvio Pagani, *La Serenísima* de Pascual Mastellone, *Bagley* presidida por Jaime Núñez y el grupo transnacional *Bunge & Born* –propietario de *Molinos Río de la Plata*– comandado por Miguel Roig y Néstor Rapanelli, firmas que resultaron ampliamente beneficiadas por la política del alfonsinismo.[659] En este contexto, la exportación de productos alimenticios en términos generales, junto con la producción petrolera y petroquímica, registró un ascenso durante el gobierno de Alfonsín. Mientras tanto, las ventas al exterior de sectores como el automotriz o maquinarias y equipos, que fabricaban bienes de mayor complejidad y valor agregado, declinaban con fuerza.

En junio de 1985, ante la presión del FMI, se lanzó una "política shock" –el "Plan Austral"– que implicó el cambio de signo monetario, congelamiento de precios, tarifas públicas, salarios y tipo de cambio. Si bien las medidas alcanzaron éxito en el corto plazo, las tasas de interés positivas resultaban más elevadas que la inflación, relegando su inversión productiva, y el descenso de los precios internacionales de los productos agropecuarios afectó la rentabilidad de las exportaciones.[660]

En ese marco, en septiembre de 1987, el Banco Internacional de Reconstrucción y Fomento (BIRF) otorgó al BANADE préstamos por US$ 125 millones destinados a ser otorgados como crédito a medianas y pequeñas industrias. En forma paralela, en el mismo mes, el titular de la

---

658 Bisang, Roberto y Kosacoff, Bernardo (1993), "Las exportaciones industriales en una economía en transformación: las sorpresas del caso argentino", en: Kosacoff, Bernardo (comp.), *El desafío de la competitividad: la industria argentina en transformación*, CEPAL, Buenos Aires, pp. 117-179.

659 Ostiguy, Pierre (1990), *Los capitanes de la industria. Grandes empresarios, política y economía en la Argentina de los años '80*, Legasa, Buenos Aires.

660 Gerchunoff, Pablo y Llach, Lucas (2003), *El ciclo de la ilusión y el desencanto*, Ariel, Buenos Aires, pp. 396-407.

UIA criticó la política económica en el marco de la conmemoración del Día de la Industria y la SRA solicitó medidas de libre funcionamiento de los mercados y de apertura económica. En noviembre se acentuaron las críticas de la UIA oponiéndose al ajuste fiscal del gobierno, considerando que tal medida planteaba problemas a la inversión de capitales.

La gigantesca deuda externa legada por la dictadura militar agravó la dependencia argentina de los organismos internacionales y de la banca imperialista, principalmente estadounidense, europea y japonesa. La política de endeudamiento dio como resultado una mayor concentración económica en grupos de gran burguesía que tomaron préstamos en sumas extraordinarias y que, entre 1982 y 1985 –años en que Domingo Cavallo y José Luis Machinea fueron presidentes del Banco Central respectivamente–, transfirieron como deuda al Estado. Vale destacar entre los beneficiados en el sector alimenticio a la firma *Alimentaria San Luis* –subsidiaria de *Bagley*– que participaba en enero de 1985 de la deuda externa con un monto superior a los US$ 65 millones. Las multinacionales imperialistas que operaban en Argentina –como la norteamericana *Swift* (con una deuda que ascendía a más de US$ 114 millones en 1985)– fueron igualmente beneficiadas por el salvataje estatal.[661]

El carácter dependiente de la Argentina se expresaba, además, en los lazos comerciales privilegiados con la URSS como gran comprador de cereales y carnes, a los que hay que agregar el endeudamiento con bancos y empresas de propiedad exclusiva y mixta del socialimperialismo ruso.[662] Pero esta situación se alteró hacia 1985, cuando la aguda crisis que atravesaba el bloque del Este llevó al incumplimiento de convenios, evidenciando algunos indicios del deterioro de su condición de superpotencia mundial y contribuyendo a acelerar las dificultades de la economía nacional.

En este escenario, para mediados de 1988, no sólo no se reactivaba la economía nacional sino que se agravaban los problemas: aumentó la recesión y la desocupación, y cayeron los salarios. Asimismo, se incrementaron las huelgas sectoriales y generales de trabajadores, por lo que el equipo económico presentó, el llamado "Plan Primavera" el 3 de agosto.

Este plan contó con el apoyo explícito de la UIA, la Confederación General de la Industria (CGI) y la Cámara Argentina de Comercio (CAC), dado que privilegiaba exportaciones industriales con reembolsos y otros

---

661 Olmos, Alejandro, *Todo lo que usted quiso saber sobre la deuda externa y siempre le ocultaron. Quiénes y cómo la contrajeron*, op. cit., pp. 212 y 226.
662 Lipovetzky, Jaime César (1987), *De cómo aprendieron a amar la deuda*, Distal, Buenos Aires.

alicientes, y mantenía los Programas Especiales de Exportación (PEEX) creados por Roberto Lavagna, desde la Secretaría de Industria y Comercio Exterior. Al mismo tiempo, se reducían las retenciones a las exportaciones y se desdoblaba el mercado cambiario.[663] En ese marco, las exportaciones de productos agropecuarios y sus manufacturas no contaron con reembolsos. Los resultados no fueron los esperados, aumentando la especulación financiera y la hiperinflación. Estos factores contribuyeron a la renuncia de Sourrouille, la derrota electoral del candidato del partido oficial y a la salida anticipada de Alfonsín de la presidencia.

La profundización de la extranjerización y la concentración en la larga década de 1990 (1989-2001)

Durante el decenio de gobierno de Carlos Saúl Menem (1989-1999), el conjunto de reformas neoliberales encarado tuvo como elementos fundamentales la desregulación (tanto en los diversos mercados como en el campo laboral), las privatizaciones, la apertura económica externa y el ajuste interno. Así, las políticas públicas implementadas durante el menemismo siguieron las orientaciones definidas por los organismos internacionales de crédito (Banco Mundial, FMI, BID y Club de París). Estos aspectos, junto al lanzamiento del Plan de Convertibilidad en 1991, constituyeron los ejes centrales del plan de gobierno. Este plan, impulsado durante la gestión del ministro de Economía Domingo Felipe Cavallo (marzo de 1991 a agosto de 1996), instauró la paridad del peso en relación con el dólar y la plena liberalización de las transacciones financieras con el exterior.[664]

---

663 Se establecieron dos mercados: uno comercial y otro financiero. En el primero, con un tipo de cambio menor, se liquidaba el total de las exportaciones primarias y el 50% de las industriales. En el segundo se liquidaba el otro 50% de las industriales, las importaciones y los intereses de la deuda externa de los particulares. Con este desdoblamiento el gobierno intentaba obtener parte de las divisas generadas por el incremento de precios internacionales de productos agrícolas provocado por las sequías en el hemisferio norte en el último año, sin recurrir a aumentos en las retenciones y procurando desalentar la inflación.

664 Teubal, Miguel y Rodríguez, Javier (2001), "Neoliberalismo y crisis agraria", en: Giarracca, Norma y otros, *La protesta social en Argentina. Transformaciones económicas y crisis social en el interior del país*, Alianza Editorial, Buenos Aires, pp. 65-66.

Como consecuencia de estas transformaciones se registró un alto nivel de endeudamiento de los productores agropecuarios dando origen a un amplio proceso de arrendamiento de pequeñas y medianas unidades que se transformaron en minirentistas, se agudizó la dependencia económica y tecnológica del país, se agravaron la concentración de la tierra y el deterioro ambiental, y se acrecentó el éxodo rural en un contexto general de incremento del desempleo y de la pobreza.[665] Además, las exportaciones agropecuarias se realizaron en un contexto de precios internacionales bajos y con un tipo de cambio sobrevaluado que repercutió en la quiebra de pequeñas y medianas explotaciones y el cierre de numerosas cooperativas agrarias.[666]

Las medidas mencionadas generaron efectos disímiles y heterogéneos sobre los diferentes sectores económicos y aun al interior del sector industrial. Sin embargo, en términos generales, es posible afirmar que Argentina asistió a la reducción de su industria, disminuyendo la incidencia del sector en el PBI total en términos absolutos y porcentuales. Éstos eran los resultados del abandono de la sustitución de importaciones como núcleo dinamizador de la actividad económica y la reorientación financiera y agroexportadora iniciada en 1976.

En la industria alimenticia (excluidos las bebidas y el tabaco), si se comparan los quinquenios 1984-1988 y 1994-1998, puede observarse un crecimiento del 16%, manifestando un incremento de la capacidad exportadora de los aceites vegetales. Con todo, esta dinámica se conjugó con la consolidación del proceso de extranjerización y concentración económica del sector. Por un lado, numerosas compañías, en particular las pequeñas y las medianas, privadas de acceder a la exportación, no lograron sobrevivir y se vieron obligadas a cerrar sus puertas tras la liberalización comercial instrumentada, el fuerte disciplinamiento del proceso de formación de precios generado por la apertura importadora, las dificultades para la incorporación de bienes de capital y acceso al crédito, el incremento de sus costos, el abandono de políticas de "compre nacio-

---

665 Azcuy Ameghino, Eduardo (2000), "Las reformas económicas neoliberales y el sector agropecuario pampeano (1991-1999)", *Ciclos*, año X, vol. X, núm. 20, 2° semestre, pp. 191-219; Azcuy Ameghino, Eduardo, "De la convertibilidad a la devaluación: el agro pampeano y el modelo neoliberal, 1991-2001"; en: Azcuy Ameghino, Eduardo, *Trincheras en la historia*, op. cit., pp. 229-272.
666 Andrieu, Jimena y Romero Wimer, Fernando (2012), "Análisis de las experiencias cooperativas agropecuarias en el Sudoeste (SO) bonaerense. Observaciones de campo en Espartillar, Pigüé y Puán", en: Diez, José Ignacio y Gutiérrez, Ricardo Raúl, *Acción colectiva e innovación en espacios regionales. Estudios del Sudoeste Bonaerense*, Editorial Académica Española, Madrid, pp. 69-88.

nal" y la adopción de una estructura impositiva sumamente regresiva. Por otro, tal como se señaló, no todos se vieron afectados de la misma manera: las subsidiarias de las transnacionales lograron capitalizarse y enriquecerse, y resultaron las principales beneficiarias de la apertura exportadora e importadora. Como se verá luego, en los segmentos analizados esta situación llevó incluso a la adquisición por parte del capital extranjero de empresas locales de gran porte, registrándose durante la década de 1990 una "creciente trasnacionalización productiva por parte de firmas y grupos económicos de países periféricos".[667] Vale destacar que, en estos procesos, numerosas firmas locales del sector alimentario se asociaron a capitales foráneos como estrategia de supervivencia.

En diciembre de 1999 asumió la presidencia Fernando De la Rúa. Durante su gobierno, las medidas adoptadas no significaron un viraje con respecto a la política menemista sino que acentuaron los efectos más perjudiciales de la vida económica y social: aplicación de nuevos ajustes, aumento de los impuestos, reducciones salariales por decreto en el sector estatal, aprobación de leyes que profundizaron la flexibilización laboral, etc. Sobre el final de la presidencia, las coincidencias con los lineamientos del menemismo se habían reforzado; Cavallo fue convocado de nuevo al Ministerio de Economía en marzo de 2001 y su caída en diciembre del mismo año –en medio de una profunda crisis social, económica y política– acompañó a la de De la Rúa.

El nuevo escenario posdevaluación (2002-2008)

Desde finales de la década de 1990, frente a un escenario recesivo con fuertes descensos de la actividad industrial, diversos sectores –como la UIA, CAC, Confederaciones Rurales Argentinas (CRA) y empresas exportadoras– plantearon la necesidad de un "dólar alto" que licuaría deudas en dólares, reduciría los salarios y mejoraría la competitividad de la economía argentina. Los bancos y las empresas privatizadas serían perjudicados por la salida del régimen de convertibilidad, por lo que proponían una salida gradual con una fuerte disminución del gasto público. La propuesta expresaba el enfrentamiento entre dos sectores del poder

---

667 Schorr, Martín (2007), "Argentina: la industria que el neoliberalismo nos legó", en: Forcinito, Karina y Basualdo, Victoria (comps.), *Transformaciones recientes en la economía argentina: tendencias y perspectivas*, Prometeo/UNGS, Buenos Aires, p. 126.

económico que habían "usufructuado la apertura económica y financiera, la desindustrialización y la reprimarización"[668] de la economía durante la década de 1990. La propuesta devaluacionista impulsada por los primeros logró triunfar a partir de la asunción de Eduardo Duhalde el 1 de enero de 2002, inaugurando un ciclo de crecimiento del sector manufacturero asentado en primera instancia en una "creciente utilización de capacidad ociosa instalada".[669] Pero entre los grupos ganadores de la puja intraburguesa sobresalían también aquellos "capitanes de la industria" con aceitados vínculos con el capital extranjero, que habían contribuido al proceso de desnacionalización económica y creciente transnacionalización financiera operado desde la última dictadura cívico-militar.

El sector industrial de alimentos y bebidas marchaba a la cabeza en cuanto a su participación en la producción y el empleo entre los diferentes sectores fabriles. Entre 1993 y 2003, la participación relativa de estos productos pasó del 26% al 30% y su participación en el empleo evolucionó del 27% al 32%, por lo que ha podido observarse un proceso de primarización productiva en la estructura fabril argentina.[670]

En mayo de 2003, al asumir Néstor Kirchner la presidencia de la Nación, fue confirmado como ministro de Economía Roberto Lavagna,[671] expresando la continuidad del "modelo nacional industrial" inaugurado por Duhalde. La presidencia de Kirchner coincidió con la consolidación de China e India como grandes jugadores en el mercado internacional de materias primas y el aumento de la producción mundial de biocombustibles, factores que provocaron un ascenso de los precios de los *commodities* agropecuarios y las MOA.[672]

En forma paralela, se aplicaron retenciones a las exportaciones agropecuarias durante las tres presidencias del período: Eduardo Duhalde (enero de 2002 a mayo de 2003), Néstor Kirchner (mayo de 2003 a diciembre de 2007) y Cristina Fernández (desde diciembre de 2007). Esta medida intentaba capturar parte de la renta agraria a fin de atemperar

---

668 Schorr, Martín (2005), *Modelo nacional industrial. Límites y posibilidades*, Capital intelectual, Buenos Aires, p. 40.

669 Idem, p. 58.

670 Idem, pp. 66-67.

671 Roberto Lavagna permaneció en el cargo de ministro de Economía entre 27 de abril de 2002 y el 27 de noviembre de 2005.

672 Kosacoff, Bernardo y Campanario, Sebastián (2007), *La revalorización de las materias primas y sus efectos en América Latina. Documento de Proyecto*, CEPAL, Santiago de Chile; Rosales, Osvaldo y Kuwayama, Mikio (2007), "América Latina al encuentro de China e India: perspectivas y desafíos en comercio e inversión", *Revista de la CEPAL*, núm. 93, diciembre, pp. 85-108.

el incremento de los precios internos, otorgándose además una serie de subvenciones y compensaciones a las industrias y a los productores agropecuarios. Durante la primera presidencia de Fernández, entre marzo y julio de 2008, el incremento de los derechos de exportación para la soja y el girasol generó un *lock out* de las asociaciones de productores agropecuarios que se generalizó como una de las mayores protestas agrarias de la historia argentina.[673]

Caracterización de algunos segmentos de la industria de transformación de productos agropecuarios pampeanos e injerencia del capital extranjero

La industria harinera y derivados

Harinas

Las primeras industrias de productos derivados de trigo en la Argentina surgen a mediados de siglo XIX, aunque su consolidación estuvo asociada a la expansión del cultivo de ese cereal hacia el final de esa centuria. En 1853 tuvo origen en la localidad de Rojas (provincia de Buenos Aires) *Molinos Cabodi*, una empresa de capitales nacionales cuyas actividades llegaron hasta la actualidad y en manos del mismo grupo propietario. La ubicación de la firma posee la ventaja de instalar la planta molinera en un lugar estratégico como es la zona productora de trigo.[674]

---

673 Barsky, Osvaldo y Dávila, Mabel (2008), *La rebelión del campo. Historia del conflicto agrario argentino*, Sudamericana, Buenos Aires; Giarracca, Norma, Teubal, Miguel y Palmisano, Tomás (2008), "Paro agrario: crónica de un conflicto alargado", *Realidad Económica*, núm. 237, 1 julio a 15 de agosto, pp. 33-54; Sartelli, Eduardo (2008), *Patrones en la ruta. El conflicto agrario y los enfrentamientos en el seno de la burguesía, marzo-julio de 2008*, RyR, Buenos Aires; Azcuy Ameghino, Eduardo y Martínez Dougnac, Gabriela (2011), "Cosechas récord, concentración económica y retenciones móviles: elementos para el estudio del conflicto agrario 2008", *VII Jornadas Interdisciplinarias de Estudios Agrario y Agroindustriales*, Buenos Aires

674 Viteri, María Laura y Ghezán, Graciela (2006), "Caracterización y lógica de innovación de la industria molinera argentina", en: Ghezán, Graciela, Acuña,

Es posible señalar que, entre 1870 y 1890, los incrementos de la producción triguera permitieron que el país pasara a autoabastecerse de un bien que hasta entonces importaba. La harina comenzó a fabricarse en grandes molinos de producción mecanizada, aunque subsistieron durante mucho tiempo los pequeños molinos familiares locales, o tahonas, manejados a rueda mediante tracción animal o fuerza hidráulica. El importante aumento de la producción de materia prima y de la población, y "la incidencia de la inmigración europea, que introdujo en las costumbres locales el consumo permanente y elevado de harina de trigo"[675] resultaron factores gravitantes en el desarrollo de este sector industrial.

El censo de 1895 registró 659 establecimientos molineros y una producción anual de 337 mil toneladas de harina. La ubicación de los molinos revela una distribución muy concentrada de esta industria desde sus orígenes. Según el censo, entre la Capital Federal y las provincias de Buenos Aires y Santa Fe se producía el 77% del total obtenido en el país. Iniciado el siglo xx, surgen otras dos empresas tradicionales del sector: *Morixe* y *Molinos Río de la Plata*. Éstas ubicaron sus plantas molineras en el principal centro de consumo del país: la ciudad de Buenos Aires. Además, en 1907, se creó *Molinos y Establecimientos Harineros Brüning* en la provincia de Santa Fe.

Una rápida reducción de establecimientos se registró en el censo de 1914, pasando su número a 408 molinos harineros e incrementándose su capacidad máxima de producción desde 4.100 toneladas por día en 1895 a 7.200 toneladas por día en 1914. De esta manera, la producción anual se incrementó hasta el millón de toneladas.

Es de destacar que el transporte ferroviario influyó en el proceso de centralización espacial de las industrias a través a la utilización de tarifas arbitrarias que beneficiaban a los molinos instalados en la ciudad de Buenos Aires, ocasionando la quiebra o la eliminación de los pequeños molinos del interior. En forma paralela, es posible observar notables diferencias en el consumo de harinas de la ciudad capital y de las provincias donde se ubicaba el 92% de los molinos harineros (Buenos Aires, Santa Fe, Entre Ríos y Córdoba) respecto del resto del país. Mientras el promedio conjunto de la zona productora era de 152 kilogramos por habitante en el año, el del resto del país promediaba los 19 kilogramos anuales. El recuento de establecimientos de 1935 arrojó la cifra de 233,

---

Ana María y Mateos, Mónica, *Estrategia y dinámica de al innovación en la industria alimentaria argentina*, Astralib, Buenos Aires, p. 69.

675 Ortiz, Ricardo (1987), *Historia Económica Argentina*, Plus Ultra, Buenos Aires, p. 479.

pero la capacidad total de molienda había aumentado hasta 9.500 toneladas por día.

En 1976, al iniciarse el período en el que esta obra se focaliza, podemos indicar que los establecimientos harineros eran unos 115 y se ubicaban en los principales centros industriales del país. Del total producido, aproximadamente el 98% lo absorbía el mercado interno –en donde la demanda de la industria panadera absorbe algo más del 90% del consumo total nacional– y se exportaba un pequeño excedente. Por entonces, sólo los molinos de las 6 principales empresas absorbían en promedio el 50% del trigo destinado a molienda. Ellas eran: *Molinos Río de la Plata* –de la transnacional *Bunge & Born*–, *Molinos Concepción* –propiedad del grupo *André* (suizo)–,[676] y otras cuatro de capitales locales (*Minetti, Molinos Fénix*,[677] *Morixe Hermanos* y *SASETRU*).

Durante ese año, es posible observar dos momentos claramente diferenciados. El primero de ellos se corresponde prácticamente con el primer trimestre, cuando la comercialización del trigo se desarrollaba todavía mediante la JNG, a través de un régimen de cuotificación de las entregas y determinación de precios máximos de venta. Un segundo momento se manifestó a partir del golpe de Estado de 1976 y de la puesta en vigor de las medidas económicas del equipo de José Alfredo Martínez de Hoz. La ley 21.288 determinó que la JNG limitara su participación en el mercado lo que, sumado al régimen de liberación de precios, correspondía a una política de libre competencia para la actividad molinera. El sector privado pasó a dominar la comercialización y distribución del trigo, restringiéndose el papel del organismo oficial para el mantenimiento del precio sostén. No obstante, el consumo interno de harinas no decayó, aunque estuvo signado por la incorporación de un *stock* superior al promedio por parte de los industriales del mercado de galletitas ante el permanente aumento de la materia prima.

El 6 de enero de 1978, en consideración del resultado poco favorable de la campaña triguera 1977-1978, la exportación de harina fue prohibida, a efectos de mantener el abastecimiento del mercado interno. Sin embargo, dado que la JNG aún contaba con excedentes, la misma fue nuevamente autorizada el 1 de septiembre, lo que de todas formas no

---

676 En 1993 fue adquirida por la firma nacional *Andrés Lagomarsino e Hijos*.
677 *Molinos Fénix* fue fundado en 1918 por un inmigrante estadounidense, Emilio Werner, que había llegado a la Argentina como enviado de la firma norteamericana *Allis Chalmer* para modernizar un molino en Rosario, provincia de Santa Fe. Infomedia Producciones (2007), "Quien es quien. Molinos Fénix", *El Federal*, núm. 171, Buenos Aires, 16 de agosto, pp. 38-39.

pudo concretarse por establecer el organismo oficial un precio más alto –que incluía el costo de mantenimiento del *stock*– que el internacional.

En 1979, en el marco de una buena colocación de la cosecha de trigo en el mercado internacional y una ajustada provisión de materia prima, la competencia entre las distintas firmas harineras se acentuó. Se verificó una caída del nivel de consumo, a pesar de la mayor demanda de la industria fideera ante el incremento de los precios de las carnes rojas. Esta situación dejó escaso margen a los molinos para aumentar los precios sin poner en peligro su posición en el mercado.

Por otra parte, las exportaciones de harinas al exterior padecieron una significativa disminución (los volúmenes se ubicaron por debajo de 100 mil toneladas), sobre todo debido a las ventas subsidiadas de los principales productores de Europa –Francia, Alemania e Italia–, que derivó, en esencia, en la pérdida de venta a los mercados de Medio Oriente y África. Así, mientras la fabricación harinera del capital imperialista europeo competía globalmente con precios subsidiados, la industria nacional de este sector se enfrentaba a serios problemas de abastecimiento de materia prima, altos costos y dificultades para la exportación. Todos estos inconvenientes se derivaban de la orientación económica que privilegiaba la colocación de trigo en el mercado internacional, beneficiando sobre todo a las grandes compañías transnacionales que controlan el comercio exterior y a los intereses terratenientes asociados. Cabe destacar que en este período comenzaron los contactos de los industriales molineros locales con firmas chinas para exportar hacia la nación asiática.[678]

Para 1980, la JNG, con el objetivo de garantizar el aprovisionamiento de la materia prima, acordó la entrega a los molinos de parte del trigo de la nueva cosecha en forma anticipada, a fin de paliar el déficit de almacenamiento con que contaba el país, procediéndose a su pago recién en el momento en que se decide su molienda.

Para 1981, los efectos de la orientación primario-exportadora y del proceso de desindustrialización se hacen sentir de manera contundente: se habían cerrado 23 molinos en los últimos dos años. Por otra parte, durante el año en cuestión, como consecuencia del deterioro del salario real y el fuerte aumento del precio de los alimentos, el consumo de harinas por parte del público en general se habría estancado con relación a los guarismos de los últimos años. En referencia a las exportaciones, éstas se mantuvieron en una reducida colocación, tanto por las características propias del mercado mundial de harinas como por el atraso cambiario de las manufacturas con respecto a los productos primarios, privilegiándose

678 Consejo Técnico de Inversiones (1979), op. cit., p. 418.

la colocación de granos. Los incrementos de producción de la campaña triguera 1982-1983 derivaron en una abultada oferta de los particulares hacia los molinos harineros que privilegiaron la selección de lotes con mayores tenores de gluten aun pagando un mayor precio, en tanto decrecieron las ventas de la JNG hacia el mercado interno.[679]

Todos estos desarrollos evidencian cómo, durante la última dictadura cívico-militar, el control de las palancas claves del Estado por parte de la burguesía intermediaria con la que se imbricaba la cúpula terrateniente incidió en la dinámica económica interna y el comercio exterior de esta producción agroindustrial. La política económica favoreció al capital extranjero que controlaba el comercio exterior de granos y lo potenciaba como actor dominante en la configuración de un tipo de economía primario-exportadora que desplazaba a la industrialización sustitutiva que había predominado durante más de cuatro décadas. Sólo secundariamente, y una vez cubiertas las necesidades del comercio exterior, se concedían ciertos beneficios a la actividad industrial. Así, estos elementos contribuían a la acentuación de los rasgos dependientes del complejo agroindustrial pampeano y del país en su conjunto.

Durante el ciclo 1984-1985 se registró una mejora en los rindes de trigo, que posibilitó a la industria molinera elevar el nivel medio de productividad y un moderado crecimiento de la oferta en los primeros meses de 1985, aunque no pudo alcanzarse el registro de molienda de 1984 (Gráfico 1). Al ser considerado el producto un "bien inferior", su consumo se expandió en proporciones superiores al crecimiento vegetativo de la población al determinarse una fuerte caída del poder de compra de los salarios (Gráfico 2). De las 3.800.000 toneladas de trigo pan procesado, el 45% fue adquirido por la JNG y el 55% restante directamente por compañías privadas.

679 Dado el aumento de los costos medios y la declinación de la rentabilidad de la industria molinera durante el primer semestre de 1983, la Secretaría de Comercio de la Nación pasó a autorizar incrementos de precios por sobre la pauta preestablecida.

Gráfico 1. Argentina: molienda de trigo y producción de harina, en toneladas. Años 1976-2008.

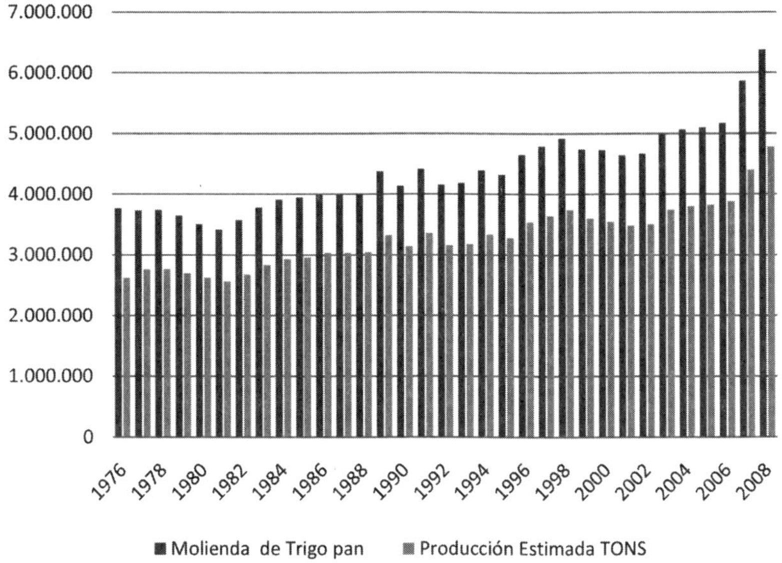

Fuente: Elaboración propia en base a datos de la FAIM, 2011.

Gráfico 2. Consumo interno estimado y exportación de harinas en toneladas. Años 1976-2008.

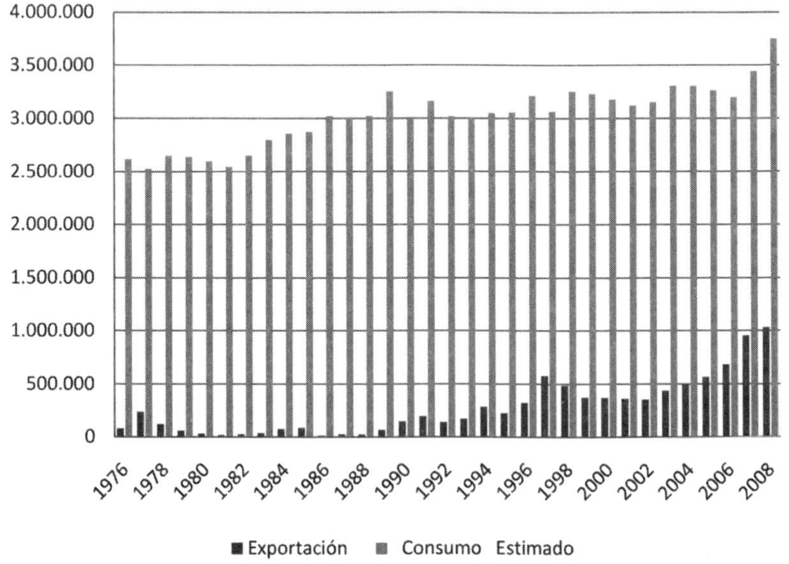

Fuente: Elaboración propia en base a datos de la FAIM, 2011.

En cuanto a las exportaciones, en 1985 se concretaron operaciones por 87 mil toneladas (Gráfico 2). La reducción de los derechos de exportación del 10% al 5% en noviembre de 1984 favoreció acuerdos con la URSS, Angola, República Dominicana, Etiopía, Chile y Bolivia.[680]

En 1989 se contabilizan 92 establecimientos molineros en el país.[681] El proceso hiperinflacionario otorgó una coyuntura difícil al período que va de los meses de abril a julio, aunque la molienda de trigo y la oferta de harina no fueron afectadas. Una medida clave en la orientación de la política económica hacia el sector fue la decisión del Ministerio de Economía acerca de que la JNG dejaba de intervenir en el mercado de trigo como organismo regulador a partir del mes de noviembre.

En 1991, el decreto 2284/91 –elaborado por el Ministerio de Economía dirigido por Domingo Cavallo– disolvió la JNG, dando un paso más en la liberalización del sector y dejando a la determinación del mercado la comercialización externa y los precios de la harina, del pan, de los fideos y demás derivados. Durante el segundo semestre de ese año, el consumo interno tendió a incrementarse ante la mayor demanda de las industrias de farináceos, repostería y confitería; fenómeno en el cual intervino la mejoría manifestada en el poder de compra de los salarios.[682]

En 1994, el incremento en el precio internacional del trigo debido a restricciones en la oferta estuvo vinculado al fracaso de la cosecha australiana y a problemas con los hongos del género fusarium.[683] De todas formas, la rentabilidad de la industria molinera no fue afectada, por realizar a partir del segundo semestre del año interesantes exportaciones con destino a Brasil (150 mil toneladas en 1994 contra 38 mil en 1993), verificándose en el vecino país un aumento del consumo por habitante.[684] Con ello, también se incrementaron las exportaciones totales de harina (Gráfico 2).

---

680 Consejo Técnico de Inversiones (1985), op. cit., núm. 24, p. 317.
681 Consejo Técnico de Inversiones (1989), op. cit., núm, 28, p. 395.
682 Consejo Técnico de Inversiones (1991), op. cit., núm. 30, pp. 351-353.
683 Este género de hongos ataca diversos cultivos y produce la putrefacción de varias partes y la muerte de las plantas, derivando en pérdida de cosechas. En el caso del trigo, el fusarium ataca a partir de la emisión de la espiga, tornando a ésta con diversas coloraciones que van desde el blanco y el rosado hasta el naranja. El consumo humano de harina de trigo contaminada con estos hongos puede provocar intoxicación alimentaria y mortandad de individuos. Véase: Gilchrist Saavedra, L. y otros (2005), *Guía práctica para la identificación de algunas enfermedades de trigo y cebada*, CYMMYT, México, pp. 33-34.
684 Consejo Técnico de Inversiones (1994), op. cit., núm. 33, pp. 347-349.

No obstante, el sector asistió a partir de estos años a un proceso de transformación en el cual empresas tradicionales dejaron la actividad por venta –como el caso de *Minetti* adquirida por *Cargill* en agosto de 1996– o por quiebra –como *Sasetru*–, surgieron nuevas firmas y se negociaron fusiones, manifestando una tendencia a incrementar la concentración y extranjerización de la producción.

En un país como la Argentina, subordinado en el entramado que supone el sistema capitalista global, la extranjerización implica la concesión de las palancas claves de nuestra economía al imperialismo. A través de diferentes iniciativas y modelos económicos, y en especial con la debilidad de la industria local y los obstáculos al desarrollo socioeconómico y científico-tecnológico por la extrema exposición a la inestabilidad de las exportaciones y del ingreso de capitales, pasaban a acentuarse la dependencia externa y la tendencia hacia la desnacionalización de las principales compañías del complejo agroindustrial.

El gobierno menemista había eliminado en 1989 el Registro de Inversiones Extranjeras, posibilitando que el capital imperialista no estuviera obligado a notificar sus inversiones en el país, a la vez que se firmaban con Estados Unidos y otros países convenios de garantías contra las nacionalizaciones. Por medio de las privatizaciones, las compañías agroindustriales-agroexportadoras como las transnacionales *Cargill* y *Bunge* o firmas locales de gran porte como *Aceitera General Deheza* integraron sus actividades con control de puertos y servicios de ferrocarril. Además, el capital extranjero recibía como beneficio el congelamiento de salarios por tiempo indefinido y una ofensiva contra las conquistas sociales y laborales que limitaban la superexplotación de la fuerza de trabajo.[685]

Las consecuencias de la inserción del capital extranjero en el complejo agroindustrial pampeano y en el conjunto de la economía nacional han sido nocivas. Los intereses imperialistas pasaron a extraer plusvalía local de un sector que en líneas generales se había desarrollado a través del capital nacional, contribuyendo a acentuar los rasgos limitados y deformados de la industrialización argentina, supeditada a asegurar las conveniencias del capital monopolista foráneo. De esta manera, la desnacionalización industrial debilitaba el encadenamiento y el autodesarrollo de la producción local, agravaba la dependencia científico-tecnológica, imponía una feroz flexibilización de la mano de obra y el deterioro salarial, y constreñía a la mayoría de la industria nacional ante la ofensiva competitiva de los grandes monopolios. Los guarismos de desocupación,

---

685 Echagüe, Carlos (2004), *Argentina. Declinación de la soberanía y disputa interimperialista*, Ágora, Buenos Aires, pp. 24-30.

pobreza, quiebra de cientos de miles de pequeños y medianos productores agropecuarios e industriales fueron el reflejo de estos males.[686]

Entre los que arribaron deben destacarse, en 1997, el grupo italiano *Óptima* que adquirió en US$ 10 millones el 50% de la empresa de pastas frescas y tapas de tartas y empanadas *Manjar SA de Argentina*, con establecimientos en San Martín (provincia de Buenos Aires) y Paraná (provincia de Entre Ríos).

Ese mismo año, la firma *Ser Beef* –perteneciente al grupo italiano *Radici*– encaró un proyecto agropecuario e industrial para el cual adquirió 5.400 hectáreas en diversas zonas de la provincia de San Luis (que alcanzarían las 43.000 hectáreas para los años 2007 y 2008), que inicialmente tenía el objetivo de producir trigo blando y construir un molino harinero y, en una segunda etapa, una refinadora de aceite de oliva con una inversión de U$S 33 millones. Con posterioridad, la empresa orientó sus actividades prefiriendo a otros cultivos (soja, maíz, sorgo y girasol), a la cría de ganado y a la actividad forestal.

Un acontecimiento relevante significó la venta de *Molinos Río de la Plata* al grupo de gran burguesía intermediaria argentina *Perez Companc* en 1999.

Durante la década de 1990 se intensificaron las gestiones comerciales para acrecentar la presencia externa de las harinas argentinas ante la puesta en marcha del MERCOSUR y, sobre todo, al levantarse las restricciones arancelarias y paraarancelarias.[687] El principal destino pasó a ser Brasil, captando un 60% de lo exportado, seguido por Bolivia (30%) y luego Chile, Paraguay, Uruguay y Perú.

En forma paralela, la producción de harinas registró un aumento aproximado del 15% durante la década. Sin embargo, mientras el consumo interno creció en un 5%, las exportaciones pasaron a duplicarse y alcanzaron un promedio del 10% de la producción con la puesta en marcha del MERCOSUR, y lograron un 21% de lo producido en 2008.

En 2003, el mercado doméstico se vio favorecido por la recuperación del poder adquisitivo de los salarios y el aumento en el nivel de ocupación. Ese mismo año *Molinos Río de la Plata* adquirió el otro 50% de *Pecom Agra* –dedicada a la producción y exportación de harina y aceite de soja– por US$ 47,7 millones y pasó a tener el 100% de la empresa.

---

686 Torrado, Susana, *La herencia del ajuste. Cambios en la sociedad y en la familia,* op. cit.

687 En 1992, las gestiones llevadas a cabo por la Federación Argentina de la Industria Molinera (FAIM), en el marco del nuevo escenario del MERCOSUR, posibilitaron el levantamiento de las restricciones no arancelarias que Brasil aplicaba desde la década de 1960 al ingreso de la harina de trigo de origen argentino.

En 2008, con características que permanecen hasta el momento en que se escribe este texto, las principales empresas de la industria molinera eran: *Harinas Mercosur*, *Molinos Cañuelas*, *Andrés Lagomarsino e Hijos*, *Morixe* y *Cabodi*.[688] Estas cinco empresas concentraban aproximadamente el 50% de la producción de harinas del país. El 50% restante "se elabora en unos 75 molinos declarados, dentro de los cuales existe una amplia heterogeneidad en cuanto a dimensión de planta y volúmenes procesados".[689]

Entre 2007 y 2010, las firmas líderes –al igual que otras grandes empresas agroindustriales– fueron beneficiadas con $ 2.250 millones por parte del Estado nacional en concepto de "compensaciones"[690] por, supuestamente, abaratar el precio de la harina en el mercado interno.[691] Entre *Cargill* y *Molinos Cañuelas* se concentró el 32% de los subsidios a la molinería. De todas maneras, la harina aumentó un 66% entre 2008 y 2010.

Estos oligopolios –que ejercen su poder tanto sobre los productores trigueros a quienes compra la materia prima como sobre panaderías y fideeras a quienes venden sus productos– presentan como principales rasgos definitorios la asociación subordinada de la burguesía argentina con el capital imperialista, disolviéndose totalmente el carácter nacional de la cúpula del empresariado local. De esta forma, el capital extranjero extrajo plusvalía del mercado harinero, sobre todo a través de *Cargill*, la *Corporación Financiera Internacional*, *Neuhauser*, *Rich Products Corporation* y *Banco Francés* (del grupo *Bilbao-Vizcaya*). Hay que agregar que, pese a que esta agroindustria tradicional ha presentado características de bajo valor agregado y las inversiones en I&D son reducidas, casi

---

688 Los orígenes de *Molinos Cabodi* se remontan a 1853 y la empresa ha contado históricamente con una sola planta en el partido de Rojas (provincia de Buenos Aires). Se diferencia de las empresas anteriores por elaborar solamente distintos tipos de harinas industriales y no ofrecer productos fraccionados.

689 Viteri, María Laura y Ghezán, Graciela, op. cit., p. 74.

690 A través de la resolución 9 del 11 de enero de 2007 del Ministerio de Economía y Producción, se creó un mecanismo destinado a otorgar compensaciones a los industriales y operadores que vendan en el mercado interno productos derivados del trigo, maíz, girasol y soja, a fin de compensar las diferencias entre el precio internacional y el del mercado doméstico. Con posterioridad, por resolución 2.242 del 6 de marzo de 2009 de la ONCCA, se estableció la metodología para la implementación del régimen de compensaciones.

691 Montenegro, Maximiliano (2011), *Es la ekonomía, estúpido. La historia secreta de las decisiones, trampas y falacias del kirchnerismo*, Planeta, Buenos Aires, p. 74.

la totalidad de las innovaciones se presentan ya incorporadas en la maquinaria utilizada, en general proveniente del extranjero, principalmente de Suiza, Austria e Italia. Esta configuración de la dinámica económica sectorial produce un permanente drenaje de divisas al exterior mediante distintas modalidades, entre las que se pueden distinguir: a) transferencia de utilidades y dividendos que no se reinvierten localmente; b) pagos de derechos por transferencias tecnológicas, marcas, patentes, licencias y asesoramiento; y c) liquidación de intereses a acreedores financieros extranjeros.

Pasemos a revisar algunos aspectos centrales de los principales oligopolios locales y sus nexos con el capital foráneo.

Harinas Mercosur

Esta empresa surgió en 1999 a partir de un *joint venture* entre la transnacional estadounidense *Cargill* y *Molinos Río de la Plata*, bajo la denominación de *Trigalia*. Al principio, la primera reunía el 65% del paquete accionario y la segunda el 35%. A partir de noviembre de 2002, pasó a estar controlada en un 100% por *Cargill*, adoptando el nombre de *Harinas Mercosur*, y a concentrar el negocio de harinas industriales de *Molinos*, la cual le adquiere las harinas que vende fraccionadas –comercializadas principalmente bajo las marcas *Favorita* y *Blancaflor*– y las pastas.[692] En 2007, según datos de la Oficina Nacional de Control Comercial Agropecuario (ONCCA), se ubicó primera en cuanto a su producción obteniendo un millón de toneladas de los 6 millones que se produjeron a nivel nacional, es decir que participó con el 17% de la producción. Este organismo otorgó entre 2007 y 2010 una subvención por $ 343 millones en concepto de "compensaciones".

Molinos Cañuelas

Esta firma tradicional del mercado harinero surgió en 1931. En 1976, fue adquirida por el grupo local *Navilli*. En el período analizado, ha reunido un conjunto de firmas –que incluye unas 20 sociedades anónimas– y ha estado dedicada a la elaboración de productos farináceos y aceites, en

692 *Harinas Mercosur* posee siete plantas harineras en todo el país (cuatro en la provincia de Buenos Aires, dos en la de Santa Fe y una en la de La Pampa) y dos molinos harineros en Brasil.

especial a través de *Molinos Cañuelas y Molinos Florencia*; el acopio de cereales y oleaginosas mediante la *Compañía Argentina de Granos*, con sede en Río Cuarto; la logística de exportación, por medio de *Terminal Las Palmas*, en el puerto de Zárate, manejado por medio de la firma *Molca SA*; y la producción agropecuaria a través de la empresa *Selene SA*, con la cual ha operado unas 60.000 hectáreas de campos.[693]

Esta compañía ha tenido un crecimiento importante en los últimos años: en 2006 recibió un préstamo por US$ 35 millones de parte de la *Corporación Financiera Internacional* –el conocido brazo financiero para el sector privado del Banco Mundial– a fin de poner en marcha un proyecto.

Durante 2007, procesó unas 920.000 toneladas por lo que se ubicó segunda en cuanto a su producción entre las empresas de la industria molinera, es decir que el grupo *Navilli* participó con un 15% de la producción. El monto total recibido entre 2007 y 2010 por "compensaciones" ascendería a $ 387 millones, mientras que la facturación anual del grupo ascendería a unos US$ 250 millones.

Andrés Lagomarsino e Hijos

La empresa tuvo su origen en Avellaneda (provincia de Buenos Aires) en 1941. Primero alquiló el molino y luego lo compró, en 1953. En 1986 la firma adquirió la planta de *Molino Santa Catalina* en la localidad bonaerense de Navarro, en 1990 compró el *Molino Monte Casares*, en 1993 adquirió el establecimiento de *Molino Concepción* en Mar del Plata (provincia de Buenos Aires) y en 1996 tomó posesión de *Molino Santa María* en Isidro Casanova (provincia de Buenos Aires).

En el período 1976-2008, no sólo ha producido harinas industriales, sino que también participó del mercado de consumo masivo a través de harinas fraccionadas a partir de 1982 (marcas *Caserita* y *Hogareña*), premezclas a partir de 1987 (marca *Artesana*) y mediante la fabricación de panes rallados y rebozadores a partir de la adquisición de la empresa de galletitas *El Orden* en 1994 (a través de *Rayito de Sol*).[694] En 1992, la

---

693 En la producción de *Molinos Cañuelas* se han destacado las harinas industriales y fraccionadas, los aceites industriales y fraccionados, las galletitas (marca *9 de Oro*) y las pastas secas. En conjunto, el grupo ha mantenido nueve plantas de molienda: siete en la República Argentina, una en Uruguay y otra en Brasil.

694 En 1991, adquirió *Fideera Sur*, interviniendo en el mercado de pastas. En 1998 compró la empresa *Cremachel*, insertándose en el rubro de masas congefirma fundó en Curitiba (Brasil) la empresa *Farisur* para la distribución de harinas en ese país. En abril de 1998, *Lagomarsino* cerró una alianza con la empresa francesa *Neuhauser* para la fabricación de masa congelada. Este tipo de *joint venture* ya era desarrollado desde junio de 1993 con la empresa estadounidense *Rich Products Corporation*, con el objetivo de distribuir cremas vegetales.[695]

Según datos de la ONCCA, en 2007 *Lagomarsino* se ubicó tercera entre las empresas de mayor molienda con una producción de 400.000 toneladas representando el 7% del total.[696] Este organismo benefició $ 208 millones en concepto de "compensaciones" a la compañía.

Morixe

Como se ha señalado con anterioridad, la historia de esta firma se remonta al inicio del siglo XX. En 1961, la empresa pasó a cotizar sus acciones en la Bolsa de Comercio de Buenos Aires. En 1993 adquirió el *Molino Bautista Gugliemetti* en el partido de Benito Juárez (provincia de Buenos Aires), que producía unas 35.000 toneladas anuales de harina.

En el período 1976-2008, la empresa ha producido harinas industriales y fraccionadas, sémola, pastas secas, cereales para el desayuno (estos últimos con la marca *Nutri Foods*, en convenio con la firma de capitales locales *General Cereals*)[697] y subproductos para alimentación animal. En forma paralela, la compañía contrajo deudas que luego no pudo pagar y hacia el año 2001 cerró su planta del barrio de Caballito, en la ciudad de Buenos Aires, y perdió el cuarto lugar en el *ranking*. Estos acontecimientos llevaron a *Morixe* a reemplazar 150.000 toneladas/año que producía la planta de Buenos Aires y contratar servicios de molienda a terceros. En 2002, la firma arrojó pérdidas por aproximadamente US$ 5 millones. Frente a estos inconvenientes, acordó el mismo año un convenio con el Centro de Panaderos de la Ciudad de Buenos Aires y el gobierno de esta

---

ladas. Según información del propio grupo, su facturación anual asciende a US$ 120 millones.

695 "Lagomarsino, hacia el consumo masivo", *La Nación*, Buenos Aires, 7 de mayo de 1998.

696 Infomedia Producciones (2009), "Quien es quien. Lagomarsino S.A.", *El Federal*, núm. 260, Buenos Aires, 30 de abril, pp. 48-49.

697 En 2011, *General Cereals* pasó a formar parte del *Kerry Group*, cuya sede central está en la República de Irlanda.

ciudad (en tiempos en que Aníbal Ibarra era jefe de Gobierno) para producir el tipo de pan llamado "felipe porteño" a un precio accesible.[698]

En 2007, la empresa se desprendió del predio de la ciudad de Buenos Aires, cuyo patrimonio pasó a ser adquirido por los bancos acreedores encabezados por el *Banco Francés* quien luego lo vendió para un emprendimiento inmobiliario.

Cabe indicar que los destinos de la harina de trigo en el mercado interno están dirigidos a dos grandes grupos. Un primer conjunto está representado por el consumo doméstico y gastronómico de harinas (que representa un 5%). Un segundo grupo reúne las llamadas industrias de segundo procesamiento, entre las que se encuentran la panificación (con un 78%), las pastas secas (8%), las galletitas (6%) y otros destinos industriales (3%).

En particular en el rubro pan, existen dos segmentos bien diferenciados: el pan artesanal, que expresa el 94% del pan producido por unas 12.000 panaderías pequeñas y medianas de todo el país, y el pan industrial, que representa el 6% restante. En este último tipo de producto, en 2007 el 84% del mercado –en un creciente proceso de desnacionalización– está concentrado en manos de tres empresas: *Fargo*, la mexicana *Bimbo* y *Alijor*.

En 1997, la empresa *Fargo* pasó a ser propiedad del fondo de inversión *Exxel Group*, de capitales de origen norteamericano, pero asociado a sectores de la gran burguesía local como el grupo *Clarín*, Benito Roggio, Adalbert Krieger Vasena, Gilberto Montagna y *Torneos & Competencias*.[699] *Fargo* –muy endeudada con la banca imperialista– acaparaba el 70% del mercado del pan industrial en la Argentina. En 2004, la firma *Bimbo* compró *Fargo* a la sociedad estadounidense *Pierre Acquisition*.[700] Esta fusión, autorizada por el Ministerio de Economía pese a los reclamos de las asociaciones de consumidores, contribuyó a aumentar la concentración del sector, eliminar las posibilidades de competencia y otorgar una posición monopólica a un sólo grupo económico.[701]

---

698 Infomedia Producciones (2007), "Quien es quien. Morixe Hnos", *El Federal*, núm. 174, Buenos Aires, 6 de septiembre, pp. 40-41.
699 "Exxel explica sus actividades", *La Nación*, 4 de enero de 1998.
700 Bianchi, Alejandro (1997), "Fargo; en manos de The Exxel", *La Nación*, Buenos Aires, 27 de septiembre.
701 Cufré, David (2004), "No se controlan a los monopolios", *Página 12*, 31 de julio.

En 1998, la compañía nacional *Alijor* vendió su área de tapas para empanadas y pascualinas a la anglo-estadounidense *Pillsbury* (propiedad de la multinacional británica *Diageo*, producto de la fusión de *Grand Metropolitan* con *Guinness*), que en 2001 fue adquirida a nivel mundial por *General Mills*, una compañía de origen norteamericano.

A continuación presentamos otros dos segmentos agroalimentarios ligados con los destinos de la harina de trigo dentro del país: la industria fideera y la industria de galletitas.

Industria Fideera

La industria fideera argentina tuvo sus orígenes entre finales del siglo XIX y principios del siglo XX, ligada en particular a la inmigración italiana que importó las primeras máquinas desde su país natal, y su producción se incorporó a la cultura local y a la canasta básica de alimentos. En 2008, Argentina se ubicaba en el puesto número 12 entre los países consumidores de pastas, en términos de consumo per cápita (aproximadamente unos 7,5 kilogramos anuales por habitante).

El rubro pastas ha representado en los últimos años alrededor de un 8% de la primera transformación de trigo pan y casi la totalidad de la molienda de trigo candeal. El sector se ha divido en dos grupos: el segmento artesanal dedicado a la fabricación de pastas frescas (que ha expresado un 20% del mercado de pastas) y un segmento industrial de elaboración de pastas secas (que ha representado el 80% restante). En este último rubro operaban durante la década de 1990 unos 130 establecimientos que ocupaban 2.800 empleados.[702] Alrededor del 50% de los establecimientos se encuentra instalado en la ciudad de Buenos Aires y la provincia de Buenos Aires; el resto de las plantas se ubica en las provincias de Santa Fe, Santiago del Estero, Tucumán, Córdoba y Mendoza. El destino principal de la producción fideera es el mercado interno, exportándose un 6,5%, en especial a países del MERCOSUR, Chile y Bolivia.

En esa última década, el sector fideero atravesó un fuerte proceso de concentración y extranjerización. Entre las principales adquisiciones se pueden mencionar: la adquisición del 70% del paquete accionario de *Terrabusi* por *Nabisco* en 1994; la compra de *Vizzolini* por *Nabisco* en 1996; la venta de *Virgilio Manera* a *Oleaginosa Moreno* el mismo año, la cual luego pasó a ser controlada por la transnacional suiza *Glencore*;

---

702 INDEC, *Censo Nacional Económico 1994*, Serie C, N° 1.

la compra de la mayoría de acciones de *Canale* –propiedad del grupo de burguesía intermediaria *SOCMA* de Franco Macri desde 1994– por *Nabisco* en 1999, por US$ 126 millones[703] la adquisición de *Fagnani Hermanos* (marca *Don Vicente*) por *Molinos Río de la Plata* en 2000; la compra de *Nabisco* por la compañía de alimentos estadounidense *Kraft Foods* –integrante del *grupo Philip Morris*– a nivel mundial en el mismo año; la adquisición de *Lucchetti* por *Molinos Río de la Plata* en 2001; la compra de *Virgilio Manera* (de la corporación *Glencore*) por *Molinos Río de la Plata* en 2007 con un desembolso de US$ 13,4 millones[704] y la asociación de *Molinos Río de La Plata* con la compañía italiana *Delverde Industrie Alimentari SpA* en 2008.

Este proceso dio como resultados la concentración de la rama y una creciente incidencia del capital extranjero (sobre todo a partir de la expansión de *Nabisco* y, con posterioridad, *Kraft Foods*); si para 1994 las cuatro primeras empresas representaban el 46% del valor de producción y las ocho primeras el 59%, en 2001 estos guarismos alcanzaban el 70% y el 97% respectivamente.[705]

Según datos de 2008, el *ranking* de las empresas estaba encabezado por *Molinos Río de la Plata* (con las marcas *Matarazzo, Vitina, Don Vicente, Lucchetti*) con un 42% de las ventas minoristas en supermercados e hipermercados (que en todos sus negocios facturó en 2007 unos US$ 1.348 millones con ganancias por 27 millones); la seguían la estadounidense *Kraft Foods* (con marcas como *Don Felipe, Terrabusi, Vizzolini* y *Canale*) con una facturación anual en la Argentina de US$ 271 millones para 2007 y todos los rubros;[706] *Fideos Rivoli* (una empresa con sede en la provincia de Tucumán), la empresa santafesina *Molinos Brüning* (*Fidegall* y *La Invicta*); e *Italo Manera* (*Nutregal*).[707]

---

703 Zlotnik, Claudio (1999), "Nabisco-Terrabusi salió de compras. Se vendió Canale", *Página 12*, Buenos Aires, 10 de septiembre.

704 "Molinos compró la fábrica de pastas de Virgilio Manera", *La Nueva Provincia*, Bahía Blanca, 12 de diciembre de 2007.

705 Acuña, Ana María, Ghezán, Graciela y Demarie, Gabriela (2006), "Caracterización y lógica de la innovación de la industria fideera argentina", en: Ghezán, Graciela, Acuña, Ana María y Mateos, Mónica, *Estrategia y dinámica de la innovación en la industria alimentaria argentina*, Astralib, Buenos Aires, p. 89.

706 Prensa Económica (2008), *Ranking de las 1.000 empresas líderes*, Buenos Aires.

707 Esta última fue adquirida en junio de 2011 por la empresa peruana *Alicorp*. Esta empresa es dueña de las marcas de jabones *El Zorro* y *Federal* y del champú *Plusbelle*. En 2010, adquirió el 100% del paquete accionario de *Sanford* (marca de galletitas *Okebón*).

La venta de *Terrabusi, Vizzolini* y *Canale* a *Nabisco*, en el marco del huracán desnacionalizador del neoliberalismo, autoriza algunas reflexiones sobre los rasgos de las clases dominantes argentinas y sus relaciones con el imperialismo a la vez que permite observar el carácter dependiente y deformado el desarrollo industrial del país.

Uno de los principales accionistas de *Terrabusi*, Gilberto Montagna, quien fuera presidente de la Coordinadora de las Industrias de Productos Alimenticios (COPAL) entre 1979 y 1998, líder de un agrupamiento empresario aperturista conocido como Movimiento Industrial Argentino (MIA) y presidente de la UIA entre 1989 y 1991, pasó a expandirse en actividades agropecuarias, criador de caballos e importador de helados (la marca *Häagen Dazs* de la empresa *Pillsbury*) luego de vender su compañía a capitales norteamericanos.[708] Carlos Reyes Terrabusi, otro de los dueños, se asoció a Jorge Blanco Villegas (otro expresidente de la UIA entre 1993 y 1997) en inversiones ganaderas.[709] Igual suerte ha corrido la familia Vizzolini cuyos integrantes pasaron a ser nuevos terratenientes.[710]

En el caso de la venta de *Canale* por parte del grupo Macri, si bien este no pasó a dedicarse al rubro agropecuario, expresaba de todos modos la complicidad y el espíritu claudicante de la burguesía intermediaria ante el capital extranjero. Este grupo desde sus orígenes ha estado asociado al capital foráneo. En 1976 se asoció con la compañía japonesa *NEC* en *Philco* y desde 1980 constituyó *Sevel* para producir los automóviles *Fiat, Peugeot* y algunos de *General Motors*.[711] En 1985, la deuda externa privada –luego estatizada– de *Sevel* se elevaba a US$ 124.142.000.[712]

De esta manera, los intereses latifundistas, que en lo fundamental se han mantenido en décadas recientes, continúan siendo una de las principales apoyaturas de la expansión del capital extranjero y una de las prin-

---

708 Basualdo, Eduardo, Bang, Joon Hee y Arceo, Nicolás (1999), "Las compras de tierras en la provincia de Buenos Aires durante el auge de las transferencias de capital en la Argentina", *Desarrollo Económico*, vol. 39 núm. 155, Buenos Aires, octubre-diciembre, pp. 409-432.

709 Gaggero, Alejandro (2008), "'Fui industrial durante muchos años...'. Los grupos económicos nacionales y el proceso de extranjerización del empresariado argentino durante la década de los noventa.", *Papeles de trabajo. Revista Electrónica del Instituto de Altos Estudios de la Universidad Nacional de San Martín*, año 2, núm. 3, Buenos Aires, junio.

710 Brea, José Luis (1997), "Quiénes son los nuevos dueños de las tierras", *La Nación*, Buenos Aires, 9 de noviembre.

711 Ostiguy, Pierre, *Los capitanes de la industria*, op. cit., p. 373.

712 Olmos, Alejandro, *Todo lo que usted quiso sabe sobre la deuda externa*, op. cit., p. 212.

cipales causas de la dependencia económica de la Argentina. Los sectores terratenientes y de gran burguesía intermedia, principales instrumentos del imperialismo, ceden así el desarrollo autónomo de la economía a los intereses foráneos y se subordinan al proceso de acumulación y reproducción del capital transnacional, consagrado a la extracción de plusvalor local.

Estos datos empíricos del proceso de extranjerización de la industria fideera permiten observar la estrechez y el alcance limitado del desarrollo industrial argentino. La expansión del capital foráneo, reforzada desde la década de 1990, consigue desnudar el carácter secundario que tiene la industrialización de carácter nacional para las clases dominantes locales, todo articulado con lineamientos de política económica y estructura estatal que facilitaron la penetración imperialista como tendencia generalizada. No se trata, pues, de una determinación del carácter dependiente debido a la necesidad de captar un desarrollo tecnológico complejo y acelerar la industrialización. Empresas como *Nabisco* y *Kraft* avanzaron en sectores de relativamente escasa complejidad tecnológica pero con un amplio mercado interno, consiguiendo aprovechar su enorme volumen de negocios globales para ejercer su poder dominante y desplazar del mercado a numerosos fabricantes nacionales. Esta tendencia oligopólica también se puede observar en la expansión de una empresa recién pasada a manos de la burguesía intermediaria como *Molinos Río de la Plata*, que ha absorbido otras marcas reconocidas en el escenario local.

Por último, el raquitismo del entramado industrial nacional también se revela en la una notoria debilidad en términos de dinámica innovadora, siendo importada la mayor parte de la tecnología y de la maquinaria utilizadas,[713] y abriéndose otro flanco de extracción de beneficios por parte del capital extranjero.

Galletitas

Los orígenes de la industria de galletitas en la Argentina datan de fines del siglo XIX, observándose por entonces una transformación de las empresas familiares dedicadas a la actividad panadera en compañías que comenzaban a industrializar su producción.

---

713 Lezcano, Elizabeth (2009), "Pastas alimenticias", *Alimentos Argentinos*, núm. 46, Buenos Aires, septiembre, pp. 20-28.

Para 1976, el mercado de este rubro estaba liderado por un número reducido de firmas de capital nacional: *Terrabusi*, *Bagley* y *Canale*.

Al igual que para otros productos que componen el consumo masivo de alimentos, las alzas y las caídas han estado relacionadas respectivamente con mejoras de la situación económica o etapas recesivas y descensos en el poder de compra de los salarios. En particular, el inicio de la dictadura militar coincidió con un ciclo de bajas en la producción y en el consumo interno, circunstancia que generó en este segmento industrial un mayor peso de los costos fijos como consecuencia de no operar al 100% de su capacidad. De todas maneras, la industria mantuvo su capacidad de exportación a países limítrofes –Paraguay, Chile, Bolivia y Brasil– pero hacia 1978 fue notorio que la actividad del sector se resintió ante el retraso del tipo de cambio en relación con el nivel de precios promedio de la economía y con la reducción de los reembolsos a la exportación.

Los guarismos mejoraron hacia 1979, aunque comenzó a detectarse en el rubro la presencia de importaciones en un volumen poco significativo en relación con la venta de la producción local.[714] En 1981, las ventas manifestaron otra vez una caída como consecuencia del deterioro del poder adquisitivo de los salarios y la devaluación del peso con respecto al dólar impulsada por Lorenzo Sigaut, por entonces ministro de Economía de la Nación entre el 1 de abril y el 20 de diciembre de l981, durante la dictadura del general Roberto Viola y que en el pasado estuvo ligado a la empresa italiana *Fiat*. En 1983, la declinación de volúmenes de producción y de ventas fue aun superior, con fuertes incrementos en los precios de los principales insumos (harinas y azúcar) y absorción de márgenes por parte de la industria de galletitas, al establecerse un sistema de control de precios.

En líneas generales, el sector sufrió los embates desindustrializadores del período pero las empresas líderes consiguieron mantener posiciones, en buen grado y medida, estimuladas por la promoción que la dictadura militar otorgaba a los grandes conglomerados de burguesía intermediaria. Pese a ello, dentro de estos grandes grupos locales es necesario tener en cuenta que los resultados no fueron homogéneos y también se encuentran empresas grandes que fueron a la quiebra. De esta diversidad de situaciones, seleccionamos dos casos que permiten adentrarnos en la estrategia empresarial desarrollada durante la dictadura militar, en un marco general de endeudamiento externo, especulación financiera y apalancamiento estatal.

---

714 Consejo Técnico de Inversiones (1979), op. cit., p. 419.

Bagley

Por aquel entonces, la empresa *Bagley* promovió la construcción y puesta en marcha de una planta subsidiaria en Mercedes (provincia de San Luis): *Alimentaria San Luis*. El financiamiento de la construcción del establecimiento se desarrolló a través del sistema de promoción industrial de diferimiento de pago de impuestos a la Dirección General Impositiva (DGI). *Bagley* participaba de negocios en otros sectores industriales siendo propietaria de entre 10 y 12% de las acciones de *Aluar*, que había sido favorecida por la adjudicación de la planta que le concedió la dictadura de Lanusse (1971-1973).

Aluar era una empresa productora de aluminio del grupo *Madanes* (dueño, entre otros negocios, de la firma de neumáticos *Fate*) y de José Gelbard, al igual que el primero muy ligado a la penetración socialimperialista rusa en Argentina y a los intereses de la Cámara de Comercio Argentino-Soviética, creada en 1973, antecedente de la más reciente Cámara de Relaciones Económicas Argentino Rusas (CREAR).[715] El régimen cívico-militar existente entre 1976 y 1983 benefició a *Aluar* con el régimen de promoción industrial; Jaime Nuñez, presidente de *Bagley*, integraba su Consejo de Dirección. *Bagley* se desprendió de estas acciones recién en 1987.

Además, *Bagley* –al igual que numerosas empresas de la gran burguesía– se vio favorecida con la "privatización periférica" de empresas estatales de menor envergadura encarada por Martínez de Hoz,[716] adquiriendo acciones de la Caja Nacional de Ahorro Postal y el Banco Nacional de Desarrollo (BANADE). En tanto que Luis Oddone, un empresario de vertiginoso ascenso durante el último gobierno de facto y titular del *Banco Oddone*, comenzó su participación en *Bagley* con un 36% de las acciones.[717] Oddone fue detenido cuando esta entidad bancaria fue intervenida por el Banco Central por fuga de depósitos, autopréstamos

---

715 Echagüe, Carlos, *Argentina: declinación de la soberanía y disputa interimperialista*, op. cit., pp. 467-477. Hacemos referencias a estas entidades por la importancia que tienen para ilustrar las no siempre transparentes relaciones económicas argentino-soviéticas, no siendo tan necesarias –por la visibilidad de los entrelazamientos económicos entre la clase dominante local y otros imperialismos– consideraciones sobre entidades más antiguas como la Cámara de Comercio de los Estados Unidos de América en la República Argentina (AmCham) y la Cámara de Comercio Argentino-Británica (CCAB).

716 Gerchunoff, Pablo y Llach, Lucas (2003), *El ciclo de la ilusión y el desencanto. Un siglo de políticas económicas argentinas*, Ariel, Buenos Aires, p. 376.

717 Lewis, Paul, op. cit., pp. 534 y 547-548.

y administración irregular,[718] pero *Bagley* siguió operando sin inconvenientes y Jaime Nuñez se mantuvo como uno de los veinte empresarios argentinos más influyentes.

SASETRU

Un hecho de relieve de los años de la dictadura militar fue la quiebra del grupo *SASETRU*, la cual afectó un *holding* de 140 empresas. Por entonces, el grupo estaba a punto de inaugurar su fábrica de galletitas en Albardón (provincia de San Juan), la cual había construido al amparo de la ley 20.560 de Promoción de la Industria Nacional de 1973 (para este fin la empresa adquirió maquinaria importada procedente de Inglaterra).

SASETRU había llegado a controlar el 40% del mercado nacional de alimentos y se había ubicado en el quinto lugar entre las mayores empresas en 1977[719] pero, durante la dictadura –en un contexto marcado por la especulación financiera– entraría en crisis "debido a la fuerte dependencia de sus actividades respecto al crédito".[720] Pese a contar con los beneficios de ser un sector promocionado, sus inconvenientes se originaron en el endeudamiento de las entidades bancarias de este conglomerado –principalmente a través del *Banco Internacional*–, las cuales fueron clausuradas por el Banco Central luego de que *SASETRU* fraguara los registros de las firmas que controlaba y violara la disposición que prohibía a las entidades financieras el otorgamiento de la mayoría de sus préstamos a compañías de su propiedad.[721] El *Banco Internacional* fue cedido por el Banco Central al *Bank of America*. Finalmente, el grupo presentó la quiebra en 1981.[722]

---

718 "Medidas de excepción en el ámbito financiero", en: *La Nación*, Buenos Aires, 26 de abril de 1980, pp. 1 y 16.
719 Cataife, Daniel y Marichal, Carlos (1985), "Estado y acumulación en Argentina", en: Cataife, Daniel y otros, *Imperialismo y crisis en América Latina*, UNAM, México, pp. 11-71.
720 Schvarzer, Jorge (1993), "Expansión, maduración y perspectivas de las ramas básicas de procesos en la industria argentina. Una mirada ex post desde la economía política", *Desarrollo Económico*, vol. 33, núm. 131, octubre diciembre, pp. 377-402; Schvarzer, Jorge (1997), "Los grandes grupos económicos argentinos. Un largo proceso de retirada estratégica poco convencional", *Nueva Sociedad*, núm. 151, Buenos Aires, pp. 88-101.
721 "Fue solicitada la captura de Trozzo", *La Nación*, Buenos Aires, 19 de abril de 1980, p. 5.
722 "Rechazan el habeas corpus por directivos de Sasetru", *La Nación*, Buenos Aires, 10 de marzo de 1981, p. 10; "Serán indagados los directivos de Sasetru", *La*

¿Qué conclusiones se pueden sacar de estas formas de acumulación y su articulación con otros grupos económicos y el imperialismo?

Un hecho cierto es que los casos de *Bagley* y *SASETRU* resultan ilustrativos de las vinculaciones de la gran burguesía argentina con el usufructo del endeudamiento externo otorgado por el capital financiero imperialista, buscando a través de diversas operatorias sacar partido de la desregulación financiera para contraer deudas a tasas de interés menores que las prevalecientes en el país y que lo hacían a través de bancos de su propiedad o asociados. La reprogramación de sus créditos, lejos contribuir a su propósito declarado de modernización industrial, era destinada a la cobertura de deudas anteriores y la especulación. Ambos grupos estaban en el núcleo de capitales que apoyaron a la dictadura militar, también fueron promovidos por el Estado y estaban articulados con distintos grupos económicos intermediarios.

¿Pero cuál es la diferencia entre estos dos grupos?

La explicación fundamental hay que ligarla a la lucha competitiva entre empresas inherente al capitalismo y –como se abordó en el primer capítulo– a la creciente tendencia a la concentración. En el caso de *SASETRU*, el endeudamiento era resultado de su propia política pero también de la puja con su principal rival del sector alimenticio, *Molinos Río de la Plata* de la multinacional *Bunge & Born*. Por el contrario, la operatoria de *Bagley* se realizó con los siguientes lineamientos: a) asociación a grandes grupos favorecidos durante el período (*Aluar*), b) participación en la "privatización periférica" y c) la ampliación y diversificación de sus negocios.

Veamos ahora cómo evoluciona el sector durante los años siguientes. Entre 1984 y 1987 se registraron signos de recuperación de la producción y el consumo de galletitas, incluso en contextos en los que el poder de compra de los salarios manifestaba una retracción anual. En 1985, un incendio de altas proporciones en el establecimiento de *Canale* en la ciudad de Buenos Aires afectó a los negocios de esta firma, paralizando su producción de galletitas y bizcochos. Esta situación llevó a la búsqueda de un acuerdo de fabricación de *Canale* con *Bagley*. En 1987, si bien la tendencia creciente continuó, la industria fue afectada por el retraso en los precios de venta respecto de la evolución de los costos y, a partir de octubre, por la retracción de la demanda ante el encarecimiento general de los precios generado por el ajuste económico gubernamental.

Nación, Buenos Aires, 12 de marzo de 1981, p. 6; "Fueron indagados los directivos de Sasetru"; *La Nación*, Buenos Aires, 13 de marzo de 1981, p. 8.

Entre 1988 y 1990, el mercado de galletitas registró una fuerte contracción; la producción de 1990 (aproximadamente 139.000 toneladas) fue la más baja desde 1974. En 1989, el aceleramiento del fenómeno hiperinflacionario condujo a una significativa disminución del poder de compra de los salarios y a una sostenida caída de las ventas. Ese último año, *Terrabusi* obtuvo del *BANADE* un préstamo para financiar la importación de bienes de capital de origen italiano y *Canale* completó los trabajos de remozamiento de su establecimiento incendiado en julio de 1985.[723] En consecuencia, las grandes compañías locales lograron campear la crisis gracias a la posición oligopólica que ocupaban en el mercado, incluso estableciendo alianzas como la realizada entre *Bagley* y *Canale*. Por lo que cabe mencionar que el desembarco del capital extranjero en el sector encontró un mercado interno diversificado en cuanto a los productos y fuertemente concentrado por las marcas líderes.

Durante la década de 1990, el proceso de concentración del rubro se acentúa bajo el impulso de capitales extranjeros, aunque también participaron en algunas instancias grupos de gran burguesía local (*Socma*). En 1994, *Générale Biscuit*, empresa del grupo francés *Danone*, adquirió el 50% del control accionario de *Bagley* (incluida su subsidiaria *Alimentaria San Luis*) en US$ 240 millones; *Nabisco* –como ya se mencionó– compró en abril de ese año el 70% del paquete accionario de *Terrabusi* en US$ 245 millones y *Canale* pasó a estar controlada en un 71% por *Coragri*, una subsidiaria de *Socma Americana* (propiedad de Franco Macri, Nicolás Caputo, José Caputo, Jorge Caputo y Roberto Vázquez). Por entonces, la ocupación de la industria de galletitas representaba 11.000 personas, entre obreros de los establecimientos y administrativos, y el consumo por habitante rondaba los 5 kilogramos anuales.[724]

En 1997, *Générale Biscuit* a través de *Bagley* captaba el 32% del mercado interno y *Nabisco* –que en marzo 1996 absorbió las firmas *Mayco* y *Capri*– controlaba el 28%. En tercera posición, el grupo *Arcor*[725] –que recientemente había adquirido la empresa *Lía*– alcanzaba el 20%. *Canale* se ubicaba en el cuarto lugar con un 4% de las ventas y el 16% restante

---

723 Consejo Técnico de Inversiones (1989), op. cit., p. 398.
724 Consejo Técnico de Inversiones (1994), *Anuario de Economía Argentina*, Buenos Aires, núm. 33, p. 351.
725 A través de su subsidiaria *Pancrek*, *Arcor* adquirió en 1992 la empresa *Águila Saint*, una firma nacional especializada en el rubro chocolates, cuyos orígenes se remontan a 1880. En 1998, adquirió la empresa *Dos en Uno*, que fabricaba en Chile las galletitas *Selz* y *Holanda*. A su vez, *Arcor* poseía por entonces la fábrica de galletitas cordobesa *Totoral* y la catamarqueña *Recreo*.

era compartido por *Don Satur*, originada a partir de una panadería porteña fundada en 1967, *Granix* –una empresa nacida en la década de 1960 propiedad de la Iglesia Adventista del Séptimo Día–, *9 de Oro* –marca de la empresa *Molinos Cañuelas*– y un amplio número de firmas del interior del país.[726] En 1999, *Nabisco* adquirió *Canale* y con posterioridad, en 2000, el grupo *Philip Morris* compró *Nabisco* a nivel mundial y la integró a *Kraft Food*. En consecuencia, para 1997 sólo cuatro empresas aglutinaban el 84% del mercado interno y las dos primeras, pertenecientes a capitales extranjeros, reunían por entonces el 60%, participación foránea que se siguió ampliando.

Cabe aquí reforzar la idea de que la extranjerización se realiza no sólo en áreas donde era necesaria la incorporación de tecnología de punta, sino también en un sector productivo de relativamente escasa complejidad tecnológica, dependiente en este aspecto, que adquiría sus materias primas en forma local y cuyo mercado había sido desarrollado por el capital nacional. De hecho, en cuanto a la maquinaria utilizada en la producción por parte las grandes firmas, ésta ha procedido principalmente del exterior, posibilitando el drenaje de plusvalor local por este medio y vedando el desarrollo integrado de la industria nacional. Así, en la provisión de robots han predominado los de origen estadounidense, las líneas de producción de Europa y las envasadoras automáticas de Brasil, utilizando las grandes firmas la tecnología de proceso que ha respondido a los más altos estándares internacionales.[727]

En concordancia, la estrategia expansiva de las grandes empresas extranjeras se realizó con inversiones en distintos rubros alimenticios y mediante la búsqueda de nuevos compradores en los países limítrofes, aprovechando los nichos de mercado de las marcas adquiridas y su amplia y consolidada red de distribución en el mercado interno.

Si bien el proceso de concentración y extranjerización trajo consigo una profunda trasformación industrial, modernizándose los procesos y los equipos e incrementándose la producción en un 120% entre 1990 y 1994 (año en que la producción alcanzó las 309.000 toneladas), la ocupación se redujo por entonces a 7.600 personas.[728] Por consiguiente, se

726 Consejo Técnico de Inversiones (1997), *Anuario de Economía Argentina*, Buenos Aires, núm. 36, p. 389.

727 Acuña, Ana María y Petrantonio, Marcela (2006), "La industria de galletitas: innovación y dinámica reciente", en: Ghezán, Graciela, Acuña, Ana María y Mateos, Mónica, *Estrategia y dinámica de la innovación en la industria alimentaria argentina*, Astralib, Buenos Aires, p. 133.

728 Idem, p. 115.

verifica en la dinámica de este subsector su compatibilidad con el proceso general de pauperización de la clase obrera y una tendencia creciente a la extracción de plusvalía mediante el incremento en la productividad del trabajo que experimentaba por entonces la Argentina.[729]

En febrero de 2005, *Arcor* y *Danone* pasaron a asociarse en el negocio de galletitas en la Argentina, Brasil y Chile, bajo el nombre de *Bagley Latinoamericana*, de la cual *Arcor* pasó a controlar el 51% de las acciones.[730]

En 2008, *Molinos Río de la Plata* firmó una alianza con la firma chilena de galletitas *Compañía Alimenticia de los Andes*, perteneciente al grupo *Carozzi*. El acuerdo le permitió a *Molinos Río de la Plata* adquirir el 49,44% de las acciones de *Compañía Alimenticia de los Andes*, por US$ 12,5 millones. Entre las principales marcas de la compañía *Carozzi* se encuentran *Carozzi*, *Costa*, *Ambrosoli* y *Agrozzi*, marcas líderes en el mercado chileno de alimentos.

¿Qué observaciones se desprenden de los casos de estas asociaciones en cuanto al carácter de la gran burguesía local? Veamos algunos casos:

Arcor

Los orígenes de *Arcor* se remontan al primer gobierno peronista, siendo una empresa fundada en 1951 por Fulvio Pagani –hijo de una familia inmigrante italiana– que se inició como una fábrica de caramelos que consiguió expandirse en forma gradual en el rubro alimenticio y diversificar sus productos. A poco de su fundación, hacia 1956, la empresa logró adquirir campos para la producción maicera e iniciar la integración vertical y horizontal de otras empresas. La ampliación de su escala productiva la llevó a comprar firmas competidoras en Argentina, Paraguay (desde 1976), Uruguay (desde 1979) y en Brasil (desde 1981), además de instalar unidades productivas en Chile y Perú, proceso que contribuyó a incrementar su participación oligopólica.

Pero a estas ventajas de su competitividad en el mercado interno y latinoamericano debe añadirse la contribución del Estado a su expansión.

---

729 Altamir, Oscar y Beccaria, Luis (2000), "El mercado de trabajo bajo el nuevo régimen económico en la Argentina", en: Heymann, Daniel y Kosacoff, Bernardo (comps.), *La Argentina de los noventa. Desempeño económico en un contexto de reformas*, EUDEBA-CEPAL, Buenos Aires, t. I, pp. 331-423.

730 Para un seguimiento de la unión entre *Arcor* y *Danone*, véase "Alianza de Arcor con Danone", *Clarín*, Buenos Aires, 4 de marzo de 2004; Naishtat, Silvia (2005), "Las criollitas vuelven a ser argentinas", *Clarín*, Buenos Aires, 2 de enero.

Durante la presidencia de Frondizi (1958-1962), en el marco de la promoción industrial desarrollista, *Arcor* consiguió adquirir equipamiento importado libre de arancel. En los años setenta volvería a utilizar los regímenes promocionales –principalmente sus incentivos fiscales– para expandir sus instalaciones industriales en diferentes provincias del país.

En 1977, en el contexto de la última dictadura militar, *Arcor* fue una de las compañías creadoras de Fundación Mediterránea,[731] una entidad de investigación económica que alcanzó mayor trascendencia hacia 1991, cuando Domingo Felipe Cavallo –miembro de esta institución– alcanzó el cargo de ministro de Economía del gobierno de Menem. Durante la década de 1980, la deuda externa de *Arcor* y su subsidiaria *Milky* ascendía a US$ 40 millones, por lo que se habría visto favorecida por la estatización de la deuda externa privada.

En 2001, durante la crisis social y económica, transfirió al exterior US$ 85 millones. En 2002, al inicio del gobierno provisional de Eduardo Duhalde (2002-2003), *Arcor* –al igual que otras grandes compañías de la burguesía local– fue beneficiada con la pesificación de sus deudas bancarias en moneda extranjera y canceló impuestos futuros con títulos de la deuda pública, constituyéndose el Estado en solvente de la diferencia con los acreedores y, en consecuencia, en sustento de la licuación del pasivo de este conglomerado.[732] En conjunto, por los efectos directos de la devaluación y la pesificación de deudas, *Arcor* alcanzaría un beneficio de US$ 178 millones.[733]

En cuanto a su asociación con el capital extranjero, hacia la segunda mitad de la década de 1970 se puede observar en forma notoria una reestructuración de sus intereses empresariales. En 1979 se alió con la estadounidense *Miles Laboratories* para crear *Milar*, dedicada a la producción de enzimas industriales para la producción de alimentos. Esta unión, con una deuda externa de US$ 9 millones, también fue beneficiada por la estatización del endeudamiento privado. En la década de 2000, además de los acuerdos con *Danone*, debemos añadir convenios con la multinacional estadounidense *Coca-Cola* y el grupo suizo *Nestlé* para

---

731 Baudino, Verónica (2004), "La Fundación Mediterránea y la burguesía nacional", *Razón y Revolución*, núm. 12, Buenos Aires, verano, pp. 161-171.

732 Navarro, Norberto (2002), "La licuadora", *Cash* (Suplemento de *Página 12*), Buenos Aires, 4 de febrero.

733 Instituto de Estudios y Formación (IEF), *El nuevo plan social de Duhalde. Ganadores y perdedores de la devaluación*, CTA, Buenos Aires, 2002, en *www.bibliotecacta.org.ar/bases/pdf/IDE00223.pdf* [Consultado: 10 de enero de 2008].

distintos productos[734] y la reestructuración de su deuda con un crédito de la *Corporación Financiera Internacional*.[735]

En suma, los datos consignados permiten advertir cómo, desde una fracción de la clase dominante que ha ejercido el poder político bajo distintos gobiernos, los fondos públicos apalancaron a la expansión empresarial. Pero, al mismo tiempo, evidencian el proceso de disolución del carácter nacional de la gran burguesía y su consolidación como burguesía intermediaria, convergiendo con los intereses del capital extranjero a los que se une. Unidad que no excluye los conflictos y enfrentamientos interburgueses en torno a la extracción de plusvalía, con la consiguiente correlación de fuerzas favorable al socio más poderoso, es decir, el socio imperialista.[736]

Molinos Río de la Plata

Como mencionamos, la fundación de Molinos Río de la Plata se realizó de la mano de la transnacional belga-alemana *Bunge & Born* en 1902, y se posicionó con rapidez como líder del mercado alimentario argentino. Un siglo después fue adquirida por un poderoso grupo de la burguesía intermediaria local –*Pérez Companc*– asociado con compañías extranjeras (como la estadounidense *Cargill* y la italiana *Delverde*).

Sin embargo, admitamos que la alianza con *Carozzi* nos invita a pensar en las nuevas situaciones de expansión de los capitales transnacionales de países dependientes que extraen plusvalía dentro y fuera de sus fronteras. En este caso, se trata de una sociedad entre firmas transnacionales de países dependientes que buscan obtener mayores ventajas competitivas en función de estimular nuevos procesos de expansión intrarregional, forjar

---

734 Para un estudio de la historia de *Arcor*, véase Schorr, Martín y Wainer, Andrés (2006), "Trayectorias industriales diferenciales durante la desindustrialización en la Argentina: los casos de Arcor y Servotron", *Realidad Económica*, Buenos Aires, núm. 223, pp. 116-141, Kosacoff, Bernardo y otros (2001), *Globalizar desde Latinoamérica. El caso Arcor*, McGraw-Hill, Bogotá; Baudino, Verónica (2009), *El ingrediente secreto: Arcor y la acumulación de capital en la Argentina (1950-2002)*, RyR, Buenos Aires.

735 "El Banco Mundial financia a Arcor con US$ 130 millones", *La Voz del Interior*, 21 de diciembre de 2007; Infomedia Producciones, "Quién es quién. Arcor", *El Federal*, núm. 184, Buenos Aires, 15 de noviembre de 2007, pp. 40-41.

736 Para perspectivas similares, véase: Schorr, Martín y Wainer, Andrés (2005), "A propósito de la crisis del Mercosur. Notas sobre el proyecto de país de la 'burguesía nacional' en la Argentina", *Realidad Económica*, Buenos Aires, núm. 215, 1 de octubre al 15 de noviembre, pp. 12-13.

una mayor participación en los mercados y estrangular a la competencia. Asociación que no debe ser vista al margen de las múltiples vinculaciones de estas burguesías dependientes y relativamente más débiles con los capitales imperialistas a los que se subordinan en forma global.

Para finalizar el análisis del subsector, cabe señalar también que, en el período bajo estudio, el consumo de galletitas importadas es poco significativo, por lo que la estrategia preponderante del capital foráneo en este rubro fue la de la inserción en el mercado local y, desde allí, concretar la provisión de materias primas y obtener ventajas en la distribución del producto. No obstante, durante la década de 1990, representó valores del 3,5% en un escenario en el que el tipo de cambio favorecía la compra de productos en el exterior. En cambio, en la década de 2000, la participación se redujo por debajo del 1%, excepto en 2006 cuando alcanzó un 1,6% del mercado.

La industria láctea

El resurgimiento de la producción vacuna bajo los estímulos de la exportación en pie durante la década de 1880 fue reforzado, en los primeros años del siglo xx, por medio de los incentivos de la industria frigorífica. Una derivación de esta situación fue el desarrollo de la industria lechera, orientada principalmente hacia el mercado interno pero de la cual se obtenían cuantiosos beneficios con la exportación de manteca.[737]

Luego de la Segunda Guerra Mundial, los subsidios a la producción y a la exportación de los países de la Comunidad Económica Europea y –en menor grado– las medidas de incentivo al sector en Estados Unidos mantuvieron los precios de los productos lácteos deprimidos y obstaculizaron las posibilidades de inserción de otros países productores.[738]

737 Giberti, Horacio, *Historia económica de la ganadería argentina*, op. cit., pp. 190-194. En el caso de los lácteos ovinos, según Félix Weil, hacia mediados de la década de 1930, el 42,6% de estos productos era exportado al Reino Unido, lo que representaba el 1% de lo importado en ese rubro por ese mercado. Weil, Félix 2010 [1944], *El enigma argentino*, Biblioteca Nacional, Buenos Aires, p. 45.

738 Barbero, María Inés y Gutman, Graciela (2008), "La industria láctea ante el proceso de reestructuración de la economía argentina en la década de 1990", *Estudios Sociales*, Sonora (México), vol. 16, núm. 31, enero-junio, pp. 125-163.

Las principales cuencas lecheras se han ubicado en la región pampeana.[739] En los últimos años, la provincia de Santa Fe ha liderado la fabricación de manteca, caseína, leche en polvo y dulce de leche, en tanto que la provincia de Córdoba ha sido la principal elaboradora de quesos. Si bien existen grandes unidades agrícolo-ganadero-tamberas dedicadas a la actividad, han proliferado en el rubro numerosas pequeñas explotaciones que estimularon el desarrollo de un vasto movimiento cooperativo –cuyas primeras experiencias se remontan a 1918–, para valorizar la materia prima y superar los bajos precios pagados por la industria láctea.[740]

Hacia 1960 se produjo una gran expansión de la lechería –creciendo de manera significativa y en paralelo la raza holando-argentina– y se incorporaron nuevas "prácticas tecnológicas como el ordeñe mecánico, la inseminación artificial, la mejora de las instalaciones de los tambos y mejor tratamiento del transporte de la leche hasta las usinas procesadoras".[741] La extensión de las reglamentaciones que prohibieron la venta de leche fluida sin pasteurización operó como "un punto de inflexión en la organización de la industria",[742] facilitando un extraordinario crecimiento de la firma *La Serenísima* (de *Mastellone*), que acrecentó las ventajas de su ubicación cercana a la ciudad de Buenos Aires.[743] Desde entonces, se notaba el curso de un proceso de concentración y centralización económica que se expresaría entre las diferentes empresas lácteas –tambos e industrias– de manera diferenciada de acuerdo con sus volúmenes y posibilidades económicas. Un pequeño grupo de grandes empresas configuró un mercado oligopólico en el sector, lo que permitió a éstas ejercer su poder económico, en lo fundamental sobre los tamberos a quienes compran la materia prima y exigen parámetros de calidad. Hacia 1985, las tres ma-

---

739 Según el Censo Económico de 1994, las provincias de Santa Fe, Córdoba y Buenos Aires concentraban el 77% de las plantas industriales y el 91% del valor total de producción de la rama, aprovechando la ubicación geográfica de las principales cuencas lecheras y el consumo de los más importantes centros urbanos.

740 Fernández, Susana, Lattuada, Mario y Renold, Mauricio (2004), "El cooperativismo en el complejo lácteo, evolución y estrategias recientes en el caso de la provincia de Santa Fe", en: Lattuada, Mario y Renold, Mauricio (comps.) *El complejo lácteo en una década de transformaciones estructurales (1991-2001)*, Biblos, Buenos Aires, pp. 55-56.

741 Barsky, Osvaldo y Gelman, Jorge (2005), *Historia del agro argentino. Desde la conquista hasta fines del siglo XX*, Mondadori, Buenos Aires, p. 338.

742 Barbero, María Inés y Gutman, Graciela, "La industria láctea ante el proceso de reestructuración de la economía argentina en la década de 1990", op. cit.

743 Posadas, Marcelo (1995), "La agroindustria láctea pampeana y los cambios tecnológicos", *Debate agrario*, Lima, núm. 21, p. 92.

yores empresas –las firmas nacionales *Mastellone* y *SanCor* y la transnacional suiza *Nestlé*– generaban el 50% de la producción.[744] Para 1995, su participación se había incrementado al 57%, tendencia a una elevada concentración que también se expresaba a nivel internacional.[745]

Según datos de 1999, los principales países exportadores eran Nueva Zelanda, Australia, Holanda y Francia, y entre los principales importadores estaban Estados Unidos, Japón y México.[746] Para 2001, Argentina ocupaba el 15° lugar entre los países productores de leche cruda (posición en el *ranking* mundial bastante similar a la representada en 1976), el 5º lugar entre los productores de leche en polvo entera, el 7° en la producción mundial de queso, el 17º en la de manteca y el 18º en la de leche en polvo descremada.

Sin embargo, el escenario productivo mundial también sufrió notables transformaciones en el período 1976-2008. Mientras en 1976 los cinco principales productores globales eran la URSS, Estados Unidos, Alemania, Francia y Polonia, en 2008 se puede observar el arribo de India y China a segundo y tercer lugar entre los productores mundiales de leche.

En 2003, las principales posiciones en el oligopolio mundial de productos lácteos eran ocupadas por *Nestlé* (suiza), *Dean Foods* (estadounidense), *Dairy Farmers of America* (estadounidense), *Arla Foods* (danesa-suiza-británica), *Danone* (francesa), *Fonterra* (neozelandesa), *Parmalat* (italiana), *Kraft Foods* (estadounidense), *Lactalis* (francesa) y *Unilever* (anglo-holandesa).[747] La facturación conjunta de estas 10 transnacionales a nivel global rondaba los US$ 68.000 millones, de los cuales el 22,5 % correspondía a *Nestlé*.[748]

En la Argentina, el predominio de la orientación mercadointernista de esta producción hacia mediados de la década de 1970 determinó, en general, los cambios de escenario en el complejo lácteo. La producción anual nacional de leche ha resultado suficiente para abastecer al consumo local, tanto de leche fluida como de productos lácteos. De todos modos, las crisis cíclicas que afectaron a la economía argentina y la evo-

---

744 INDEC, Censo Nacional Económico de 1985.

745 Gutman, Graciela y Lavarello, Pablo (2005), "Reconfiguración de las ETN agroalimentarias y sus impactos globales", *Revista Interdisciplinaria de Estudios Agrarios*, núm. 23, segundo semestre Buenos Aires, pp. 5-33.

746 "Anuario Estadístico", *Industria Lechera*, Centro de la Industria Lechera, núm. 721, Buenos Aires, noviembre-diciembre de 1999, pp. 137-163.

747 Gutman, Graciela y Lavarello, Pablo, "Reconfiguración de las ETN agroalimentarias y sus impactos globales", op. cit., p. 8.

748 Schwarz, Friedhelm (2003), *Nestlé: the secrets of food, trust and globalization*, Key Porter, Toronto.

lución del poder de compra de los salarios incidieron en la dinámica del sector.

En 1976, como manifestación del fuerte deterioro del poder de compra de la población, se redujeron las ventas internas de productos industrializados, en particular las de quesos, dulces de leche, manteca y en menor medida leche condensada.[749] No obstante, la industria láctea encontró en las exportaciones una alternativa para paliar la difícil situación, concretándose envíos por más de US$ 62 millones anuales. Operaron tanto el mantenimiento de un tipo de cambio favorable para las exportaciones de esos productos como el aumento de los costos de producción en los países de destino, principalmente Italia y Brasil.

Ese escenario estaba pronto a cambiar, presentándose fuertes dificultades para la mayoría de los 45.000 tambos existentes por entonces. Esta situación crítica se hizo evidente ya en 1978 y llevó a una persistente disminución de la producción lechera y a la liquidación de tambos y reducción de los rodeos lecheros. En algunos casos, los establecimientos rurales buscaron alternativas en otras producciones como el cultivo de oleaginosas, registrándose ya por aquellos años un notable crecimiento de la producción de soja.

Estas circunstancias adversas para la producción láctea local se debían tanto a un aumento de costos de elaboración y a las dificultades para el acceso al crédito bancario como a la vigencia de precios máximos para la leche y el establecimiento de impuestos que las entidades representativas del sector –nucleadas en el Comité de Defensa de Producción Lechera (CODERPROLE)[750]– consideraban elevados y regresivos.

El 1 octubre de 1979, el precio se liberó pero la importación de leche en polvo, principalmente de países de la CEE, determinó en los hechos un control sobre el aumento de los precios internos. En forma paradójica, esta leche importada –alrededor de 60 millones de litros de leche en

749 En 1976, aproximadamente un 65% de la leche producida estaba destinado a la industrialización de productos lácteos y el resto al consumo como leche fluida para la alimentación directa. La producción de quesos abarcaba gran parte de la actividad industrial láctea, colocándose el país en el 8° lugar en el mundo en cuanto al consumo interno de este producto, con 8,5 kilos anuales por habitante. Consejo Técnico de Inversiones (1976), op. cit., núm. 15, p. 379.

750 El CODEPROLE se creó en 1978 y estaba formado por representantes de la Unión General de Tamberos, la SRA, la CRA y la Cámara Gremial de Usinas Pasteurizadoras. Se reunía mensualmente para fijar precios que luego eran homologados por la Secretaría de Agricultura y Ganadería. Cuando se implantaron políticas de precios mínimos y precios máximos, su funcionamiento se vio interrumpido.

polvo en 1978 y 120 millones de litros en 1979– provenía de países que alentaban su producción láctea a través de subsidios y diversas medidas de apoyo estatal, consiguiendo comercializar con precios por debajo de los de su país de origen.[751] Mientras tanto, la producción láctea argentina se encontraba sometida a fuertes presiones de tipo fiscal, a la disminución de reintegros a las exportaciones a un 10% y a un tipo de cambio desfavorable. De manera pararela, Brasil suspendió sus compras por un año, aunque se ofrecían perspectivas favorables para la exportación de quesos a Estados Unidos, Italia y México.[752]

En 1981, la situación del sector se agravó. Por un lado, una prolongada sequía verificada durante gran parte del segundo semestre del año operó para una generalizada disminución de la producción. Por otra parte, mediante las devaluaciones de abril y junio, los salarios redujeron su poder de compra, mermando el consumo interno de leche fluida y demás productos lácteos. De esta manera, los problemas económicos se tradujeron en dificultades financieras del comercio minorista, que comenzó a atra-

---

751 El sector lácteo es un complejo fuertemente intervenido en muchas naciones. Los países de la CEE –y con posterioridad la Unión Europea– a través de la Política Agrícola Común (PAC) han protegido su producción láctea mediante distintas medidas como la imposición de aranceles a la importación para neutralizar la competencia externa; las compras estatales para absorber las sobreproducciones estacionales y tendenciales; los subsidios a la producción de leche descremada destinada a la industrialización y a la alimentación animal; los subsidios a la exportación para colocar los excedentes en el mercado internacional, cubriendo la diferencia entre los precios internos y los internacionales, dado que son más elevados los primeros. Por otra parte, los distintos países establecen regímenes de importación que han incluido barreras sanitarias y de cupos tarifarios con preferencias para las filiales de empresas europeas. Los Estados Unidos, a su vez, a través del *Dairy Export Incentive Program* –que compensa las exportaciones de los productos lácteos– y de la *Farm Bill* –estableciendo un "precio piso" y compensaciones por los bajos o altos precios del mercado– han subsidiado su producción lechera. A través del GATT y con posterioridad de la OMC, se ha tratado de reducir estas intervenciones que perjudican a terceros países. Véase Bisang, Roberto, Gutman, Graciela y Cesa, Verónica (2003), "La trama de lácteos en Argentina", CEPAL/Secretaría de Política Económica-Ministerio de Economía de la Nación, Buenos Aires, pp. 16-17; Castañeda, Jaime (2000), "Globalización y el futuro de la industria lechera en los Estados Unidos", *Industria Lechera*, Centro de la Industria Lechera, Buenos Aires, núm. 725, noviembre-diciembre, pp. 10-17; "Unión Europea: importación de productos lácteos de terceros países", *Industria Lechera*, Centro de la Industria Lechera, Buenos Aires, núm. 720, septiembre-octubre de 1999, pp. 17-21.

752 Consejo Técnico de Inversiones (1979), op. cit., núm. 18, pp. 426-427.

sar su pago a los proveedores, lo que desembocó en una prolongación del período de cobro de las industrias en un contexto inflacionario. Al mismo tiempo, por efecto de las devaluaciones se elevaron los costos de producción, en particular en lo correspondiente a embalaje y combustibles.

En ese marco, en forma contradictoria con el contexto aperturista y desregulador de la última dictadura militar, el Ministerio de Agricultura y Ganadería de la Nación celebró con las asociaciones de productores tamberos un acuerdo a fin de fijar mediante reuniones mensuales el precio de la leche. Por su parte, en coherencia con la defensa de los oligopolios que producían localmente, la Subsecretaría de Comercio Exterior e Integración, a través de las resoluciones 2 y 3 de 1981, protegió de *dumping* a diversos productos lácteos, con lo cual se obtuvo una reducción de la entrada de productos importados a partir del segundo semestre de ese año.[753]

En referencia a las exportaciones, el doble efecto de las dificultades climáticas y financieras por la que atravesaron los productores tamberos dificultó las ventas. Solamente dos rubros explicaban el comportamiento ascendente de ese año: leche en polvo y suero de queso en polvo, cuyos destinos principales fueron Venezuela, Paraguay, Estados Unidos, México y Canadá.[754]

Durante 1983, la producción láctea se resintió frente a la política de control de precios y la disminución del consumo doméstico de lácteos, dado que la primera se tradujo en valores insuficientes para el productor tambero y, en consecuencia, en una disminución de la cantidad de tambos en el período 1979-1983, registrándose una caída de establecimientos de más del 20% en la provincia de Santa Fe y del 10% en la provincia de Buenos Aires. Sin embargo, los volúmenes de producción se mantuvieron, debido a la mejor eficiencia productiva, a los aumentos de las escalas productivas y al particular impulso que otorgó el aumento de las exportaciones de lácteos.

En diciembre de 1984 se establecieron aumentos en el precio de todos los lácteos a través de un acuerdo con industriales y productores lecheros que pasó a denominarse "laudo Alfonsín". En marzo de 1985 fueron liberados del régimen de control de precios diversos productos lácteos, lo que permitió una mejora de la rentabilidad. A partir de entonces, se pudo apreciar un aumento de la producción total de leche del orden del 12% anual, como respuesta a los mejores precios que percibió el productor lechero, sobre todo a partir de los sobreprecios abonados por la industria

753 Consejo Técnico de Inversiones (1981), op. cit., núm. 20, p. 317.
754 Consejo Técnico de Inversiones (1981), op. cit., p. 316.

con el fin de sostener la producción. Esta circunstancia permitió atemperar la tendencia al cierre de los establecimientos tamberos. El excedente de producción generado por entonces rondó los 500 millones de litros que buscaron colocación en el exterior, dada una demanda relativamente estable en el mercado doméstico.

Estos procesos verificados durante el gobierno de Raúl Alfonsín se desarrollaron en un marco de retraimiento del aparato estatal en su papel regulador de la actividad láctea en beneficio de los intereses privados.[755] El "laudo Alfonsín" estuvo dirigido a apaciguar los reclamos sectoriales: establecía un precio al productor y se concedía al sector industrial el traslado de los aumentos al precio final del producto. No obstante, en la práctica, la heterogeneidad de los tambos determinó que se beneficiara a los "establecimientos de mayor productividad y tecnología, que recibieron bonificaciones muy importantes acordes con el volumen de lo producido. La alternativa de reconversión de los más pequeños fue limitada, a pesar de que eran mayoritarios en número".[756]

En 1986 se sancionó la Ley de Lechería, con el objetivo de atender las necesidades del mercado interno y promover las exportaciones a través de mecanismos de regulación público-privada del conjunto del complejo agroindustrial lácteo. En ese contexto se crearon la Comisión de Concertación de Política Lechera (COCOPOLE) y el Fondo de Promoción de Actividad Lechera (FOPAL). De esta manera, a través de la COCOPOLE –integrada por representantes de los productores tamberos, de los industriales y del Estado– se definían: a) el monto de producción destinada al mercado interno y b) los precios para el consumo local y el destinado a la exportación. Sobre esta cuestión, Luciana Binolfi y Mario Lattuada destacan un hecho particular que es la exclusión del esquema de concertación de los sectores asalariados como de los consumidores.[757]

Cabe destacar, además, que por esos años una medida gubernamental apuntó tanto a fortalecer a la industria láctea local como a atender la nutrición de la población: la puesta en marcha del Plan Alimentario Nacional (PAN). A través de éste, el Estado nacional adquiría unas 30.000 toneladas/año de leche en polvo que correspondían al 30% de la producción de este producto y a un 5% de la producción local de lácteos, lo que

---

755 Para un análisis de la relación del gobierno de Raúl Alfonsín (1983-1989) con el complejo lácteo argentino, véase: Nun, José (1991), "La política lechera: un caso de privatización del espacio público", en: Nun, José y Lattuada, Mario, *El gobierno de Alfonsín y las corporaciones agrarias,* Manantial, Buenos Aires.
756 Binolfi, Luciana y Lattuada, Mario, op. cit., p. 131.
757 Idem, p. 132.

lo convertía en el mayor comprador en el orden doméstico. El volumen de lo adquirido por el Estado se redujo a menos de la mitad en 1988 como parte de la política de disminución del gasto público.

En 1987 se verificó una tendencia al aumento del consumo de leche y valores de producción récord de unos 6.300 millones de litros. De todos modos, el establecimiento de precios máximos por parte de la Secretaría de Comercio mantenía a las entidades representativas del sector –como la Confederación Intercooperativa Agropecuaria (CONINAGRO)– en permanentes reclamos en cuanto a su rentabilidad y falta de actualización. También se registró una pronunciada disminución de las exportaciones de lácteos, manteniéndose solamente las ventas de quesos a Estados Unidos.[758]

En 1989, el proceso hiperinflacionario provocó un cambio drástico de las condiciones del complejo. Los incrementos inflacionarios y el creciente deterioro de los ingresos de los establecimientos tamberos llevaron a que los precios fueran actualizados quincenalmente y se redujeran los plazos de pago de 45 o 60 días a 15 días. Por su parte, una de las firmas líderes –*La Serenísima*– entró en convocatoria de acreedores en función de sus dificultades financieras, luego de que hubiera invertido en ampliar su gama de productos en el mercado doméstico y su capacidad de producción de leche en polvo y quesos para la exportación. Esta situación se debió en particular a las altas tasas de interés existentes por aquellos años.[759]

Al comenzar la década de 1990 –en el contexto de apertura plena de la economía, un escenario internacional signado desde 1986 por mayores precios internacionales y el aumento de la liberalización del comercio internacional a través de los acuerdos multilaterales en el seno del GATT[760]– el complejo agroindustrial lácteo pasó a ser regido en su totalidad por las condiciones de mercado, derogándose la Ley de Lechería. En forma paralela, la estabilidad económica permitió un escenario favorable para el aumento del consumo interno y promisorias expectativas de exportación de leche en polvo –sobre todo a partir de la segunda mitad de la década– a los países del MERCOSUR (principalmente a Brasil),[761] México y Argelia.

---

758 Consejo Técnico de Inversiones (1987), op. cit., núm. 26, p. 348.
759 Consejo Técnico de Inversiones (1989), op. cit., núm. 28, p. 405.
760 Gutman, Graciela y Rebella, César, "Subsistema lácteo", en: Gutman, Graciela y Gatto, Francisco (comps.), op. cit., p. 93.
761 En 1994, el Plan Real puesto en marcha en Brasil determinó un aumento del consumo interno en aquel país e influyó en un incremento de las exportaciones argentinas hacia aquel destino. Este se convirtió en el principal mercado y llegó a absorber casi el 76% del total en 1999.

Es en este escenario en el que el proceso de extranjerización –acompañado de una mayor concentración– de la industria láctea adquiere toda su intensidad. Por entonces, la producción primaria aumentó –sustentándose en el crecimiento de la escala y de la productividad de los tambos– y, en paralelo, arribaron nuevas compañías transnacionales que en muchos casos adquirieron o establecieron alianzas con empresas locales. Entre los diversos factores que intervienen en ese proceso pueden mencionarse: a) el interés de las firmas en acceder y expandirse en un mercado en crecimiento, tanto en el plano doméstico como a través de la exportaciones, y b) el arribo y la expansión de grandes cadenas de híper y supermercados –concentrando y extranjerizando el sector de la distribución alimentaria–, las cuales han impuesto sus precios al consumidor, fijado sus propias líneas de pago, exigido formas de presentación y tipos de productos, definido los volúmenes e incluso llegado a fraccionar con marcas propias, disminuyendo de este modo el poder de negociación de las grandes firmas industriales y estableciendo condiciones de vulnerabilidad para las pequeñas y medianas usinas.[762]

Permítasenos una digresión sobre este tema. ¿Qué otras consecuencias tuvo la avalancha super e hipermercadista extranjera sobre la economía argentina?

Si bien no ha sido materia de análisis particular en esta obra, podemos señalar que en la década de 1980 se produjo el fuerte ingreso de los grandes híper y supermercados de capital extranjero,[763] como la francesa *Carrefour* (1982), la chilena *Jumbo* (1982) y la holandesa *Makro* (1988). Una década después, se pudo observar la expansión masiva del supermercadismo en el país y una gran concentración del sector, destacándose la llegada al país en 1995 de la cadena estadounidense *Walmart*, que en

---

762 Al igual que en los segmentos de la cadena agroalimentaria se produce la llamada *agricultura de contrato*, se establecieron relaciones entre los productores lecheros y las empresas industriales y comerciales, las cuales, a cambio de garantizar la compra de la producción a precios convenidos y asistencia tecnológica y crediticia, demandan cantidades y calidades. Véase Gutman, Graciela (1990), "Transformación tecnológica en la agroindustria de alimentos", en: Gutman, Graciela y Gatto, Francisco (comps.), *Agroindustrias en la Argentina. Cambios organizativos y productivos (1970-1990)*, CEAL/CEPAL, Buenos Aires, pp. 51, 57 y 62; Iturregui, María Eugenia (1993), "Diagnóstico de la industria láctea de las provincias de Santa Fe y Entre Ríos. Informe Final", Consejo Federal de Inversiones, Buenos Aires, 13 de julio.

763 Vale recordar como antecedente de la extranjerización de este sector a la cadena de supermercados *Minimax*, uno de cuyos propietarios era el magnate estadounidense Nelson Rockefeller.

2007 adquirió los supermercados de la empresa francesa *Auchan Argentina*, que había arribado en 1997. A comienzos de la década de 1990, los supermercados e hipermercados concentraban el 25% de la comercialización minorista; hacia el año 2000 acaparaban cerca del 41%.

Estas transformaciones modificaron la incidencia sobre la producción e industrialización de alimentos; los grandes volúmenes de facturación les permitieron a las cadenas de hiper y supermercados un mayor poder de negociación con sus proveedores industriales sin pasar por los mayoristas, el desarrollo de contratos de exclusividad, marcas propias y compras directas a los productores. En las décadas de 1990 y 2000, un amplio proceso de fusiones y adquisiciones otorgó al mercado de la comercialización minorista de productos masivos un alto grado de centralización del capital. Además de los movimientos referidos, cabe consignar que en 1996 la firma local *Norte* fue vendida a *Exxel*. En 1998, *Exxel* vende a su vez el 49% de las acciones de *Norte* a la firma francesa *Promodés*, propietaria del *hard discount Día*. Esta sociedad compró *Tía* con posterioridad para transformarse en líder del sector y primer competidor de *Carrefour*. En 2000, la fusión en Francia de *Carrefour-Promodés* genera también la fusión de las dos empresas líderes en el mercado argentino. En tanto, la firma local *Disco* vendió a la holandesa *Ahold* el 50% de sus acciones en 1998. En 2002, la crisis financiera que involucra a la firma *Ahold* por la detección de fraudes contables en sus cuentas implicó la posterior venta de la filial argentina *Disco-Ahold* y su controlada *Plaza Vea* a la empresa chilena *Cencosud SA*, propietaria de los hipermercados *Jumbo*.

La concentración y la extranjerización del sistema de comercialización de productos agroalimentarios tuvieron como consecuencias directas un mayor control de las cadenas de hipermercados sobre el sistema de precios, la desaparición de numerosos locales desplazados por la competencia y de puestos de trabajo, la constitución de un mercado oligopsónico con respecto a la principales marcas y una mayor dependencia de los consumidores a los incrementos de precios. Al iniciarse la década de 1990, las ventas de los súper e hipermercados representaban poco más de 30% de las ventas totales de alimentos, llegando a absorber hacia fines de la década aproximadamente un 47%. Tan sólo entre 1985 y 1994, la cantidad de locales dedicados al comercio minorista se redujeron en un 15,3% y el personal ocupado en un 18,8%.[764] Entre 2006

---

764 García, Américo (2007), "Deficiencias en la política antimonopólica. La concentración en el sector supermercadista", *Realidad Económica*, IADE, Buenos Aires, núm. 231, 1 de octubre al 15 de noviembre, pp. 8-33.

y 2008, según estimaciones sobre la base de datos provenientes de la Encuesta de Supermercados realizada por el INDEC, las empresas supermercadistas manejaban entre US$ 12.500 y 15.000 millones en ventas anuales, contrataban unos 95.000 empleados y controlaban alrededor del 58% del mercado de alimentos y bebidas.[765] En 2007, la facturación anual en la Argentina por empresa se distribuyó de la siguiente manera: la cadena francesa *Carrefour* US$ 1.746 millones, la chilena *Jumbo* US$ 1.513 millones, la nacional *Coto* US$ 892 millones, la chilena *Disco* US$ 849 millones y la estadounidense *Walmart* US$ 415 millones.[766] Es decir que sólo cinco empresas explicaban más de un tercio de las ventas de los supermercados locales, concentración que se acentúa si se considera que *Jumbo* se constituyó en propietaria de *Disco* y de *Plaza Vea.*

Resulta ilustrativo considerar, además, el drenaje de recursos retirados del ahorro interno que tan sólo dos compañías provocaron en 2001 mediante la fuga de divisas: *Disco* US$ 143 millones y *Promodés* (*Supermercados Norte* y *Tía*) 99,5 millones.[767]

Regresando a la cuestión específica de la industria láctea, la desregulación se materializó en 1991 a través del decreto 2.284/91, estableciéndose la no intervención estatal en los precios y limitándose su papel a aspectos vinculados con la sanidad, higiene, inocuidad y calidad de los productos. Sin embargo, todavía durante ese año las autoridades debieron laudar un precio en la primera quincena de febrero a fin de equilibrar las propuestas de las usinas lácteas y los tamberos.

Otro fenómeno recurrente durante la década fue el singular aumento de las importaciones de leche y derivados, lo cual acentuó las dificultades competitivas de las empresas lácteas de capital nacional, tanto de numerosas unidades tamberas como de las industrias que ejercían posiciones monopólicas (*SanCor* y *La Serenísima*).[768] Entre 1991 y 1997 se presentaron denuncias de los tamberos por el ingreso de leche en polvo proveniente de la CEE a un precio inferior al costo en origen, por lo que

---

765 INDEC, *Encuesta de Supermercados*, julio de 2008; INDEC, *Encuesta de Supermercados*, octubre de 2008.

766 Prensa Económica (2008), *Ranking de las 1.000 mayores empresas*, Buenos Aires.

767 Basualdo, Eduardo, Nahón, Cecilia y Nochteff, Hugo (2006), *Trayectoria y naturaleza de la deuda externa privada en la Argentina: la década del noventa, antes y después*, FLACSO, Buenos Aires, p. 65. Los datos provienen de la Comisión sobre Fuga de Divisas del Congreso Nacional, 2005.

768 Por aquel entonces, *SanCor* y *La Serenísima* disminuían sus dotaciones de personal y cerraban las usinas más distantes de los centros de consumo.

los productores reclamaron por aranceles *antidumping*. Incluso vale observar que, durante 1991 y 1992, las importaciones totales superaron a las exportaciones consideradas tanto en volumen como en sus valores en dólares (Gráfico 3).

En general, la respuesta de las empresas del sector fue la de incrementar su competitividad y realizar inversiones a fin de acrecentar su nivel tecnológico y no perder su posición en el mercado. Por el lado de los tambos, algunos incorporaron usinas para la elaboración de subproductos o plantas de quesos. *La Serenísima* inició en 1994 un programa de inversiones en modernización –destinado a ampliar su capacidad de producción y servicios complementarios como frío, transporte y envases– de 5 años por US$ 125 millones. La *Corporación Financiera Internacional* (*CFI*) le otorgó un préstamo de US$ 75 millones.[769]

En consecuencia, a medida que la década avanzaba, resultaba notorio el *boom* de la lechería. Entre 1990 y 1997, la producción láctea se incrementó un 50%, el consumo doméstico un 45% y en algunos productos el crecimiento fue superior, como en el dulce de leche que subió un 60%, los yogures un 100% y los flanes y postres un 130%. En paralelo, se registró una acelerada expansión de la capacidad instalada y la producción de leche alcanzó un nuevo récord en 1997: 9.000 millones de litros y que rondaría entre los 10.300 millones a 9.650 millones en 1999. Durante los años noventa, la producción primaria de leche creció a una tasa del 6% anual promedio, muy por encima del incremento del 2% anual de la década de 1980.

En el ámbito internacional, los precios se encontraron acotados por la competencia de Nueva Zelanda y Australia y la persistencia de la producción subsidiada en la Unión Europea, Estados Unidos y Canadá.

Hacia finales de la década de 1990 se revirtió esta tendencia expansiva del complejo lácteo; el mercado interno se contrajo por la desaceleración del crecimiento de la economía doméstica y se redujeron las ventas a Brasil.[770] Entre 2000 y 2003 es dable observar un descenso de la producción –luego de haber alcanzado el récord de producción en 1999–[771]en

769 *SanCor* se involucró entre 1993 y 1997 en un programa de inversiones por US$ 197 millones destinado a incrementar la productividad e instalar nuevas plantas en la cuenca lechera (Santa Fe, Córdoba y Buenos Aires).

770 Mateos, Mónica (2006), "La industria láctea: heterogeneidad estructural y comportamiento tecnológico", en: Ghezán, Graciela, Acuña, Ana María y Mateos, Mónica, *Estrategia y dinámica de la innovación en la industria alimentaria argentin*a, Astralib, Buenos Aires, p. 139.

771 Existen distintas estimaciones sobre ese valor récord, que van desde los 10.300 millones a 9.650 millones de litros de leche.

el que intervino un conjunto de factores: caída del poder adquisitivo del salario y disminución del consumo doméstico, creciente presión de las grandes cadenas de hiper y supermercados, caída de los precios internacionales y disminución de las exportaciones a Brasil.[772]

A partir de diciembre de 2001 y enero de 2002, el nuevo escenario posconvertibilidad ofrecería nuevas posibilidades para la exportación, debido a la devaluación del peso y la mejora de los precios internacionales.

Gráfico 3. Argentina: exportaciones e importaciones de leche y derivados, en miles de US$. Años 1991-2008.

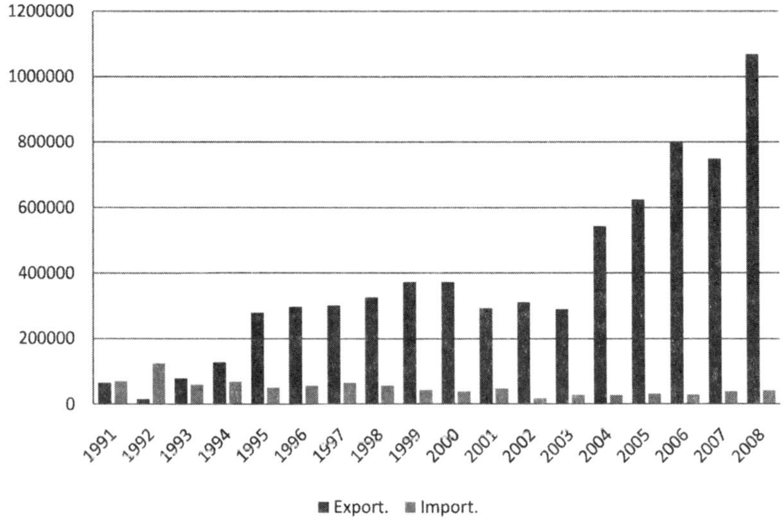

Fuente: Elaboración propia en base a datos del INDEC, Aduana y SENASA.

En cuanto al arribo de firmas transnacionales al sector lácteo se registraron los siguientes cambios:

- La empresa francesa *Bongrain* adquirió a *Santa Rosa*, perteneciente al grupo *Bemberg*, en 1990 y, con posterioridad, compró la división de quesos de *Nestlé*.

772 El crecimiento de la industria láctea brasileña implicó una disminución en las exportaciones hacia aquel país; de ocupar el primer lugar y absorber el 76% de las exportaciones totales de lácteos en 1999, pasó a cuarto lugar con un 10% en 2004.

- La cooperativa *Gaucha* de Rio Grande do Sul (Brasil) compró la quesera *Zacardia*.
- *Nestlé* adquirió la marca de helados *Noel* en 1985, la empresa láctea argentina *Mendizabal* (quesos marca *Mendicrim*) en 1989 y *Quelac* en 1991.
- La firma italiana *Parmalat* adquirió la firma local *La Vascongada* en 1993, además de *Ripoll*, y *Lactona* en 1998.[773]
- *Danone* estableció un *joint venture* con *La Serenísima* en 1996, denominado *Industrias Lácteas Cañuelas*; tres años después compró la totalidad de la sociedad además del negocio y de las marcas de productos ultrafrescos (yogures, postres y leches saborizadas) de *La Serenísima*.[774]
- *Nutricia* (del grupo holandés *Royal Numico*) adquirió *Kasdorf* (en manos de capitales alemanes desde 1986), fabricante de la leche *Las Tres Niñas* y especializado en productos infantiles y dietéticos; en 1995 y en 1997 concretó un *joint venture* con la compañía nacional *Milkaut* para elaborar polvos nutricionales[775] y otro con *Laboratorios Bagó* a fin de comercializar sus productos en droguerías, farmacias y supermercados.[776]
- *Watt's*, un grupo transnacional chileno propietario de la empresa *Loncoleche*, adquirió el 60% de las acciones de la empresa argentina *Lácteos Cono Sur* (cuya marca emblemática es *La Suipachense*) en 1994.
- *Kraft Foods* compró la marca de helados *La Montevideana* en 1992 y luego la revendió a la anglo-holandesa *Unilever* en 1997 (esta última empresa fugó divisas de la Argentina en 2001 por US$ 72 millones).[777]

---

773 *Lactona*, fabricante de dulce de leche *Gándara* y quesos *Saavedra*, se había asociado previamente a la brasileña *Perdigao*. Véase Ceriotto, Luis (1997), "No todas las familias tienen el sí fácil", *Clarín*, 18 de agosto.

774 Vale recordar nuevamente aquí que la expansión de *Danone* no se redujo a este rubro de alimentos sino que participó de adquisiciones en el rubro galletitas y adquirió tres marcas de agua mineral entre 1997 y 1999.

775 Barbero, María Inés y Gutman, Graciela (2008), "La industria láctea ante el proceso de reestructuración de la economía argentina en la década de 1990", *Revista Estudios Sociales*, México, vol. 16, núm. 31, enero-julio, p. 145.

776 *Danone* adquirió a nivel mundial el grupo *Royal Numico* en 2007, convirtiéndose *Nutricia* en la División Médica de Nutrición del grupo francés.

777 Basualdo, Eduardo, Nahón, Cecilia y Nochteff, Hugo (2006), *Trayectoria y naturaleza de la deuda externa privada en la Argentina: la década del noventa, antes y después*, FLACSO, Buenos Aires, p. 65. Los datos provienen de la Comisión sobre Fuga de Divisas del Congreso Nacional, 2005.

- *SanCor* se asoció con el grupo sueco-danés *Arla Foods Ingredients* para la producción de suero de queso en la provincia de Córdoba.
- *Laiteries H. Triballat* (Francia) compró 55% de *Establecimiento San Ignacio*, dedicado a la producción de dulce de leche, quesos y crema en sus plantas de Sauce Viejo y Rosario (provincia de Santa Fe), en 2000.
- En 2003, la canadiense *Saputo* adquiere *Abolio y Rubio* (marca *La Paulina*) y *Molfino* –que se habían fusionado en 1998– a *Molinos Río de la Plata*. *Saputo* es la principal empresa láctea canadiense, cuenta con unas 40 plantas repartidas entre Canadá y los Estados Unidos, y se especializa en quesos. La firma cotiza sus acciones en el mercado de valores de Toronto. En 2007 su facturación global anual ascendió a US$ 5.000 millones y obtuvo una ganancia después de impuestos de US$ 1.200 millones.[778] En el mismo año, sus ventas en la Argentina ascendieron a US$ 131 millones, ubicándose cuarta en el ranking detrás de *Mastellone*, *SanCor* y *Williner*.[779]
- También comenzaron a operar distintos fondos de inversión extranjeros: *Mastellone* (*La Serenísima*) vendió el 30% de sus acciones al fondo estadounidense *Dallpoint Investment* (a través de su representante en Argentina *Greenwich Investment*) en 1999;[780] *Milkaut* vendió el 33% de sus acciones a *Patagonia* (subsidiaria de la anglo-estadounidense *Merchant Bankers Asociados*) y *Latin America Capital* (*LATCAP*), administrado por el fondo estadounidense *Basin*; y en 2002, el fondo de inversión británico *Yeffreys Investments* adquirió un 60% de las acciones de *La Lácteo*, una empresa con plantas en la provincia de Córdoba y que pertenecía a la firma *Coragri* del grupo *Macri*.[781]

Este agudo proceso de extranjerización de la industria láctea resulta revelador de un proceso de intensificación de la dominación imperialista de la Argentina como país dependiente. Las nuevas inversiones se dirigieron a un sector productivo que históricamente se encontraba en ma-

---

778 "Pérez Companc vende su firma láctea", *La Nación*, Buenos Aires, 2 de octubre de 2003.
779 Prensa Económica (2008), *Ranking de las 1.000 mayores empresas*, Buenos Aires.
780 Boragni, Claudia (1999), "Ni por toda la plata del mundo vendería La Serenísima", *Clarín*, Buenos Aires, 20 de junio.
781 "Macri se desligó de La Lácteo", *La Voz del Interior*, Córdoba, 20 de junio de 2002. El 40% restante fue adquirido por la firma *Marcos Martini SA* con sede en Buenos Aires. A mediados de 2007, *La Lácteo* fue adquirida por *Adecoagro* –un grupo inversor que cuenta entre sus principales accionistas con el magnate húngaro-estadounidense George Soros.

nos de capitales nacionales, con la única excepción de *Nestlé*. Además de los cambios cuantitativos anteriormente reseñados, se evidenció una notoria reconfiguración de la estructura y la dinámica sectorial:

1. Se acentuó el poder oligopólico de grandes compañías globales en el mercado interno, desapareciendo numerosas empresas lácteas de capital nacional que fueron adquiridas por las transnacionales. Este desembarco del capital multinacional estuvo estimulado en lo fundamental por las nuevas oportunidades de crecimiento del mercado alimentario que ofrecía el MERCOSUR y, ante esta perspectiva, "la búsqueda de proveedores locales de materias primas y acceso a los canales de distribución".[782] Entre las compañías lácteas que arribaron han predominado los capitales franceses.
2. Se establecieron nuevos lazos de dependencia a través de asociaciones subordinadas (principalmente bajo la modalidad de *joint venture*) de las firmas nacionales con las extranjeras a fin de aprovechar ventajas en términos de costos e innovación tecnológica. Situación que abre otra vía de drenaje de divisas al exterior en concepto de pago de licencias y transferencia tecnológica.
3. Se asistió a un creciente poder de grupos financieros transnacionalizados entre los que se destacan los de origen estadounidense y británico. Fenómeno que se expresa tanto por el proceso de endeudamiento que arrastraban las grandes empresas lácteas desde finales de la década de 1980 y la búsqueda de reestructuración de sus deudas para evitar perecer como por la íntima integración en el capital imperialista de las finanzas, la producción y el comercio.

Las empresas dominantes del período focalizado fueron *SanCor*, *La Serenísima, Danone* y *Nestlé* con importantes espacios de mercado en el que han participado *Milkaut, Sucesores de Alfredo Williner* y *Parmalat*. A continuación se presenta una breve caracterización de estas firmas.

SanCor

Esta cooperativa de segundo grado fue fundada en 1938 mediante el acuerdo de 16 cooperativas de las provincias de Santa Fe y Córdoba. En

---

782 Gutman, Graciela y Lavarello, Pablo, "Reconfiguración de las ETN agroalimentarias y sus impactos globales", op. cit., p. 16.

1986, *SanCor* creó su subsidiaria en São Paulo (Brasil) –*SanCor do Brasil Produtos Alimentícios*–; a inicios de la década de 1990 contaba con 18 establecimientos industriales y más de 5.000 empleados. Por aquellos años, se endeudó fuertemente –alcanzando una inversión de US$ 200 millones en 1999– y entonces tuvo que emprender un proceso de reestructuración a fin de reducir los costos de producción, con lo que disminuyó el número de trabajadores en un 20%. En forma simultánea, redujo el número de cooperativas adherentes por un proceso de quiebras y fusiones de estas entidades. Frente al contexto desfavorable que se inició con la recesión económica a partir de 1998, incursionó en el establecimiento de un *joint venture* con *Arla Foods* para la construcción de una planta de proteínas de suero de queso.

En 2000, *SanCor* creó una subsidiaria en Estados Unidos –*SanCor Dairy Corporation*– para posicionar sus productos, principalmente quesos. En 2001, la empresa transfirió divisas al exterior por un total aproximado de US$ 70 millones.[783] En 2004, emprendió una estrategia de alianzas con multinacionales para el mercado interno y externo. Así, estableció una alianza para la producción y distribución de productos ultrafrescos (yogures, postres, quesos crema) con la firma *Dairy Partners of America (DPA)*,[784] con el objetivo de competir con *Danone* en el mercado interno. Con relación al mercado externo, realizó un acuerdo por tres años con *Fonterra*.

En 2007, la facturación de *SanCor* en la Argentina rondó los US$ 542 millones pero la empresa informaba pérdidas por US$ 38 millones.[785] En 2008 logró finalmente reestructurar su deuda con apoyo financiero del gobierno venezolano.[786]

---

783 Basualdo, Eduardo, Nahón, Cecilia y Nochteff, Hugo (2006), *Trayectoria y naturaleza de la deuda externa privada en la Argentina: la década del noventa, antes y después*, FLACSO, Buenos Aires, p. 65. Los datos provienen de la Comisión sobre Fuga de Divisas del Congreso Nacional, 2005.

784 *DPA* es un *joint venture* creado en 2003 entre la suiza *Nestlé* y la neozelandesa *Fonterra*. Esta última firma es resultado de la fusión en 2002 de las empresas lácteas más importantes de Nueva Zelanda (las cooperativas *New Zealand Dairy Group, Kiwi Cooperatives Dairy*) y el *New Zealand Dairy Board*, organización público-privada para la exportación de lácteos. Mateos, Mónica, op. cit., p. 153.

785 Prensa Económica (2008), *Ranking de las 1.000 mayores empresas*, Buenos Aires.

786 "Sancor concluyó la reestructuración de su deuda", *La Nación*, 25 de agosto de 2008.

Mastellone Hermanos

Esta empresa fue creada en 1929, en General Rodríguez (provincia de Buenos Aires) por dos inmigrantes italianos, Antonio y José Mastellone. En los últimos años, esta firma disputó el primer lugar en ventas con *SanCor*, ha contado con 5.000 empleados y 7 plantas de producción.

En 1993, vendió una planta de leche a *Nestlé* y obtuvo financiamiento internacional a fin de desarrollar su expansión. En forma simultánea estableció una filial en *São* Paulo (Brasil) y adquirió la empresa *Leite Sol* en ese país. A partir de 1996, parte de sus acciones pasaron a propiedad del grupo francés *Danone*. Ese mismo año, con un contexto desfavorable de mercado internacional, vendió un tercio de su capital accionario al fondo de inversión *Dallpoint Investment*. *Mastellone* no logró reestructurar sus deudas y la composición empresarial pasó a ser notablemente diferente a la que presentaba a inicios de la década de 1990, por lo que *Danone* se ha visto interesado en la adquisición completa de la compañía.[787]

Su facturación de 2007 rondó los US$ 600 millones pero debió afrontar pérdidas por US$ 25 millones.

Danone

Esta transnacional de la industria alimentaria con sede en Paris (Francia) surgió en Barcelona (España) en 1919.

En la década de 1970, la compañía ingresó a los mercados brasileño y mexicano, y desde 1994 ha estado presente en la Argentina donde adquirió *Bagley* y empresas de agua mineral (como *Villa del Sur* y *Villavicencio*).[788] En 1995 suscribió un acuerdo de transferencia tecnológica con *Mastellone* y, por sucesivas operaciones, adquirió el control del 99,5% de sus productos ultrafrescos (yogures, postres, leches saborizadas, quesos crema y quesos frescos saborizados para untar),[789] obteniendo, además, el 51% de su logística en 2000. *Mastellone* pasó a abastecer a *Danone* de materia prima y ésta mantuvo la marca *La Serenísima* de

---

787 Bertello, Fernando (2009), "Confirmó La Serenísima que negocia con el grupo Danone", *La Nación*, Buenos Aires, 17 de junio.

788 Bianchi, Alejandro (1999), "Danone ya es el rey del agua mineral", *La Nación*, Buenos Aires, 17 de septiembre.

789 Bianchi, Alejandro (1999), "Danone se extiende en La Serenísima", *La Nación*, 25 de enero.

la mayoría de productos, aunque también introdujo productos con su marca mundial (*Danonino, Danette* y *Actimel*).

La empresa ha presentado una capacidad financiera y productiva que supera ampliamente a las de las firmas locales. Según datos de 1998, *Danone* tenía a nivel mundial una facturación de US$ 14.000 millones, contrataba 80.000 empleados y poseía unas 300 plantas de producción. En 2007, su facturación en la Argentina ascendía a US$ 480 millones con ganancias de 27 millones.[790]

Nestlé

Esta compañía de origen suizo fue fundada en 1866 y se convirtió en el siglo XX en la mayor transnacional alimentaria del mundo. Su presencia en la Argentina data de fines del siglo XIX como importador de productos y recién en 1931 instala su primera fábrica. A finales de la década de 1990, era la primera firma láctea de América Latina, siendo sus subsidiarias principales las ubicadas en Brasil y México.

En la Argentina, *Nestlé* inauguró su primera fábrica en el país en la década de 1930. La firma no ha comercializado leche fluida en el país y se ha especializado en leches en polvo especiales, leche condensada y postres.[791] A fines de la década de 1980 encaró una política de crecimiento y diversificación de productos adquiriendo, en 1989, la empresa *Mendizábal* (quesos marca *Mendicrim*). Con posterioridad, la empresa adquirió la firma *Quelac* (quesos para untar marca *Adler*) y las empresas de helados *Laponia* y *Noel*. No obstante, en estos productos, las otras transnacionales alimentarias –como *Danone* y *Kraft Foods*– han desarrollado políticas de fuerte competencia. En 1997, tras un escenario de resultados negativos, *Nestlé Argentina* vendió *Adler* a *Bongrain*. En 2001 concretó un *joint venture* con *Fonterra* –denominado *Dairy Partners of America* (*DPA*)– para operar en el continente americano, que –como se mencionó– cerró más tarde una alianza con *SanCor*. En 2002, vendió su planta de Nogoyá (provincia de Entre Ríos) al grupo *Boglione*, de capitales nacionales, comercializando leche en polvo con la marca *Purísima*.

---

790 Prensa Económica (2008), *Ranking de las 1.000 principales empresas*, Buenos Aires.

791 Además de los productos lácteos, *Nestlé* comercializa *Nescafé* (café instantáneo), *Purina* (alimentos para mascotas), *Maggi* (sopas en polvo y caldos) y *Nestlé Pureza Vital* (agua mineral).

En 2007, presentó documentación a la ONCAA para el cobro de compensaciones de sus proveedores tamberos por un valor mensual de 15 millones de litros. Como clara continuidad de la articulación de los intereses terratenientes con el capital extranjero, dos establecimientos fundados en 1855, el tambo *El Broquel* (1 millón de litros mensuales) y la *Estancia La Dorita* (alrededor de 2 millones de litros mensuales) –en conjunto unas 12.000 hectáreas ubicadas en Carlos Casares (provincia de Buenos Aires) y propiedad de Héctor, Hugo y Jorge Biolcati– fueron sus principales proveedores.[792]

Ese mismo año, la facturación de *Nestlé* en Argentina alcanzó los US$ 369 millones. Sin embargo, el poderío de la compañía debe considerarse en términos globales: su facturación a nivel mundial alcanzó los US$ 96.850 y 105.800 millones en 2006 y 2007 respectivamente y la ganancia después de impuestos fue de 9.688 millones y 11.196 millones para iguales períodos.[793]

En 2008, la empresa contaba con 8 establecimientos industriales –ubicados en las provincias de Santa Fe, Córdoba y Buenos Aires– y 2.197 empleados.

Parmalat

Esta empresa surgió en 1961 en la localidad de Collechio, cercana a la ciudad de Parma, en la región de Emilia Romagna, al norte de Italia. Se instaló en Brasil en la década de 1970 y era conocida por ser líder mundial en el mercado de leche ultrapasteurizada. En la Argentina, la empresa ingresó en 1992 mediante un acuerdo con *La Vascongada* y al año siguiente compró esta empresa de capital nacional. En 1998, *Parmalat* adquirió *Lactona* (yogures marca *Gándara)* y comenzó a posicionarse en el mercado de ultrafrescos. Para el año 2000, las ventas en América del Sur representaban el 27% de sus ventas.

---

792 Hasta 2004 ambos establecimientos formaron una única sociedad; a partir de ese año *El Broquel* quedó en manos de Héctor Esteban Biolcati y *La Dorita* pasó a estar controlada por Hugo Luis y Jorge Alberto Biolcati. Hugo Luis ha sido dirigente de la Sociedad Rural Argentina: entre 2002 a 2008 se desempeñó como vicepresidente y en 2008 asumió la presidencia de esa entidad. Véase Infomedia Producciones (2008), "Quien es quien. La Dorita y El Broquel", *El Federal*, núm. 230, Buenos Aires, 2 de octubre, pp. 40-41.

793 Infomedia Producciones (2008), "Quien es quien. Nestlé", *El Federal*, núm. 220, Buenos Aires, 24 de julio, pp. 40-41.

No obstante, la vertiginosa expansión de la compañía no se correspondía con su estado financiero real. Esta situación la llevó a la quiebra sobre el fin de 2003, en medio de un escándalo.

¿Qué había ocurrido para este desenlace? En 1990, *Parmalat* había comenzado a operar en la Bolsa de Milán y en 2003 salió a la luz que el *holding* estaba fuertemente endeudado en unos 11.000 millones de euros. De inmediato cayó el valor de las acciones de la compañía. La compañía italiana disimulaba su situación mediante malversaciones contables, falsos balances, beneficios ficticios y todo tipo de acciones fraudulentas. El resultado fue que más de 100.000 pequeños inversores perdieron sus ahorros. Los bancos implicados –*Citigroup*, *Bank of America*, *Morgan Stanley*, *Deutsche Bank* y *Crédit Suisse*– no reconocieron ningún tipo de responsabilidad por las pérdidas de los bonos de *Parmalat* y en 2011 fueron absueltos por la justicia italiana. Ese mismo año, la empresa pasó a estar controlada por la compañía francesa *Lactalis*.[794]

En 2004, la empresa es adquirida en Argentina por el grupo *Tasselli* –empresario vinculado a rubros no alimentarios que pasó a estar acusado por el vaciamiento de *Yacimientos Carboníferos Fiscales* y de recibir millonarios subsidios estatales a partir de 1994– y pasó a denominarse *Compañía Láctea del Sur*.[795] Luego, en 2005, pasó a convocatoria de acreedores por unos US$ 60 millones. A partir de entonces, el plantel de la firma en la Argentina se redujo de 1.200 a 400 trabajadores y no se abonaron las deudas de la compañía con unos 25 tamberos y 4 transportistas. Recién en 2008 se determinó declarar el estado de quiebra mediante un dictamen jurídico que permitía abonar las deudas y pagar al personal. En 2009, como parte del remate de la *Compañía Láctea del Sur*, la fábrica de *Gándara* pasó a capitales chinos.[796]

---

794 Para más datos de la historia de este fraude, véase Gómez-Álvarez, David y González, Verónica (2007), "La leche es blanca pero no transparente. Parmalat, breve recuento de un gran fraude", *Biblioteca Jurídica Virtual de la UNAM*, Guadalajara, visible en: *biblio.juridicas.unam.mx/libros/5/2456/5.pdf [Consultado: 23 de enero de 2011].*

795 "El grupo Tasselli concretó la compra de Parmalat Argentina", *La Nación*, 18 de diciembre de 2004.

796 Sainz, Alfredo (2009), "El dulce de leche Gándara será chino", *La Nación*, 9 de octubre.

Milkaut

Sus orígenes están vinculados a la creación de una cremería en 1926 por parte de la Asociación Unión Tamberos Cooperativa Limitada de Franck (provincia de Santa Fe), que en aquel entonces nucleaba unos 29 integrantes. Desde 1936 pasó a operar con la marca *Milkaut*. En 1995 se constituyó como sociedad anónima, manteniendo la cooperativa de tamberos el porcentaje mayoritario de las acciones. No obstante, el capital extranjero comenzó a participar del paquete accionario con un 30% de capitales pertenecientes a *MBA* (fondos de inversión norteamericanos) y un 2% de la *Corporación Financiera Internacional* (subsidiaria del *Banco Mundial*) desde 1996. En 2000 empezaron a participar los fondos de inversión *Latcap* y *Patagonia*. En 2001, ante condiciones adversas en el plano interno y externo, se planteó la posibilidad de una fusión con *SanCor*, pero finalmente no se concretó. En 2005 se incorporó la participación accionaria de *Vialat* de *Bethia Group* de Chile.[797] En 2006, el grupo francés *Bongrain* adquirió las acciones de *Vialat* y de este modo se incorporaron las marcas *Adler* y *Santa Rosa*. Los ejercicios económicos de 2003, 2004 y 2005 arribaron a facturaciones de US$ 64 millones, US$ 63 millones y US$ 91 millones respectivamente. A pesar de ello, mientras en 2004 obtuvo ganancias aproximadas de US$ 4 millones, en 2003 las pérdidas se estimaron en US$ 22 millones.[798] En 2011, *Milkaut* fue absorbida en su totalidad por capitales franceses del *Groupe Soparind Bongrain*.

Williner (productos Ilolay)

Esta empresa fue fundada en 1928 en Bella Italia (provincia de Santa Fe). Desde sus orígenes, su abastecimiento se realizó, en parte, mediante tambos propios. En 1941, ante la muerte de su fundador, pasó a ser denominada como *Sucesores de Alfredo Williner*. En 1978 adquirió la empresa láctea *Victorio y Esteban de Lorenzi Limitada*. A diferencia de las restantes firmas de capital local, no presentó problemas de endeu-

---

797 A su vez, en mayo de 2007 *Danone* adquirió el 70% de *Vialat* en Chile.
798 Para más datos de la compañía, véase Infomedia Producciones (2008), "Quien es quien. Milkaut", *El Federal*, núm. 191, Buenos Aires, 3 de enero, pp. 40-41; "Llegan más franceses y hay ruido en el negocio lácteo", en: *iEco*, Buenos Aires, 21 de enero de 2011.

damiento y no se integró con capitales foráneos.[799] En 2007, sus ventas anuales alcanzaban los US$ 157 millones y obtenía ganancias por US$ 2,3 millones.[800]

¿Qué pasó en la producción primaria mientras ocurría este fenomenal proceso de incremento productivo y de intensificación tecnológica en un contexto de acentuación de la concentración y la transnacionalización?

Aunque existen varias estimaciones, se puede considerar que el número de explotaciones lecheras disminuyó un 50% en el período 1988-2002, pasando de 30.500 a 15.250 tambos.[801] Mientras, las explotaciones crecieron en promedio, pasando los rodeos lecheros de 66 vacas/tambo a 131 vacas/tambo y se incrementó la producción diaria/promedio por explotación de 544 a 1.532 litros.[802]

Por una parte, este resultado fue producto de la desregulación de las relaciones entre la producción primaria y las firmas industriales, fijándose los acuerdos entre ambos sectores exclusivamente por las condiciones del mercado. De esta manera, las grandes empresas lácteas que han controlado oligopólicamente el mercado marcaron las tendencias de los compromisos y los precios pagados al productor. A la vez, el establecimiento de compensaciones para las grandes usinas para que no aumentasen los precios internos no llegó hasta todos los productores primarios.[803] Esta situación se contrapone con los sistemas de los principales países productores en donde los precios han sido fijados con acuerdos que han implicado subsidios (como en la Unión Europea) o estableciendo sistemas de precios (como en Estados Unidos, Australia y Nueva Zelanda). Por otro lado, la desaparición de los tambos estuvo influida en forma directa, tanto por el avance de la agricultura –y, en particular, del cultivo de soja–, como por la tendencia a la expropiación de unidades que arroja el régimen capitalista de producción debido a la competencia intercapitalista y a su lógica concentradora de la producción.

---

799 Infomedia Producciones (2007), "Quien es quien. Williner", *El Federal*, núm. 189, Buenos Aires, 20 de diciembre, pp. 40-41.
800 Prensa Económica (2008), *Ranking de las 1.000 principales empresas*, Buenos Aires.
801 Es decir, un proceso de concentración superior al del conjunto de explotaciones agropecuarias que rondó el 25%.
802 Mateos, Mónica, "La industria láctea: heterogeneidad estructural y comportamiento tecnológico", op. cit.
803 Hierro, Gustavo (2007), "La leche hace agua", *El Federal*, núm. 176, Buenos Aires, 20 de septiembre, pp. 34-37.

En síntesis, la configuración reciente del núcleo dominante de la industria es con claridad diferente de la que arriba a 1976: una notable presencia de capitales extranjeros a través de adquisiciones, inversiones o alianzas, un importante aumento de su capacidad de procesamiento y modernización, y una fuerte inserción exportadora de las firmas. Cabe resaltar que en algunos períodos específicos, como durante la dictadura militar (1976-1983) y los inicios de la década de 1990, las importaciones también jugaron un papel destacado en torno a la competencia con la industria local. Como resultado de esta intensificación de la competencia, se desarrolló una mayor incorporación tecnológica (fundamentalmente foránea), y se registraron aumentos de escala e incrementos en la producción y la productividad. El correlato en la faz social fue el perjuicio de numerosos pequeños productores primarios que debieron salir de la actividad, se afectó la vida laboral de las pequeñas y medianas empresas industriales, e incluso la suerte de los trabajadores de las grandes empresas estuvo signada por los vaivenes que sufrió la industria local.

Las industrias del complejo oleaginoso

Al comenzar el siglo xx, la producción de aceites comestibles –que por aquel entonces provenían sobre todo de maní, nabo, girasol– no superaba las 4.000 toneladas. La Primera Guerra Mundial (1914-1918) ofreció un contexto de incipiente sustitución de importaciones y la producción ascendió a unas 10.000 toneladas en esos años, y pasó luego a aproximadamente unas 20.000 toneladas hacia 1929. Además del escenario bélico, otros dos factores intervinieron en forma concomitante en producir este crecimiento: a) el impacto de la inmigración en el mercado interno y la adopción de la pauta del consumo de aceite sustituyendo a la grasa animal, y b) el aumento del área sembrada con plantas oleaginosas.
La distribución geográfica de esta industria se concentró con preferencia en la región pampeana. Para 1914 funcionaban en la Argentina unas 22 plantas de fabricación de aceite, 12 de las cuales se instalaron en la ciudad de Buenos Aires. El número de empleados de esa industria ascendía a 470 obreros, por lo que, en general, se trataba de una industria más bien rudimentaria.

Hasta 1930, el 70% del consumo doméstico de aceites en Argentina era provisto mediante importaciones; avanzada la década, la producción nacional pasó a abastecer el 80% de ese consumo. El censo de 1935 demostró que el número de establecimiento había ascendido a 61, con unos 2.200 trabajadores ocupados.[804]

A pesar de esta expansión industrial, hasta mediados de la década de 1960 la producción y la exportación de aceites vegetales se ubicaron en una posición secundaria respecto de otros bienes agropecuarios. Por entonces, en la región pampeana sólo se destinaban al cultivo de oleaginosas unas 750.000 hectáreas, destacándose las producciones de girasol y de lino, y siendo la soja un cultivo marginal. Los mercados externos absorbían muy poco de lo producido, por lo que el destino era principalmente el consumo local.

Al iniciarse la década de 1970, la soja comenzó su vertiginosa expansión. El incremento de este cultivo acompañó la expansión de la frontera agrícola, la adopción de nuevas prácticas (en base al doble cultivo) y el desplazamiento de otras producciones. El resultado fue un crecimiento exponencial de la producción agrícola y la especialización en la soja que –acompañada por el girasol– se convirtió a partir de la década de 1980[805] en el principal grano oleaginoso, industrializándose en forma nacional –hacia los años noventa– un 70% de la producción de soja y un 80% del girasol.[806]

Este crecimiento provocó también un gran dinamismo en las agroindustrias de oleaginosas y tuvo como causa fundamental los incrementos en la demanda de estos productos a escala mundial, siendo el mercado externo el principal destino de la producción.

Tanto las empresas nacionales como las transnacionales han intervenido en el proceso de fabricación de aceite y *pellets*[807] con tecnologías

---

804 Ortiz, op. cit., pp. 285 y 484-486.

805 Gutman, Graciela y Feldman, Silvio, "Subsistema aceites vegetales", en Gutman, Graciela y Gatto, Francisco (comps.), op. cit., p. 121.

806 Bisang, Roberto y Kosacoff, Bernardo (1992), *Exportaciones industriales en una economía en transformación: las sorpresas del caso argentino, 1974-1990*, CEPAL, Buenos Aires, p. 28.

807 Gutman, Graciela, Lavarello, Pablo y Cesa, Verónica (2006), "Las industrias oleaginosas en la Argentina", en Ghezán, Graciela, Acuña, Ana María y Mateos, Mónica, *Estrategia y dinámica de la innovación en la industria alimentaria argentina*, Astralib, Buenos Aires, p. 179. "Los principales productos que se obtienen del procesamiento de los granos oleaginosos son, según su importancia económica, harinas para la elaboración de alimentos para animales y aceites para consumo humano. El procesamiento industrial da lugar, asimismo, a otros subproductos alimenticios y no alimenticios. Entre ellos se encuentran, con mercados más restringidos, pero dinámicos: a) lecitina de soja usada como aditivo para otros alimentos (margarinas, galletitas, chocolates, suplementos dietéticos, leche en polvo), como alimentación animal y en productos como cosmética y tinta; b) grasas vegetales que responden a los más altos estándares internacionales, incorporando elevadores y terminales portuarias para el embarque hacia los mercados externos. El nivel tecnológico de estas industrias ha estado dado por equipos importados que han sido similares para los distintos granos oleaginosos, por lo que no es un elemento definitorio para la entrada o permanencia en el sector. El aspecto que ha constituido una barrera para la incorporación de nuevas empresas competidoras ha sido la escala de los capitales, dado que se ha promovido la reducción de costos a partir de la instalación de grandes plantas para ampliar los márgenes que se obtenían en la comercialización internacional.

La provisión de tecnología ha estado fuertemente concentrada en un reducido número de compañías especializadas en el desarrollo de ingeniería de plantas aceiteras (la belga-francesa *De Smet*, la estadounidense *Crown* y la alemana *Bühler*) y un puñado de fabricantes de equipos de refinación (la estadounidense *Alfa Laval*, la mencionada *De Smet* y la alemana *Westfalia*).[808] Esta situación no sólo ha sido producto de la competitividad de estas compañías a nivel internacional sino también el resultado de la ausencia de una política definida hacia el desarrollo de una industria fabricante de equipos nacionales y el carácter dependiente del país. La asociación subordinada al capital imperialista de las clases dominantes locales explica este escenario en que se produce una permanente transferencia de recursos que pudieran contribuir al fortalecimiento del aparato productivo local, al afianzamiento de una industria nacional de equipos y tecnología, y a la reducción de costos.

Como se verá con mayor detalle en el capítulo 6, la fuerte orientación exportadora del complejo ha sido uno de los mayores generadores de divisas de la economía argentina del período 1976-2008. Mientras que en el trienio 1974-1976 las exportaciones de aceites promediaron los US$

---

hidrogenadas, usadas como componentes de distintos productos (galletitas, panes, helados, dulces, chocolates), o para mercados artesanales como confiterías y panificadoras; c) la harina desgrasada, usada como ingrediente en panificación, masas, productos cárnicos, cereales, bebidas, etc.; d) proteínas de soja aisladas utilizadas especialmente como aditivos para embutidos de carne; e) derivados de soja para la alimentación humana (salsas, leche de soja, bebidas).
En sus usos no alimenticios, para la industria química, los aceites y grasas vegetales tienen características similares al petróleo y se pueden utilizar para plásticos, adhesivos, solventes, lubricantes y otros productos. Otro derivado con importante potencial de desarrollo es el biodiesel."

808 Gutman, Graciela (2000), *Trayectoria y demanda tecnológica en el MERCOSUR ampliado. El caso de oleaginosas: soja y girasol*, PROCISUR/BID, Montevideo, p. 65.

225 millones, al iniciarse la década de 1980 superaban los US$ 700 millones y para el trienio 1988-1990 alcanzaba los US$ 2.200 millones. En cuanto a los volúmenes de los productos, la evolución fue desde 800 mil toneladas de aceite y 1,6 millones de toneladas de subproductos al iniciarse la década de 1980, hasta alcanzar los 2,2 millones de toneladas de aceite y los 7,7 millones de toneladas de subproductos al inicio de la década de 1990.

La dinámica del complejo a nivel nacional ha estado atravesada por las mismas tendencias a la concentración y la transnacionalización prevalecientes a nivel global, por lo que, en general, los grandes *traders* internacionales han disputado en forma activa para ganar mayor participación en el mercado. En la Unión Europea y Estados Unidos, las tres mayores empresas de *crushing* –*Cargill*, *Bunge* y *ADM*– han concentrado en el período en que se focaliza este estudio entre el 75% y el 80% de la producción. En Argentina, el proceso concentración ha sido bastante inferior (las tres primeras –*Cargill*, *Bunge* y *Dreyfus*– han reunido en los últimos años alrededor de un 40%) y los primeros lugares en el *ranking* han sido disputados por grandes empresa de origen estadounidense, europeo y de gran burguesía local.[809]

Examinemos pues cómo alcanzó el complejo agroindustrial oleaginoso estas características recientes en el período que va de 1976 a 2008.

Al iniciarse la dictadura del general Jorge Rafael Videla (1976-1981), existían en Argentina unos 100 establecimientos que elaboraban aceites vegetales, cuya fuerza de trabajo empleaba unas 6.000 personas, entre personal administrativo y obreros. Estas fábricas aceiteras se dividían entre aquellas que producían aceites comestibles (de girasol, maní, soja, oliva, maíz, algodón, germen de trigo y pepita de uva), que representaban el 80% de los establecimientos, y las que producían aceites industriales (de lino, tung y tártago), que participaban del 20% restante. Los buenos resultados alcanzados en las cosechas de girasol, soja y maní otorgaron a la producción de aceites comestibles un volumen de 490 mil toneladas, mientras que los aceites no comestibles rondaron las 123 mil toneladas.[810] Por entonces, los aceites de girasol destinados con preferencia al mercado interno predominaban sobre el resto y los aceites de soja recién arrancaban su tendencia ascendente, superando levemente a la producción de aceites de maní (Gráfico 4).

809 Gutman, Graciela, Lavarello, Pablo y Cesa, Verónica, "Las industrias oleaginosas en la Argentina", op. cit., pp. 178 y 184.
810 Consejo Técnico de Inversiones (1976), op. cit., núm. 15, p. 377.

Gráfico 4. Argentina: producción de los principales aceites comestibles y no comestibles, en miles de toneladas. Años 1970-1979.

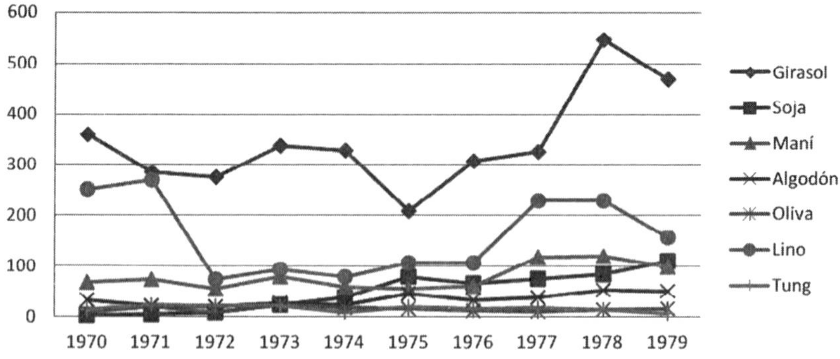

Fuente: Elaboración propia sobre la base de datos del INDEC y de la Cámara Gremial de Fabricantes Refinadores de Aceites Vegetales.

Hacia 1978, era notoria la disminución de establecimientos, correspondiendo a la desaparición de un 30% de los existentes en 1976. El sector estaba compuesto por 69 establecimientos y liderado por tres firmas, cuyas plantas acreditaban una capacidad de producción diaria superior a las 1.000 toneladas: la transnacional *Molinos Río de la Plata* (de *Bunge & Born*) y las nacionales *Vicentín* y *SASETRU*. Un pelotón de empresas de importancia secundaria seguía a este grupo y estaba orientado principalmente a la producción de aceites comestibles para el mercado interno: *Aceitera Chabas, Indo Safra, Aceitera General Deheza, Compañía Swift de La Plata, Oleaginosa Río IV, Compañía Aceitera Argentina, Santa Clara, Ybarra,* la estadounidense *Refinerías de Maíz* (parte del grupo *Corn Products International*), *Valdivia, Asociación de Cooperativas Argentinas* y *Patito*.[811]

A partir de allí, la producción aceitera comenzó una tendencia al crecimiento constante y a la transnacionalización industrial, abandonando la dinámica errática que tenía hasta entonces, aunque las exportaciones continuaron todavía con un comportamiento dispar. La decisión gubernamental de liberar la exportación de semillas oleaginosas en la campaña 1977-1978 generó los incrementos de ventas de materia prima al exterior y la inquietud de la industria aceitera nacional frente a las dificultades para conseguir abastecerse en forma adecuada. Por el contrario, en ese contexto los países de la CEE aplicaban subsidios a la producción comunitaria y aranceles de importación de aceites para favorecer la ocupación de sus industrias.

811 Consejo Técnico de Inversiones (1978), op. cit., núm. 17, p. 421.

En 1979, en el marco de un escenario de incremento de la producción de maní y soja, la industria local continuó afectada por la eliminación de los derechos de exportación para las semillas oleaginosas. Un hecho que permite visualizar el impacto de esta medida fue el cese de actividades de una gran empresa local: la *Compañía Aceitera Argentina*.

En 1981, la producción de aceites comestibles se ubicó por debajo de la registrada en los años anteriores, cayendo a 591 mil toneladas respecto de las 870 mil toneladas de 1980. Este escenario fue consecuencia de la disminución del maní y del girasol en la cosecha de 1980-1981 y de la exportación de 2,2 millones de toneladas de semillas de soja. Esa campaña se concretó con la instalación de un nuevo establecimiento de producción de aceites de girasol y lino de *Cargill* en Quequén (provincia de Buenos Aires), con una capacidad de 600 toneladas diarias de semillas. Además, la compañía francesa *Continental* construyó una nueva planta para procesar semillas con la posibilidad de concretar las 800 toneladas diarias de aceites crudos en Chivilcoy (provincia de Buenos Aires), realizando una inversión de US$ 25 millones.

En 1983, la producción de aceites comestibles alcanzó un nuevo récord: 1,1 millón de toneladas, mientras que la de aceites vegetales no comestibles rondó las 230 mil toneladas. Por su parte, el consumo interno se mantenía en el orden de las 320 mil toneladas anuales, presentándose condiciones para la expansión de las exportaciones.

Dada la presión del alza de los valores internacionales de semillas oleaginosas y de aceites, se adoptaron medidas de control de precio. Sin embargo, la dictadura del general Reynaldo Bignone, poco antes de dejar el gobierno, permitió trasladar a los precios de venta los costos de la materia prima básica.

En el caso de las posibilidades de exportación, los países europeos occidentales nucleados en la CEE señalaban que las exportaciones argentinas de harina de soja estaban subsidiadas. Dado que éstas no gozaban de subvenciones o de créditos a tasas preferenciales, la acusación resultaba falaz y arbitraria y estaba dirigida a conseguir la aplicación de medidas restrictivas a las importaciones que procedían de nuestro país. De esta manera, los países europeos de capitalismo avanzado utilizaban restricciones a la libertad de comercio cuando esa producción resultaba competitiva con su producción local y esgrimían esa libertad como postulado cuando su interés giraba en la penetración económica de sus mercancías en terceros países.

A partir de 1985, la industria aceitera operó en el marco del congelamiento de precios que impuso el Plan Austral y de derechos de exportación que iban del 10 al 16%, tanto para los aceites refinados envasados como para los aceites crudos a granel, por lo que no había claros incentivos para la promoción de exportaciones con mayor valor agregado. Debido a esto, la Cámara de la Industria Aceitera de la República Argentina

(CIARA) reclamó, sin encontrar respuesta favorable, la disminución de las altas retenciones. Por entonces, los principales destinos de los aceites argentinos eran la URSS, Holanda, India, Irán, Cuba y Sudáfrica.[812] Como se ve, en este rubro las exportaciones agroalimentarias argentinas tenían otra vez como comprador preferencial a la Unión Soviética (aunque luego se verán interrumpidas de manera abrupta por la crisis que atravesó esa economía) y tuvieron como contrapartida el incremento de la adquisición de equipos industriales y manufacturas, el acuerdo para la participación de los soviéticos en la remodelación del puerto de Bahía Blanca, proyectos hidroeléctricos y termoeléctricos, y la firma de convenios pesqueros favorables a esta superpotencia.[813] Más allá de estos acuerdos económicos, de la continuidad de las relaciones trazadas en el mismo sentido por la dictadura militar iniciada en 1976, el gobierno no conseguiría un importante objetivo político: el reconocimiento por parte de Moscú de la soberanía argentina sobre las Islas Malvinas.[814]

En la campaña agrícola 1986-1987 se registró un fracaso de la producción de semilla de girasol, por el doble efecto de la disminución del área sembrada y la caída verificada en los rendimientos promedios. De todos modos, el mercado interno fue plenamente abastecido, aunque por primera vez en la historia argentina se registró un fenómeno que no tardaría en hacerse una constante inalterada 10 años después: la producción de aceites de soja superaba a la de aceites de girasol (Gráfico 5). Por otra parte, en el mercado externo, el gobierno de Estados Unidos impuso trabas a las exportaciones argentinas bajo la acusación de ser una producción subsidiada. Al respecto conviene añadir que al capital imperialista norteamericano, al igual que sus pares europeos, no le basta capturar los mercados desde dentro –dado que una multinacional norteamericana como *Cargill* se encontraba por entonces a la cabeza del procesamiento y de la exportación de aceites–, sino que limitan incluso aquellas producciones que resultan competitivas con las realizadas en las metrópolis, extrayendo jugosas ganancias de estas relaciones

---

812 Consejo Técnico de Inversiones (1985), op. cit., núm. 24, p. 384.

813 "Venta de granos a la URSS", *Clarín*, 30 de enero de 1986, p. 3; "El canciller delineó la política exterior y firmó acuerdos con Moscú", *Clarín*, 30 de enero de 1986, pp. 2 y 3; Rapoport, Mario (1988), "La posición internacional de Argentina y las relaciones argentino-soviéticas", en: Perina, Rubén y Russell, Roberto (comps.), *Argentina en el mundo, 1973-1987*, GEL, Buenos Aires, pp. 188-190.

814 "Hacia nuevas formas en el comercio con la URSS", *La Nación*, Buenos Aires, 16 de octubre de 1986, p. 3; "Se profundiza la relación con la URSS", *La Nación*, Buenos Aires, 17 de octubre de 1986, p. 1; Rapoport, Mario (1987), "El viaje de Alfonsín a la Unión Soviética y el conflicto de Malvinas", *América Latina Internacional*, vol. 4, núm. 11, pp. 88-91.

desiguales a escala mundial, en las que sus orientaciones resultan dominantes. Sólo en función de las conveniencias de sus negocios globales, y una vez garantizadas las amplias ventajas como capital monopolista, aceptan la concurrencia en su propio mercado interno de las exportaciones de los otros imperialismos y de los países dependientes.

A fin de incentivar la producción, el 20 de julio de 1987 el gobierno de Alfonsín decidió eliminar las retenciones a las exportaciones de aceites y reducir las de semillas de soja y girasol a un 11% y un 10% respectivamente. De esta manera, las exportaciones de aceites vegetales pasaron a estar a la cabeza de las exportaciones de MOA en 1984 y para el período 1988-1989 registraban una participación del 47% de las ventas en dólares.

En 1989, la comercialización de los aceites comestibles se vio afectada por efecto de la disminución del poder adquisitivo de los salarios, debida a la experiencia hiperinflacionaria. Aquí se registraron –como en diversos momentos de deterioro de la situación económica de la población– cambios en la composición de los aceites de venta al público, aceptándose en el consumo masivo una mayor proporción de los aceites de mezcla. Los aceites vegetales industriales vieron reducida su demanda ante la caída de la demanda de los productos vinculados (pinturas, pomadas y ungüentos farmacéuticos, jabones y cosméticos).

Gráfico 5. Argentina: producción de los principales aceites comestibles y no comestibles, en miles de toneladas. Años 1984-1992.

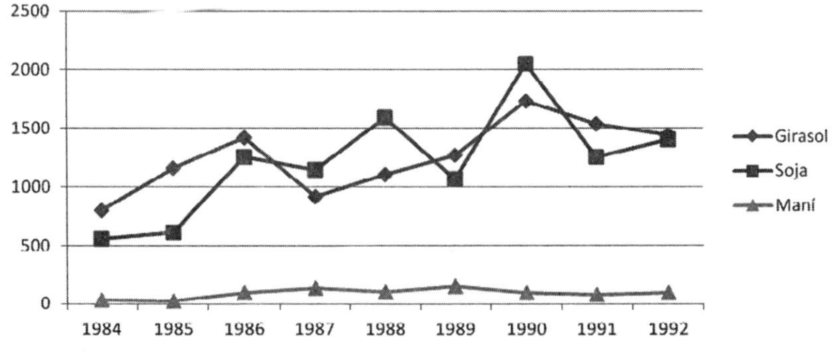

Fuente: Elaboración propia sobre la base de datos del INDEC y de la Cámara Gremial de Fabricantes Refinadores de Aceites Vegetales.

La presidencia de Carlos Menem inauguró por aquellos años un nuevo escenario para el complejo agroindustrial al reducir los aranceles a la exportación y liberalizar el mercado de cambios. De esta forma, los precios internos pasaban a estar vinculados a los precios internacionales y la JNG perdía su carácter regulador de la comercialización del sector antes de su desaparición.

En 1991, las ventas externas se resintieron de los resultados alcanzados por Estados Unidos en su política de subsidios a las exportaciones a través del Programa de Apoyo a las Exportaciones y su concreción de operaciones con países clientes de la Argentina (como las realizadas con México, Argelia, República Dominicana, Venezuela y Turquía). En igual sentido, la CEE desarrolló una política similar. Finalmente, la desaparición de la JNG por medio del decreto 2284/91 profundizó la desregulación del sector por parte del Estado.[815]

En 1994, los efectos perjudiciales de la política de subsidios de Estados Unidos y la Unión Europea fueron atemperados por la emergencia de un nuevo comprador internacional: China. La demanda china pasó a incrementarse de 1,1 millón de toneladas a 2,5 millones de toneladas de aceites comestibles y provocó, como consecuencia, un alza del precio internacional del 25% anual, lo que alentó las exportaciones argentinas hacia la nación asiática. A partir de aquí, Argentina comenzó a posicionarse como primer exportador mundial de aceite de girasol y aceite de soja. Sin embargo, en el mercado interno los precios crecieron a un ritmo menor, entre un 5% y un 7%, debido a la competencia entre las distintas firmas para posicionar sus marcas.

En 1997, la producción de aceites comestibles alcanzaba los 4 millones de toneladas y dos empresas transnacionales lideraban la molienda: *Bunge* y *Cargill*. Esta presencia dominante, sumada a las de las firmas francesas *Dreyfus* y *Continental*, la suizo-estadounidense *Glencore,* la suizo-holandesa *Nidera* y las asociaciones entre las compañías locales –*Vicentín*, *Buyatti* y *Aceitera General Deheza* (*AGD*)– con las transnacionales, ilustra cómo el capital foráneo no sólo desnacionaliza la industria y las ganancias que produce, sino que puede controlar a su antojo el comercio exterior.

Entre los principales fabricantes de aceites comestibles para el mercado interno se encontraban: *Molinos Río de la Plata (Cocinero), Refinerías de Maíz, Arcor, Valdivia, Aceitera General Deheza (marca Natura), Vicentín, Mazola, Glencore* y *Nidera Argentina*. En 1998, Argentina logró superar en el *ranking* internacional la producción de semillas de soja de China, ocupando hasta el final del período en que se focaliza este análisis el tercer lugar como productor mundial, siendo superada sólo por Estados Unidos y Brasil.

La expansión del sector oleaginosas promovió la ampliación de los negocios de las firmas industriales a otras esferas de la economía, como la actividad portuaria y la participación en consorcios adjudicatarios de la privatización de los ferrocarriles.

---

815 Consejo Técnico de Inversiones (1991), op. cit., núm. 30, p. 359.

Cabe mencionar que el complejo oleaginoso, además, ha estado compuesto por las fábricas de hidrogenados y margarinas vegetales, así como por la industria de mayonesas. En el primer rubro se han destacado *Flora Dánica*,[816] la *Compañía Argentina de Levaduras* (*CALSA*) de capitales ingleses[817] y *Molinos Río de la Plata*. En mayonesas han participado la multinacional alimentaria anglo-holandesa *Unilever*[818] (marcas *Hellmann´s*, *Ades*, *Fanacoa* y *Ri-k*), *Flora San Luis* (marcas *Dánica* y *Mayodan*), *Mastellone* (marca *Granja Iris*), *Benvenuto* (*La Campagnola* y *BC*), la empresa *Niza* del grupo *AGD* (marcas *Manley´s*, *Natura*, *Mayoliva* y *Cada Día*), y *Benidorm*, entre las principales.[819]

En la década de 2000, las ocho mayores empresas (5 transnacionales extranjeras y 3 grandes empresas de capital local) representaban en conjunto el 85% de la capacidad instalada de molienda; eran ellas: *Cargill*, *Bunge*, *Dreyfus*, *Glencore*, *Molinos Río de la Plata* (de la local *Pérez Companc*), *Nidera*, la firma local *Vicentín* (que presta el servicio de molienda a *Cargill*) y un *joint venture* entre la argentina *AGD* y la transnacional *Bunge*. Con respecto al destino de esta producción, mientras las subsidiarias de las empresas extranjeras han estado orientadas con preferencia a las exportaciones, las grandes empresas de capital local se han especializado en el mercado interno de aceite de girasol, además de participar del procesamiento de aceite de soja para la exportación.

En 2007, la producción argentina de aceites se elevó a 8.256.000 toneladas, de las cuales el 84% ha correspondido a aceites de soja –convirtiéndose en el primer exportador mundial–,[820] seguidos por un 15% de aceites de girasol. En este último rubro argentina ha ocupado el segundo lugar como productor mundial y el primero como exportador. Se puede observar en esto el grado de especialización del complejo agroindustrial oleaginoso, en el que el resto de los aceites han participado en forma reducida del total (Gráfico 6).

---

816 Pasó, al igual que *Flora San Luis*, a asociarse en 2011 con *BRF Brasil Foods*.

817 *CALSA* fue fundada en 1952. En 1992 pasó a manos del grupo empresario australiano *Burns Philp*. En 2004, el grupo inglés *ABF* compró a la empresa *Burns Philp* sus negocios de levadura e ingredientes para panadería, así como el de hierbas y especias, dando origen a *AB Mauri*, a nivel mundial y a *AB Mauri Hispanoamérica* en la región latinoamericana.

818 *Unilever* se fundó hacia 1930 como resultado de la fusión entre la empresa *Marganine Unie* de Holanda y la empresa inglesa de jabones *Lever Brothers*.

819 *Anuario JJ Hinrichsen SA*, núm. 47, Buenos Aires, 2012, p. 13.

820 En 2007, las exportaciones de grano de soja rondaron los US$ 3.427 millones, las de aceite de soja US$ 4.408 millones y las de harinas de soja US$ 5.737 millones.

Gráfico 6. Argentina: producción anual de aceites de soja y girasol, en toneladas. Años 1993-2007.

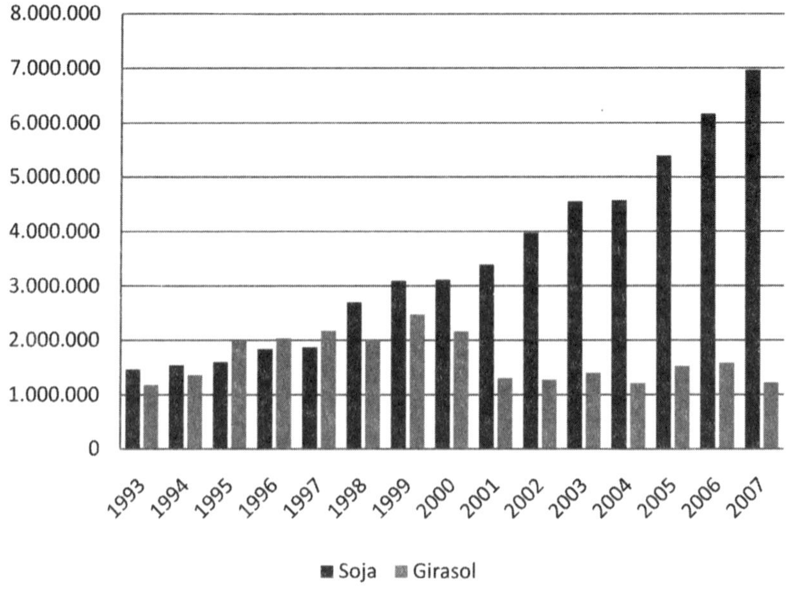

Fuente: Elaboración propia en base a datos de la Cámara de la Industria Aceitera de la República Argentina. (CIARA)

En el capítulo 6 nos referiremos a la caracterización de las principales compañías exportadoras transnacionales que operan además en el *crushing* de oleaginosas. Vayamos ahora a considerar la composición de algunas de las principales empresas involucradas en la industrialización de productos oleaginosos que actuaron en el período 1976-2008. En particular, mencionamos aquí a tres de las principales empresas de capital argentino y a una de las compañías extranjeras que accedió al sector luego de la adquisición de una de las grandes oleaginosas de la Argentina.

Molinos Río de la Plata

De similar modo que en su operatoria en la molienda de trigo, se verifican alianzas estratégicas con empresas extranjeras para ganar nuevos mercados. Durante el 2000, la empresa firmó un acuerdo de complementación industrial con *Chumak*, de Ucrania, con el objetivo de producir aceite de girasol para proveer ese mercado y otros países de la región

(Rusia, Uzbekistán, Kazajstán, Kirguistán y otros), posicionando a *Molinos* como líder en importación de aceite de girasol en esas naciones.

En 2004 estableció un acuerdo con *Corpora Tresmontes* (chilena) para la constitución de una nueva compañía denominada *Novaceites SA*, con el objetivo de unir fuerzas para participar en el mercado chileno de aceites.[821] El mismo año acordó la venta en US$ 19,3 millones de su negocio de aceite envasado en Rusia y otros países de la Comunidad de Estados Independientes bajo la marca *Ideal*. Para el aprovisionamiento de materias primas, *Molinos* estableció contratos verticales con los productores de granos de la región pampeana, pero también con productores arroceros, yerbateros y ganaderos de otras regiones a fin de asegurar su aprovisionamiento para la elaboración de alimentos industriales. Además, la empresa ha financiado a través de sus subsidiarias *Avales del Plata* y *Garantías del Plata* la producción de estos empresarios agropecuarios.[822]

Glencore Grain

Esta compañía con sede en suiza fue fundada por el magnate estadounidense Marc Rich. En 1997 ejerció la opción de compra del 51% del denominado grupo *Moreno*, adquiriendo: *Oleaginosa Moreno Hermanos, Oleaginosa Oeste* y *Sucesión Antonio Moreno*.

Moreno, por entonces, facturaba US$ 1.000 millones por año, con 4 plantas en la provincia de Buenos Aires (Bahía Blanca, Necochea, General Villegas y Daireaux). La expansión de este grupo había avanzado con fuerza en las décadas de 1970, 1980 y 1990, y presentaba una capacidad de molienda, almacenaje, producción primaria propia y contratos con acopiadores y productores. En la década de 1990 había invertido en infraestructura portuaria y ferrocarriles; en el año en que fueron vendidas sus empresas a *Glencore*, presentaba un endeudamiento que rondaba los US$ 450 millones.[823]

821 "Qué pasa", *La Nación*, Buenos Aires, 10 de septiembre de 2004.
822 Infomedia Producciones (2007), "Quien es quien. Molinos Río de la Plata", *El Federal*, núm. 176, Buenos Aires, 20 de septiembre, pp. 40-41.
823 Gorenstein, Silvia, Barbero, Andrea y Estrada, María Emilia (2005), "Nuevos actores y dinámicas territoriales en el complejo oleaginoso del sur de la provincia de Buenos Aires" en Barbosa Cavalcanti, Josefa y Neiman, Guillermo, *Acerca de la globalización en la Agricultura. Territorios, empresas y desarrollo local en América Latina*, Ciccus, Buenos Aires, pp. 228-250.

Aceitera General Deheza (AGD)

Esta empresa cordobesa fue fundada por la familia Urquía en 1948. Las actividades realizadas van desde la producción oleaginosa y de granos en inmensas extensiones, los rodeos bovinos que superan las 30 mil cabezas y una granja porcina de las más grandes del país, hasta la producción de aceite refinado y mayonesa *Natura*, y los jugos de soja *So Natural*.

La compañía pasó a controlar en 1992 el ferrocarril *Nuevo Central Argentino*, uniendo Buenos Aires y Tucumán y dos servicios portuarios sobre el río Paraná: *Terminal 6 S.A.* –el mayor puerto agroexportador de América Latina, cercano a la localidad de Puerto General San Martín (provincia de Santa Fe)– y *Guide S.A.* –un *joint venture* con la transnacional *Bunge* en el puerto de Rosario (provincia de Santa Fe)–. Por su parte, estableció distintas formas de integración vertical con productores agrícolas mediante asistencia técnica, distribución de agroquímicos, fertilizantes y semillas, organización de cursos de capacitación para técnicos y productores, y realizó convenios con instituciones dedicadas a la investigación y transferencia de tecnología tales como universidades nacionales, INTA, AAPRESID y ACREA. La facturación en la Argentina de la firma en 2007 alcanzó los US$ 1.632 millones con ganancias aproximadas de US$ 28 millones, ubicándose en el décimo segundo lugar entre las mayores empresas de la economía local.[824]

Respecto de su gravitación política, los Urquía participaron de la creación de la Fundación Mediterránea, un centro de estudios e investigaciones –con sede en la provincia de Córdoba– que sirvió de apoyatura ideológica a la última dictadura militar y al gobierno de Menem.[825] Entre 2003 y 2009 se sumaron políticamente a las filas del kirchnerismo.[826]

Vicentín

Esta empresa santafecina fue fundada por la familia Vicentín en 1929. En los últimos años, se ha posicionado como una de las mayores exportadoras de aceites vegetales y subproductos de la Argentina. Además, ha

---

824 Prensa Económica (2008), *Ranking de las 1.000 principales empresas*, Buenos Aires.

825 Gambina, Julio (2010), "La Fundación Mediterránea: burguesía industrial y asociaciones corporativas: pasado y presente", *Revista Estudios*, Córdoba, núm. 23/24, enero-diciembre, pp. 91-106.

826 Krakowiak, Fernando (2008), "El rey del aceite", *Página 12*, 26 de junio.

operado en los rubros de hilados y algodón, biodiésel, agroquímicos e industria frigorífica. Ha mantenido tres plantas industriales de procesamiento de oleaginosas, dos grandes plantas de producción de biodiesél y la terminal portuaria de San Lorenzo (provincia de Santa Fe), sobre el río Paraná. En 2005, logró instalar subsidiarias del negocio oleaginoso en Brasil y Paraguay. La empresa estableció en 2007 un *joint venture* con *Glencore* denominado *Renova SA* –al cual se agregó *Molinos Río de la Plata* en 2010–[827]para la producción de biodiésel que ha conseguido exportar a la Unión Europea.[828] Ese mismo año, la facturación de la firma en la Argentina ascendía a US$ 1.184 millones.

Pero no se trata sólo de señalar el proceso de extranjerización local de las industrias oleaginosas o la manifestación de una creciente tendencia de la gran burguesía argentina a la asociación subordinada con el imperialismo. Los datos precedentes permiten discutir cuestiones referidas a las estrategias imperialistas recientes y su penetración en el agro, en el marco de la expansión de la producción capitalista de alimentos a escala planetaria.

Como ha explicado Astarita, el incremento de la industrialización y urbanización de Asia –con fuerte incidencia en las últimas décadas de China, India e Indonesia– y América Latina y la creciente proletarización de campesinos y artesanos aldeanos confluyeron en provocar un aumento en la demanda mundial de alimentos. Con ello se han revalorizado las inversiones relacionadas con la agricultura, y las multinacionales que intervienen en la exportación de granos participan también de otros negocios rentables en la cadena valor –como semillas, aceites, harinas y agroquímicos–, a la par que establecen una enorme influencia sobre los productores rurales a través de la fijación de los precios o por medio de contratos. Por otra parte, "la presión por abaratar los costos de reproducción de la fuerza de trabajo urbana –a lo que se suma la expansión de los biocombustibles–, explica que la producción en masa de alimentos siga siendo central en el capitalismo globalizado".[829] Todavía más: se ha producido una creciente integración en distintos segmentos del complejo agroalimentario de los grandes capitales a nivel mundial –circunstancia que puede observarse en la dinámica de las empresas instaladas en el

---

827 "Molinos se asocia a Glencore y Vicentín en el negocio del biodiesel", *IEco* (Suplemento de *Clarín*), Buenos Aires, 23 de abril de 2010.
828 Infomedia Producciones (2007), "Quien es quien. Vicentín", *El Federal*, núm. 180, Buenos Aires, 18 de octubre, pp. 36-37.
829 Astarita, Rolando (2010), *Economía política de la dependencia y el subdesarrollo. Tipo de cambio y renta agraria en la Argentina*, UNQUI, Bernal, p. 241.

país– que anula las demarcaciones entre lo agrario, lo industrial, lo comercial y lo financiero.

En el entramado de asociaciones de la burguesía intermediaria local con los capitales extranjeros se manifiesta un considerable incremento de la producción internacionalizada (como las realizadas entre *Vicentín* y *Glencore*, o *AGD* y *Bunge*). A todo lo dicho hasta ahora, debemos agregar que esta circunstancia se añade al fenómeno novedoso de asociación entre sí de burguesías de países dependientes que logran exportar capital (como las plasmadas por *Molinos Río de la Plata* con capitales chilenos y ucranianos). Estamos, en consecuencia, ante la base material de la descomposición del carácter nacional de las burguesías dependientes y la pérdida de relevancia de sus lineamientos y agrupamientos políticos confrontativos con el imperialismo.[830]

En los últimos años, tanto estas empresas argentinas asociadas al capital extranjero como las transnacionales imperialistas obtuvieron del Estado nacional millonarios desembolsos en concepto de subsidios para contener los precios de sus productos. Tan sólo cuatro aceiteras (*Molinos Río de la Plata*, *Molinos Cañuelas*, *Aceitera General Deheza* y *Nidera*) absorbieron entre 2007 y 2008 un total aproximado de US$ 68 millones, concentrando un 75% de lo recibido por el sector en concepto de subvenciones. Hacia 2010, y en forma contradictoria, *Nidera* recibía denuncias del gobierno por explotación de "trabajo esclavo"[831] y estaba en la mira de la AFIP por adeudar al fisco unos $ 260 millones (por entonces alrededor de US$ 82 millones).[832]

Los biocombustibles: un crecimiento a ritmo de tasas chinas

La cuestión de los biocombustibles –combustibles obtenidos a través del procesamiento de biomasa vegetal o animal– se ha instalado entre los debates del agro argentino desde hace más de tres décadas,[833] aunque

---

830 Astarita, Rolando (2006), *Valor, mercado mundial y globalización*, Kaikron, Buenos Aires, p. 218.

831 Cornejo, Jesús (2010), "Descubren un campamento de trabajo esclavo en San Pedro", *La Nación*, Buenos Aires, 30 de diciembre.

832 Montenegro, Maximiliano (2011), *Es la Ekonomía, estúpido. La historia secreta de las decisiones, trampas y falacias del kirchnerismo*, Planeta, Buenos Aires, p. 80.

833 Carrizo, Silvina, Guibert, Martine y Berdolini, José Luis (2009), "Actores y mercados de los biocombustibles argentinos: entre incertidumbre y diversificasu desarrollo en gran escala es un fenómeno reciente.[834] El impulso de la producción de bioetanol,[835] biodiésel[836] y biogás[837] expandió una línea de negocios para que el capital se valorice. Todo lo cual fue promocionado con fuerza bajo el argumento de sustituir el uso del petróleo y del gas para la producción energética, mitigando el calentamiento global y reduciendo la dependencia a estas fuentes energéticas cuyas perspectivas se consideran en paulatino descenso y futuro agotamiento.[838]

En esta producción intervienen intereses de distintos sectores económicos: las empresas petroleras y de energía, la producción primaria agropecuaria, las automotrices, los grandes *traders* cerealeros y las compañías vinculadas al desarrollo biotecnológico y de producción de insumos agropecuarios. Por lo que se vislumbra un escenario de nuevas alianzas de las transnacionales en pos de la reproducción de esta área de negocios, que algunos han dado en denominar "imperialismo bioló-

---

ción", *XII Encuentro de Geógrafos de América Latina*, Montevideo; Droulers, Martine y Carrizo, Silvina (2010), "Caminos de la innovación para la bioenergía en Argentina y Brasil", *VIII Congreso de la Asociación Latinoamericana de Sociología Rural (ALASRU)*, Porto de Galinhas (Brasil).

834 Rozemberg, Ricardo, Saslavsky, Daniel y Svarzman, Gustavo (2009), "La industria de biocombustibles en Argentina", en: López, Andrés (coord.), *La industria de biocombustibles en el MERCOSUR*, Serie Red MERCOSUR de investigaciones económicas, Montevideo, pp. 45-130.

835 El etanol es un alcohol producido a partir de la fermentación y destilación de vegetales ricos en azúcares o almidones (cereales, caña de azúcar, remolacha, entre otros).

836 El biodiésel es un biocombustible líquido que se produce a partir de lípidos naturales obtenidos mediante una reacción química entre aceites vegetales o grasas animales con alcohol metílico (metanol) o alcohol etílico (etanol) y un catalizador. Con respecto al uso de grasas animales, uno de los limitantes es su solidificación a bajas temperaturas (inferiores a los 5° C) y su alto número de cetanos. Por este motivo requieren aditivos o filtraje.

837 El biogás es un biocombustible que se genera por reacciones de biodegradación de materia orgánica.

838 En esta línea de argumentación se sostiene que estos combustibles intentarían resolver las dificultades de abastecimiento de energía. Al mismo tiempo, su impacto sobre la naturaleza del planeta se ha convertido en uno de los puntos obligados de las discusiones en materia ecológica, de seguridad alimentaria y balance energético. Se entiende por este último concepto a la diferencia entre la cantidad de energía que produce un combustible y la cantidad de energía necesaria para producirlo. Para un estudio particular del biodiésel en base a soja, véase Donato, Lidia, Huerga, Ignacio y Hilbert, Jorge (2008), "Balance energético de la producción de biodiesel a partir de la soja en la República Argentina", INTA, 6 de noviembre.

gico" por su impacto sobre el medio ambiente y los alimentos. Tras este concepto se expresa a escala global la apropiación y depredación de la naturaleza de los países dependientes en función de la valorización del capital imperialista. Esta situación incluye, por lo tanto, la expansión de monocultivos para la producción de biocombustibles, contribuyendo a poner en riesgo la biodiversidad y la soberanía alimentaria, el deterioro del suelo y de la naturaleza con altas dosis de agroquímicos, la descomposición de las formas de vida y de producción en las que se insertan las comunidades campesinas y los pueblos originarios, y el incremento de la incidencia de las grandes corporaciones transnacionales en la producción primaria.[839]

En los últimos años, los capitales estadounidenses seguidos de los europeos (principalmente daneses, alemanes y franceses) y canadienses, han marchado a la cabeza de este sector. Así afloran entre los participantes de la industria de biocombustibles distintas corporaciones que han diversificado sus negocios: las proveedoras de agroinsumos y biotecnología (como las norteamericanas *Monsanto*, *Dupont* y *Dow*, la alemana *BASF* y la suiza *Syngenta*), fabricantes de maquinaria agrícola (como la norteamericana *John Deere* asociada con *Dupont*) y grandes productoras de aceites (como las norteamericanas *ADM*, la francesa *Dreyfus* y la suiza *Glencore*). A las que hay que agregar aquellas que intervienen en la producción de enzimas y microorganismos utilizados en la elaboración de biocombustibles (como la danesa *Novozymes*, las estadounidenses *Genencor*, *Verenium*, *Codexis*, *Dyadic* y *Dupont Danisco Etanol*, la germana *AB Enzymes*, la canadiense *Iogen* y la española *Abengoa Bionenergy)*.

El entramado de alianzas que se expresa en el sector biocombustibles es una de las manifestaciones más claras de la interpenetración entre capitales de distinto origen y, a la vez, la continuidad de la rivalidad por zonas de influencia, áreas de inversión, el control de los principales avances tecnológicos, cuotas de mercados y abastecimiento de materias primas. La hegemonía global de Estados Unidos es un hecho notorio si se observa su liderazgo económico en casi todas las ramas de la producción, del comercio y de las finanzas; no obstante, en su expansión también recurre a la asociación con otros imperialismos, como el europeo, contribuyendo a atemperar los conflictos interimperialistas. En consecuencia, no se trata

---

839 Foster, John Bellamy y Clark, Brett (2005), "Imperialismo ecológico: la maldición del capitalismo", en: Panitch, Leo y Leys, Colin (comps.), *Socialist Register 2004, el nuevo desafío imperial*, CLACSO, Buenos Aires, pp. 231-250; Vizia, Claudio (2011), *¿Un Marx verde? Antropología, ecología y marxismo*, Kaicron, Buenos Aires, pp. 118-119.

de absolutizar la unidad entre las potencias, ni de eliminar los enfrentamientos entre los imperialismos, tampoco de anular las referencias geográficas, la incidencia de los bloques regionales y los marcos territoriales, sino de comprender los límites de las tensiones y las disputas en el marco de la internacionalización del capital.

Siguiendo como base el estudio de Goldstein y Gutman,[840] la caracterización de las principales empresas de biotecnología que intervienen en la producción de enzimas para biocombustibles permite observar la intensidad de la integración de estos intereses imperialistas, tanto con capitales de su propia nación (en el que sobresalen los estadounidenses), como mediante alianzas transfronterizas (como las acontecidas entre corporaciones estadounidenses y firmas europeas, o compañías estadounidenses y canadienses, o entre empresas europeas y chinas o europeas y brasileñas).

- La danesa ***Novozymes***, creada en el 2000, posee plantas en Dinamarca, Brasil, China, Australia, India, Gran Bretaña, Suecia y Estados Unidos. Entre sus empresas aliadas a nivel global para la producción de biocombustibles se destacan: *Abengoa* (española), *CTC* (brasileña), *COFCO* (china) y *Poet Energy* (estadounidense).
- La estadounidense ***Genecor*** fue creada en 1982 y adquirida por la danesa *Danisco* en 2005. En 2009 se estableció un *joint venture* entre *Danisco* y la compañía estadounidense *Dupont*, que finalmente adquirió a *Danisco* en 2011.
- La estadounidense ***Verenium*** se creó en 2007 a partir de la fusión de *Diversa* y *Cetunol*. En 2008 pasó a asociarse con *British Petroleum* y con posterioridad estableció una alianza con *Dupont*.
- ***Dydadic*** es una empresa originaria de Estados Unidos fundada en 1979. Mantiene alianzas con *Verenium*, la canadiense *Iogen*, la española *Abengoa* y el *joint venture Danisco-Dupont*.
- La española ***Abengoa Bioenergy*** cuenta con el apoyo financiero del Departamento de Energía de Estados Unidos y con subsidios de la Unión Europa, contándose entre sus socios las estadounidenses *Cargill* (empresa que instaló su primera planta de biocombustible en Argentina en 2010),[841] *Dow* y *Genecor*.[842]

---

840 Goldstein, Evelin y Gutman, Graciela (2010), *Biocombustibles y biotecnología. Contexto internacional, situación en Argentina*, CEUR-CONICET, Buenos Aires.

841 "Cargill invierte $ 450 millones y entra en el negocio de biodiesel", *La Nación*, Buenos Aires, 13 de agosto de 2010; "Cargill apuesta fuerte al diesel", *Clarín*, Buenos Aires, 13 de agosto de 2010.

842 Abengoa (2004), *Informe de Responsabilidad Social Corporativa*, Madrid, p. 32.

En diciembre de 1997, la aprobación del "Protocolo de Kyoto" –dentro de la Convención Marco de las Naciones Unidas para el Cambio Climático– estableció el acuerdo de 187 naciones para reducir las emisiones de gases de efecto invernadero que causan el calentamiento global y entró en vigor en 2005. Asimismo, instituyó la promoción del "desarrollo limpio" en el cual se enmarcó la promoción del desarrollo de biocombustibles.

No sorprende comprobar que Estados Unidos –el mayor emisor de estos gases– no haya ratificado el acuerdo, que Canadá se haya retirado en 2011 al negarse a pagar una multa por incumplimiento en la reducción de emisiones, y que otras potencias como China[843] y Rusia no presten suficiente apoyo a estos lineamientos.[844] Con respecto a este último país, la Unión Europea –en procura de acrecentar su influencia económica y asegurar sus suministros de gas y petróleo ruso– ha promovido su entrada a la OMC a cambio del apoyo del gobierno ruso al Protocolo de Kyoto y otros acuerdos energéticos.[845]

Los poderosos intereses petroleros estadounidenses (*Exxon-Mobil* y *Chevron-Texaco*) han jugado un papel decisivo en torno a la posición de este imperialismo a la vez que abren un nuevo escenario de disputa de estos capitales con los monopolios de la Unión Europea en torno a sus iniciativas ordenadoras globales y sus alardes de reducción de gases de efecto invernadero.[846] Es decir, no se trata de la oposición del capitalismo estadounidense a la inversión en otras áreas de negocios sino de diferentes estrategias y prioridades en la disputa interimperialista. Estas medidas han servido para justificar los subsidios estatales europeos

---

843 Serra, Roger (2005), "La emergencia de China: un nuevo reto para las relaciones transatlánticas", en: Barbé, Esther (comp.), *¿Existe una brecha transatlántica? Estados Unidos y la Unión Europea tras la crisis de Irak*, Catarata, Madrid, pp. 152-172.

844 Aixalá, Albert y Bermúdez, Ángel (2005), "América Latina ante la brecha transatlántica: ¿objeto o sujeto?", en: Barbé, Esther (comp.), op.cit., p. 143.

845 Escribano, Gonzalo (2009), "Geopolítica de la seguridad energética: concepto, escenarios e implicaciones para España y la UE", en Morata, Francesc (coord.), *La energía del siglo XXI: perspectivas europeas y tendencias globales*, Institut Universitari d'Estudis Europeus, Barcelona, pp. 21-48; Zapater, Esther (2009), "La seguridad energética de la Unión Europea en el contexto de la nueva política energética y el Tratado de Lisboa", en: Morata, Francesc (coord.), op. cit., pp. 49-80; Serra I Massansalvador, Francesc (2005), "Rusia, Estados Unidos y la Unión Europea: tres vértices en un triángulo de geometría variable", en Barbé, Esther (comp.), op.cit., pp. 145-158.

846 Para más datos véase Costa, Oriol (2005), "Un clima enrarecido: La Unión Europea y Estados Unidos ante el calentamiento global", en: Barbé, Esther (comp.), op. cit., pp. 83-96.

destinados a las corporaciones dedicadas a la conversión tecnológica de plantas industriales y a la promoción de nuevos negocios energéticos.[847]

Para la década de 2000, el mercado de biocombustibles ya se encontraba en permanente expansión: se preveía un crecimiento de la producción automotriz mundial y China aceleraba su producción anual a un ritmo que le permitía alcanzar en este rubro a Estados Unidos, superar a Alemania y ubicarse en el segundo puesto detrás de Japón.[848] De este modo, las diferentes empresas petroleras (como la norteamericana *Chevron*, la británica *British Petroleum*, la anglo-holandesa *Shell*, la brasileña *Petrobrás* y la española *Repsol*) han participado del negocio y las automotrices han adaptado a los biocombustibles los nuevos vehículos (como los realizados por la alianza alemana-estadounidense *Volkswagen-Chrysler* y la japonesa *Toyota*).[849]

Al mismo tiempo, el escenario internacional, luego de la invasión imperialista estadounidense a Afganistán (2001) y de la segunda invasión a Irak (2003), estuvo signado por los altos precios y la incertidumbre en torno a su abastecimiento.[850] El petróleo rondó los US$ 57 el barril en 2005 y los US$ 100 en 2008. Cuando alcanzó este último precio, su alza impactó en la suba de los principales granos con potencial para ser usa-

847 Engel, Stefan (2005), *Crepúsculo de los dioses sobre el nuevo orden mundial*, Nuestra América, Buenos Aires, pp. 488-489.

848 En 2009 y 2010, según estadísticas de la Organisation Internationale des Constructeurs d'Automobiles (OICA), China pasó al primer lugar del ranking, contabilizando una producción de vehículos de unos 14 millones y unos 18 millones respectivamente para esos años, mientras que Japón alcanzó los 8 y 10 millones, Estados Unidos los 6 y 8 millones, y Alemania (el primer productor de automóviles de la Unión Europea) se ha mantenido en esos años en una producción anual de 5,2 y 5,9 millones, respectivamente.

849 Rosa de Espirito Santo, Benedito (2006), *La agroenergía en la matriz energética*, IICA, Buenos Aires, p. 9. El autor destaca que las previsiones sobre escenarios futuros emanadas desde la *Energy Information Administration (EAI)*, del Departamento de Energía del gobierno de Estados Unidos, estimaban que el consumo mundial energético se incrementaría un 71% durante el período 2003 a 2030, pasando de 421 cuatrillones de *British Thermal Units* (BTU) a 721 cuatrillones de BTU. La expansión económica de los países asiáticos, en especial China, explicarían más de un cuarto de este crecimiento. Véase también Bravo, Elizabeth (2006), "A quién beneficia el negocio de los biocombustibles", en: *Boletín Mensual del Movimiento Mundial por los bosques*, Montevideo, núm. 12.

850 Chomsky, Noam (2005), "Verdades y mitos acerca de la invasión a Irak", en: Panitch, Leo y Leys, Colin (comps.), *Socialist Register 2004, el nuevo desafío imperial*, CLACSO, Buenos Aires, pp. 165-180; Klare, Michael (2005), "Sangre por petróleo: la estrategia energética de Bush y Cheney", en: Panitch, Leo y Leys, Colin (comps.), *Socialist Register 2004, el nuevo desafío imperial*, op. cit., pp. 207-230.

dos como biocombustibles, y este incremento, a su vez, empujó un alza de los alimentos.[851] La estrecha relación existente entre el precio del petróleo y el precio de la producción de los cultivos para biocombustibles, además de las cuestiones referidas a su oferta y su demanda, se establece principalmente por tres razones: a) el papel del petróleo como combustible para la producción agropecuaria; b) su participación como insumo agropecuario en los fertilizantes;[852] y c) porque si aumenta (o baja) el precio del petróleo, también se provoca una tendencia a la suba (o una disminución) en la producción de biocombustibles (Cuadro 2) y esto hace que tienda a aumentar (o bajar) la competencia por el uso del suelo.[853]

Cuadro 2. Evolución comparada de los precios internacionales de commodities (petróleo, maíz, soja, urea perlada, fosfato diamónico y gas natural). Años 2001-2008.

	Petróleo (US$/Barril WTI spot FOB)	Maíz (US$/tn. Chicago)	Soja (US$/tn. Chicago)	Urea perlada (US$/tn., FOB Mar Negro)	Fosfato DA (US$/tn., FOB Tampa)	Gas natural (US$/mil. De BTU)
2001	26	82	169	108	164	4,1
2002	26	90	188	142	191	3,4
2003	31	89	233	211	224	5,5
2004	42	97	277	176	222	6,2
2005	57	82	225	219	247	9
2006	66	103	221	223	260	7
2007	72	147	317	308	427	7,12
2008	100	205	454	493	967	8,92

Fuente: Márgenes Agropecuarios, núm. 285, marzo de 2009.

851 "Food Prices. The end of cheap food", en: *The economist*, 6 de diciembre de 2007.
852 En la producción de urea interviene el gas natural, el cual es un derivado de la producción petrolera y no es en sentido estricto un *commodity*. El precio del gas natural guarda correspondencia con su localización geográfica y su demanda. Véase: Arbolave, Florencia (2009), "Commodities después de la burbuja", *Márgenes agropecuarios*, núm. 285, Buenos Aires, marzo, pp. 22-23.
853 El problema de la crisis internacional y sus derivaciones en los diferentes mercados internacionales quebró la tendencia alcista en 2008. Véase Costantino, Agostina (2012), *La pampa sigue ancha y ajena. La persistencia del poder terrateniente en la región pampeana argentina en la etapa de la sojización*, FLACSO, México (Tesis de Maestría en Ciencias Sociales), p. 82.

Con respecto al bioetanol, este biocombustible representó hasta la década de 2000 alrededor del 1% del consumo mundial de combustible utilizado en los medios de transportes. Brasil, con una producción de etanol basada en caña de azúcar, fue el mayor productor hasta 2005, y en 2006 la producción de Estados Unidos de bioetanol de maíz superó a la brasileña.

La producción de biodiésel se ha desarrollado sobre la base del procesamiento de aceites de soja, palma, girasol y colza, por lo que los grandes productores oleaginosos –Malasia, Indonesia, Estados Unidos, Argentina y Brasil– emergen con posibilidades de convertirse en grandes exportadores del mercado mundial (cuyos principales importadores son China, la Unión Europea, India y Paquistán). Sin embargo, según datos de 2006, la mayor parte de la producción se realizó en Alemania, representando un 55% del total mundial, y Estados Unidos participó con un 25%, por lo que Canadá, Brasil y Argentina aún marchaban rezagados en el *ranking* internacional respecto del potencial punto de partida.

En 2005, la oferta mundial de biocombustibles alcanzó a cubrir el 5% del consumo de combustible para vehículos a nivel global. Esta expansión ha sido vertiginosa aunque las limitantes de materia prima conlleven a un desfasaje entre el desarrollo de la capacidad de producción y la cantidad producida (Gráfico 7). En países como Brasil y Paraguay ese porcentaje fue superior, dado que en el primero ha alcanzado a cubrir un 25% y en el segundo rondó el 15%.[854]

Gráfico 7. Producción actual y capacidad de producción de biodiésel en el mundo, en toneladas. Años 2002-2008.

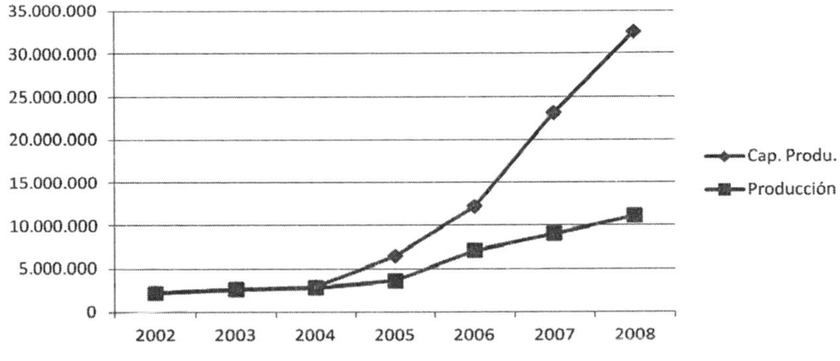

Fuente: Elaboración propia en base a datos de Global Market Survey (2010), Biodiesel 2020.

---

854 En Paraguay, la ley 2748/05 y el decreto 7412/06 establecen que la mezcla del etanol puede ser del 14 al 16%.

En la Argentina, el uso de biocombustibles tiene antecedentes que se remontan a las primeras décadas del siglo xx. Desde 1922 pueden registrarse en la Estación Experimental Agroindustrial Obispo Colombres (EEAOC) –dependiente de la gobernación de Tucumán– algunas experiencias aisladas del uso de etanol mezclado con nafta. En 1979 la EEAOC –en tiempos de la gobernación de facto del general Lino Domingo Montiel Forzano– impulsó un plan de desarrollo de biocombustible en base a la caña de azúcar, y desde 1981 se puso a la venta masiva un combustible que se denominó “alconafta”, con un corte de 12% de alcohol etílico anhidro y el resto de nafta común.[855]

En 1983 se incorporaron a dicho plan las provincias de Salta y Jujuy. En el año siguiente adhirieron las provincias de Catamarca y La Rioja, y más tarde Santiago del Estero, completando la región del Noroeste del país. A partir de 1985, otras cinco provincias, inlcuidas Santa Fe y Entre Ríos, también se incorporaron al programa. En 1987, las doce provincias consumían en conjunto un volumen de 250 millones de litros de alcohol anhidro por año. La coyuntura internacional aún era de precios bajos para el azúcar. Durante los años siguientes este escenario se invirtió, las cosechas fueron insuficientes y los precios internacionales atravesaron una fase alcista. Para complicar la situación, las compañías petroleras estadounidenses y británicas presionaron en contra[856] y el proyecto no resistió esta situación adversa y fue abandonado.[857]

En 2006, el Estado nacional promovió la producción de biocombustibles, a través de la aprobación de la ley 26.093, sancionada el 19 de abril de ese año. Esta legislación estableció beneficios promocionales –en principio por 15 años desde la aplicación de la ley– para los productores de biocombustibles. De esta manera, los proyectos de radicación de industrias de biocombustibles en la Argentina cuentan desde entonces con

---

855 “Sale al mercado la alconafta Argentina”, en: *La Nación*, Buenos Aires, 14 de marzo de 1981, pp. 11-15; Garvich, Eduardo y Pucci, Carlos (1985), *Alconafta*, Fundación del Tucumán, San Miguel de Tucumán; Soraire, Noemí (2006), “La situación de la mujer trabajadora en Tucumán en los años setenta: el caso de las obreras de la industria textil”, *Cuadernos de la Facultad de Humanidades y Ciencias Sociales*, Universidad Nacional de Jujuy, San Salvador de Jujuy, núm. 31, octubre.

856 Carrizo, Silvia (2007), “Seguridad energética y desarrollo territorial. Los biocombustibles en Argentina, perspectivas y realidades”, *I Jornadas Nacionales de Investigadores de Economías Regionales/VIII Encuentro Nacional de la Red de Economías Regionales*, UNER, Concepción del Uruguay.

857 Obschatko, Edith y Begenisic, Flory (2005), *Perspectivas de los biocombustibles en Argentina y en Brasil*, IICA, Buenos Aires, pp. 32-34.

desgravaciones fiscales referentes al IVA, el Impuesto a las Ganancias y las tasas de infraestructura hídrica. Según el artículo 8 de esta ley, para el cuarto año de su vigencia, es decir para 2010, el 5% del combustible fósil debe reemplazarse con bioetanol o biodiésel.

En este contexto se constituyeron dos entidades empresarias para la promoción y comercialización de biocombustibles: la Cámara Argentina de Biocombustibles (CARBIO) y la Asociación Argentina de Biocombustible e Hidrógeno (AABH).

La base de la producción de biocombustibles está centrada en el bioetanol de caña de azúcar y el desarrollo de biodiésel –en base a soja y girasol–, habiéndose ubicado Argentina en estos dos últimos cultivos como el tercer productor mundial en los últimos años. Debe agregarse también la incidencia de jatrophas, tártago y cártamos presentes en el norte argentino. Por otra parte, se ha añadido la posibilidad del desarrollo de bioetanol a partir del cultivo de la caña de azúcar de la región del noroeste del país (en particular en las provincias de Tucumán, Salta y Jujuy) y del maíz. En cuanto al maíz, Argentina se ha ubicado en años recientes como segundo exportador mundial y sexto productor mundial.

En 2007, se realizaron las primeras exportaciones argentinas de biodiesel: 320 mil toneladas por U$$ 268 millones, destinadas principalmente a Estados Unidos, Alemania y Países Bajos.[858] Por entonces, el país contaba con siete plantas habilitadas y cinco más en construcción donde ya podía observarse la incidencia de las grandes exportadoras transnacionales de granos y grandes empresas de capital nacional en las inversiones.

Observemos cómo operaron en Argentina las grandes potencias y sus corporaciones en el sector de biocombustibles.

Los dos mayores emprendimientos se produjeron por medio de alianzas de la gran burguesía argentina con grandes multinacionales europeas, *Renova* y *Ecofuel*. La primera fue creada en 2007 a partir de un *joint venture* entre la suizo-norteamericana *Glencore* y la local *Vicentín*, al que en 2010 se agregó *Molinos Río de la Plata*. En ese último año sus ventas alcanzaban los valores de US$ 136 millones con una ganancia por US$ 9,6 millones. Por su parte, en 2008, según información del Banco Central, recibía en Argentina créditos de la banca pública y privada extranjera por $ 139 millones (lo que equivalía en ese entonces a US$ 44 millones), de los cuales el 60% provenía del estatal *Banco de la Provincia*

---

858 IICA (2010), Programa Hemisférico en Agroenergía y Biocombustibles, *Atlas de la agroenergía y los biocombustibles en las Américas: II Biodiésel*, IICA, San José de Costa Rica, p. 23.

de Buenos Aires, el 30% del *Banco Santander Río* (predominantemente de capitales españoles) y el 10% del banco anglo-chino *HSBC*. De esta forma, apoyaba la mayor parte de su expansión con recursos nacionales que podrían haber sido dirigidos al crecimiento de ramas que contribuyeran al desarrollo industrial integrado. En este camino, la burguesía argentina se subordina a los planes de acumulación del capital extranjero y logra acompasar, desde el aparato estatal, las decisiones políticas y los marcos legales convenientes a la reproducción de estos intereses con los que se asocia. En el caso de *Ecofuel*, creada en 2006, se trata de una alianza entre la local *AGD* y la transnacional *Bunge*.

Otras de las grandes empresas extranjeras son la francesa *Louis Dreyfus* (que empezó a operar en 2008) y la chilena *Explora* (del grupo *Meck*), destacándose también las de capital local como *Patagonia Bioenergía* (fundada por la empresa agroindustrial *Cazanave & Asociados* y la firma comercializadora de gas natural y combustibles *Energía & Soluciones*) y *Unitec Bio* (grupo *Eurnekian*).

De este modo, las nuevas plantas instaladas en la Argentina en la década de 2000 significaron un aumento en la demanda de granos y la posibilidad de incrementar las ventas para los productores agrícolas[859] y las corporaciones foráneas proveedoras de agroinsumos. Pero también incentivó la participación en el negocio de las petroleras como la española *Repsol YPF* –que puso en funcionamiento un "Centro de Investigación en Biocombustibles" en 2006–, de las grandes aceiteras locales (*Vicentín* y *AGD*) y las grandes compañías extranjeras de *crushing* y exportadoras (*Bunge*, *Dreyfus* y *Cargill*).

En 2008, las exportaciones argentinas de biodiesel rondaron los US$ 1.000 millones, sobrepasando en valor a las ventas externas de carne, leche y frutas,[860] sirviendo para mejorar la acumulación de capital y expandir las ganancias de las grandes compañías que se posicionaron en el sector.

---

859 Véase por ejemplo el apoyo de la Federación Agraria Argentina a las iniciativas de producción de biocombustibles en: Rasetto, Marcelo (2006), "Es imperiosa una definición", *Clarín* (*Suplemento Rural*), Buenos Aires, 14 de enero; "Experiencia con cártamo para biodiesel en Jovita", *La Voz del Interior* (*Suplemento Campo*), Córdoba, 14 de septiembre de 2007.

860 Huergo, Héctor (2009-2010), "La hora de la verdad en biocombustibles", *Clarín Rural*, núm. 13, Buenos Aires, diciembre-enero pp. 4-9.

El mercado de cervezas

Dentro del complejo agroindustrial cerealero, también se destaca la industria de la cerveza, cuyo volumen de negocios en el mercado argentino rondó en 2008 los US$ 1.750 millones anuales de venta al público, que corresponden a unos 1.700 millones de litros anuales.

La mayor parte de los insumos utilizados –lúpulo, cebada y envases diversos– son de origen local. La producción está destinada en su mayoría al consumo interno, pero las exportaciones registradas en la década de 2000 –principalmente a través de la marca *Quilmes*– han ido en aumento.

Como se ha señalado anteriormente, en la Argentina, los orígenes de esta industria pueden rastrearse desde la segunda mitad del siglo XIX. En el inicio del siglo XX comenzó a manifestarse la tendencia a la concentración –guiada por la necesidad de valorización mediante el desarrollo de la tecnificación y la mecanización–, llevando a la acumulación y al fortalecimiento de algunas empresas y a la quiebra y desaparición de otras. Así, muchos establecimientos pioneros fueron adquiridos por dos de las grandes empresas que concentraron durante muchos años el grueso del mercado: *Quilmes* y *Bieckert*. Con el tiempo, el desarrollo de la industria permitió pasar de un nivel de 5,7 litros anuales por habitante a principios del siglo XX a un consumo nacional per cápita de 22 litros en el período julio de 1951-junio de 1952 y de 26 litros anual por habitante para el período 1975-1976.

Si se considera el período 1976-2008, el proceso de concentración fue aún mayor, acompañado por el arribo de firmas transnacionales que adquirieron las grandes cerveceras locales.

En 1976, la oferta de cervezas se concentraba en 8 firmas y la ocupación del sector rondaba las 15.000 personas. Las principales empresas eran: *Cervecería y Maltería Quilmes* (con las marcas *Quilmes*, *Palermo*, *Palermo Estrasburgo* y *Porteña*); *Bieckert* (con las marcas *Bieckert*, *Henniger* y *León de Oro*); *San Carlos* (con las marcas *San Carlos* y *Águila Blanca*); *Cervecería Santa Fe* (que reúne el grupo *Santa Fe*, *Austral* y *Australinda*) que con posterioridad se fusionó con *Schneider*, *Cervecerías de Cuyo y Norte Argentino de Tucumán* (con las marcas *Norte*, *Rubia*, *Norteña* y *Orán*); *Cervecería Córdoba* (con las marcas *Córdoba*, *Río Segundo* y *León de Oro*); *Cervecería de Cuyo y Norte Argentino de Mendoza* (con las marcas *Andes*, *Cóndor*, *Bismarck* y *Kaiser*); y *Compañía Industrial Cervecera* (con las marcas *Espiga de Oro* y *Salta*).

Las ventas de cerveza de la campaña julio de 1975-junio de 1976 cayeron un 21,8% respecto del período 1974-1975, totalizando 3.504.000 de hectolitros. Según estudios de la época, la causa principal de este descenso fue la caída del salario real promedio y, en menor medida, el mayor precio relativo de las cervezas frente a otras bebidas. El envase de un litro era por aquel momento un 7% superior al de las bebidas gaseosas y un 60% más caro que un litro de vino de mesa.[861] Por entonces, la participación de las principales marcas era la siguiente: *Quilmes* 43%, *Bieckert* 18%, *Cuyo* 9%, *Palermo* 7%, *Norte* 5%, *Córdoba* 4%, *Santa Fe* 4%, *Schneider* 4%, *Schlau* 2%, *Compañía Industrial Cervecera* 2% y *San Carlos* 1%.[862]

Las cerveceras evolucionaron a partir de entonces erráticamente. Entre julio de 1978 y junio de 1979, las ventas acusaron un descenso del 7,6% anual, operando las plantas elaboradoras con una alta capacidad ociosa. En forma paralela, se registraron importaciones, aunque de escasa relevancia en el consumo total. Recién en la campaña julio de 1983-junio de 1984, las ventas lograron superar a las registradas en la campaña julio de 1975-junio de 1976 y hubo que esperar a la campaña 1985-1986 para que el expendio alcance al de los años 1974-1975 (Gráfico 8). Así, mientras el promedio de consumo de cerveza fue de 3,5 millones de hectolitros en el período 1970-1976, entre 1976 y 1982 el mercado cayó con fuerza, registrando una media de 2,2 millones de hectolitros. Nuevamente, aquí el factor explicativo principal está relacionado con el deterioro del poder de compra de los salarios. Esta situación incidió para que algunas firmas paralizaran su actividad entre los años 1980 y 1982, como la empresa de capital nacional *San Carlos*.[863]

Gráfico 8. Argentina: ventas de cerveza, en hectolitros. Años 1966/1967-2008.

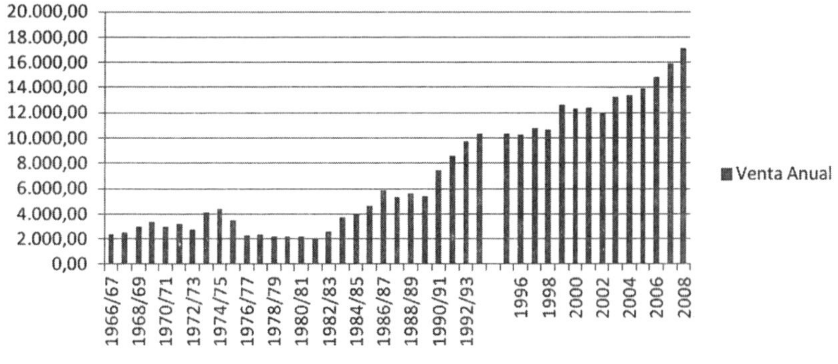

Fuente: Elaboración propia en base a datos de la Cámara de la Industria Cervecera Argentina y Anuario de Economía Argentina (varios números).

---

861 De todos modos, el nivel de consumo no disminuyó debido a los *stocks* acumulados por las firmas distribuidoras.

862 Consejo Técnico de Inversiones (1976), *Anuario de Economía Argentina*, núm. 15, p. 387.

863 Consejo Técnico de Inversiones (1983), *Anuario de Economía Argentina*, núm. 22, pp. 364-365.

En 1984, la recuperación de los salarios reales y la mejora del precio relativo respecto del vino de mesa y de las gaseosas actuaron en forma correlativa sobre las ventas de cerveza, que comenzaron a ascender con rapidez. El nuevo escenario se conjugó con el desarrollo de intensas campañas publicitarias, la ampliación de la capacidad de producción de las plantas elaboradoras,[864] la construcción de nuevos establecimientos[865] y el arribo de empresas extranjeras que buscaban aprovechar la potencialidad del consumo interno.[866] Por entonces, llegaron importaciones de la marca *Brahma* (del grupo cervecero brasileño *Ambev*), la cual fue ganando participación hasta instalar sus primeras plantas en el país.

Para 1989, el nivel de consumo buscaba recuperarse, alcanzando los 18 litros anuales por habitante aunque, en comparación, se mantenía lejos de los principales países consumidores.[867]

En 1991, el consumo nacional continuó expandiéndose a un ritmo elevado, se mantuvieron las inversiones para ampliar la capacidad de producción y registró un particular impulso el cultivo de cebada cervecera en las provincias de Buenos Aires, La Pampa y Corrientes.

Las perspectivas de ampliación de las ventas con la inauguración del MERCOSUR alentaban las inversiones de la brasileña *Compañía Cervejera Brahma* que abrió en abril de 1990 una planta industrial en Puán (provincia de Buenos Aires) y formaba *Maltería Pampa*, junto a la empresa argentina *Londrina*.[868]

En 1994 arribó la empresa alemana *Isenbeck* (con las marcas *Isenbeck* y *Warsteiner*),[869] inaugurando una planta en Zárate (provincia de Bue-

---

864 En 1987, *Bieckert* inició la modernización de su planta en Llavallol, provincia de Buenos Aires.

865 En 1987, *Quilmes* instaló una nueva planta en la provincia de Corrientes, denominada *Cervecería del Río Paraná*, con una inversión estimada de US$ 48 millones, que albergaba unos 260 empleados y con una capacidad de producción de 1.200.000 hectolitros.

866 Consejo Técnico de Inversiones (1987), *Anuario de Economía Argentina*, núm. 26, pp. 352-353.

867 Por entonces, se destacaban a nivel mundial a) en Europa: Irlanda, Alemania, Dinamarca, Checoslovaquia y Bélgica, con niveles que oscilan entre los 220 y 180 litros por habitante; b) en América: Estados Unidos, con 121 litros, Canadá con 111, México 60 litros y Brasil 35 litros por habitante; y c) en Asia: Japón con 50 litros por habitante. Consejo Técnico de Inversiones (1989), *Anuario de Economía Argentina*, núm. 28, pp. 319-320.

868 Consejo Técnico de Inversiones (1991), *Anuario de Economía Argentina*, núm. 30, pp. 374-376.

869 En 2010 esta compañía fue adquirida por el *grupo SABMiller* (*South African Breweries-Miller*), la segunda mayor empresa cervecera en el mundo. En 2005, la compañía original, con sede en Sudáfrica, se fusionó con la colombiana nos Aires), con una inversión de US$ 70 millones y desarrollando desde el inicio una estrategia de *marketing* ofensivo contra la empresa líder –*Quilmes*– para ganar mayor participación en el mercado.[870]

En 1995 se organizó en Argentina la *Compañía Cerveceras Unidas –CCU–* (del grupo empresario chileno *Luksic*) –operando en el país bajo su subsidiaria *Compañía Industrial Cervecera Sociedad Anónima (CICSA)*– conformando una firma que englobaba la *Cervecería Salta* –adquirida por el grupo chileno en 1982– y la *Cervecería Santa Fe*. La *CCU*, además, estableció en 1996 un *joint venture* con la transnacional estadounidense *Anheuser-Busch* para producir, comercializar y distribuir la cerveza *Budweiser* en Argentina.[871] En 1998 adquirió la *Cervecería Córdoba* –fundada en 1917– que por entonces se había declarado en quiebra pero cerró sus instalaciones y, con posterioridad, pasó a producir esta cerveza en la ciudad de Santa Fe.[872] A comienzos de 2003, *CCU* llegó a un acuerdo con la holandesa *Heineken* para fabricar y comercializar esa marca en Argentina.

En 1996, el crecimiento de la demanda interna se equilibró y los niveles de producción permanecieron estables, aunque la industria local se veía inmersa en un aumento de la competencia vía importaciones y en las disputas que ejercían las compañías extranjeras por hacerse con una mayor participación del mercado. En diciembre de 1996, *Cervecería y*

Bavaria, la mayor cervecera de Colombia e integrante del grupo *Valórem* (dueños de *Caracol Televisión*), y estableció su sede en Londres. En 2008, *SABMiller* adquirió la cervecera holandesa *Royal Grolsch*. El principal accionista de *SABMiller* es una de las mayores transnacionales estadounidenses: *Altria Group* (dueño de *Philip Morris*). Bidegaray, Martín (2010), "Cambios en el mercado de las cervezas: se vendieron Isenbeck y Warsteiner", *iEco*, 24 de noviembre.

870 González, Graciela Beatriz (2008), *Estrategias y tácticas de marketing de guerra implementadas por las principales empresas cerveceras en Argentina. Identificación a través de un estudio comparativo multicaso*, Facultad de Agronomía de la UBA, Buenos Aires (Tesis de Magíster en Agronegocios y Alimentos).

871 Con posterioridad, en el mercado local, *CCU* también adquiere la licencia para la fabricación de *Bieckert, Palermo* y *Córdoba*.

872 En 1991 la *Cervecería Córdoba* había sido adquirida por el empresario Francisco Ríos Seoane, dueño de *Bieckert* y de *San Carlos*, y fue declarada en quiebra en 1997. La fábrica produjo hasta el año 1998, luego la *CCU* decidió cerrarla por lo que se inició un proceso lucha en la que los trabajadores y sus familias tomaron la planta del Barrio Alberdi en la ciudad de Córdoba por 105 días. Sin embargo, en la madrugada del 17 de agosto fueron desalojados por el grupo especial ETER (Equipo Táctico Especial Recomendado) de la policía cordobesa. Como resultado quedaron sin trabajo unos 80 obreros. Véase Ledesma, Julia y Montes, Daniel (1999), *La toma de la Cervecería Córdoba*, Agora, Buenos Aires.

Maltería Quilmes adquirió el 85% de *Cervecería Bieckert* al grupo *Peñaflor* en US$ 41 millones, pasando a controlar el 75% del mercado interno.

Desde 1998 comenzó a registrarse de nuevo una tendencia a la baja en el consumo de cerveza como resultado del deterioro del poder adquisitivo de la población. En ese marco, el grado de competencia se expresó en forma cada vez más marcada en las campañas publicitarias y las agresivas estrategias de *marketing* para ganar nuevos segmentos de mercado. En 1999 el enfrentamiento publicitario entre *Quilmes* e *Isenbeck* llevó incluso a una demanda ante la Justicia por fraude, al hacer uso la segunda de una mención a *Quilmes* en un comercial propio para televisión.[873] Hacia el año 2000, *Quilmes* se mantuvo en un proceso de permanente redefinición: construyó una planta industrial en Acheral (provincia de Tucumán) para aumentar su capacidad de producción, con una inversión de US$ 95 millones; inició negociaciones con la holandesa *Heineken* por intermedio de *Quilmes Internacional Bermudas*, un *joint venture* entre ambos; adquirió el 51% de las acciones de *Cervecería Boliviana Nacional* en US$ 71 millones; vendió a *Coca Cola* el 57% de *Paraguay Refrescos* en US$ 64 millones y consiguió exportar un 3% de su producción. Durante 2001, la compañía fugó al exterior US$ 146 millones.[874]

En 2002, el grupo *Ambev* compró al grupo *Bemberg* el 37,5% de las acciones de *Quilmes* por un valor de US$ 346 millones, aunque el acuerdo contó con la desaprobación del fondo de inversión inglés *Templeton Emerging Markets Group* y la salida de *Heineken* de entre los accionistas minoritarios de la empresa cervecera.[875] De este modo, el grupo *Ambev* pasaba a concentrar un 80% del mercado doméstico de cervezas, aunque bajó a un 75% luego de que la Comisión Nacional de Defensa al Consumidor (CNDC), apelando a la ley antimonopolio, obligara al grupo a desprenderse de *Bieckert, Palermo* e *Imperial*.[876] En marzo de 2004 *Ambev* se fusionó con la belga *Interbrew,* con sede en Leuven (Bélgica) y

---

873 La justicia no hizo lugar a la denuncia de *Quilmes*. Para más referencias a la disputa entre *Isenbeck* y *Quilmes*, véase "Isenbeck y Quilmes ahora se pelean por un 'quítame de ahí esas tapas'", *Página 12*, Buenos Aires, 19 de mayo de 2004.

874 Sobre la fuga de divisas de esta firma en 2001, véase Basualdo, Eduardo, Nahón, Cecilia y Nochteff, Hugo (2006), *Trayectoria y naturaleza de la deuda externa privada en la Argentina: la década del noventa, antes y después*, FLACSO, Buenos Aires, p. 65. Los datos provienen de la Comisión sobre Fuga de Divisas del Congreso Nacional, 2005.

875 Sainz, Alfredo (2002), "Cuestionan la venta de Quilmes a Brahma", *La Nación*, Buenos Aires, 8 de junio; "Heineken vende sus acciones de Quilmes", *La Nación*, Buenos Aires, 15 de enero de 2003.

876 Estas marcas fueron adquiridas por el grupo chileno *CCU*.

constituyó *Inbev*, pasando a ser la mayor cervecera del mundo. *Anheuser Busch InBev* pasó a controlar un portfolio de 200 marcas en el mundo entre las que se han figurado –además de *Quilmes* y *Brahma*–: *Stella Artois, Iguana, Norte, Skol, Jupiler, Leffe, Patagonia, Beck´s* y *Labatt*, entre otras. En 2006, *Ambev* adquirió el 91% de *Quilmes* por un monto de US$ 1.800 millones.[877]

El consumo de cerveza registró una fuerte expansión a partir de 2003, pudiéndose mencionar entre los principales factores explicativos la recuperación salarial, el mayor nivel de ocupación de la mano de obra y la utilización de una estrategia publicitaria que le ha permitido expandir el consumo, sobre todo entre el público joven. Si en un primer momento, después de la devaluación, los márgenes de utilidades se vieron reducidos por la imposibilidad de trasladar la totalidad de los costos a los precios, en un segundo momento, luego de la recuperación económica, los precios pasaron a separarse de los costos y las empresas subieron los valores de sus productos para incrementar las ganancias.[878] Los beneficiados de la nueva estructura fueron en concreto tres empresas que han conformado un mercado oligopólico: la belga-brasileña *Inbev* (aproximadamente un 74% del mercado de cervezas), la chilena *CCU* (cercana al 18%) y la alemana *Isenbeck* (que rondaba el 7% de participación).

En el caso de *Inbev* y *CCU*, la presencia de capitales brasileños y chilenos está apalancada por capitales de origen europeo y estadounidense, lo que merece una doble lectura a la luz de la cuestión imperialista, ya que, si bien expresaría la dinámica expansiva de capitales de países dependientes en la cadena imperialista, su realización se hace en alianza y articulación con otros capitales de burguesías más antiguas en términos de su definición imperialista.

Se trata pues de una expansión vinculada a la permanente transformación de las relaciones de dominación, subordinación y asociación en el plano internacional. En los últimos años, las burguesías de países dependientes han logrado extraer plusvalía dentro y fuera de sus fronteras. En América Latina, capitales brasileños y mexicanos, y, en menor grado, chilenos y argentinos, han realizado inversiones en terceros países –en especial en el contexto regional latinoamericano–, y la tendencia se ha incrementado desde la década de 1990. La incidencia de las empresas transnacionales brasileñas evidencia que aun manteniéndose la posición subalterna de

---

877 Naishtat, Silvia (2006), "La cerveza Quilmes ya pasó a estar totalmente en manos brasileñas", *Clarín*, Buenos Aires, 14 de abril.

878 Rubinzal, Diego (2007), "Espumita extranjera", *Cash* (Suplemento de *Página 12*), Buenos Aires, 23 de diciembre.

Brasil frente al imperialismo, este país asume una política económica expansionista autónoma y una creciente incorporación de las características políticas y sociales dominantes en las sociedades imperialistas contemporáneas. A la vista de estos procesos, acompañados por un marco general de asociación subordinada de estas burguesías al imperialismo, los intereses de "liberación nacional" de estas burguesías locales pierden relevancia y se debilitan relativamente las fracciones que resisten la dependencia.[879]

La industrialización de la carne

La industria cárnica se estructuró a partir de la demanda inglesa, obteniendo ventajas de exención impositiva con el fin de alentar la instalación de plantas frigoríficas y garantías estatales sobre los capitales invertidos. Los intereses coaligados de los grandes ganaderos y del *pool* anglo-estadounidense encontraron representación política tanto en el poder ejecutivo nacional como en las instancias legislativas y la esfera de los acuerdos internacionales.

Arribados a la década de 1930, las existencias vacunas habían alcanzado 32.212.000 animales luego de promediar los 13.338.000 hacia 1875. Gran Bretaña concentró en el quinquenio 1930-1934 un 93% de las exportaciones argentinas de carne mientras se ubicaba con un 80% de la demanda internacional de carne vacuna, otorgando así un carácter de monopsonio al mercado internacional y nacional. Pero estos porcentajes cambiaron con el escenario mundial de posguerra, iniciando un progresivo descenso en su participación porcentual. De esta forma, sus importaciones pasaron a representar el 65% entre 1948-1950, el 55% entre 1950-1954 y un 44,5% en el quinquenio 1955-1959. La razón fundamental de este proceso radicó en el incremento de la oferta interna por parte de los ganaderos británicos.

Pero a partir de la segunda mitad de la década de 1940, Estados Unidos emergió como gran importador mundial, participando por entonces con un 6% de la demanda a nivel mundial y ascendiendo a 10,7% entre 1955 y 1959. Por entonces, también se iniciaba como gran comprador mundial la URSS.

La disminución de las compras británicas se correlacionó con el descenso de la participación Argentina en el comercio internacional, aunque todavía se mantuvo como mayor exportador mundial. De este modo,

---

879 Astarita, Rolando, *Valor, mercado mundial y globalización*, op. cit., pp. 216-218.

Argentina pasó de realizar el 55% de las ventas de carnes crudas refrigeradas en 1934-1938 al 23% entre 1952 y 1954. En forma paralela, a mediados de la década de 1950 se destacaba la participación de Australia y Nueva Zelanda con el 18,7% y el 12,2%, respectivamente. Dentro del ámbito regional, Uruguay, con el 9%, contribuía a incrementar las ventas mundiales de Sudamérica.[880]

Durante la década de 1960, los países europeos mantuvieron los dos tercios del total de demanda mundial, aunque la participación de las naciones varió en forma significativa; mientras las compras británicas representaron el 28,7% (339.569 toneladas) entre 1960 y 1964, en el quinquenio 1965-1969 descendieron al 18,5% (293.464 toneladas). No obstante, las adquisiciones de Italia, Alemania y España compensaron la caída de los envíos a Gran Bretaña.

La concentración de la demanda se expresa en mayores niveles si a las compras europeas se agregan las importaciones realizadas por Estados Unidos (que se convirtió en 1966 en el primer importador mundial de carne vacuna refrigerada, desplazando a Gran Bretaña). Durante esta década, éstas sumaron en conjunto un 92% de las adquisiciones en el mercado internacional y sólo cuatro naciones (Estados Unidos, Gran Bretaña, Italia y Alemania) concentraban el 72,2% de las adquisiciones.[881]

Por el lado de las exportaciones, en el período 1962-1964, la oferta de los cinco primeros países en el *ranking* (Argentina, Australia, Nueva Zelanda, Francia e Irlanda) explicaba el 67% de las ventas. Un hecho destacado para el comercio anglo-argentino de carnes fue el brote de fiebre aftosa de 1967 en los rodeos británicos, lo que llevó al año siguiente al cierre de los envíos de cuartos enfriados y congelados, y a un particular impulso a las carnes deshuesadas y preparaciones enlatadas y envasadas.[882]

---

880 Tortorella, César (1988), *La industria frigorífica. Proyecto de Cooperación para la modernización del sector agropecuario argentino*, SAGyPA-IICA, Buenos Aires.

881 Azcuy Ameghino, Eduardo (2007), *La carne vacuna argentina. Historia, actualidad y problemas de una agroindustria tradicional*, Imago Mundi, Buenos Aires, p. 22.

882 Sin negar la validez de las previsiones sanitarias, la cuestión de la fiebre aftosa merece algunos comentarios específicos en cuanto a su utilización en las argumentaciones que restringen de manera encubierta el comercio internacional. En 1960, se sancionó la disposición para la vacunación antiaftosa obligatoria, pero recién "cuarenta años después el país logro obtener –fugazmente– la condición de libre de aftosa sin vacunación". Las normas sanitarias en esta materia "–junto a otras regulaciones y barreras arancelarias y no arancelarias– contribuirían progresivamente al rediseño de los circuitos comerciales internacionales de carne bovina.

Al examinar el mercado mundial de carnes, durante la década de 1970 se observa una abrupta baja de la participación europea en la demanda, cayendo el volumen de adquisiciones de 3.161.168 toneladas en la década anterior a 2.527.751 toneladas. Principalmente, esta circunstancia se explica por el descenso de las importaciones de Gran Bretaña, registrando 11,5% entre 1970 y 1974 y 8,4% en el quinquenio 1975-1979 del total de compras internacionales. En el contexto europeo, el Reino Unido será superado por Italia, que alcanzó un 13,1% de las importaciones, y se le aproximaron Alemania Occidental (8,3%) y Francia (6%).

El proceso de expansión y consolidación de la CEE influyó también en estas transformaciones del escenario. A partir del 1 de enero de 1973, Dinamarca, Irlanda y Gran Bretaña fueron incorporados como miembros y comenzaron a regirse por las pautas de la PAC, con lo cual uno de los compradores tradicionales de Argentina pasaba a integrarse a la política de proteccionismo de su producción y comercio, justificado mediante una estrategia de autosuficiencia alimentaria europea.

En julio de 1974, en un contexto económico crítico atravesado por la "Crisis del Petróleo" de 1973, el Consejo de las Comunidades Europeas aprobó el reglamento 1846/74 que establecía la suspensión de la emisión de certificados de importación de carne vacuna. Así, invocando razones de sobreproducción, los países comunitarios cerraban el acceso a su mercado que, un año después, volverían a abrir aunque de manera exigua. Si bien la composición de los principales compradores se mantiene desde la década anterior, durante la década de 1970 Estados Unidos, Gran Bretaña, Italia y Alemania Occidental representan el 54% de las importaciones. Por otra parte, la CEE pasó por entonces a participar de manera destacada entre los exportadores, haciendo que la utilización del *dumping* y el subsidio a su propia producción jugaran un papel clave.

Instalada en el país desde comienzos de la década de 1870, la fiebre aftosa sirvió ya en 1900 de motivo para que el Reino Unido decretara la prohibición de la exportación de ganado argentino en pie a las islas británicas, en curiosa coincidencia con la maduración de la primera industria frigorífica local, ampliamente controlada por el capital inglés". En el caso de Estados Unidos, el principio de "riesgo cero" que prohíbe lisa y llanamente el ingreso de carnes provenientes de áreas infectadas clausuró ese mercado para las carnes argentinas refrigeradas desde 1927. Por el contrario, la línea sanitaria de la CEE frente a la fiebre aftosa es la del "riesgo mínimo" –adoptada desde 1977, pero ya desarrollada en Gran Bretaña desde 1968–, permitiéndose las carnes provenientes de zonas infectadas pero solamente bajo la modalidad de cortes deshuesados y termoprocesados para la destrucción del virus. Azcuy Ameghino, Eduardo (2007), *La carne vacuna argentina*, op.cit., pp. 41-42.

En esta década, Argentina registró una caída estruendosa en su participación en las ventas internacionales, alcanzando el 11% entre 1972 y 1974 y abandonando el primer lugar como mayor exportador mundial en 1971. En este contexto, el desarrollo de un complejo agroindustrial cárnico dependiente de la demanda y de capitales foráneos conllevaba una dinámica comprimida que, pese a ubicarse como segundo exportador mundial, se expresó en el deterioro de sus posibilidades de crecimiento y en el descenso de la porción de la producción destinada a la exportación (que cayó por debajo del 20%). Como ha señalado Azcuy Ameghino: "Se trataba evidentemente del fin (anunciado) de toda una época del complejo exportador argentino, que sin el cliente para cuya satisfacción había sido diseñado perdía su razón de ser original, al no encontrar –pese a las ilusiones de muchos actores del negocio– un sustituto equiparable en la CEE, que como hemos visto procuraba alcanzar su autosuficiencia cárnica y aun transformarse en un exportador neto".[883]

No obstante, en términos globales, la baja registrada en el comercio internacional de carnes fue atemperada por la emergencia del mercado soviético que pasó a adquirir en 1974 un 10% de las exportaciones cárnicas (Cuadro 3). De esta forma, la URSS pasó a incrementar sus adquisiciones en paralelo con el cierre del mercado europeo comunitario, proceso que se desarrolló en el contexto de un mayor desarrollo imperial de dicha potencia y del endurecimiento de la carrera armamentística frente al poderío militar de Estados Unidos.

Esta circunstancia estimuló fructíferas relaciones con el complejo cárnico argentino, permitiendo la realización de acuerdos comerciales una vez reactivados los intercambios durante la dictadura del general Alejandro Lanusse.

Dos acontecimientos reflejaron la importancia creciente del flujo comercial entre ambos países durante los gobiernos peronistas entre 1973 y 1974. El primero fue la creación –en junio de 1973– de la Cámara de Comercio Argentino-Soviética, integrada por cerca de 80 instituciones y empresas privadas, que encontró en el ministro de Economía José Ber Gelbard uno de sus más activos impulsores. El segundo fue el establecimiento de la Comisión Mixta Argentino-Soviética para la Cooperación Económico-Comercial y Científico-Técnica, que se reunió por primera vez en Moscú en septiembre de 1974. Aunque buena parte de los proyectos no llegaron a concretarse, se destacaron la colocación de algunos productos específicos –turbinas de represas energéticas y equipamiento de termoeléctricas– que los soviéticos lograron establecer como exportación hacia Argentina en aquellos años y

883 Idem, p. 29.

las exportaciones de productos agropecuarios y agroindustriales que el país sudamericano consiguió realizar hacia la URSS.

Estas relaciones fueron continuadas y expandidas por la dictadura militar argentina luego de 1976. El rubro carnes resultó altamente privilegiado en las compras soviéticas.[884] La URSS se ubicó como tercer comprador en importancia entre 1974 y 1979, con casi el 7% del valor de las exportaciones de carne. En 1979, las adquisiciones de la URSS alcanzarían las 35.200 toneladas de carne fresca congelada, ubicándose como el segundo mayor comprador de ese producto luego de Brasil (a excepción de los países de la CEE vistos en conjunto).

En un escenario internacional signado por las disputas entre las dos superpotencias en torno a su hegemonía mundial, Argentina se transformó de modo coyuntural en el mayor socio comercial de la URSS dentro de los países del "Tercer Mundo".[885] Tal como ocurriera desde el último cuarto del siglo xx hasta mediados de la década de 1940 con Gran Bretaña, las exportaciones agrarias y agroindustriales –a la vez que servían para garantizar la renta terrateniente– permitían ofrecerle concesiones a la URRS como potencia complementaria de los intereses de la oligarquía burguesa terrateniente local. Cabe reflexionar acerca de que la reincidencia de este tipo de fenómenos en la historia del país expresa un rasgo estructural de la economía argentina: la formación de una asociación subordinada de los intereses de las clases dominantes locales con diferentes imperialismos que se constituyen en los mayores clientes de la exportación de productos primarios. Una situación que –como abordaremos con mayor detalle en el capítulo 6– volvería a reiterarse a partir de la década de 1990 y de manera fundamental en la de 2000, si se observa con atención los estrechos vínculos económicos establecidos con China a partir del incremento de sus compras de granos y subproductos.

Prosiguiendo con el tema de los negocios tejidos con el imperialismo ruso, llegado 1980, como ya señalamos, Argentina decidió no adherir al embargo comercial que había promovido Estados Unidos contra la Unión Soviética como medida punitiva contra la invasión de esa potencia a Afga-

---

884 Vacs, Aldo César (1984), *Los socios discretos. El nuevo carácter en las relaciones entre la Argentina y la Unión Soviética*, Sudamericana, Buenos Aires, p. 66.

885 Por entonces, las superpotencias imperialistas también recibían algunos golpes en el plano internacional. Estados Unidos acababa de sufrir un duro revés militar en Vietnam, Camboya y Laos, retrocedían sus intereses en Irán luego de la deposición del sha y en Nicaragua con el triunfo popular sobre la dictadura de Anastacio Somoza Debayle. Paralelamente, el imperialismo ruso iniciaba su guerra de intervención en Afganistán y atravesaba el impacto de masivas huelgas obreras en Polonia.

nistán. La decisión pronto le significó un ascenso de las ventas a la URSS en materia de granos y de carnes. Entre 1980 y 1983, los soviéticos consolidaron su segunda posición como importadores de carnes argentinas, promediando el 23% de las compras (Cuadro 3).[886] Las exportaciones argentinas hacia aquel destino alcanzaron las 131.000 toneladas en 1980 y 113.000 toneladas en 1981, pasando éste a representar –con excepción de la Comunidad Europea considerada en conjunto– el mayor cliente internacional de ese producto para la Argentina y ubicándose la URSS como el tercer importador mundial de carnes detrás de Estados Unidos e Italia.

Podemos preguntarnos si la situación privilegiada alcanzada como principal socio podría haber sido utilizada a favor del desarrollo de una economía independiente, manejando esas condiciones para conseguir cierto margen de maniobra frente a otras potencias de base competitiva (como resultaban Estados Unidos y también, con posterioridad, la CEE). Por el contrario, desde la presidencia de Frondizi (1958-1962) se había manifestado una creciente operatoria del imperialismo ruso a través de intermediarios y testaferros en una extensa red de sociedades industriales, comerciales y de bancos, y la promoción de grupos empresariales que propiciaron al incremento de intercambios con la URSS y sus países satélites del Pacto de Varsovia.[887] Estas múltiples conexiones, lejos de cimentar posiciones independientes, permitieron consolidar una fracción de gran burguesía intermediaria y de grandes terratenientes, que usó las circunstancias acaecidas en las décadas de 1970 y 1980 para definir –a través de acuerdos cerealeros, pesqueros y de carnes– una política económica de subordinación a los intereses imperialistas. Por un lado, a cambio de las exportaciones argentinas y de una fuente de divisas para pagar a los acreedores externos, se otorgaban amplias concesiones en

---

886 Una influencia directa de nuevos vínculos comerciales se expresó en los incrementos en las existencias de los rodeos y de la faena local; se alcanzó un máximo de producción entre 1975 y 1979 y un pico histórico en cuanto a las existencias de ganado bovino en 1977 (61 millones de cabezas). A partir de entonces, se ha observado un prolongado ciclo de liquidación de animales. Véase: Martínez Dougnac, Gabriela (2000), "Estancamiento, crisis y concentración. Reflexiones acerca de algunos indicadores estadísticos de la evolución reciente de la ganadería vacuna bonaerense (1960-1990)", *Ciclos*, núm. 20, 2° semestre, Buenos Aires, pp. 95-111.

887 Para el mejor conocimiento de estas relaciones, pese a las discrepancias que tenemos con el autor sobre el carácter de las mismas, véase Gilbert, Isidoro (2007), *El oro de Moscú. Historia secreta de la diplomacia, el comercio y la inteligencia soviética en la Argentina*, Sudamericana, Buenos Aires. También Echagüe, Carlos (1986 [1984]), *El socialimperialismo ruso en la Argentina*, Agora,Buenos Aires.

materia portuaria y de provisión de infraestructura energética y equipos industriales favorables al imperialismo ruso. Por otro, se mantenía la dependencia de insumos agrarios e industriales y de tecnología con respecto a Estados Unidos, las potencias europeas occidentales y Japón, a la vez que se sostenía el control monopolista de sus transnacionales sobre buena parte del complejo industrial local[888] y se estrechaban acuerdos de endeudamiento con los grandes bancos de estos últimos orígenes.[889]

Cuadro 3. Distribución de las exportaciones cárnicas argentinas, según destinos principales, en porcentajes sobre el valor total, y volumen total en miles de toneladas. Años 1970-1985.

Años	CEE	EE.UU.	Grecia	Israel	Egipto	Brasil	URSS	Volumen
1970	52	20	6	3	0	0	0	715
1971	56	22	3	4	0	0	0	477
1972	66	15	3	3	0	0	0	703
1973	66	16	4	4	0	1	0	551
1974	47	29	3	2	0	1	10	289
1975	38	27	4	6	0	0	16	262
1976	41	19	7	5	3	1	3	527
1977	38	15	8	3	1	1	8	583
1978	35	17	8	4	1	8	0	740
1979	32	16	6	6	5	10	7	697
1980	30	19	4	4	2	1	28	469
1981	34	13	0	5	9	0	23	486
1982	22	16	1	4	14	0	20	522
1983	21	22	0	7	8	0	22	415
1984	23	35	0	5	1	0	20	250
1985	28	40	0	7	0	0	0	260

Fuente: Cazanelli, Liliana (1988), Diagnóstico sobre el comercio exterior de la carne vacuna, IICA, Buenos Aires.

Mientras tanto, para 1982 el conjunto de ventas de carne a la Comunidad Europea representaba el 26% de los ingresos y colocaba a la URSS por detrás con un 23%, seguida de Estados Unidos con 21%. Pero la CEE

888 Sourrouille, Juan, Kosacoff, Bernardo y Lucángeli, Jorge (1985), *Transnacionalización y política económica*, CEAL, Buenos Aires, pp. 133-160.
889 Basualdo, Eduardo (2000), *Acerca de la naturaleza de la deuda externa y la definición de una estrategia, Página 12*, Buenos Aires.

ascendió en 1984 al grado de mayor exportador mundial de carnes, resultando para Argentina una disminución de las posibilidades de exportación hacia ese destino a la par que le abría la competencia de carne europea en otros mercados en los que intentaba ganar compradores. El país terminó promediando la década de 1980 con una participación del 7% en el mercado internacional de carnes, muy lejos del papel descollante que había representado en la década de 1920, cuando promediaba el 60% de las ventas.

En este proceso de declinación de la industria frigorífica, es observable que la gran industria de capital foráneo –instalada oligopólicamente para el aprovechamiento del comercio de carne argentina destinada a Gran Bretaña– decidió retirarse en forma masiva durante la década de 1970, cuando se inició una serie de transformaciones en cuanto a los mercados, los productos y el uso de tecnología. Esta circunstancia estuvo asociada, sobre todo, con la forma de instalación que tuvieron esos capitales en el país, por lo que los elementos de índole económica –donde los negocios pasaron a ser de menor envergadura que en el pasado– se conjugaron con factores políticos significativos. Azcuy Ameghino ha señalado al respecto: "cuando la actividad debió redireccionarse ya había vivido demasiado tiempo de prebendas y subsidios oficiales, y sus plantas y procesos productivos se hallaban virtualmente obsoletos; de manera que el costo de modernizarse resultaba superior a las expectativas generadas por los nuevos negocios posibles, en condiciones en que el mercado local aparecía como una opción tan dificultosa como incierta".[890]

En líneas generales, pueden observarse dos estrategias diferentes seguidas por los capitales ingleses y por los estadounidenses. Por un lado, el capital británico optó por el cierre o la venta a capitales nacionales de los frigoríficos de su propiedad.[891] Por otro, los capitales norteamericanos buscaron ventas y asociaciones con capitales argentinos para continuar su operatoria.

La salida del capital inglés significó los siguientes cambios en la composición de las empresas: en 1970, *Bovril*, un frigorífico fabricante de extracto de carne, liquidó su planta instalada desde principios del siglo XX y 131.000 hectáreas a la *British Company Cavenham* que las vendió luego a la *Sociedad Anónima de Frigoríficos Regionales Argentinos* (*SAFRA*) –una sociedad de ganaderos santafesinos creada en 1973–;[892] el frigorí-

---

890 Azcuy Ameghino, Eduardo (2007). *La carne vacuna argentina*, op cit., p. 101.
891 En 1940, la *Smithfield* vendió su planta de Zárate a la Corporación Argentina de Productores (CAP).
892 *SAFRA* operó el establecimiento hasta 1984, año en que se transfiere a la administración del gobierno provincial. Con posterioridad, en 1991, la empresa fue privatizada.

fico *Anglo* cerró sus puertas en 1980 y sus instalaciones fueron puestas nuevamente en funcionamiento en 1990 por la empresa *Multipuerto*; y el *Liebig's Extract of Meat Company Limited* –de origen germano pero de capital inglés mayoritario– operó hasta 1980 y su planta de Entre Ríos pasó entonces a ser regenteada por el frigorífico *Vizental*, de capitales nacionales, hasta 1999.[893]

En el caso de los capitales norteamericanos, *Wilson* fue vendido a capitales nacionales en 1961; *Swift-Armour* pasó a control de *International Packer Co.* y luego de *Deltec*. En 1971, *Swift-Deltec* presentó la quiebra fraudulenta y el Estado se hizo cargo de su administración y preservación como fuente laboral hasta su reprivatización a manos del grupo de capitales locales *Carnes Argentinas* en 1977, propiedad que en 1980 pasó a manos de la empresa alimenticia estadounidense *Campbell*.[894]

En este largo transcurso de la crisis, a las habituales condiciones de trabajo insalubre se sumaron los bajos salarios, el cierre de grandes plantas, la amenaza de despidos y suspensiones, y una desocupación creciente que acicatearon la resistencia obrera.[895] De este modo, se gestó "la larga, tenaz y conmovedora lucha de los obreros de la carne por mantener sus fuentes de trabajo, exigiendo soluciones superadoras de los términos en que empresarios y gobiernos diseñaban el futuro de las empresas en crisis".[896]

Los grandes frigoríficos extranjeros perdieron durante aquellos años el rol oligopólico que habían detentado durante décadas siendo sustituidos por nuevas industrias, más pequeñas, menos poderosas y en mayor número que las tradicionales. Sin embargo, este señalamiento no habilita para hablar de una estructura poco concentrada como proponen algunos autores:[897] en 1972 el 1,7% de los establecimientos faenaba el 55% del ganado y en 1986, "el 64% de las exportaciones argentinas se encontraba en manos de ocho

---

893 En 1999, la planta del frigorífico *Vizental*, de San José, departamento Colón (provincia de Entre Ríos) cerró sus puertas. En 2002, fue concedida en licitación a *Swift*. Fiorotto, Daniel Tirso (2002), Saldrá a licitación en Entre Ríos el frigorífico Vizental, *La Nación*, Buenos Aires, 12 de julio.

894 Gresores, Gabriela (2002), "Monopolios y política en la industria de la carne: el caso Swift-Deltec", *Realidad Económica*, 1 de octubre al 15 de noviembre, pp. 95-117.

895 Gresores, Gabriela (2001), "Conflictos obreros en la industria frigorífica bajo la dictadura militar", *Ciclos*, Buenos Aires, núm. 22.

896 Azcuy Ameghino, Eduardo, *La carne vacuna argentina*, op. cit., p. 86.

897 De Las Carreras, Alberto (2005), "¿Hay concentración industrial?", en De las Carreras, Alberto, *El despertar ganadero. El mundo, una gran oportunidad*, Siglo xxi, Buenos Aires, pp. 101-107.

empresas, que poseen además cerca del 100% de las ventas de productos termoprocesados, que representan el 50% del total exportado".[898]

En el quinquenio 1985-1989 se registró el momento más crítico de la segunda mitad del siglo xx en relación con la exportación de carnes argentinas, reportándose un total de 194.920 toneladas. Mucho tuvieron que ver en esta circunstancia las barreras arancelarias y no arancelarias, las cuotas de importación, los mercados reservados y las adquisiciones preferenciales definidas por las principales potencias, beneficiándose a un número reducido de países.

Otro elemento importante en cuanto a las exportaciones es la ubicación de Estados Unidos como segundo país comprador de carnes argentinas entre 1970 y 1985, concentrándose las operaciones en la adquisición de productos de carne termoprocesada y congelada.

Asimismo, la década de 1980 da origen al funcionamiento de la denominada "cuota Hilton", un cupo de exportación de carne vacuna que estableció la CEE para cada uno de los países exportadores de ese producto, y a mejores precios relativos que los de fuera de la cuota. La decisión fue adoptada en 1979 en la Ronda Tokio del GATT a fin de compensar a los países perjudicados por la PAC, liberando las cuotas del sistema de prelievos y adjudicando un arancel único del 20%. Al inicio, la cuota Hilton se repartió del siguiente modo: Estados Unidos 10 mil toneladas, Argentina y Australia 5 mil toneladas y Uruguay mil toneladas. Sin embargo, a los tres años la cuota se ampliaría y se otorgaron cantidades adicionales para incrementarse en forma periódica. Ante un escenario de declive de las exportaciones de carnes, los valores de la cuota Hilton permitieron compensar los precios de los animales que eran vendidos en mercados externos de menor relevancia o destinados al consumo local.[899]

Precisamente, estos incrementos en los volúmenes –con el agregado de la suba del precio de la carne en el mercado internacional– derivaron en una mayor disputa por la distribución de esa cuota entre los frigoríficos. En particular, los conflictos tendieron a acentuarse una vez desaparecida

---

898 García Lenzi, Rolando (1989), *Política de carnes*, Buenos Aires, p. 55.

899 Entre los cambios de la década en la industria procesadora de carnes, vale recordar que en 1989, *Molinos Río de la Plata* adquirió el *Frigorífico Tres Cruces*, cuyo producto insignia eran las salchichas *Vieníssimas*, fundado por dos inmigrantes rusos –León y Elías Pogdaetzky– y que había iniciado sus actividades en el país en 1925 comercializando carne vacuna. En 1997, *Molinos* aumentaría su expansión en la industria de alimentos con la adquisición de *Granja del Sol*–marca surgida en 1980– a *Cargill.* Inicialmente *Granja del Sol* comenzó en el mercado con la comercialización de pollo fresco pero en 1983 había incorporado los congelados de pollo (con la marca *Patitas*) y en 1991, la línea de pescados y vegetales congelados.

la JNC en 1991, momento en que se alteraron los parámetros distributivos en perjuicio de las pymes y las economías regionales. Así, entre 1998-1999 y 2002-2003, las 5 mayores empresas concentraron un 40% de los embarques y si se consideran las 10 primeras la concentración arriba a un 58%, aunque se registraron años de una concentración mayor (Cuadro 4).

Cuadro 4. Distribución de la cuota Hilton en Argentina, toneladas peso producto y porcentajes. Años 1998-2003.

	1998-1999	1999-2000	2000-2001	2001-2002	2002-2003	1998-2003
CEPA	3.274	2.758	2.171	2.392	2.866	13.461
SWIFT ARM.	2.115	2.095	2.061	2.279	4.496	13.046
FINEXCOR	1.857	1.706	1.706	2.877	4.161	12.319
FRIAR	2.426	2.881	1.943	2.157	2.710	12.117
QUICKFOOD	2.112	1.689	1.564	2.511	3.801	11.677
Est. Del Sur	1.075	1.462	1.447	1.505	2.041	7.530
ARRE-BEEF	814	779	702	1.507	2.290	6.092
GORINA	206	509	617	1.302	2.125	4.759
ABP	419	546	545	685	1.074	3.269
SADOWA	257	482	450	610	1.370	3.169
Subtotal 5 primeros	11.784	11.141	8.949	12.216	17.547	24.992
Subtotal 10 primeros	14.555	14.919	13.206	17.825	26.934	87.439
Total cuota	28.000	28.000	28.000	28.000	37.999	149.999
Part. de 10 primeros	52	53,3	47,2	63,7	70,9	58,3

Fuente: Azcuy Ameghino, Eduardo. La carne vacuna argentina, op. cit., p. 141.

Entre las tendencias de la década de 2000 en el mercado internacional, es de destacar el crecimiento constante que ha tenido la producción de Brasil y China como nuevos grandes jugadores. No obstante, también debemos señalar que la concentración, en cuanto a la producción, a la exportación y a las importaciones, se mantiene. Según las cifras correspondientes al año 2002, Estados Unidos, la Unión Europea y Brasil reunían el 53% de la producción mundial, Estados Unidos, Brasil y Australia daban cuenta del 52% de los embarques y Estados Unidos, Rusia y Japón realizaban el 55% de las adquisiciones en el mercado internacional.

Atraído por el nuevo escenario, el capital foráneo regresó a la rama aunque mediante la presencia de nuevos actores. La eliminación de la fiebre aftosa por vacunación en 1997 y la macrodevaluación de 2002 estimularon el regreso del capital extranjero a la industria frigorífica, reconstituyéndose una interesante plataforma exportadora local.[900]

En 1999, el *Swift*, propiedad de la estadounidense *Campbell Soup*, fue adquirido por una sociedad entre el empresario argentino Carlos Oliva Funes y los fondos de inversión norteamericanos *J.P. Morgan Capital Corporation* y *Greenwich Street Capital Partners*. En septiembre 2005, *Swift* fue vendido en US$ 200 millones al grupo brasileño *JBS-Friboi*, que compró además la planta del exfrigorífico *Vizental*, en Entre Ríos, adquirida con anterioridad por *Swift*.[901]

En 2004, *Cargill*, presente también en Estados Unidos en el negocio de la carne vacuna con 9 millones de cabezas de ganado, adquirió en Argentina el 50% del frigorífico *Finexcor* que poco antes había comprado el frigorífico *Nelson*, líder de las exportaciones de carne bovina fresca. Por esa operación, *Cargill* pagó US$ 70 millones[902] y a mediados de 2005 compró la totalidad del paquete accionario.

Resulta interesante observar los nexos que unen el arribo de estos frigoríficos extranjeros con las clases dominantes locales y sus entrelazamientos con otros capitales foráneos instalados en el país. Por una parte, el principal proveedor de *Finexcor* resultaba vinculado a una vieja familia terrateniente ahora dedicada a la actividad de la consignación

---

900 "En particular, en 2004 los frigoríficos realizaron embarques por 586.208 toneladas res con hueso por un valor total de 921,6 millones de dólares FOB. El precio promedio de las ventas externas llegó a 1.572 dólares FOB por tonelada. Esta *performance* respondió a tres hechos importantes: 1. La mejora en el estatus sanitario que alcanzó el país y los frigoríficos locales; 2. El aprovechamiento de la coyuntura que atraviesa el mercado mundial de carnes, caracterizada por una menor oferta internacional a raíz del problema sanitario en EE.UU. [Encefalopatía Espongiforme *Bovina* o "mal de la vaca loca"] y por una sostenida demanda internacional; 3. La retracción que registró el dólar estadounidense con respecto a las principales monedas del mundo (...) que permitió a los frigoríficos locales ganar competitividad". Instituto de Promoción de la Carne Vacuna, *Lineamientos para la formulación de escenarios del mercado de carne vacuna en la Argentina*, UCA, Buenos Aires, 2005, pp. 120-121.

901 "Se concretó la venta de Swift al frigorífico brasileño Friboi", *La Nación*, 6 de septiembre de 2005.

902 Mira, Cristian (2004), "Cargill entra al sector cárnico al comprar el 50% de Finexcor", *La Nación*, 2 de marzo.

de hacienda, los Álzaga Unzué,[903] dando continuidad a los rasgos de la dependencia que se derivan de la estructura económica argentina. Por otro lado, este frigorífico se constituía en abastecedor de carne fresca de las principales cadenas de supermercados extranjeros instalados en el país: la estadounidense *Walmart*, la francesa *Carrefour* y la holandesa *Makro*.[904]

En septiembre del mismo año, un fondo de inversión inglés encabezado por *Terry Johnson* adquirió el paquete mayoritario del frigorífico *Argentine Breeders & Packers (AB&P)*,[905] perteneciente al *Grupo Pilagá* (que había pasado de capitales belgas a estadounidenses),[906] cuyo principal negocio estaba concentrado en el suministro de la demanda británica a través de la cadena *Tesco*. En septiembre de 2006, el frigorífico *AB&P* fue vendido al empresario brasileño Marquinhos de Oliveira (grupo *Marfrig* de São Paulo).

En 2005, el frigorífico *CEPA* –propiedad de *Garovaglio & Zorraquín* y en crisis desde 2002 por el rebrote de fiebre aftosa– cerró sus puertas. Sus establecimientos de Pontevedra (provincia de Buenos Aires) y Venado Tuerto (provincia de Santa Fe) fueron adquiridos en noviembre de 2006 por el frigorífico *Swift* (en manos *JBS-Friboi*), que de esta manera alcanzó los 6 establecimientos en el país, además de adquirir la marca de carne fresca Premium *Cabaña Las Lilas*, destinada a supermercados y restaurantes. Su facturación en la Argentina en 2006 rondó los US$ 147 millones.[907] Resulta notorio como *JBS-Friboi*, esta enorme compañía

---

903 Oddone, Jacinto (1975 [1930]), *La burguesía terrateniente argentina*, Libera, Buenos Aires, pp. 170 y 233.

904 Infomedia Producciones (2008), "Quien es quien. Finexcor", *El Federal*, núm. 207, 24 de abril, pp. 40-41.

905 Localizado en Hughes (provincia de Santa Fe).

906 El *Grupo Pilagá* era además propietario de tierras. En 2006, el fondo de inversión *Adeco Agropecuaria*, con mayoría de capitales estadounidenses vinculados al magnate húngaro George Soros y a la firma norteamericana *Halderman Farm*, le compró 170.000 hectáreas dedicadas a la producción de ganado, soja y arroz. Van Plöeg, Patricia (2006), "Adeco compra Pilagá en US$ 95 millones", *Ámbito Financiero*, Buenos Aires, 16 de junio.

907 *JBS-Friboi* fue fundada en 1953 en Brasil por José Batista Sobrinho y en la década de 2000 está presente en Brasil, Argentina, Australia y Estados Unidos, reuniendo unas 50 plantas industriales. En 2007, con la compra del 100% de las acciones de *Swift Foods & Company* a nivel global por US$ 1.400 millones se convirtió en la mayor empresa frigorífica del mundo. La empresa cotiza en la Bolsa de Valores de São Paulo desde 2007. En su balance anual de 2007 facturó US$ 9.135 millones, sus ventas crecieron un 210% pero arrojó pérdidas por US$

global que se había convertido en el mayor industrializador de carne, financió su expansión contrayendo deuda con la banca pública y privada del país. De la cual, el 50% de los US$ 24,4 millones que adeudaba *Swift* en 2007 correspondían a préstamos otorgados por el Banco Nación de la República Argentina.[908] Situaciones ventajosas que son posibles a partir de un sistema crediticio que permite la concesión de créditos al capital extranjero en igualdad de condiciones y derechos con las empresas nacionales.

En 2007 arribó al país la empresa *Tyson Foods*, la mayor empresa procesadora de carnes de Estados Unidos, y estableció una asociación con las firmas *Cresud* –del grupo IRSA, cuyo mayor accionista es Eduardo Elsztain– y la norteamericana *Cactus Feeders* para la producción de carne vacuna, utilizando el establecimiento de *Exportaciones Agroindustriales Argentinas SA*, ubicada en Santa Rosa (provincia de La Pampa).[909]

En 2007, *Marfrig* compró el 70,51% del paquete accionario de *Quickfood* (propietario de la línea de productos *Paty*), un frigorífico nacional que había sido fundado en 1960 por Luis Bameule y controlaba por entonces el 49% del mercado de hamburguesas, en US$ 140,8 millones. Esta adquisición implicó la compra de las dos plantas de *Quickfood*, ubicadas en San Jorge (provincia de Santa Fe) y Villa Mercedes (provincia de San Luis), con una capacidad de faena de 300.000 cabezas anuales y una producción de 58.000 toneladas al año. El 29,49% de las acciones de *Quickfood* cotizaban en la Bolsa de Comercio de Buenos Aires con el símbolo de *Paty*. Además, el grupo *Marfrig* adquirió el establecimiento frigorífico cordobés *Estancias del Sur*, la firma bonaerense *Best Beef* y la planta procesadora de carnes cocidas de *Mirab* en Pilar (provincia de Buenos Aires). El grupo *Marfrig* poseía, en 2008, 18 plantas de faena distribuidas en Brasil, Uruguay y Argentina y 13 plantas procesadoras de productos industrializados. Ese mismo año su facturación global era de alrededor de US$ 2.300 millones, mientras que en la Argentina, sólo a través de *Quickfood*, declaraba ventas por US$ 346 millones.[910]

---

102 millones por endeudamiento con sus últimas adquisiciones. Véase Infomedia Producciones (2008), "Quien es quien. JBS-Friboi", *El Federal*, núm. 224, Buenos Aires, 21 de agosto, pp. 40-41.

908 Infomedia Producciones (2008), "Quien es quien. Swift", *El Federal*, núm. 194, Buenos Aires, 24 de enero, pp. 40-41.

909 "Un peso pesado viene a engordar", *Clarín*, Buenos Aires, 20 de enero de 2007.

910 Infomedia Producciones (2008), "Quien es quien. Marfrig", *El Federal*, núm. 223, Buenos Aires, 14 de agosto, pp. 40-41; Infomedia Producciones

Entre las grandes plantas controladas por el capital nacional se han registrado en los últimos años: *Friar*, en Reconquista (provincia de Santa Fe), adquirida en 2004 por *Vicentín*, y el *Frigorífico Rioplatense*, propiedad del grupo encabezado por el empresario Rodolfo Costantini.[911] Ambas empresas cárnicas eran seguidas por los frigoríficos nacionales *Gorina*, *Mattievich*, *Arrebeef* y la cadena de supermercados *Coto*.

En suma, en los últimos años los capitales brasileños y estadounidenses se disputaron la propiedad de los principales frigoríficos. Mientras tanto, el regreso del capital inglés y la aparición de los capitales belga e italiano fueron fenómenos transitorios o secundarios y resultaron desplazados con rapidez de posiciones de liderazgo o fueron adquiridos por los brasileños.[912]

Respecto de estos últimos, debemos hacer las mismas observaciones que realizáramos cuando analizamos el rubro de la cerveza. La tendencia a la centralización del capital permite a los capitales brasileños (comparativamente mayores que los argentinos) expandirse con éxito fuera de sus fronteras, sólo que en el sector carnes no se presentan apalancados por otros imperialismos.

Es de destacar que la nueva fase expansiva desarrollada por la industria de la carne y el tipo de cambio que favorecía la competitividad de los frigoríficos radicados en Argentina resultaron fuertes estímulos para la presencia de fondos de inversión (con predominio norteamericano) en el negocio de la carne.

Sin embargo, las políticas cárnicas implementadas desde 2006, con eje en el abasto del mercado interno, la sojización y una nueva fase de retención impulsada por el fuerte aumento del precio del ganado en pie generaron una situación de crisis en la industria procesadora de exportación.[913] Con todo, la posición de los capitalistas foráneos y criollos se

---

(2009), "Quien es quien. Quickfood", *El Federal*, núm. 249, Buenos Aires, 12 de febrero, pp. 36-37. Para los avances en las negociaciones por la venta de *Quickfood* en 2007 véase Cuckierkorn, Ariel (2007), "Paty siempre será argentino, su dueño quizá no", *El Federal*, núm. 176, 20 de septiembre, pp. 24-32.

911 En 1977, Costantini adquirió el establecimiento *Swift Armour* de Rosario, con posterioridad lo vendió a *Campbell* en 1980 y luego se deshizo de otras propiedades (venta de la marca de hamburguesas *Goodmark* a *Unilever* en 1995 y de *Consignaciones Rurales* a *JBS-Friboi* en 2007).

912 Hacia 2011, los frigoríficos brasileños concentraban el 8% de la faena total de ganado de la Argentina y el 22% de su cuota Hilton. Montenegro, Maximiliano, *Es la economía, estúpido*, op. cit., p. 221.

913 En cuyo marco (al ver disminuir las ganancias) *Cargill* ha liquidado sus intereses en la rama local en 2011, mientras que los grupos brasileños se hallaban en curso de racionalización de sus operaciones y plantas.

orientó hacia finales de 2007 a reducir el personal, alcanzando en enero de 2008 a unos 279 empleados despedidos de sólo cuatro plantas frigoríficas, dos de ellas pertenecientes a *Swift* (*Friboi*) y las otras dos a *Friar*.[914]

La extranjerización en las agroindustrias de transformación del complejo pampeano

El análisis de los distintos rubros que componen las agroindustrias de transformación permite concluir que ha tenido lugar un significativo aumento del grado de extranjerización y concentración en el sector del complejo agroindustrial pampeano. De esta manera, se configuró una cúpula empresarial que, bajo distintas políticas económicas y cambios estructurales, ha obtenido cuantiosos beneficios e intervino en las decisiones políticas a través de diversos mecanismos de coacción hacia las decisiones estatales cuando estas no se han presentado en abierta connivencia.

El peso de los grandes agentes económicos –de carácter transnacional y fuertemente ligados a la internacionalización financiera del capital– actúa en forma dialéctica en un doble movimiento. En su faz estrictamente económica, expresa la centralización del capital logrando desplazar a sus competidores de menor fuste, fagocitando a las firmas locales, propiciando el carácter deformado y limitado de las estructuras económicas dependientes como las de nuestro país y debilitando las posibilidades de desarrollo industrial y tecnológico autónomo. En su aspecto político, la asociación subordinada de la clase dominante local al capital imperialista logra condicionar las medidas de los gobiernos de los países dependientes y avanzar en el control de las palancas clave del aparato del Estado a través de socios locales, intermediarios y hombres de paja al servicio de las multinacionales. En buen grado y medida, estas influencias se traducen en marcos legales, normas técnicas, convenios comerciales, subsidios empresariales, créditos y orientación del mercado externo, y diversas condiciones de valorización del capital que determina el mercado interno.

En estas circunstancias, luego del análisis efectuado en este capítulo, podemos caracterizar los rasgos principales de la relación de dependencia del sector de la agroindustria de transformación del complejo agroa-

---

914 Hierro, Gustavo (2008), "Una picadora de gente", *El Federal*, núm. 193, Buenos Aires, 17 de enero, pp. 36-37; Crettaz, José (2008), "Despidos por cupo a la exportación", *La Nación*, 9 de enero.

limentario pampeano durante el período 1976-2008, contribuyendo a la síntesis integral acerca de los resultados esenciales de la incidencia del capital extranjero en la estructura económica argentina.

En primer lugar, un papel destacado ha tenido la competencia entre las compañías de diverso tamaño, que arrojó como resultado la quiebra de empresas y las fusiones, adquisiciones y asociaciones, lo cual devino en una mayor concentración económica. En particular en los distintos segmentos agroindustriales pampeanos han tenido lugar diferentes modalidades de estos fenómenos, pudiéndose observar tanto el deterioro de la capacidad de competencia de las firmas de menores dimensiones como la expansión del capital extranjero a través de la compra, la fusión de empresas, la constitución de *joint ventures* con las empresas locales y la participación del capital financiero extranjero vía fondos de inversión (con predominio de los de origen estadounidense e inglés). En esa dinámica, además, es notoria la injerencia de capitales financieros por medio del crédito bancario.

En este escenario, la centralización económica tiene una doble vía. Por el lado de la venta de la producción, esta concentración de las ramas manifiesta su carácter monopólico y otorga un creciente poder de mercado a las firmas líderes. Por otra parte, en la relación de las industrias con sus proveedores de materias primas, se acentúan los rasgos oligopsónicos, estableciéndose criterios de integración vertical de la producción.

Un segundo aspecto representa el papel de la innovación tecnológica en la configuración del desarrollo de las industrias alimentarias. Las empresas transnacionales que arriban al país se caracterizan por su mayor envergadura y capacidad tecnológica que las nacionales, incrementando por este medio la productividad de sus plantas. Asimismo, buena parte del desarrollo industrial del complejo agroalimentario pampeano depende de equipos y bienes de capital extranjero, debiéndose importar la mayor parte y no estableciéndose políticas de suplantación de estos bienes. De este modo, la dependencia tecnológica contribuye a acentuar la dependencia del país y abre otra vía de drenaje para los beneficios que son producidos en forma local.

Es de señalar que el crédito local, tanto de la banca privada como pública, ha apoyado mediante préstamos la incorporación de tecnología importada por parte de los establecimientos industriales, determinando un desaliento a la investigación científico-tecnológica local y contribuyendo a la succión del ahorro interno de la sociedad argentina. Por lo que, lejos de promover el desarrollo tecnológico, ha fomentado el debilitamiento de las palancas clave de la economía, situación acentuada mediante la extranjerización del sistema crediticio doméstico y el apoyo oficial para conseguir créditos externos.

Un tercer elemento refiere a las decisiones políticas que permitieron la consolidación del proceso de extranjerización. Desde 1976, ha podido observarse cómo la dictadura militar impulsó la inversión extranjera a través de la liberalización de las condiciones de acceso y operatoria del capital transnacional.

En la década de 1990, la eliminación de restricciones al capital extranjero fue complementada con regímenes de promoción industrial, políticas de modernización de los equipamientos, concesión de créditos en igualdad de condiciones y derechos con las empresas nacionales, la eliminación de requisitos para la repatriación de capitales (giro de dividendos, pago de *royalties* e intereses, etc.) que alentaban la creación de un clima de negocios favorable para la radicación de compañías foráneas en el país. Particularmente significativa fue la desaparición de organismos reguladores como la JNG, la JNC y la Dirección Nacional de Lechería, circunstancia que –mediante el abaratamiento de la materia prima– provocó un avance del papel protagónico de grandes capitales locales y extranjeros en cada uno de los sectores, y conllevó consecuencias sociales y económicas para todo el conjunto de la cadena.

En la década de 2000, el manejo de los subsidios y las compensaciones a los precios domésticos de las industrias, el estímulo a la producción local mediante abaratamiento de la fuerza de trabajo y de los costos internos, y el aliento a la búsqueda de mercados externos para las empresas ya instaladas estimularon otra oleada de desnacionalización del complejo agroindustrial pampeano y permitieron a los grandes agentes embolsar cuantiosos beneficios. Estos apoyos se concentraron en un puñado de empresas grandes –tanto locales como extranjeras– que recibieron incentivos oficiales para su crecimiento.[915]

No es extraño descubrir que, asociados a la desnacionalización de la economía, a la centralización internacional del capital y a la fuerte orientación exportadora de las grandes empresas locales, se registre una creciente asociación de las compañías argentinas con capitales imperialistas de distintos origen e incluso el fenómeno novedoso de alianzas con burguesías de países dependientes que logran exportar capital. Entendemos que tales circunstancias, resultado de las sucesivas derrotas político-militares sufridas por las fracciones nacionalistas de la burguesía argentina, han contribuido a acentuar la tendencia a la disolución del carácter nacional que aún subsistía en tales sujetos sociales y, como consecuencia, a

---

915 En conjunto, entre 2007 y 2010 se distribuyeron a través de la ONCCA unos US$ 9.000 millones en subsidios a empresas agroindustriales. Montenegro, Maximiliano (2011), *Es la ekonomía, estúpido*, Planeta, Buenos Aires, pp. 74-83.

la pérdida de gravitación de los agrupamientos y lineamientos políticos de mayor confrontación de la burguesía con el imperialismo.

En cuarto orden, en el plano internacional se ha verificado la competencia de productos subsidiados de los principales exportadores mundiales (Estados Unidos y la Unión Europea), estrategias de *dumping* en el mercado interno argentino y el establecimiento de barreras arancelarias y paraarancelarias para las exportaciones argentinas hacia esos mercados. Frente a estos obstáculos del mercado internacional, la clase dominante se ha orientado históricamente a asignar un papel saliente a un único gran importador (se trata en particular de un gran comprador concentrado de algunos productos agrarios y agroindustriales) cuya titularidad ha ido cambiando desde la histórica relación con Gran Bretaña, desde finales de siglo XIX hasta 1943, para continuar luego con Europa Occidental, hasta la década de 1970, con el papel destacado de las compras soviéticas de las décadas de 1970 y 1980, y con el peso de la relación comercial con China a partir de mediados de la década de 1990 hasta la actualidad. El establecimiento de este tipo de relaciones agudiza la subordinación económica y política con estos socios comerciales, a los que –bajo la continuidad de la lógica de *comprar a quien nos compra*– se les conceden privilegios para su penetración imperialista bajo distintas modalidades: control de las principales palancas económicas (como ferrocarriles, puertos y transporte marítimo), concesiones para obras de infraestructura, acuerdos de provisión de maquinarias y tecnología, incremento de las compras de ese origen, incentivos para radicaciones empresariales extranjeras, posibilidad de transferir divisas, utilización del crédito interno, reducción de aranceles y garantías sobre el capital invertido. Situaciones que implican el reforzamiento de los intereses exportadores ligados a la producción primaria y a las agroindustrias de la oligarquía diversificada –que incluye a la élite terrateniente y a la gran burguesía intermediaria local– y acentúan el carácter deformado de la economía argentina.

En forma paralela, la presencia de las empresas extranjeras, tanto en el sector industrial como en el área de las exportaciones, redujo los efectos multiplicadores del comercio exterior, originando la permanente exportación de utilidades devengadas por las actividades económicas, que no están controladas por residentes, o la reinversión local de los dividendos en función de sus intereses globales.

Una quinta cuestión ha estado vinculada a la incidencia del capital extranjero sobre la producción primaria. En este sentido, sobresalen los desarrollos según los parámetros de los mercados, generándose una creciente tendencia al monocultivo y a la integración vertical que ha subordinado la producción de alimentos y los cuidados ambientales de los territorios dependientes a intereses capitalistas globales.

En sexto lugar, si se toma en cuenta la situación de los consumidores, los fenómenos de la inflación y la hiperinflación, y los incentivos cambiarios obtenidos en distintos períodos, por un lado han redundado en cuantiosos beneficios para las grandes firmas, pero por otro, han contribuido a la creciente disminución del poder adquisitivo de los salarios, repercutiendo sobre la capacidad de consumo del mercado interno. De esta manera, se ha realizado en los hechos un financiamiento de la sociedad argentina al proceso de acumulación de los capitales de los países centrales.[916] A su vez, la creciente concentración ha permitido a las empresas controlar precios, calidades y suministros gracias a la dominación oligopólica sobre los productos alimentarios, y subordinar el proceso productivo local a los dictados del gran capital monopolista. Fenómeno que se complementa con el papel destacado que han adquirido el supermercadismo y el hipermercadismo en la distribución minorista de la industria alimentaria.

Por último, debemos advertir que otro aspecto social del fenómeno de la concentración y extranjerización económica ha estado estrechamente vinculado al resultado de la propia dinámica capitalista. El proceso ha generado un constante desplazamiento de capitales industriales de menores dimensiones, la desaparición de tambos y pequeños y medianos productores agropecuarios, el cierre de pequeños y medianos comercios y cooperativas de menor poder económico. Esta situación ha resultado agravada por el impacto que tiene sobre los asalariados que perdieron su fuente de trabajo y fueron arrojados a situaciones de acentuación de su explotación como clase y de deterioro de las condiciones laborales.

---

916 En 1972, Carlos Vilas indicaba que: "el proceso inflacionario argentino no es otra cosa que el resultado de la acción de los mecanismos imperialistas. Más, concretamente, la raíz más profunda del mismo consiste en la incapacidad del sistema productivo para satisfacer una doble demanda: una demanda proveniente del capital monopolista trasnacional, que exige un porcentaje progresivamente mayor de patrimonio nacional en concepto de servicios financieros, y una demanda interna de bienes y servicios, cuya satisfacción queda supeditada a la satisfacción de la primera". Véase: Vilas, Carlos (1973), "Extranjerización de la sociedad y el Estado", *Realidad Económica*, Buenos Aires, núm.12, marzo-abril de 1973, p. 56.

CAPÍTULO 6
LAS COMPAÑÍAS EXPORTADORAS

Como se ha señalado en los capítulos precedentes, el fortalecimiento de la dependencia económica hacia el exterior, el predominio de los capitales extranjeros y la concentración han sido rasgos sobresalientes en el complejo agroalimentario pampeano en su historia reciente. La apropiación de beneficios generados en el país por parte de un puñado de empresas transnacionales, que han controlado áreas clave de la economía, se ha intensificado y el sector exportador participa de esta tendencia general.

El comercio exterior de productos primarios y de las MOA del complejo agroalimentario pampeano manifiesta un proceso concentrador en el cual poderosas empresas transnacionales como *Cargill*, *Bunge* y *Dreyfus* dominan una amplia porción del mercado de la comercialización externa de granos, oleaginosas, aceites, harinas y otros derivados agroindustriales.

El principal objetivo de este capítulo es analizar la dinámica y la estructura del sector de comercialización externa vinculado a la producción agraria pampeana durante la historia argentina reciente. Como parte de esta tarea, examinamos los orígenes y la evolución histórica de la configuración del sector, cuáles son las principales compañías que dominaron el comercio exterior en el período en cuestión (1976-2008), qué porciones del mercado controlaron, y cuál fue el correlato con el posicionamiento de los intereses de la clase dominante, los mecanismos estatales y las políticas públicas orientados hacia el sector.

Caracterización del comercio exterior pampeano durante el modelo agroexportador (1880-1930)

Sobre todo a partir de 1880, el comercio exterior argentino se estructuró a partir de la demanda inglesa, arrojando entre 1882 y 1890 un balance comercial constantemente deficitario.[917] Por entonces, la formación de

917 Con probabilidad, a partir de 1885, aún más deficitario de lo que se presenta en las estadísticas, dado que el valor de las exportaciones aparece sobreestimado por efecto de que en ese año se suspendió la convertibilidad del peso que se manla infraestructura básica de la economía agroexportadora (ferrocarriles, puertos, desarrollo urbano, construcción de edificios, estructura sanitaria) se fomentó mediante el uso del crédito externo y la radicación de capitales extranjeros que permitieron importar maquinarias, equipos y todo tipo de insumos y materiales. La expansión de las exportaciones agropecuarias recién permitiría arrojar superávit comercial en 1891 (Gráfico 1) pero los servicios de la deuda externa absorbieron buena parte de los beneficios generados por este medio.[918]

Gráfico 1. Comercio exterior argentino, en millones pesos oro. Años 1880-1914.

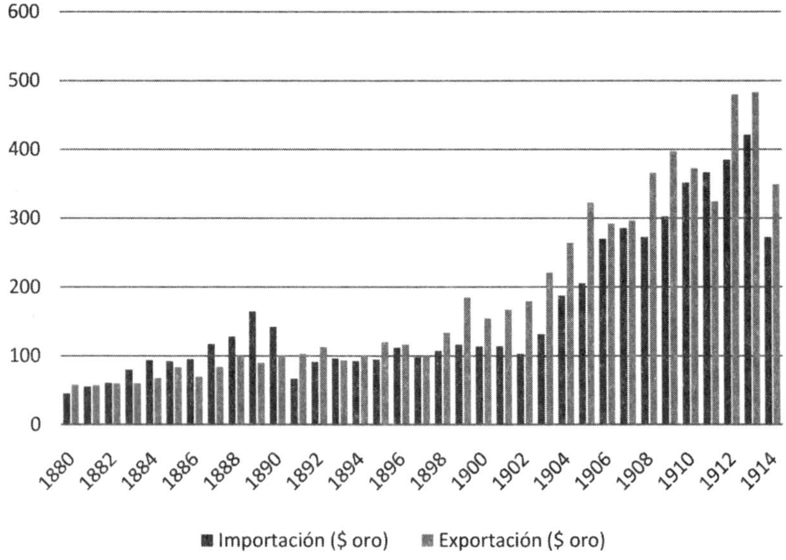

Fuente: Elaboración propia sobre la base del Tercer Censo Nacional, 1914, t. VIII.

La Argentina comenzó a transformarse en una gran exportadora de granos a partir de 1890, cuando logró superar el abastecimiento del mercado interno. A finales de siglo XIX, casi la totalidad de las exportaciones de los cereales producidos en el agro pampeano estaba concentrada en cuatro grandes compañías: la belga-germana *Bunge & Born*, la france-

---

tuvo figurando en las cifras del comercio exterior como peso oro pero representaba la unidad monetaria interna devaluada. Véase: Rapoport, Mario (comp.) (2001), *Historia política, económica y social de la Argentina*, Macchi, Buenos Aires, p. 29.

918 Idem, p. 37.

sa *Louis Dreyfus*, la franco-suiza *Huni & Wormser* y la alemana *Weil Brothers*, que adquirían y revendían entre el 65% y el 80% de la producción. Otras de las principales referentes del comercio exterior de granos en la Argentina eran cinco empresas extranjeras que, sumadas a las cuatro primeras, concentraban el 98% de las exportaciones granarias: las británicas *Proctor*, *Garratt & Marston* y *Sanday*, la anglo-holandesa *General Mercantile Company*, la belga-germana *Hardy & Mühlenkamp* y *Harold Ford* de propiedad anglo-germana.[919]

Estas empresas establecieron agentes en los principales puertos exportadores de la Argentina (Rosario, Bahía Blanca y Santa Fe). Éstos se mantenían informados por las firmas de las cotizaciones en todo el mundo, de las cuales dependían los precios locales. Asimismo, existía una red de comerciantes, acopiadores y corredores o consignatarios que operaban en diversa escala –algunos en forma reducida y otros como la *Bolsa de Cereales* y *Mercado de Cereales a Término* en una operatoria más amplia–, actuaban de intermediarios entre las compañías y los agricultores, y concedían créditos para los trabajos de siembra y provisión de bienes para la manutención del agricultor.[920]

Por otra parte, los principales frigoríficos del país, de propiedad inglesa o estadounidense –*Anglo*, *Smithfield*, *Swift*, *Armour* y *Wilson*– realizaban sus propias exportaciones mediante estrechos lazos con las compañías de transporte marítimo.

Tanto los frigoríficos como los exportadores de granos fueron acusados en diversas oportunidades por sus tendencias monopólicas, falsear registros, contener precios de compra y controlar el comercio. En 1923, se dictó la ley 11.210 de Represión de monopolios, que se caracterizó por su falta de precisión y cuya aplicación cayó en letra muerta al no constituirse una agencia gubernamental especial ni asignarse presupuesto para reunir evidencias contra las corporaciones acusadas.[921]

De esta manera, la inserción de la Argentina en el mercado mundial capitalista se realizó mediante una marcada especialización agroexportadora y con condiciones de apertura y facilidades para el capital extran-

---

919 Gravil, Roger (1985), *The anglo-argentine connection, 1900-1939*, Westview Press, Boulder, pp. 37-41 y 114; Escudé, Carlos y Cisneros, Andrés (2000), "Prosperidad (1900-1914)", en: Escudé, Carlos y Cisneros, Andrés, *Historia general de las relaciones exteriores de la República Argentina*, Grupo Editorial Latinoamericano, Buenos Aires, t. X, cap. 48.

920 Lattuada, Mario (1986), *La política agraria peronista, 1943-1983*, CEAL, Buenos Aires, t. 1, p.82.

921 Véase Weil, Félix (2010 [1944]), *El enigma argentino*, Biblioteca Nacional, Buenos Aires, pp. 177-178.

jero, constituyéndose una economía altamente vulnerable a la inestabilidad del comercio internacional.[922]

Esta integración se completaba –como ha sido ya mencionado en los anteriores capítulos– con la configuración de un triángulo comercial consolidado durante las décadas de 1920 y 1930. La relación triangular tenía como vértices, además de la Argentina, por un lado a Gran Bretaña (y de modo secundario Europa occidental), hacia donde se dirigían con preferencia las exportaciones agropecuarias y que generaba un constante superávit comercial, y por otro a Estados Unidos, con el cual se establecía un déficit crónico debido a las importaciones de maquinarias, equipos y manufacturas de ese origen.[923]

Comercio exterior y sector agropecuario en los orígenes del modelo ISI (1930-1945)

En el contexto de la crisis económica internacional y del golpe de Estado contra el presidente Hipólito Yrigoyen –producido el 6 de septiembre de 1930– se verificó una caída de los precios agrícolas por la sobreabundancia de oferta, situación que se prolongó hasta 1935.

Por entonces, las dificultades del almacenamiento y el endeudamiento de los agricultores con acopiadores y compañías exportadoras se acentuaron, y se mantenían los inconvenientes para realizar en momento oportuno las transacciones de la producción obtenida.

Del lado de la comercialización, uno de los mayores obstáculos estaba en la carencia de elevadores de granos, cuya cantidad y cuya capacidad eran bastante inferiores a las presentes en las principales economías productoras de cereales. Por ejemplo, Canadá había pasado de una capacidad de almacenamiento de 2,9 millones de toneladas en 1910 a 8,8 millones de toneladas para 1928, mientras exportaba unas 11 millones de toneladas ese mismo año. Por su parte, Argentina, en igual período, pasó de 250 mil toneladas de almacenamiento a 490 mil toneladas, mientras exportaba 14 millones de toneladas.[924]

---

922 O´Connell, Arturo (1984), "La Argentina en la Depresión: los problemas de una economía abierta", *Desarrollo Económico*, núm. 92, Buenos Aires, pp. 479-514.

923 Rapoport, Mario (1997), *El laberinto argentino. Política internacional en un mundo conflictivo*, Eudeba, Buenos Aires, p. 78.

924 Malgesini, Graciela (1987), *La comercialización de granos en la Argentina*

En cuanto a la propiedad de estos importantes elementos de la comercialización, mientras en Canadá –y también en Estados Unidos– eran controlados por cooperativas de agricultores, en la Argentina estaban en manos de las grandes exportadoras. Estas compañías establecían asimismo las tablas de descuento que deducían un porcentaje sobre el valor de los granos en concepto de cuerpos extraños que contuvieran. En ocasiones, estas rebajas alcanzaban el 20% del precio. Por otra parte, los fletes ferroviarios también incidían en la desprotección de los agricultores, considerando el manejo arbitrario que las empresas realizaban de la tarifa.[925]

De esta manera, la relativa debilidad de las organizaciones cooperativas,[926] la falta de información sobre las cotizaciones y la carencia de elevadores de granos públicos contribuían a que la producción de cereales fuera enajenada con rapidez y a precios deprimidos para el agricultor.[927] Así operaba el proceso de transferencia de plusvalor local producido hacia el control de las grandes firmas foráneas.

La profundidad de la crisis internacional iniciada en 1929 desnudó la debilidad de nuestra economía agroexportadora y su subordinación al capital foráneo. El segundo gobierno de Yrigoyen (1928-1930) –al mismo tiempo expresión de un ascenso de las posiciones discretamente nacionalistas e industrialistas de la burguesía nacional y de debilidad de esta fracción social– resultó incapaz de atemperar los efectos de la crisis sobre los trabajadores y demás sectores populares. Sin embargo, tampoco conseguía garantizar con entereza los intereses imperialistas, terratenientes y de burguesía intermediaria. Ante este escenario, se fue configurando en el seno de las clases dominantes una compleja alianza golpista entre sectores proimperialistas de distinto signo entre los que se

---

(1930-1938), Academia Nacional de la Historia, Buenos Aires, pp. 387-388.

925 Goodwin, Paul (1974), *Los ferrocarriles británicos y la UCR*, La Bastilla, Buenos Aires, p. 22; Ascolani, Adrián (2005), "Las categorías 'proceso de tecnificación' y 'proceso de civilización' contrastadas en el estudio de la sociedad agraria de un país periférico: el caso de la región del cereal en Argentina (primera mitad del siglo xx)", *Revista Gestão Industrial*, vol. 1, núm. 4, Ponta Grossa, pp. 1-17.

926 La ley que reconoció la personería jurídica de las cooperativas –la ley 11.388– data de 1926.

927 Scobie, James (1963), "Una revolución agrícola en la Argentina", *Desarrollo Económico*, vol. 3, núm. 1-2, Buenos Aires, abril-septiembre, pp. 111-141; Graciano, Osvaldo (2011), "Entre la reforma y la revolución. Cuestión agraria y capitalismo en el pensamiento social de los intelectuales anarquistas, socialistas y comunistas en Argentina, 1930-1956", *XIII Congreso Internacional de la Sociedad Española de Historia Agraria*, Lleida, p. 5.

contaban: a) proingleses y pronorteamericanos: los opuestos a la nacionalización del petróleo y los que vinculaban a los frigoríficos estadounidenses como *Swift* y *Anglo* con terratenientes invernadores contrarios al convenio comercial D'Abernon-Oyhanarte;[928] b) profranceses: los ligados a las casas exportadoras y a los ferrocarriles; y c) proalemanes: con intereses relacionados principalmente al con el comercio exterior. Las distintas fracciones de la clase dominante local ligada a estos imperialismos –que a su vez disputaban entre sí– confluyeron en el golpe de Estado de septiembre de 1930, encabezado por el general José Félix Uriburu.

La dictadura de Uriburu (1930-1932) se vio obligada a adoptar medidas defensivas ante la drástica caída de las exportaciones de productos agropecuarios, por lo que adoptó el control de cambios y elevó los aranceles de importación. Con estas iniciativas, el régimen se proponía, por un lado, evitar la fuga de capitales como consecuencia de la depreciación del peso en un contexto de balanza comercial desfavorable, por otro, disminuir la retención especulativa de la divisa extranjera en manos de las grandes compañías exportadoras.[929] En consecuencia, se aseguraban condiciones de protección del mercado interno para las empresas extranjeras que habían incrementado sus radicaciones en la década de 1920 y, en simultáneo, la cúpula terrateniente –que ya venía actuando como gran burguesía intermediaria– encontraba un incentivo poderoso para ampliar la diversificación de sus intereses en los ámbitos comercial, industrial (principalmente a partir de inversiones en manufacturas simples) y financiero. A la vez, se incrementaba la participación económica de una pequeña y mediana burguesía local que pasó a orientarse hacia la industrialización sustitutiva de bienes de producción de consumo masivo (sobre todo alimentos y textiles). De este modo, resulta evidente que el abandono del esquema liberal se realizó sin poner en cuestionamiento la matriz dependiente y latifundista de la Argentina, en un todo coherente con los intereses de las clases dominantes locales.

Durante aquellos años, una iniciativa particular de 25 mil agricultores nucleados en la Asociación de Cooperativas Argentinas (ACA) consiguió construir los primeros elevadores cooperativos del país entre 1930 y 1931, alcanzando una capacidad de almacenaje de 59.800 toneladas. No

---

928 Fodor, Jorge y O'Connell, Arturo (1973), "La Argentina y la economía atlántica en la primera mitad del siglo xx", *Desarrollo Económico*, núm. 49, abril-junio, pp. 3-65.

929 García Heras, Raúl (1990), "Las compañía ferroviarias británicas y el control de cambios en la Argentina durante la Gran Depresión", *Desarrollo Económico*, vol. 29, núm. 116, Buenos Aires, enero-marzo, pp. 477-505.

obstante, en febrero de 1931 la compañía *Howe* de Canadá obtuvo, mediante decreto del poder ejecutivo nacional, la concesión para construir una red de elevadores, otorgándosele garantías, controles, seguridades y beneficios. La oleada de protestas por parte de ACA y diversas personalidades hizo rever la medida y –mediante otro decreto– el 7 de noviembre del mismo año fue dejada sin efecto la adjudicación.[930]

Otra cuestión de importancia fue la creación de la Comisión Investigadora del Mercado a Término con el objetivo de controlar algunas facetas del comercio de granos, sobre todo por la determinación de los precios de los cereales. Sin embargo, esta disposición no fue reglamentada, probablemente por la presión de las firmas exportadoras.

El 17 de marzo de 1932, el gobierno del general Agustín P. Justo (1932-1938) estableció la fiscalización de los contratos para fijar el precio de los granos, pero favoreciendo la actividad de las casas exportadoras. Durante la presidencia de Justo también se dejó sin efecto el decreto de noviembre de 1931 que concedía a ACA la construcción de la red de elevadores. En contra de los intereses cooperativistas, el Ministerio de Agricultura a cargo de Antonio De Tomaso volvía a consultar a *Howe* sobre su realización y el gobierno nacional envió al Congreso un proyecto que otorgaba a la compañía canadiense la concesión de la construcción y la administración de los elevadores. Es decir, aunque no llegó a concretarse, alguna fracción de la clase dominante argentina impulsaba el control de su almacenamiento de granos por parte de una compañía cuyo origen estaba vinculado a un país competidor en el mercado mundial de granos.[931]

El 28 de septiembre de 1933, mediante la sanción de la ley 11.742, se creó la Dirección Nacional de Elevadores de Granos (DNEG) con la participación de representantes de la banca pública y privada, las cooperativas agrícolas, asociaciones de productores, la Bolsa de Cereales y las empresas ferroviarias extranjeras. Una vez promulgada la ley, el proyecto no fue concretado de inmediato y la DNEG fue sustituida el 28 de septiembre de 1935 por la Comisión Nacional de Granos y Elevadores

---

930 Gravil, Roger, "La intervención estatal en el comercio de exportación argentino entre las dos guerras", *Desarrollo Económico*, vol. 10, núm. 39-40, Buenos Aires, octubre de 1970-marzo de 1971, pp. 395-428; Ascolani, Adrián (2006), "Imaginarios en confrontación: los sindicatos rurales y las corporaciones empresariales ante los cambios tecnológicos en la producción de cereal en Argentina, durante la crisis agrícola de 1930", *VII Congreso Latinoamericano de Sociología Rural*, Quito, 20-24 de noviembre.

931 Mateo, Graciela (2004), "Estado versus cooperativas agrarias. La construcción de elevadores de granos (1930-1932), *Anuario del Centro de Estudios Históricos Prof. Carlos Segreti*, vol. 4, núm. 4, Córdoba, pp. 157-170.

(CONAGREL), creada por la ley 12.253, que establecía la regulación de las condiciones de transportes, el control de los cargamentos en el puerto de destino, la fiscalización de las transacciones de granos para la exportación y la organización de la propaganda para las ventas al exterior. Además, se ideó un plan de construcción de elevadores a cargo del Estado.[932]

En este marco se aprobó la creación de diversas juntas reguladoras de la producción primaria y de diversas instancias de administración estatal. Entre ellas: la Junta Nacional de Carnes (JNC), el Frigorífico Nacional de la ciudad de Buenos Aires, la Corporación Argentina de Productores de Carnes (CAP), la Junta Reguladora de Granos (JRG), la Junta Nacional del Algodón, la Comisión Reguladora de la Producción y el Comercio de la Yerba Mate, la Junta Reguladora de Vinos, las Comisiones Nacionales de Industria Lechera, de Fibras Textiles, de Fomento Industrial, del Extracto de Quebracho, del Aceite, de Bosques, del Carbón Vegetal, de Frutas y Hortalizas y de la Papa.[933] El desarrollo de estos organismos implicaba una mayor intervención del Estado en la economía, aunque esta situación no contribuía necesariamente a desarrollar fuertes estímulos a la producción, a la introducción de nuevas tecnologías o a mejorar las condiciones de trabajo. De algún modo, el objetivo primordial era conservar el beneficio de los grandes productores frente a la crisis y sólo en segunda instancia se buscaba mantener el interés a seguir produciendo de los pequeños y medianos agricultores.[934] Como parte del rol de estos

---

932 Malgesini, Graciela (1987), *La comercialización de granos en la Argentina (1930-1938)*, Academia Nacional de la Historia, Buenos Aires.

933 León, Carlos y Rossi, Carlos (2003), "Instituciones Agrarias de la Argentina. La Junta Nacional de Granos", *Realidad Económica*, núm. 196, Buenos Aires, mayo-junio, pp. 84-101. La Argentina no fue un caso aislado en este tipo de políticas. Hacia fines de la década de 1920 y comienzos de la de 1930 del siglo xx, como consecuencia del fuerte desconcierto que reflejaba el mercado internacional y de la necesidad de atenuar la caída en los ingresos de los agricultores, distintos países exportadores de productos agrícolas –como Estados Unidos, Canadá (país en que se crea en 1935 la *Canadian Wheat Board*) y Australia (fundó en la década de 1930 la *Australian Wheat Board*, adquirida por la trasnacional canadiense *Agrium* en 1999)– asumieron actitudes proteccionistas con sus propias producciones.

934 Un esquema de argumentación laudatorio de la oligarquía en el poder y los efectos de la Junta Reguladora de Granos sobre los agricultores en general y sin distinguir su composición de clase. Véase Alhadeff, Peter (1985), "Dependencia, historiografía y objeciones al Pacto Roca", *Desarrollo Económico*, vol. 25, núm. 99, octubre-diciembre, pp. 447-458.

organismos, se establecían límites en algunas producciones, se fijaban precios mínimos y se regulaban las exportaciones e importaciones.[935]

Mediante la JRG, el Estado no se propuso monopolizar la compra de granos y dejó la libertad al productor de operar con quien quisiera en función de su conveniencia, pero se planteó adquirir el cereal cuando los precios tendían a deprimirse y venderlo en forma gradual a las compañías exportadoras. A pesar de establecerse precios sostén y de abonarse de inmediato el 80% de lo adquirido, la ausencia de elevadores obstaculizaba el trabajo de la JRG. El organismo estaba condicionado a adquirir el cereal en las inmediaciones de la estación de ferrocarril, dejando de este modo que las empresas ferroviarias, los acopiadores y las compañías exportadoras regularan los precios, la cantidad y los períodos para estacionar la producción.[936] Quedaba un amplio margen de maniobra para los intereses foráneos presentes en el comercio exterior de agropecuario, beneficiándose las exportadoras (sobre todo en manos de firmas alemanes) y las compañías de transporte terrestre y los puertos (ligados al capital inglés y francés).[937] Recién el desencadenamiento de la Segunda Guerra Mundial (1939-1945) y el debilitamiento de los lazos con las principales potencias permitieron que los sujetos sociales que cuestionaron el peso del latifundio y la dependencia del imperialismo avanzaran en el planteamiento de cambios en la estructura socioeconómica argentina.

---

935 Girbal de Blacha, Noemí (1998), *Ayer y hoy en la Argentina rural. Gritos y susurros del poder económico (1880-1997)*, REUN/Página 12, Buenos Aires, pp. 39-51.

936 Por otra parte, a partir de 1933, ante la crisis agraria, el poder ejecutivo intervino en el fomento de la colonización, aunque su eficiencia práctica fue limitada, y recién en 1941 se constituyó formalmente el Consejo Agrario Nacional (CAN), después de dictada la ley 12.636. Sin embargo, en cuanto a la estructura de tenencia de la tierra, en la década de 1930 se registró en todo el país un aumento de la precarización de los sistemas de tenencia a efectos de la quiebra de pequeños propietarios por la Gran Depresión; disminuyendo el número de propietarios y aumentando el número de arrendatarios. Según los censos de 1914 y 1937 el porcentaje de propietarios había descendido del 50,7% al 37,9%, y el de arrendatarios había ascendido del 38,4% al 44,3%. En la provincia de Buenos Aires, para el mismo período intercensal, los propietarios habían descendido del 33,8% al 30,9%, y el porcentaje de arrendatarios había aumentado del 54,6% al 65,2%. Véase Taylor, Carl (1948), *Rural Life in Argentina*, Lousiana State University Press, Baton Rouge.

937 Gravil, Roger, "La intervención estatal en el comercio de exportación argentino entre las dos guerras", *Desarrollo Económico*, op. cit.

El sector externo en los tiempos del IAPI (1946-1955)

En el marco del aflojamiento relativo de la dependencia impuesto por la Segunda Guerra Mundial y del debilitamiento parcial de los imperialismos involucrados en la contienda bélica, y como parte del programa del sector de burguesía industrial nacional, el primer gobierno de Juan Domingo Perón creó, mediante el decreto-ley 15.350 del 28 de abril de 1946, ratificado por la ley 12.962, el Instituto Argentino para la Promoción del Intercambio (IAPI). Se daba lugar así a una de las medidas más significativas de la historia del comercio exterior argentino. Este organismo estatal comenzó a operar dentro del Banco Central de la República Argentina (nacionalizado poco tiempo antes).

A través del IAPI, el Estado pasó a intervenir y controlar el comercio exterior del país. En el caso de las exportaciones, pasó a tener el monopolio de las ventas de granos y carnes. Por este medio, el gobierno se propuso: "a) evitar los riesgos de comercialización a los productores, b) que quedaran en el país los beneficios que anteriormente quedaban en poder de las firmas cerealeras internacionales y los propietarios de las infraestructuras de comercialización y transporte, también en manos del capital extranjero, y c) obtener mejores precios para los productos argentinos en el mercado internacional, a partir de una posición única y de fuerza, ante las restricciones existentes".[938]

Por entonces, el escenario internacional posterior a la Segunda Guerra Mundial se presentaba favorable a la demanda de productos agropecuarios destinada a los países europeos que habían actuado como beligerantes. No obstante, la Argentina rechazó las condiciones y los precios del bloque que agrupaba a los países demandantes y no adhirió a los acuerdos derivados de las Primera y Segunda Conferencia Internacional del Trigo, celebradas en Londres en 1947 y en Washington en 1948, respectivamente. Esto –unido al neutralismo argentino en la guerra y al desafío a la política estadounidense al respecto– fue parte del proceso que derivó en que la Argentina fuera excluida del Plan Marshall y en algunas limitaciones para aprovechar las oportunidades del mercado europeo occidental. Como contrapartida, el gobierno peronista promovió la diversificación de los destinos de producción y negoció acuerdos comerciales bilaterales con países europeos, como los suscriptos con España en 1946, con Checoslovaquia en junio de 1947, con Rumania en octubre de 1947, con Polonia en marzo de 1948, con Bulgaria y con Gran Bretaña en junio de 1949, y con la URSS en agosto de 1953. Los convenios consistieron en

---

938 Lattuada, Mario, op. cit., p. 85.

lo fundamental en el intercambio de productos agropecuarios por suministros industriales básicos, maquinarias agrícolas e industriales, hierro, aluminio y maderas. En ocasiones también involucraban el otorgamiento de créditos para la adquisición de exportaciones argentinas. Además, se firmaron convenios con los países sudamericanos con los que se pretendía estrechar lazos de unión aduanera y complementación económica. De esta manera, la estrategia del peronismo contribuía tanto a establecer una posición autónoma y equidistante del ascendente imperialismo estadounidense y del socialismo como a reducir y diversificar los riesgos de la inserción en la economía global.

El IAPI sirvió al financiamiento del Primer Plan Quinquenal (1947-1951) del gobierno peronista, fomentando el desarrollo de la industria nacional y demás sectores económicos. Por su intermedio, el Estado se encargaba de adquirir la producción agropecuaria a un precio fijo, mientras revendía en el mercado mundial a precios internacionales, "lo que posibilitó en los primeros años de posguerra, cuando la demanda de los productos agropecuarios era intensa, obtener un importante saldo a su favor, dado que los precios internacionales eran superiores a los que se pagaban a los productores".[939] Esta política se complementaba con el control de precios y la política cambiaria.

El IAPI absorbió las funciones de la JRG y encaró los problemas de la comercialización externa ocasionados por la creación de instituciones estatales de compra en los países que habían participado de la Segunda Guerra Mundial. Así, el Estado se transformó en el principal comprador de cereales y oleaginosas, afectando la dependencia de comerciantes e intermediarios que constreñían a los productores. El IAPI separaba una parte de lo adquirido para abastecer el mercado interno y procedía luego a comercializar los saldos exportables. Sin embargo, la retribución al productor era con dinero argentino calculado al valor oficial, lo cual significaba, de hecho, una transferencia de ingresos desde la producción agropecuaria a las actividades urbanas. Sus recursos fueron utilizados por el gobierno de Perón en la política de nacionalizaciones y ampliación de servicios públicos, el fomento de la industrialización, y la adquisición de productos importados como materias primas, bienes de capital y buques para la flota mercante. Ejerció un control sobre la importación de maquinarias e implementos agrícolas, procurando obtener buenos precios tanto para el sector industrial como para el agrícola. Es decir, el organismo –sin ir a fondo en extirpar las causas de la dependencia– fue orientado a provocar un cambio en las condiciones de inserción inter-

---

939 Idem, p. 86.

nacional subordinada de nuestra economía y a transferir los excedentes agroexportadores a la expansión del aparato industrial nacional.

A pesar del control del comercio exterior que ejerció el IAPI, los canales privados de comercialización de cereales no dejaron de existir. Las empresas exportadoras –las cuales habían sido expropiadas de sus elevadores en 1945– adquirían la producción al IAPI, a los precios fijados por el Estado, y luego la embarcaban con destino a los mercados exteriores. De este modo, si bien fueron afectadas en su posición dominante para fijar precios a los productores, este funcionamiento les permitió el pleno retorno de su peso oligopólico cuando cesó la intervención de este organismo estatal sobre el comercio exterior.[940] Sin embargo, debemos enfatizar que el IAPI constituyó un límite para la captación de la renta por parte de las firmas exportadoras y moderó la vulnerabilidad externa que identificaba al comercio exterior local, circunstancias a su vez atenuadas por el cerrojo que significaba el Plan Marshall y las inclemencias climáticas acaecidas en aquellos años (en particular las sequías y heladas sucedidas entre 1949 y 1952) que afectaron la producción y la comercialización de granos.

Con respecto a las oleaginosas, el IAPI entregaba la producción al sector industrial y luego se encargaba de la exportación de aceites. Las exportaciones de carnes, cueros, grasas y sebos también fueron realizadas por la institución. Asimismo, el IAPI desempeñó un papel importante en la contención de la inflación, sobre todo de los productos de primera necesidad. El azúcar, la harina, el aceite y las papas fueron artículos subvencionados por el Estado con el propósito de mantener el nivel adquisitivo de los asalariados.[941]

De todas formas, estas medidas se produjeron en un contexto en el cual la Argentina retrocedió en su participación en el comercio mundial en los principales rubros –carnes, trigo y maíz–,[942] como consecuencia del disciplinamiento que buscaban ejercer los intereses estadounidenses y europeos occidentales ante los lineamientos de independencia económica impulsados por la burguesía nacional en el poder.

---

940 Bullor, Leandro (2011), "Análisis de la operatoria del IAPI en su intervención sobre el comercio exterior y el sector agropecuario, 1946-1955", *Documentos del CIEA*, núm. 7, Buenos Aires, pp. 183-200.

941 Novick, Susana (1986), *IAPI: auge y decadencia*, CEAL, Buenos Aires, p. 58.

942 León, Carlos y Rossi, Carlos (2003), "Historia de las instituciones agrarias. El Consejo Agrario Nacional", *Realidad Económica*, núm. 198, Buenos Aires; Balsa, Javier (2006), *El desvanecimiento del mundo chacarero. Transformaciones sociales en la agricultura bonaerense, 1937-1988*, Universidad Nacional de Quilmes, Bernal, p. 106.

Por otra parte, a partir de 1949 comenzaron a manifestarse los primeros indicios de crisis económica por desequilibrios en el sector externo. Este fenómeno obedeció esencialmente a cuatro factores: a) la inversión de la tendencia positiva de los términos de intercambio; b) la caída de las reservas internacionales debida a los gastos en bienes de capital que contribuían a acelerar la industrialización y el proceso de nacionalizaciones (deuda externa, transporte, energía y comunicaciones); c) la continuidad de los problemas estructurales (dominio económico del latifundio, dependencia de equipos y máquinas importados, no afectación del capital extranjero en la industria manufacturera e insuficiencia de acumulación interna para la continuidad de una política industrialista autónoma con rasgos redistributivos); y d) el estancamiento de la producción rural, vinculado tanto a la estructura latifundista de la tierra como a la escasa utilización de maquinarias y agroquímicos, situación que entraba en contradicción con los aumentos en el poder adquisitivo del salario y los incrementos de la población, que reducían los saldos exportables.[943]

Inestabilidad, ciclos económicos y comercio exterior (1955-1976)

A partir de 1955, en un contexto de achicamiento del gasto público y de caída de la demanda real, la devaluación del peso motivada por el déficit en la balanza comercial y el agotamiento de las reservas de divisas del Banco Central había provocado un incremento de los precios de los productos agropecuarios exportables. De esta manera, la cúpula terrateniente –como parte de una oligarquía diversificada– conseguía condicionar la industrialización de acuerdo a sus intereses y alentar la inversión extranjera en esta área. Sin embargo, dadas las condiciones de proteccionismo de las principales potencias económicas y las gigantescas diferencias en la estructura de tenencia de la tierra, la situación no se materializó en una mayor producción e incrementos en la inversión.[944] En

---

943 Para las transformaciones de la tenencia de la tierra y sus repercusiones en la estructura social agraria entre 1937 y 1960, véase Slutzky, Daniel (1968), "Aspectos sociales del desarrollo rural en la Pampa Húmeda argentina", *Desarrollo Económico*, vol. 8, núm. 29, Buenos Aires, abril-junio, pp. 95-135.

944 Flichman, Guillermo (1970/1971), "Modelo sobre la asignación de recursos en el sector agropecuario", *Desarrollo Económico*, núm. 39-40 Buenos Aires, octubre-marzo, pp. 375-393.

forma paralela, se fortalecían las permanentes tendencias inflacionarias iniciadas durante el peronismo y que se mantuvieron hasta el comienzo de la década de 1990.[945]

En lo que respecta al mercado de granos, luego del golpe de Estado de 1955 se dejó sin efecto la participación del IAPI. En 1956, mediante un decreto, se creó la JNG bajo la dependencia del Ministerio de Economía. Se instauró así un período en el cual se abandonó la comercialización monopólica ejercida por el IAPI y el Estado –aunque no prescindía del todo de intervenir– concentró su atención en la administración de la red pública de elevadores y definió en algunos casos precios sostén. Sin embargo, las grandes empresas exportadoras extranjeras –con estrechos lazos políticos y económicos con el gobierno de facto– volvieron a ejercer un claro control del comercio interno y externo, obteniendo una significativa transferencia de ingresos procedente de la producción agropecuaria al capital extranjero concentrado en estas compañías.[946]

Hacia fines de la década de 1950 y durante la de 1960, buena parte de las exportaciones de granos de la Argentina estuvo dirigida a los países europeos. En 1955, Europa absorbía el 100% de las exportaciones de maíz, el 52% de la exportación de trigo y el 87% de la de cebada.[947] Para 1965, las exportaciones de productos primarios representaban un 65% del valor total de exportación, por un monto de US$ 1.488 millones.[948]

El volumen de exportaciones argentinas registró un notable aumento por aquellos años. No obstante, las medidas proteccionistas implementadas por la CEE a través de la Política Agraria Común (PAC) y las seguidas por Estados Unidos impulsaron la búsqueda de mercados no tradicionales.

La creación de la PAC tenía objetivos tanto económicos como políticos. La CEE procuraba con esta medida lograr el autoabastecimiento alimentario y afirmar la posición geopolítica de Europa occidental frente a la hegemonía estadounidense y el expansionismo de la URSS. Por lo tanto, resultaba también una manifestación de las contradicciones interim-

---

945 Vitelli, Guillermo (1986), *Cuarenta años de inflación en la Argentina, 1945-1985*, Legasa, Buenos Aires.

946 León, Carlos y Rossi, Carlos (2003), “Instituciones Agrarias de la Argentina. La Junta Nacional de Granos”, op. cit..; Cooke, John, “La lucha por la liberación nacional”, op. cit., p. 13.

947 Pierri, José Alberto (2007), *Sector externo, política agraria y entidades del agro pampeano 1960/1986. Claves del carácter dependiente del agro pampeano*, Ediciones Cooperativas, Buenos Aires, p. 64.

948 Rapoport, Mario, *Historia económica, política y social en la Argentina (1880-2000)*, op. cit., p. 601.

perialistas. La participación de los países europeos occidentales en las ventas totales argentinas cayó del 68% al 52% entre 1962 y 1965, aunque mantenía un significativo peso en el intercambio comercial argentino.

De a poco se ampliaron los mercados hacia los países de Europa del Este, la Unión Soviética, Brasil y otros países latinoamericanos.[949] En 1964 y 1965 se establecieron intercambios de productos primarios argentinos por naftas y gasoil procedentes de Europa del Este y la URSS, inaugurándose una tendencia que se consolidaría en las décadas de 1970 y 1980. La demanda soviética pasó a robustecerse en la década de 1970 y los nuevos importadores permitieron compensar la pérdida de Europa como principal mercado demandante de granos en el mercado mundial.[950]

En el escenario internacional de los años setenta del siglo XX, el comercio de granos tendió a acelerarse, superando el incremento en la producción. Estados Unidos, mientras tanto, durante la administración de Richard Nixon (1969-1974), impulsaba una política liberal a través del secretario de Agricultura, Earl Butz, disminuyendo los subsidios estatales a los productores y dejando a los mecanismos de mercado la regulación de los volúmenes de producción y de los precios internos del agro estadounidense.[951] De todas formas, las abultadas reservas de granos del país del norte permitieron el abastecimiento durante 1973 aunque, en 1975, la disminución de esas reservas y las restricciones a las ventas establecidas llevaron a la suspensión del aprovisionamiento del mercado soviético.[952]

---

949 En paralelo con incrementos notables en la productividad agrícola (derivados de la llamada "Revolución Verde") y de las políticas de desarrollo aplicadas a nivel mundial se registró una profunda transformación en el campo de las pautas alimentarias –aumentando de manera significativa el consumo de cereales, cerdos y aves– en los países subdesarrollados y periféricos. Tales factores motivaron el crecimiento del volumen de producción y del comercio mundial de esos productos agrarios en la década de 1960.

950 Lamarca, Patricio y Regúnaga, Marcelo (1990), "Estructura y dinámica del sistema", en: Obschatko, Edith (comp.), *La comercialización de granos en Argentina*, Legasa, Buenos Aires, pp. 192-193.

951 Los Estados Unidos mantuvieron las políticas de precio sostén y créditos para la exportación de granos hasta el inicio de la década de 1970. Por lo que estos factores distorsionaban el mercado mundial de granos juntamente con la mencionada Política Agraria Común (PAC) implementada por los estados de la Comunidad Económica Europea. Pierri, José Alberto (2007), *Sector externo, política agraria y entidades del agro pampeano, 1960/1986. Claves del carácter dependiente del agro pampeano*, Ediciones Cooperativas, Buenos Aires, p. 57.

952 "En 1973 el valor de los productos agrícolas en los Estados Unidos subió por encima de los precios garantizados por el Estado, originando el comienzo

Esta situación permitió a otros países, como Argentina, emerger como proveedores agropecuarios del mercado ruso y de los países de Europa Oriental. A partir de la misión comercial a la Unión Soviética realizada por el ministro de Economía argentino José Ber Gelbart, en mayo de 1974 (que tuviera como antecedente la visita a la Argentina del vicepresidente del buró del Partido Comunista de la URSS, Leonid Lomonossov), se firmaron acuerdos que evidenciaban el interés de algunas fracciones de la clase dominante argentina por un incremento de los negocios con aquella superpotencia.[953]

Por entonces, la URSS pasó a ser un actor destacado en el comercio mundial de trigo. Había elevado su demanda de manera sustancial en 1972 y tanto los problemas climáticos y organizativos de la agricultura soviética como las mejoras en la alimentación de su población estimularon el incremento de sus compras externas a Estados Unidos y Canadá. Este fenómeno determinó un aumento del volumen del comercio y de los precios de los granos a nivel mundial, triplicándose el valor del trigo y duplicándose el del maíz entre 1972 y 1974.[954]

Estos vínculos comerciales con Moscú y los países del Este europeo se manifestaron en la dimensión económica interna. Se conformaron lazos de intereses asociados a los soviéticos en sectores del empresariado local que se expresaron en el frente político doméstico en las disputas de

---

de un período de fuerte inflación en la economía norteamericana. El fenómeno determinó la adopción de medidas de control de precios y una importante disminución de subsidios a la exportación de granos. De esta manera, finalizaba en 1974 –y por poco tiempo– el largo período de subsidios generalizados a las exportaciones agrícolas norteamericanas. La situación determinó que, en 1975, las protestas por el aumento de precios internos en los EE.UU., sumadas al objetivo del secretario de Estado Henry Kissinger de presionar políticamente a la URSS motivaran el bloqueo de ventas de grano norteamericano hacia aquel destino.
En octubre de 1975 se firmó un acuerdo entre los EE.UU. y la URSS, que limitó a 8 millones de toneladas anuales la exportación libre de granos hacia la URSS. Al mismo tiempo, el gobierno norteamericano elevó los precios sostén internos, originándose un fuerte incremento de la producción, que puso fin al aumento de los índices de inflación vigente entre los años 1972 y 1974.
La política agraria iniciada en 1975 en los Estados Unidos provocó el inicio de una fuerte expansión de la producción interna e incrementó las exportaciones norteamericanas en los cinco años siguientes, y motivó que en 1979 los Estados Unidos participaran con casi un 60% de la oferta mundial de granos". Pierri, José Alberto, op. cit., pp. 58-59.

953 Lanús, Juan (1986), *De Chapultepec al Beagle. Política exterior argentina, 1945-1980*, Hyspanoamérica, Buenos Aires, t. I, p. 108.

954 Pierri, José Alberto, op. cit., pp. 57-58.

los sectores prorusos por la dirección de peronismo y por la hegemonía del gobierno de Perón (1973-1974) y de María Estela Martínez de Perón (1974-1976). Los acuerdos alcanzados por Gelbard otorgaban a la URSS –en contrapartida de las exportaciones argentinas– el suministro de maquinarias y equipos, provisión de turbinas, y la concesión de proyectos hidroeléctricos en el río Paraná. Si bien el gobierno de Martínez de Perón no ratificó los convenios, estos acercamientos comenzaban a bocetar el carácter de los lazos de dependencia económica que se consolidarían durante la dictadura iniciada en 1976 y el alfonsinismo.

Apertura económica y expansión agraria durante la dictadura militar y el gobierno alfonsinista (1976-1989)

Durante las décadas de 1970 y 1980, las exportaciones de productos agropecuarios crecieron en forma notable. A partir de 1976 comenzaron a incrementarse las ventas de carnes y aceites vegetales, triplicándose las ventas al exterior de cereales que representaron un 30% de las exportaciones. Esta situación estuvo determinada por la firma de los acuerdos con la URSS, que pasó a ser el principal importador de productos argentinos, adquiriendo el 80% de las ventas externas de cereales y el 20% de las carnes. El comercio entre ambos estados manifestaba un balance favorable a la Argentina, por lo que la URSS propuso el establecimiento de acuerdos en materia de energía nuclear e infraestructura, y convenios pesqueros y comerciales para la adquisición de maquinarias y vehículos.[955]

Argentina restablecía así el esquema comercial triangular que había desarrollado en las décadas de 1920 y 1930 con Estados Unidos y Gran Bretaña, y en los años cincuenta y sesenta con la CEE y Estados Unidos. Esta vez, la URSS y los Estados Unidos eran los otros integrantes del triángulo. A diferencia del comercio con la URSS, los intercambios con Estados Unidos eran deficitarios.

Este conjunto de condiciones generó tensiones comerciales, económicas y políticas al interior de esta relación. Por un lado, la URSS procuraba imponer sus inversiones o vender productos a la Argentina a fin de reducir su déficit comercial bilateral. Por otra parte, la creciente deuda externa permitía que Estados Unidos presionaran a través de la banca de

---

955 Vacs, Aldo César (1984), *Los socios discretos. El nuevo carácter en las relaciones entre la Argentina y la Unión Soviética*, Sudamericana, Buenos Aires; Rapoport, Mario, op. cit., p. 804.

capital estadounidense para orientar las relaciones a su favor, a lo que se adicionaban la competitividad de las exportaciones argentinas con las norteamericanas destinadas a aquel Estado y la confrontación política y económica entre las dos superpotencias.[956]

En ese marco, la última dictadura militar (1976-1983), a través del ministro de Economía José Alfredo Martínez de Hoz –miembro de una tradicional familia de grandes terratenientes que diversificó sus intereses en el sector financiero e industrial–, impulsó una paulatina disminución de las retenciones a las exportaciones. Hacia 1978, este gravamen había sido eliminado por completo y no volvería a reintroducirse hasta el gobierno de Raúl Alfonsín. A la vez, las ventas al exterior de granos fueron controladas en su totalidad mediante el sistema de comercialización privada, con un significativo incremento de la injerencia de las firmas foráneas. La JNG limitó sus funciones al establecimiento de precios sostén cuando los precios internaciones disminuyeron de manera marcada.[957]

En agosto de 1977, el general Jorge Rafael Videla ratificó los convenios negociados por Gelbard en 1974. Entre 1976 y 1979, las exportaciones hacia Moscú se duplicaron, mientras Argentina adquiría maquinarias y equipos a pago diferido, se pusieron en ejecución obras hidroeléctricas con participación soviética en la construcción y provisión de turbinas, como Salto Grande (provincia de Entre Ríos), y se realizaron estudios de factibilidad para la construcción de una gran represa en el Paraná medio, que afectaría las provincias de Corrientes, Santa Fe y Entre Ríos. Por otra parte, se reanudaron las reuniones de la Comisión Mixta Argentino-Soviética suspendidas en 1975 y, en noviembre de 1976, la URSS realizó en Buenos Aires una gran exposición de productores industriales. Tales relaciones permitieron la constitución de un núcleo de intereses coincidentes entre sectores de la gran burguesía local y la cúpula terrateniente y los negocios del imperialismo ruso en la Argentina, tanto en materia financiera como en provisión de infraestructura y obra pública.

Además, alcanzaron cierta notoriedad los vínculos políticos, militares y de cooperación científica y tecnológica.[958] Las delegaciones de ambos países comenzaron a mantener consultas periódicas formales en las Na-

---

956 Rapoport, Mario y Spiguel, Claudio (2005), *Política exterior argentina. Poder y conflictos internos (1880-2001)*, Capital Intelectual, Buenos Aires, pp. 55-56.

957 Schvarzer, Jorge (1983), *Martínez de Hoz: la lógica política de la política económica*, CISEA, Buenos Aires.

958 "Afirmar la imagen de país", *La Nación*, Buenos Aires, 26 de marzo de 1977, pp. 1 y 16.

ciones Unidas antes de las Asambleas Generales y, a mediados de 1979, se inició el primer intercambio de misiones militares.[959]

En el campo de los derechos humanos, la URSS evitó activamente que Argentina fuera sancionada en los foros internacionales, mientras promovía o apoyaba resoluciones contra el dictador chileno Augusto Pinochet.[960] Estas situaciones provocaron tensiones con el gobierno estadounidense y algunos países de Europa occidental.[961]

A comienzos de la década de 1980, la URSS pasó a ser el principal comprador, incrementándose, además, las exportaciones hacia los países de Europa del este, China y de América Latina. Por su parte, las ventas hacia los países de la CEE tendieron a descender de modo notable; en ningún producto alcanzaban el 20% del total y las exportaciones de trigo hacia aquel destino rondaban el 1% del total.

Estas reorientaciones estuvieron influenciadas con fuerza por el embargo cerealero de Estados Unidos hacia la URSS (luego de la invasión soviética a Afganistán de 1979) e Irán (luego del triunfo de la revolución encabezada por el ayatolá Khomeini).[962] El 10 de julio de 1980 se firmó con la URSS un acuerdo de suministros de cereales y soja. En 1981, Ar-

---

959 Vacs, Aldo César (1984), *Los socios discretos. El nuevo carácter en las relaciones entre la Argentina y la Unión Soviética*, Sudamericana, Buenos Aires, pp. 63-97 y 105-107; Echagüe, Carlos (1986 [1984]), *El socialimperialismo ruso en la Argentina*, Agora, Buenos Aires, pp. 7-61. Vale recordar que, como consecuencia de la reforma financiera de 1977, a partir de 1978 las tasas de interés tendieron a revaluarse e incrementarse en forma constante, situación que generó un vuelco masivo a la especulación de los excedentes agropecuarios y una contracción de los niveles de inversión. Véase Cibils, Alan y Allami, Celina (2010), "El sistema financiero argentino. Desde la reforma de 1977 hasta la actualidad", *Realidad Económica*, núm. 249, Buenos Aires, 1 de enero-15 de febrero, pp. 107-133.

960 En la política interna, esta situación se tradujo en la posición elogiosa o complaciente del Partido Comunista de la Argentina (PCA) hacia la dictadura, la asociación subordinada de grupos económicos hegemónicos ligados al sector agropecuario y en un cambio cualitativo en la penetración de los intereses económicos rusos en el país. Véase: Gilbert, Isidoro (2007), *El oro de Moscú*, Sudamericana, Buenos Aires, pp. 385-414; Echagüe, Carlos, *El socialimperialismo ruso en la Argentina*, op. cit., pp. 10-18.

961 "La ayuda militar de Estados Unidos", *La Nación*, Buenos Aires, 2 de marzo de 1977, p. 1; "Las relaciones con EE.UU. y la URSS", *La Nación*, Buenos Aires, 1 de marzo de 1981, pp. 1 y 7.

962 Romero Wimer, Fernando (2010), "La lógica de la dependencia: incidencia política y representación de intereses de los capitales extranjeros en el agro pampeano", *VIII Congreso Latinoamericano de Sociología Rural*, Recife (Brasil), 15 al 19 de noviembre.

gentina registró exportaciones récord hacia aquel destino, remitiéndose 8 millones de toneladas de maíz en aquel año.[963] En coincidencia con esos logros, se produjo un significativo aumento de la superficie sembrada y cosechada en la Argentina.[964]

Por el lado de Estados Unidos, ambos embargos explican el descenso de 20 millones de toneladas de cereales y oleaginosas en el volumen de sus ventas externas, disminuyendo sus exportaciones en el total mundial de un 58% en 1979-1980 a un 50% en el período 1984-1985. Por el lado argentino, Martínez de Hoz jugó un rol activo en el afianzamiento de las relaciones económicas con la URSS y alejó a la Argentina del embargo de granos contra aquel país,[965] aun cuando las relaciones entre ambos país entraron en un período de enfriamiento hasta la asunción de Ronald Reagan a la presidencia norteamericana.

Las relaciones triangulares argentino-norteamericano-soviéticas también se expresaron en la "pugna por el control del poder entre distintas corrientes militares en el seno de la dictadura".[966] Por una parte, la dictadura afirmaba su vocación prooccidental y anticomunista, se asociaba al resto de los regímenes de facto continentales a través del Plan Cóndor (dirigido a reprimir a los militantes políticos y sociales que ofrecieran resistencia) y afirmaba su dependencia financiera con la banca estadounidense y europea, además de hacerlo con las corporaciones de ese origen, favoreciendo la desindustrialización y la apertura externa. Por otro lado, afianzaba sus vínculos comerciales y económicos con la URSS. La incidencia de esta disputa interimperialista se tradujo en conflictos diplomáticos y tensiones entre las distintas fracciones de las clases dominantes.[967]

En estas circunstancias, debemos puntualizar la influencia que tuvieron estos imperialismos en referencia al comercio exterior agropecuario

---

963 "Gestionan nuevas ventas de cereales a la URSS", *La Nación*, Buenos Aires, 5 de marzo de 1981, p. 13; "Se refirió Lacroze a las ventas de granos a Rusia", *La Nación*, Buenos Aires, 12 de marzo de 1981, p. 10; véase también "Comercio soviético en América Latina", *La Nación*, Buenos Aires, 2 de marzo de 1981, p. 4.
964 "Granos: aguárdase una cosecha récord", *La Nación*, Buenos Aires, 2 de marzo de 1981, pp. 1 y 8.
965 "Los efectos del embargo cerealero", *La Nación*, Buenos Aires, 24 de abril de 1980, p. 5; "El embargo cerealero y el optimismo argentino", *La Nación*, Buenos Aires, 6 de marzo de 1981, p. 8. "Qué pasó entre Viola y Reagan", en: *Somos*, núm. 235, Buenos Aires, 20 de marzo de 1981, pp. 4-9.
966 Rapoport, Mario y Spiguel, Claudio, *Política exterior argentina*, op. cit., p. 56.
967 Lon, Pablo (1980), "Argentina-Rusia. Las relaciones peligrosas", *Somos*, año 4, núm. 188, Buenos Aires, 25 de abril, pp. 4-9.

en la Argentina dependiente, sus negocios y ganancias, y las consecuencias para el país. Las disputas y coincidencias interimperialistas se expresaron también en el plano local a través de sus personeros, actores políticos y económicos y fracciones de la clase dominante.

La Cámara de Comercio Argentino-Soviética fue una entidad que se destacó en la asociación del empresariado local con el imperialismo ruso. No obstante, nucleaba a amplios sectores de grandes terratenientes y de la gran burguesía asociada a corporaciones inglesas, estadounidenses, alemanas, italianas y francesas, y a representantes de compañías transnacionales que operaban en el territorio nacional.

Entre los principales grupos terratenientes que componían la Cámara encontramos: los Repetto Paz (ligados a los Menéndez Behety, Braun, Saguier y Pereyra Iraola), los García Oliver (asociados a los Menéndez Behety y los Duhau, y con participación en entidades financieras), los Werthein (propietarios del *Banco Mercantil Argentino*) y los Capozzolo (titulares del frigorífico *SAFRA*). Esta asociación subordinada de los terratenientes a los intereses rusos tuvo como antecedente la sumisión de la oligarquía argentina al imperialismo británico sobre la base de las compras de los productos agropecuarios. Es decir, el mercado soviético emergía como complementario para nuestro país. Sin embargo, también adquirían importancia la contradicción histórica y la competencia de los intereses agroexportadores argentinos con Estados Unidos. Si bien el imperialismo norteamericano había logrado alcanzar posiciones dominantes luego del derrocamiento de Perón en 1955, sus avances fueron siempre limitados por esa contradicción.[968]

Entre las firmas financieras locales, junto al *Banco Mercantil* (que para 1983 participaba de la deuda externa privada con US$ 103 millones)[969] se destacaba el *Banco Avellaneda*. Estas entidades lograban expandirse a partir de la captura de los fondos provenientes de los bancos extranjeros. La ampliación de sus operaciones estaba sustentada –además del amplio margen de la especulación financiera– por el financiamiento de los negocios rusos en la Argentina. Un importante papel lo cumplieron también el *Banco de Intercambio Regional* (grupo *Trozzo*), el *Banco de los Andes* (grupo *Greco*) y el *Banco Odone*, entre otros. El desenfreno especulativo terminó llevando a estas entidades a ser investigadas por el *Banco Central* –no resultando ajena la presión de la banca norteameri-

968 Rapoport, Mario y Spiguel, Claudio (2005), *Política exterior argentina. Poder y conflictos internos (1880-2001)*, Capital Intelectual, Buenos Aires, p. 49.
969 Olmos, Alejandro, *Todo lo que usted quiso saber sobre la deuda externa y siempre se lo ocultaron*, op. cit., p. 230.

cana–, a intentos de salvatajes por parte de la dictadura y, por último, a la presentación de quiebras.[970]

También debemos agregar en este grupo a las firmas *Proa*, *Matimport* y *Vialco*.

La primera era una importadora de productos soviéticos en la que participaron como directivos el general Julio Eladio Aguirre, Raúl Salbarren –del grupo *Shaw* y funcionario del Ministerio de Economía de la Provincia de Buenos Aires durante la dictadura–, Julio y Carlos Pueyrredón –miembros de tradicionales familias oligárquicas y a su vez directivos de *Petroquímica Paraná* y *Petroquímica San Nicolás*–, Julio Oyhanarte (presidente de la Corte de Justicia durante la presidencia de Frondizi).

Matimport era una firma constituida en 1963 para representar compañías soviéticas que realizaban transacciones con *Yacimientos Carboníferos Fiscales* (*YCF*), distribuir camiones rusos y coordinar acciones para la instalación de centrales eléctricas. A su vez, Carlos Garber, uno de los principales apoderados, intervenía en la sociedad que controlaba *Fate* y *Aluar*.

Vialco era propiedad del *Banco Quilmes*[971] y del grupo *Greco*. Fue la empresa adjudicataria de la construcción de la central eléctrica Futaleufú durante la presidencia de facto de Lanusse.

Pero no se trata sólo de sectores gran burguesía y de la cúpula terrateniente diversificada que pasaron a asociarse en los negocios con el imperialismo ruso. Al mismo tiempo, participaban las grandes multinacionales que concentraban las ventas externas de los principales granos: la francesa *Dreyfus*, la estadounidense *Cargill*, la belga-franco-norteamericana *Continental*, la germano-belga *Bunge & Born* y la holandesa *Nidera*. El examen de estos lazos permite vislumbrar que, pese a la ferocidad con la que se disputaban su incidencia geopolítica global, también existieron coincidencias de intereses entre la superpotencia rusa, el imperialismo estadounidense y los capitales europeos.[972]

Cabe agregar a modo de ejemplo que *Cargill*, durante los años de la dictadura, efectuó los denominados "autopréstamos", un procedimiento

---

970 Echagüe, Carlos, *El socialimperialismo ruso en la Argentina*, op. cit., pp. 224-242.

971 En 1983, el *Banco de Quilmes* figuraba entre los grandes deudores externos del sector privado por US$ 115 millones. Deuda ilegítima, usuraria y fraudulenta que sería asumida totalmente por el Estado nacional en 1985. Véase: Olmos, Alejandro, *Todo lo que usted quiso saber sobre la deuda externa y siempre se lo ocultaron*, op. cit., p. 230.

972 Para más datos sobre la Cámara de Comercio Argentino-Soviética, véase Echagüe, Carlos, *El socialimperialismo ruso en la Argentina*, op. cit., pp. 63-86.

mediante el cual las empresas transferían al exterior divisas que luego volvían a ingresar al país en forma de préstamos y que recibían el beneficio de los seguros de cambio. La deuda externa declarada por la compañía estadounidense ascendía en octubre de 1983 a US$ 22.750.985 y los acreedores eran todos bancos norteamericanos: el *Banco di Napoli* con sede en Nueva York, el *Morgan Guaranty Trust Co.*, el *Continental Illinois National Bank and Trust* de Chicago y el *Banesto Banking Corporation* de Nueva York. A los beneficios obtenidos mediante la actuación del Estado durante la dictadura (régimen de seguro de cambio y posterior estatización de su deuda), debe agregarse que el volumen de estos préstamos no se correspondía con las inversiones declaradas y la compañía tenía por entonces suficiente masa líquida de fondos para evitar este endeudamiento. En síntesis, se trató de una enorme apropiación de renta financiera con la complicidad del Estado argentino, que ofreció los marcos legales para su realización y que más tarde asumiría como deuda propia, estatizándola.[973]

Por entonces, también se trazaban relaciones con la República Popular China. La revista *Somos* –publicación de la Editorial Atlántida, favorable a la dictadura– siguió a través de notas en tres ejemplares continuos los resultados de la visita de Videla a China, anticipando que se trataba de un viaje cuyos resultados se verían a corto y mediano plazo,[974] iniciándose una línea de relaciones económicas que se consolidaría en la década de 2000 ya con el país asiático fortalecido como potencia imperialista.

Arribado el gobierno de Raúl Alfonsín (1983-1989), se introdujo otra vez la discusión de la modalidad del comercio mixto de granos. Sin marginar a las grandes transnacionales, se impulsó una mayor participación de la JNG, del comercio cooperativo y de las empresas nacionales (Cuadro 1). La JNG amplió sus atribuciones comerciales actuando como abastecedor de alimentos, con el objetivo de regular los precios de algunos productos de la canasta básica de consumo, y asumió tareas de proveedor de agroquímicos y fertilizantes financiando a los productores a través de planes de canje.[975]

---

973 Halliburton, Eduardo, Bianco, José Mauro y Villalba, Carlos (1989), "Deuda externa privada. El destino de una investigación", *Realidad Económica*, núm. 87, Buenos Aires, 2° bimestre, pp. 72-113.

974 Duarte, Ariel (1980), "Videla: contacto en Pekín", *Somos*, año 4, núm. 193, 30 de mayo, pp. 12-13; Del Solar Dorrego, Federico (1980), "A qué China fue Videla", *Somos*, año 4, núm. 194, 6 de junio, p. 14; Duarte, Ariel (1980), "La inversión china", *Somos*, año 4, núm. 195, 13 de junio, p. 14.

975 Constela, Julia (2009), *Raúl Alfonsín: biografía no autorizada*, Vergara, Buenos Aires, p. 170; Rossi, Carlos, León, Carlos y Cocchi, Horacio (1987), "Co-

Cuadro 1. Estructura de la exportación argentina de granos por origen del capital, en porcentajes. Años 1980-1987.

Empresa	1980	1981	1982	1983	1984	1985	1986	1987
Empresas privadas nacionales	18%	12%	12%	12%	11%	12%	15%	9%
Cooperativas	16%	14%	14%	19%	20%	20%	20%	19%
JNG	3%	5%	4%	10%	9%	9%	5%	16%
Total capital nacional	37%	31%	30%	41%	40%	41%	40%	44%
Empresas transnacionales	51%	59%	56%	51%	49%	47%	42%	42%
Otras no contabilizadas	12%	10%	14%	8%	11%	12%	18%	14%

Fuente: Elaboración propia en base a datos de Lamarca y Regúnaga (1990), "Estructura y dinámica del sistema", en Obschatko, Edith, La comercialización de granos en la Argentina, Legasa, Buenos Aires, pp. 135-257.

El período que se inició en 1985 hasta la liquidación de la JNG en 1991 se caracterizó por la confrontación entre las grandes empresas exportadoras de granos y ésta, debida a que la operatoria de las compañías se desenvolvía en un marco que rozaba la ilegalidad. Salvo en algunos años excepcionales, esta etapa se vio marcada por una baja pronunciada en los precios internacionales de los granos y una necesidad imperiosa del Estado de obtener divisas para afrontar el cumplimiento de la deuda externa.[976]

En el marco de las campañas 1983-1984 y 1984-1985, las hectáreas cosechadas superaron los 17 millones, fenómeno acompañado por la generalización de la doble cosecha, originada por el aumento del cultivo de soja. No obstante, este período de expansión de las exportaciones granarias argentinas estuvo signado por el relativo estancamiento de los precios internacionales[977] y por la continuidad del predominio de las ventas

---

mercio exterior y pérdida de ingresos: la subvaluación de los granos argentinos", *Revista Argentina de Economía Agraria*, vol. I, t. I.

976 Nun, José y Lattuada, Mario (1991), *Alfonsín y las corporaciones agrarias*, Manantial, Buenos Aires, p. 9.

977 Regúnaga, Marcelo (1988), *Estructura y desempeño del sistema de comercialización de granos en la Argentina*, Buenos Aires, junio; Lamarca, Patricio y Regúnaga, Marcelo (1990), "Estructura y dinámica del sistema", en: Obschatko, Edith, *La comercialización de granos en la Argentina*, Legasa, Buenos Aires, pp. 135-257.

a la URSS.[978] Sin embargo, la crisis de este país, su desmembramiento y los cambios políticos y económicos en el este europeo supondrán también el quiebre de una fuerte ligazón entre la producción agropecuaria argentina y esos mercados.

En la campaña 1985-1986 se registró una fuerte disminución de la superficie total cosechada, determinada de modo fundamental por la caída de las exportaciones argentinas debida al cambio de la política comercial externa de Estados Unidos en 1985. Por entonces, durante la presidencia de Ronald Reagan (1981-1989), Estados Unidos reimplantó su política de fuertes subsidios a sus exportaciones a fin de recuperar mercados, a través de una ley agrícola denominada *Food Security Act*, situación que provocó una disminución de las posibilidades de exportación de la Argentina. El gobierno estadounidense bajó los precios sostén a través de las tasas de préstamo (*Loan rate*) y recomenzó su política de subsidios a las ventas externas mediante el otorgamiento de bonos *(Export-Pik)*. Esta política provocó una rápida disminución de los precios de los cereales y oleaginosas en los mercados internacionales. Este subsidio fue muy costoso para Estados Unidos, incrementándose el gasto público en cerca de US$ 20.000 millones anuales, pero generó un brusco crecimiento de las ventas externas de granos y, en consecuencia, limitó las posibilidades de participar en este comercio internacional para los países competidores.[979]

En paralelo, la disputa proteccionista entre Estados Unidos y la CEE,[980] la nueva apertura de exportaciones estadounidenses hacia la URSS, la disminución del poder de compra de ese país atravesado por la crisis interna y el fuerte ascenso de la producción China otorgaron al

---

978 "Hacia nuevas formas en el comercio con la URSS", *La Nación*, Buenos Aires, 16 de octubre de 1986, p. 3; "Se profundiza la relación con la URSS", *La Nación*, Buenos Aires, 17 de octubre de 1986, p. 1.

979 Secretaría de Agricultura, Ganadería y Pesca de la Nación Argentina (1987), *Los países productores de cereales frente a la crisis internacional*, IICA, Buenos Aires, pp. 115-119; Otero, Manuel (1986), "Situación y perspectivas de la política agrícola norteamericana", en: Otero, Manuel y Flichman, Guillermo, *Evolución reciente y perspectivas de la política agrícola en la CEE y los Estados Unidos de América*, IICA, Buenos Aires, pp. 1-36.

980 "Alfonsín tratará con Cheysson el proteccionismo de la CEE", *La Nación*, 3 de marzo de 1985, p. 10; "Claude Cheysson dialogará nuevamente con Alfonsín", *La Nación*, 4 de marzo de 1985, p. 10; "Claude Cheysson afirmó que el caso de la Argentina es el más difícil", *La Nación*, 4 de marzo de 1985, p. 10; "Crisis financiera en la agricultura de los Estados Unidos", *La Nación*, 16 de marzo de 1985, Secc. 3, p. 2; "Las exportaciones de carnes a la CEE", *La Nación*, 16 de marzo de 1985, Secc. 3, p. 3.

comercio internacional precios deprimidos por la sobreoferta.[981] Por ello, las exportaciones agropecuarias no consiguieron ser lo suficientemente significativas como para equilibrar la balanza de pagos y cancelar por completo los vencimientos del endeudamiento externo.

La configuración del mercado mundial resulta clave para entender la dinámica de la producción y exportación agrícola de la Argentina. Estados Unidos y los imperialismos europeos poseen mayores posibilidades de acumular *stocks* y/o de subsidiar sus exportaciones. De este modo, minimizan las grandes variaciones de sus ventas externas y viabilizan su dominio del comercio mundial de granos.

En la Argentina, de modo simultáneo, se registra cierta debilidad de los mecanismos de control por parte del Estado nacional respecto del poder de los oligopolios exportadores. Por tal motivo es posible observar una persistente evasión tributaria por parte de estas empresas, originada –principalmente– en la subvaluación de las exportaciones.[982]

La debilidad institucional del gobierno de Alfonsín en el plano interno le imposibilitó sancionar a los grandes exportadores de granos y aceites que socavaban la rentabilidad de los productores (sobre todo los más pequeños) a partir de modalidades operativas que deprimían aún más los precios recibidos. Por otra parte, los intereses de los terratenientes, grandes capitalistas agrarios y gran burguesía intermediaria se conjugaron con la monopolización ejercida por empresas industriales extranjeras radicadas en el país o en el exterior para la provisión de insumos y bienes de capital. De esta forma, pasaron a consolidarse las reorientaciones agroexportadoras iniciadas por la última dictadura, desfavoreciendo una industria nacional que aportara alto valor agregado a la cadena de producción agropecuaria, y que, en las circunstancias en que se plasmaron,

---

981 Flichman, Guillermo (1986), "Evolución y perspectivas de la política agrícola de la Comunidad Económica Europea", en: Otero, Manuel y Flichman, Guillermo, *Evolución reciente y perspectivas de la política agrícola en la CEE y los Estados Unidos de América*, IICA, Buenos Aires, pp. 39-58; Colome, Rinaldo e Ingaramo, Jorge (1987), "El mercado mundial de cereales. Un diagnóstico", en: *Revista Argentina de Economía Agraria*, núm. 1, pp. 35-58.

982 Rossi, Carlos, León, Carlos y Cocchi, Horacio (1987), "Comercio exterior y pérdida de ingresos: la subvaluación de los grupos argentinos", *Revista Argentina de Economía Agraria*, núm. 1, pp. 1-34. Véase Pierri, José Alberto, *Sector externo, política agraria y entidades del agro pampeano 1960/1986*, op. cit., p. 74. Como sostiene Pierri: "A pesar de los relativos bajos precios declarados, el volumen de exportaciones aumentó considerablemente durante esa década, desmintiendo a aquellos que cifran el aumento de la producción y de las exportaciones en la posibilidad de altos precios".

afianzaron la reestructuración reprimarizadora de la economía argentina[983] y perpetuaron las condiciones de dependencia. Es decir, el capital imperialista continuó atenazando desde dentro y desde afuera a nuestra economía, deformando y limitando su desarrollo económico, y asociando y subordinando a la clase dominante local a sus intereses.

En cuanto a la evolución de la producción, aunque Argentina ha sido tomadora de precios en el mercado internacional y ha reaccionado frente a las modificaciones del escenario mundial, es posible observar las coincidencias entre las fluctuaciones de las posibilidades de ventas externas para la Argentina y las variaciones en la producción interna de granos. Si se considera el cultivo de trigo, los aumentos en la producción concuerdan con los incrementos de las oportunidades de exportación, aun en condiciones de precios internacionales deprimidos (Cuadros 2 y 3).

983 Gatto, Francisco, Gutman, Graciela y Yoguel, Gabriel (1987), *Reestructuración industrial en la Argentina y sus efectos regionales, 1973-1984*, CFI, Buenos Aires.

Cuadro 2. Argentina: exportaciones de los principales granos de origen pampeano, en miles de toneladas. Años 1976-1989.

Año	Trigo pan	Maíz	Girasol	Soja
1975	1.573	4.001,5	0,0	0,0
1976	2.968,8	3.058,8	0,0	77
1977	5.266,1	5.374,1	0,0	613,1
1978	1.443,1	5.984,6	199,8	1.984
1979	4.148,9	5.964,1	2,4	2.809
1980	4.375	3.254,6	1,1	2.709,3
1981	3.660	9.112	24,6	2.206,9
1982	3.811	5.214,2	19	1.922,8
1983	10.165	6.476,7	3,7	1.406,5
1984	7.269	5.558,4	146,12	3.100,1
1985	9.603	7.040,8	378,6	2.987,8
1986	4.030	7.374,4	524,4	2.604,6
1987	4.195	3.962,9	48	1.291,9
1988	3.672	4.232,5	54,7	2.096,2
1989	4.352	1.879,1	113,1	429,9

Fuente: Elaboración propia sobre la base de datos del Ministerio de Agricultura de la Nación (2011) y Anuario de la Bolsa de Cereales, número estadístico 2008-2009.

Cuadro 3. Argentina: áreas cosechadas de los principales cultivos, en miles de hectáreas. Años 1975-1976 a 1989-1990.

Año	Trigo	Maíz	Soja	Sorgo	Girasol
1975-1976	5.270,6	2.765,9	433,5	1.834,4	1.258,4
1976-1977	6.428	2.532	660	2.377,7	1.227
1977-1978	3.910	2.660	1.150	2.254	2.000
1978-1979	4.685	2.524	1.600	2.044	1.557
1979-1980	4.787	2.490	2.030	1.279	1.855
1980-1981	5.023	3.394	1.880	2.100	1.280
1981-1982	5.926	3.170	1.985,6	2.510	1.673
1982-1983	7.320	2.970	2.280,7	2.520	1.902
1983-1984	7.073	3.024,8	2.910	2.370	1.989
1984-1985	5.900	3.340	3.269	1.965	2.360
1985-1986	5.381,6	3.231	3.316	1.280	3.046
1986-1987	4.893,4	2.900	3.532,6	977	1.735,1
1987-1988	4.789,1	2.437,5	4.373,2	956	2.032
1988-1989	4.651,3	1.683,7	3.931,2	592,6	2.215,9
1989-1990	5.285,4	1.560,3	4.961,6	729,1	2.688,7

Fuente: Elaboración propio sobre la base de datos del Ministerio de Agricultura, Ganadería y Pesca de la Nación, 2011.

Gráfico 2. Argentina: exportaciones anuales de aceites, en toneladas. Años 1974-1989.

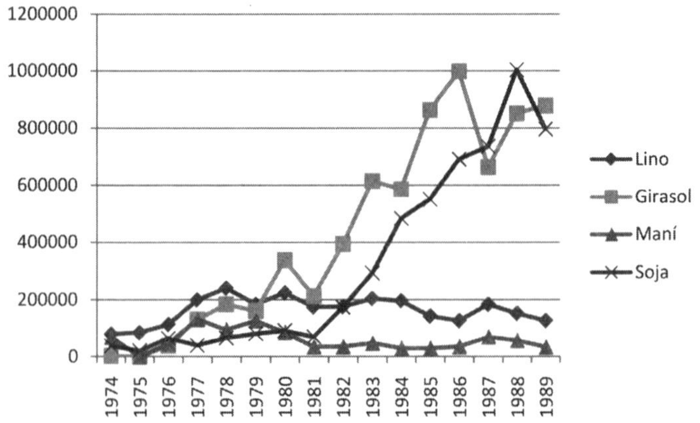

Fuente: Elaboración propia sobre la base de datos del Anuario de J. J. Hinrichsen SA (1985 y 1990) y del INDEC.

Cuadro 4. Argentina: principales exportadores de granos, en miles de toneladas. Años 1980-1987.

Empresa	1980	1981	1982	1983	1984	1985	1986	1987	Total acumulado
Cargill	1.226	2.011	1.894	2.336	1.820	2.638	968	726	13.619
Nidera	1.106	2.419	1.691	2.228	2.543	2.521	1.318	1.310	12.615
FACA	693	1.530	1.050	2.149	2.157	2.261	1.373	1.061	12.274
Asoc.de Coop. Arg.	1.203	1.063	1.085	2.028	1.726	1.961	1.478	823	11.367
JNG	334	987	642	2.466	1.917	2.167	834	1.752	11.099
Bunge & Born	769	2.310	1.445	1.434	893	927	1.008	329	9.115
Continental	736	1.312	705	1.162	1.812	1.488	1.047	490	8.752
Dreyfus	880	1.594	515	1.244	1.150	1.632	912	532	8.459
La Plata Cereal	902	1.241	1.221	1.697	704	888	639	460	7.752
G. García	706	1.228	1.063	1.286	654	635	343	260	6.175
Productos Sudamericanos	698	919	468	876	851	995	836	309	5.952
Tradigrain	-	353	665	1.228	904	917	794	480	5.341
Emiliana	265	266	446	721	771	1.121	1.069	353	5.012
Italgrani	697	941	1.072	707	243	346	310	225	4.541
Agric. Fed. Arg.	159	198	143	315	317	404	458	183	2.177
SASETRU	668	-	-	-	-	-	-	-	668
Subtotal	11.042	18.372	14.105	21.877	18.462	20.901	13.587	9.193	127.539
Total general	12.603	20.487	16.623	23.726	20.640	23.723	16.652	10.764	145.218
% de las 15 principales sobre el total	87,6%	89,6%	84,8%	92,2%	89,4%	88,1%	81,5%	85,4%	87,8%

Fuente: Elaboración propia sobre la base de datos de Lamarca y Regúnaga (1990), "Estructura y dinámica del sistema", en Obschatko, Edith, La comercialización de granos en la Argentina, Legasa, Buenos Aires, pp. 135-257.

En cuanto a las exportaciones de aceites vegetales, entre 1976 y 1978 las buenas cosechas de girasol, maní y soja permitieron intensificar los envíos a Alemania, Francia e Italia, por lo principal como consecuencia de la menor producción de Rusia. Las operaciones tuvieron cierta intermitencia debida a las variaciones de la producción de las distintas oleaginosas, derivadas en parte de factores climáticos y en parte de las políticas de precios no retributivos para el sector, como el retraso del tipo de cambio, del orden del 30%, con relación al incremento de los precios internos. En 1979, la retracción de las exportaciones de aceites de lino y girasol fue notoria, como resultado de las dificultades de competitividad que generaba el mercado internacional ante los precios promocionados de los principales productores mundiales. Sin embargo, durante los años de la última dictadura militar y el alfonsinismo, el complejo oleaginoso tuvo un notable avance, consolidándose la producción y la exportación de aceites vegetales, en particular de girasol y soja (Gráfico 2). Dicha situación se manifestó también con claridad en el incremento de las áreas cosechadas de ambos cultivos a lo largo del período que va desde 1975 a 1990 (Cuadro 3). La expansión de la industria oleaginosa estuvo asociada al aprovechamiento de ventajas comparativas en una actividad de elevada rentabilidad, asociada en forma directa a la producción primaria[984] y que, como se observó en el capítulo 5, ha sido el resultado de inversiones de la gran burguesía local y del capital extranjero.

Dentro del conjunto de las exportaciones agroalimentarias, durante los años 80 se destacó la participación de las compañías extranjeras: *Cargill*, *Bunge & Born*, *Dreyfus*, *Continental*, *Nidera* y las suizas *La Plata Cereal* (filial del grupo *André*) y *Tradigrain* (Cuadro 4). Éstas acapararon en promedio un 50% de la comercialización externa (Cuadro 1) mientras las ventas del conjunto promediaron los US$ 6.500 millones anuales a precios corrientes.[985] Resulta de interés reflexionar acerca de los beneficios para el ahorro interno

---

984 Bisang, Roberto, Feldman, Silvio y Gutman, Graciela (1989), *Proceso de industrialización y dinámica exportadora: las experiencias de las industrias aceitera y siderúrgica en la Argentina*, CEPAL, Buenos Aires. Véase también Civitaresi, Martín (2012), "La producción de soya durante el período 1976-2002: desempeño e impacto en la estructura agraria de la provincia de Córdoba (Argentina)", *Universitas Humanística*, núm.73, Pontificia Universidad Javeriana, Bogotá, pp. 239-261.

985 Obschatko, Edith (2003), *El aporte del sector agroalimentario al crecimiento económico argentino, 1965-2000*, IICA, Buenos Aires, pp. 74-75.

que hubiera significado el hecho de retener ese constante drenaje de plusvalor social por parte de las corporaciones transnacionales, pudiéndose destinar una porción de estas sumas a otros usos alternativos en materia de desarrollo indutrial autónomo, vivienda popular, eduación, salud y empleo. Para un marco de referencia del significado de estas cifras, basta considerar que la deuda externa argentina total había pasado de US$ 9.730 millones en 1976 a US$ 44.375 millones en 1983 y a US$ 58.473 en 1988.[986] Es decir que 10 años de facturación de las empresas exportadoras equivalían en forma aproximada al 85% y al 56% de esta deuda en 1983 y 1988 respectivamente. No resulta ajena a estas consideraciones la observación de que el supuesto remedio, desde la apologética neoliberal (atracción de mayores inversiones extranjeras, captación del crédito externo, etc.), no logra distinguirse de la enfermedad (parcialización y deformación del aparato productivo en función de la satisfacción de los intereses del capital imperialista).

Producción y comercio mundial agrícola (1990-2008)

Estados Unidos se consolidó durante el siglo xx como primer exportador mundial de productos agrícolas, controlando en la década de 2000 entre un 10% y un 13% de las exportaciones de granos a nivel mundial (Cuadro 5), aunque en años anteriores llegó a controlar mayores porcentajes. La participación de Argentina en el comercio internacional agropecuario se ha caracterizado por ser tomadora de precios y ocupar un plano secundario, si se considera el control ejercido por esta potencia.[987]

Las crisis económicas sucesivas del Sudeste Asiático, de Rusia y Brasil de la década de 1990 repercutieron en una caída drástica de los precios de las *commodities* agrícolas y de los alimentos entre 1999 y 2001. A partir de 2002, los mercados internacionales de productos agropecuarios exhibieron una evolución positiva que repercutió en una sostenida alza de la producción. No obstante, desde el segundo semestre de 2008

---

986 Véase los datos construidos sobre las "Memorias del Banco Central de la República Argentina", en Galasso, Norberto (2002), *De la banca Baring al FMI: la historia de la deuda externa argentina,* Colihue, Buenos Aires.
987 Pierri, José Alberto (2007), *Sector externo, política agraria y entidades del agro pampeano 1960-1986,* op. cit., pp. 60-61.

se hicieron sentir los efectos de la crisis capitalista mundial, aunque las exportaciones continuaron abriéndose camino a través de las compras de los países asiáticos.

La intensificación del proceso de crecimiento económico, urbanización y expansión imperialista de China repercutió como uno de los acontecimientos más relevantes de las últimas dos décadas. Este proceso ha motivado nuevas pautas de consumo alimentario del país y, por lo tanto, ha subido la demanda de productos básicos, lo cual influyó en el incremento de los precios internacionales de estos bienes y de los costos de fletes marítimos. En forma paralela, la India, Japón y los países de la Asociación de Naciones del Sudeste Asiático (ASEAN) también se han transformado en un importante polo de demanda de bienes agropecuarios, siendo relevantes las importaciones de Malasia, Indonesia y Tailandia (Cuadro 6). Como sostiene un informe del Instituto Interamericano de la Cooperación para la Agricultura (IICA) de 2006: "En conjunto, Asia pasó de absorber el 12% de las importaciones mundiales en 1990-1995 al 27% en 2004".[988] Además, en los años recientes se destacaron las demandas de productos agrícolas de Corea del Sur, Arabia Saudita, Emiratos Árabes Unidos y Hong Kong.

Como ya ha sido mencionado en el capítulo 1, desde 1957, en los países de Europa occidental –a través del "Tratado Constitutivo de la CEE"– rige la Política Agraria Común (PAC). La PAC es un sistema de políticas proteccionistas que permite a los agricultores europeos recibir subvenciones para su producción y evitar la competencia de productos procedentes de terceros países. En 2003 se realizó una reforma de la PAC que acordaba a partir de 2005 el "sistema de pago único" sujeto al cumplimiento de buenas prácticas agrarias, siguiendo parámetros medioambientales y requisitos legales y de gestión. Este pago se ha realizado de forma desacoplada de la producción y ha constituido un subsidio que la Unión Europea ha abonado independientemente de que el productor produzca o no. En los últimos años, la PAC ha participado con 50.000 millones de euros anuales y un 50% del presupuesto total del bloque, aunque la tendencia ha sido a su disminución, según el compromiso asumido ante la Organización Mundial del Comercio (OMC). En 2004, la Unión Europea (UE) incorporó diez naciones más al bloque y en 2007 sumó a Rumania y Bulgaria, ampliando con estos países su fuerte peso en la producción agrícola. De esta manera, el bloque ha alcanzando los 27

---

988 Obstchatko, Edith, Ganduglia, Federico y Róman, Florencia (2006), *El sector agroalimentario argentino 2000-2005*, IICA, Buenos Aires, p. 17.

países miembros y se ha constituido en un competidor de fuste en tanto consigue bajar el precio de sus productos agrícolas por debajo de su costo.[989] En la actualidad, la UE se posiciona como segundo exportador y primer importador mundial de productos agrícolas (Cuadros 5 y 6).

Este tipo de subsidios y ayudas agrícolas generó críticas, debates y negociaciones en la OMC[990] en tanto obstaculizó una mayor liberalización del comercio mundial y permitió la fijación de precios artificialmente más bajos que han logrado mayor competitividad que los países que no subsidian a sus agricultores, ateniéndose a las disposiciones de la OMC. De este modo, los llamados "países en desarrollo" no han recibido el trato especial y diferenciado que les permitiera atender sus necesidades de soberanía alimentaria y desarrollo rural.

---

989 Compés López, Raúl y García Álvarez-Coque, José María (2009), *La reforma de la PAC y la agricultura española: alternativas y oportunidades para España*, OPEX-Fundación Alternativas, Madrid; Massot Martí, Albert (2005), "De la crisis de la Unión a la crisis de la PAC: por un nuevo proyecto para la agricultura europea en un entorno globalizado", *Documentos de Trabajo*, Real Instituto Elcano de Estudios Internacionales y Estratégicos Madrid, núm. 34, julio; Obstchatko, Edith, Ganduglia, Federico y Román, Florencia (2006), *El sector agroalimentario argentino 2000-2005*, op. cit., pp. 14, 25-27.

990 A partir de 2003, los reclamos por cuestiones de subsidios fueron canalizados a través del Órgano de Solución de las Diferencias (OSD) de la OMC, a fin de procurar sanciones para quienes no cumplieran los compromisos establecidos.

Cuadro 5. Principales exportadores de productos agrícolas a nivel mundial, en dólares y en porcentajes. Años 1990-2008.

Exportadores	Valor en millones de US$					% de los productos agrícolas en las exportaciones totales de mercancías		% de las exportaciones mundiales de productos agrícolas
	1990	2000	2006	2007	2008	2000	2008*	2000
Estados Unidos	59.404	71.408	92.644	113.697	139.967	9,1	10,9	13
Unión Europea**	-	55.616	94.136	108.883	127.631	7,1	6,6	10,1
Brasil	9.779	15.464	39.528	48.287	61.400	28,1	31,0	2,8
Canadá	22.339	34.789	44.208	48.726	54.075	12,6	11,8	6,3
República Pop. China***	10.060	16.384	32.542	38.858	42.291	6,6	3,0	3,0
Argentina	7.482	11.954	21.351	28.806	37.502	45,4	53,1	2,2
Tailandia	7.786	12.220	21.552	24.960	31.662	17,7	17,8	2,2
Indonesia	4.154	7.764	17.907	23.805	32.857	11,9	23,6	1,4
Australia	11.875	16.446	22.178	22.399	26.143	25,7	13,9	3,0
Federación de Rusia	-	7.527	17.192	23.565	25.021	7,1	5,3	1,4
Malasia	7.500	8.015	15.573	20.515	27.797	8,2	13,9	1,5
India	3.506	5.931	12.499	16.523	21.372	14,0	12,0	1,1
México	3.466	9.100	14.468	15.589	17.558	5,5	6,0	1,7
Nueva Zelanda	5.966	7.642	13.235	16.045	17.902	57,6	58,5	1,4
Chile	2.779	6.399	11.490	13.632	15.605	33,3	23,5	1,2

Fuente: Elaboración propia sobre la base de datos de la OMC.
**O el año más próximo; ** En 2004 se incorporaron 10 países del este europeo a la UE y en 2007 Rumania y Bulgaria, reuniendo en total 27 países. Se han considerado las exportaciones extra-UE; ***Valores sin considerar Hong Kong que se incorporó a la República Popular China como región administrativa especial en julio de 1997.*

Cuadro 6. Principales importadores de productos agrícolas a nivel mundial, en dólares y en porcentajes. Años 1990-2008.

Importadores	Valor en millones de US$				% de los productos agrícolas en las importaciones totales de mercancías	% de las exportaciones mundiales de productos agrícolas
	1990	2000	2007	2008	2000	2000
Unión Europea*	-	78.952	150.081	174.005	8,6	13,3
Estados Unidos	39.966	69.115	109.572	115.908	5,5	11,6
Rep. Pop. China**	7.855	19.544	65.369	86.807	8,7	3,3
Japón	50.762	62.185	68.817	80.768	16,4	10,4
Federación de Rusia***	-	9.262	26.884	34.284	20,7	1,6
Canadá****	9009	15.272	27.395	30.252	6,4	2,6
Corea del Sur	9.531	12.837	22.037	26.355	8,0	2,2
México***	5.374	10.989	21.939	25.919	6,3	1,8
India	1.721	3.953	10.296	12.055	7,7	0,7
Arabia Saudita	3.487	5.663	12.445	15.861	18,7	1,0
Malasia	2.404	4.610	10.612	13.355	5,6	0,8
Indonesia	2.126	5.727	10.473	13.312	13,1	1,0
Suiza	5.920	5.693	10.387	12.324	6,9	1,0
Hong Kong****	4.591	6.488	8.603	10.463	18,6	1,1
E. Árabes	1.726	3.857	8.283	11.355	11,0	0,6

*Fuente: Elaboración propia sobre la base de datos de la OMC. *En 2004 se incorporaron 10 países del este europeo a la UE y en 2007 Rumania y Bulgaria, reuniendo en total 27 países. Se han considerado las importaciones extra-UE; **Valores sin considerar Hong Kong que se incorporó a la República Popular China como región administrativa especial en julio de 1997; ***Importaciones FOB; ****Importaciones definitivas.*

Tanto la PAC de la UE como las leyes agrícolas de Estados Unidos, la *Farm Security and Rural Investment Act* en vigencia entre 2002 y 2007 y la *Food, Conservation and Energy Act* con vigencia de 2008 a 2012, han constituido en los hechos un obstáculo directo a la liberalización multilateral del comercio de productos agropecuarios y un incumplimiento de los acuerdos ministeriales de la Ronda de Doha de la OMC que fue lanzada en 2001.

En 2008, según datos de la OMC, Argentina se ubicaba en el tercer lugar entre los principales productores de soja (precedida por Estados Unidos y Brasil) y girasol (detrás de la Federación Rusa y Ucrania), como sexto productor mundial de maíz (sector encabezado por Estados Unidos y China), decimoquinto productor mundial de trigo (producción liderada por China e India) y sexto exportador mundial de productos agrícolas. Entre 2000 y 2008, la participación argentina en el comercio mundial de productos agrícolas oscila alrededor del 2% del total, cifra que representa en esta última década entre el 49 % del valor total de mercancías que esta economía exportaba. En 2005, las exportaciones agroalimentarias del país alcanzaron los US$ 18.098 millones, de los cuales alrededor del 65% fue facturado por las exportadoras extranjeras.

Cabe destacar –como ha sido señalado en el capítulo 5– que en la última década se ha registrado el crecimiento del mercado de los biocombustibles y de la energía renovable como alternativa de reducción de la polución ambiental provocada por las emisiones de carbonos de combustibles fósiles frente a la probable disminución de la oferta futura del petróleo. Esta situación posiciona a la soja y al maíz en una tendencia alcista debida al incremento de su demanda para biodiésel y etanol.

El sector externo agropampeano durante el menemismo y el gobierno de la Alianza: reformas liberales, concentración y expansión agraria (1989-2001)

En 1989, al iniciar Carlos Menem su primer mandato presidencial, eligió como ministro de Economía a un alto ejecutivo de *Bunge & Born*, determinación que definía las orientaciones proimperialistas del nuevo gobierno y el abandono de los postulados de independencia económica del peronismo.[991]

---

991 Bonnet, Alberto (2007), *La hegemonía menemista: el neoconservadurismo en la Argentina, 1989-2001*, Prometeo, Buenos Aires.

El decreto presidencial 2.284 de fines de 1991 constituyó una medida tendiente a lograr una completa desregulación económica del país e integró un paquete que incluía la ley de Emergencia Económica (1989), la Ley de Reforma del Estado (1989) y la ley de flexibilización del mercado laboral. La medida desestructuró la red institucional que en diferentes medidas había regulado las actividades del sector agropecuario por más de seis décadas.[992]

La decisión llevaba a que la Argentina pasara a resultar una negativa excepción entre los principales exportadores mundiales de granos por no contar con un sistema integral de regulación del comercio exterior de materias primas.[993]

Así, durante el período 1989-2001, mientras el huracán neoliberal eliminaba los organismos del Estado que podían atemperar los impactos de la dinámica capitalista para pequeños y medianos productores, el sector agropecuario registró un excepcional e ininterrumpido crecimiento en términos tecnológicos, productivos y de exportaciones. Según los Censos Nacionales Agropecuarios, la superficie total implantada en la Argentina pasó de 33 millones de hectáreas en 1988 a 38 millones en 2002.[994] En conjunto, dicha situación posibilitó el mantenimiento del aporte del sector primario y agroindustrial en torno al 30% del PBI. Debido a una serie de transformaciones ocurridas en varios cultivos, la producción agrícola del país registró un aumento de los rendimientos y de la superficie dedicada a la agricultura.[995]

---

992 Soifer, Ricardo y Tomada, Carlos (2000), *Impacto laboral y social de empresas multinacionales y la inversión extranjera directa en Argentina en los años noventa*, OIT, Buenos Aires-Ginebra, p. 26.

993 Lavarello, Pablo y Goldstein, Evelin (2010), "Diferenciación de trigo según calidad: la necesidad de una Agencia Nacional de Comercialización de Trigo", *Realidad Económica*, núm. 252, Buenos Aires, 16 de mayo al 30 de junio, pp. 56-78.

994 Resulta también significativo si se considera solamente la superficie sembrada de granos en el total del país que, según cifras oficiales, pasó de 26.119.000 hectáreas en la campaña 1997-1998 a 33.120.000 hectáreas en la campaña 2007-1908.

995 Azcuy Ameghino, Eduardo (2004), "De la convertibilidad a la devaluación: el agro pampeano y el modelo neoliberal, 1991-2001", en: Azcuy Ameghino, Eduardo, *Trincheras en la historia. Historiografía, marxismo y debates*, Imago Mundi, Buenos Aires, pp. 229-272; Obstchatko, Edith, Ganduglia, Federico y Róman, Florencia, *El sector agroalimentario argentino 2000-2005*, op. cit., pp. 72-78.

Como se indicó en los capítulos 3 y 4, el perfil tecnológico del conjunto de la producción agropecuaria argentina se reorientó hacia un esquema de mayor intensidad en el uso de capital, encontrando el capital extranjero aumentadas posibilidades de penetración y ganancias en las ventas de maquinarias, semillas y agroquímicos, entre otros.

Las principales exportaciones siguieron siendo de origen agropecuario y sentaron un aumento considerable de las exportaciones de las MOA, orientadas en gran medida a los países del MERCOSUR, que acompañaron las tradicionales de trigo, soja y otros granos. Estas exportaciones estuvieron sujetas, de forma inusitada, a las variaciones de los precios internacionales de productos agropecuarios.[996] Las exportaciones de productos agrícolas no transformados y de MOA se duplicaron, situación que se expresó en un incremento de las ventas externas totales de US$ 12.362 millones a US$ 26.441 millones. Hacia 1998, las oleaginosas explicaban el 25% de las exportaciones totales del país, dos tercios de esas operaciones se concentraban en aceites, subproductos y derivados, por un valor anual que superaba los US$ 5.500 millones, manteniendo un ritmo de expansión que rondó los US$ 550 millones anuales, ya que alcanzaba los US$ 2.500 millones en el trienio 1988-1990.[997] Sin embargo, el incremento de las exportaciones no fue suficiente como para evitar una balanza comercial con tendencia deficitaria, dado el aumento de las importaciones. Esta situación, empeorada por el pago de los servicios del endeudamiento externo, conspiró contra una auténtica estrategia de desarrollo.[998]

En cuanto a la estructura agraria, las políticas hacia el sector agropecuario en los años 1990 favorecieron, en términos generales, la concentración de la producción en unidades de mayor tamaño, más preparadas para obtener mejores condiciones de financiamiento y para incorporar tecnología. En este contexto, se intensificó la presencia de grupos económicos locales y extranjeros que invirtieron en la actividad agropecuaria, controlando diferentes etapas productivas mediante integración vertical y participando en diferentes regiones, producciones y tipos de activida-

---

996 En los primeros años de convertibilidad se produjeron aumentos de precios que se revierten a partir de la mitad de la década, transformándose al concluir el milenio en caídas sustanciales para los principales productos agropecuarios.

997 Rapoport, Mario y otros, *Historia económica, política y social de la Argentina (1880-2000)*, op. cit., pp. 999-1001.

998 Teubal, Miguel y Rodríguez, Javier, "Neoliberalismo y crisis agraria", en: Giarracca, Norma y otros (2001), *La protesta social en la Argentina. Transformaciones económicas y crisis social en el interior del país*, Alianza, Buenos Aires, pp. 65-116.

des económicas (comerciales, industriales y financieras). El correlato para la mayoría de la población rural fue la desaparición de numerosas pequeñas y medianas explotaciones agropecuarias, la quiebra y el cierre de gran cantidad de cooperativas, comercios y pequeñas y medianas industrias vinculados con el sector.[999] Esta situación se observa con claridad en los guarismos de los Censos Nacionales Agropecuarios de los años 1988 y 2002, período en el cual se registró una caída de 100.000 unidades agropecuarias, correspondientes al 25% del total.[1000]

Con la eliminación de la JNG y la liberalización del comercio interior y exterior de granos, las grandes exportadoras vieron incrementado su poder de mercado, concentrando los mayores volúmenes de exportación un puñado corporaciones extranjeras y empresas locales de capital intermediario. Por un lado, se destaca el liderazgo de los capitales estadounidenses en todos los rubros agroalimentarios a través de *Cargill*, acompañado por *Continental* y *Toepfer*. Un lugar secundario ocupaba el capital europeo a través de *La Plata Cereal* (suiza), *Glencore* (suizo-estadounidense), *Dreyfus* (francesa), *Molinos Río de la Plata* (propiedad por entonces de la transnacional *Bunge & Born*) y *Nidera* (suizo-holandesa). Entre las grandes empresas locales se destacaban *ACA*, *Buyatti* y *Pecom*, *AGD* y *Vicentín*, estas dos últimas ocupando el segundo y tercer lugar entre los principales exportadores de aceites y subproductos (Cuadros 7 y 8).

---

999 Teubal, Miguel (1995 [1994]), "Hambre y crisis agraria en el granero del mundo", en: Teubal, Miguel, *Globalización y expansión agroindustrial. ¿Superación de la pobreza en América Latina?*, Corregidor, Buenos Aires, pp. 199-231; Basualdo, Eduardo (1998), "La concentración de la propiedad rural en la provincia de Buenos Aires", en: Nochteff, Hugo (comp.), *La economía argentina a fin de siglo: fragmentación presente y desarrollo ausente*, Eudeba, Buenos Aires.
1000 Lattuada, Mario y Neiman, Guillermo (2005), *El campo argentino. Crecimiento con exclusión*, Capital Intelectual, Buenos Aires, pp. 25-44; Obschatko, Edith y otros (2006), *Los pequeños productores de la República Argentina. Importancia de la producción agropecuaria y en el empleo en base al Censo Nacional Agropecuario 2002*, SAGPyA/IICA, Buenos Aires.

Cuadro 7. Argentina: principales exportadores de cereales, oleaginosas y aceites vegetales, valores en toneladas. Año 1998.

Empresa	Posición como exportador de cereales y oleaginosas	Toneladas de cereales y oleaginosas	Posición como exportador de aceites vegetales	Toneladas de aceites vegetales
Cargill	1	3.878.826	1	764.113
Continental	2	2.925.402		
A.C. Toepfer	3	2.450.262		
Asoc. de Coop. Arg.	4	2.240.889	13	67.613
La Plata Cereal	5	1.744.859	5	284.291
Glencore	6	1.653.963	14	56.205
LCD Argentina	7	1.595.207	4	418.162
Nidera	8	1.322.179	6	251.288
Aceitera General Deheza	9	898.687	2	683.523
Oleaginosa Oeste	10	757.470	9	181.229
Gear	11	430.990		
Molinos Rio de la Plata	12	365.744	8	181.468
Pecom	13	359.724	12	156.000
Curcija	14	347.269		
Oleaginosa Moreno Hnos.	15	199.659	7	201.404
Vicentín			3	427.333
Guipeba			10	169.340
Buyatti			11	163.774

Fuente: Anuario de J. J. Hinrichsen, 2000.

Si se compara esta configuración con la década de 2000 podrá observarse la pérdida de posiciones del capital local en el reparto del negocio exportador frente a la avanzada de capitales estadounidenses y europeos, y una mayor concentración por parte del gran capital local a través de *AGD* y *Vicentín*.

Esta concentración y el incremento de la extranjerización debilitaban la posición de negociación de los pequeños y medianos productores frente a las periódicas bajas de los precios internacionales de los productos, agudizando la tendencia a la desaparición de la agricultura familiar.[1001]

1001 Azcuy Ameghino, Eduardo y Martínez Dougnac, Gabriela (2010), "La agricultura familiar no es un mito, pero es cada vez más un recuerdo", en: López

Cuadro 8. Argentina: principales exportadores de subproductos en Argentina, valores en toneladas. Años 1997-1998.

Empresa	Posición 1997	Posición 1998	1997	1998
Cargill	1	1	1.692.759	1.998.076
Aceitera General Deheza	2	3	1.415.506	1.787.251
Vicentín	3	4	1.191.141	1.657.197
Dreyfus	4	2	880.165	1.816.845
Guipeba	5	6	698.593	948.261
Molinos Rio de la Plata	6	11	650.547	424.058
La Plata Cereal	7	5	580.289	1.178.268
Buyatti	8	9	550.927	581.262
Pecom	9	8	536.061	746.443
Nidera	10	7	522.761	806.227
Oleaginosa Oeste	11	10	451.288	478.703
Oleaginosa Moreno Hnos.	12	13	280.276	228.687
Asoc. de Coop. Arg.	13	12	231.122	244.811
Continental	14	14	195.114	162.246
Maltería Pampa	15	15	114.185	112.730
Gravetal	16	17	102.389	100.788
A.C. Toepfer	17	16	94.458	110.514
Total exportado			10.553.803	14.015.770

Fuente: Elaboración propia sobre la base de datos del Anuario de J. J. Hinrichsen SA, 1998 y 2000.

Resulta importante considerar las transferencias al exterior que realizaron algunas de las mayores exportadoras durante 2001: *Nidera* US$ 806,8 millones, *Bunge* US$ 412,1 millones, *Dreyfus* US$ 248,6 millones, *Cargill* US$ 186,6 millones, *Vicentín* US$ 131,1 millones y *Aceitera General Deheza* US$ 116,0 millones.[1002] Es notorio que no participaban

Castro, Natalia y Prividera, Guido (comps.), *Repensar la agricultura familiar. Aportes para desentrañar la complejidad agraria pampeana*, CICCUS, Buenos Aires, pp. 33-43.

1002 Basualdo, Eduardo, Nahón, Cecilia y Nochteff, Hugo (2006), *Trayectoria y naturaleza de la deuda externa privada en la Argentina: la década del noventa, antes y después*, FLACSO, Buenos Aires, p. 65. Los datos provienen de la Comisión sobre Fuga de Divisas del Congreso Nacional, 2005.

de esta situación solamente capitales extranjeros, sino también la gran burguesía intermediaria que intervenía en el negocio sin ningún atisbo de motorizar esos recursos para el desarrollo económico y social de una Argentina devastada por la crisis.

El papel del sector externo en un modelo neodesarrollista con reestructuración dependiente (2002-2008)

La crisis económica de 2001 trajo como consecuencia una situación política y social con rasgos distintivos. Frente a la gran rebelión popular de diciembre de ese año y a la fractura del bloque social dominante, asumió Eduardo Duhalde el cargo de presidente de la Nación el 2 de enero de 2002. Tras el recambio gubernamental, diversos sectores económicos ligados a los bienes transables –entre los que se destacaron los oligopolios exportadores agrarios y agroindustriales– pasaron a ser dominantes frente al sector de la banca y los servicios, e impulsaron la devaluación del peso, favoreciéndose una política exportadora que buscó beneficiarse de las condiciones de precios altos de las *commodities* en el mercado mundial, de la reducción automática de los salarios y del incremento del valor en moneda doméstica de los capitales fugados.[1003] No obstante, más allá de la alteración en la distribución de la renta favorable a la producción agraria y la refinanciación de deudas obtenidas inicialmente por los pequeños y medianos productores agrarios, no se adoptó una política acorde con las necesidades de este tipo de producción; situación que mantuvo la tendencia de éstos a vender sus campos o convertirse en minirentistas.[1004]

1003 Gaggero, Alejandro y Wainer, Andrés (2004), "Crisis de la convertibilidad: la UIA y el (tipo de) cambio", *Realidad Económica*, núm. 204, Buenos Aires,16 de mayo al 30 de junio, pp. 14-41; Schorr, Martín y Wainer, Andrés (2005), "Argentina ¿muerte y resurrección? Notas sobre la relación entre economía y política en la transición del modelo de los noventa al de dólar alto", *Realidad Económica*, núm. 211, Buenos Aires, 1 de abril a 15 de mayo, pp. 32-65.

1004 Retomando la situación específica agropecuaria pampeana, podemos indicar que la mejora en los precios de los productos permitió cierta recuperación de pequeños y medianos productores endeudados, pero también incrementó el precio de la tierra y la tendencia a la especulación inmobiliaria. En estos fenómenos, ha jugado un papel destacado la expansión de los *pooles* de siembra. Teubal, Miguel y Palmisano, Tomás (2010), "El conflicto agrario en la Argentina (2008/2010): sojización versus agricultura familiar de alimentos", *VIII Congre-*

En ese contexto de crisis social signado por la desocupación y el aumento de la pobreza e indigencia de un vasto segmento de la población,[1005] se impusieron otra vez, en 2002, los derechos de exportación o "retenciones" a los productos agropecuarios y los combustibles con el objetivo de mejorar la recaudación tributaria, atenuar el impacto de las modificaciones cambiarias sobre los precios internos y obtener recursos para solventar la ayuda social en educación, salud y planes de empleo.[1006]

A partir de 2003, los indicadores económicos ya mostraban señales de recuperación coincidiendo con el inicio de un ciclo económico de expansión a nivel mundial, influenciado por el crecimiento de China, generándose un incremento de la demanda y un aumento de los precios de los productos agropecuarios y del petróleo.[1007] Esta situación alentó la tendencia hacia una "alianza estratégica" con el país asiático[1008] y una

---

so Latinoamericano de Sociología Rural, Porto de Galinhas, Brasil; Fernández, Diego (2010), "Concentración económica en la región pampeana: el caso de los fideicomisos financieros", *Mundo Agrario*, vol. 11, núm. 21, La Plata, julio-diciembre.

1005 Torrado, Susana, *La herencia del ajuste. Cambios en la sociedad y la familia*, op. cit., pp. 45-52.

1006 Debe tenerse en cuenta el esquema de precios que rige las exportaciones: implica que los productores no perciben el precio internacional multiplicado por el tipo de cambio efectivo, el cual es alterado por la intermediación de las grandes exportadoras que compran a precios FAS (*Free alongside ship*, que es el precio al costado del barco) y venden a precio FOB (*Free on board*, que es valor de la mercadería a bordo del barco). De esta manera, el precio "en tranquera", que es el precio que recibe el productor, surge como resultado de la evaluación del precio FOB y considerando los gastos en puerto, administrativos, las comisiones, los gastos de flete, derechos de exportación, penalizaciones y bonificaciones por la calidad de la producción. Para evitar los vaivenes de las oscilaciones del mercado internacional, algunos productores utilizan los contratos a futuro, *forwards* o de opciones, a fin de asegurar el precio de venta de su cosecha de forma independiente a cual es el precio internacional vigente en el momento en que es recibida por el comprador. Abramovich, Francisco y Amarilla, Cristian (2011), "Situación actual y comercio de granos en la Argentina", *Documentos del CIEA*, núm. 7, Buenos Aires, pp. 151-182.

1007 Ganduglia, Federico y Obschatko, Edith (2004), *China en el mercado agroalimentario mundial*, IICA, Buenos Aires.

1008 Cesarin, Sergio (2006), "La relación sino-latinoamericana, entre la práctica política y la investigación académica", *Nueva Sociedad*, núm. 203, junio; Feldman, Norberto (2010), "La necesidad de una alianza estratégica con China", *Orientar*, Cámara de la Producción, la Industria y el Comercio Argentino-China, Buenos Aires, pp. 7-9; Escudé, Carlos (2012), *Principios de realismo periférico*, Lumiere, Buenos Aires.

política exportadora asentada en la dominación monopolista extranjera y en la continuidad de la dependencia.

En una nota del diario *Ámbito Financiero*, el canciller Rafael Bielsa se refirió entusiasta a las inversiones chinas de la siguiente manera: "Sería algo parecido a lo que Gran Bretaña implementó en la Argentina a fines de siglo XIX y comienzos del XX con los ferrocarriles y los frigoríficos. Una estructura para adecuar el potencial productivo del país a las demandas de ese centro económico. Lo que China hará en la Argentina es invertir en infraestructura para que los productos que nosotros aportaremos se acomoden a la demanda de ese mercado".[1009]

A la hora de puntualizar las consecuencias de esta dependencia comercial e inversora nos preguntamos: ¿qué implicancias tuvieron las relaciones con esta potencia en la economía argentina? ¿Cuáles son las repercusiones de esta asociación subordinada en el ámbito político y de las clases dominantes locales? ¿Cómo se manifiesta la rivalidad interimperialista ante la injerencia china?

China pasó a ser el segundo socio comercial del país. Sin embargo, las relaciones entre ambos países están atravesadas por profundas asimetrías que revelan las limitaciones y las consecuencias desfavorables para la economía nacional de estos intercambios comerciales. En 1996, las importaciones procedentes de China alcanzaron los US$ 697 millones, mientras que las exportaciones rondaron los US$ 607 millones. Esta situación deficitaria cambió hacia 2001 y se registraron constantes superávits en la balanza comercial. Esta circunstancia perduró hasta 2008, año en el que el saldo positivo se revirtió por completo. Por entonces, las importaciones originarias del país asiático fueron de US$ 7.100 millones y las exportaciones argentinas a China de US$ 6.400.[1010] A esto se agrega la escasa diversificación de los productos vendidos, dado que la producción primaria y las MOA representan el 90% de las ventas argentinas a China y que los granos de soja y los aceites concentraron entre un 70%

1009 Burgueño, Carlos (2004), "Gobierno prevé duplicar en dos años las exportaciones a China", *Ámbito Financiero*, 8 de noviembre.

1010 En 2009, mientras las exportaciones argentinas hacia el destino chino fueron de US$ 3.700 millones, las importaciones de origen chino ascendieron hasta alcanzar los US$ 4.800 millones. En 2011, según datos de la Cámara Argentino-China, el déficit se agravó: mientras las exportaciones alcanzaron los US$ 6.000 millones, las importaciones procedentes de la nueva potencia ascendieron a US$ 10.500 millones. Secretaría de Programación Económica, Ministerio de Econonomía De la República Argentina, *El comercio exterior bilateral Argentina-China*, Buenos Aires, agosto de 2011; "Entre China, Angola y Moreno", *Prensa Económica*, , año XXXVII, núm. 309, Buenos Aires, junio de 2012, pp. 96-97.

y un 75% de lo exportado. Además, una nueva relación dependiente se entreteje a partir de las inversiones chinas en Argentina a través de la radicación de empresas y/o su asociación con terratenientes y burgueses intermediarios.[1011]

Desde la década de 1990 y durante la década de 2000 se han desarrollado vínculos de terratenientes y grupos empresariales–como los Werthein,[1012] los Spadone[1013] o los Macri–[1014]con los intereses estatales o privados chinos. Se ha consolidado una asociación subordinada con los intereses chinos, que prevalece como consenso entre sectores diversos y fracciones de las clases dominantes enfrentados en lo político. Declaraciones como las de Bielsa permiten definir la esencia de las orientaciones gubernamentales de adaptación de la economía argentina a la "complementación" con China. En 2004, el presidente argentino Néstor Kirchner

---

1011 Zuazo, Natalia y Rohmer, Matías (2012), "Las relaciones de Argentina con el gigante asiático. Un matrimonio muy desigual", *Le monde diplomatique* (edición Cono Sur), núm. 159, Buenos Aires, septiembre pp. 30-31.

1012 En la década de 1960, el grupo *Werthein* emergió como un gran propietario terrateniente pampeano con actividades financieras y en otros rubros que promovió los intercambios comerciales pampeanos con la Unión Soviética. En 2003 se asoció con los capitales franceses en *Telecom*. Julio Werthein (en representación del *Banco Sudameris*, que a fines de la última dictadura militar participaba de la deuda externa privada con aproximadamente US$ 92 millones) presidió la Cámara de la Producción, la Industria y el Comercio Argentino-China (CPIAC) desde su creación en 1984 hasta 2010. Raúl Loeb (en representación de *Nidera*) ocupaba la vicepresidencia. Véase Echagüe, Carlos (2004), *Argentina. Declinación de la soberanía y disputa interimperialista*, Ágora, Buenos Aires, pp. 210, 459-465; Infomedia Producciones, "Quien es quien. Familia Werthein", *El Federal*, año 5, núm. 517, Buenos Aires, 3 de julio pp. 40-41.

1013 En 2010, Carlos Spadone –empresario que fuera asesor presidencial de Carlos Menem y acusado durante su gobierno de defraudación a la administración pública en un resonante caso de venta de leche contaminada– reemplazó a Julio Werthein al frente de la Cámara Argentino-China. Véase "Absolvieron a Spadone y a otros dos acusados", en: *La Nación*, 17 de septiembre de 2002; Viau, Susana (2002), "Cuando la justicia tarda pero no llega", *Página 12*, 17 de septiembre.

1014 Franco Macri, titular de *Estancias del Sur* y del grupo *SOCMA*, asoció en 2006 a *Belgrano Cargas*, una aceitera de origen chino, la empresa *Sanhe Hopefull*. El grupo Macri ha sido el principal rival de Werthein en los negocios con los chinos y Mariano Macri fue presidente de una segunda cámara denominada Cámara de Comercio e Industria Argentino-China (CCIAC). Véase Rebossio, Alejandro (2005), "Disputa entre Werthein y Macri por las relaciones comerciales con China", *La Nación*, 10 de octubre; De Santis, Pablo (2012), "Belgrano Cargas: el tren que une a Cristina, Macri, los chinos y Moyano", *La Nación*, 26 de junio.

(2003-2007) y su colega chino Hu Jintao, por medio de visitas oficiales recíprocas, fortalecieron las alianzas económicas.[1015]

Lejos de implicar un reforzamiento de una política exterior autónoma y heterodoxa que suponen ciertas corrientes intelectuales,[1016] la asociación subordinada a los intereses capitalistas chinos acentúa el carácter dependiente de la Argentina, fortalece la tendencia a la reprimarización, consolida el carácter deformado de su aparato productivo e impone mayores condiciones de vulnerabilidad externa, que están en el trasfondo de las crisis económicas.

En el escenario global, la expansión china rivaliza en forma directa con el resto de los imperialismos, amenazando principalmente con el desplazamiento de Estados Unidos de su posición de hegemonía. El gigante asiático consigue exportar capital a terceros países en diversos rubros (destacándose la industria petrolera, minera y la adquisición de tierras),[1017] se ha convertido en un insaciable demandante de petróleo, minerales, gas y productos alimenticios, a la vez que a través de la avalancha de sus exportaciones de electrónica de punta, textiles, calzado, juguetes, productos siderúrgicos, material ferroviario y automóviles consigue ganar mercados y desplazar a sus competidores, estableciendo serios límites al crecimiento industrial de las economías dependientes.

Para facilitarse la apertura de vínculos económicos a nivel mundial, la injerencia china se complementa con el campo de las relaciones diplomáticas, el establecimiento de acuerdos de cooperación científico-tecnológica, proyectos deportivos y artísticos, y asistencia militar. En esta última área, Pekín ha establecido en los últimos años intercambios y acuerdos de provisión de suministros con Venezuela, Sudán, Zimbabwe, Angola e Irán.[1018] Es decir, detrás de la paz aparente entre las potencias

---

1015 Laufer, Rubén (2009), "China y Argentina. ¿Nuevos rumbos para una vieja dependencia?", *XII Jornadas Interescuelas/Departamentos de Historia*, Bariloche, 28 al 31 de octubre.

1016 Puig, Juan Carlos (1988), "Política internacional argentina", en: Perina, Rubén y Russell, Roberto (comps.), *Argentina en el mundo, 1973-1987*, Grupo Editor Latinoamericano, Buenos Aires, pp. 19-45; Tokatlian, Juan Gabriel y Carvajal, Leonardo (1995), "Autonomía y política exterior: un debate abierto, un futuro incierto", *Revista CIDOB d'afers Intenacionals*, núm. 28, Barcelona, pp. 7-31.

1017 Laufer, Rubén (2008), "China y Argentina: una nueva relación privilegiada", *XXI Jornadas de Historia Económica*, Universidad Nacional de Tres de Febrero, Buenos Aires, 23 al 26 de septiembre; Laufer, Rubén (2011), "China, ¿nuestra Gran Bretaña del siglo xxi?", *La Marea*, núm. 35, Buenos Aires, febrero.

1018 Klare, Michael (2012), "El dilema imperial de Pekín", *Le monde diplomatique* (edición Cono Sur), núm. 159, septiembre, pp. 28-29.

imperialistas, emergen el trasfondo de la disputa interimperialista y la posibilidad de un conflicto bélico directo o indirecto.

El proceso de concentración del capital, de la producción y de la comercialización en el seno del complejo agroindustrial se hizo evidente también en la exportación. Entre 2003 y 2008, tres grandes empresas extranjeras –*Cargill*, *Bunge* y *Dreyfus*– manejaron alrededor del 45% de los embarques anuales de granos, aceites y harina (Gráfico 3), por un total aproximado de US$ FOB 8.800 millones anuales. Esto reafirma a estas empresas en una posición de oligopsonio, con mayor poder respecto del conjunto de los actores económicos de la cadena, pues establecen precios significativamente inferiores al correspondiente al FAS teórico, a través de distintos mecanismos de valuación de la mercadería.[1019]

Como puede observarse en el Gráfico 4, existe una tendencia ascendente de las empresas en cuanto a la cantidad de toneladas exportadas, con decrecimientos en los volúmenes en períodos de sequía o por otros factores que pueden alterar la producción (caída de precios, disminución de la demanda, impacto de las crisis internacionales y decisiones de política pública hacia el sector). La propensión a la creciente incidencia de las grandes exportadoras y a su acelerado aumento en cuanto a la participación en volumen de exportaciones fue más notoria en el desplazamiento de las exportadoras que conforman el rubro "otros" (integrado por todas las restantes empresas que exportan productos agrícolas en nuestro país). En 2003, el volumen exportado por este sector superaba al de la empresa líder por casi 800 mil toneladas, sufriendo en los años posteriores fuertes descensos y bajando su cuota de mercado a casi la mitad en 2006. Debido a esto, las principales compañías (aunque en mayor medida *Cargill* y *Bunge*) concentraron un mayor tonelaje de exportaciones en detrimento de exportadoras de menor calibre.

1019 El FAS teórico es el precio que surge restándole al precio FOB los derechos de exportación, los gastos en puerto, las comisiones y los gastos administrativos. Éste es un precio de referencia que contrasta con el FAS empírico que es el que efectivamente se paga en las transacciones locales. Entre los mecanismos de subvaluación se encuentra la penalización excesiva por problemas de daños de los granos y humedad.

Gráfico 3. Argentina: participación de las principales empresas exportadoras de productos agrícolas, en porcentajes. Años 2003-2008.

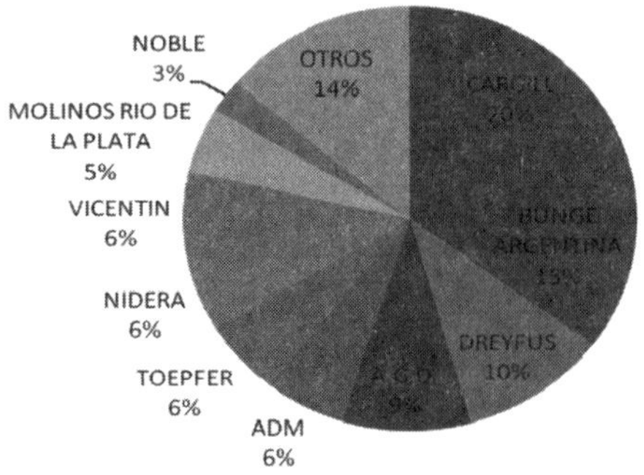

Fuente: Elaboración propia sobre la base de datos del MAGyP (Ministerio de Agricultura, Ganadería y Pesca).

Gráfico 4. Argentina: evolución de la participación de las principales empresas exportadoras de productos agrícolas, en toneladas. Años 2003-2008.

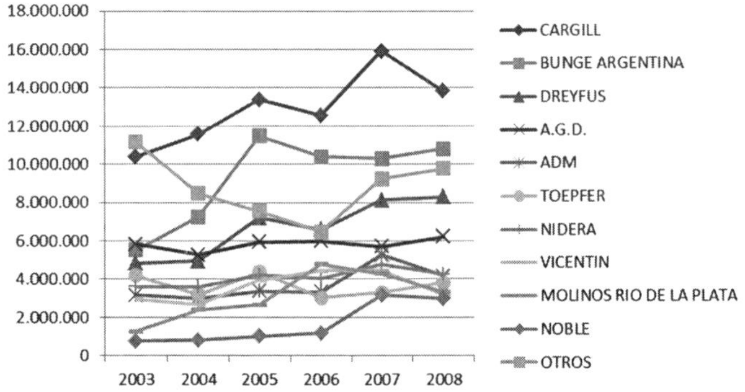

Fuente: Elaboración propia sobre la base de datos del MAGyP.

Los datos del período 2003 a 2008 muestran que más del 75% de las exportaciones de granos, subproductos y aceites fue realizado por empresas extranjeras con redes de operación en distintos países y sólo un 25% corresponde a empresas de capitales locales.

Desagregando los volúmenes exportados en granos, oleaginosas y subproductos, no se han evidenciado grandes cambios en cuanto a las tres firmas más importantes –*Cargill*, *Bunge* y *Dreyfus*– que han mantenido su participación en los tres segmentos. Pero sí han aparecido otros participantes que se especializan en alguno de ellos en particular.

En el **mercado de granos** se ha destacado la participación de *ADM*, con una porción de mercado promedio del 12% entre 2005 y 2008, y muy cerca la siguió *Toepfer*, con una participación del 11%, cuyo capital accionario mayoritario ha estado dominado por *ADM*. Asimismo, deben mencionarse otros dos jugadores: la *Asociación de Cooperativas Agrarias (ACA)*, que concentró el 6% del mercado, y *Oleaginosa Moreno* (subsidiaria de la empresa suiza-estadounidense *Glencore*), con una participación cercana al 2% (Gráfico 5).

Gráfico 5. Argentina: granos - Promedio de participación de las principales empresas exportadoras en el mercado externo, en porcentaje de toneladas. Años 2005-2008.

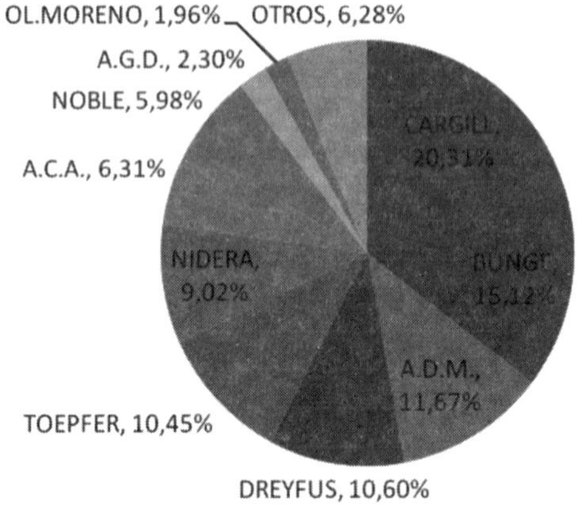

Fuente: Elaboración propia sobre la base de datos del MAGyP.

En el segmento de **subproductos** también aparecen como actores *ACA* y *Oleaginosa Moreno* pero, en este caso, ambos con una participación similar que ronda el 2% (Gráfico 6). En este sector es donde mayor concentración se observa. Las seis empresas que más exportan –*Cargill, Bunge, AGD, Dreyfus, Vicentín, Molinos Río de la Plata*– han comercializado el 88 % de los volúmenes exportados entre 2005 y 2008. Además, las empresas nucleadas en "otros" adquieren la participación más baja de todos los subsectores de productos agrícolas con un 5 % del total de los volúmenes exportados.

Gráfico 6. Argentina: subproductos - Promedio de participación de las principales empresas exportadoras en el mercado externo, en porcentaje de toneladas. Años 2005-2008.

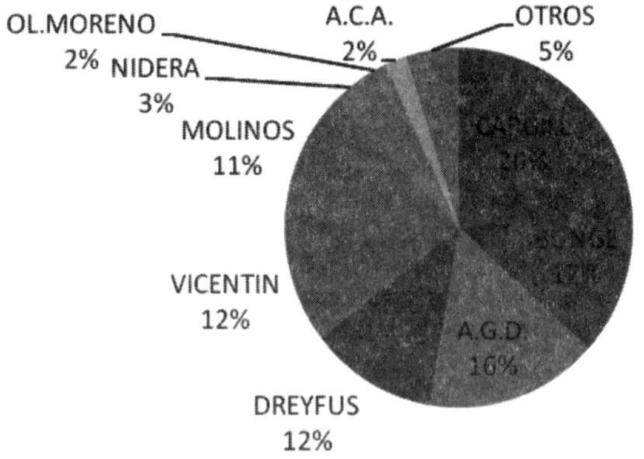

Fuente: Elaboración propia sobre la base de datos del MAGyP.

En el segmento de **aceites** también fue indiscutible una gran concentración y extranjerización en la comercialización externa. Las principales nueve exportadoras han concentrado más del 95% del mercado durante el período 2005 a 2008 (Gráfico 7). Cabe destacar la participación de *AGD* en el sector, que al igual que en subproductos ha desplazado a *Dreyfus* de la tercera posición. Por otra parte, debe resaltarse la entrada de un nuevo participante de peso en 2010, *Noble* (de capitales anglo-chinos), que ha tenido un debut con una cuota de mercado de 5,5% en exportaciones de aceites (además de un 4,3% en subproductos).

Gráfico 7. Argentina: aceites - Promedio de participación de las principales empresas exportadoras en el mercado externo, en porcentaje de toneladas. Años 2005-2008.

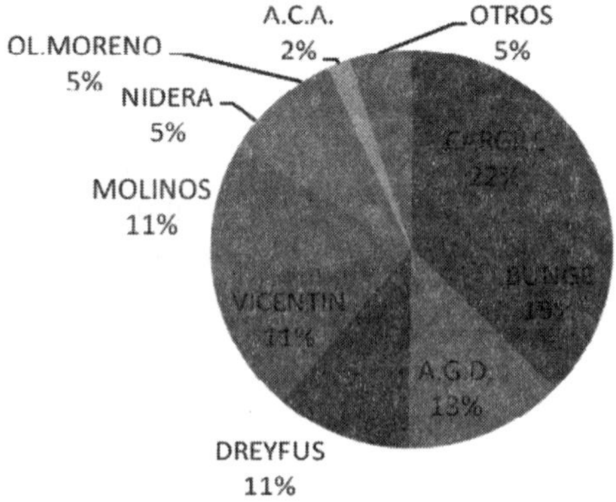

Fuente: Elaboración propia sobre la base de datos del MAGyP.

Cuadro 9. Empresas exportadoras de productos agrícolas que integran el rubro "otros", en cantidad de empresas. Años 2003-2008.

Años	Granos	Subproductos	Aceites
2003	163	31	31
2004	114	25	28
2005	86	26	23
2006	78	25	28
2007	74	23	23
2008	67	20	23

Fuente: Elaboración propia sobre la base de datos obtenidos del MAGyP.

Una cuestión a destacar son los resultados arrojados por el Cuadro 9, que evidencian una fuerte concentración en todos los subsectores de productos de origen agrícola durante el período 2003-2008. La Oficina Nacional de Control Comercial Agropecuario (ONCCA) registraba en aquellos años unos 748 operadores como "exportadores de granos". Sin embargo, en el sector granario en 2003, además de las "10 grandes", unas 163 empresas conseguían exportar, cifra que decayó en forma drástica hasta llegar en 2008 a sólo 67 empresas. En los mercados de subproductos y aceites, la disminución también fue significativa pero no tan marcada como en el sector de granos. En ambos mercados registraron exportaciones 31 empresas en 2003, reduciéndose a 20 para subproductos y 23 para aceites en 2008.

Este proceso de concentración y extranjerización ha estado influenciado, en parte, por el sistema diseñado para regular y fiscalizar la exportación, otorgando permisos de exportación a través del denominado "ROE Verde".[1020] En la práctica, el sistema ha actuado fijando cupos que se otorgan a las empresas para efectuar la exportación. Algunos productores y actores políticos han denunciado en instancia penal que estos permisos hayan sido concedidos en forma arbitraria a las empresas de mayor tamaño, poniendo en discusión la falta de transparencia y la discrecionalidad en la concesión. Además, en el registro de la transacción, las grandes exportadoras declaraban con anticipación los montos de sus exportaciones, pudiendo congelar el valor de la retención (durante el período de validez del ROE) pero pudiendo también aplicar cualquier aumento del derecho de exportación a los productores. Esta concentración de los cupos de exportación presiona a los productores a la venta acele-

1020 Por declaración 543/2008, se estableció el Registro de Declaraciones Juradas de Ventas al Exterior de productos agrícolas (ROE Verde), en el cual deben registrarse mediante declaración jurada todas las ventas externas de productos agrícolas.

rada para financiar la siguiente siembra ante el apremio del cierre de los mercados externos y mantiene bajos los precios que perciben.

La implementación de los ROE Verde provocó en los hechos un cierre relativo de las exportaciones de trigo y, en menor medida, de las de maíz. La resolución 731/2008 del 12 de junio de 2008 estableció un remanente exportable de trigo de 1.009.615 toneladas, el procedimiento de trazabilidad flotante que se utiliza para adjudicar ese remanente y los distintos cupos según destinos. Con posterioridad, la resolución 2404/2008 del 28 de julio de 2008 instituyó un nuevo remanente exportable de trigo de 902.608 toneladas y derogó los cupos según destinos que establecía la resolución 731/2008, manteniéndose vigente la trazabilidad flotante. Esto representó una caída del precio interno del trigo y un desaliento para este cultivo, incentivando el avance de la producción de soja. De esta manera, los precios de los alimentos siguieron en alza mientras caía el precio pagado al productor agropecuario –con mayor impacto sobre los pequeños productores– y, en paralelo, se incrementaba la rentabilidad de los molinos y las grandes exportadoras.

Otro aspecto relevante del comercio exterior de granos, aceites y subproductos ha sido el flete internacional, debido al impacto que tiene sobre los costos de las mercaderías. La exportación granaria argentina, en el período analizado, se ha realizado en un 90% por buques, 7% por camión y el restante mediante ferrocarril y barcazas fluviales. A partir de la década de 1940, la Argentina procuró desarrollar una flota mercante que asegurara fletes equilibrados en el mercado internacional. Durante el gobierno de Menem, Argentina dejó de tener una flota mercantil propia y pasaron a erogarse cuantiosas sumas en concepto de fletes internacionales.

En los últimos años, los mayores compradores de los productos granarios y derivados de la Argentina fueron Brasil, China, Japón, Rusia y los países europeos. De esta manera, salvo la excepción del país vecino, los costos asociados a la distancia pueden sólo ser minimizados con un sistema portuario que reduzca la estadía de carga al mínimo posible facilitando las condiciones de almacenaje, de las vías de navegación y de acceso a los puertos, y la utilización de barcos de mayor porte que permitan transportar mayores volúmenes por viaje.

Ante la ausencia de una flota mercante nacional, las empresas comercializadoras se han beneficiado con los altos precios internacionales de las *commodities* mediante un incremento acelerado del valor de los fletes. Como señalan Abramovich y Amarilla: "Esta inflación en los fletes ha impulsado hacia arriba los precios CIF en los puertos de destino y a la baja los precios FOB percibidos por los exportadores de los puertos de origen (que lo trasladan al resto de la cadena), y por ende también los precios que cobran los productores. Se advierte como cae el valor de los fletes debido a la crisis comenzada en 2008 que derrumbó los volúmenes comerciados internacionalmente, generando oscilaciones más fuertes que las del petróleo (otro determinante de los precios de los fletes)".[1021]

Por otra parte, a fines de 2007 las retenciones a las exportaciones de soja subieron del 27% al 35% y, a partir del 10 de marzo de 2008, a través de la resolución 125 se estableció el régimen de retenciones móviles, aunque luego la medida no encontró la convalidación que la ratificara en el Congreso Nacional. Esta medida ha resultado esencial para mantener un esquema de dólar alto favorable al sector industrial, con mayor utilización de mano de obra intensiva.[1022]

Como ya hicimos referencia en el capítulo 2, los monopolios exportadores resultaron beneficiados por una medida por la cual ellos habían comercializado en los mercados a futuro con un 27% de derechos de exportación pero pagaron a los productores con un 35% o con un porcentaje mayor durante el lapso de vigencia de las retenciones móviles. La operación de las transnacionales exportadoras, en perjuicio de los productores y del Estado nacional, se estimó en US$ 1.450 millones. La maniobra se complementaba con la declaración del precio FAS como valor de venta al exterior y calculando la retención sobre este precio y no sobre el FOB.[1023] De todas maneras, la sanción de la ley 26.351 en diciembre de 2007 (promulgada el 15 de enero de 2008) había establecido la obligación de pagar las retenciones y las alícuotas vigentes al momento del embarque y no cuando se declaraba la operación si al concretar el trámite no se poseían los productos exportados. Sobre la base de esta medida, la ONCCA denunció a las cerealeras por evasión fiscal.[1024]

En el segundo semestre de 2008, la actividad del sector agroalimentario se vio afectada en forma negativa por dos procesos altamente influyentes: la crisis económica internacional, que retrotrajo la demanda externa de bienes agropecuarios y bajó los precios de las principales *commodities*, y una fuerte sequía que se inició por entonces. El impacto de esta crisis encontró en la Argentina dependiente un campo propicio para desnudar el carácter deformado y limitado de una estructura económica subordinada a los intereses del capital extranjero.

1021 Abramovich, Francisco y Amarilla, Cristian, op. cit., pp. 168-169.
1022 Montenegro, Maximiliano, *Es la ekonomía, estúpido*, op. cit., p. 191.
1023 Véase Spiguel, Claudio (2008), *El conflicto agrario desde una perspectiva histórica y estructural*, La Marea, Tucumán-Buenos Aires; Abramovich, Francisco y Amarilla, Cristian (2011), "Situación actual y comercio de granos en la Argentina", *Documentos del CIEA*, núm. 7, Buenos Aires, pp. 151-182.
1024 Montenegro, Maximiliano, *Es la ekonomía, estúpido*, op. cit., pp. 36-37.

Las principales compañías que controlan el comercio argentino de productos agrícolas

Debido a que los productores carecen de los medios necesarios, como infraestructura comercial, portuaria y financiera, se encuentran limitados para convertirse en exportadores sin intermediarios. De esta manera, la comercialización de los productos argentinos en el mercado internacional ha adquirido características de fuerte concentración, donde los grandes participantes han hecho uso de una serie de ventajas económicas y extraeconómicas que explica su predominio. Las grandes transnacionales consiguen aprovechar las ventajas impositivas y de distintos costos (de producción, transporte, cambiarios, financieros, etc.) e influir en el juego de intereses de las clases dominantes locales y su expresión en las políticas gubernamentales.[1025]

El mercado de productos agrícolas a nivel mundial ha presentado un marcado carácter oligopólico, en el cual un puñado de empresas transnacionales controlan la mayor parte del comercio, desde fines de siglo XIX.[1026] En ese siglo, estas firmas comenzaron a arribar a la Argentina, participando como actores clave del sector externo y obteniendo cuantiosos beneficios de la producción agropecuaria argentina.

¿Cómo ha sido su operatoria en el último subperíodo que comprende esta obra y cuáles han sido sus facturaciones y ganancias? A continuación se presenta una breve descripción de las principales empresas del mercado exportador argentino de productos agrícolas –con exclusión de la *ACA*– a fin de considerar las distintas modalidades de participación en el comercio exterior global y el volumen de sus negocios recientes en la Argentina.

Cargill

En 1998 adquirió la compañía cerealera *Continental Grain*, una compañía franco-belga fundada por los hermanos Jules y René Fribourg, que trasladó su sede a Estados Unidos en la década de 1940. La adquisición por parte de *Cargill* fue rebautizada como *ContiGroup Inc.*[1027] A nivel

---

1025 Pierri, José (2009), "Grandes empresas y cooperativas en el comercio exterior del complejo sojero, 1990-2006", *Documentos del CIEA*, núm. 4, CIEA, Buenos Aires, p. 154.
1026 Morgan, Dan (1984 [1979]), *Los traficantes de granos,* Abril, Buenos Aires.
1027 "Cargill compró a su competidor", *Clarín*, 11 de noviembre de 1998. Hayen-

global, en 2007, *Cargill* facturó US$ 88.300 millones y obtuvo ganancias por US$ 2.340 millones.1028

En Argentina, *Cargill* se ha posicionado en los últimos años como el primer procesador de trigo, contando con siete plantas propias, y el principal exportador de granos, aceites y subproductos, con una cuota de mercado que supera el 20%. Como se señaló en el capítulo 5, en 1999 conformó la empresa *Trigalia SA* en una unión de negocios con *Molinos Río de la Plata* que lo posicionó como líder en la molienda de trigo y venta de harinas en el mercado local, y uno de los principales exportadores de harinas del MERCOSUR. Con posterioridad, adquirió la totalidad de la firma, desplazando del negocio al grupo *Pérez Companc.*

Cargill ha liderado ampliamente el ranking de exportaciones agrícolas, logrando su pico máximo en 2007, cuando exportó casi 16 millones de toneladas, y marcando una gran diferencia con su competidor más cercano *Bunge Argentina*, que de igual forma ha ganado mercado en los últimos años.[1029]

En 2007, sus exportaciones desde la Argentina ascendieron a US$ FOB 4.094 millones (Cuadro 10) e informó ganancias por US$ 70 millones.1030 De esta manera, la empresa norteamericana se ha ubicado en los tres primeros lugares entre las firmas de mayor facturación del país, y en el primer y segundo lugar entre los principales exportadores del país.

Bunge

Esta compañía de origen germano-belga, creada por Charles Bunge en 1818 como una compañía cerealera comercial, ha mantenido en los últimos años su centro de negocios en Brasil y su oficina central en Nueva York, pasando a cotizar en la Bolsa de esa ciudad desde 2001. Por su

---

ga, Marvin y Wisner, Robert (2000), "Cargill's acquisition of Continental Grain merchandising business", en: *Applied economic perspectives and policy*, núm. 22 (1), Oxford, pp. 252-266, Lang, Tim (2003), "Food industrialisation and food power: implications for food gobvernance", *Development Policy Review*, vol. 21, núm. 5-6, Londres, pp. 555-568.

1028 Infomedia Producciones (2008), "Quien es quien. ADM", *El Federal*, año 4, núm. 192, 10 de enero, pp. 40-41.

1029 Infomedia Producciones (2008), "Quien es quien. Cargill", *El Federal*, año 5, núm. 211, 22 de mayo, pp. 52-53.

1030 Prensa Económica (2008), *Ranking de las 1.000 empresas que más exportan en la Argentina*, Buenos Aires; Prensa Económica (2008), *Ranking de las 1.000 principales empresas*, Buenos Aires.

grado de internacionalización, es difícil de precisar actualmente el origen de los capitales que la controlan, pudiéndose suponer un alto grado de articulación de diferente procedencia (destacándose los capitales estadounidenses, en asociación con los europeos).

La compañía se estableció en Argentina en 1876, pretendiendo lograr un monopolio sobre los granos que comenzaban a exportarse. Si bien durante muchos años la subsidiaria en nuestro país funcionó con el nombre *Bunge & Born*,[1031] tras atravesar un proceso de reestructuración en la década de 1990, la empresa pasó a llamarse *Bunge Argentina* y se desprendió de todos sus activos diversificados, enfocando su negocio hacia el agro, incluyendo fertilizantes, compra de granos y oleaginosas, y elaboración de subproductos con destino a la exportación.[1032] En 1999, Bunge se desprendió de *Molinos Río de la Plata*, nave insignia de la presencia de esta corporación en el complejo agroindustrial argentino.[1033]

La compañía global *Bunge Limited* ha encabezado a nivel mundial algunos de los principales rubros de *commodities* agrícolas: exportación de soja, procesamiento de semillas oleaginosas, ventas directas de aceites vegetales embotellados a los consumidores y provisión de fertilizantes a los agricultores de Sudamérica. *Bunge Argentina* ha ocupado en el país el primer lugar como procesador de soja y exportador de trigo, el segundo puesto en exportación de granos, aceites y subproductos, encontrándose entre las diez empresas que más facturan en nuestro país. En 2007, con una facturación de más de US$ 2.686 millones (Cuadro 10), se ubicó segunda entre los principales exportadores de granos, aceites y subproductos, y tercera entre los principales exportadores del país.

1031 El nombre se debe a que Ernest Bunge, el hijo de Charles que fundó la empresa en nuestro país, se asoció a los hermanos Juan y Jorge Born. En diversos estudios se incluye a esta corporación como una gran empresa nacional por la participación de empresarios locales y grandes terratenientes en su composición accionaria. Sin embargo, debe considerarse sus vinculaciones con diversos capitales –estadounidenses, alemanes, belgas, brasileños y argentinos– en sus operaciones. Véase: Morgan, Dan (1984 [1979]), *Los traficantes de granos*, Abril, Buenos Aires, pp. 157-158; Fuchs, Jaime (1985 [1965]), *Argentina. Estructura económico-social actual*, Cartago, Buenos Aires, pp. 42-43.

1032 Green, Raúl y Laurent, Catherine (1988), *El poder de la Bunge y Born*, Leagasa, Buenos Aires; Schvarzer, Jorge (1989), op. cit.; Anaya Franco, Eduardo (1996), "La Bunge & Born: un conglomerado multinacional", *Revista de la Facultad de Ciencias Económicas*, núm. 2, Universidad Mayor de San Marcos, Lima, pp. 111-119.

1033 Naishtat, Silvia y Ceriott, Luis (1998), "Bunge y Molinos, una historia de amor no correspondido", *Clarín*, 2 de junio.

Louis Dreyfus

La empresa fue creada en 1851 en Basilea (Suiza) por Leopold Louis Dreyfus y trasladó su base a París en 1870. Además de ser una empresa líder a nivel mundial en la comercialización de granos, primer exportador de fibra de algodón y de arroz a nivel mundial, *Dreyfus* incursiona en bonos del Estado, en el negocio de la carne y en el comercio de otros *commodities* incluyendo gas natural y petróleo. Según Levinson, en tiempos de la Guerra Fría los capitales rusos comenzaron a participar en la compañía a través de un testaferro –ligado al Partido Comunista francés– llamado Jean Baptiste Doumeng.[1034]

En 1925, *Louis Dreyfus* se estableció como compañía en Argentina, aunque ya venía realizando negocios con el país desde fines del siglo XIX. *Louis Dreyfus Commodities Argentina* se posicionó en los primeros lugares como procesadora y exportadora de granos, aceites y subproductos, y ha mantenido grandes instalaciones como la planta de molienda de semillas oleaginosas de General Lagos (provincia de Santa Fe), inaugurada en 1992, para la elaboración de aceites, pellets y harinas destinadas a la exportación, y que hoy es una de las mayores del mundo y mejor equipada en términos tecnológicos.

Entre 2003 y 2008, ha disputado el tercer puesto de mayor exportador de granos, aceites y subproductos con *AGD*. A principios de ese período, las dos empresas estaban muy parejas e inclusive en algunos años *AGD* superó las cifras de *Dreyfus*. En 2007, sus exportaciones fueron de US$ FOB 2.033 millones (Cuadro 10), ubicándose en cuarto lugar entre los mayores exportadores del país.

Aceitera General Deheza (AGD)

En términos de exportación de *commodities*, *AGD* se ha posicionado como el primer exportador de maní del país y el tercer exportador –muy cerca de *Bunge*– de aceites y subproductos. También ha exportado granos pero con una participación menor en el mercado. En 2007, *AGD* llegó a exportar unos US$ FOB 1.805 millones (Cuadro 10).[1035]

1034 Levinson, Charles (1979), *Vodka-Cola*, Argos Vergara, Barcelona, pp. 387-394.
1035 Prensa Económica (2008), *Ranking de las 1.000 empresas que más exportan en la Argentina*, Buenos Aires; Prensa Económica (2008), *Ranking de las 1.000 principales empresas*, Buenos Aires.

Archer Daniels Midland Co. (ADM)

Es una compañía estadounidense fundada a comienzos del siglo xx por George Archers y John Daniels. La firma se ha posicionado como líder en molienda de oleaginosas y maíz, producción de biodiésel y etanol, y comercialización de granos. A nivel global, la facturación de 2007 trepó a los US$ 44.000 millones, con ganancias de US$ 2.200 millones.[1036]

En nuestro país se instaló en 1999. La compañía ha ganando participación, pero sólo en el segmento de exportación de granos la mitad de su volumen exportado es de maíz, un 25% de soja y alrededor de un 15% de trigo. De un promedio de 2 millones de toneladas en el trienio 2000-2002, pasó a casi 4 millones de toneladas de productos agrícolas en el 2008.

Durante el período 2003-2008, al igual que *Toepfer*, *Nidera* y *Vicentín*, *ADM* ha tenido una participación estable en el mercado granos, aceites y subproductos, que rondó el 6%. En 2007, se ubicó en undécimo lugar entre los mayores exportadores del país y octavo entre los exportadores del complejo agroindustrial, con ventas al exterior que rondaron los US$ FOB 1.041 millones (Cuadro 10). El mismo año, las utilidades declaradas fueron de US$ 1 millón, pero en balances anteriores sus beneficios fueron superiores (obteniendo ganancias por US$ 5 millones en 2002 y por US$ 4,6 millones en 2004).[1037]

Alfred C. Toepfer International

Esta empresa fue fundada en 1919 por Alfred Toepfer en Hamburgo (Alemania), pero con capitales de origen holandés. En 1979, la compañía vendió el 25% de su capital accionario a un grupo de cooperativas agrícolas estadounidenses y europeas. En 1983, el 75% restante fue adquirido por *ADM*. La empresa se ha dedicado con exclusividad al *trading*, comercializando en el mundo más de 40 millones de toneladas por año de *commodities* agrícolas como granos, harinas, forrajes y fertilizantes.[1038]

En Argentina, *Alfred C. Toepfer International Argentina SRL* ha exportado un promedio de 3,5 millones de toneladas entre 2002 y 2008,

---

1036 Infomedia Producciones (2008), "Quien es quien. ADM", *El Federal*, año 4, núm. 192, Buenos Aires, 10 de enero, pp. 40-41.

1037 Ibid.

1038 Green, Raúl y Hervé, Séverine (2006), "IP-Traceability and grain traiders: ADM, Bunge, Cargill y Dreyfus", *Cahier*, núm. 3, INRA-LORIA, París.

básicamente granos de trigo, maíz y soja, aunque también tiene especialidades como sorgo y cebada. Esta empresa no se ha dedicado al procesamiento de materias primas ni a la exportación de subproductos, como sí lo han hecho sus rivales.

En 2007, se ubicó décimo segunda entre las principales exportadoras de la Argentina, con exportaciones que rondaron los US$ FOB 608 millones (Cuadro 10).

Nidera SA

En 2006 y 2007, *Nidera SA* se ha posicionado en sexto y séptimo lugar entre los principales exportadores de granos y MOA de la Argentina, ubicándose undécima y décima respectivamente entre el total de los mayores vendedores externos del país. En 2007, las exportaciones de la compañía radicada en el país alcanzaron los US$ FOB 1.224 millones (Cuadro 10), con ganancias aproximadas por US$ 4.500.000.[1039]

Vicentín SAIC

Entre 2003 y 2008, la empresa ha exportado un importante volumen de aceites y subproductos, posicionándose cuarta en el volumen de ventas de subproductos (con un 12% del total exportado) y sexta en la exportación de aceites (con un 10% del total comercializado al exterior). En 2005 la empresa desembarcó en Paraguay con una subsidiaria orientada al negocio oleaginoso, importando soja de ese país para molerla localmente y reexportarla como subproducto.

En 2007, *Vicentín* ocupó el octavo lugar entre los mayores exportadores del país y se ubicó sexto entre los principales vendedores externos del complejo agroindustrial, con un volumen de ventas externas de US$ FOB 1.280 millones (Cuadro 10).

1039 Prensa Económica (2008), *Ranking de las 1.000 principales empresas*, Buenos Aires.

Molinos Río de la Plata SA

En los últimos años, alrededor del 75% de sus ingresos provienen de las exportaciones. Entre sus principales productos exportados se encuentran los aceites de girasol y soja, y los pellets.

En 2007, las ventas externas de *Molinos* alcanzaron los US$ FOB 1.355 millones, ocupando el quinto lugar entre los mayores vendedores externos de granos, aceites y subproductos, y ubicándose en el séptimo lugar entre el total de exportadores del país (Cuadro 10). El mismo año, sus ganancias alcanzaron los US$ 27 millones.

Glencore Grain

En 1997 ejerció la opción de compra del 51% del grupo *Moreno*, adquiriendo: *Oleaginosa Moreno Hermanos*, *Oleaginosa Oeste* y *Sucesión Antonio Moreno*. *Moreno*, por entonces, facturaba US$ 1.000 millones por año y presentaba un endeudamiento que rondaba los US$ 450 millones.[1040]

En 2007, *Oleaginosa Moreno* exportó por US$ FOB 630 millones, ubicándose vigésimo primera entre los mayores exportadores del país y undécima entre los principales vendedores externos del complejo agroindustrial pampeano (Cuadro 10).

Noble Group

Es una compañía fundada por el británico Richard Samuel Elman en 1987 y que tiene su sede principal en la ciudad de Hong Kong (China). En sus inicios se dedicó a los negocios de los metales y la energía, hasta que en 2001 le compró al *Grupo André* (Suiza) su operación en el negocio de los *commodities* agrícolas. En los últimos años también ha mantenido fuertes intereses en logística.

1040 Gorenstein, Silvia, Barbero, Andrea y Estrada, María Emilia (2005), "Nuevos actores y dinámicas territoriales en el complejo oleaginoso del sur de la provincia de Buenos Aires", en: Barbosa Cavalcanti, Josefa y Neiman, Guillermo, *Acerca de la globalización en la Agricultura. Territorios, empresas y desarrollo local en América Latina*, Ciccus, Buenos Aires, pp. 228-250.

A nivel mundial, en 2007, la división agro de *Noble* alcanzó una facturación de US$ 6.471 millones, ascendiendo el total a US$ 23.497 millones. Es decir que su negocio de *commodities* reportó un 28% de las ventas totales de la compañía.[1041]

Noble Argentina se ha constituido como subsidiaria de *Noble Grain*, la división de agricultura de *Noble Group*. Se instaló en el país en el 2001 y, desde entonces, ha tenido un impactante crecimiento, captando una cuota de mercado que casi se ha triplicado en los últimos años: en el 2003 concentraba el 1,43% del mercado y en el 2007 y 2008 rondaba el 4%. En esos dos últimos años, su participación en el mercado granario alcanzó picos de alrededor de un 8%. Su principal grano exportado es el maíz.[1042]

Cuadro 10. Ranking de los principales exportadores de granos, aceites y subproductos en Argentina, valores en millones de U$S FOB. Años 2006 y 2007.

Empresa	Posición 2006 entre los principales exportadores de granos, aceites y subproductos	Posición 2007 entre los principales exportadores de granos, aceites y subproductos	Posición 2006 entre las 1.000 principales exportadoras de la Argentina	Posición 2007 entre las 1.000 principales exportadoras de la Argentina	Año 2006 Facturación en millones de U$S FOB.	Año 2007 Facturación en millones de U$S FOB.	Variación anual %
Cargill	1	1	2	1	2.480,50	4.094,00	65,05%
Bunge	2	2	3	3	2.049,00	2.686,63	31,12%
Dreyfus	4	3	6	4	1.400,00	2.033,46	45,25%
AGD	3	4	5	5	1.499,00	1.805,48	20,45%
Molinos	5	5	9	7	1.195,00	1.355,22	13,41%
Vicentin	7	6	16	8	524,94	1.280,21	143,87%
Nidera	6	7	11	10	798,28	1.224,86	53,44%
ADM	9	8	20	11	458,96	1.041,77	126,98%
ACA	10	9	23	17	392,28	700,00	78,44%
Noble	12	10	38	18	174,33	663,83	280,79%
Moreno	11	11	25	21	350,93	630,28	79,60%
Toepfer	8	12	17	22	501,39	608,67	21,40%

Fuente: Elaboración propia sobre la base de datos de Prensa Económica (2008).

1041 Infomedia Producciones (2008), "Quien es quien. Noble Group", *El Federal*, año 4, núm. 208, Buenos Aires, 1 de mayo, pp. 18-19.

1042 En el año 2010, la compañía incursionó en la exportación de aceites y subproductos, con una entrada gloriosa: en aceites su cuota de mercado fue de 5,5% y en subproductos 4,3%, posicionándose con estas cifras como séptimo exportador en aceites y subproductos de nuestro país.

Resumen y conclusiones del capítulo

El análisis efectuado en este capítulo permite concluir que ha existido una línea de continuidad en las características que ha adoptado el comercio exterior de productos agrícolas durante la mayor parte de la historia argentina reciente, expresándose un fuerte grado de concentración de los volúmenes exportados. En el período 1976-2008, las empresas líderes han aumentado su cuota de mercado y, en forma paralela, se ha registrado un proceso de exclusión/desaparición del mercado externo de las empresas de menor tamaño.

El período evidencia un notorio avance de las compañías estadounidenses en el comercio exterior del complejo agroindustrial pampeano. Entre 2003 y 2008, *Cargill*, *ADM* y *Toepfer* concentraron un 32 % de las exportaciones de granos, aceites y oleaginosas. En este sentido, los avances se realizaron mediante adquisiciones de empresas europeas o euro-estadounidenses por parte del capital norteamericano (compra de *Continental* por *Cargill* y de *Toepfer* por *ADM*), eliminación de la burguesía intermediaria de negocios conjuntos (salida de *Molinos Río de la Plata* de *Trigalia*), marginación y supresión de la participación de cooperativas (como el caso de *FACA*) y de la participación estatal (eliminación de la JNG).

Por otra parte, tal como se señaló en el capítulo 5 y se evidencia en los cuadros presentados en este capítulo, se ha registrado el desplazamiento de dos importantes grupos de la gran burguesía local, *SASETRU* y *Oleginosa Moreno*. El primero fue declarado en quiebra en la década de 1980 y el segundo adquirido por la suizo-estadounidense *Glencore* en 1997.

El período analizado permite considerar en términos estructurales los lazos de asociación subordinada que establece la clase dominante argentina con potencias compradoras de sus producciones agraria y agroindustrial. Desde 1976 a 1991, se puede observar la preponderancia que tuvo la injerencia del imperialismo ruso (a pesar de su ropaje socialista) en la Argentina, manteniendo aceitados vínculos con terratenientes y burgueses intermediarios locales. Estas relaciones estuvieron detrás de la política desindustrializadora, reprimarizadora y proimperialista de la última dictadura militar y de las limitaciones de nuestra economía. Tales circunstancias también fueron aprovechadas por los imperialismos europeos y estadounidense a través de diversos medios, como la participación de sus compañías exportadoras en la comercialización de productos agroalimentarios. En el caso de *Cargill*, se ha podido constatar la especulación y los beneficios obtenidos, entre otras formas, mediante la transferencia de su deuda externa al Estado nacional.

Tras el colapso de la URSS, luego de que el capital europeo y estadounidense participara de extraordinarias ganancias producto de las privatizaciones de las empresas públicas y la continuidad del endeudamiento externo en los años noventa, una nueva potencia no tradicional –China– emerge como potencial socio para el empresariado argentino, reeditando relaciones comerciales asimétricas y de asociación subordinada, favoreciendo una creciente penetración de capitales extranjeros de ese origen, la inundación de sus productos industriales y nocivas consecuencias para el aparato productivo nacional.

La presencia de la anglo-china *Noble Grain* fue posible gracias a la adquisición de los negocios de *commodities* agrícolas del *Grupo André*, de origen suizo. Este fue un paso significativo para el imperialismo chino dado sus crecientes compras de productos del complejo agroindustrial y su inexistencia en este sector hasta 2001. También permite vislumbrar que el entrelazamiento de ese imperialismo con los capitales europeos se realiza en significativos casos con el capital británico, tal como acontece en el sector financiero con el banco *HSBC* y en minería con la participación de capitales chinos en *Anglo-American* a partir de 2006.

En términos generales, el control oligopólico del sector externo y el enorme poder económico global por parte de las grandes transnacionales les ha permitido cierta estabilidad en los primeros lugares del *ranking* del comercio exterior argentino. Esta situación ha determinado una fuerte capacidad de coacción de las exportadoras transnacionales, tanto sobre la política económica como sobre productores agropecuarios y el resto de los agentes económicos de menor peso.

Teniendo en cuenta la tendencia general del período, lejos de una política de industrialización autónoma, los productos de origen agrícola han aumentado su participación. La propensión a la reprimarización –acompañada de la tendencia a la concentración y extranjerización del complejo agroindustrial pampeano– está enmarcada en la dinámica y los ciclos de una economía capitalista dependiente pero ha sido fortalecida por la utilización de las palancas clave del aparato estatal por parte de las clases dominantes argentinas. La dictadura militar (1976-1983) promovió un régimen de comercialización que eliminaba los derechos de exportación y promovía la participación privada. Si bien los grandes *traders* transnacionales mantuvieron un significativo peso en la comercialización de granos, estos lineamientos fueron abandonados con moderación durante el gobierno de Raúl Alfonsín, y la JNG volvió a recuperar protagonismo en la fijación de precios sostén y la reducción de las asimetrías entre los productores y las grandes exportadoras.

Durante las presidencias de Carlos Menem y de Fernando De la Rúa, el comercio exterior fue desregulado por completo, se eliminaron los derechos de exportación y la JNG fue disuelta, perdiéndose de este modo la agencia de comercialización que le permitía al Estado intervenir de manera directa sobre el comercio de granos. Durante 2001, envuelto el país en una aguda crisis económica y social, se constaron millonarias fugas de dólares al exterior de las que participaron tanto el capital imperialista como el de la gran burguesía intermediaria argentina.

Luego de la caída del régimen de convertibilidad, el Estado consiguió principalmente aprovisionarse de divisas a través del establecimiento de retenciones a las exportaciones de granos pero las grandes empresas han sido las menos afectadas, evadiendo el aparato impositivo, transfiriendo esas cargas a los productores agrarios y perjudicando a la producción mediana y pequeña, que ha salido de la producción o se ha convertido en minirentista ante la ausencia de un sistema de retenciones segmentadas por tipo de productor y región. Por lo que, si bien evaluamos de manera positiva la utilización de esta herramienta de recaudación estatal, consideramos que el sistema debería funcionar incentivando la producción de las unidades económicas de menor tamaño, diversificando la producción agropecuaria, y promoviendo la industrialización y el fortalecimiento del aparato productivo, la innovación tecnológica y la creación de empleo.

La concentración y extranjerización de las exportaciones parece haber sido incentivada en forma notable en el escenario postconvertibilidad. En 2008, sólo un 9% de los operadores registrados como exportadores de granos han podido realizar esta actividad. Es decir, una disminución del 59% de las firmas registradas en 2003.

Por otra parte, mediante diversos mecanismos (compensaciones, declaraciones juradas anticipadas a cambios en las alícuotas de las retenciones, subvaluación cambiaria, concesiones de privilegio, etc.), un grupo reducido de empresas extranjeras ha obtenido cuantiosos beneficios provenientes del plusvalor obtenido en tierra argentina, constituyéndose en un mercado de oligpsonio en cuanto a la adquisición de productos agrícolas en el mercado interno.

La magnitud de las cifras que estas empresas controlan impone una rediscusión sobre la participación del sector público en el comercio exterior, el transporte de cargas internacional y las posibilidades de captar los cuantiosos recursos que son extraídos del país y reinvertirlos en una política de desarrollo nacional autónomo en materia tecnológica, industrial y agropecuaria al servicio de las grandes mayorías sociales.

CONCLUSIONES GENERALES

Los análisis que integran esta obra permiten concluir que durante el período bajo estudio ha tenido lugar un incremento significativo en el nivel de extranjerización del complejo agroindustrial pampeano. La incidencia cada vez mayor de una cúpula empresaria que nuclea un alto porcentaje de firmas foráneas y de gran burguesía asociada condiciona el conjunto de la actividad económica a sus necesidades e intereses. La dependencia se refleja en la gravitación de estas firmas en las variables de indudable importancia como son, entre otras, la inflación, el tipo de cambio, la inversión, el mercado de trabajo, la distribución del ingreso, y las cuentas externas y fiscales. Todo esto tiene hondas repercusiones en términos políticos: una capacidad de coacción superior por parte de estos agentes económicos.

En forma simultánea, este intenso proceso de extranjerización, acompañado de un fuerte incremento de la concentración de la producción, la comercialización y del capital, tuvo escaso impacto en cuanto a incremento del mercado laboral, la modificación del carácter de la inserción del país en el ámbito internacional y la consolidación e integración del aparato productivo nacional.

Un elemento de importancia ha sido la matriz tecnológica adoptada por las corporaciones extranjeras, la cual presentó dos características salientes. Por un lado, ha tenido el objetivo de aumentar la productividad y reducir los costos de capital variable. Por otra parte, la incorporación de tecnología se realizó manteniendo una estructura dependiente y con escaso desarrollo de innovación local.

El análisis de la participación de los capitales extranjeros en la estructura y dinámica del complejo agroalimentario pampeano desde 1976 a 2008 permitió examinar las implicancias negativas para el país de esta configuración, tanto en el plano económico y social como en el juego de intereses y la toma de decisiones políticas.

En el contexto de un país como la Argentina, subordinado en el entramado que supone el sistema capitalista global, los capitales transnacionales adoptan un papel predominante en todas las ramas del complejo agroindustrial, agudizando el carácter dependiente de la estructura económica. Éstas estarían íntimamente vinculadas, a su vez, con las formas que fue adquiriendo la estructura económico-social de la Argentina, y en especial con la consecuente debilidad de la industria local y los obstáculos al desarrollo socioeconómico y científico-tecnológico en un país signado por su extrema exposición a la inestabilidad de las exportaciones y del ingreso de capitales.

Cabe considerar que este desarrollo dependiente atravesó distintos momentos históricos: un eje agroexportador con fuerte injerencia del imperialismo inglés (1880-1943), una industrialización dependiente con hegemonía estadounidense (1955-1971), un proceso de desindustrialización, con relaciones privilegiadas en función del sector agropecuario, la especulación financiera y el mercado externo, sustentado en el triángulo ruso-argentino-estadounidense (1976-1985), la oleada privatizadora y aperturista a favor del capital europeo y estadounidense (1989-2001) y, en estos últimos tiempos, la configuración neodesarrollista de relaciones complementarias con el capital chino (desde 2002 hasta la actualidad).

Resulta evidente que entre algunas de estas etapas los espacios de transición fueron prolongados, como los resultantes de los períodos 1943-1955 y 1971-1976. El primer momento expresó un aflojamiento de la dependencia signado por el contexto internacional de la Segunda Guerra Mundial y el programa nacionalista encarnado por el peronismo. El segundo reflejó un reajuste entre las potencias dominantes con una relativa disminución de la influencia estadounidense y un ascenso de la incidencia de la URSS, entrecruzado con la experiencia confusa de las relaciones internas dentro del tercer gobierno justicialista. Fueron decisivos en la configuración de estas etapas el control de las palancas clave del aparato estatal por parte de fracciones de burguesía intermediaria no asociadas con el imperialismo dominante y, a continuación, los avances de los postulados políticos impulsados por la burguesía nacional.

El afianzamiento del capital monopolista foráneo ha reflejado tanto la propia dinámica concentradora y expansiva del capital como el papel destacado de las fuerzas internas que operaron como estimuladoras y aceleradoras de estas tendencias. Como expresión de esta dinámica, es posible afirmar que durante el período 1976-2008 se desarrolló un agravamiento de la dependencia financiera, productiva, comercial y científico-tecnológica, a través de diferentes iniciativas y modelos económicos que intensificaron la extranjerización de la economía. En términos generales, tan sólo en los últimos quince años analizados en esta obra, la participación de las ventas de las compañías extranjeras que integran la cúpula empresaria (integrada por las 200 firmas de mayor facturación del país) en el Valor Bruto de Producción total pasó del 8,3% para la etapa 1993-2001 al 16,6% para el período 2003-2009. A lo cual hay que agregar, como se ha verificado en el estudio realizado, que las grandes empresas agroindustriales foráneas avanzaron en todas las ramas del complejo pampeano. El Estado argentino, como representante del conjunto de las clases dominantes del país y en razón del carácter asociado/subordinado del paquete de negocios de éstas a los intereses de la burguesía imperialista, ha orientado sus decisiones políticas a favor de una mayor penetración del capital extranjero. En esta lógica, las condiciones de acumulación de capital en la Argentina dependen de los requerimientos de la reproducción ampliada del capital transnacional, el cual opera especialmente mediante la combinación de la remisión de utilidades al exterior y también a través de su reinversión a efectos de consolidar posicionamientos comerciales frente a rivales locales, por lo general en el marco de las disputas entre diferentes grupos empresariales globales.

Así (siempre aceptando que ciertas inversiones externas puedan ser necesarias para desarrollar ramas industriales de punta o incorporar avances científico-técnicos que hagan diferencias relevantes), remarcamos que, en el caso del sistema agrario y agroindustrial, se torna muy evidente la ausencia de razones valederas que puedan aducirse para justificar la extranjerización de, por ejemplo, hipermercados, frigoríficos o aceiteras. De esta manera, la oligopolización creciente de diferentes segmentos de producción y de mercados, la absorción de empresas nacionales por el capital extranjero, y la obtención por parte de grupos transnacionales de tasas de ganancias superiores al resto de las empresas son algunas de las manifestaciones de la desnacionalización creciente de la producción y comercialización de numerosas mercancías de origen agropecuario o vinculadas con este sector.

Ampliando la visión hacia el conjunto de mecanismos que refuerzan estos procesos, cabe recordar que las principales consecuencias de las formas específicas de intervención del capital extranjero en el complejo agroindustrial pampeano acentuaron la desigualdad entre los sujetos económicos y sociales ligados a él. La extranjerización del conjunto del sistema agroalimentario tiene como consecuencias directas: un mayor control de las empresas corporativas en el sistema de precios, la desaparición de numerosos establecimientos locales desplazados por la competencia y de puestos de trabajo, la constitución de un mercado oligopsónico de la principales compañías agroindustriales y exportadoras respecto de los productores, la monopolización de las ramas de agroinsumos y de maquinarias agrícolas, y una mayor dependencia de los consumidores respecto de los incrementos de precios. En estas condiciones, la continuidad de los procesos de concentración de la producción, la comercialización y el capital, con la consiguiente expropiación de pequeños y medianos capitales locales, desaparición de productores agropecuarios y mayores tasas de explotación de la fuerza de trabajo, se articulan y confunden con la extranjerización y desnacionalización de la economía argentina, sometida a un constante drenaje de plusvalor que recorta (aun en el marco estrecho del régimen capitalista) sus posibilidades de desarrollo y progreso social.

Las conclusiones generales que se formulan a continuación permiten arribar a la demostración sucinta del carácter negativo del predominio del capital extranjero en la economía argentina y en el complejo agroalimentario pampeano.

Predominio de una clase dominante local asociada en forma subordinada al imperialismo

El análisis del proceso histórico 1976-2008 permite observar la expansión y consolidación de fracciones de la clase dominante local en asociación subordinada bajo diversas formas al capital extranjero. Numerosas empresas locales fueron vendidas a compañías extranjeras, establecieron lazos de transferencia tecnológica, realizaron fusiones o constituyeron *joint ventures* con firmas foráneas. Asimismo, buena parte de los beneficios obtenidos por el sector hegemónico de la clase dominante local se realizó a través de las importaciones de todo tipo y los servicios a las empresas corporativas extranjeras.

A esto se suma el interés de la cúpula agraria y de fracciones de la gran burguesía intermediaria por las relaciones complementarias con diferentes imperialismos compradores de la producción agropecuaria y agroindustrial que, añadido a las trabas que impone la todavía vigente gran propiedad territorial, limitaron aún más las posibilidades de acumulación interna de capital y expansión del mercado interno. De este modo, la clase dominante local se constituyó en cadena de transmisión de los intereses y las pugnas imperialistas a través de sus vinculaciones industriales, comerciales y financieras.

Resulta notorio que, desde el golpe de Estado de 1976, tanto en el terreno económico como en el plano de los partidos políticos, la mayoría de las distintas fracciones de la burguesía argentina han evitado elaborar y profundizar programas con posiciones nacionalistas y/o antiimperialistas en términos prácticos. Sólo en el período más reciente (2002-2008) se expresaron manifestaciones en ese sentido pero circunscriptas en gran medida al plano discursivo, permaneciendo consolidada –en los hechos– la pérdida del control de las ramas decisivas de la economía a manos de las corporaciones extranjeras. De esta manera, asistimos a un proceso de desnacionalización avanzado de la burguesía en su conjunto, ilustrado por su incapacidad para constituir o representar un proyecto nacional de ruptura de los lazos con los imperialismos. Es decir, la ausencia de perspectivas subjetivas y programáticas en torno a una política antiimperialista está en relación directa con la asociación o subordinación de las clases dominantes argentinas al capital foráneo.

En términos generales, como se desprende del desarrollo de esta investigación, se puede trazar una línea de continuidad histórico-estructural en el ahondamiento de la asociación subordinada entre la oligarquía burguesa terrateniente y los diferentes capitales extranjeros que han predominado en la casi totalidad de los segmentos del complejo agroalimentario pampeano.

Injerencia del capital extranjero en el ámbito de las decisiones políticas

La dominación de una o varias fracciones de clase asociadas a capitales extranjeros se ha realizado mediante su control del Estado y otras estructuras de poder internas. En reiteradas ocasiones de la historia argentina reciente se ha asistido al dominio de las palancas clave del aparato estatal mediante el posicionamiento de directivos, representantes y personeros de las empresas transnacionales, o mediante la creciente incidencia de los capitales foráneos en la orientación de las políticas públicas.

A través de la Ley de Inversiones Extranjeras de 1976 (ley 21.382) se eliminó el tratamiento diferencial entre el capital de origen nacional y el capital extranjero, y se suprimieron las restricciones para la compra de empresas o participación en negocios. Se inauguraba así un vertiginoso ascenso de la extranjerización de la economía argentina que continuaría durante todo el período analizado. A esto debemos agregar que, durante la última dictadura militar, importantes sectores agroindustriales de la gran burguesía local (como *SASETRU*, *Bagley* y *Arcor*) y de las empresas extranjeras (recordemos entre estas últimas a *Cargill*, *John Deere* y *Swift*) hicieron buenos negocios con la especulación financiera como tomadores de créditos externos –provenientes por lo principal de la banca estadounidense y europea–, beneficiados por la posterior estatización de la deuda externa privada.

Por aquellos años, la producción agropecuaria se orientó en forma predominante al mercado soviético, estableciéndose una serie de acuerdos con esa superpotencia, que la consolidaba como destino privilegiado de las exportaciones argentinas y le otorgaba a cambio concesiones diversas para su penetración económica, que incluyeron aquellas que fueron financiadas mediante el endeudamiento con otros imperialismos rivales.

El arribo de capitales externos consiguió nuevas oportunidades en 1989, a través de la ley 23.697/89 de Emergencia Económica que permitió suspender los beneficios promocionales al capital nacional y desregular aún más el mercado.

En 1993, el decreto 1853/93 ordenó el texto de la ley 21.382. De esta manera, con modificaciones menores, las condiciones al capital foráneo resultaron aún más ventajosas: se eliminaba la necesidad de contar con autorización expresa del poder ejecutivo para el acceso al crédito de mediano y largo plazo, y se consideraba las relaciones entre las casas matrices y las subsidiarias locales como actos entre partes independientes.

En materia de radicación de firmas extranjeras, luego de la caída del régimen de convertibilidad a finales de 2001, se mantuvo vigente la legislación sobre inversiones extranjeras sancionada por la dictadura militar en 1976 y los capitales extranjeros terminaron consolidando su peso decisivo en el proceso de acumulación interno de la Argentina. Asimismo, merece destacarse durante la primera presidencia de Cristina Fernández de Kirchner la política de compensaciones a las grandes empresas agroindustriales extranjeras y de burguesía intermediaria, que significó una enorme transferencia de ahorro interno a manos del capital concentrado. En este último período, además, ha crecido la incidencia de los capitales chinos en la economía argentina, consolidándose la prefiguración de una *alianza estratégica* con la potencia asiática, con eje en su constitución como principal destino de las exportaciones agropecuarias.

El ámbito del desarrollo biotecnológico y de agroinsumos del complejo agroindustrial pampeano constituye uno de los más afectados por las decisiones políticas que promueven la inserción de los capitales transnacionales. La legislación se adecuó a los TRIPS acordados dentro de la Ronda Uruguay del GATT y la OMC, ampliando el período de protección de las invenciones de 15 a 17 años, implantando las patentes para microorganismos y productos farmacéuticos, y suprimiendo la licencia obligatoria. Las pautas que deben reunir los OGM aprobados para su liberación comercial y en el agroecosistema son definidas por la CONABIA al evaluar cada solicitud presentada, de la cual participan representantes de las empresas involucradas en esta materia. A esto, hay que agregar que el SENASA autoriza a numerosos laboratorios vinculados a las empresas de agroinsumos a evaluar la toxicidad de los productos agroquímicos, posibilitando que una misma compañía resulte juez y parte de este proceso, y subordinando el interés por la salud de la población y los cuidados del medio ambiente.

Durante 2002 y 2003 se barajaron varios proyectos de ley de semillas a fin de adaptar el marco legal al pago de la propiedad intelectual, cuestionando y recortando la libre circulación de semillas. En septiembre de 2007, en el marco del I Congreso Interamericano de Semillas, el secretario de Agricultura del gobierno de Néstor Kirchner, Javier de Urquiza, prometió una nueva ley antes de finalizar el año. El proyecto, que aún no fue concretado, contaba con el apoyo de los principales semilleros nucleados en la ASA y la ACSoja. A través de estas entidades, a modo de ejemplo, se puede constatar –aunque en modo alguno haya sido un objetivo específico de este estudio– el papel activo que tienen en esta injerencia del capital extranjero en el ámbito de decisiones públicas, las diferentes formas asociativas y los intelectuales que intervienen en ellas, desempeñando una compleja mediación para el convencimiento de la dominación de una clase o una fracción de clase. Lo cual permite observar –en términos de Gramsci– que el aparato privado de hegemonía está estrechamente comprometido con la presentación de intereses particulares vinculados al capital extranjero como intereses generales de toda la sociedad argentina. En esta tarea de ocultamiento contribuyen medios de comunicación, partidos políticos, organizaciones empresarias y otras asociaciones, vinculados de manera económica y/o ideológica con estos intereses.

Repercusiones económicas y políticas de las disputas interimperialistas en el ámbito nacional

La disputa a escala planetaria entre corporaciones transnacionales y las potencias que las respaldan es parte constituyente del desarrollo del propio sistema capitalista en su fase imperialista. Este estudio ha recogido las rivalidades interimperialistas de un período histórico que antecede a la etapa examinada, en cuanto referencia ineludible de lo que acontecería a partir de 1976. Así se han enfatizado los hitos signados por las rivalidades entre capitales ingleses y estadounidenses, con epicentro en la industria frigorífica pero con ramificaciones hacia otros sectores económicos y, a partir de la década de 1970, con las asociaciones y disputas de los soviéticos con otros capitales imperialistas con eje en el papel de principal comprador ejercido por la URSS.

Esta última circunstancia se tradujo, a partir de 1976, en apoyos políticos en los organismos internacionales, en la concesión de facilidades para las inversiones rusas, la firma de contratos de suministros de maquinarias e infraestructura, y una creciente vulnerabilidad del país frente a la crisis que afectó al mercado ruso de la segunda mitad de la década de 1980.

Desde la década de 2000, una circunstancia similar se ha presentado para la relación con los capitales chinos, alentando una alianza estratégica con el país asiático, y una política exportadora asentada en la dominación monopolista extranjera y en la continuidad de la dependencia. La incidencia de estos capitales en el complejo agroindustrial pampeano se ha reflejado en el entramado político, institucional y económico que ha potenciado las inversiones asiáticas y el desarrollo de negocios que han vinculado a capitales de ambas naciones.

No debe descuidarse el hecho de que estas relaciones privilegiadas con potencias *no tradicionales* se realizaron en el marco de una persistente hegemonía global de Estados Unidos, acompañada de una fuerte incidencia del capital europeo en el complejo agroindustrial pampeano. Estos elementos resultan decididamente notorios si se observan sus liderazgos económicos en casi todas las ramas de la producción, el comercio y las finanzas del sistema agroalimentario local.

Estas circunstancias no se han traducido en desplazamientos armoniosos de capitales sino que se han manifestado a través de tensiones políticas internas (entre fracciones de la burguesía intermediaria local) e internacionales (a través de la puja económica y política por obtener o mantener beneficios por parte de los capitales imperialistas y de los Estados asociados a ellos).

Sin embargo, el proceso de internacionalización del capital ha supuesto una organización en profundidad de las relaciones de producción capitalistas y abre nuevas expectativas sobre el carácter que adquiere el enfrentamiento interimperialista a nivel mundial. El sistema agroalimentario pampeano no ha resultado ajeno a la incidencia de la expansión del capital accionario, de la gravitación de los fondos de inversión y de la velocidad de su circulación a escala global. En consonancia con esta situación, la evolución del capitalismo mundial se ha encontrado tanto con un entramado de alianzas que evidencia la interpenetración de capitales de distinto origen como con la continuidad de los conflictos y tensiones por zonas de influencia, áreas de inversión, el control de los principales avances tecnológicos, cuotas de mercados y abastecimiento de materias primas. En consecuencia, no se trata de absolutizar la unidad entre las potencias, ni la eliminación de los enfrentamientos entre los imperialismos, tampoco de implicar la anulación de las referencias geográficas, la incidencia de los bloques regionales, los marcos territoriales y las políticas de aliento a los capitales nacionales en detrimento de los capitales no nacionales, sino de comprender los límites de las disputas y su grado de intensidad.

Ejemplos de esta dinámica interimperialista se advierten en la expansión de capitales estadounidenses que recurren a la asociación con otros imperialismos como el europeo (*Agco Finance* –entre la estadounidense *Agco* y la holandesa *Rabobank*–, *Glencore* –capitales estadounidenses y suizos–, *Yara* –propiedad del Estado noruego y del capital financiero estadounidense–, participación de capitales estadounidenses en la empresa de biocombustible española *Abengoa Energy*, alianza entre la estadounidense *Verenium* y la inglesa *British Petroleum*, la participación de *Agco* en los equipos de cosechas de la italiana *Laverda* y la asociación en 2007 entre la alemana *Basf* y la norteamericana *Monsanto*), o incluso con capitales chinos (como el acuerdo entre la norteamericana *Albaught* y la firma *Anhui Huaxing Chemical*). Una situación similar se registra en la unión de capitales europeos de distinto origen (entre otros cabe mencionar el acuerdo entre el grupo italiano *Fiat* y *Crédit Agricole* de Francia, la empresas suizo-holandesa *Nidera*, la suizo-británica *Syngenta* y la anglo-holandesa *Unilever*) y las alianzas entre capitales chinos y europeos (la exportadora anglo-china *Noble Grain*, la asociación entre la danesa *Novozymes* y la *COFCO* de China en biocombustibles, la organización de *joint ventures* de *CNH* con capitales chinos para la producción de tractores y de *Syngenta* con *Sanbei Seeds* en el negocio de las semillas).

Desarrollo tecnológico dependiente

Las grandes empresas tienden a monopolizar la fuerza de trabajo calificada, impulsan el desarrollo científico y tecnológico de acuerdo a sus intereses, y utilizan la innovación científico-tecnológica en su lucha competitiva internacional contra sus rivales. La concentración económica consigue centralizar también la propiedad de los desarrollos científicos y tecnológicos de la sociedad.

Esta situación se produce en paralelo a una constante innovación de los instrumentos de producción y de la fase de circulación y, por consiguiente, a una permanente transformación de las relaciones sociales de producción que alcanza escala internacional. Durante el período 1976-2008, el planeta entero asistió a una generalización del modo de producción capitalista formando un escenario económico nuevo, en términos cualitativos, sustentado en la universalización total de la relación capital-trabajo. Como hechos decisivos de esta configuración intervinieron, entre otros, la entrada al capitalismo de China en 1978 y la reunificación del mercado mundial tras la implosión de la URSS (1989-1991).

El desarrollo biotecnológico, los insumos agropecuarios, las maquinarias agrícolas y las asociadas a las agroindustrias de transformación han constituido áreas vinculadas a la dependencia tecnológica. Las firmas locales no controlaron una magnitud de capital suficiente para emprender actividades de modernización competitivas ante los capitales monopolistas internacionales, ni contaron con políticas públicas que se lo facilitacen. En este marco, las sucesivas oleadas de inversiones extranjeras se entrelazaron con decisiones macroeconómicas y sectoriales que consolidaron una estructura económica y tecnológicamente dependiente.

En el sector de maquinarias agrícolas, la supresión de políticas y organismos públicos de promoción tecnológica y productiva, y la insuficiencia de financiamiento público a las innovaciones tecnológicas encaradas por parte de las empresas nacionales permitieron la manifestación en el plano local de la tendencia global a la concentración de la producción en manos de grandes firmas extranjeras de cosechadoras y tractores con alta tecnología. Estas corporaciones, a su vez, han aumentado el grado de dependencia del país en este rubro, dado que buena parte de sus decisiones productivas no se realizan en forma local y, en buen grado y medida, su producción se constituye a través de actividades de ensamblado o de elaboración de partes específicas de maquinarias.

Las patentes biotecnológicas se han concentrado en manos de las compañías transnacionales cuya casa matriz se ha ubicado en los países capitalistas avanzados (principalmente Estados Unidos, Alemania y Suiza). Esta situación se traduce en un continuo drenaje de divisas de los países dependientes a los países imperialistas ya que la transferencia tecnológica está sujeta al pago de rentas de innovación y propiedad intelectual a las corporaciones transnacionales.

Desde 1976, la política oficial de producción de semillas encarada por el INTA y de transferencia tecnológica establecida por el INTI benefició –con diverso grado de intensidad según el período– una creciente incidencia de las corporaciones transnacionales en el desarrollo tecnológico del complejo agroindustrial pampeano. Los laboratorios científicos de las universidades y los institutos públicos no han resultado ajenos a estos procesos de innovación, brindando sus conocimientos de base y potenciando el capital inversor a cambio de financiamiento.

Durante la década de 1990, el Estado adoptó una política de fuerte retraimiento en cuanto a la promoción científica y tecnológica. De esta manera, la investigación biotecnológica vinculada al complejo agrario estuvo en manos de la iniciativa privada, destacándose el papel desarrollado por las filiales de firmas extranjeras.

En conjunto, las empresas transnacionales que han arribado al país se han caracterizado por una mayor envergadura y superior capacidad tecnológica que las nacionales, incrementando por este medio la productividad de sus plantas. Asimismo, buena parte del desarrollo industrial del complejo agroalimentario pampeano ha dependido de equipos y bienes de capital extranjeros, debiéndose importar la mayor parte y no estableciéndose políticas orientadas a la suplantación de estos bienes. De este modo, el aporte de conocimientos tecnológicos recibidos contribuyó a acentuar la dependencia del país, abriendo otra vía de transferencia al exterior para los beneficios que fueron producidos en forma local.

Es de señalar que el crédito local, tanto de la banca privada como pública, ha apoyado mediante créditos la incorporación de tecnología importada por parte de los establecimientos industriales, determinando un desaliento a la investigación científico-tecnológica nacional y contribuyendo a la succión del ahorro interno de la sociedad argentina. Por lo que, lejos de promover el desarrollo tecnológico, se fomentó –en los hechos– el debilitamiento de las palancas clave de la economía, situación acentuada mediante la extranjerización del sistema crediticio doméstico y el apoyo oficial para conseguir créditos externos.

De este modo, el complejo agroindustrial pampeano participó de forma sobre todo dependiente y receptora de los procesos de innovación tecnológica, en tanto que el aparato productivo nacional ha funcionado adoptando y adaptando los procesos y productos procedentes del exterior. Como resultado, las corporaciones transnacionales reforzaron su control tecnológico del complejo agroindustrial, posibilitando la reproducción de beneficios y el continuo drenaje de divisas del país mediante la orientación del aparato productivo interno y la utilización de los equipos e insumos industriales importados o provenientes del capital extranjero radicado en el mercado local.

Efectos perniciosos del carácter oligopólico sobre el mercado interno, el comercio exterior, los precios y el desplazamiento de empresas

A partir de 1930, luego de la crisis del modelo agroexportador vigente por 50 años, confluyeron en el desarrollo industrial para abastecimiento del mercado interno tanto sectores de la oligarquía terrateniente y de la gran burguesía comercial y financiera –que diversificaron sus actividades económicas– como capitales extranjeros de diverso origen que pujaron por participar de las oportunidades que se abrían.

Luego del golpe de Estado de 1955, una vez derrotada política y militarmente la burguesía nacional que encarnaba el peronismo, una nueva oleada de proveedores extranjeros comenzó a instalarse en el país, consolidando una industrialización dependiente hegemonizada por el capital estadounidense. Este proceso fue paralelo a políticas socioeconómicas que retrajeron la participación del salario en el PBI, perjudicando al proletariado urbano y rural; favorecieron la obtención de ganancias y establecieron garantías para las transferencias al exterior de las empresas foráneas, constriñendo el nivel de independencia del empresariado industrial y comercial mediano y pequeño vinculado al mercado interno; e impulsaron medidas que permitieron la recomposición y la concentración de la renta terrateniente (como la ley Raggio), afectando a los pequeños y medianos productores rurales nucleados en el movimiento cooperativo.

A partir de 1976, pasó a desarrollarse una distribución funcional del ingreso que generó una depresión del mercado interno y mejoró la competitividad de los sectores que desarrollaban estrategias exportadoras, que se vieron beneficiados con la inflación. Asimismo, los elevados beneficios obtenidos en el mercado interno por las empresas extranjeras condicionaron el desarrollo de la industria, la competitividad de las empresas locales y la política de precios.

En este marco, alentadas por una política económica liberal y desindustrializadora, y desprotegido el capital nacional, algunas transnacionales discontinuaron o abandonaron la producción en el mercado interno. De este modo, a pesar de tener el país una capacidad instalada de larga data y un desarrollo de conocimientos tecnológicos como para producir la mayor parte de los bienes que intervienen en el complejo agroindustrial pampeano, pasaron a importarse los bienes de algunas ramas específicas como cosechadoras y tractores (con guarismos que superaron el 80% de las unidades anuales vendidas en el mercado interno entre 2002 y 2008), buena parte de los agroquímicos (entre el 60% y el 81% del valor en dólares de los fitosanitarios provenía de la importación del principio activo para la formulación local o era de origen importado entre 1998 y 2008) y casi la totalidad de los equipos y máquinas para las agroindustrias. En numerosas ocasiones, los precios más bajos de estas importaciones han resultado inalcanzables para los fabricantes nacionales, o han perjudicado a los pequeños y medianos productores cuando la importación se realizó sin el contrapeso de una industria doméstica competitiva (como ha sido el caso de la provisión de insumos agropecuarios). La agudización de los problemas financieros derivados de la tendencia a la disminución de las ventas, el alto costo del crédito y la competencia de las máquinas importadas condujeron en primera instancia a la limitación de la capacidad de producción de las empresas de capital nacional y, con posterioridad, a la quiebra de numerosas de ellas. Esta situación determinó que la mayoría de los segmentos industriales y comerciales haya pasado a ser liderada por corporaciones transnacionales, que han mantenido su fabricación en el ámbito nacional o se han convertido en importadoras. Dicha dinámica influyó en el desplazamiento de empresas locales de menor tamaño e impactó en la reducción de la capacidad de absorción del mercado de trabajo.

En cuanto a la comercialización de la producción, desde el primer año de gobierno de la última dictadura, la ley 21.288 determinó que la JNG limitara su participación en el mercado, lo que, sumado al régimen de liberación de precios, correspondía a una política de libre competencia para la actividad molinera. El sector privado pasaba a encargarse de la comercialización y distribución del trigo, restringiéndose el papel del organismo oficial para el mantenimiento del precio sostén. Este tipo de medidas que limitaban el ámbito de ejercicio de la JNG resultó una constante en los años subsiguientes y, si bien sus posiciones proactivas fueron recuperadas durante al arribo del radicalismo a la presidencia de la Nación en 1983, las actividades que rivalizaban con las corporaciones extranjeras fueron dejadas de lado cuando éstas manifestaron su oposición. En este sentido, en el contexto de la disminución de las ventas a la URSS, la debilidad del gobierno de Alfonsín en lo interno le imposibilitó sancionar a los grandes exportadores de granos y aceites que socavaban la rentabilidad de los productores a partir de modalidades operativas que deprimían aún más los precios recibidos.

Por otra parte, los intereses de la cúpula terrateniente y los grandes capitalistas agrarios se conjugaron con la monopolización de insumos y maquinarias llevada adelante por empresas industriales extranjeras radicadas en el país o en el exterior. Estos actores pujaron para una redefinición agroexportadora que desfavoreció las condiciones de una industria nacional que aportara alto valor agregado a la cadena de producción agropecuaria, perpetuando las condiciones de dependencia y profundizando la incorporación asimétrica y periférica del país en el esquema económico mundial.

La presidencia de Carlos Menem inauguró por aquellos años un nuevo escenario para el complejo agroindustrial al reducir los aranceles a la exportación y liberalizar el mercado de cambios. Por ello, los precios internos pasaban a estar vinculados a los precios internacionales y la JNG perdía su carácter regulador de la comercialización del sector antes de su desaparición. A fines de 1989, fueron liquidadas ramas enteras de la producción nacional y la mediana y pequeña industria resultó pulverizada por la competencia con la libre importación de productos provenientes de economías de bajos costos salariales o de países de alta productividad con la más avanzada tecnología. Por su parte, los grupos de mayor poder económico, que perdieron su papel como proveedores del Estado con la venta de las empresas públicas, obtuvieron en compensación la posibilidad de participar de las privatizaciones.

En términos de la estructura agraria, las políticas hacia el sector agropecuario en los años 1990 favorecieron, en términos generales, a la concentración de la producción en unidades de mayor tamaño (mejor preparadas para obtener financiamiento en condiciones más favorables y para incorporar tecnología), la desaparición de numerosas pequeñas y medianas explotaciones agropecuarias, y la quiebra y desaparición de gran cantidad de cooperativas, comercios e industrias vinculados con el sector.

El análisis de los cambios registrados a partir de 2002 permite concluir que, si bien pasó a expresarse un crecimiento del sector industrial con recuperación de puestos de trabajo, lo fundamental del nuevo modelo ha sido en beneficio de un sector económico hegemónico –en el que participaron los capitales agroindustriales extranjeros y de gran burguesía intermediaria– que se vio favorecido por la competitividad de las exportaciones locales tras la gran devaluación del peso, la promoción de inversiones asociadas a subsidios estatales, y las restricciones y el encarecimiento de las importaciones que daban mejores condiciones a la producción industrial en el mercado interno.

En cuanto a la comercialización de *comodities* agropecuarios, el sector ha estado controlado desde principios del siglo XX por poderosas corporaciones globales. En el período analizado, compañías extranjeras como *Cargill*, *Bunge*, *Dreyfus* y *ADM/Töpfer* han liderado las ventas externas. Estas corporaciones operaban el grueso de las exportaciones argentinas de granos y han aumentado su participación en las agroindustrias de transformación (aceiteras, harineras y otras), manipulando los precios y cantidades en función de sus intereses y en detrimento de los productores agropecuarios –especialmente de los pequeños y medianos–, que no tienen la capacidad de regular la oferta. Además, este oligopolio ha perjudicado la economía del país, radicando sus ganancias en el exterior, evadiendo gravámenes a las exportaciones y falseando sus declaraciones de precios y operaciones.

Crecimiento de la exportación de capitales de empresas de países dependientes

En los últimos años, un fenómeno novedoso en el escenario económico mundial ha sido el desarrollo de corporaciones de los países capitalistas atrasados que, a la vez que invierten en su país de origen, han conseguido realizar inversiones en el extranjero y extraer plusvalía de terceros países.

Durante el período 1976-2008, el complejo agroindustrial pampeano ha asistido a la expansión de compañías brasileñas y chilenas. Entre las primeras puede destacarse *Petrobras* (combustibles, biodiésel y fertilizantes), *JBS-Friboi* (carnes, lácteos y biodiésel), *AmBev/Inbev* (cervecería) y *Marfrig* (carnes). En el caso de los capitales chilenos, se puede resaltar la presencia de *Vialat* (*Bethia Group*) y de *Watt's* en el rubro lácteo, la aceitera *Corpora Tresmontes*, la cervecera *CCU*, la compañía de fitosanitarios *ANASAC*, el grupo *Carozzi*, las inversiones del grupo *Meck* en biocombustibles y la cadena de hipermercados *Jumbo*.

En ciertos casos, la expansión de estas firmas estaba apalancada por capitales de origen europeo y estadounidense, por lo que la dinámica expansiva se realizó en alianza y articulación con otros capitales de burguesías imperialistas. Este es el caso de la alianza de capitales belgas y brasileños en *Imbev*, la asociación de capitales franceses y chilenos en *Vialat* (*Danone* y *Bethia Group*) y los acuerdos de *CCU* con empresas cerveceras de Estados Unidos y de Holanda.

Se trata pues de una expansión vinculada a la permanente transformación de las relaciones de dominación, contradicción, subordinación y asociación en el plano internacional. En los últimos años, las burguesías de países dependientes han logrado extraer plusvalía dentro y fuera de sus fronteras. En América Latina, capitales brasileños y mexicanos (destacándose entre estos últimos el caso de *Bimbo*), y, en menor grado, chilenos y argentinos, han realizado inversiones en terceros países –en especial en el contexto regional latinoamericano– y la tendencia se ha incrementado desde la década de 1990. De manera específica en el caso brasileño, aun manteniéndose la posición subalterna de Brasil frente al imperialismo, esta burguesía asume una expansión económica autónoma, a la vez que el país presenta una creciente incorporación de las características políticas y sociales dominantes en las sociedades imperialistas contemporáneas. El capitalismo brasileño pasó, en los últimos años, de octava a sexta economía del planeta.

En otros casos se han registrado asociaciones entre burguesías de países dependientes que logran exportar capital (como las plasmadas por *Molinos Río de la Plata* con capitales chilenos y ucranianos). Se trata de una sociedad entre firmas transnacionales de países dependientes que buscan obtener mayores ventajas competitivas en función de estimular nuevos procesos de expansión intraregional, forjar una mayor participación en los mercados y estrangular a la competencia.

Estos entrelazamientos no deben ser vistos al margen de las múltiples vinculaciones de estas burguesías dependientes y relativamente más débiles con los capitales imperialistas a los que se subordinan a escala global. En consecuencia, más allá de sus forcejeos e intentos de supervivencia, nos encontramos ante la base material de la descomposición del carácter nacional de las burguesías dependientes, y la pérdida de relevancia de sus lineamientos y agrupamientos políticos confrontativos con el imperialismo.

Reinversiones y exportación de capitales en función de estrategias y negocios globales

Los países dependientes muestran un desarrollo limitado y deformado por la voluminosa y prolongada extracción de plusvalía local que las empresas transnacionales realizan mediante diversos mecanismos para ser transferida al circuito de sus negocios globales; y por la parcialización del aparato productivo, a fin de satisfacer las necesidades que la acumulación de capital plantea a las burguesías metropolitanas. A lo cual se agregan los giros al exterior derivados de las deudas financieras contraídas y que no siempre constituyen autopréstamos.

El desarrollo imperialista del capitalismo ofrece un escenario en el que las empresas globales desarrollan operaciones en diferentes países y en una gran cantidad de rubros. La supremacía estadounidense se ha expresado también en el predominio que han alcanzado sus empresas agroalimentarias y de provisión de maquinarias e insumos. En el período 1976-2008, entre las principales corporaciones estadounidenses que se destacaron en el complejo agroalimentario pampeano se encuentran: *John Deere*, *Agco*, *Cargill*, *Archer Daniels Midlands (ADM)*, *Dow*, *Monsanto*, *DuPont*, *Walmart*, *Dairy Farmers of America* y *Kraft Foods*. De igual modo, las empresas transnacionales europeas han arribado a posiciones de liderazgo en el complejo agroindustrial local: las francesas *Danone*, *Lactalis*, *Bongrain*, *Dreyfus* y *Carrefour*, la suiza *Nestlé*, la suizo-holandesa *Nidera*, la suizo-británica *Syngenta*, y las alemanas *Bayer* y *BASF*. Se puede destacar también entre estos liderazgos asociaciones entre capitales europeos y estadounidenses: el grupo *Fiat/CNH*, la suizo-estadounidense *Glencore* y la germano-belga-estadounidense *Bunge* resultan ejemplos de relieve de la expansión mundial de los capitales de este origen.

Las empresas extranjeras que intervienen en la Argentina logran superar todos los obstáculos de competitividad gracias a que su expansión a nivel planetario les otorga una alta movilidad de las fuerzas productivas, les permite el acceso a materias primas subsidiadas, la sobreexplotación de la fuerza de trabajo y/o el acceso a tecnologías a bajo precio en distintas partes del mundo. El mantenimiento de estas ventajas posibilita que estas empresas discontinúen o abandonen la producción en el mercado local cuando las condiciones se presentan más favorables para convertirse en importadoras de otras filiales, extrayendo beneficios que no vuelven a ser volcados en el mercado nacional.

En su expansión, el capital imperialista contribuyó en forma masiva a la eliminación de amplios sectores de la burguesía local, que son desplazados o asociados de modo subordinado en las ramas industriales –predominantemente destinadas sobre todo al mercado interno– en las que habían prosperado. Este fenómeno obedece sobre todo a la debilidad estructural del empresariado argentino frente a la competencia de las corporaciones extranjeras, que ha tenido entre sus principales causas: la inexistencia de un desarrollo tecnológico avanzado; la presencia de un aparato productivo escasamente integrado e inconveniente para la acumulación interna de capital; las limitaciones de un desarrollo industrial subordinado al sector agroexportador; políticas económicas y marcos legales que no ofrecieron restricciones a la participación de las inversiones extranjeras y la transferencia de divisas al exterior (a la par que brindaron otros beneficios extras como la posibilidad de apropiarse del crédito local, monopolio de patentes y técnicas, y manejo de precios, etc.); los regímenes que eliminaron los recargos aduaneros a la importación de insumos y bienes de capital en determinadas ramas industriales; y las facilidades conferidas al capital local para el endeudamiento externo y la especulación financiera.

Uno de los efectos que agravaron la dependencia de la Argentina se ha producido a través de la salida de divisas, obstaculizando el ahorro interno y la reproducción ampliada de un aparato productivo autónomo en nuestra economía en general y del complejo agroindustrial pampeano en particular. Las tasas de ganancias interna y externa que pueden obtener las corporaciones determinan la salida de dividendos –en concepto de utilidades, regalías, patentes, intereses, promoción, etc.– o su reinversión local en función de sus intereses globales. Si bien hemos encontrado limitaciones para constatar la remisión de capitales al exterior por parte de los principales conglomerados extranjeros, se ha podido observar el volumen en millones de dólares que algunas de estas firmas (*Cargill*, *Bunge*, *Nidera*, *Dreyfus*, *Promodes* y *Unilever*) extrajeron de la economía argentina durante el crítico año 2001. La posibilidad de mensurar los recursos que el capital extranjero obtiene localmente permite tener una percepción de las posibilidades de desarrollo y progreso social de una Argentina que decidiera romper con su carácter dependiente.

En el plano internacional, los países imperialistas –en particular las potencias europeas y Estados Unidos– han realizado una tenaz competencia a través del establecimiento de productos subsidiados, estrategias de *dumping* en el mercado interno argentino, y establecimiento de barreras arancelarias y paraarancelarias para las exportaciones argentinas hacia esos mercados.

Frente a estos obstáculos del mercado mundial, la clase dominante se ha orientado históricamente a asignar un papel saliente a un único gran importador de productos agrarios y agroindustriales cuya titularidad ha ido mutando. Entre finales del siglo XIX y mediados de la década de 1940, ese eje estuvo encabezado por la relación con Gran Bretaña y, con posterioridad, por Europa occidental hasta inicios de la década de 1970. Durante esta última década y los años ochenta se destacaron los intercambios comerciales con la Unión Soviética, y la operatoria interna de capitales de este origen a través de grupos empresarios locales que oficiaron de testaferros. Desde fines de la década de 1990 hasta la actualidad ha cobrado peso la vinculación comercial con China y la asociación subordinada a esos capitales de una fracción capitalista local. De todas maneras, en medio de las disputas interimperialistas, las grandes compañías estadounidenses y europeas consiguieron acaparar, como intermediarias, las exportaciones de la producción del complejo agroindustrial pampeano dirigida a estos compradores.

En forma paralela, la presencia de las empresas extranjeras, tanto en el sector industrial como en el área de las exportaciones, ha reducido los efectos multiplicadores del comercio exterior, originando la permanente exportación de utilidades devengadas por las actividades económicas que no están controladas por residentes, o la reinversión local de los dividendos en función de sus intereses globales.

Expansión del capital financiero

El capitalismo en su fase actual es el dominio del capital financiero y se expresa en la situación destacada de unos pocos Estados dotados de poder económico por sobre los demás. Los capitales de las principales potencias se disputan áreas de inversión en todo el mundo. A través de esta dinámica, las luchas interimperialistas adquieren su manifestación más reciente, aun en el contexto de la asociación de capitales transnacionales de distinto origen.

Entre las actividades financieras realizadas por las empresas corporativas se han verificado la organización de fusiones, la constitución de *joint ventures*, la absorción de compañías aseguradoras, la fundación y gestión de fondos de inversión, la concesión de créditos, los negocios con títulos valores y la emisión de acciones, la construcción e instalación de nuevas plantas de producción, los contratos de suministros, la transferencia tecnológica, la innovación científica, y la dotación de infraestructura y servicios.

En referencia al complejo agroalimentario pampeano, conviene subrayar la reforma financiera de 1977. Este conjunto de medidas favoreció la instalación de nuevos bancos y la expansión de sucursales, tanto de entidades nacionales como extranjeras, incrementando la participación del sector financiero privado en la provisión de fondos de corto plazo. Además, la reforma contribuyó a deteriorar las condiciones de rentabilidad de las actividades productivas y abrió plenamente el movimiento de capitales con el exterior. En ese marco, el Estado abandonó los subsidios al sector industrial y se establecieron tasas de interés positivas para las actividades productivas, registrándose, en los hechos, una transferencia de recursos desde el sector industrial hacia las actividades financieras.

Estos lineamientos de política económica tuvieron continuidad durante la década de 1990. Por entonces, la declinación de la soberanía política adquirió un hito máximo; el programa económico adoptado por el menemismo se sustentó en la apertura económica hacia el exterior, las privatizaciones, el financiamiento externo mediante un fuerte endeudamiento en dólares, la desregulación de los diversos mercados y el campo laboral, y el realineamiento internacional con Estados Unidos. En suma, se trató de una política de plena liberalización de las transacciones financieras, desindustrializadora y generadora de desocupación. Estados Unidos resultó también el principal destino de los más de US$ 72 mil millones fugados entre 1992 y 2001.

Estas circunstancias estimularon el proceso de concentración económica que avanzó en casi la totalidad del complejo agroindustrial, esto es, desde las maquinarias agrícolas y las industrias de agroinsumos (semillas, fertilizantes y fitosanitarios) hasta las industrias procesadoras de alimentos, las compañías exportadoras, y las cadenas de hiper y supermercados. Pero estas empresas expresaron también un enorme poder financiero por medio de intereses en bancos, otorgamiento de créditos a los agricultores y financiamiento del desarrollo de nuevas tecnologías. Desde esta posición estratégica, extendieron y consolidaron posiciones en áreas clave del sistema productivo y comercial, manifestándose un desarrollo capitalista en el cual las actividades bancarias, industriales, agrarias y comerciales se encuentran interpenetradas.

Un elemento a destacar en el acelerado proceso de financiarización y extranjerización de las empresas durante el período estudiado ha sido la creciente participación de los fondos de inversión en los diferentes sectores del complejo agroindustrial pampeano. De este modo, el capital financiero –operando como capital de riesgo– ha intervenido en la dinámica del desarrollo científico y tecnológico de insumos biotecnológicos, en la cual cada estallido de las burbujas financieras decanta el número de firmas participantes.

Otro ejemplo relevante resulta de considerar la operatoria de distintos fondos de inversión (principalmente estadounidenses y británicos) en particular en algunas ramas agroindustriales. En el sector lácteo, *Mastellone* (*La Serenísima*) vendió el 30% de sus acciones al fondo estadounidense *Dallpoint Investment* en 1999; *Milkaut* vendió el 33% de sus acciones al fondo de inversión anglo-estadounidense *Patagonia* y al norteamericano *LATCAP*; y el fondo de inversión británico *Yeffreys Investments* adquirió un 60% de las acciones de *La Lácteo* en la década de 2000. En el rubro de la carne, en 1999 el *Swift*, propiedad de *Campbell Soup*, fue adquirido por una sociedad constituida por el empresario argentino Carlos Oliva Funes con el 52% y el resto por los fondos de inversión estadounidenses *J.P Morgan Capital Corporation* y *Greenwich Street Capital Partners*.

Efectos negativos sobre la estructura social agraria y el empleo

A lo largo del período 1976-2008 se ha acentuado la incidencia del capital extranjero sobre la producción primaria. En este sentido, sobresalen los desarrollos según los parámetros de los mercados, generándose una creciente tendencia al monocultivo y a la integración vertical, que ha subordinado la producción de alimentos y los cuidados ambientales de los territorios dependientes a intereses capitalistas globales.

Hacia la década de 2000, la mejora en los precios de los productos agropecuarios permitió cierta recuperación de pequeños y medianos productores endeudados, pero también incrementó el precio de la tierra en la región pampeana. Esto permitió un incremento de la expansión de los *pooles* de siembra, incentivando la tendencia a la concentración de la producción.

Por otra parte, el proceso concentrador se manifestó en los distintos segmentos del complejo agroindustrial argentino. Tres grandes exportadoras transnacionales –*Cargill*, *Bunge* y *Dreyfus*– manejaron aproximadamente la mitad de los embarques de granos, aceites y harinas. Estas grandes empresas fueron de hecho las grandes beneficiarias de la devaluación, cancelando sus deudas en pesos, y su presencia oligopólica ha ejercido un fuerte condicionamiento al precio de los cereales que reciben los pequeños y medianos productores.

A lo largo del período 2002-2008, diversos indicadores sociales mejoraron en forma sensible ante un conjunto de políticas públicas y la obtención sostenida de superávit externo y fiscal. De todas maneras, no se trató de una transformación estructural de la vida económica, manteniéndose la propensión a la reprimarización del aparato productivo, la oligopolización de las distintas ramas y las condiciones favorables para inversión del capital extranjero.

Otra consecuencia social del fenómeno de la extranjerización económica ha estado estrechamente ligada al resultado de la propia dinámica capitalista y su tendencia a la expropiación de unidades económicas mediante la concurrencia. El proceso ha generado un constante desplazamiento de capitales industriales de menores dimensiones, la desaparición de tambos y pequeños y medianos productores agropecuarios, y el cierre de pequeños y medianos comercios y cooperativas de menor poder económico. Esta situación resultó agravada por el impacto que tuvo sobre los asalariados que perdieron su fuente de trabajo, siendo arrojados a situaciones de acentuación de su explotación como clase y de deterioro de las condiciones de vida. La desocupación interviene condicionando la posición de los asalariados y reforzando el lugar de los capitalistas en general. Estos últimos ven facilitados los escenarios para el regateo del salario, la superexplotación y la reducción del salario real.

Creciente transferencia de recursos, divisas, patentes y regalías

En octubre de 1976, la "Circular B 1399 RC 657" del Banco Central de la República Argentina estableció las nuevas condiciones para el pago de remesas de utilidades al exterior a la vez que autorizaba a los bancos del país a otorgar préstamos a mediano y largo plazo a empresas de capital extranjero en iguales condiciones a las que se acordaban a las de capital nacional.

Mediante la derogación de la ley 20.557, en abril de 1976, fueron dejados de lado los criterios mínimos para radicarse o permanecer en el país las compañías extranjeras. Las ramas económicas y las zonas prioritarias, el empleo de recursos naturales y humanos del país, la mejora de condiciones de vida de la población, el beneficio neto para el país en cuanto al balance de divisas, la armonización tecnológica y la generación de tecnología nacional, el empleo de personal directivo, científico, técnico y administrativo argentino, y la limitación estricta para la utilización de ahorro interno fueron juicios ausentes en la definición de las inversiones extranjeras a partir de entonces, prolongándose la situación durante todo el período 1976-2008.

En 1977, en el marco de la apertura liberal de la economía, se produjo otro cambio en la legislación: se sancionó la ley 21.617 que eliminaba toda mención a cláusulas restrictivas que limitaban el desarrollo productivo, comercial y/o tecnológico del receptor de tecnología. El espíritu de la ley se basaba en el principio de no intervención del Estado, a fin de facilitar la entrada al mercado de tecnologías extranjeras.

En 1981, la ley 22.426 estableció que el Instituto Nacional de Tecnología Industrial (INTI) evalúe en forma exclusiva los contratos entre firmas. De esta manera, se dejaba de lado la necesidad de estar autorizado para celebrar contratos de transferencia tecnológica, bastando con informarlo a la autoridad de aplicación.

El examen del complejo agroindustrial pampeano durante el período 1976-2008, permite destacar la intensificación de la gravitación de la tecnología en la economía internacional, las inversiones en investigación y desarrollo, el retroceso y la debilidad del financiamiento del sector público en el desarrollo científico y tecnológico, y las transferencias por patentes, licencias y *know-how* a los principales países capitalistas. De esta forma, el capital extranjero captura una renta oligopólica creciente mediante transferencia de recursos en concepto de licencias y patentes.

En los últimos años, a nivel global, casi la totalidad de las patentes biotecnológicas se encuentra en manos de las compañías transnacionales de los países imperialistas; de hecho, más del 80% de las patentes en vigor en países periféricos son propiedades de estos capitales. Esto se traduce en un continuo drenaje de divisas de la periferia a los países centrales, debido a que la transferencia tecnológica está sujeta al pago de rentas de innovación y propiedad intelectual, beneficiándose principalmente las grandes corporaciones transnacionales que llevan el liderazgo en desarrollo tecnológico.

La radicación de capitales extranjeros en los países dependientes como la Argentina determina un drenaje de la riqueza obtenida en el país a través de la repatriación de beneficios e intereses, así como la monopolización progresiva de ramas de actividad que constituyen áreas dominantes de estas economías por parte de las transnacionales.

Las conclusiones que anteceden no constituyen un diagnóstico sin posibilidad de resolución. Esta obra aspira a que la información que aquí se expone sirva como insumo necesario para reflexionar sobre las posibilidades de moderar o eliminar los efectos nocivos del proceso de extranjerización sobre la economía y la sociedad de nuestro país. En la medida en que algunos sujetos colectivos sean sensibilizados, concientizados y movilizados por las consecuencias de este fenómeno, se promuevan procesos de transformación social profunda que contribuyan al fortalecimiento de la independencia nacional y se abran definiciones de políticas públicas con carácter estratégico que fijen a las empresas transnacionales medidas de restricción a su proceder en función de prioridades económicas socialmente incluyentes, el esfuerzo realizado se habrá visto ampliamente justificado y recompensado.

Existe otro mundo mejor y está en este

Somos optimistas bien informados. Los que integramos CICCUS sabemos que, en gran medida, el desencuentro humano obedece a la inequidad en la distribución y disfrute de los bienes tanto materiales como intangibles. Y no pecamos de ingenuos cuando creemos que esto se debe y se puede corregir.

Nuestros cuidados libros divulgan textos de reconocidos especialistas e investigadores que animan valores tales como la cooperación, la solidaridad, el respeto a la naturaleza y la adhesión gozosa de lo diverso desde la propia identidad.

Crisis: oportunidad y/o conflicto. Siempre depende de nosotros elegir, decidir. Nosotros y nuestros autores ya lo hicimos.

El libro como creación cultural es una aventura que se recrea con los lectores, necesita de su complicidad.

Para leer, sentir, pensar y actuar situados.

EDICIONES CICCUS

CENTRO DE INTEGRACIÓN
COMUNICACIÓN, CULTURA Y SOCIEDAD

Medrano 288 - (C1179AAD) Ciudad Autónoma de Buenos Aires
(011) 4981-6318 / 4958-0991 - www.ciccus.org.ar

Otros títulos de CICCUS

Geopolítica de la palabra.
Reflexiones sobre comunicación, identidad y autonomía.
Luis Lazzaro. 256 pp.

Agro y política en Argentina. Tomo I
El modelo agrario en cuestión 1930-1943.
Incluye DVD con fuentes
Javier Balsa y Silvia Lázzaro (coord.) 464 pp.

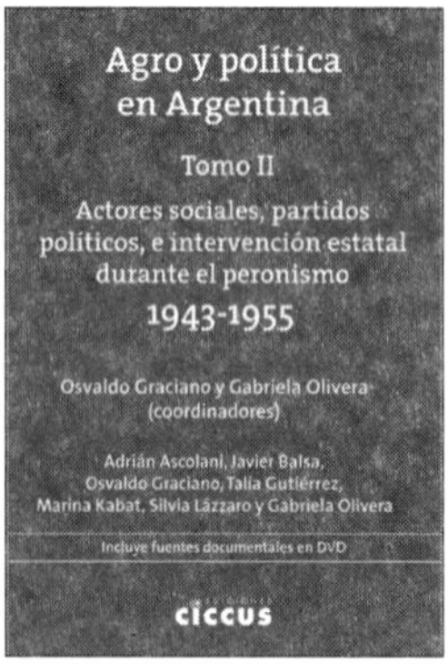

Agro y política en Argentina. Tomo II
Actores sociales, partidos políticos, e intervención estatal durante el peronismo 1943-1955.
Incluye DVD con fuentes
Osvaldo Graciano y Gabriela Olivera (coord.) 480 pp.

Adaptación y transformaciones de las agriculturas pampeanas a inicios del siglo XXI.
Pierre Gasselin, Silvia Cloquell, Mirna Mosciaro (comp.) 352 pp.

Nuevas formas de contratación en el trabajo agrario.
Roberto Benencia y Susana Aparicio (coord.) 208 pp.

La integración Desde arriba.
Los empresarios argentinos frente al MERCOSUR y el ALCA
Julián Kan. 352 pp.

Se terminó de imprimir en enero de 2016
en Gráfica Vuelta de Página Limitada,
empresa recuperada por sus trabajadores.
Carlos Pellegrini Nº 3652, Ciudadela,
Buenos Aires, Argentina.